여러분의 합격을 응원하는

해커스공무원의 특별 혜택

FREE 공무원 컴퓨터일반 **특강**

해커스공무원(gosi.Hackers.com) 접속 후 로그인 ▶ 상단의 [무료강좌] 클릭하여 이용

회독용 답안지(PDF)

해커스공무원(gosi.Hackers.com) 접속 후 로그인 ▶ 상단의 [교재·서점 → 무료 학습 자료] 클릭 ▶
본 교재의 [자료받기] 클릭하여 이용

▲ 바로가기

해커스공무원 온라인 단과강의 **20% 할인쿠폰**

FD389D8B86ADC6GN

해커스공무원(gosi.Hackers.com) 접속 후 로그인 ▶ 상단의 [나의 강의실] 클릭 ▶
좌측의 [쿠폰등록] 클릭 ▶ 위 쿠폰번호 입력 후 이용

* 등록 후 7일간 사용 가능(ID당 1회에 한해 등록 가능)

합격예측 **온라인 모의고사 응시권 + 해설강의 수강권**

692723729DA2DAST

해커스공무원(gosi.Hackers.com) 접속 후 로그인 ▶ 상단의 [나의 강의실] 클릭 ▶
좌측의 [쿠폰등록] 클릭 ▶ 위 쿠폰번호 입력 후 이용

* ID당 1회에 한해 등록 가능

쿠폰 이용 관련 문의 **1588-4055**

단기 합격을 위한 해커스공무원 커리큘럼

입문

탄탄한 기본기와 핵심 개념 완성!

누구나 이해하기 쉬운 개념 설명과 풍부한 예시로 부담없이 쌩기초 다지기

TIP 베이스가 있다면 **기본 단계**부터!

기본+심화

필수 개념 학습으로 이론 완성!

반드시 알아야 할 기본 개념과 문제풀이 전략을 학습하고
심화 개념 학습으로 고득점을 위한 응용력 다지기

기출+예상 문제풀이

문제풀이로 집중 학습하고 실력 업그레이드!

기출문제의 유형과 출제 의도를 이해하고 최신 출제 경향을 반영한
예상문제를 풀어보며 본인의 취약영역을 파악 및 보완하기

동형모의고사

동형모의고사로 실전력 강화!

실제 시험과 같은 형태의 실전모의고사를 풀어보며 실전감각 극대화

마무리

시험 직전 실전 시뮬레이션!

각 과목별 시험에 출제되는 내용들을 최종 점검하며 실전 완성

PASS

* 커리큘럼 및 세부 일정은 상이할 수 있으며,
자세한 사항은 해커스공무원 사이트에서 확인하세요.

해커스공무원

곽후근

컴퓨터일반

단원별 기출문제집

해커스공무원

곽후근

약력

숭실대학교 공학박사
현 | 해커스공무원 컴퓨터일반, 정보보호론 강의
전 | 대방고시 전산직, 군무원, 계리직 전임교수
전 | 숭실대학교, 세종대학교, 가톨릭대학교 겸임교수 및 강사
전 | 펌킨네트웍스 기술이사
전 | 한국소프트스페이스 고문

저서

해커스공무원 곽후근 컴퓨터일반 기본서
해커스공무원 곽후근 컴퓨터일반 단원별 기출문제집
해커스공무원 곽후근 정보보호론 기본서
해커스공무원 곽후근 정보보호론 단원별 기출문제집

공무원 시험의 해답
컴퓨터일반 시험 합격을 위한 필독서

컴퓨터일반의 모든 단원들은 모두 컴퓨터를 만들기 위한 것입니다.

디지털공학은 컴퓨터를 만들 때 작은 관점(Gate, Register 등)에서 바라본 것이고, 컴퓨터구조는 컴퓨터를 만들 때 큰 관점(CPU, 주기억장치 등)에서 바라본 것입니다. 데이터통신은 컴퓨터 간의 통신을 의미하고, 프로그래밍 언어는 컴퓨터에서 동작하는 응용 소프트웨어를 만들기 위한 것입니다. 자료구조는 컴퓨터에서 응용 소프트웨어를 만들기 위한 자료(데이터)의 형태(스택, 큐 등)를 의미하고, 데이터베이스는 컴퓨터의 자료(데이터)를 저장하기 위한 것입니다. 그리고 소프트웨어공학은 소프트웨어 제품 개발을 위한 효율적인 방법을 의미하고, 인터넷은 컴퓨터 관련 최신 기술 등을 의미합니다.

컴퓨터일반을 공부하기 위한 기본 커리큘럼에서 기출문제풀이가 가장 중요합니다. 왜냐하면 컴퓨터일반의 경우 과목의 특성상 범위가 너무 넓어 새로운 문제를 내기 보다는 기존 기출문제를 그대로 내거나 변형해서 내기 때문입니다. 그러므로 고득점을 위해서는 기출문제에 대한 제대로 된 학습이 필요하며, 본 교재가 이를 확실하고 정확하게 도와줄 것입니다.

<해커스공무원 곽후근 컴퓨터일반 단원별 기출문제집>의 특징은 다음과 같습니다.

첫째, 국가직, 지방직, 서울시, 지방교행, 국회직을 단원별(디지털공학, 컴퓨터구조, 데이터통신, 운영체제, 프로그래밍 언어, 자료구조, 데이터베이스, 소프트웨어공학, 인터넷)로 구성하였습니다.

둘째, 정답과 오답을 모두 상세하게 정리하여 기존 기출문제 기출 변형문제에 대비할 수 있게 하였습니다.

셋째, 되도록 많은 표를 추가하여 내용에 대한 이해를 쉽게 하였고, 포인트 중심으로 구성하였습니다.

더불어, 공무원 시험 전문 사이트인 **해커스공무원(gosi.Hackers.com)**에서 교재 학습 중 궁금한 점을 나누고 다양한 무료 학습 자료를 함께 이용하여 학습 효과를 극대화할 수 있습니다.

<해커스공무원 곽후근 컴퓨터일반 단원별 기출문제집>이 공무원 합격을 꿈꾸는 모든 수험생 여러분에게 훌륭한 길잡이가 되기를 바랍니다.

곽후근

차례

이 책의 활용법

문제해결 능력 향상을 위한 단계별 구성

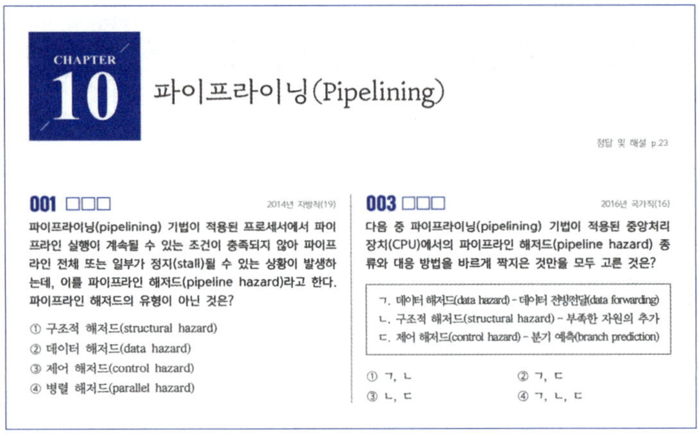

CHAPTER 10 파이프라이닝(Pipelining)

정답 및 해설 p.23

001 □□□ 2014년 지방직(19)

파이프라이닝(pipelining) 기법이 적용된 프로세서에서 파이프라인 실행이 계속될 수 있는 조건이 충족되지 않아 파이프라인 전체 또는 일부가 정지(stall)될 수 있는 상황이 발생하는데, 이를 파이프라인 해저드(pipeline hazard)라고 한다. 파이프라인 해저드의 유형이 아닌 것은?

① 구조적 해저드(structural hazard)
② 데이터 해저드(data hazard)
③ 제어 해저드(control hazard)
④ 병렬 해저드(parallel hazard)

003 □□□ 2016년 국가직(16)

다음 중 파이프라이닝(pipelining) 기법이 적용된 중앙처리장치(CPU)에서의 파이프라인 해저드(pipeline hazard) 종류와 대응 방법을 바르게 짝지은 것만을 모두 고른 것은?

ㄱ. 데이터 해저드(data hazard) - 데이터 전방전달(data forwarding)
ㄴ. 구조적 해저드(structural hazard) - 부족한 자원의 추가
ㄷ. 제어 해저드(control hazard) - 분기 예측(branch prediction)

① ㄱ, ㄴ　② ㄱ, ㄷ
③ ㄴ, ㄷ　④ ㄱ, ㄴ, ㄷ

STEP 01 기출문제로 문제해결 능력 키우기

공무원 컴퓨터일반 기출문제 중 재출제 가능성이 높은 문제들을 엄선하여 학습 흐름에 따라 단원별로 배치하였으며, 이를 CHAPTER별로 구분하여 수록하였습니다. 이를 통해 각 CHAPTER에서 자주 출제되거나 중요한 개념을 파악하여 최신 출제 경향에 적극적으로 대비할 수 있습니다.

▼

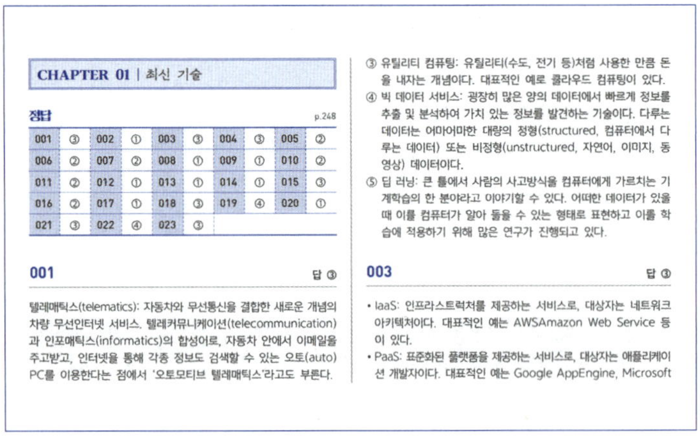

CHAPTER 01 | 최신 기술

정답 p.248

001	③	002	①	003	③	004	③	005	②
006	②	007	②	008	①	009	①	010	②
011	②	012	①	013	①	014	①	015	③
016	②	017	①	018	③	019	④	020	①
021	③	022	④	023	③				

001 답 ③

텔레매틱스(telematics): 자동차와 무선통신을 결합한 새로운 개념의 차량 무선인터넷 서비스. 텔레커뮤니케이션(telecommunication)과 인포매틱스(informatics)의 합성어로, 자동차 안에서 이메일을 주고받고, 인터넷을 통해 각종 정보도 검색할 수 있는 오토(auto) PC를 이용한다는 점에서 '오토모티브 텔레매틱스'라고도 부른다.

③ 유틸리티 컴퓨팅: 유틸리티(수도, 전기 등)처럼 사용한 만큼 돈을 내자는 개념이다. 대표적인 예로 클라우드 컴퓨팅이 있다.
④ 빅 데이터 서비스: 굉장히 많은 양의 데이터에서 빠르게 정보를 추출 및 분석하여 가치 있는 정보를 발견하는 기술이다. 다루는 데이터는 어마어마한 대량의 정형(structured, 컴퓨터에서 다루는 데이터) 또는 비정형(unstructured, 자연어, 이미지, 동영상) 데이터이다.
⑤ 딥 러닝: 큰 틀에서 사람의 사고방식을 컴퓨터에게 가르치는 기계학습의 한 분야라고 이야기할 수 있다. 어떠한 데이터가 있을 때 이를 컴퓨터가 알아 들을 수 있는 형태로 표현하고 이를 학습에 적용하기 위해 많은 연구가 진행되고 있다.

003 답 ③

- IaaS: 인프라스트럭처를 제공하는 서비스로, 대상자는 네트워크 아키텍처이다. 대표적인 예는 AWSAmazon Web Service 등이 있다.
- PaaS: 표준화된 플랫폼을 제공하는 서비스로, 대상자는 애플리케이션 개발자이다. 대표적인 예는 Google AppEngine, Microsoft

STEP 02 상세한 해설로 개념 완성하기

문제풀이와 함께 이론을 요약·정리할 수 있도록 상세한 해설을 수록하였습니다. 이를 통해 정답이 아닌 선지와 관련 이론을 함께 확인하여 방대한 컴퓨터일반 이론을 다시 한 번 복습할 수 있습니다.

정답의 근거와 오답의 원인, 관련 이론까지 짚어 주는 정답 및 해설

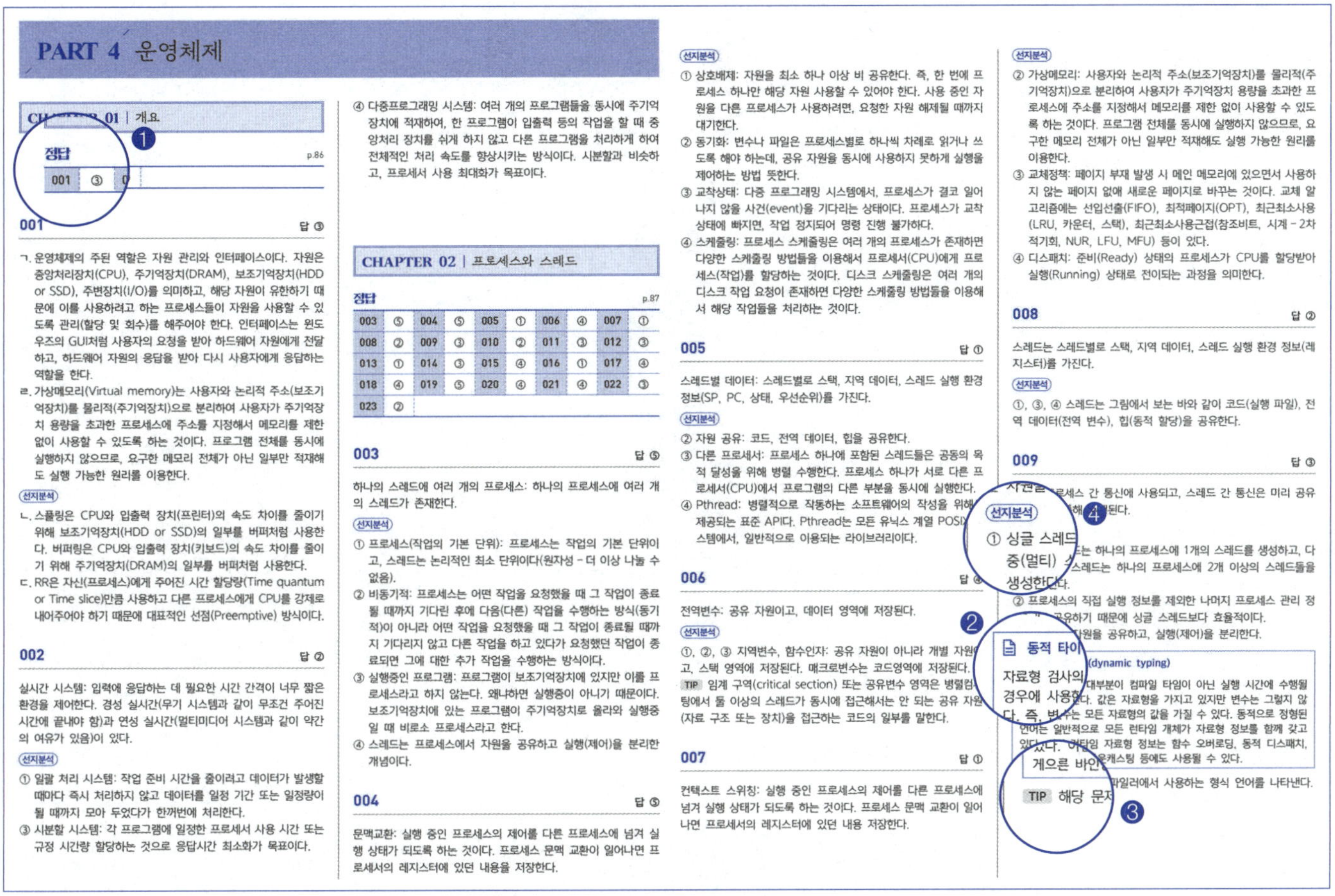

PART 4 운영체제

CHAPTER 01 | 개요

정답 p.86

001	③

001 답 ③

ㄱ. 운영체제의 주된 역할은 자원 관리와 인터페이스이다. 자원은 중앙처리장치(CPU), 주기억장치(DRAM), 보조기억장치(HDD or SSD), 주변장치(I/O)를 의미하고, 해당 자원이 유한하기 때문에 이를 사용하려고 하는 프로세스들이 자원을 사용할 수 있도록 관리(할당 및 회수)를 해주어야 한다. 인터페이스는 윈도우즈의 GUI처럼 사용자의 요청을 받아 하드웨어 자원에게 전달하고, 하드웨어 자원의 응답을 받아 다시 사용자에게 응답하는 역할을 한다.
ㄹ. 가상메모리(Virtual memory)는 사용자와 논리적 주소(보조기억장치)를 물리적(주기억장치)으로 분리하여 사용자가 주기억장치 용량을 초과한 프로세스에 주소를 지정해서 메모리를 제한 없이 사용할 수 있도록 하는 것이다. 프로그램 전체를 동시에 실행하지 않으므로, 요구한 메모리 전체가 아닌 일부만 적재해도 실행 가능한 원리를 이용한다.

선지분석
ㄴ. 스풀링은 CPU와 입출력 장치(프린터)의 속도 차이를 줄이기 위해 보조기억장치(HDD or SSD)의 일부를 버퍼처럼 사용한다. 버퍼링은 CPU와 입출력 장치(키보드)의 속도 차이를 줄이기 위해 주기억장치(DRAM)의 일부를 버퍼처럼 사용한다.
ㄷ. RR은 자신(프로세스)에게 주어진 시간 할당량(Time quantum or Time slice)만큼 사용하고 다른 프로세스에게 CPU를 강제로 내어주어야 하기 때문에 대표적인 선점(Preemptive) 방식이다.

002 답 ②

실시간 시스템: 입력에 응답하는 데 필요한 시간 간격이 너무 짧은 환경을 제어한다. 경성 실시간(무기 시스템과 같이 무조건 주어진 시간에 끝내야 함)과 연성 실시간(멀티미디어 시스템과 같이 약간의 여유가 있음)이 있다.

선지분석
① 일괄 처리 시스템: 작업 준비 시간을 줄이려고 데이터가 발생할 때마다 즉시 처리하지 않고 데이터를 일정 기간 또는 일정량이 될 때까지 모아 두었다가 한꺼번에 처리한다.
③ 시분할 시스템: 각 프로그램에 일정한 프로세서 사용 시간 또는 규정 시간량 할당하는 것으로 응답시간 최소화가 목표이다.
④ 다중프로그래밍 시스템: 여러 개의 프로그램들을 동시에 주기억장치에 적재하여, 한 프로그램이 입출력 등의 작업을 할 때 중앙처리 장치를 쉬게 하지 않고 다른 프로그램을 처리하게 하여 전체적인 처리 속도를 향상시키는 방식이다. 시분할과 비슷하고, 프로세서 사용 최대화가 목표이다.

CHAPTER 02 | 프로세스와 스레드

정답 p.87

003	⑤	004	⑤	005	①	006	④	007	①
008	②	009	③	010	②	011	③	012	③
013	①	014	③	015	④	016	①	017	④
018	④	019	⑤	020	④	021	④	022	③
023	②								

003 답 ⑤

하나의 스레드에 여러 개의 프로세스: 하나의 프로세스에 여러 개의 스레드가 존재한다.

선지분석
① 프로세스(작업의 기본 단위): 프로세스는 작업의 기본 단위이고, 스레드는 논리적인 최소 단위이다(원자성 - 더 이상 나눌 수 없음).
② 비동기적: 프로세스는 어떤 작업을 요청했을 때 그 작업이 종료될 때까지 기다린 후에 다음(다른) 작업을 수행하는 방식(동기적)이 아니라 어떤 작업을 요청했을 때 그 작업이 종료될 때까지 기다리지 않고 다른 작업을 하고 있다가 요청했던 작업이 종료되면 그에 대한 추가 작업을 수행하는 방식이다.
③ 실행중인 프로그램: 프로그램이 보조기억장치에 있지만 이를 프로세스라고 하지 않는다. 왜냐하면 실행중이 아니기 때문이다. 보조기억장치에 있는 프로그램이 주기억장치로 올라와 실행중일 때 비로소 프로세스라고 한다.
④ 스레드는 프로세스에서 자원을 공유하고 실행(제어)을 분리한 개념이다.

004 답 ⑤

문맥교환: 실행 중인 프로세스의 제어를 다른 프로세스에 넘겨 실행 상태가 되도록 하는 것이다. 프로세스 문맥 교환이 일어나면 프로세서의 레지스터에 있던 내용을 저장한다.

선지분석
① 상호배제: 자원을 최소 하나 이상 비 공유한다. 즉, 한 번에 프로세스 하나만 해당 자원 사용할 수 있어야 한다. 사용 중인 자원을 다른 프로세스가 사용하려면, 요청한 자원 해제될 때까지 대기한다.
② 동기화: 변수나 파일은 프로세스별로 하나씩 차례로 읽거나 쓰도록 해야 하는데, 공유 자원을 동시에 사용하지 못하게 실행을 제어하는 방법 뜻한다.
③ 교착상태: 다중 프로그래밍 시스템에서, 프로세스가 결코 일어나지 않을 사건(event)을 기다리는 상태이다. 프로세스가 교착상태에 빠지면, 작업 정지되어 명령 진행 불가하다.
④ 스케줄링: 프로세스 스케줄링은 여러 개의 프로세스가 존재하면 다양한 스케줄링 방법들을 이용해서 프로세서(CPU)에게 프로세스(작업)를 할당하는 것이다. 디스크 스케줄링은 여러 개의 디스크 작업 요청이 존재하면 다양한 스케줄링 방법들을 이용해서 해당 작업들을 처리하는 것이다.

005 답 ①

스레드별 데이터: 스레드별로 스택, 지역 데이터, 스레드 실행 환경 정보(SP, PC, 상태, 우선순위)를 가진다.

선지분석
② 자원 공유: 코드, 전역 데이터, 힙을 공유한다.
③ 다른 프로세서: 프로세스 하나에 포함된 스레드들은 공동의 목적 달성을 위해 병렬 수행한다. 프로세스 하나가 서로 다른 프로세서(CPU)에서 프로그램의 다른 부분을 동시에 실행한다.
④ Pthread: 병렬적으로 작동하는 소프트웨어의 작성을 위해 제공되는 표준 API다. Pthread는 모든 유닉스 계열 POSIX 시스템에서, 일반적으로 이용되는 라이브러리이다.

006 답 ④

전역변수: 공유 자원이고, 데이터 영역에 저장된다.

선지분석
①, ②, ③ 지역변수, 함수인자: 공유 자원이 아니라 개별 자원이고, 스택 영역에 저장된다. 매크로변수는 코드영역에 저장된다.
TIP 임계 구역(critical section) 또는 공유변수 영역은 병렬컴퓨팅에서 둘 이상의 스레드가 동시에 접근해서는 안 되는 공유 자원(자료 구조 또는 장치)을 접근하는 코드의 일부를 말한다.

007 답 ①

컨텍스트 스위칭: 실행 중인 프로세스의 제어를 다른 프로세스에 넘겨 실행 상태가 되도록 하는 것이다. 프로세스 문맥 교환이 일어나면 프로세서의 레지스터에 있던 내용 저장한다.

선지분석
② 가상메모리: 사용자와 논리적 주소(보조기억장치)를 물리적(주기억장치)으로 분리하여 사용자가 주기억장치 용량을 초과한 프로세스에 주소를 지정해서 메모리를 제한 없이 사용할 수 있도록 하는 것이다. 프로그램 전체를 동시에 실행하지 않으므로, 요구한 메모리 전체가 아닌 일부만 적재해도 실행 가능한 원리를 이용한다.
③ 교체정책: 페이지 부재 발생 시 메인 메모리에 있으면서 사용하지 않는 페이지 없애 새로운 페이지로 바꾸는 것이다. 교체 알고리즘에는 선입선출(FIFO), 최적페이지(OPT), 최근최소사용(LRU, 카운터, 스택), 최근최소사용근접(참조비트, 시계 - 2차 적기회, NUR, LFU, MFU) 등이 있다.
④ 디스패치: 준비(Ready) 상태의 프로세스가 CPU를 할당받아 실행(Running) 상태로 전이되는 과정을 의미한다.

008 답 ②

스레드는 스레드별로 스택, 지역 데이터, 스레드 실행 환경 정보(레지스터)를 가진다.

선지분석
①, ③, ④ 스레드는 그림에서 보는 바와 같이 코드(실행 파일), 전역 데이터(전역 변수), 힙(동적 할당)을 공유한다.

009 답 ③

...세스 간 통신에 사용되고, 스레드 간 통신은 미리 공유 ...해 ...된다.

선지분석
① 싱글 스레드는 하나의 프로세스에 1개의 스레드를 생성하고, 다중(멀티) 스레드는 하나의 프로세스에 2개 이상의 스레드들을 생성한다.
② 프로세스의 직접 실행 정보를 제외한 나머지 프로세스 관리 정... 공유하기 때문에 싱글 스레드보다 효율적이다.
...자원을 공유하고, 실행(제어)을 분리한다.

동적 타이핑(dynamic typing)
자료형 검사의 대부분이 컴파일 타임이 아닌 실행 시간에 수행될 경우에 사용된다. 값은 자료형을 가지고 있지만 변수는 그렇지 않다. 즉, 변수는 모든 자료형의 값을 가질 수 있다. 동적으로 정형된 언어는 일반적으로 모든 런타임 개체가 자료형 정보를 함께 갖고 있었다. 런타임 자료형 정보는 함수 오버로딩, 동적 디스패치, 게으른 바인딩, 업캐스팅 등에도 사용될 수 있다.

TIP 해당 문제 ... 컴파일러에서 사용하는 형식 언어를 나타낸다.

❶ 빠른 정답 확인

각 CHAPTER에 수록된 모든 문제의 정답을 표로 정리하여 쉽고 빠르게 확인할 수 있습니다.

❷ 관련 이론

문제풀이에 필요한 관련 핵심 이론을 수록하였습니다. 취약한 개념을 바로 확인하여 이론의 효과적인 학습이 가능합니다.

❸ TIP

문제에서 묻는 주제와 관련된 개념 또는 학습에 도움이 될 만한 선생님 TIP들을 따로 모아 수록하였습니다. 문제 풀이에 필요한 TIP을 활용하여 기출문제를 효율적으로 학습할 수 있습니다.

❹ 선지분석

정답인 선지뿐만 아니라 오답인 선지에 대해서도 상세한 설명을 수록하여 다양한 선지 유형을 빈틈없이 학습할 수 있습니다.

PART 1

디지털공학

CHAPTER 01 개요

정답 및 해설 p.2

001 □□□ 2019년 지방직(06)

프로그램 내장 방식에 대한 설명으로 옳지 않은 것은?

① 프로그램 내장 방식을 사용한 최초의 컴퓨터는 에니악(ENIAC)이다.
② 현재 사용되는 대부분의 컴퓨터는 프로그램 내장 방식을 사용하고 있다.
③ 컴퓨터가 작업을 할 때마다 설치된 스위치를 다시 세팅해야 하는 번거로움을 해결하기 위해 폰 노이만이 제안하였다.
④ 프로그램과 자료를 내부의 기억장치에 저장한 후 프로그램 내의 명령문을 순서대로 꺼내 해독하고 실행하는 개념이다.

002 □□□ 2020년 지방직(07)

아날로그 컴퓨터에 대한 설명으로 옳지 않은 것은?

① 입력형식은 부호, 코드화된 숫자, 문자, 기호이다.
② 출력형식은 곡선, 그래프 등이다.
③ 미적분 연산방식을 가지며, 정보처리속도가 빠르다.
④ 증폭회로 등으로 회로 구성을 한다.

003 □□□ 2025년 지방직(05)

프로그램 내장 방식을 적용한 컴퓨터만을 모두 고르면?

ㄱ. EDSAC(Electronic Delay Storage Automatic Computer)
ㄴ. EDVAC(Electronic Discrete Variable Automatic Computer)
ㄷ. ENIAC(Electronic Numerical Integrator And Computer)
ㄹ. MARK Ⅰ

① ㄱ, ㄴ　　② ㄱ, ㄹ
③ ㄴ, ㄷ　　④ ㄷ, ㄹ

CHAPTER 02

컴퓨터의 세대별 분류

정답 및 해설 p.2

001 □□□ 2017년 국가직(20)

컴퓨터의 발전 과정에 대한 설명으로 옳지 않은 것은?

① 포트란, 코볼 같은 고급 언어는 집적 회로(IC)가 적용된 제3세대 컴퓨터부터 사용되었다.

② 애플사는 1970년대에 개인용 컴퓨터를 출시하였다.

③ IBM PC라고 불리는 컴퓨터는 1980년대에 출시되었다.

④ 1990년대에는 월드와이드웹 기술이 적용되면서 인터넷에 연결되는 컴퓨터의 사용자가 폭발적으로 증가하였다.

CHAPTER 03

진법 변환

정답 및 해설 p.2

001 □□□

2014년 국가직(04)

8진수 $(56.13)_8$을 16진수로 변환한 값은?

① $(2E.0B)_{16}$
② $(2E.2C)_{16}$
③ $(B2.0B)_{16}$
④ $(B2.2C)_{16}$

002 □□□

2014년 지방직(02)

CPU의 연산을 처리하기 위한 데이터의 기본 단위로서 CPU가 한 번에 처리할 수 있는 데이터 크기를 나타내는 것은?

① 워드(word)
② 바이트(byte)
③ 비트(bit)
④ 니블(nibble)

003 □□□

2015년 서울시(16)

다음 중 값이 나머지 셋과 다른 것은?

① 10진수 436.625
② 8진수 $(664.5)_8$
③ 16진수 $(1B4.C)_{16}$
④ 10진수 0.436625×10^3

004 □□□

2016년 서울시(13)

다음 중 16진수로 표현된 $B9E_{(16)}$를 2진수로 표현하면 무엇인가?

① $1100\ 0101\ 1101_{(2)}$
② $0101\ 0101\ 1001_{(2)}$
③ $1011\ 1001\ 1110_{(2)}$
④ $1110\ 0101\ 1101_{(2)}$

005 □□□

2017년 국가직(07)

다음 중 수식의 결과가 거짓(false)인 것은?

① $20D_{(16)} > 524_{(10)}$
② $0.125_{(10)} = 0.011_{(2)}$
③ $10_{(8)} = 1000_{(2)}$
④ $0.1_{(10)} < 0.1_{(2)}$

006 □□□

2017년 지방교행(11)

서로 다른 진수로 표현된 다음 수 중에서 가장 큰 것은?

① $100111_{(2)}$
② $57_{(8)}$
③ $43_{(10)}$
④ $2D_{(16)}$

007 □□□

2018년 서울시(11)

다음 중 8진수로 표현된 $13754_{(8)}$를 10진수로 표현하면?

① 6224　② 6414
③ 6244　④ 6124

008 □□□

2020년 국가직(10)

다음 중 8진수 123.321을 16진수로 변환한 것은?

① 53.35　② 53.321
③ 53.681　④ 53.688

009 □□□

2021년 지방직(18)

다음 중 같은 값을 옳게 나열한 것은?

① $(264)_8$, $(181)_{10}$
② $(263)_8$, $(AC)_{16}$
③ $(10100100)_2$, $(265)_8$
④ $(10101101)_2$, $(AD)_{16}$

010 □□□

2022년 지방직(05)

다음 중 16진수 210을 8진수로 변환한 것은?

① 1020　② 2100
③ 10210　④ 20100

011 □□□

2023년 지방직(07)

다음 중 10진수 45.1875를 2진수로 변환한 것은?

① 101100.0011　② 101100.0101
③ 101101.0011　④ 101101.0101

012 □□□

2024년 지방직(03)

8진수 $543_{(8)}$과 10진수 $124_{(10)}$의 합을 8진수로 표현한 것은?

① $626_{(8)}$　② $637_{(8)}$
③ $726_{(8)}$　④ $737_{(8)}$

013 □□□

2024년 지방직(13)

데이터 크기에 대한 설명으로 옳은 것만을 모두 고르면?

> ㄱ. 1바이트(byte)는 8비트이다.
> ㄴ. 1니블(nibble)은 2비트이다.
> ㄷ. 워드(word) 크기는 컴퓨터 시스템에 따라 다를 수 있다.

① ㄱ, ㄴ　② ㄱ, ㄷ
③ ㄴ, ㄷ　④ ㄱ, ㄴ, ㄷ

014 □□□

2025년 지방직(13)

값이 (01100000)2가 아닌 것은? (단, 오른쪽 괄호 밖의 아래 첨자는 진법을 의미하고, +는 덧셈, ×는 곱셈 연산을 의미한다)

① (60)16
② (60)8 + (60)8
③ (00110000)2 × (00000010)2
④ (46)10에 대하여 왼쪽 산술 시프트 1회

CHAPTER 04 자료의 표현

CHAPTER 05 데이터의 2진수 표현

정답 및 해설 p.4

001 □□□

2014년 지방직(12)

음수 표현을 위해 2의 보수를 사용하는 경우 다음 4비트 덧셈의 결과를 10진수 값으로 표현한 것은?

$0011_2 + 1100_2$

① 0
② −7
③ 15
④ −1

002 □□□

2015년 지방직(05)

음수를 2의 보수로 표현할 때, 십진수 −66을 8비트 이진수로 변환한 값은?

① 10111101_2
② 10111110_2
③ 11000010_2
④ 01000001_2

003 □□□

2015년 국회직(14)

부동소수점 계산(floating-point calculation)에서 정규화(normalization)를 하는 이유로 옳은 것은?

① 가수의 값을 크게 하기 위하여
② 가수부의 비트를 줄이기 위하여
③ 연산 속도를 빠르게 하기 위하여
④ 유효 숫자를 늘리기 위하여
⑤ 지수부를 최대화하기 위하여

004 □□□

2016년 지방직(02)

다음 중 10진수 −20을 2의 보수 형식의 8비트 2진수로 나타낸 것은?

① 10010100
② 11101011
③ 11101100
④ 11110100

005 □□□

2016년 지방직(12)

다음 중 2진 부동소수점 수를 표현하기 위한 표준 형식의 요소가 아닌 것은?

① 지수(exponent)
② 가수(fraction 또는 mantissa)
③ 기수(base)
④ 부호(sign)

006 □□□

2017년 국가직(추가)(05)

10진수 −11을 5비트 2진수로 표현한 것은? [단, 부호 있는(signed) 2진수는 2의 보수로 표현된다]

① 10101　② 11101
③ 01101　④ 10100

007 □□□

2017년 국가직(추가)(09)

다음 2진 표현이 나타내는 IEEE 754 표준 단정도(single precision) 부동소수점 수의 값은?

11000001110101010000000000000000

① +5.3125(10)　② −26.625(10)
③ +21.25(10)　④ −13.3125(10)

008 □□□

2017년 지방직(추가)(07)

컴퓨터의 수 표현에 대한 설명으로 옳지 않은 것은?

① 기본적으로 0과 1을 사용하여 수를 표현한다.
② 1의 보수 표기법을 사용하여 부호 있는(signed) 2진 정수를 표현할 수 있다.
③ IEEE 754 표준 부동소수점 수는 부호(sign), 지수(exponent), 소수(fraction)로 구성된다.
④ IEEE 754 표준 단정도(single precision) 부동소수점 수가 표현할 수 있는 값의 개수는 2의 보수 표기법에 의한 32비트의 부호 있는 2진 정수보다 많다.

009 □□□

2017년 지방직(추가)(14)

다음 중 2의 보수로 표현된 n비트의 부호 있는(signed) 2진 정수가 표현할 수 있는 최댓값과 최솟값의 합은?

① −1　② 0
③ 1　④ 2^{n-1}

010 □□□

2018년 지방직(02)

비트열(bit string) A를 2의 보수로 표현된 부호 있는(signed) 2진 정수로 해석한 값은 −5이다. 다음 중 비트열 A를 1의 보수로 표현된 부호 있는 2진 정수로 해석한 값은?

① −4　② −5
③ −6　④ −7

011 □□□

2018년 지방교행(04)

다음 중 4-비트 2의 보수(2's complement)로 표현된 2진수 1110과 1010의 덧셈 결과를 10진수로 올바르게 표현한 것은?

① -8 ② -4
③ 0 ④ 8

012 □□□

2019년 국가직(12)

다음 중 0 ~ (64^{10} - 1)에 해당하는 정수를 이진코드로 표현하기 위해 필요한 최소 비트 수는?

① 16비트 ② 60비트
③ 63비트 ④ 64비트

013 □□□

2019년 서울시(03)

다음은 8비트에 부호 있는 2의 보수 표현법으로 작성한 이진수이다. 이에 해당하는 십진 정수는?

10111100

① -60 ② -68
③ 94 ④ 188

014 □□□

2021년 국가직(04)

다음 중 -35를 2의 보수(2's Complement)로 변환하면?

① 11011100 ② 11011101
③ 11101100 ④ 11101101

015 □□□

2021년 국가직(16)

다음 중 -30.25×2^{-8}의 값을 갖는 IEEE 754 단정도(Single Precision) 부동소수점(Floating-point) 수를 16진수로 변환하면?

① 5DF30000　② 9ED40000
③ BDF20000　④ C8F40000

016 □□□

2021년 지방직(03)

일반적인 컴퓨터 시스템에서 정확한 값으로 표현하기 가장 어려운 것은?

① $\sqrt{2}$　② $1\frac{3}{4}$
③ 2.5　④ -0.25×2^{-5}

017 □□□

2023년 지방직(06)

2의 보수로 표현된 부호 있는(signed) n비트 2진 정수에 대한 설명으로 옳지 않은 것은?

① 최저 음수의 값은 $-(2^{n-1}-1)$이다.
② 0에 대한 표현이 한 가지이다.
③ 0이 아닌 2진 정수 A의 2의 보수는 $(2^n - A)$이다.
④ 0이 아닌 2진 정수 A의 2의 보수는 A의 1의 보수에 1을 더해서 구할 수 있다.

018 □□□

2024년 국가직(06)

10진수 뺄셈 (7 - 12)를 2의 보수를 이용하여 계산한 결과는? (단, 저장 공간은 8비트로 한다)

① 0000 0100
② 0000 0101
③ 1111 0101
④ 1111 1011

CHAPTER 06

2진수의 연산

정답 및 해설 p.5

001 □□□

2014년 지방직(03)

8비트 데이터 A와 B에 대해 다음 비트(bitwise) 연산을 수행하였더니, A의 값에 상관없이 연산 결과의 상위(왼쪽) 4비트는 A의 상위 4비트의 1의 보수이고 연산 결과의 하위(오른쪽) 4비트는 A의 하위 4비트와 같다. B의 값을 이진수로 표현한 것은?

A XOR B

① 00001111_2　② 11110000_2
③ 10010000_2　④ 00001001_2

002 □□□

2018년 국가직(04)

다음 수식에서 이진수 Y의 값은? (단, 수식의 모든 수는 8비트 이진수이고 1의 보수로 표현된다)

$11110100_{(2)} + Y = 11011111_{(2)}$

① $11101001_{(2)}$　② $11101010_{(2)}$
③ $11101011_{(2)}$　④ $11101100_{(2)}$

003 □□□

2023년 지방직(14)

다음 중 2의 보수로 표현된 부호 있는 8비트 2진 정수 10110101을 2비트만큼 산술 우측 시프트(arithmetic right shift)한 결과는?

① 00101101　② 11010100
③ 11010111　④ 11101101

CHAPTER
07
문자 데이터의 표현

정답 및 해설 p.6

001 □□□

2023년 지방직(01)

다음 중 문자 한 개를 표현하기 위해 필요한 비트 수가 가장 많은 문자 코드 체계는?

① ASCII
② BCD
③ EBCDIC
④ 유니코드(Unicode)

002 □□□

2025년 지방직(03)

EBCDIC(Extended Binary Coded Decimal Interchange Code)에 대한 설명으로 옳은 것만을 모두 고르면?

> ㄱ. 표현할 수 있는 문자 수는 총 256개이다.
> ㄴ. 6비트를 사용하여 하나의 문자를 표시하는 방식이다.
> ㄷ. 7개의 데이터 비트와 1개의 패리티 비트로 구성되어 총 8개의 비트를 사용한다.

① ㄱ　② ㄴ
③ ㄱ, ㄷ　④ ㄴ, ㄷ

CHAPTER
08 디지털 논리

정답 및 해설 p.6

001 □□□

2014년 서울시(02)

다음 식은 최적화된 곱의 합 형태이다. 카르노 맵(Karnaugh Map)을 이용하였을 때, 맵에 표시된 함수로 올바른 것은?

$$F(A, B, C, D) = A'C' + ABD + AB'C + A'B'D'$$

① $F(A, B, C, D) = \Sigma m(0, 1, 3, 4, 5, 9, 10, 14, 15)$
② $F(A, B, C, D) = \Sigma m(0, 1, 3, 4, 5, 10, 11, 13, 14)$
③ $F(A, B, C, D) = \Sigma m(0, 1, 2, 4, 5, 9, 11, 14, 15)$
④ $F(A, B, C, D) = \Sigma m(0, 1, 2, 4, 5, 10, 11, 13, 15)$
⑤ $F(A, B, C, D) = \Sigma m(0, 1, 4, 5, 6, 10, 11, 12, 15)$

002 □□□

2014년 국회직(19)

다음 중 한 종류의 게이트만을 조합하여 모든 다른 게이트로 사용할 수 있는 유니버셜 게이트(universal gate)는?

① AND
② OR
③ XOR
④ NAND
⑤ XNOR

003 □□□

2015년 국가직(06)

다음 논리회로의 부울식으로 옳은 것은?

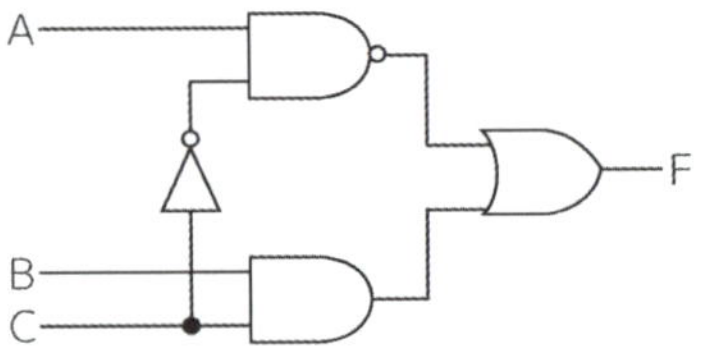

① $F = AC' + BC$
② $F(A, B, C) = \Sigma m(0, 1, 2, 3, 6, 7)$
③ $F = (AC')'$
④ $F = (A' + B' + C)(A + B' + C')$

004 □□□

2015년 지방직(13)

다음 논리회로의 부울식으로 옳은 것은?

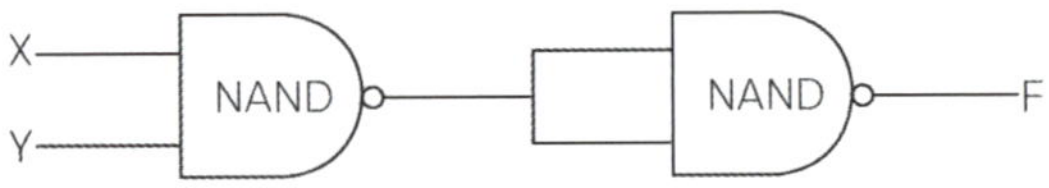

① $F = XY$
② $F = (XY)'$
③ $F = X'Y$
④ $F = XY + (XY)'$

005 □□□

2015년 국회직(11)

다음의 논리 회로와 동일한 연산을 수행하는 것은?

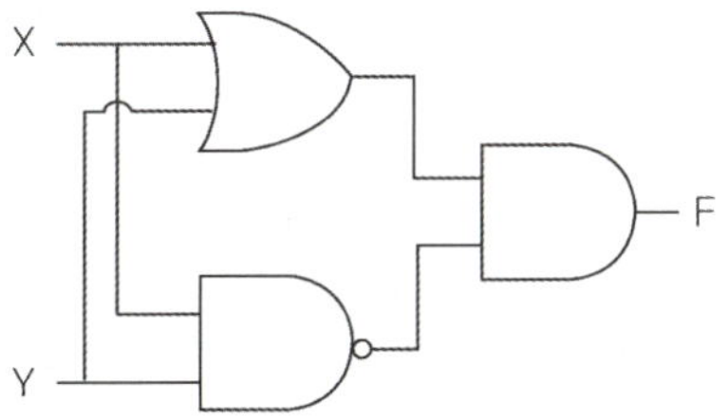

① f = X NAND Y
② f = X NOR Y
③ f = X XOR Y
④ f = X OR Y'
⑤ f = X' AND Y

006 □□□

2016년 국가직(03)

다음 중 나머지 셋과 다른 부울 함수를 표현하는 것은?

① F = A + A'B
② F = A(A + B)
③ F = AB' + A
④ F = (A + B)(A + B')

007 □□□

2016년 국가직(14)

다음 중 단일 종류의 논리 게이트(gate)만을 사용하더라도 모든 조합논리회로를 구현할 수 있는 게이트로 옳은 것은?

① AND 게이트
② OR 게이트
③ NOR 게이트
④ 인버터(inverter)

008 □□□

2016년 지방직(16)

다음의 부울함수와 같은 논리식이 아닌 것은?

$$F(x, y, z) = \Sigma m(1, 3, 4, 5, 6)$$

① x'y'z + x'yz + xy'z' + xy'z + xyz'
② (x + y + z)(x + y' + z)(x' + y' + z')
③ x'z + xz' + xy
④ x'z + xz' + y'z

009 □□□

2016년 서울시(01)

다음 논리회로에서 A = 1010, B = 0010일 때, S에 출력되는 값은?

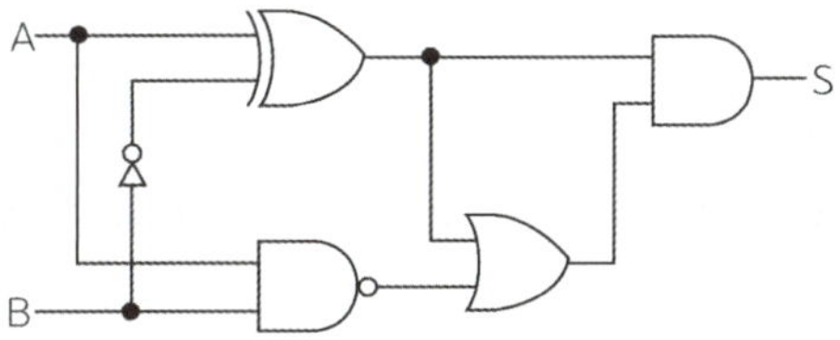

① 1011
② 1101
③ 0111
④ 1110

PART 1

해커스공무원 곽후근 컴퓨터일반 단원별 기출문제집

010 □□□

2017년 지방직(18)

다음 부울식을 간략화한 것은?

AB + A'C + ABD' + A'CD' + BCD'

① A'C + BC　　② AB + BC

③ AB + A'C　　④ A'CD' + BCD'

011 □□□

2017년 지방교행(03)

그림과 같은 논리회로에 X = 0, Y = 1을 입력할 때 출력값 A, B는?

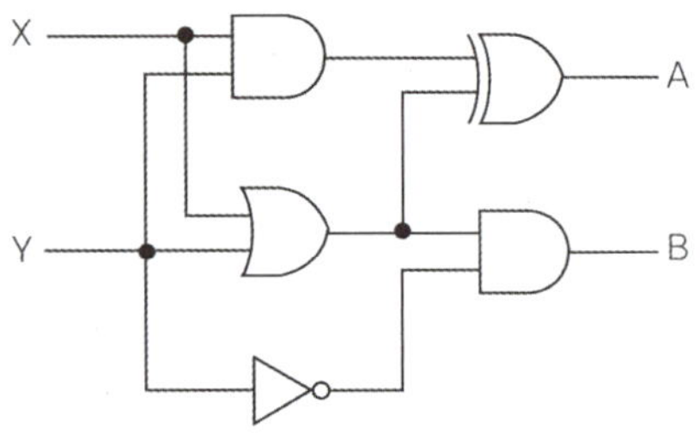

① A = 0, B = 0　　② A = 0, B = 1

③ A = 1, B = 0　　④ A = 1, B = 1

012 □□□

2017년 지방직(추가)(10)

다음은 2진 입력 A, B, C와 2진 출력 X, Y , Z 사이의 관계를 나타낸 것이다. X, Y, Z 에 대한 출력 함수를 옳게 짝지은 것은?

• 입력 C = 0일 때, 출력 X = 0, Y = 0, Z = 0 • 입력 B = 0이고 C = 1일 때, 출력 X = 0, Y = 0, Z = 1 • 입력 B = 1이고 C = 1일 때, 출력 X = A, Y = B, Z = C

① X = AC, Y = BC, Z = C

② X = A'C, Y = B'C, Z = C'

③ X = ABC, Y = BC, Z = C

④ X = A'B'C, Y = B'C, Z = C'

013 □□□

2018년 국가직(05)

다음 진리표를 만족하는 부울 함수로 옳은 것은? (단, · 은 AND, ⊕는 XOR, ⊙는 XNOR 연산을 의미한다)

입력			출력
A	B	C	Y
0	0	0	1
0	0	1	0
0	1	0	0
0	1	1	1
1	0	0	0
1	0	1	1
1	1	0	1
1	1	1	0

① Y = A · B ⊕ C　　② Y = A ⊕ B ⊙ C

③ Y = A ⊕ B ⊕ C　　④ Y = A ⊙ B ⊙ C

014 □□□

2018년 지방직(20)

다음 카르노 맵(Karnaugh map)으로 표현된 부울 함수 F(A, B, C, D)를 곱의 합(sum of products) 형태로 최소화(minimization)한 결과는? [단, X는 무관(don't care) 조건을 나타낸다]

CD \ AB	00	01	11	10
00	0	1	X	1
01	0	X	0	0
11	X	1	0	0
10	0	1	X	1

① F(A, B, C, D) = AD' + BC'D' + A'BC
② F(A, B, C, D) = AB'D' + BC'D' + A'BC
③ F(A, B, C, D) = A'B + AD'
④ F(A, B, C, D) = A'C + AD'

015 □□□

2018년 국회직(07)

다음 카르노 맵에 해당하는 논리식 F로 옳은 것은?

BC \ A	0	1
00	0	1
01	0	0
11	1	0
10	1	0

① F = AB + AB′C
② F = A′B′ + A′B′C′
③ F = AB′ + A′BC
④ F = A′B + AB′C′
⑤ F = AB + BC

016 □□□

2018년 국회직(17)

유니버설 게이트 집합(universal gate set)은 그 구성 원소만으로 어떤 형태의 디지털 시스템도 구현할 수 있는 기능적으로 완전한 게이트들의 집합이다. 다음 중 유니버설 게이트 집합으로 옳지 않은 것은?

① { NAND }
② { OR, DECODER }
③ { MULTIPLEXER }
④ { OR, NOT }
⑤ { XOR }

017 □□□

2018년 지방교행(11)

다음 중 부울(Boolean) 대수식 A + B · C와 진리값이 다른 것은?

① (A + B) · (A + C)
② B · C + A · (A + B)
③ A + A · C + B · C
④ A + B · (B + C)

018 □□□

2019년 국가직(08)

다음 논리 회로의 출력과 동일한 것은?

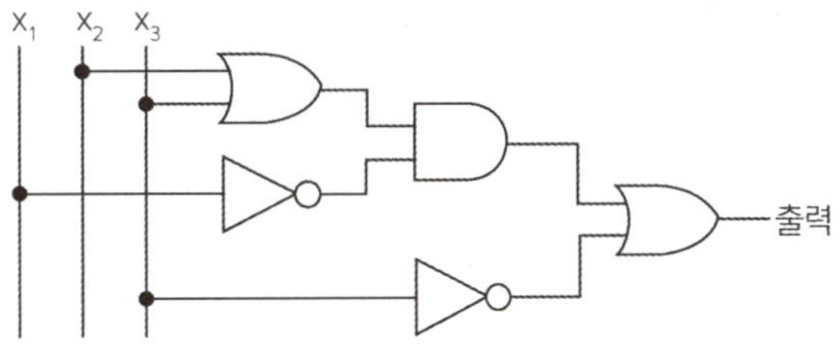

① x1 + x3'
② x1' + x3
③ x1' + x3'
④ x2' + x3'

019 □□□

2019년 지방직(20)

다음 식과 논리적으로 같은 것은?

(x + y ≥ z AND (x + y ≥ z OR x − y ≤ z) AND x − y > z) OR x + y < z

① x + y < z

② x − y > z

③ x + y ≥ z OR x − y ≤ z

④ x + y < z OR x − y > z

020 □□□

2021년 국회직(01)

다음 카르노맵으로 표현되는 최적화된 논리식의 결과 Y로 옳은 것은? (X는 don't care를 나타낸다)

C \ AB	00	01	11	10
0	1	0	0	X
1	X	0	1	1

① Y = AB + C

② Y = AC + B'

③ Y = A + B + C

④ Y = A'B + C

⑤ Y = ABC‘

021 □□□

2023년 지방직(03)

부울 변수 X, Y, Z에 대한 등식으로 옳지 않은 것은? (단, ·은 AND, +는 OR, '는 NOT 연산을 의미한다)

① $X + (Y \cdot Z) = (X + Y) \cdot (X + Z)$

② $X \cdot (X + Y) = X \cdot X + Y$

③ $(X + Y) + Z = X + (Y + Z)$

④ $(X + Y)' = X' \cdot Y'$

022 □□□

2024년 국가직(02)

다음 논리회로도에서 출력 F가 0이 되는 입력 조합을 바르게 연결한 것은?

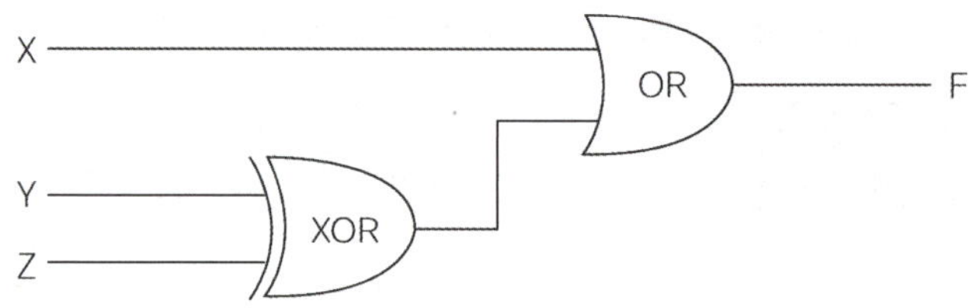

	X	Y	Z
①	0	0	1
②	0	1	0
③	0	1	1
④	1	0	0

CHAPTER
09

플립플롭

정답 및 해설 p.9

001 □□□

2016년 국회직(02)

플립플롭(flip-flop)의 용도에 해당하는 것은?

① n비트의 입력에서 1의 개수가 짝수면 1, 홀수면 0을 출력한다.
② 1비트의 0과 1의 두개의 상태 중 하나를 안정적으로 저장할 수 있다.
③ n비트의 입력에 따라 2n개의 출력 중 하나만 1을 출력한다.
④ 두 비트의 입력에 대하여 합과 자리 올림(carry)을 출력한다.
⑤ 여러 개의 입력 회선 중 선택된 한 회선의 입력을 출력 회선으로 출력한다.

002 □□□

2022년 지방직(11)

다음은 정논리를 사용하는 JK 플립플롭의 진리표이다. (가) ~ (라)에 들어갈 내용으로 옳은 것은? (단, Q'은 Q의 반댓값을 의미한다)

CP	J	K	다음 상태 Q
↑	0	0	(가)
↑	0	1	(나)
↑	1	0	(다)
↑	1	1	(라)

	(가)	(나)	(다)	(라)
①	Q	1	0	Q'
②	Q'	1	0	Q
③	Q	0	1	Q'
④	Q'	0	1	Q

CHAPTER 10

조합논리회로

정답 및 해설 p.9

001 □□□

2017년 서울시(14)

다음 전가산기 논리회로에 대한 설명으로 옳지 않은 것은?

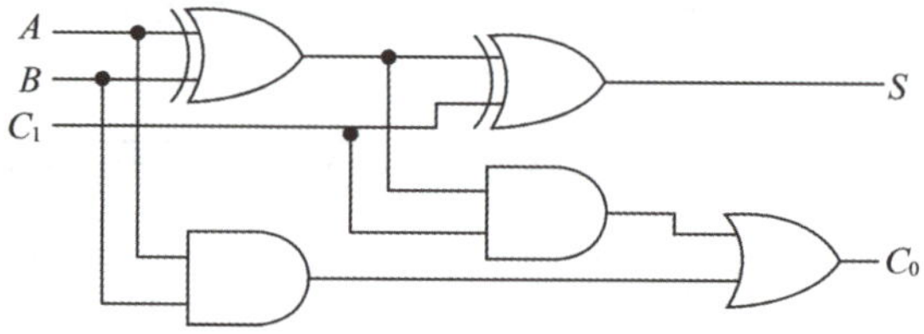

① 전가산기는 캐리를 포함하여 연산처리하기 위해 설계되었다.

② $S = (A \oplus B) \oplus C_i$

③ $C_o = AB + AC_i + BC_i$

④ 전가산기는 두 개의 반가산기만으로 구성할 수 있다.

002 □□□

2017년 국가직(추가)(18)

전가산기(FA: Full Adder)는 두 입력 A, B 및 입력 캐리 Ci를 더해서 합 S와 출력 캐리 Co를 만들어 내는 회로이다. 4개의 전가산기를 사용한 다음 연산기에서 오버플로우(overflow)가 발생한 경우가 아닌 것은?

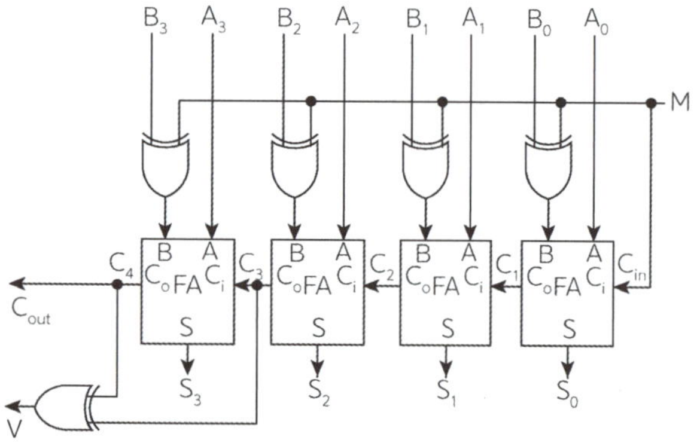

① M = 0, Cout = 1, 부호 없는(unsigned) 연산으로 해석

② M = 1, Cout = 1, 부호 없는 연산으로 해석

③ M = 0, V = 1, 2의 보수를 사용하는 부호 있는(signed) 연산으로 해석

④ M = 1, V = 1, 2의 보수를 사용하는 부호 있는 연산으로 해석

003 □□□

2020년 국회직(08)

다음 논리회로의 기능에 해당하는 것은?

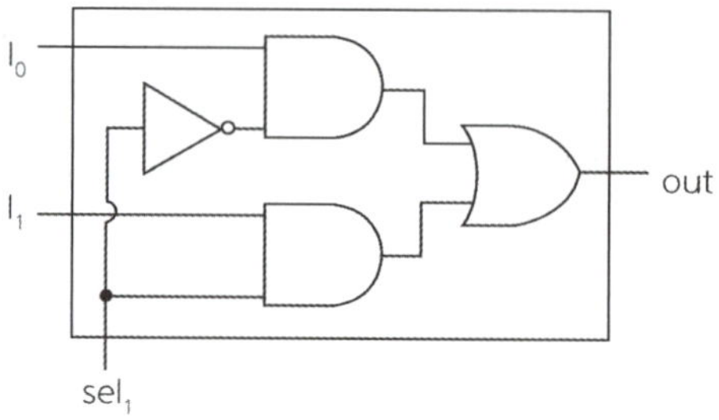

① 멀티플렉서

② 플립플롭

③ 덧셈기

④ 곱셈기

⑤ 감산기

CHAPTER 11

순차논리회로

정답 및 해설 p.10

001 □□□

2018년 지방직(17)

순차논리회로(sequential logic circuit)에 해당하는 것은?

① 3-to-8 디코더(decoder)
② 전가산기(full adder)
③ 동기식 카운터(synchronous counter)
④ 4-to-1 멀티플렉서(multiplexer)

002 □□□

2018년 서울시(16)

다음 중 <보기> 회로의 종류를 바르게 연결한 것은?

<보기>

ㄱ. 3개의 입력 중에서 적어도 2개의 입력이 1이면 출력이 1이 되는 회로
ㄴ. 설정된 값이 표시되었을 때, 경고음을 울리는 카운터

	ㄱ	ㄴ
①	조합논리회로	조합논리회로
②	조합논리회로	순차논리회로
③	순차논리회로	조합논리회로
④	순차논리회로	순차논리회로

003 □□□

2024년 지방직(11)

현재의 출력값이 현재의 입력값에 의해서만 결정되는 논리회로에 해당하지 않는 것은?

① 반가산기(half adder)
② 링 카운터(ring counter)
③ 멀티플렉서(multiplexer)
④ 디멀티플렉서(demultiplexer)

PART 2

컴퓨터구조

CHAPTER 01

컴퓨터 시스템의 구성과 기능

정답 및 해설 p.11

001 □□□

2015년 국가직(01)

다음 중 시스템 소프트웨어에 포함되지 않는 것은?

① 스프레드시트(spreadsheet)
② 로더(loader)
③ 링커(linker)
④ 운영체제(operating system)

002 □□□

2020년 국회직(09)

GPGPU(General-Purpose computing on Graphics Processing Units) 기술에 대한 설명으로 옳지 않은 것은?

① GPU에서 그래픽 연산 이외의 목적을 가진 프로그램을 실행할 수 있도록 해주는 기술을 지칭한다.
② CPU 기기에서의 실행을 위해 컴파일 된 모든 응용 프로그램은 GPGPU 기기에서 실행될 수 있다.
③ 하나의 GPGPU 기기에는 많은 수의 단순 ALU(Arithmetic Logic Unit)가 있어 높은 수준의 병렬처리가 가능하고, 이로 인해 일반 CPU에 비하여 프로그램의 병렬 처리속도가 높아진다.
④ OpenCL(Open Computing Language)을 이용하여 프로그래밍할 경우 다양한 제조사의 GPGPU 기기에서 실행 가능한 프로그램을 작성할 수 있다.
⑤ 병렬처리가 불가능한 어떤 프로그램을 GPGPU에서 실행하려 한다면 성능향상을 기대하기 어렵다.

003 □□□

2021년 국회직(09)

GPU(Graphics Processing Unit)는 기계학습, 인공신경망, 블록체인과 같은 응용프로그램을 실행시킬 때 자주 이용되는데, 그 이유로 옳은 것은?

① GPU는 CPU보다 적은 수의 ALU(Arithmetic Logic Unit)를 포함하고 있기 때문이다.
② GPU는 CPU에 비해서 분기문을 효과적으로 수행할 수 있는 구조이기 때문이다.
③ GPU는 CPU에 비해서 전력을 적게 소모하기 때문이다.
④ GPU는 CPU에 비해서 대량의 간단한 연산을 병렬로 빠르게 처리하는 데 적합한 구조이기 때문이다.
⑤ GPU는 CPU에 비해서 하나의 칩에 들어가는 트랜지스터의 수가 적기 때문이다.

CHAPTER 02

중앙처리장치(CPU)

정답 및 해설 p.11

001 □□□ 2014년 서울시(01)

다음에 실행할 명령의 번지를 기억하고 있는 레지스터는?

① 프로그램 카운터(Program Counter)
② 누산기(Accumulator)
③ 명령어 레지스터(Instruction Register)
④ 메모리 버퍼 레지스터(Memory Buffer Register)
⑤ 인덱스 레지스터(Index Register)

002 □□□ 2014년 국회직(10)

RISC(Reduced Instruction Set Computer) 방식 컴퓨터에 대한 설명으로 옳지 않은 것은?

① RISC 방식은 CISC(Complex Instruction Set Computer) 방식보다 간단한 명령어 구조를 사용한다.
② RISC 방식은 CISC 방식보다 파이프라이닝 구현이 용이하다.
③ RISC 방식은 CISC 방식보다 주소 지정 방식이 간단하다.
④ RISC 방식은 고정된 길이의 명령어 형식으로 디코딩이 간단하다.
⑤ RISC 방식의 CPU는 CISC 방식보다 상대적으로 적은 수의 레지스터를 사용한다.

003 □□□ 2015년 서울시(09)

현재 사용되는 PC에서와 같이, 일반적인 폰-노이만 방식의 중앙처리장치에 대한 설명으로 옳지 않은 것은?

① 중앙처리장치의 중요 구성요소는 산술논리장치(ALU)와 제어부(CU)이다.
② 산술논리장치의 계산 결과는 레지스터에 저장된다.
③ 중앙처리장치에 연결된 어드레스 버스는 단방향 통신을 지원한다.
④ 중앙처리장치와 주기억장치 사이의 통신은 대부분 DMA 방식으로 처리된다.

004 □□□ 2015년 서울시(11)

다음 중 컴퓨터 내부에서 제어장치의 구성 요소에 해당되지 않는 것은?

① 메모리 버퍼 레지스터 ② 세그먼트 포인터
③ 프로그램 카운터 ④ 명령어 레지스터

005 □□□

2015년 국회직(12)

RISC(Reduced Instruction Set Computer)의 특징으로 옳지 않은 것은?

① 명령어별로 소요되는 Clock Cycle이 기본적으로 같다.
② 한 개의 명령어로 여러 작업을 수행할 수 있다.
③ 명령어 길이가 명령어 종류에 관계없이 일정하다.
④ 주소지정 방식이 단순하다.
⑤ CISC(Complex Instruction Set Computer)에 비해 Pipelining 구현이 용이하다.

006 □□□

2017년 국가직(01)

컴퓨터 구조에 대한 설명으로 옳지 않은 것은?

① 폰노이만이 제안한 프로그램 내장방식은 프로그램 코드와 데이터를 내부기억장치에 저장하는 방식이다.
② 병렬처리방식 중 하나인 SIMD는 하나의 명령어를 처리하기 위해 다수의 처리장치가 동시에 동작하는 다중처리기 방식이다.
③ CISC 구조는 RISC 구조에 비해 명령어의 종류가 적고 고정 명령어 형식을 취한다.
④ 파이프라인 기법은 하나의 작업을 다수의 단계로 분할하여 시간적으로 중첩되게 실행함으로써 처리율을 높인다.

007 □□□

2017년 국가직(02)

중앙처리장치 내의 레지스터 중 PC(program counter), IR(instruction register), MAR(memory address register), AC(accumulator)와 다음 설명이 옳게 짝지어진 것은?

ㄱ. 명령어 실행 시 필요한 데이터를 일시적으로 보관한다.
ㄴ. CPU가 메모리에 접근하기 위해 참조하려는 명령어의 주소 혹은 데이터의 주소를 보관한다.
ㄷ. 다음에 인출할 명령어의 주소를 보관한다.
ㄹ. 가장 최근에 인출한 명령어를 보관한다.

	PC	IR	MAR	AC
①	ㄱ	ㄴ	ㄷ	ㄹ
②	ㄴ	ㄹ	ㄷ	ㄱ
③	ㄷ	ㄴ	ㄱ	ㄹ
④	ㄷ	ㄹ	ㄴ	ㄱ

008 □□□

2018년 서울시(17)

CISC(Complex Instruction Set Computer)에 대한 설명으로 가장 옳은 것은?

① 고정 길이의 명령어 형식을 가진다.
② 명령어의 길이가 짧다.
③ 다양한 어드레싱 모드를 사용한다.
④ 하나의 명령으로 복잡한 명령을 수행할 수 없어 복잡한 하드웨어가 필요하다.

009 □□□

2019년 국가직(01)

CPU 내부 레지스터로 옳지 않은 것은?

① 누산기(accumulator)
② 캐시 메모리(cache memory)
③ 프로그램 카운터(program counter)
④ 메모리 버퍼 레지스터(memory buffer register)

010 □□□

2019년 국가직(18)

다음 중 마이크로프로세서에 대한 설명으로 옳은 것만을 모두 고르면?

ㄱ. 모든 명령어의 실행시간은 클럭 주기(clock period)보다 작다.
ㄴ. 클럭 속도는 에너지 절약이나 성능상의 이유로 일시적으로 변경할 수 있다.
ㄷ. 일반적으로 RISC는 CISC에 비해 명령어 수가 적고, 명령어 형식이 단순하다.

① ㄷ
② ㄱ, ㄴ
③ ㄱ, ㄷ
④ ㄴ, ㄷ

011 □□□

2019년 지방직(02)

다음 중 중앙처리장치(CPU)의 구성 요소로만 묶은 것은?

ㄱ. ALU	ㄴ. DRAM
ㄷ. PCI	ㄹ. 레지스터
ㅁ. 메인보드	ㅂ. 제어장치

① ㄱ, ㄴ, ㄹ
② ㄱ, ㄹ, ㅂ
③ ㄹ, ㅁ, ㅂ
④ ㄱ, ㄷ, ㄹ, ㅂ

012 □□□

2019년 지방직(07)

CISC(Complex Instruction Set Computer)와 RISC (Reduced Instruction Set Computer)에 대한 설명으로 옳지 않은 것은?

① CISC 구조에서 명령어의 길이는 가변적이다.
② 전형적인 RISC 구조의 명령어는 메모리의 피연산자를 직접 처리한다.
③ RISC 구조는 명령어 처리구조를 단순화시켜 기계어 명령의 수를 줄인 것을 말한다.
④ CISC 구조는 RISC 구조에 비해서 상대적으로 명령어 실행 단계가 많고 회로 설계가 복잡하다.

013 □□□

2019년 서울시(04)

다음이 설명하는 것은 무엇인가?

다음에 실행할 명령어의 주소를 보관하는 레지스터이다. 계수기로 되어 있어 실행할 명령어를 메모리에서 읽으면 명령어의 길이만큼 증가하여 다음 명령어를 가리키며, 분기 명령어는 목적 주소로 갱신할 수 있다.

① 명령어 레지스터
② 프로그램 카운터
③ 데이터 레지스터
④ 주소 레지스터

014 □□□

2019년 국회직(11)

다음 레지스터 중에서 기억장치를 출입하는 데이터를 잠시 저장하는 용도로 사용되며, CPU에 의해 명령어가 처리되기 위해서 반드시 거쳐야 하는 레지스터로 옳은 것은?

① Status Register
② Program Status Word Register
③ Memory Address Register
④ Memory Buffer Register
⑤ Index Register

015 □□□

2020년 국가직(03)

CPU 내의 레지스터에 대한 설명으로 옳지 않은 것은?

① Accumulator(AC): 연산 과정의 데이터를 일시적으로 저장하는 레지스터
② Program Counter(PC): 다음에 인출될 명령어의 주소를 보관하는 레지스터
③ Memory Address Register(MAR): 가장 최근에 인출한 명령어를 보관하는 레지스터
④ Memory Buffer Register(MBR): 기억장치에 저장될 데이터 혹은 기억장치로부터 읽힌 데이터가 일시적으로 저장되는 버퍼 레지스터

016 □□□

2021년 지방직(05)

CPU에서 명령어를 처리하는 단계 중 가장 첫 번째에 위치하는 것은 무엇인가?

① 실행(execution)
② 메모리 접근(memory access)
③ 명령어 인출(instruction fetch)
④ 명령어 해독(instruction decode)

017 □□□

2021년 국회직(02)

컴퓨터 프로세서의 종류는 RISC(Reduced Instruction Set Computer) 방식과 CISC(Complex Instruction Set Computer) 방식으로 나눌 수 있다. 다음 중 CISC 방식의 구조를 적용한 프로세서는 무엇인가?

① Intel(인텔) Core i3
② Apple(애플) A14
③ Qualcomm(퀄컴) Snapdragon 860
④ Samsung(삼성) Exynos 850
⑤ MIPS(밉스) microAptiv processor

018 □□□

2023년 국가직(05)

다음 중 컴퓨터의 구성요소에 대한 설명으로 옳은 것만을 모두 고르면?

ㄱ. 입출력장치는 기계적 동작을 수반하기 때문에 동작 속도가 주기억장치보다 빠르다.
ㄴ. 중앙처리장치는 명령어 실행단계에서 제어장치, 내부 레지스터, 연산기를 필요로 한다.
ㄷ. 중앙처리장치는 명령어 인출단계에서 인출된 명령어를 저장하기 위한 명령어 레지스터와 다음에 실행할 명령어가 있는 기억장치의 주소를 저장할 프로그램 카운터를 필요로 한다.
ㄹ. 입출력장치는 중앙처리장치와 직접 데이터를 교환할 수 있으며, 데이터 교환은 반드시 중앙처리장치의 입출력 동작 제어에 의해서만 가능하다.

① ㄱ, ㄴ ② ㄱ, ㄹ
③ ㄴ, ㄷ ④ ㄷ, ㄹ

019 □□□

2024년 국가직(08)

RISC와 비교하여 CISC의 특징으로 옳지 않은 것은?

① 명령어의 종류가 많다.
② 명령어의 길이가 고정적이다.
③ 명령어 파이프라인이 비효율적이다.
④ 회로 구성이 복잡하다.

020 □□□

2025년 국가직(04)

기억장치에 저장될 데이터 또는 기억장치로부터 읽은 데이터가 일시적으로 저장되는 CPU 내부 레지스터는?

① 프로그램 카운터
② 명령어 레지스터
③ 메모리 주소 레지스터
④ 메모리 버퍼 레지스터

CHAPTER 03 주기억장치(Main Memory)

정답 및 해설 p.14

001 □□□

2014년 국가직(03)

다음 중 열거된 메모리들을 처리 속도가 빠른 순서대로 바르게 나열한 것은?

ㄱ. 가상(virtual) 메모리
ㄴ. L1 캐시(Level 1 cache) 메모리
ㄷ. L2 캐시(Level 2 cache) 메모리
ㄹ. 임의 접근 메모리(RAM)

① ㄱ - ㄴ - ㄷ - ㄹ
② ㄴ - ㄷ - ㄹ - ㄱ
③ ㄷ - ㄴ - ㄱ - ㄹ
④ ㄹ - ㄱ - ㄴ - ㄹ

002 □□□

2014년 지방직(16)

다음 중 RAM 칩을 사용하여 8K × 64비트 기억장치 모듈을 구성하는 방법으로 옳지 않은 것은?

① 4개의 2K × 64비트 RAM 칩 사용
② 32개의 1K × 16비트 RAM 칩 사용
③ 8개의 4K × 8비트 RAM 칩 사용
④ 4개의 8K × 16비트 RAM 칩 사용

003 □□□

2014년 지방직(18)

RAM의 일종인 DRAM(Dynamic RAM)에 대한 설명으로 옳지 않은 것은?

① 휘발성 메모리이다.
② 주기적인 재충전(refresh)이 필요하다.
③ SRAM(Static RAM)에 비해 접근 속도가 빠르고 저장 밀도가 높다.
④ 주기억장치로 주로 사용된다.

004 □□□

2014년 국회직(09)

NAND flash 메모리에 대한 설명으로 옳지 않은 것은?

① read와 write가 page 단위로 수행된다.
② erase가 block 단위로 수행 된다.
③ overwrite를 하기 위해서는 erase가 선행되어야 한다.
④ erase 속도가 read보다 빠르다.
⑤ 전원 공급이 끊겨도 데이터를 잃어버리지 않는다.

005 □□□

2015년 국회직(18)

최근 NAND 플래시 메모리를 이용한 저장장치가 모바일 기기를 중심으로 확산되고 있다. 다음 중 NAND 플래시 메모리의 특징으로 옳지 않은 것은?

① NAND 플래시 메모리는 페이지(page) 단위로 읽기/쓰기가 행해지며, 페이지의 크기는 보통 섹터 크기의 배수로 정해져 있다.
② 데이터를 많이 쓸수록 셀의 수명이 단축된다.
③ 한번 쓴 페이지에 새로운 데이터를 쓰기 위해서는 이전의 데이터를 먼저 지운 후에만 가능하다.
④ DRAM과 같이 데이터의 내용을 보존하기 위해 주기적인 리프레시(refresh)가 필요하다.
⑤ 읽기/쓰기 연산을 하지 않을 때에는 거의 전력을 소모하지 않는다.

006 □□□

2016년 지방직(01)

다음 중 접근 속도가 가장 빠른 기억장치는?

① 주기억장치　　② 보조기억장치
③ 레지스터　　④ 캐시

007 □□□

2016년 지방직(20)

크기가 각각 12KB, 30KB, 20KB인 프로세스가 다음과 같은 메모리 공간에 순차적으로 적재 요청될 때, 모든 프로세스를 적재할 수 있는 알고리즘만을 모두 고른 것은?

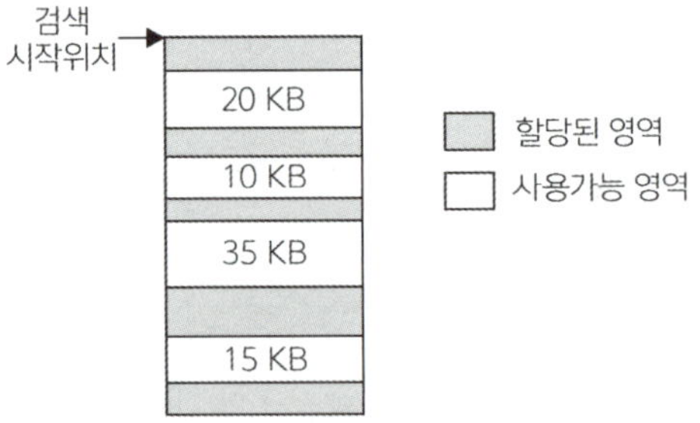

ㄱ. 최초 적합(first-fit)
ㄴ. 최적 적합(best-fit)
ㄷ. 최악 적합(worst-fit)

① ㄱ　　② ㄴ
③ ㄱ, ㄴ　　④ ㄴ, ㄷ

008 □□□

2017년 지방직(14)

다음과 같은 가용 공간을 갖는 주기억장치에 크기가 각각 25KB, 30KB, 15KB, 10KB인 프로세스가 순차적으로 적재 요청된다. 최악적합(worst-fit) 배치전략을 사용할 경우 할당되는 가용 공간 시작주소를 순서대로 나열한 것은?

가용 공간 리스트	
시작주소	크기
w	30KB
x	20KB
y	15KB
z	35KB

① w → x → y → z　　② x → y → z → w
③ y → z → w → x　　④ z → w → x → y

009 □□□

2017년 지방직(15)

32K × 8비트 ROM 칩에 대한 설명으로 옳지 않은 것은?

① 이 ROM 칩 4개와 디코더(decoder)를 이용하여 128K × 8비트 ROM 모듈을 구현할 수 있다.
② 데이터 핀은 8개이다.
③ 워드 크기가 8비트인 컴퓨터 시스템에서만 사용된다.
④ 32,768개의 주소로 이루어진 주소 공간(address space)을 갖게 된다.

010 □□□

2017년 국회직(12)

다음 중 4개의 512 × 4비트 RAM을 직렬로 연결하여 구성한 메모리의 마지막 주소를 16진수로 표시한 것으로 옳은 것은?

① 1FF ② 200
③ 7FF ④ 800
⑤ FFF

011 □□□

2017년 지방교행(18)

컴퓨터의 기억장치에 대한 설명으로 옳지 않은 것은?

① 캐시기억장치는 주기억장치와 중앙처리장치의 속도 차이 문제를 개선할 수 있다.
② SRAM(Static Random Access Memory)은 재충전이 필요한 비휘발성 메모리이다.
③ RAID(Redundant Arrays of Inexpensive Disks)는 신뢰성과 접근 속도를 향상하기 위해 사용된다.
④ 가격, 속도, 용량이 서로 다른 기억장치를 연결한 기억장치 계층 구조는 비용 대비 성능을 높인다.

012 □□□

2017년 지방직(추가)(01)

다음 중 주기억장치로 사용될 수 없는 기억장치는?

① EPROM ② 블루레이(Blu-ray) 디스크
③ SRAM ④ DRAM

013 □□□

2019년 국가직(04)

1K × 4bit RAM 칩을 사용하여 8K × 16bit 기억장치 모듈을 설계할 때 필요한 RAM 칩의 최소 개수는?

① 4개 ② 8개
③ 16개 ④ 32개

014 □□□

2019년 국회직(01)

다음 <보기>의 저장장치 중 접근(access) 속도가 빠른 것부터 순서대로 나열한 것으로 옳은 것은?

<보기>

ㄱ. 레지스터 ㄷ. 캐시메모리
ㄴ. 주기억장치 ㄹ. 하드디스크

① ㄱ, ㄴ, ㄷ, ㄹ ② ㄱ, ㄷ, ㄴ, ㄹ
③ ㄱ, ㄷ, ㄹ, ㄴ ④ ㄷ, ㄱ, ㄴ, ㄹ
⑤ ㄷ, ㄱ, ㄹ, ㄴ

015 □□□

2021년 국회직(11)

다음은 컴퓨터에서 데이터를 저장할 수 있는 기억장치 종류를 나열한 것이다. 이를 접근(access) 속도가 빠른 순서대로 바르게 나열한 것은?

A. 마그네틱(Magnetic) 디스크
B. SRAM(Static RAM)
C. DRAM(Dynamic RAM)
D. 플래시 메모리(Flash Memory)

① A - B - C - D ② B - C - D - A
③ B - D - C - A ④ C - B - A - D
⑤ D - C - A - B

016 □□□

2022년 국가직(01)

대표적인 반도체 메모리인 DRAM과 SRAM에 대한 설명으로 옳지 않은 것은?

① DRAM은 휘발성이지만 SRAM은 비휘발성이어서 전원이 공급되지 않아도 기억을 유지할 수 있다.
② DRAM은 축전기(Capacitor)의 충전상태로 비트를 저장한다.
③ SRAM은 주로 캐시 메모리로 사용된다.
④ 일반적으로 SRAM의 접근속도가 DRAM보다 빠르다.

017 □□□

2022년 국회직(06)

다음 중 메모리 관리 방안에 대한 설명으로 옳은 것만을 모두 고르면?

> ㄱ. Worst-fit 할당은 가장 큰 공간에 프로세스를 배치하는 방식이다.
> ㄴ. Best-fit 할당 방식은 요청하는 메모리 크기에 가장 일치하는 크기의 메모리 블록을 할당함으로써 외부 단편화를 최소화할 수 있다.
> ㄷ. First-fit 할당 방식은 탐색 시 요청한 메모리 크기를 할당할 수 있는 메모리 블록을 찾았을 때 바로 할당함으로써 탐색 시간을 줄일 수 있다.
> ㄹ. Buddy 할당 방식은 메모리를 2의 거듭제곱 단위의 크기로 할당하여 내부 단편화를 최소화할 수 있다.

① ㄱ, ㄷ　② ㄱ, ㄹ
③ ㄴ, ㄹ　④ ㄱ, ㄴ, ㄷ
⑤ ㄴ, ㄷ, ㄹ

018 □□□

2025년 지방직(06)

운영체제에서 가변 분할 메모리 관리 기법을 사용하고 있으며, 현재 비어 있는 메모리 상태를 순서대로 표현하면 다음과 같다. 새로운 프로세스가 12 Kbyte 크기의 메모리를 요청하여 4번 위치로 할당되었다면, 이때 적용된 메모리 할당 기법은?

위치	빈 공간 크기
1번	10 Kbyte
2번	25 Kbyte
3번	30 Kbyte
4번	15 Kbyte

① 중앙 적합(center fit)
② 최악 적합(worst fit)
③ 최적 적합(best fit)
④ 최초 적합(first fit)

CHAPTER 04

캐시기억장치(Cache)

정답 및 해설 p.16

001 □□□

2014년 지방직(17)

캐시 메모리 시스템을 구성할 때 일반적으로 캐시 블록은 복수의 워드를 가지도록 구성되는데, 이것은 어떤 항목이 참조되면 그 근처에 있는 다른 항목들도 곧바로 참조될 가능성이 높다는 메모리 참조의 특성에 기반을 두고 있다. 이러한 특성으로 옳은 것은?

① 시간적 지역성(temporal locality)
② 캐시 일관성(cache coherence)
③ 공간적 지역성(spatial locality)
④ 영속적 바인딩 (persistent binding)

002 □□□

2015년 국가직(05)

다음은 캐시 기억장치를 사상(mapping) 방식 기준으로 분류한 것이다. 캐시 블록은 4개 이상이고 사상 방식을 제외한 모든 조건이 동일하다고 가정할 때, 평균적으로 캐시 적중률(hit ratio)이 높은 것에서 낮은 것 순으로 바르게 나열한 것은?

ㄱ. 직접 사상(direct-mapped)
ㄴ. 완전 연관(fully-associative)
ㄷ. 2-way 집합 연관(set-associative)

① ㄱ - ㄴ - ㄷ　　② ㄴ - ㄷ - ㄱ
③ ㄷ - ㄱ - ㄴ　　④ ㄱ - ㄷ - ㄴ

003 □□□

2015년 국회직(17)

CPU와 DRAM 사이에 캐시(cache)가 있는 구조에서, CPU가 캐시와 DRAM을 접근하는데 각각 1사이클과 100사이클이 소요된다고 가정하자. 캐시 적중률(hit ratio)이 90%라고 할 때 평균 메모리 접근 시간은?

① 1.1사이클　　② 1.9사이클
③ 10.1사이클　　④ 10.9사이클
⑤ 11사이클

004 □□□

2016년 국가직(10)

다음 중 캐시 일관성(cache coherence) 문제를 해결하기 위한 기술과 관련이 없는 것은?

① 스누핑(snooping) 프로토콜
② MESI 프로토콜
③ 디렉토리 기반(directory-based) 프로토콜
④ 우선순위 상속(priority-inheritance) 프로토콜

005 □□□

2017년 국가직(추가)(12)

중앙처리장치와 주기억장치 사이에 있는 기억장치로서, 둘 사이의 속도 차이로 인한 컴퓨터 시스템 성능 저하를 경감하기 위한 것은 무엇인가?

① 캐시기억장치　② 보조기억장치
③ ROM　④ 레지스터

006 □□□

2017년 지방직(추가)(20)

캐시기억장치에 대한 설명으로 옳지 않은 것은?

① 명령어 캐시기억장치와 데이터 캐시기억장치로 분리된 구조를 가질 수 있다.
② 2개 이상의 단계(level)를 가지는 다단계 구조를 가질 수 있다.
③ 직접 사상(direct mapping) 방식을 사용할 경우, 적절한 교체(replacement) 알고리즘이 필요하다.
④ 쓰기 버퍼(write buffer)는 즉시 쓰기(write-through) 캐시기억장치에서 쓰기 동작이 오래 걸리는 문제를 개선할 수 있다.

007 □□□

2018년 지방직(08)

2-way 집합 연관 사상(set-associative mapping) 방식을 사용하는 캐시 기억장치를 가진 컴퓨터가 있다. 캐시 기억장치 접근(access)을 위해 주기억장치 주소가 다음 세 필드(field)로 구분된다면, 캐시 기억장치의 총 라인(line) 개수는?

태그(tag) 필드	세트(set) 필드	오프셋(offset) 필드
8비트	9비트	7비트

① 128개　② 256개
③ 512개　④ 1,024개

008 □□□

2018년 지방교행(16)

직접 사상(direct mapping) 방식을 사용하는 캐시 메모리와 주기억장치 주소 형식이 다음과 같을 때, 주기억장치 주소 00000011에 사상되는 데이터는? (단, 주기억장치는 바이트 단위로 주소가 지정된다)

〈주기억장치 주소 형식〉

태그 필드	라인 필드	단어 필드
3비트	4비트	1비트

〈캐시 메모리〉

단어 번호

태그	데이터 (단어 0)	데이터 (단어 1)	라인 번호
000	10000001	10000011	0000
000	10000111	10001111	0001
…	…	…	…
111	00000011	10111111	1111

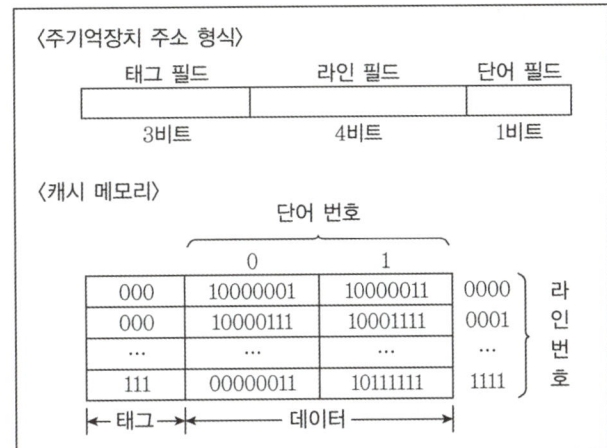

① 00000011　② 10000011
③ 10000111　④ 10001111

009 □□□

2020년 국가직(09)

캐시기억장치 교체 알고리즘에 대한 설명으로 옳지 않은 것은?

① LRU는 최근에 가장 오랫동안 사용되지 않았던 블록을 교체하는 방법이다.
② FIFO는 캐시에 적재된 지 가장 오래된 블록을 먼저 교체하는 방법이다.
③ LFU는 캐시 블록마다 참조 횟수를 기록함으로써 가장 많이 참조된 블록을 교체하는 방법이다.
④ Random은 사용 횟수와 무관하게 임의로 블록을 교체하는 방법이다.

010 □□□

2020년 지방직(06)

캐시기억장치 접근시간이 20ns, 주기억장치 접근시간이 150ns, 캐시기억장치 적중률이 80%인 경우에 평균 기억장치 접근시간은? (단, 기억장치는 캐시와 주기억장치로만 구성된다)

① 32ns ② 46ns

③ 124ns ④ 170ns

011 □□□

2021년 지방직(06)

캐시(cache)에 대한 설명으로 옳지 않은 것은?

① CPU와 인접한 곳에 위치하거나 CPU 내부에 포함되기도 한다.

② CPU와 상대적으로 느린 메인(main) 메모리 사이의 속도 차이를 줄이기 위해 사용된다.

③ 다중프로세서 시스템에서는 write-through 정책을 사용하더라도 데이터 불일치 문제가 발생할 수 있다.

④ 캐시에 쓰기 동작을 수행할 때 메인 메모리에도 동시에 쓰기 동작이 이루어지는 방식을 write-back 정책이라고 한다.

012 □□□

2022년 국회직(08)

캐시 메모리에 대한 설명으로 옳은 것은?

① 완전 연관 사상 캐시의 경우 충돌 실패가 발생한다.

② 캐시의 블록 크기를 키우면 시간적 지역성을 더 잘 활용하여 캐시 실패를 줄일 수 있다.

③ Write-through 정책은 쓰기 동작 발생 시 캐시만 갱신한다.

④ 직접 사상 캐시의 경우 캐시 블록 교체정책이 필요 없다.

⑤ 캐시 쓰기 성능향상을 위한 Write 버퍼는 Write-back 캐시에만 적용된다.

013 □□□

2023년 지방직(05)

다음에서 제시한 시스템에서 주기억장치 주소의 각 필드의 비트 수를 바르게 연결한 것은? (단, 주기억장치 주소는 바이트 단위로 할당되고, 1KB는 1,024바이트이다)

- 캐시기억장치는 4-way 집합 연관 사상(set-associative mapping) 방식을 사용한다.
- 캐시기억장치는 크기가 8 KB이고 전체 라인 수가 256개이다.
- 주기억장치 주소는 길이가 32비트이고, 캐시기억장치 접근(access)과 관련하여 아래의 세 필드로 구분된다.

태그(tag)	세트(set)	오프셋(offset)

	태그	세트	오프셋
①	20	6	6
②	20	7	5
③	21	5	6
④	21	6	5

014 □□□

2024년 지방직(12)

캐시기억장치에 대한 설명으로 옳지 않은 것은?

① 주로 SRAM을 사용하여 구현된다.
② 주기억장치보다 용량은 작지만 접근 속도가 빠르다.
③ 성능 향상을 위해 지역성의 원리(principle of locality)를 이용한다.
④ 직접 사상(direct mapping) 방식을 사용하면, 특정 주기억장치블록을 여러 개의 캐시기억장치 블록으로 사상할 수 있다.

015 □□□

2025년 국가직(09)

다음과 같이 접근 시간이 주어졌을 때, 캐시 적중률은? (단, 캐시 적재 시간과 캐시 적중 여부 검사 시간은 제외한다)

- 평균 기억장치 접근 시간 = 2.5 ms
- 주기억 장치 접근 시간 = 11.5 ms
- 캐시 기억장치 접근 시간 = 1.5 ms

① 0.8 ② 0.85
③ 0.9 ④ 0.95

016 □□□

2025년 지방직(14)

크기가 32 Kbyte이고 4-방향 집합 연관 사상(4-way set associative mapping)을 따르는 캐시(cache)가 있다. 각 캐시 블록의 크기가 64바이트일 때, 캐시 집합의 개수는?

① 32 ② 64
③ 128 ④ 256

CHAPTER 05

보조기억장치(Auxiliary Memory)

정답 및 해설 p.18

001 □□□

2014년 국회직(08)

RAID에 대한 설명으로 옳은 것은?

① 자기 테이프를 효율적으로 구성하기 위한 기술이다.
② 자기 디스크에 더 많은 양의 데이터를 저장하기 위한 기술이다.
③ 읽기 전용 보조기억 장치를 구성하기 위한 것이다.
④ RAID 레벨 0은 빠르기보다는 데이터의 안정성에 중점을 둔 구성 방법이다.
⑤ RAID 레벨 5는 패리티(parity)가 모든 디스크에 분산된다.

002 □□□

2015년 지방직(11)

RAID에 대한 설명으로 옳은 것은?

① RAID 레벨 1은 패리티를 이용한다.
② RAID 레벨 0은 디스크 미러링을 이용한다.
③ RAID 레벨 0과 RAID 레벨 1을 조합해서 사용할 수 없다.
④ RAID 레벨 5는 패리티를 모든 디스크에 분산시킨다.

003 □□□

2016년 국가직(02)

다음은 PC(Personal Computer)의 전원을 켰을 때 일어나는 과정들을 순서대로 나열한 것이다. ㉠ ~ ㉢이 바르게 짝지어진 것은?

- (㉠)에 저장된 바이오스(BIOS)가 실행되어 컴퓨터에 장착된 하드웨어 장치들의 상태를 점검한다.
- (㉡)에 저장되어 있는 운영체제가 (㉢)(으)로 로드(load)된다.
- 운영체제의 실행이 시작된다.

	㉠	㉡	㉢
①	보조기억장치	ROM	주기억장치
②	보조기억장치	주기억장치	ROM
③	ROM	보조기억장치	주기억장치
④	ROM	주기억장치	보조기억장치

004 □□□

2017년 지방직(02)

하드디스크에 대한 설명으로 옳지 않은 것은?

① 하드디스크는 데이터접근 방식이 직접접근 방식인 보조기억 장치이다.
② 바이오스(BIOS)는 하드디스크에 저장된다.
③ 하드디스크는 주기억장치보다 접근 속도가 느리다.
④ 하드디스크는 전원이 꺼져도 저장된 데이터가 지워지지 않는다.

005 □□□

2018년 지방직(06)

다음에서 설명하는 RAID 레벨은 무엇인가?

> • 블록 단위 스트라이핑(striping)을 통해 데이터를 여러 디스크에 분산 저장한다.
> • 패리티를 패리티 전용 디스크에 저장한다.

① RAID 레벨 1 ② RAID 레벨 2
③ RAID 레벨 4 ④ RAID 레벨 5

006 □□□

2018년 서울시(08)

RAID(Redundant Array of Inexpensive Disks) 기술에 대한 설명으로 가장 옳지 않은 것은?

① RAID 1 레벨은 미러링(Mirroring)을 지원한다.
② RAID 3 레벨은 데이터를 블록 단위로 분산 저장하여 대용량의 읽기 중심 서버용으로 사용한다.
③ RAID 5 레벨은 고정적인 패리티 디스크 대신 패리티가 모든 디스크에 분산되어 저장되므로 병목 현상을 줄여준다.
④ RAID 6 레벨은 두 개의 패리티 디스크를 사용하므로 두 개의 디스크 장애 시에도 데이터의 복구가 가능하다.

007 □□□

2019년 국회직(09)

RAID의 레벨에 대한 설명으로 옳은 것은?

① 레이드 레벨 0은 동일하게 미러링된 디스크 세트로 구성된다.
② 레이드 레벨 1은 데이터를 2개 이상의 디스크에 블록 단위로 스트라이핑하여 저장하며, 다른 레이드 레벨에 비해 오류에 취약하다.
③ 레이드 레벨 3은 데이터를 다수의 디스크에 스트라이핑하여 저장하며, 하나의 드라이브에 패리티를 저장한다.
④ 레이드 레벨 5는 데이터와 패리티를 비트단위로 다수의 디스크에 스트라이핑하여 저장한다.
⑤ 레이드 레벨 6은 데이터를 2개 이상의 디스크에 블록 단위로 스트라이핑하여 저장하며, 패리티는 포함하지 않는다.

008 □□□

2020년 국가직(06)

RAID(Redundant Array of Independent Disks) 레벨에 대한 설명으로 옳지 않은 것은?

① RAID 1 구조는 데이터를 두 개 이상의 디스크에 패리티 없이 중복 저장한다.
② RAID 2 구조는 데이터를 각 디스크에 비트 단위로 분산 저장하고 여러 개의 해밍코드 검사디스크를 사용한다.
③ RAID 4 구조는 각 디스크에 데이터를 블록 단위로 분산 저장하고 하나의 패리티 검사디스크를 사용한다.
④ RAID 5 구조는 각 디스크에 데이터와 함께 이중 분산 패리티 정보를 블록 단위로 분산 저장한다.

009 □□□

2020년 지방직(08)

RAID(Redundant Array of Inexpensive Disks)에 대한 설명으로 옳지 않은 것은?

① RAID-0은 디스크 스트라이핑(Disk Striping) 방식으로 중복 저장과 오류 검출 및 교정이 없는 방식이다.
② RAID-1은 디스크 미러링(Disk Mirroring) 방식으로 높은 신뢰도를 갖는다.
③ RAID-4는 데이터를 비트(bit) 단위로 여러 디스크에 분할하여 저장하는 방식이며, 별도의 패리티(parity) 디스크를 사용한다.
④ RAID-5는 별도의 패리티 디스크 대신 모든 디스크에 패리티 정보를 나누어 기록하는 방식이다.

010 □□□

2022년 국가직(13)

SSD(Solid-State Drive)에 대한 설명으로 옳지 않은 것은?

① 반도체 기억장치 칩들을 이용하여 구성된 저장장치이다.
② 하드디스크에 비해 저장용량 대비 가격이 비싸다.
③ 기계적 장치를 사용하여 하드디스크보다 데이터 입출력 속도가 빠르다.
④ 하드디스크를 대체하려고 개발한 저장장치로서 플래시 메모리로 구성된다.

011 □□□

2024년 국가직(07)

RAID(Redundant Array of Inexpensive Disks) 레벨에 대한 설명으로 옳지 않은 것은?

① RAID 레벨 0: 패리티 없이 데이터를 분산 저장한다.
② RAID 레벨 1: 패리티 비트를 사용하여 오류를 검출한다.
③ RAID 레벨 2: 해밍 코드를 사용하여 오류 검출 및 정정이 가능하다.
④ RAID 레벨 5: 데이터와 함께 패리티 정보를 블록 단위로 분산 저장한다.

CHAPTER 06

입출력장치(I/O)

정답 및 해설 p.20

001 □□□

2015년 서울시(17)

인터럽트 입출력 제어방식에 대한 설명으로 옳은 것은?

① 입출력을 하기 위해 CPU가 계속 Flag를 검사하고, 자료 전송도 CPU가 직접 처리하는 방식이다.

② 입출력을 하기 위해 CPU가 계속 Flag를 검사할 필요가 없고, 대신 입출력 인터페이스가 CPU에게 데이터 전송 준비가 되었음을 알리고 자료전송은 CPU가 직접 처리하는 방식이다.

③ 입출력 장치가 직접 주기억장치를 접근하여 Data Block을 입출력하는 방식으로, 입출력 전송이 CPU 레지스터를 경유하지 않고 수행된다.

④ CPU의 관여 없이 채널 제어기가 직접 채널 명령어로 작성된 프로그램을 해독하고 실행하여 주기억장치와 입출력장치 사이에서 자료전송을 처리하는 방식이다.

002 □□□

2017년 지방직(05)

입출력과 관련하여 폴링(polling) 방식과 인터럽트(interrupt) 방식에 대한 설명으로 옳지 않은 것은?

① 폴링 방식에서는 프로세서가 입출력을 위해 입출력장치의 상태를 반복적으로 검사한다.

② 인터럽트 방식은 폴링 방식 대비 프로세서의 시간을 낭비하는 단점이 있다.

③ 인터럽트 방식에서는 인터럽트 간에 우선순위를 둘 수 있다.

④ 인터럽트 방식에서는 인터럽트 처리를 위해 인터럽트 처리 루틴을 호출한다.

003 □□□

2017년 지방직(08)

데이터 전송 기법인 DMA(Direct Memory Access)에 대한 설명으로 옳지 않은 것은?

① DMA는 프로세서의 개입을 최소화하면서 주기억장치와 입출력장치 사이에 데이터를 전송하는 기술이다.

② 주기억장치와 입출력장치 사이에 대량의 데이터를 고속으로 전송 시, 인터럽트 방식이 DMA 방식보다 효율적이다.

③ 주기억장치와 입출력장치 사이에 DMA에 의한 데이터 전송 시, DMA 제어기는 버스 마스터(master)로 동작한다.

④ 단일 컴퓨터 시스템에 여러 개의 DMA 제어기가 존재할 수 있다.

004 □□□

2017년 서울시(02)

컴퓨터에서 사건이 발생하면 이를 처리하기 위해 인터럽트 기술을 사용한다. 사건의 발생지에 따라 동기와 비동기 인터럽트로 분류되는데, 다음 중 비동기 인터럽트는 무엇인가?

① 프로세스가 실행 중에 0으로 나누기를 할 때 발생하는 인터럽트

② 키보드 혹은 마우스를 사용할 때 발생하는 인터럽트

③ 프로세스 내 명령어 실행 때문에 발생하는 인터럽트

④ 프로세스 내 명령어가 보호 메모리영역을 참조할 때 발생하는 인터럽트

005 □□□

2017년 국회직(11)

직접 메모리 접근(Direct Memory Access, DMA)에 대한 설명으로 옳지 않은 것은?

① 입출력 장치와 메인 메모리 사이에 데이터를 전송하는 방식이다.

② 사이클 스틸링(cycle stealing)과 같은 의미이다.

③ 각 입출력 장치마다 DMA 제어기(DMA controller)가 한 개씩 사용된다.

④ CPU가 메인 메모리에 접근하지 않는 동안에 데이터를 전송한다.

⑤ 데이터의 전송이 완료되면 DMA 제어기가 CPU로 인터럽트 신호를 전송한다.

006 □□□

2017년 지방교행(08)

다음 설명을 모두 만족하는 용어는 무엇인가?

- 컴퓨터의 입출력 장치 제어기에서 중앙처리장치로 보내는 신호이다.
- 현재 실행 중인 프로그램의 수행을 미루고 다른 프로그램의 수행을 요구한다.
- 시스템 호출을 실행하여 발생시킬 수 있다.

① 파이프　　② 스레드

③ 인터럽트　　④ 프로세스 제어블록

007 □□□

2020년 국회직(06)

I/O장치에 대한 설명으로 옳지 않은 것은?

① 채널을 이용한 입출력 방식은 데이터의 고속성을 위해 CPU의 계속적인 간섭 없이 직접 I/O장치와 기억장치 사이에 자료를 주고받는다.

② DMA(Direct Memory Access)를 이용한 입출력 방식은 기억장치와 입출력 모듈 간의 데이터 전송을 DMA 제어기가 처리하고 CPU가 그 동작을 관리한다.

③ I/O장치는 발생하는 이벤트를 CPU에 알리기 위해 주로 인터럽트를 발생시킨다.

④ I/O장치는 주로 인간 혹은 컴퓨터 외부와의 인터페이스(interface) 역할을 한다.

⑤ Memory-mapped I/O장치는 메모리접근 명령어를 사용해 관리한다.

008 □□□

2021년 국회직(03)

프로세서에서 I/O 장치의 요청을 처리하는 방법에는 인터럽트(Interrupt) 방식과 폴링(Polling) 방식이 있다. 다음 중 폴링 방식의 단점으로 옳은 것은?

① I/O 장치가 다른 요청을 처리하는 동안 문맥교환(context switch)을 통해서 다른 작업을 처리할 수 있다.

② 프로세서가 반복적으로 I/O 장치의 상태를 체크해야 한다.

③ 프로세서가 문맥교환(context switch)을 하지 않고 I/O 장치의 요청을 처리할 수 있다.

④ 프로세서가 문맥교환(context switch)을 빈번하게 수행한다.

⑤ I/O 장치에서 요청이 있어야 처리 루틴을 시작한다.

009 □□□

2022년 지방직(14)

인터럽트에 대한 설명으로 옳지 않은 것은?

① 내부 인터럽트가 발생하면 컴퓨터는 더 이상 프로그램을 실행할 수 없다.
② 프로세서는 인터럽트 요구가 있으면 현재 수행 중인 프로그램의 주소 값을 스택이나 메모리의 0번지와 같은 특정 장소에 저장한다.
③ 신속하고 효율적인 인터럽트 처리를 위하여 컴퓨터는 항상 인터럽트 요청을 승인하도록 구성된다.
④ 인터럽트 핸들러 또는 인터럽트 서비스 루틴은 인터럽트 소스가 요청한 작업에 대한 프로그램으로 기억장치에 적재되어야 한다.

010 □□□

2025년 국가직(15)

외부 인터럽트(External Interrupt)의 요인에 해당하지 않는 것은?

① 입·출력 ② 오버플로
③ 전원 이상 ④ 기계 오작동

CHAPTER 07

시스템 버스(System Bus)

정답 및 해설 p.21

001 □□□

2015년 국가직(13)

컴퓨터 버스에 대한 설명으로 옳지 않은 것은?

① 주소 정보를 전달하는 주소 버스(address bus), 데이터 전송을 위한 데이터 버스(data bus), 그리고 명령어 전달을 위한 명령어 버스(instruction bus)로 구성된다.
② 3 - 상태(3-state) 버퍼를 이용하면 데이터를 송신하고 있지 않는 장치의 출력이 버스에 연결된 다른 장치와 간섭하지 않도록 분리시킬 수 있다.
③ 특정 장치를 이용하면 버스를 통해서 입출력 장치와 주기억장치 간 데이터가 CPU를 거치지 않고 전송될 수 있다.
④ 다양한 장치를 연결하기 위한 별도의 버스가 추가적으로 존재할 수 있다.

002 □□□

2016년 지방직(13)

다음 중 범용 컴퓨터의 시스템 버스(system bus)에 해당하지 않는 것은?

① 주소 버스(address bus)
② 데이터 버스(data bus)
③ 제어 버스(control bus)
④ 명령어 버스(instruction bus)

003 □□□

2016년 국회직(17)

시스템 버스에 대한 설명으로 옳지 않은 것은?

① 하드웨어 구성요소를 물리적으로 연결하며 구성요소 사이의 데이터 통로를 제공한다.
② 주소 버스는 중앙처리장치가 주기억장치나 입출력장치에 데이터를 읽거나 쓰기 위해 필요한 주소를 전달하는 통로이다.
③ 제어 버스는 주소 버스와 데이터 버스의 동작을 제어하기 위한 신호의 전달 통로이다.
④ 데이터 버스는 중앙처리장치와 기타 모듈(기억장치, 입출력장치 등) 사이의 데이터를 전달하는 통로로 양방향 버스이다.
⑤ 시스템 버스는 용도에 따라 주소 버스, 입출력 버스, 데이터 버스, 제어 버스로 구성된다.

004 □□□

2017년 국가직(06)

컴퓨터 시스템 구성요소 사이의 데이터 흐름과 제어 흐름에 대한 설명으로 옳은 것은?

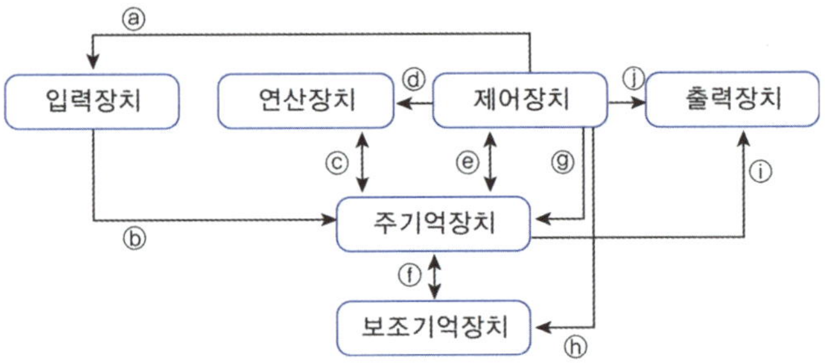

① ⓐ와 ⓕ는 모두 제어 흐름이다.
② ⓑ와 ⓖ는 모두 데이터 흐름이다.
③ ⓗ는 데이터 흐름, ⓓ는 제어 흐름이다.
④ ⓒ는 데이터 흐름, ⓖ는 제어 흐름이다.

005 □□□

2025년 국가직(16)

컴퓨터의 버스에 대한 설명으로 옳지 않은 것은?

① 시스템 버스의 종류에는 제어 버스, 데이터 버스, 주소 버스가 있다.
② 제어 버스는 제어 신호를 전달하기 위해 사용된다.
③ 버스의 폭은 전송량을 의미하며, 컴퓨터의 성능에 영향을 준다.
④ 컴퓨터의 각 장치 간에 데이터를 전달할 때 사용하는 데이터 버스는 단방향성을 가지고 있다.

CHAPTER 08

명령어(Instruction)

CHAPTER 09

주소 지정 기법(Addressing Mode)

정답 및 해설 p.22

001 □□□ 2017년 국회직(01)

CPU의 주소지정 방식 중 간접 주소지정 방식(indirect addressing mode)을 이용하는 이유로 옳은 것은?

① 메모리에 직접 접근하지 못하게 하여 보안을 강화한다.
② 메모리 접근 속도를 빠르게 한다.
③ 제작 비용을 절감한다.
④ CPU의 실행 속도를 빠르게 한다.
⑤ 지정 가능한 주소 범위를 확대한다.

002 □□□ 2019년 지방직(11)

컴퓨터 명령어 처리 시 필요한 유효 주소(Effective Address)를 찾기 위한 주소 지정 방식에 대한 설명으로 옳지 않은 것은?

① 즉시 주소 지정 방식(Immediate Addressing Mode)은 유효 데이터가 명령어 레지스터 내에 있다.
② 간접 주소 지정 방식(Indirect Addressing Mode)으로 유효 데이터에 접근하는 경우 주기억장치 최소 접근 횟수는 2이다.
③ 상대 주소 지정 방식(Relative Addressing Mode)은 프로그램 카운터와 명령어 내의 주소 필드 값을 결합하여 유효 주소를 도출한다.
④ 레지스터 주소 지정 방식(Register Addressing Mode)은 직접 주소 지정 방식(Direct Addressing Mode)보다 유효 데이터 접근 속도가 느리다.

003 □□□ 2022년 국가직(19)

다음 중 (가)에 들어갈 어드레싱 모드로 옳은 것은?

(가) 는 명령어가 피연산자의 주소를 가지고 있는 레지스터를 지정한다. 즉, 선택된 레지스터는 피연산자 그 자체가 아니라 피연산자의 주소이다. 일반적으로 이 모드를 사용할 때에 프로그래머는 이전의 명령어에서 레지스터가 피연산자의 주소를 가졌는지를 확인해 보아야 한다.

① 레지스터 간접 모드(Register Indirect mode)
② 레지스터 모드(Register mode)
③ 간접 주소 모드(Indirect Addressing mode)
④ 인덱스 어드레싱 모드(Indexed Addressing mode)

004 □□□ 2025년 지방직(12)

다음 12비트 명령어 형식에 대하여 직접 주소 지정 방식(direct addressing mode)으로 지정할 수 있는 메모리의 최대 크기는? (단, 하나의 주소공간 크기는 1바이트이다)

연산코드(5비트)	주소부(7비트)

① 128바이트 ② 256바이트
③ 512바이트 ④ 1,024바이트

CHAPTER 10

파이프라이닝(Pipelining)

정답 및 해설 p.23

001 □□□

2014년 지방직(19)

파이프라이닝(pipelining) 기법이 적용된 프로세서에서 파이프라인 실행이 계속될 수 있는 조건이 충족되지 않아 파이프라인 전체 또는 일부가 정지(stall)될 수 있는 상황이 발생하는데, 이를 파이프라인 해저드(pipeline hazard)라고 한다. 파이프라인 해저드의 유형이 아닌 것은?

① 구조적 해저드(structural hazard)
② 데이터 해저드(data hazard)
③ 제어 해저드(control hazard)
④ 병렬 해저드(parallel hazard)

002 □□□

2015년 지방직(19)

다음 중 명령어 파이프라이닝의 4단계에 속하지 않는 것은?

① 인터럽트　② 명령어 실행
③ 명령어 인출　④ 명령어 해독

003 □□□

2016년 국가직(16)

다음 중 파이프라이닝(pipelining) 기법이 적용된 중앙처리장치(CPU)에서의 파이프라인 해저드(pipeline hazard) 종류와 대응 방법을 바르게 짝지은 것만을 모두 고른 것은?

ㄱ. 데이터 해저드(data hazard) – 데이터 전방전달(data forwarding)
ㄴ. 구조적 해저드(structural hazard) – 부족한 자원의 추가
ㄷ. 제어 해저드(control hazard) – 분기 예측(branch prediction)

① ㄱ, ㄴ　② ㄱ, ㄷ
③ ㄴ, ㄷ　④ ㄱ, ㄴ, ㄷ

004 □□□

2017년 지방교행(17)

다음 중 명령어 파이프라이닝(pipelining)과 가장 관련이 있는 것은?

① 슈퍼스칼라(superscalar)
② 데이지 체인(daisy chain)
③ DMA(Direct Memory Access)
④ PCI(Peripheral Component Interconnect)

005 □□□
2020년 지방직(05)

다음 중 CPU(중앙처리장치)의 성능 향상을 위해 한 명령어 사이클 동안 여러 개의 명령어를 동시에 처리할 수 있도록 설계한 CPU구조는 무엇인가?

① 슈퍼스칼라(Superscalar)
② 분기 예측(Branch Prediction)
③ VLIW(Very Long Instruction Word)
④ SIMD(Single Instruction Multiple Data)

006 □□□
2020년 국회직(01)

병렬처리 방식과 연관된 기술로 옳지 않은 것은?

① Pipelining
② Superscalar
③ VLIW(Very Long Instruction Word)
④ SMT(Simultaneous Multi-Threading)
⑤ Accumulator

007 □□□
2021년 국가직(18)

파이프라인 해저드(Pipeline Hazard)에 대한 다음 설명에서 ㉠과 ㉡에 들어갈 내용을 바르게 연결한 것은?

- 하드웨어 자원의 부족 때문에 명령어를 적절한 클록 사이클에 실행할 수 있도록 지원하지 못할 때 (㉠) 해저드가 발생한다.
- 실행할 명령어를 적절한 클록 사이클에 가져오지 못할 때 (㉡) 해저드가 발생한다.

	㉠	㉡
①	구조적	제어
②	구조적	데이터
③	데이터	구조적
④	데이터	제어

008 □□□
2023년 국가직(01)

다음 중 병렬 처리를 수행하는 기법으로 옳지 않은 것은?

① 블루 - 레이 디스크
② VLIW
③ 파이프라인
④ 슈퍼스칼라

009 □□□
2025년 국가직(12)

파이프라이닝 기법에 대한 설명으로 옳지 않은 것은?

① 데이터 해저드는 앞의 명령 결과가 다음 명령의 입력으로 사용될 때 발생한다.
② 이론적으로는 파이프라인의 단계 수만큼 빨라지지만, 이것을 방해하는 요소인 해저드가 발생할 수 있다.
③ 파이프라이닝은 명령어 하나를 여러 단계로 나누어 각각을 독립적인 장치에서 동시에 실행하는 기법이다.
④ 제어 해저드는 서로 다른 단계에서 실행되는 명령이 컴퓨터 내의 장치 하나를 동시에 사용하려고 할 때 발생한다.

CHAPTER 11

제어 장치(Control Unit)

정답 및 해설 p.24

001 □□□ 2023년 국가직(10)

다음 중 CPU의 제어장치에 해당하지 않는 것은?

① 순서 제어 논리 장치
② 명령어 해독기
③ 시프트 레지스터
④ 서브루틴 레지스터

CHAPTER 12

병렬 컴퓨터(Parallel Computer)

정답 및 해설 p.24

001 □□□

2014년 지방직(08)

클러스터(cluster) 컴퓨터 시스템에 대한 설명으로 옳지 않은 것은?

① 클러스터 내의 노드들을 연결하기 위해 클러스터 전용 상호 연결망이나 LAN을 사용할 수 있다.
② 노드를 추가함으로써 클러스터의 확장이 가능하다.
③ 일부 노드의 고장 발생 시에도 지속적인 서비스가 가능하도록 높은 가용성을 추구한다.
④ 각 노드의 개별적인 운영체제 없이 모든 노드들은 단일 운영 체제의 관리하에서 동작한다.

002 □□□

2014년 국회직(11)

그리드 컴퓨팅 시스템(grid computing system)에 대한 설명으로 옳지 않은 것은?

① PC, 워크스테이션, 서버 등과 같은 다양한 컴퓨터들의 네트워크이다.
② 문제를 여러 조각으로 나누어 개별 컴퓨터에 분할하여 처리하도록 해준다.
③ 한 컴퓨터는 데이터베이스 서버로 지정되고 다른 컴퓨터는 그래픽 처리 전용이 되는 등 각각의 컴퓨터들은 특수한 작업을 수행한다.
④ 크고 복잡한 계산을 할 수 있게 해준다.
⑤ 컴퓨터를 추가하거나 제거하여 쉽게 규모를 조절할 수 있다.

003 □□□

2015년 지방직(17)

컴퓨터 시스템에 대한 설명으로 옳은 것은?

① 임베디드 시스템은 특정 기능을 수행하기 위해 설계된 컴퓨터 하드웨어와 소프트웨어 및 추가적인 기계 혹은 기타 부품들의 결합체이다.
② 클러스터 컴퓨팅 시스템에 참여하는 컴퓨터들은 다른 이웃 노드와 독립적으로 동작하고 상호 연결되어 협력하지 않는다.
③ 불균일 기억 장치 액세스(NUMA) 방식은 병렬 방식 중 가장 오래되었고, 여전히 가장 널리 사용된다.
④ Flynn의 분류에 따르면, MISD는 여러 프로세서들이 서로 다른 명령어들을 서로 다른 데이터들에 대하여 동시에 실행하는 것이다.

004 □□□

2016년 서울시(04)

다음 중 나머지 셋과 역할 기능이 다른 하나는?

① Array processor　② DMA
③ GPU　④ SIMD

005 □□□

2017년 서울시(11)

Flynn의 병렬컴퓨터 분류방식에 대한 설명으로 옳지 않은 것은?

① SISD - 명령어와 데이터를 순서대로 처리하는 단일프로세서 시스템이다.

② SIMD - 단일 명령어 스트림을 처리하고 배열프로세서라고도 한다.

③ MISD - 여러 개의 프로세서를 갖는 구조로 밀결합 시스템(tightly-coupled system)과 소결합 시스템(loosely-coupled system)으로 분류한다.

④ MIMD - 여러 개의 프로세서들이 서로 다른 명령어와 데이터를 처리하는 진정한 의미의 병렬프로세서이다.

006 □□□

2022년 지방직(18)

병렬 프로세서에 대한 설명으로 옳지 않은 것은?

① 프로세스 수준 병렬성은 다수의 프로세서를 이용하여 독립적인 프로그램 여러 개를 동시에 수행한다.

② 클러스터는 근거리 네트워크를 통하여 연결된 컴퓨터들이 하나의 대형 멀티 프로세서로 동작하는 시스템이다.

③ 공유 메모리 프로세서(SMP)는 단일 실제 주소 공간을 갖는 병렬 프로세서를 의미한다.

④ 각 프로세서의 메모리 접근법 분류에 따르면 UMA는 약결합형 다중처리기 시스템, NUMA 및 NORMA는 강결합형 다중처리기 시스템에 해당한다.

007 □□□

2023년 국가직(04)

플린(Flynn)의 분류법에 따른 병렬 프로세서 구조 중 MIMD(Multiple Instruction stream, Multiple Data stream) 방식에 속하지 않는 것은?

① 클러스터

② 대칭형 다중 프로세서

③ 불균일 기억장치 액세스

④ 배열 프로세서

CHAPTER

13 그 외

정답 및 해설 p.25

001 □□□ 2015년 국회직(09)

어떤 프로그램에서 부동소수점 곱셈(floating-point multiplication) 연산이 전체 수행시간의 70%를 차지한다고 하자. 해당 프로그램의 성능을 2배 향상시키려면(즉, 전체 수행시간을 1/2로 단축시키려면), 부동 소수점 곱셈 연산의 성능이 몇 배 향상되어야 하는가?

① 1.3배
② 2배
③ 3배
④ 3.5배
⑤ 5배

002 □□□ 2016년 서울시(11)

암달(Amdahl)의 법칙은 컴퓨터 시스템의 일부를 개선할 때 전체적으로 얼마만큼의 최대 성능 향상을 기대할 수 있는지를 예측하는 데 사용된다. 만약 특정 응용프로그램의 75%가 멀티코어(Multicore)를 이용한 병렬 수행이 가능하고 나머지 25%는 코어의 수가 증가해도 순차 실행만 가능하다는 전제하에, 컴퓨팅 코어(Core)의 수를 4개로 늘릴 때 기대할 수 있는 최대 성능 향상은 약 몇 배인가?

① 약 1.28배
② 약 2.28배
③ 약 3.28배
④ 약 4.28배

003 □□□ 2017년 지방직(추가)(08)

어떤 컴퓨터에서 프로그램 P를 실행할 때, 실행시간 중 60%의 시간이 연산 A를 실행하는데 소요된다. 다른 조건의 변화 없이 연산 A만을 n배 빠르게 실행하도록 컴퓨터의 성능을 향상시킨 후 프로그램 P에 대한 실행시간이 50% 감소했다면, n의 값은? (단, 실행시간은 프로그램 P만 실행하여 측정한다)

① 2
② 4
③ 6
④ 10

004 □□□ 2018년 지방직(18)

클록(clock) 주파수가 2GHz인 중앙처리장치를 사용하는 컴퓨터 A에서 프로그램 P를 실행하는데 10초가 소요된다. 클록 주파수가 더 높은 중앙처리장치를 사용하는 컴퓨터 B에서 프로그램 P를 실행하면, 소요되는 클록 사이클 수는 컴퓨터 A에 대비하여 1.5배로 증가하나 실행 시간은 6초로 감소한다. 컴퓨터 B에 사용된 중앙처리장치의 클록 주파수는? (단, 실행시간은 중앙처리장치의 실행 시간만을 고려한 것이며 프로그램 P만 실행하여 측정된다)

① 3GHz
② 4GHz
③ 5GHz
④ 6GHz

005 □□□

2020년 지방직(03)

프로세서의 수를 늘려도 속도를 개선하는 데 한계가 있다는 주장으로서, 병렬처리 프로세서의 성능 향상의 한계를 지적한 법칙은?

① 무어의 법칙(Moore's Law)
② 암달의 법칙(Amdahl's Law)
③ 구스타프슨의 법칙(Gustafson's Law)
④ 폰노이만 아키텍처(von Neumann Architecture)

006 □□□

2021년 국가직(03)

4GHz의 클록 속도를 갖는 CPU에서 CPI(Cycle per Instruction)가 4.0이고 총 10^{10}개의 명령어로 구성된 프로그램을 수행하려고 할 때, 이 프로그램의 실행 완료를 위해 필요한 시간은?

① 1초 ② 10초
③ 100초 ④ 1,000초

007 □□□

2023년 지방직(02)

다음은 어떤 시스템의 성능 개선에 대한 내용이다. 성능 개선 후 프로그램 P의 실행에 걸리는 소요시간은? (단, 시스템에서 프로그램 P만 실행된다고 가정한다)

- 성능 개선 전에 프로그램 P의 특정 부분 A의 실행에 30초가 소요되었고, A를 포함한 전체 프로그램 P의 실행에 50초가 소요되었다.
- 시스템의 성능을 개선하여 A의 실행 속도를 2배 향상시켰다.
- A의 실행 속도 향상 외에 성능 개선으로 인한 조건 변화는 없다.

① 25초 ② 30초
③ 35초 ④ 40초

PART 3

데이터통신

CHAPTER 01

개념

정답 및 해설 p.27

001 □□□

2014년 지방직(14)

다음 중 다양한 장치들이 서로 통신할 수 있게 하는 PAN (Personal Area Network)을 위한 통신 규격으로, IEEE 802.15.1 표준으로 채택된 통신 방법은 무엇인가?

① 블루투스(Bluetooth)
② Wi-Fi(Wireless-Fidelity)
③ RFID(Radio Frequency IDentification)
④ USB(Universal Serial Bus)

002 □□□

2014년 서울시(10)

다음 중 네트워크의 구성 유형에서 중앙에 컴퓨터가 있고 이를 중심으로 단말기를 연결시킨 중앙 집중식 네트워크 구성 유형은 무엇인가?

① 스타(star)형
② 트리(tree)형
③ 버스(bus)형
④ 링(ring)형
⑤ 그물(mesh)형

003 □□□

2017년 국가직(04)

다음의 설명과 무선 PAN 기술이 옳게 짝지어진 것은?

(가) 다양한 기기 간에 무선으로 데이터 통신을 할 수 있도록 만든 기술로 에릭슨이 IBM, 노키아, 도시바와 함께 개발하였으며, IEEE 802.15.1 규격으로 발표되었다.
(나) 약 10cm 정도로 가까운 거리에서 장치 간에 양방향 무선 통신을 가능하게 해 주는 기술로 모바일 결제 서비스에 많이 활용된다.
(다) IEEE 802.15.4 기반 PAN기술로 낮은 전력을 소모하면서 저가의 센서 네트워크 구현에 최적의 방안을 제공하는 기술이다.

	(가)	(나)	(다)
①	Bluetooth	NFC	ZigBee
②	ZigBee	RFID	Bluetooth
③	NFC	RFID	ZigBee
④	Bluetooth	ZigBee	RFID

004 □□□

2017년 국가직(12)

네트워크 구성 형태에 대한 설명으로 옳지 않은 것은?

① 메시(mesh)형은 각 노드가 다른 모든 노드와 점대점으로 연결되기 때문에 네트워크 규모가 커질수록 통신 회선수가 급격하게 많아진다.
② 스타(star)형은 각 노드가 허브라는 하나의 중앙노드에 연결되기 때문에 중앙노드가 고장나면 그 네트워크 전체가 영향을 받는다.
③ 트리(tree)형은 고리처럼 순환형으로 구성된 형태로서 네트워크 재구성이 수월하다.
④ 버스(bus)형은 하나의 선형 통신 회선에 여러 개의 노드가 연결되어 있는 형태이다.

005 □□□

2017년 서울시(12)

네트워크 토폴로지(Topology) 중 버스(Bus) 방식에 대한 설명으로 옳지 않은 것은?

① 버스 방식은 네트워크 구성이 간단하고 작은 네트워크에 유용하며 사용이 용이하다.
② 버스 방식은 네트워크 트래픽이 많을 경우 네트워크 효율이 떨어진다.
③ 버스 방식은 통신 채널이 단 한 개이므로 버스 고장이 발생하면 네트워크 전체가 동작하지 않으므로 여분의 채널이 필요하다.
④ 버스 방식은 노드의 추가·삭제가 어렵다.

006 □□□

2019년 지방직(03)

다음에서 설명하는 네트워크 구조는 무엇인가?

> • 구축 비용이 저렴하고 새로운 노드를 추가하기 쉽다.
> • 네트워크의 시작과 끝에는 터미네이터(Terminator)가 붙는다.
> • 연결된 노드가 많거나 트래픽이 증가하면 네트워크 성능이 크게 저하된다.

① 링(Ring)형 ② 망(Mesh)형
③ 버스(Bus)형 ④ 성(Star)형

007 □□□

2020년 국가직(05)

네트워크 토폴로지에 대한 설명으로 옳지 않은 것은?

① 버스(bus)형 토폴로지는 설치가 간단하고 비용이 저렴하다.
② 링(ring)형 토폴로지는 통신 회선에 컴퓨터를 추가하거나 삭제하는 등 네트워크 재구성이 용이하다.
③ 트리(tree)형 토폴로지는 허브(hub)에 문제가 발생해도 전체 네트워크에 영향을 주지 않는다.
④ 성(star)형 토폴로지는 중앙집중적인 구조이므로 고장 발견과 유지보수가 쉽다.

008 □□□

2022년 국가직(04)

다음 중 무선주파수를 이용하며 반도체 칩이 내장된 태그와 리더기로 구성된 인식시스템은 무엇인가?

① RFID ② WAN
③ Bluetooth ④ ZigBee

009 □□□

2022년 국가직(08)

자료 흐름의 방향과 동시성 여부에 따라 분류한 통신 방식 중 다음에서 설명하는 통신 방식으로 옳은 것은? [단, DTE(Data Terminal Equipment)는 컴퓨터, 휴대폰, 단말기 등과 같이 통신망에서 네트워크의 끝에 연결된 장치들을 총칭하는 용어이다]

> 통신하는 두 DTE가 시간적으로 교대로 데이터를 교환하는 방식의 통신으로, 한 DTE가 명령을 전송하면 다른 DTE가 이를 처리하여 그에 대한 응답을 전송하는 트랜잭션(Transaction) 처리 시스템에서 볼 수 있다.

① 단방향 통신 ② 반이중 통신
③ 전이중 통신 ④ 원거리 통신

010 □□□

2024년 국가직(13)

네트워크 접속 형태 중 트리형 토폴로지(topology)에 대한 설명으로 옳지 않은 것은?

① 네트워크의 확장이 용이하다.
② 병목 현상이 나타나지 않는다.
③ 분산처리 방식을 구현할 수 있다.
④ 중앙의 서버 컴퓨터에 장애가 발생하면 전체 네트워크에 영향을 준다.

CHAPTER 02

OSI 모델

정답 및 해설 p.28

001 □□□

2014년 국가직(05)

OSI 7계층 중 종점 호스트 사이의 데이터 전송을 다루는 계층으로서 종점 간의 연결 관리, 오류 제어와 흐름 제어 등을 수행하는 계층은 무엇인가?

① 전송 계층(transport layer)
② 링크 계층(link layer)
③ 네트워크 계층(network layer)
④ 세션 계층(session layer)

002 □□□

2014년 서울시(08)

OSI모델의 각 계층별 기능이 옳지 않은 것은?

① 데이터 링크 계층(Data link layer) - Physical addressing, Flow Control
② 네트워크 계층(Network layer) - Logical addressing, Routing
③ 전송 계층(transport layer) - Connection Control, Flow Control
④ 세션 계층(Session layer) - Dialog Control, Synchronization
⑤ 표현 계층(Presentation layer) - Network virtual terminal, File transfer

003 □□□

2015년 지방직(03)

데이터 통신의 표준참조모델인 OSI모델의 각 계층에 대한 설명으로 옳지 않은 것은?

① 물리 계층은 송수신 시스템의 연결에서 전송 매체의 종류, 송수신되는 신호의 전압 레벨 등을 정의한다.
② 네트워크 계층은 송수신 컴퓨터의 응용프로그램 간 송수신되는 데이터의 구문과 의미에 관련된 기능으로 변환, 암호화, 압축을 수행한다.
③ 전송 계층은 연결된 네트워크의 기능이나 특성에 영향을 받지 않고 오류제어와 흐름제어 기능을 수행하여 신뢰성 있는 데이터 전송을 보장하는 것으로, 프로토콜은 TCP, UDP 등이 있다.
④ 응용 계층은 최상위 계층으로 프로토콜은 FTP, HTTP 등이 있다.

004 □□□

2015년 서울시(01)

다른 컴퓨터 시스템들과의 통신이 개방된 시스템 간의 연결을 다루는 OSI 모델에서 <보기>가 설명하는 계층은 무엇인가?

<보기>

물리적 전송 오류를 감지하는 기능을 제공하여 송·수신 호스트가 오류를 인지할 수 있게 해주며, 컴퓨터 네트워크에서의 오류 제어(error control)는 송신자가 송신한 데이터를 재전송(retransmission)하는 방법으로 처리한다.

① 데이터 링크 계층 ② 물리 계층
③ 전송 계층 ④ 표현 계층

005 □□□

2016년 국회직(10)

프로토콜은 컴퓨터 간 데이터 전송의 효율성과 신뢰성을 보장하기 위해 여러 가지 기능을 수행한다. 다음 중 프로토콜의 일반적인 기능에 해당하지 않는 것은?

① 주소 지정 ② 오류 제어
③ 데이터 분할 및 조합 ④ 비동기화
⑤ 흐름 제어 및 캡슐화

006 □□□

2017년 서울시(06)

통신 S/W 구조에서 제2계층인 데이터링크 계층의 주기능이 아닌 것은?

① 데이터링크 계층에서 전송할 프레임(Frame) 제작 기능
② 점대점(Point to Point) 링크 간의 오류제어 기능
③ 종단(End to End) 간 경로설정 기능
④ 점대점(Point to Point) 링크 간의 흐름제어 기능

007 □□□

2017년 국회직(13)

인터넷에서 인접한 노드(node) 간의 프레임을 전송하며 목적지의 주소 지정, 흐름제어 및 오류 제어 기능을 제공하는 계층으로 옳은 것은?

① 물리 계층(physical layer)
② 데이터 링크 계층(data link layer)
③ 네트워크 계층(network layer)
④ 트랜스포트 계층(transport layer)
⑤ 응용 계층(application layer)

008 □□□

2018년 국가직(13)

다음 중 IPv4가 제공하는 기능만을 모두 고른 것은?

ㄱ. 혼잡 제어
ㄴ. 인터넷 주소지정과 라우팅
ㄷ. 신뢰성 있는 전달 서비스
ㄹ. 패킷 단편화와 재조립

① ㄱ, ㄴ ② ㄴ, ㄷ
③ ㄴ, ㄹ ④ ㄷ, ㄹ

009 □□□

2018년 서울시(03)

서로 다른 시스템 간의 통신을 위한 표준을 제공함으로써 통신에 방해가 되는 기술적인 문제점을 제거하고 상호 인터페이스를 정의한 OSI 참조 모델의 계층에 대한 설명으로 가장 옳지 않은 것은?

① 네트워크 계층은 물리 계층에서 전달받은 데이터에 대한 동기를 확인하는 기능, 데이터의 원활한 전송을 제어하는 흐름제어(Flow Control) 기능, 안전한 데이터 전송을 위한 에러 제어(Error Control) 기능을 수행한다.
② 물리 계층은 상위 계층으로부터 전달받은 데이터의 물리적인 링크를 설정하고 유지, 해제하는 기능을 담당한다.
③ 전송 계층은 통신하고 있는 두 사용자 사이에서 데이터 전송의 종단 간(end-to-end) 서비스 질을 높이고 신뢰성을 제어하는 기능을 담당한다.
④ 응용 계층은 사용자가 직접 접하는 부분이며 전자 메일 서비스, 파일 전송 서비스, 네트워크 관리 등이 있다.

010 □□□

2018년 국회직(03)

OSI(Open System Interconnection) 7계층에 대한 설명으로 옳지 않은 것은?

① 7계층에서 물리적 전송 매체와 직접적으로 연관이 있는 계층은 물리 계층이다.
② 수신 측에서 패킷을 수신하게 되면, 상위 계층에서 하위 계층 순으로 처리된다.
③ 전송 계층(transport layer)의 대표적인 프로토콜로는 TCP, UDP 등이 있다.
④ 네트워크 계층에서는 라우팅 및 패킷 전송의 기능을 수행한다.
⑤ 응용 계층에서는 전자 사서함, 파일 전송 등의 서비스를 제공한다.

011 □□□

2019년 국회직(18)

OSI 7계층 중 두 시스템 사이에서 교환되는 정보의 구문 및 의미와 관련되며, 데이터의 압축 및 암호화를 담당하는 계층으로 옳은 것은?

① 물리 계층(physical layer)
② 데이터링크 계층(data link layer)
③ 네트워크 계층(network layer)
④ 전송 계층(transport layer)
⑤ 표현 계층(presentation layer)

012 □□□

2020년 국가직(08)

OSI(Open Systems Interconnect) 모델에 대한 설명으로 옳지 않은 것은?

① 네트워크 계층은 데이터 전송에 관한 서비스를 제공하는 계층으로 송신 측과 수신 측 사이의 실제적인 연결 설정 및 유지, 오류 복구와 흐름 제어 등을 수행한다.
② 데이터링크 계층은 네트워크 계층에서 받은 데이터를 프레임(frame)이라는 논리적인 단위로 구성하고 전송에 필요한 정보를 덧붙여 물리 계층으로 전달한다.
③ 세션 계층은 전송하는 두 종단 프로세스 간의 접속(session)을 설정하고, 유지하고 종료하는 역할을 한다.
④ 표현 계층은 전송하는 데이터의 표현 방식을 관리하고 암호화하거나 데이터를 압축하는 역할을 한다.

013 □□□

2020년 지방직(15)

두 프로토콜 개체 사이에서 흐름제어와 오류제어 및 메시지 전달 등의 기능을 수행하며, 연결성과 비연결성의 두 가지 운용모드를 제공하는 OSI 참조 모델 계층은?

① 데이터링크 계층(Datalink Layer)
② 네트워크 계층(Network Layer)
③ 전송 계층(Transport Layer)
④ 응용 계층(Application Layer)

014 □□□

2022년 국회직(01)

OSI 7계층과 해당 프로토콜을 연결한 것으로 옳지 않은 것은?

① 응용 계층 - HTTP, SMTP
② 표현 계층 - MPEG, SSL
③ 전송 계층 - TCP, TELNET
④ 네트워크 계층 - IP, ICMP
⑤ 데이터링크 계층 - Ethernet, FDDI

015 □□□

2024년 국가직(04)

OSI 모형의 네트워크 계층 프로토콜에 속하지 않는 것은?

① ICMP
② IGMP
③ IP
④ SLIP

CHAPTER
03 OSI 모델과 TCP/IP

정답 및 해설 p.31

001 □□□

2014년 국회직(14)

TCP/IP 프로토콜에서 IP 호스트가 자신의 물리 네트워크 주소(MAC)는 알지만 IP 주소를 모르는 경우, 서버에게 IP 주소를 요청하기 위해 사용하는 프로토콜은 무엇인가?

① RARP ② ICMP
③ ARP ④ IGMP
⑤ UDP

002 □□□

2015년 국가직(15)

프로토콜에 대한 설명으로 옳지 않은 것은?

① ARP는 데이터 링크 계층의 프로토콜로 MAC 주소에 대해 해당 IP 주소를 반환해 준다.
② UDP를 사용하면 일부 데이터의 손실이 발생할 수 있지만 TCP에 비해 전송 오버헤드가 적다.
③ MIME는 텍스트, 이미지, 오디오, 비디오 등의 멀티미디어 전자우편을 위한 규약이다.
④ DHCP는 한정된 개수의 IP 주소를 여러 사용자가 공유할 수 있도록 동적으로 가용한 주소를 호스트에 할당해준다.

003 □□□

2015년 국회직(08)

네트워크를 통한 데이터 전송 시 데이터의 전송 경로를 파악하기 위해 사용하는 도구들(예 UNIX 계열 운영체제의 traceroute, Windows 운영체제의 tracert 등)은 공통적으로 다음 중 어느 프로토콜에 기반하여 동작하는가?

① TCP ② UDP
③ ICMP ④ ARP
⑤ RTP

004 □□□

2015년 국회직(15)

TCP(Transmission Control Protocol)에 대한 설명으로 옳지 않은 것은?

① OSI 7-계층 모델에서 트랜스포트(transport) 계층에 해당한다.
② 다수의 기기에 대한 브로드 캐스팅(broad casting)을 지원한다.
③ Connection-oriented 프로토콜이다.
④ 패킷이 전송 도중 손상되거나 손실될 경우 재전송을 수행한다.
⑤ 흐름 제어(flow control) 기능이 지원된다.

005 □□□

2016년 국가직(19)

TCP/IP 프로토콜에서 TCP 및 UDP에 대한 설명으로 옳지 않은 것은?

① TCP와 UDP는 전송 계층(transport layer)의 프로토콜이다.
② UDP는 중복 전달 및 전송 오류를 허용한다.
③ TELNET, SNMP, TFTP는 TCP 서비스를 이용하는 응용 계층(application layer) 프로토콜이다.
④ TCP는 신뢰성 있는 통신을 제공하기 위한 연결형 프로토콜이다.

006 □□□

2016년 지방직(05)

주소 변환을 위한 ARP(Address Resolution Protocol)에 대한 설명으로 옳지 않은 것은?

① ARP는 같은 네트워크상에 있는 상대 호스트나 라우터의 논리 주소인 IP 주소를 획득하기 위해 사용된다.
② ARP 요청은 해당 네트워크상의 모든 호스트와 라우터에게 브로드캐스트된다.
③ ARP 응답은 ARP 요청을 전송한 요청자에게 유니캐스트된다.
④ ARP 요청과 응답을 통해 획득한 주소 값을 ARP 캐시 테이블에 저장하여 통신 효율성을 높일 수 있다.

007 □□□

2016년 국회직(15)

UDP와 TCP 모두 해당하는 설명으로 옳은 것은?

① 전송 중 손실된 데이터는 재전송을 통하여 복구한다.
② 수신단에서 수신된 데이터를 송신자가 보낸 순서에 일치하도록 재정렬한다.
③ 헤더(header) 부분에 체크섬(checksum)필드가 있다.
④ 네트워크의 혼잡 시 전송 속도를 줄인다.
⑤ 전송된 데이터의 수신 여부를 확인할 수 있다.

008 □□□

2017년 지방직(01)

네트워크 프로토콜에 대한 설명으로 옳지 않은 것은?

① TCP와 UDP는 전송 계층에 속하는 프로토콜로서 데이터 전송의 신뢰성을 보장한다.
② IP는 네트워크 호스트의 주소 지정과 경로 설정을 담당하는 네트워크 계층 프로토콜이다.
③ SMTP는 전자메일 전송을 위한 응용 계층 프로토콜이다.
④ IPv4에서 예상되는 IP 주소의 고갈 문제 해결을 주요 목적으로 IPv6가 제안되었다.

009 □□□

2017년 국회직(10)

인터넷에서 사용되는 TCP(Transmission Control Protocol)에 대한 설명으로 옳지 않은 것은?

① 데이터를 송수신하기 위해서는 송신 측과 수신 측이 서로 미리 연결을 맺어야 한다.
② 수신 측의 버퍼가 오버플로우되지 않도록 데이터 흐름 제어(flow control)를 수행한다.
③ 네트워크 내 패킷 수가 과도하게 증가하는 현상을 방지하기 위하여 혼잡 제어(congestion control)를 수행한다.
④ 서버와 클라이언트 간 파일을 전송하기 위한 FTP(File Transfer Protocol)에서 이용한다.
⑤ 송신 측에서는 수신 측이 데이터를 받았는지 확인할 수 없다.

010 □□□

2017년 지방교행(06)

TCP(Transmission Control Protocol)에 대한 설명으로 옳지 않은 것은?

① 흐름 제어(flow control)를 수행한다.
② 데이터를 전송하기 전에 연결 설정 과정을 수행한다.
③ SYN 세그먼트(segment)를 이용해 연결 해제를 수행한다.
④ 중복 수신 문제를 해결하기 위해 순서 번호(sequence number)를 사용한다.

011 □□□

2017년 국가직(추가)(01)

TCP(Transmission Control Protocol)와 IP(Internet Protocol)에 대한 설명으로 옳지 않은 것은?

① TCP는 호스트 사이에 신뢰성 있는 스트림(stream) 전송 서비스를 제공한다.
② IP는 수신 측 IP 주소를 바탕으로 라우팅 테이블을 갱신한다.
③ TCP는 연결 지향형 프로토콜로서 실제 데이터를 전송하기 전에 연결을 설정한다.
④ IP는 신뢰성을 보장하지 않는 비연결 지향형 프로토콜이다.

012 □□□

2017년 지방직(추가)(04)

다음 중 OSI 참조 모델에서 데이터 링크 계층의 프로토콜 데이터 단위(PDU: Protocol Data Unit)는 무엇인가?

① 비트(bit)　② 프레임(frame)
③ 패킷(packet)　④ 메시지(message)

013 □□□

2018년 지방직(10)

TCP 프로토콜에 대한 설명으로 옳지 않은 것은?

① 전이중(full duplex) 연결 서비스를 제공한다.

② 3-way 핸드셰이크(handshake)를 사용하여 연결을 설정한다.

③ 흐름제어(flow control)와 혼잡제어(congestion control)를 제공한다.

④ TCP 세그먼트(segment)에서 검사합(checksum)의 포함은 선택 사항이다.

014 □□□

2018년 서울시(06)

다음 <보기>의 TCP/IP 프로토콜에 대한 설명 중 ㉠ ~ ㉡에 들어갈 내용으로 가장 옳은 것은?

<보기>

- (㉠)는 사용자가 입력한 IP 주소를 이용해 물리적 네트워크 주소(MAC Address)를 제공한다.
- (㉡)는 데이터 전송 과정에서 오류가 발생하면 오류 메시지를 전송한다.

	㉠	㉡
①	ICMP	RARP
②	RARP	ICMP
③	ARP	ICMP
④	ICMP	ARP

015 □□□

2018년 국회직(19)

인터넷에서 주로 사용하는 TCP와 UDP에 대한 설명으로 옳지 않은 것은?

① TCP에는 네트워크상 트래픽이 폭주하는 현상을 방지하는 혼잡 제어(congestion control) 기능이 포함되어 있다.

② UDP는 비신뢰적이고 비연결형인 서비스를 제공한다.

③ TCP는 패킷 손실이 발생했을 때, 패킷 재전송 기능을 수행한다.

④ UDP 패킷 헤더에는 출발지 포트 번호, 목적지 포트 번호, 길이, 체크섬 등의 정보를 담고 있다.

⑤ TCP는 신뢰적인 데이터 전달은 보장하지만, 수신 프로세스에게 데이터가 올바른 순서로 전달되는 것은 보장하지 못한다.

016 □□□

2019년 국가직(07)

다음 중 UDP(User Datagram Protocol)에 대한 설명으로 옳은 것만을 모두 고르면?

ㄱ. 연결 설정이 없다.
ㄴ. 오류검사에 체크섬을 사용한다.
ㄷ. 출발지 포트 번호와 목적지 포트 번호를 포함한다.
ㄹ. 혼잡제어 메커니즘을 이용하여 링크가 과도하게 혼잡해지는 것을 방지한다.

① ㄱ, ㄴ   ② ㄱ, ㄷ

③ ㄱ, ㄴ, ㄷ   ④ ㄴ, ㄷ, ㄹ

017 □□□

2019년 지방직(09)

인터넷의 전송 계층에서 사용하는 프로토콜로 TCP와 UDP가 있다. 다음 중 TCP와 UDP 모두에서 제공하지 않는 기능은 무엇인가?

① 연결 설정(Connection Setup)
② 오류 검출 (Error Detection)
③ 지연시간 보장(Delay Guarantee)
④ 혼잡 제어(Congestion Control)

018 □□□

2019년 국회직(14)

TCP, IP, UDP에 대한 설명으로 옳지 않은 것은?

① TCP는 순서제어, 에러제어 및 흐름제어, 패킷 다중화 기능을 제공한다.
② IP는 패킷의 분해, 조립, 출발지와 목적지의 포트번호 지정 기능을 제공한다.
③ UDP는 TCP와 함께 전송 계층에 속하나 TCP와 다르게 전송확인이나 신뢰성에 대한 고려는 없다.
④ IP는 에러 감지 및 복구 기능이 없으므로 신뢰도가 낮다.
⑤ UDP는 데이터그램 단위의 고속 전송을 할 때 사용한다.

019 □□□

2020년 국가직(19)

TCP/IP 프로토콜 스택에 대한 설명으로 옳은 것은?

① 데이터링크(datalink) 계층, 전송(transport) 계층, 세션(session) 계층 및 응용(application) 계층으로 구성된다.
② ICMP는 데이터링크 계층에서 사용 가능한 프로토콜이다.
③ UDP는 전송 계층에서 사용되는 비연결형 프로토콜이다.
④ 응용 계층은 데이터가 목적지까지 찾아갈 경로를 설정하기 위해 라우팅(routing) 프로토콜을 운영한다.

020 □□□

2020년 지방직(13)

프로토콜과 이에 대응하는 TCP/IP 프로토콜 계층 사이의 연결이 옳지 않은 것은?

① HTTP – 응용 계층
② SMTP – 데이터링크 계층
③ IP – 네트워크 계층
④ UDP – 전송 계층

021 □□□ 2020년 국회직(02)

UDP(User Datagram Protocol)와 TCP(Transmission Control Protocol)에 대한 설명으로 옳지 않은 것은?

① TCP에는 흐름제어(flow control) 기능이 구현되어 있으나 UDP에는 흐름제어 기능이 구현되어 있지 않다.
② TCP에는 혼잡제어(congestion control) 기능이 구현되어 있으나 UDP에는 혼잡제어 기능이 구현되어 있지 않다.
③ TCP 계층에서는, TCP 하위계층에 의하여 전달된 패킷의 실제 전송 순서를 변경하지 않고 데이터 재조립을 수행한다.
④ TCP는 연결 지향적(connection oriented) 프로토콜이나 UDP는 연결 지향적 프로토콜이 아니다.
⑤ UDP는 실시간 데이터 스트리밍(streaming)에 더 적합하다.

022 □□□ 2021년 국가직(05)

OSI 7계층에서 계층별로 사용하는 프로토콜의 데이터 단위는 다음 표와 같다. ㉠~㉢에 들어갈 내용을 바르게 연결한 것은?

계층	데이터 단위
트랜스포트(Transport) 계층	(㉠)
네트워크(Network) 계층	(㉡)
데이터링크(Datalink) 계층	(㉢)
물리(Physical) 계층	비트

	㉠	㉡	㉢
①	세그먼트	프레임	패킷
②	패킷	세그먼트	프레임
③	세그먼트	패킷	프레임
④	패킷	프레임	세그먼트

023 □□□ 2022년 국가직(11)

다음 중 TCP(Transmission Control Protocol) 기반 응용 프로토콜에 해당하지 않는 것은?

① Telnet ② FTP
③ SMTP ④ SNMP

024 □□□ 2022년 지방직(16)

그림은 TCP Tahoe에서 데이터 전송에 따른 혼잡 윈도우(cwnd, 단위: MSS)의 크기 변화를 나타낸다. 혼잡 윈도우값이 18일 때의 전송에서 Time-out이 발생했을 때, 느린 출발(slow-start) 임곗값과 혼잡 윈도우값 변화로 옳은 것은?

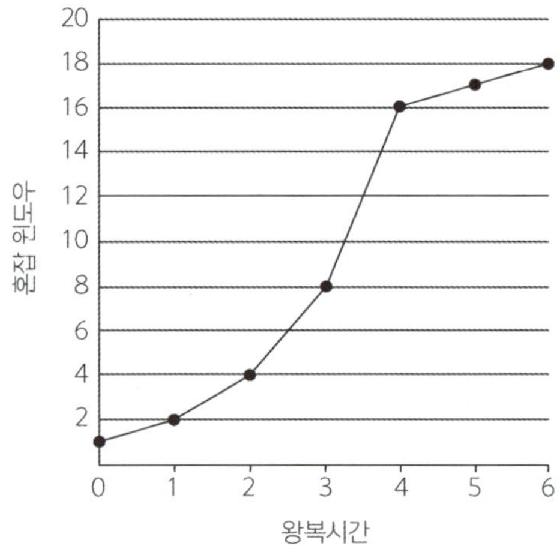

① 임곗값은 변하지 않고, 혼잡 윈도우값은 1로 감소한다.
② 임곗값이 9가 되고, 혼잡 윈도우값은 1로 감소한다.
③ 임곗값이 9가 되고, 혼잡 윈도우값은 현재 값의 반으로 감소한다.
④ 임곗값은 변하지 않고, 혼잡 윈도우값은 현재 값의 반으로 감소한다.

025 □□□

2023년 국가직(03)

UDP 프로토콜에 대한 설명으로 옳지 않은 것은?

① 흐름 제어가 필요없는 비신뢰적 통신에 사용한다.
② 순차적인 데이터 전송을 통해 전송을 보장한다.
③ 비연결지향으로 송신자와 수신자 사이에 연결 설정 없이 데이터 전송이 가능하다.
④ 전송되는 데이터 중 일부가 손실되는 경우 손실 데이터에 대한 재전송을 요구하지 않는다.

026 □□□

2023년 국가직(09)

다음 중 인터넷 계층에서 동작하는 프로토콜로서 오류보고, 상황보고, 경로제어정보 전달 기능이 있는 프로토콜은 무엇인가?

① ICMP　② RARP
③ ARP　④ IGMP

027 □□□

2023년 지방직(04)

IP(Internet Protocol)에 대한 설명으로 옳지 않은 것은?

① 전송 계층에서 사용되는 프로토콜이다.
② 비연결형 프로토콜이다.
③ IPv4에서 IP 주소의 길이가 32비트이다.
④ IP 데이터그램이 목적지에 성공적으로 도달하는 것을 보장하지 않는다.

028 □□□

2023년 지방직(16)

TCP/IP 프로토콜 계층 구조에서 다음 중 나머지 셋과 다른 계층에 속하는 프로토콜은?

① HTTP　② SMTP
③ DNS　④ ICMP

029 □□□

2023년 지방직(18)

다음 중 TCP(Transmission Control Protocol)에 대한 설명으로 옳은 것만을 모두 고르면?

ㄱ. 네트워크 계층에서 사용되는 프로토콜이다.
ㄴ. 흐름 제어와 혼잡 제어를 수행한다.
ㄷ. 연결지향형 프로토콜이다.
ㄹ. IP 주소를 이용하여 데이터그램을 목적지 호스트까지 전송하는 역할을 한다.

① ㄱ, ㄴ　② ㄱ, ㄹ
③ ㄴ, ㄷ　④ ㄷ, ㄹ

030 □□□

2024년 지방직(04)

OSI 모델에서 데이터 링크 계층의 프로토콜 데이터 단위(protocol data unit)는?

① 비트(bit)　② 패킷(packet)
③ 프레임(frame)　④ 세그먼트(segment)

031 □□□ 2025년 국가직(08)

다음 TCP와 UDP의 공통 설명으로 옳은 것만을 모두 고르면?

> ㄱ. 연결 지향 프로토콜이다.
> ㄴ. 헤더에 근원지(source)와 목적지(destination) 포트 번호가 존재한다.
> ㄷ. 네트워크에서 손실된 패킷에 대한 재전송 기능이 있다.
> ㄹ. 체크섬(checksum)이 헤더에 존재한다.
> ㅁ. 헤더 크기가 동일하다.

① ㄱ, ㄴ　　② ㄴ, ㄹ
③ ㄷ, ㄹ　　④ ㄹ, ㅁ

032 □□□ 2025년 국가직(20)

다음 제시된 표에서 (가) ~ (라)에 들어갈 애플리케이션 계층 프로토콜 및 하위 전송 계층 프로토콜을 바르게 연결한 것은?

애플리케이션 \ 프로토콜	애플리케이션 계층 프로토콜	하위 전송 계층 프로토콜
전자메일	(가)	(나)
원격접속	(다)	(라)

	(가)	(나)	(다)	(라)
①	SMTP	TCP	Telnet	TCP
②	SNMP	UDP	DNS	UDP
③	SNMP	TCP	Telnet	UDP
④	SMTP	UDP	DNS	TCP

033 □□□ 2025년 지방직(08)

컴퓨터 네트워크에 대한 설명으로 옳지 않은 것은?

① TCP는 연결 지향적(connection-oriented)인 프로토콜이다.
② ARP는 IP 주소로부터 MAC 주소를 구하기 위한 프로토콜이다.
③ ICMP는 MAC 주소로부터 IP 주소를 구하기 위한 프로토콜이다.
④ IPv4에서 클래스 B는 마지막 16비트를 호스트 주소로 사용한다.

CHAPTER 04

에러 검출

정답 및 해설 p.35

001 □□□ 2014년 국가직(12)

데이터 전송 중에 발생하는 에러를 검출하는 방식으로 옳지 않은 것은?

① 패리티(parity) 검사 방식
② 검사합(checksum) 방식
③ CRC 방식
④ BCD 부호 방식

002 □□□ 2015년 지방직(14)

네트워크의 전송 데이터 오류 검출에 대한 설명으로 옳지 않은 것은?

① 체크섬(checksum)은 1의 보수 방법을 사용한다.
② 순환중복검사(CRC)는 모듈로-2 연산을 주로 사용한다.
③ 전송할 데이터에 대한 중복 정보를 활용하여 오류를 검출한다.
④ 단일 패리티 비트를 사용하는 패리티 검사는 홀수 개의 비트에 오류가 발생하면 오류를 발견할 수 없다.

003 □□□ 2017년 지방직(추가)(06)

데이터 통신의 오류 검사 방식 중 다항식 코드를 사용하며 집단(burst) 오류 검출에 적합한 방식은 무엇인가?

① FEC(Forward Error Correction)
② 단일 패리티 비트(parity bit) 검사
③ 블록 합(block sum) 검사
④ CRC(Cyclic Redundancy Check)

004 □□□ 2019년 서울시(11)

어떤 시스템은 7비트의 데이터에 홀수 패리티 비트를 최상위 비트에 추가하여 8비트로 표현하여 저장한다. 다음과 같은 데이터를 저장 장치에서 읽어왔을 때 오류가 발생한 경우는?

① 011010111 ② 101101111
③ 011001110 ④ 101001101

005 □□□

2020년 지방직(18)

다음에서 설명하는 네트워크 데이터 오류 검출 방법은?

- 송신 측: 첫 번째 비트가 1로 시작하는 임의의 n+1비트의 제수를 결정한다. 그리고 전송하고자 하는 데이터 끝에 n 비트의 0을 추가한 후 제수로 모듈로-2 연산을 한다. 그러면 n비트의 나머지가 구해지는데 이 나머지가 중복 정보가 된다.
- 수신 측: 계산된 중복 정보를 데이터와 함께 전송하면 수신측에서는 전송받은 정보를 동일한 n+1제수로 모듈로 -2 연산을 한다. 나머지가 0이면 오류가 없는 것으로 판단하고, 나머지가 0이 아니면 오류로 간주한다.

① 수직 중복 검사(Vertical Redundancy Check)
② 세로 중복 검사(Longitudinal Redundancy Check)
③ 순환 중복 검사(Cyclic Redundancy Check)
④ 체크섬(Checksum)

006 □□□

2021년 국가직(20)

해밍코드에 대한 패리티 비트 생성 규칙과 인코딩 예가 다음과 같다. 이에 대한 설명으로 옳은 것은?

<패리티 비트 생성 규칙>

원본 데이터	d4	d3	d2	d1			
인코딩된 데이터	d4	d3	d2	p4	d1	p2	p1

$p1 = (d1 + d2 + d4) \bmod 2$

$p2 = (d1 + d3 + d4) \bmod 2$

$p4 = (d2 + d3 + d4) \bmod 2$

<인코딩 예>

원본 데이터	0	0	1	1			
인코딩된 데이터	0	0	1	1	1	1	0

① 이 방법은 홀수 패리티를 사용하고 있다.
② 원본 데이터가 0100이면 0101110으로 인코딩된다.
③ 패리티 비트에 오류가 발생하면 복구는 불가능하다.
④ 수신 측이 0010001을 수신하면 한 개의 비트 오류를 수정한 후 최종적으로 0010으로 복호한다.

CHAPTER 05

데이터 링크 제어

정답 및 해설 p.36

001 □□□ 2014년 국가직(06)

데이터 통신 시스템에서 발생하는 에러를 제어하는 방식으로 송신 측이 오류를 검출할 수 있을 정도의 부가적인 정보를 프레임에 첨가하여 전송하고 수신 측이 오류 검출 시 재전송을 요구하는 방식은 무엇인가?

① ARQ(Automatic Repeat reQuest)
② FEC(Forward Error Correction)
③ 순회 부호(cyclic code)
④ 해밍 부호(Hamming code)

002 □□□ 2016년 지방직(17)

다음의 데이터 링크 계층 오류제어 기법들을 프레임 전송 효율이 좋은 것부터 나쁜 순으로 바르게 나열한 것은? (단, 여러 개의 프레임을 전송할 때 평균적으로 요구되는 전송 및 대기 시간만을 고려하되, 송신 및 수신단에 요구되는 구현의 복잡도나 운용에 따른 비용은 무시한다)

> ㄱ. 정지 후 대기(stop-and-wait) ARQ
> ㄴ. N 복귀(go-back-N) ARQ
> ㄷ. 선택적 반복(selective-repeat) ARQ

① ㄱ → ㄴ → ㄷ
② ㄴ → ㄷ → ㄱ
③ ㄷ → ㄱ → ㄴ
④ ㄷ → ㄴ → ㄱ

003 □□□ 2017년 서울시(03)

데이터통신에서 에러 복구를 위해 사용되는 Go-back-N ARQ에 대한 설명으로 옳지 않은 것은?

① Go-back-N ARQ는 여러 개의 프레임들을 순서번호를 붙여서 송신하고, 수신 측은 이 순서번호에 따라 ACK 또는 NAK를 보낸다.
② Go-back-N ARQ는 송신 측은 확인응답이 올 때까지 전송된 모든 프레임의 사본을 갖고 있어야 한다.
③ Go-back-N ARQ는 재전송 시 불필요한 재전송 프레임들이 존재하지 않는다.
④ Go-back-N ARQ는 송신 측은 n개의 Sliding Window를 가지고 있어야 한다.

004 □□□ 2019년 국가직(11)

Go-Back-N 프로토콜에서 6번째 프레임까지 전송한 후 4번째 프레임에서 오류가 있음을 알았을 때, 재전송 대상이 되는 프레임의 개수는?

① 1개
② 2개
③ 3개
④ 6개

CHAPTER 06

데이터 링크 프로토콜

정답 및 해설 p.36

001 □□□ 2014년 국가직(09)

데이터 전송 방식 중에서 한 번에 한 문자 데이터를 전송하며 시작 비트(start-bit)와 정지 비트(stop-bit)를 사용하는 전송 방식은 무엇인가?

① 비동기식 전송 방식(asynchronous transmission)
② 동기식 전송 방식(synchronous transmission)
③ 아날로그 전송 방식(analog transmission)
④ 병렬전송 방식(parallel transmission)

CHAPTER 07

LAN

정답 및 해설 p.37

001 □□□

2015년 국가직(09)

이더넷(Ethernet)의 매체 접근 제어(MAC) 방식인 CSMA/CD에 대한 설명으로 옳지 않은 것은?

① CSMA/CD 방식은 CSMA 방식에 충돌 검출 기법을 추가한 것으로 IEEE 802.11b의 MAC 방식으로 사용된다.

② 충돌 검출을 위해 전송 프레임의 길이를 일정 크기 이상으로 유지해야 한다.

③ 전송 도중 충돌이 발생하면 임의의 시간 동안 대기하기 때문에 지연시간을 예측하기 어렵다.

④ 여러 스테이션으로부터의 전송 요구량이 증가하면 회선의 유효 전송률은 단일 스테이션에서 전송할 때 얻을 수 있는 유효 전송률보다 낮아지게 된다.

002 □□□

2019년 지방직(18)

다음 중 CSMA/CD(Carrier Sense Multiple Access with Collision Detection)에 대한 설명으로 옳은 것만을 고르면?

ㄱ. 버스형 토폴로지에 많이 사용한다.
ㄴ. 데이터 전송 시간 및 충돌에 의한 데이터 지연 시간을 정확히 예측할 수 있다.
ㄷ. 데이터를 전송하기 전에 통신 회선의 사용 여부를 확인하고 전송하는 방식이다.
ㄹ. 전송할 데이터가 없을 때에도 토큰이 통신 회선을 회전하면서 점유하는 단점이 있다.

① ㄱ, ㄷ　　② ㄱ, ㄹ
③ ㄴ, ㄷ　　④ ㄴ, ㄹ

CHAPTER 08

교환 방식(Switching)

정답 및 해설 p.37

001 □□□ 2018년 국회직(20)

회선 교환 방식(circuit switching)의 특성으로 옳지 않은 것은?

① 데이터를 주고받기 전에 종단 간 연결(end to end connection) 과정이 필요하다.

② 연결이 수립되면, 해당 회선을 독점적으로 사용한다.

③ 회선 교환 방식의 대표적인 예로는 전화망이 있다.

④ 패킷 교환 방식(packet switching)에 비해 더 많은 동시 접속자를 수용할 수 있다.

⑤ 패킷 교환 방식에 비해 안정적인 전송속도를 보장할 수 있다.

002 □□□ 2022년 지방직(13)

패킷 교환 네트워크에 대한 설명으로 옳지 않은 것은?

① 패킷 크기는 옥텟(Octet) 단위로 사용한다.

② 네트워크로 전송되는 모든 데이터는 송·수신지 정보를 포함하는 패킷들로 구성된다.

③ 패킷 교환 방식은 접속 방식에 따라 데이터그램 방식과 가상회선 방식이 있다.

④ 패킷 교환 네트워크에서는 동시에 2쌍 이상의 통신이 불가능하다.

CHAPTER 09

CSMA/CA

정답 및 해설 p.37

001 □□□

2015년 지방직(08)

다음 내용에 적합한 매체 접근 제어(MAC) 방식은 무엇인가?

> • IEEE 802.11 무선랜에서 널리 사용된다.
> • 채널이 사용되지 않는 상태임을 감지하더라도 스테이션은 임의의 백오프 값을 선택하여 전송을 지연시킨다.
> • 수신 노드는 오류 없이 프레임을 수신하면 수신 확인 ACK 프레임을 전송한다.

① GSM ② CSMA/CA
③ CSMA/CD ④ LTE

002 □□□

2016년 국회직(09)

IEEE 802.11 무선랜 표준에 대한 설명으로 옳지 않은 것은?

① 종류에 따라 최대 전송 속도가 달라지고 최대 1Gbps 이상 전송할 수 있는 표준도 존재한다.
② CSMA/CA 방식의 MAC 프로토콜을 사용한다.
③ 대부분의 경우 다수의 사용 가능 채널(channel)이 존재하여 근접한 거리에 있는 서로 다른 두쌍의 컴퓨터가 서로 간섭을 받지 않고 동시에 통신할 수 있다.
④ 모든 AP(Access Point)는 유선랜 기술로 인터넷에 연결되어 있어야 어떤 특정 사용자가 해당 AP를 통해서 인터넷에 접속할 수 있다.
⑤ AP 없이도 서로 다른 두 컴퓨터가 통신할 수 있다.

003 □□□

2018년 국가직(16)

IEEE 802.11 무선랜에 대한 설명으로 옳은 것은?

① IEEE 802.11a는 5GHz 대역에서 5.5Mbps의 전송률을 제공한다.
② IEEE 802.11b는 직교 주파수 분할 다중화(OFDM) 방식을 사용하여 최대 22Mbps의 전송률을 제공한다.
③ IEEE 802.11g는 5GHz 대역에서 직접 순서 확산 대역(DSSS) 방식을 사용한다.
④ IEEE 802.11n은 다중입력 다중출력(MIMO) 안테나 기술을 사용한다.

004 □□□

2020년 국회직(16)

IEEE 802.11 무선랜 표준에 대한 설명으로 옳지 않은 것은?

① MIMO(Multi-Input Multi-Output) 등과 같은 다중 안테나 기술이 적용된 경우, 일반적으로 사용하는 안테나 개수가 증가함에 따라 전송 속도가 높아진다.
② 3GPP LTE 표준보다 전송 속도(data rate)가 빠를 수 있다.
③ OFDM(Orthogonal Frequency-Division Multiplexing) 기법은 IEEE 802.11b 규격의 기기에도 사용이 가능하며, 최고 전송 속도를 11Mbps까지 높일 수 있다.
④ 특정 기기가 사용하는 채널의 대역폭(bandwidth)은 가변적일 수 있다.
⑤ 다수의 채널(channel)을 사용하여 근접한 거리에 있는 서로 다른 두 쌍의 기기가 서로 간섭을 받지 않고 동시에 통신할 수 있다.

005 □□□

2022년 국회직(12)

Wi-Fi 6(IEEE 802.11ax)에 대한 설명으로 옳지 않은 것은?

① 변조 방식으로 1024-QAM을 사용한다.
② CSMA/CA를 사용한다.
③ 주파수분할 방식으로 FDMA를 사용한다.
④ 보안 표준으로 WPA3를 사용한다.
⑤ 주파수대역 2.4GHz와 5GHz를 지원한다.

CHAPTER 10

MANET

정답 및 해설 p.38

001 □□□ 2017년 국가직(10)

이동 애드혹 네트워크(MANET)에 대한 설명으로 옳지 않은 것은?

① 전송 거리와 전송 대역폭에 제약을 받는다.

② 노드는 호스트 기능과 라우팅 기능을 동시에 가진다.

③ 보안 및 라우팅 지원이 여러 노드 간의 협력에 의해 분산 운영된다.

④ 동적인 네트워크 토폴로지를 효율적으로 구성하기 위해 액세스 포인트(AP)와 같은 중재자를 필요로 한다.

CHAPTER 11

서브넷(Subnet)

정답 및 해설 p.39

001 □□□ 2014년 지방직(09)

어떤 회사의 한 부서가 155.16.32.*, 155.16.33.*, 155.16.34.*, 155.16.35.*로 이루어진 IP 주소들만으로 서브넷(subnet)을 구성할 때, 서브넷 마스크(mask)로 옳은 것은? [단, IP 주소는 IPv4 주소 체계의 비클래스형(classless) 주소 지정이 적용된 것이고, IP 주소의 *는 0 ~ 255를 의미한다]

① 255.255.252.0 ② 255.255.253.0
③ 255.255.254.0 ④ 255.255.255.0

002 □□□ 2015년 국가직(19)

서브넷 마스크(subnet mask)를 255.255.255.224로 하여 한 개의 C클래스 주소 영역을 동일한 크기의 8개 하위 네트워크로 나누었다. 분할된 네트워크에서 브로드캐스트를 위한 IP 주소의 오른쪽 8비트에 해당하는 값으로 옳은 것은?

① 0 ② 64
③ 159 ④ 207

003 □□□ 2017년 지방직(20)

서브넷 마스크(subnet mask)가 255.255.255.192인 서브넷의 IP 주소에서 호스트 식별자(hostid)의 비트 수는?

① 5 ② 6
③ 7 ④ 8

004 □□□ 2017년 지방교행(19)

IPv4(Internet Protocol version 4) 주소 체계에서 사용 가능한 서브넷 마스크의 표현으로 옳지 않은 것은?

① 255.192.0.0 ② 255.255.126.0
③ 255.255.240.0 ④ 255.255.252.0

005 □□□ 2018년 지방교행(18)

CIDR(Classless Inter-domain Routing) 주소지정(addressing)에서 포워딩(forwarding) 테이블이 다음과 같을 때, 목적지 IP 주소 123.4.8.16에 해당하는 출력 인터페이스는?

네트워크 주소/마스크	출력 인터페이스
123.4.8.128/25	m1
123.4.8.0/24	m2
123.4.0.0/16	m3
0.0.0.0/0	m4

① m1 ② m2
③ m3 ④ m4

006 □□□ 2020년 국회직(13)

IPv4 주소체계 기반의 어떤 네트워크 상에서 두 컴퓨터 A, B가 각각 192.168.0.1과 192.168.0.65의 주소를 사용할 때, 이 두 컴퓨터가 서로 다른 서브넷(subnet)상에 존재하기 위해 사용해야 하는 서브넷 마스크(subnet mask)로 옳은 것은?

① 0.0.0.0 ② 255.255.255.0
③ 255.255.255.192 ④ 255.255.255.128
⑤ 255.255.128.0

007 □□□ 2021년 지방직(13)

IPv4 CIDR 표기법에서 네트워크 접두사(prefix)의 길이가 25일 때, 이에 해당하는 서브넷 마스크(subnet mask)는?

① 255.255.255.0 ② 255.255.255.128
③ 255.255.255.192 ④ 255.255.255.224

008 □□□ 2022년 국가직(09)

다음 라우팅 테이블에 대한 설명으로 옳지 않은 것은?

목적지 네트워크	서브넷마스크	인터페이스
128.50.30.0	255.255.254.0	R1
128.50.28.0	255.255.255.0	R2
Default		R3

① 목적지 IP 주소가 128.50.30.92인 패킷과 128.50.31.92인 패킷은 서로 다른 인터페이스로 전달된다.
② 128.50.28.0 네트워크에 대한 브로드캐스트 주소는 128.50.28.255다.
③ 서브넷마스크 255.255.254.0은 CIDR 표기에 의해 /23으로 표현된다.
④ 이 라우터는 목적지 IP 주소가 128.50.28.9인 패킷을 R2로 전달한다.

009 □□□ 2022년 국회직(14)

IP주소 210.100.100.3이 속한 네트워크를 3개의 작은 서브네트워크로 나누기 위해 서브넷 마스크를 255.255.255.192로 설정하였다. 이때 각 서브 네트워크의 호스트 개수는?

① $2^5 - 1$ ② 2^6
③ $2^6 - 1$ ④ $2^6 - 2$
⑤ $2^7 - 1$

CHAPTER 12 그 외

정답 및 해설 p.40

001 □□□ 2014년 국회직(18)

IPv4와 IPv6에서 IP 주소의 길이는 각각 몇 비트인가?

① IPv4: 16비트, IPv6: 32비트
② IPv4: 16비트, IPv6: 64비트
③ IPv4: 32비트, IPv6: 64비트
④ IPv4: 32비트, IPv6: 128비트
⑤ IPv4: 64비트, IPv6: 256비트

002 □□□ 2015년 국가직(02)

OSI 7계층 중 브리지(bridge)가 복수의 LAN을 결합하기 위해 동작하는 계층은 무엇인가?

① 물리 계층 ② 데이터 링크 계층
③ 네트워크 계층 ④ 전송 계층

003 □□□ 2015년 서울시(05)

IPv4에 대한 설명으로 옳은 것은?

① 주소는 6바이트 크기로 되어 있다.
② 하나의 패킷에는 출발지 주소와 목적지 주소가 포함되어 있다.
③ 주소 공간은 3바이트 네트워크 주소 부분과 3바이트 호스트 주소 부분으로 나누어진다.
④ 스위치는 IPv4 주소를 사용하여 해당 패킷이 어느 포트로 이동해야 할지 결정한다.

004 □□□ 2015년 서울시(08)

데이터 링크 계층에서 전송 오류를 해결하는 과정에서 사용하는 프레임(frame)의 종류가 아닌 것은?

① 부정 응답 프레임 ② 비트 프레임
③ 긍정 응답 프레임 ④ 정보 프레임

005 □□□

2016년 국가직(11)

다음 중 통신 연결 장치와 그 장치가 동작하는 OSI(Open Systems Interconnection) 계층이 바르게 짝지어진 것은?

> ㄱ. 네트워크 계층(network layer)
> ㄴ. 데이터 링크 계층(data link layer)
> ㄷ. 물리 계층(physical layer)

	라우터(router)	브리지(bridge)	리피터(repeater)
①	ㄱ	ㄴ	ㄷ
②	ㄴ	ㄱ	ㄷ
③	ㄴ	ㄷ	ㄱ
④	ㄷ	ㄴ	ㄱ

006 □□□

2016년 서울시(05)

IPv6에 대한 설명으로 옳지 않은 것은?

① 기존의 IP 주소 공간이 빠른 속도로 고갈되어 왔기 때문에 고안되었다.
② IPv6는 IP 주소 크기를 기존의 4바이트에서 6바이트로 확장했다.
③ IPv6는 유니캐스트, 멀티캐스트 주소뿐만 아니라 새로운 주소 형태인 애니캐스트 주소가 도입되었다.
④ 네트워크 프로토콜을 바꾼다는 것은 매우 어렵기 때문에 IPv6로의 전환을 위해 여러 방법들이 고안되었다.

007 □□□

2017년 국회직(19)

네트워크 장비에 대한 설명으로 옳지 않은 것은?

① 허브(hub)는 여러 곳으로부터 들어 온 데이터를 다른 여러 곳으로 보내는 역할을 하는 장 비로, 더미 허브(dummy hub)와 스위칭 허브(switching hub)가 있다.
② 리피터(repeater)는 네트워크의 전송거리를 연장하기 위하여 사용하는 장비로, 장거리 전송으로 인해 약해진 신호를 재생하여 전송해 준다.
③ 브리지(bridge)는 동일한 기관의 두 개 이상의 LAN의 분할된 세그먼트를 서로 연결하여 하나의 네트워크로 만드는 장비로, 네트워크에 흐르는 프레임의 물리주소를 필터링 한다.
④ 게이트웨이(gateway)는 다른 네트워크로 들어가는 입구 역할을 하거나 나가는 출구 역할을 하는 장비로, 모뎀(modem)이 있다.
⑤ 라우터(router)는 LAN, MAN, WAN과 같은 네트워크를 서로 연결해 주는 장비로, 네트워크에 흐르는 패킷의 논리 주소(IP 주소)에 따라 패킷을 라우팅 해준다.

008 □□□

2017년 지방교행(04)

네트워크에서 사용하는 용어에 대한 설명으로 옳은 것은?

① IPv6(Internet Protocol version 6) 주소의 길이는 128비트이다.
② UDP(User Datagram Protocol)는 패킷 전송에 실패할 경우 해당 패킷을 재전송한다.
③ DHCP(Dynamic Host Configuration Protocol)는 라우터의 포트(port) 번호를 설정하기 위해 사용한다.
④ DNS(Domain Name System)는 IP 주소에 대한 MAC(Media Access Control) 주소를 알아내기 위해 사용한다.

009 □□□

2017년 국가직(추가)(02)

IPv4 주소를 클래스별로 분류했을 때, C 클래스에 해당하는 것은?

① 12.34.56.78 ② 111.11.11.11
③ 123.12.31.12 ④ 222.22.22.22

010 □□□

2017년 국가직(추가)(16)

다음 중 TCP 헤더에 포함된 필드에 대한 설명으로 옳은 것만을 모두 고른 것은?

ㄱ. 송신지(source) 포트 번호는 송신지 응용 프로그램에 할당된 포트 번호이다.
ㄴ. 확인 응답 번호(acknowledgment number)는 성공적으로 수신한 데이터의 첫 바이트에 부여된 순서 번호(sequence number)이다.
ㄷ. 플래그(flags)는 TCP 동작 제어를 위해 사용되는 1비트 크기의 SYN, ACK 등으로 이루어진다.
ㄹ. 윈도우 크기(window size)는 송신 측에서 송신할 수 있는 비트 단위의 최대 데이터 크기를 나타낸다.

① ㄱ, ㄴ ② ㄱ, ㄷ
③ ㄷ, ㄹ ④ ㄴ, ㄹ

011 □□□

2018년 지방직(16)

IPv4와 IPv6에 대한 설명으로 옳지 않은 것은?

① IPv4는 비연결형 프로토콜이다.
② IPv6 주소의 비트 수는 IPv4 주소 비트 수의 2배이다.
③ IPv6는 애니캐스트(anycast) 주소를 지원한다.
④ IPv6는 IPv4 네트워크와의 호환성을 위한 방법을 제공한다.

012 □□□

2019년 국가직(10)

IPv4에서 데이터 크기가 6,000바이트인 데이터그램이 3개로 단편화(fragmentation)될 때, 다음 중 단편화 오프셋(offset) 값으로 가능한 것만을 모두 고르면?

ㄱ. 0 ㄴ. 500
ㄷ. 800 ㄹ. 2,000

① ㄱ, ㄴ ② ㄷ, ㄹ
③ ㄱ, ㄴ, ㄷ ④ ㄴ, ㄷ, ㄹ

013 □□□

2019년 서울시(06)

네트워킹 장비에 대한 설명으로 가장 옳지 않은 것은?

① 라우터(router)는 데이터 전송을 위한 최선의 경로를 결정한다.

② 허브(hub)는 전달받은 신호를 그와 케이블로 연결된 모든 노드들에 전달한다.

③ 스위치(switch)는 보안(security) 및 트래픽(traffic) 관리 기능도 제공할 수 있다.

④ 브리지(bridge)는 한 네트워크 세그먼트에서 들어온 데이터를 그의 물리적 주소에 관계없이 무조건 다른 세그먼트로 전달한다.

014 □□□

2019년 국회직(04)

컴퓨터 네트워크에서 게이트웨이(gateway)에 대한 설명으로 옳은 것은?

① 디지털 신호와 아날로그 신호 사이의 변환을 담당하는 장치이다.

② 디지털 신호를 멀리 전송할 수 있도록 신호를 증폭하는 역할을 한다.

③ 둘 이상의 LAN을 연결하여 하나의 네트워크로 연결해주는 장치이며, 데이터링크 계층에서만 동작한다.

④ 서로 다른 통신 프로토콜을 사용하는 네트워크 사이를 연결하여 데이터를 교환할 수 있도록 하는 역할을 한다.

⑤ 사람이 읽기 쉬운 도메인 이름을 IP 주소로 변환하는 역할을 한다.

015 □□□

2021년 지방직(12)

클래스기반 주소지정에서 IPv4 주소 131.23.120.5가 속하는 클래스는?

① Class A　　② Class B
③ Class C　　④ Class D

016 □□□

2021년 국회직(08)

다음 IP 주소 중 클래스 B에 해당하는 것은?

① 100.200.150.25　　② 126.255.150.25
③ 180.100.150.25　　④ 192.168.150.25
⑤ 203.252.150.25

017 □□□
2022년 지방직(07)

다음 OSI 7계층 중 물리 계층에 해당하는 장치를 모두 고른 것은?

ㄱ. 리피터(Repeater)
ㄴ. 더미허브(Dummy Hub)
ㄷ. 라우터(Router)
ㄹ. 게이트웨이(Gateway)
ㅁ. 브릿지(Bridge)

① ㄱ, ㄴ
② ㄱ, ㄷ
③ ㄴ, ㄹ
④ ㄹ, ㅁ

018 □□□
2024년 국가직(14)

IPv4 주소를 클래스별로 분류했을 때, B 클래스에 해당하는 것은?

① 12.23.34.45
② 111.111.11.11
③ 128.128.128.128
④ 222.111.222.111

019 □□□
2024년 지방직(15)

IPv4 주소 체계의 A 클래스 주소에서 호스트 ID의 비트 수는?

① 8
② 16
③ 24
④ 32

020 □□□
2025년 지방직(02)

IP 주소에 대한 설명으로 옳은 것은?

① IPv4는 8바이트 주소 체계이다.
② IPv6는 16바이트 주소 체계이다.
③ IPv6의 헤더 크기는 20바이트이다.
④ IPv4 주소가 143.248.166.12이면 클래스 C에 해당한다.

PART 4

운영체제

CHAPTER 01

개요

정답 및 해설 p.43

001 □□□

2014년 국가직(02)

다음 중 운영체제에 대한 설명으로 옳은 것만을 모두 고르면?

ㄱ. 운영체제는 중앙처리장치, 주기억장치, 보조기억장치, 주변장치 등의 컴퓨터 자원을 할당 및 관리하는 시스템 소프트웨어이다.
ㄴ. 스풀링(spooling)은 CPU와 입출력 장치의 속도 차이를 줄이기 위해 주기억장치의 일부분을 버퍼처럼 사용하는 것이다.
ㄷ. 비선점(non-preemptive) 방식의 CPU 스케줄링 기법은 CPU를 사용하고 있는 현재의 프로세스가 종료된 후 다른 프로세스에 CPU를 할당하는데 대표적으로 RR(Round Robin) 스케줄링 기법이 있다.
ㄹ. 가상메모리(virtual memory)는 디스크와 같은 보조기억 장치에 가상의 공간을 만들어 주기억장치처럼 활용하도록 하여 실제 주기억장치의 물리적 공간보다 큰 주소 공간을 제공한다.

① ㄱ, ㄴ
② ㄱ, ㄷ
③ ㄱ, ㄹ
④ ㄷ, ㄹ

002 □□□

2019년 국가직(13)

의료용 심장 모니터링 시스템과 같이 정해진 짧은 시간 내에 응답해야 하는 시스템은 무엇인가?

① 일괄 처리 시스템
② 실시간 시스템
③ 시분할 시스템
④ 다중 프로그래밍 시스템

003 □□□

2024년 지방직(08)

운영체제에서 일괄 처리 시스템(batch processing system)에 대한 설명으로 옳은 것은?

① 사용자로부터 작업이 요구되는 즉시 처리한다.
② 일정량 또는 일정 기간의 작업을 모아 한꺼번에 처리한다.
③ 네트워크로 연결된 여러 대의 컴퓨터에서 작업을 분산하여 처리한다.
④ CPU 운영시간을 골고루 할당하여 여러 사용자가 순환하며 작업을 수행한다.

004 □□□

2024년 지방직(10)

운영체제의 목적으로 옳지 않은 것은?

① 신뢰도(reliability) 향상
② 처리량(throughput) 향상
③ 응답 시간(response time) 증가
④ 사용 가능도(availability) 향상

CHAPTER 02

프로세스와 스레드

정답 및 해설 p.43

001 □□□

2014년 서울시(05)

프로세스(process)와 스레드(thread)에 대한 설명으로 옳지 않은 것은?

① 프로세스는 운영체제에서 작업의 기본 단위이다.
② 프로세스는 비동기적인 행위를 일으키는 주체이다.
③ 프로세스는 현재 실행중인 프로그램이라고 정의할 수 있다.
④ 스레드는 프로세스에서 실행의 개념만을 분리한 것이다.
⑤ 하나의 스레드 내에는 여러 개의 프로세스가 존재할 수 있다.

002 □□□

2014년 국회직(16)

CPU를 점유하고 있는 프로세스를 교체하기 위해, 이전의 프로세스의 상태를 보관하고 새로 진입하는 프로세스의 상태를 적재하는 작업은 무엇인가?

① 상호배제(mutual exclusion)
② 동기화(synchronization)
③ 교착상태(dead-lock)
④ 스케줄링(scheduling)
⑤ 문맥교환(context switching)

003 □□□

2015년 지방직(10)

스레드(thread)에 대한 설명으로 옳지 않은 것은?

① 스레드는 자기만 접근할 수 있는 스레드별 데이터를 갖지 않는다.
② 단일 프로세스에 포함된 스레드들은 프로세스의 자원을 공유할 수 있다.
③ 멀티프로세서 환경에서는 각각의 스레드가 다른 프로세서에서 수행될 수 있다.
④ Pthread는 스레드 생성과 동기화를 위해 POSIX가 제정한 표준 API이다.

004 □□□

2015년 서울시(06)

다중 스레드(multi thread) 프로그래밍을 할 때 다음 C언어의 변수들 중에서 임계구역(critical section)에 해당하는 것은?

① 매크로변수(macro variable)
② 지역변수(local variable)
③ 함수인자(argument)
④ 전역변수(global variable)

005 □□□

2016년 서울시(02)

현재 실행 중인 프로세스에 할당된 CPU사용권을 다른 프로세스에게 할당하려면, 현재 실행 중인 프로세스의 실행 정보를 저장하고 다음으로 실행할 프로세스의 실행정보를 가져오는 과정이 필요하다. 이 과정을 무엇이라고 하는가?

① 컨텍스트 스위칭(Context Switching)
② 가상메모리(Virtual Memory)
③ 교체정책(Replacement Strategy)
④ 디스패치(Dispatch)

006 □□□

2016년 서울시(14)

다음 프로그램의 구성 요소들 중 프로세스 내에서 생성한 스레드들 사이에 공유되지 않는 것을 모두 고르면?

> ㄱ. 레지스터(Register)
> ㄴ. 힙(Heap) 메모리
> ㄷ. 전역 변수(Global variables)
> ㄹ. 스택(Stack) 메모리

① ㄱ, ㄴ　　② ㄱ, ㄹ
③ ㄴ, ㄷ　　④ ㄷ, ㄹ

007 □□□

2017년 서울시(08)

다중 스레드(Multi-Thread)에 대한 설명으로 옳지 않은 것은?

① 하나의 프로세스에 2개 이상의 스레드들을 생성하여 수행한다.
② 스레드별로 각각의 프로세스를 생성하여 실행하는 것보다 효율적이다.
③ 스레드들 간은 IPC(InterProcess Communication) 방식으로 통신한다.
④ 각각의 스레드는 프로세스에 할당된 자원을 공유한다.

008 □□□

2017년 국회직(14)

리눅스와 같은 운영 체제에서 사용되는 프로세스(process)와 스레드(thread)에 대한 설명으로 옳지 않은 것은?

① 프로세스는 서로 다른 수의 스레드를 가질 수 있다.
② 다른 프로세스에 속한 스레드 간의 교착 상태는 발생하지 않는다.
③ 한 프로세스에 속한 스레드 들은 메모리를 공유한다.
④ 스레드 단위로 CPU 스케줄링이 일어난다.
⑤ 같은 프로세스에 속한 스레드로 문맥 교환(context switching)하는 것이 다른 프로세스에 속한 스레드로 문맥 교환하는 것보다 빠르다.

009 □□□

2017년 국가직(추가)(17)

함수 수행을 위한 정보가 저장되는 프로세스 메모리 영역은?

① 데이터(data) 영역
② 힙(heap) 영역
③ 스택(stack) 영역
④ 텍스트(text) 영역

010 □□□

2018년 국회직(02)

프로세스의 상태 변이에 대한 설명으로 옳지 않은 것은?

① 시간 할당량(time slice)을 사용하는 일반적 우선순위 기반 스케줄링에서 실행(running) 상태 프로세스의 시간 할당량이 모두 소진되었을 때, 우선순위가 높은 다른 준비 상태의 프로세스가 있다면 실행 중이던 프로세스는 커널(kernel)에 의해 스케줄링되기를 기다리는 준비(ready) 상태로 전이된다.
② 실행 상태의 프로세스가 동기식 입출력 요청을 하면, 일반적으로 해당 프로세스는 입출력이 완료될 때까지 CPU를 반납하고 대기(blocked 또는 waiting) 상태로 전이된다.
③ 대기 상태의 프로세스가 요청하였던 입출력이 완료되면, 해당 프로세스는 CPU 연산이 가능해지므로 바로 실행 상태로 전이된다.
④ 다중 처리기 시스템(multi-processor system)에서는 실행 상태의 프로세스가 여러 개 있을 수 있다.
⑤ 대기 상태의 프로세스들은 CPU 할당을 위한 스케줄링에서 제외된다.

011 □□□

2019년 국가직(05)

프로세스와 스레드(thread)에 대한 설명으로 옳지 않은 것은?

① 하나의 스레드는 여러 프로세스에 포함될 수 있다.
② 스레드는 프로세스에서 제어를 분리한 실행단위이다.
③ 스레드는 같은 프로세스에 속한 다른 스레드와 코드를 공유한다.
④ 스레드는 프로그램 카운터를 독립적으로 가진다.

012 □□□

2019년 지방직(15)

다음 중 다중 스레드(Multithread)에 대한 설명으로 옳은 것만을 모두 고르면?

ㄱ. 스레드는 프로세스보다 더 큰 CPU의 실행 단위이다.
ㄴ. 단일 CPU 컴퓨터에서 작업을 수행하는 스레드들은 CPU 자원을 공유한다.
ㄷ. 스레드는 프로세스와 마찬가지로 독립적인 PC(Program Counter)를 가진다.
ㄹ. 프로세스 간의 문맥교환은 동일 프로세스에 있는 스레드 간의 문맥교환에 비해 비용면에서 효과적이다.

① ㄱ, ㄴ
② ㄱ, ㄹ
③ ㄴ, ㄷ
④ ㄴ, ㄹ

013 □□□

2019년 지방직(17)

다음 중 프로세스 상태 전이에서 준비(Ready) 상태로 전이되는 상황만을 모두 고르면? (단, 동일한 우선순위의 프로세스가 준비 상태로 한 개 이상 대기하고 있다)

> ㄱ. 실행 상태에 있는 프로세스가 우선순위가 높은 프로세스에 의해 선점되었을 때
> ㄴ. 블록된(Blocked) 상태에 있는 프로세스가 요청한 입출력 작업이 완료되었을 때
> ㄷ. 실행 상태에 있는 프로세스가 작업을 마치지 못하고 시간 할당량을 다 썼을 때

① ㄱ, ㄴ
② ㄱ, ㄷ
③ ㄴ, ㄷ
④ ㄱ, ㄴ, ㄷ

014 □□□

2019년 서울시(18)

다음 메모리 영역 중 전역 변수가 저장되는 영역은?

① 데이터(Data)
② 스택(Stack)
③ 텍스트(Text)
④ 힙(Heap)

015 □□□

2020년 국가직(07)

다중 스레드(Multi Thread) 프로그래밍의 이점에 대한 설명으로 옳지 않은 것은?

① 다중 스레드는 사용자의 응답성을 증가시킨다.
② 스레드는 그들이 속한 프로세스의 자원들과 메모리를 공유한다.
③ 프로세스를 생성하는 것보다 스레드를 생성하여 문맥을 교환하면 오버헤드가 줄어든다.
④ 다중 스레드는 한 스레드에 문제가 생기더라도 전체 프로세스에 영향을 미치지 않는다.

016 □□□

2020년 국가직(12)

CPU를 다른 프로세스로 교환하려면 이전 프로세스의 상태를 보관하고 새로운 프로세스의 보관된 상태로 복구하는 작업이 필요하다. 이 작업으로 옳은 것은?

① 세마포어(Semaphore)
② 모니터(Monitor)
③ 상호배제(Mutual Exclusion)
④ 문맥교환(Context Switching)

017 □□□

2020년 국회직(11)

스택(stack)은 자료구조에서 말하는 구조체 외에도, 메모리에 지정된 특정 영역을 말하며 프로그램 실행에서 항상 사용된다. 이러한 스택에 대한 설명으로 옳지 않은 것은?

① CPU마다 스택포인터 용도로 사용하는 레지스터가 있다.
② 스택은 LIFO(Last-In First-Out)구조를 가지고 있다.
③ 버퍼 오퍼플로우(buffer overflow) 보안공격에 이용되기도 한다.
④ 운영체제의 문맥교환(context switching)을 할 때 사용된다.
⑤ CPU 레지스터의 내용을 스택에 저장할 수 없다.

018 □□□

2021년 국가직(14)

프로세스의 메모리는 세그먼테이션에 의해 그 역할이 할당되어 있다. 표준 C언어로 작성된 프로그램이 컴파일 후 실행파일로 변환되어 메모리를 할당받았을 때, 이 프로그램에 할당된 세그먼트에 대한 설명으로 옳은 것은?

① 데이터 세그먼트는 모든 서브루틴의 지역변수와 서브루틴 종료 후 돌아갈 명령어의 주소값을 저장한다.

② 스택은 현재 실행 중인 서브루틴의 매개변수와 프로그램의 전역변수를 저장한다.

③ 코드 세그먼트는 CPU가 실행할 명령어와 메인 서브루틴의 지역변수를 저장한다.

④ 힙(Heap)은 동적 메모리 할당을 위해 사용되는 공간이고, 주소값이 커지는 방향으로 증가한다.

019 □□□

2021년 국가직(15)

다음은 프로세스 상태 전이도이다. 각 상태 전이에 대한 예로 적절하지 않은 것은?

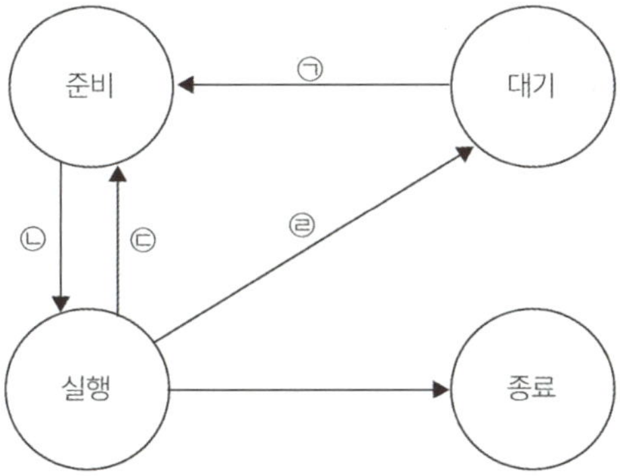

① ㉠ - 프로세스에 자신이 기다리고 있던 이벤트가 발생하였다.

② ㉡ - 실행할 프로세스를 선택할 때가 되면, 운영체제는 프로세스들 중 하나를 선택한다.

③ ㉢ - 실행 중인 프로세스가 자신에게 할당된 처리기의 시간을 모두 사용하였다.

④ ㉣ - 실행 중인 프로세스가 작업을 완료하거나 실행이 중단되었다.

020 □□□

2021년 지방직(08)

프로세스(process)에 대한 설명으로 옳지 않은 것은?

① 실행 중인 프로그램이다.

② 프로그램 코드 외에도 현재의 활동 상태를 갖는다.

③ 준비(ready) 상태는 입출력 완료 또는 신호의 수신 같은 사건(event)이 일어나기를 기다리는 상태이다.

④ 호출한 함수의 반환 주소, 매개변수 등을 저장하기 위해 스택을 사용한다.

021 □□□

2022년 국가직(12)

운영체제에서 프로세스의 정보를 관리하는 프로세스 제어블록(Process Control Block)의 포함 요소로 옳지 않은 것은?

① 프로세스 식별자

② 인터럽트 정보

③ 프로세스의 우선순위

④ 프로세스의 상태

022 □□□

2025년 국가직(07)

다음 프로세스 메모리 배치에 대한 설명으로 옳은 것만을 모두 고르면?

ㄱ. 전역 변수는 스택(stack) 영역에 할당된다. ㄴ. 프로그램 코드는 텍스트(text) 영역에 적재된다. ㄷ. 힙(heap) 영역은 프로세스 실행 중 동적으로 할당된 메모리이다. ㄹ. 함수의 매개변수, 복귀 주소 및 지역변수는 데이터(data) 영역에 할당된다.

① ㄱ, ㄴ
② ㄱ, ㄹ
③ ㄴ, ㄷ
④ ㄷ, ㄹ

023 □□□

2025년 지방직(07)

다음 설명에 해당하는 운영체제의 메모리 영역은?

프로세스 내에서 함수가 호출될 때 지역변수, 매개변수와 함수가 실행을 마치고 돌아갈 주소 등을 저장하기 위한 공간이다.

① 데이터(data) 영역
② 스택(stack) 영역
③ 코드(code) 영역
④ 힙(heap) 영역

CHAPTER 03

프로세스 관리

정답 및 해설 p.46

001 □□□

2017년 국가직(추가)(20)

다음 중 운영체제가 프로세스(process)를 생성하는 과정을 순서대로 바르게 나열한 것은?

ㄱ. 새로운 프로세스를 위한 프로세스 식별자를 할당한다.
ㄴ. 새로운 프로세스를 스케줄링 큐의 준비 또는 준비/보류 리스트에 연결한다.
ㄷ. 새로운 프로세스를 위한 주소 공간과 프로세스 제어블록(process control block)을 할당한다.
ㄹ. 새로운 프로세스의 프로세스 제어 블록을 초기화 한다.

① ㄱ → ㄴ → ㄷ → ㄹ
② ㄱ → ㄷ → ㄹ → ㄴ
③ ㄷ → ㄹ → ㄱ → ㄴ
④ ㄷ → ㄹ → ㄴ → ㄱ

CHAPTER

04 교착상태(Deadlock)

정답 및 해설 p.46

001 □□□

2014년 지방직(06)

운영체제에서 교착상태(deadlock)가 발생하기 위한 필요조건에 해당되지 않는 것은?

① 상호배제(mutual exclusion)

② 점유와 대기(hold and wait)

③ 선점(preemption)

④ 순환 대기(circular wait)

002 □□□

2014년 서울시(19)

컴퓨터에서 연산 중에 교착상태(deadlock) 발생 조건에 대한 설명으로 옳지 않은 것은?

① 점유 및 대기: 프로세스가 이미 자원을 점유하고 있으면서 다른 프로세스의 자원이 반납되기를 기다리는 경우를 말한다.

② 상호배제: 프로세스가 자원을 사용 중일 때는 다른 프로세스가 자원을 사용하지 못하고 대기한다.

③ 효율성: 프로세스에 할당된 자원은 사용이 끝나기 전에 다른 프로세스에 양보되어 효율성을 높인다.

④ 환형 대기: 프로세스와 자원들이 원형을 이루며 각 프로세스는 자신에게 할당된 자원을 가지고 있으면서 상대방의 자원을 상호 요청하는 경우이다.

⑤ 비선점(non-preemption): 자원들은 그들을 점유한 프로세스로부터 벗어나지 못한다.

003 □□□

2015년 서울시(12)

교착상태(deadlock)를 해결할 수 있는 방법으로 옳지 않은 것은?

① 프로세스들이 필요로 하는 자원에 대해 배타적인 통제권을 갖게 한다.

② 자원에 선형으로 고유번호를 할당하고, 각 프로세스는 현재 점유한 자원의 고유번호보다 큰 번호 방향으로만 자원을 요구하도록 한다.

③ 한 프로세스가 실행되는 데 필요한 모든 자원을 할당한 후 실행시킨다.

④ 자원을 점유하고 있는 프로세스가 다른 자원을 요구할 때, 점유하고 있는 자원을 반납하고 요구하도록 한다.

004 □□□

2016년 국가직(12)

교착상태(deadlock)가 발생하기 위해서 만족해야 하는 조건들에 대한 설명으로 옳지 않은 것은?

① 상호 배제(mutual exclusion) 조건: 한 프로세스에 의해 점유된 자원은 다른 프로세스가 사용할 수 없다.

② 점유와 대기(hold and wait) 조건: 이미 하나 이상의 자원을 점유한 프로세스가 다른 프로세스에 의해 점유된 자원을 요청하며 대기하고 있다.

③ 비선점(no preemption) 조건: 프로세스가 점유한 자원을 그 프로세스로부터 강제로 빼앗을 수 있다.

④ 순환 대기(circular wait) 조건: 프로세스 간에 닫힌 체인(closed chain)이 존재하여, 체인 내의 각 프로세스는 체인 내의 다른 프로세스에 의해 소유되어 있는 자원을 요청하며 대기하고 있다.

005 □□□

2016년 국회직(11)

다음 중 프로세스 교착 상태의 해결 방안에 해당하지 않는 것은?

① Prevention ② Avoidance
③ Detection ④ Elimination
⑤ Recovery

006 □□□

2017년 지방교행(13)

다음 중 <보기>의 (가), (나)에 대한 대처 방법을 바르게 짝지은 것은?

<보기>

(가) 프로세스 교착상태
(나) 가변분할 메모리 할당에서의 외부 단편화

	(가)	(나)
①	동적 링킹	통합(coalescing), 압축(compaction)
②	동적 링킹	이중 버퍼링
③	은행원 알고리즘	통합(coalescing), 압축(compaction)
④	은행원 알고리즘	이중 버퍼링

007 □□□

2018년 지방교행(17)

다음 그림은 컴퓨터에서의 교착상태를 기찻길에서 발생할 수 있는 상황에 비유하여 나타낸 것이다. 이러한 교착상태 문제를 해결할 수 있는 방법으로 옳지 않은 것은?

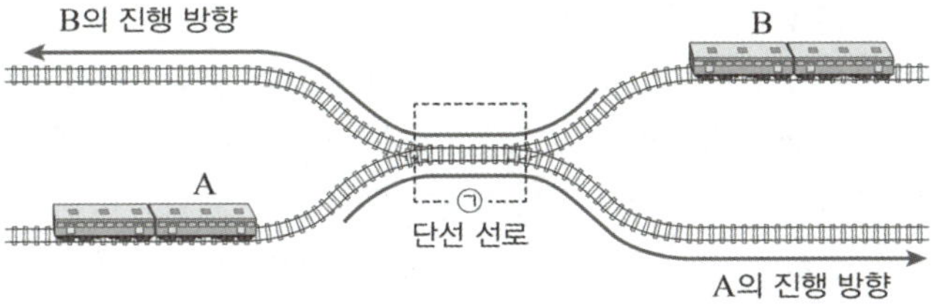

① 기차 A, B가 모두 ㉠ 선로에 진입한 경우 은행원 알고리즘을 적용한다.
② ㉠ 선로를 우선적으로 사용할 수 있는 권한을 항상 A의 진행 방향으로 운행하는 기차에만 부여한다.
③ 모든 기차는 ㉠ 선로에 진입하기 전에 다른 방향에서 진입하는 기차가 없는 것을 기차 중앙 통제소를 통해 확인하고 진입한다.
④ ㉠ 선로상에서 교착상태가 일어난 경우 기차 중앙 통제소는 기차 A, B 중 하나를 후진시켜 ㉠ 선로에 진입하기 이전으로 되돌린다.

008 □□□

2019년 지방직(12)

컴퓨터 시스템에서 교착 상태의 해결 방안에 대한 설명으로 옳지 않은 것은?

① 교착 상태가 발생할 가능성을 사전에 없앤다.
② 하나의 프로세스만이 한 시점에서 하나의 자원을 사용할 수 있게 한다.
③ 교착 상태가 탐지되면, 교착 상태와 관련된 프로세스와 자원을 시스템으로부터 제거한다.
④ 교착 상태가 발생할 가능성을 인정하고, 교착 상태가 발생하려고 할 때 이를 회피하도록 한다.

009 □□□

2020년 지방직(04)

교착상태 발생의 조건에 대한 설명으로 옳지 않은 것은?

① 상호 배제 조건: 최소한 하나의 자원이 비공유 모드로 점유되며, 비공유 모드에서는 한 번에 한 프로세스만 해당 자원을 사용할 수 있다.

② 점유와 대기 조건: 프로세스는 최소한 하나의 자원을 점유한 채, 현재 다른 프로세스에 의해 점유된 자원을 추가로 얻기 위해 반드시 대기해야 한다.

③ 비선점 조건: 프로세스에 할당된 자원은 사용이 끝날 때까지 다른 프로세스가 강제로 빼앗을 수 없다.

④ 순환 대기 조건: 대기 체인 내 프로세스들의 집합에서 이전 프로세스는 다음 프로세스가 점유한 자원을 대기하고, 마지막 프로세스는 자원을 대기하지 않아야 한다.

010 □□□

2022년 지방직(06)

다음 중 은행원 알고리즘(banker's algorithm)이 교착상태를 해결하는 방법은 무엇인가?

① 예방 ② 회피
③ 검출 ④ 회복

011 □□□

2022년 국회직(17)

다음 중 교착상태인 시스템 자원 할당 그래프에 해당하는 것만을 모두 고르면? [단, 자원 할당 그래프에서 T_i는 쓰레드(원형), R_j는 자원 유형(사각형), $T_i \rightarrow R_j$는 요청 간선, $R_j \rightarrow T_i$는 할당 간선이고 각 자원 유형 R_j는 한 개 이상의 인스턴스(사각형 내 점)를 가진다]

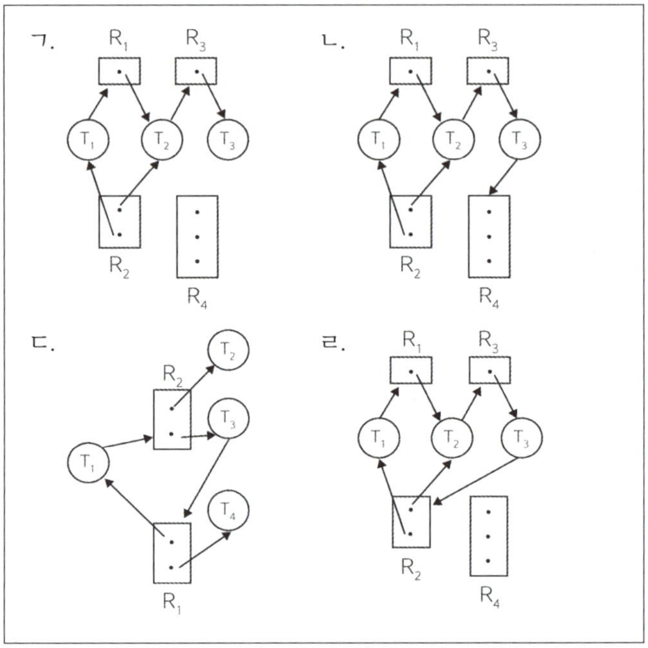

① ㄱ ② ㄴ
③ ㄹ ④ ㄱ, ㄴ
⑤ ㄷ, ㄹ

012 □□□

2024년 국가직(11)

교착상태(deadlock)가 발생하기 위한 필요조건에 해당하지 않는 것은?

① 상호 배제(mutual exclusion)
② 선점(preemption)
③ 순환 대기(circular wait)
④ 점유와 대기(hold and wait)

CHAPTER 05

프로세스 스케줄링

정답 및 해설 p.48

001 □□□

2014년 지방직(20)

다음 CPU 스케줄링 기법 중에서 기아상태(starvation)가 발생할 가능성이 없는 것만을 모두 고르면?

ㄱ. FCFS(First-Come First-Served)
ㄴ. 라운드 로빈(RR; Round Robin)
ㄷ. SJF(Shortest Job First)
ㄹ. HRRN(Highest Response Ratio Next)

① ㄱ, ㄴ
② ㄷ, ㄹ
③ ㄱ, ㄴ, ㄷ
④ ㄱ, ㄴ, ㄹ

002 □□□

2014년 서울시(15)

SJF(Shortest Job First) 스케줄링에서 준비 큐에 도착하는 시간과 CPU 사용시간이 다음 표와 같다. 모든 작업들의 평균 대기 시간은 얼마인가?

프로세스 번호	도착 시간	CPU 사용시간
1	0	6
2	1	4
3	2	1
4	3	2

① 3
② 4
③ 5
④ 6
⑤ 7

003 □□□

2014년 국회직(15)

프로세스의 스케줄링 정책 중 평균 대기시간(average waiting time)이 가장 적은 것은?

① Round Robin
② Shortest Job First
③ First Come First Served
④ SCAN
⑤ C-LOOK

004 □□□

2015년 국가직(08)

다음 표는 단일 CPU에 진입한 프로세스의 도착 시간과 처리하는 데 필요한 실행 시간을 나타낸 것이다. 프로세스 간 문맥 교환에 따른 오버헤드는 무시한다고 할 때, SRT(Shortest Remaining Time) 스케줄링 알고리즘을 사용한 경우 네 프로세스의 평균 반환시간(turnaround time)은?

프로세스	도착 시간	실행 시간
P_1	0	8
P_2	2	4
P_3	4	1
P_4	6	4

① 4.25
② 7
③ 8.75
④ 10

005 □□□

2015년 국회직(04)

프로세스의 우선순위 값이 <보기>와 같은 규칙에 따라서 동적으로 변화하는 선점형 우선순위 기반 스케줄링(Preemptive Priority Scheduling) 알고리즘이 있다. 우선순위 값이 클수록 우선순위가 높다고 가정할 때, $0 < \alpha < \beta$인 경우 이 알고리즘과 가장 유사하게 동작하는 CPU 스케줄링 알고리즘은?

<보기>

- 프로세스가 ready queue에 있을 동안 우선순위 값은 α의 비율로 변한다.
- 프로세스가 실행 상태에 있을 동안 우선순위 값은 β의 비율로 변한다.
- 프로세스가 ready queue에 들어가는 순간 우선순위 값은 0이 된다.

① FIFO(First In First Out)
② LIFO(Last In First Out)
③ SJF(Shortest Job First)
④ SRTF(Shortest Remaining Time First)
⑤ RR(Round-Robin)

006 □□□

2016년 지방직(03)

어떤 프로세스가 일정 크기의 CPU 시간 할당량(time quantum)을 한 번 받은 후에는 강제로 대기 큐의 다른 프로세스에게 CPU를 넘겨주는 방식의 스케줄링 기법은 무엇인가?

① FCFS(First-Come-First-Served)
② RR(Round-Robin)
③ SPN(Shortest Process Next)
④ HRRN(Highest Response Ratio Next)

007 □□□

2016년 국회직(16)

다음 중 입출력 위주의 프로세스와 연산 위주 프로세스의 특성에 따라 CPU 사용 시간(할당량)을 다르게 부여하는 선점 방식의 CPU 스케줄링 기법으로 옳은 것은?

① Round-Robin
② Multi-level Feedback Queue
③ Shortest Job First
④ Highest Response ratio Next
⑤ Deadline

008 □□□

2017년 국가직(16)

다음 프로세스 집합에 대하여 라운드 로빈 CPU 스케줄링 알고리즘을 사용할 때, 프로세스들의 총 대기시간은? (단, 시간 0에 P1, P2, P3 순서대로 도착한 것으로 하고, 시간 할당량은 4밀리초로 하며, 프로세스 간 문맥교환에 따른 오버 헤드는 무시한다)

프로세스	버스트 시간(밀리초)
P1	20
P2	3
P3	4

① 16 ② 18
③ 20 ④ 24

009 □□□

2017년 서울시(09)

다음과 같이 3개의 프로세스가 있다고 가정한다. 각 프로세스의 도착 시간과 프로세스의 실행에 필요한 시간은 아래 표와 같다. CPU 스케줄링 알고리즘으로 RR(Round Robin)을 사용한다고 가정한다. 3개의 프로세스가 CPU에서 작업을 하고 마치는 순서는? [단, CPU를 사용하는 타임 슬라이스(time slice)는 2이다]

프로세스	도착시간	프로세스의 실행에 필요한 시간
P1	0	5
P2	1	7
P3	3	4

① P2, P1, P3 ② P2, P3, P1
③ P1, P2, P3 ④ P1, P3, P2

010 □□□

2017년 국회직(20)

다음 <보기>의 CPU 스케줄링 기법 중 기아(starvation) 현상이 발생할 수 있는 스케줄링 기법으로 옳은 것을 모두 고르면?

<보기>

ㄱ. FIFO(First In First Out) 스케줄링
ㄴ. RR(Round Robin) 스케줄링
ㄷ. Priority 스케줄링
ㄹ. HRN(Highest Response ratio Next) 스케줄링
ㅁ. SJF(Shortest Job First) 스케줄링

① ㅁ ② ㄱ, ㄴ
③ ㄷ, ㅁ ④ ㄴ, ㄷ, ㄹ
⑤ ㄷ, ㄹ, ㅁ

011 □□□

2017년 지방교행(09)

다음 프로세스 P1 ~ P4를 비선점형 SJF(Shortest Job First) 기법으로 스케줄링하였다. 각 프로세스의 대기 시간의 합은?

프로세스	도착 시간	실행 시간
P1	0	9
P2	1	5
P3	2	8
P4	3	3

① 31 ② 32
③ 37 ④ 39

012 □□□

2017년 국가직(추가)(03)

운영체제의 스케줄링 기법에 대한 설명으로 옳지 않은 것은?

① FCFS(First-Come-First-Served) 스케줄링은 비선점(non-preemptive) 방식으로 실행 중인 프로세스가 종료하면 준비 큐에서 가장 오래 대기한 프로세스를 다음 실행 프로세스로 선정한다.
② RR(Round-Robin) 스케줄링은 선점(preemptive) 방식으로 프로세스를 정해진 시간 할당량만큼 실행 후 종료하지 못하면 준비 큐로 이동시킨다.
③ 비선점 SJF(Shortest-Job-First) 스케줄링은 준비 큐에서 예상 전체 실행시간이 가장 짧은 프로세스를 다음 실행 프로세스로 선정한다.
④ 선점 SJF 스케줄링은 SRTF(Shortest-Remaining-Time-First) 스케줄링이라고 불리며 비선점 SJF 스케줄링에서 발생할 수 있는 기아상태(starvation) 문제를 해결한다.

013 □□□

2017년 지방직(추가)(15)

다음 표는 프로세스들의 대기 시간과 예상되는 서비스 시간을 나타낸 것이다. HRRN(Highest Response Ratio Next) 스케줄링 알고리즘을 사용할 때, 우선순위가 가장 높은 프로세스는?

(단위: 밀리초)

프로세스	대기 시간	서비스 시간
P1	10	5
P2	12	4
P3	8	12
P4	15	3

① P1　　② P2

③ P3　　④ P4

014 □□□

2018년 지방직(15)

다음 표는 단일 중앙처리장치에 진입한 프로세스의 도착 시간과 그 프로세스를 처리하는 데 필요한 실행 시간을 나타낸 것이다. 비선점 SJF(Shortest Job First) 스케줄링 알고리즘을 사용한 경우, P1, P2, P3, P4 프로세스 4개의 평균 대기 시간은? (단, 프로세스 간 문맥 교환에 따른 오버헤드는 무시하며, 주어진 4개의 프로세스 외에 처리할 다른 프로세스는 없다고 가정한다)

프로세스	도착 시간(ms)	실행 시간(ms)
P1	0	5
P2	3	6
P3	4	3
P4	6	4

① 3ms　　② 3.5ms

③ 4ms　　④ 4.5ms

015 □□□

2019년 지방직(05)

다음 중 하나의 프로세스가 CPU를 할당받은 후에는, 스스로 CPU를 반납할 때까지 다른 프로세스가 CPU를 차지할 수 없도록 하는 스케줄링 기법에 해당하는 것만을 모두 고르면?

ㄱ. FCFS(First Come First Served)
ㄴ. RR(Round Robin)
ㄷ. SRT(Shortest Remaining Time)

① ㄱ　　② ㄱ, ㄷ

③ ㄴ, ㄷ　　④ ㄱ, ㄴ, ㄷ

016 □□□

2019년 국회직(13)

다음 <보기> 중 프로세스 스케줄링을 선점 스케줄링과 비선점 스케줄링으로 구분한 것으로 옳은 것은?

<보기>

ㄱ. RR(Round Robin)
ㄴ. SJF(Shortest Job First)
ㄷ. SRT(Shortest Remaining Time)
ㄹ. HRN(Highest Response ratio Next)
ㅁ. MFQ(Multilevel Feedback Queue)
ㅂ. MLQ(MultiLevel Queue)

	선점 스케줄링	비선점 스케줄링
①	ㅁ, ㅂ	ㄱ, ㄴ, ㄷ, ㄹ
②	ㄱ, ㄴ, ㄷ	ㄹ, ㅁ, ㅂ
③	ㄱ, ㅁ, ㅂ	ㄴ, ㄷ, ㄹ
④	ㄱ, ㄴ, ㄷ, ㄹ	ㅁ, ㅂ
⑤	ㄱ, ㄷ, ㅁ, ㅂ	ㄴ, ㄹ

017 □□□

2020년 국가직(18)

프로세스 스케줄링에 대한 설명으로 옳지 않은 것은?

① FCFS(First Come First Served) 스케줄링은 비선점 방식으로 대화식 시스템에 적합하다.

② SJF(Shortest Job First) 스케줄링은 실행 시간이 가장 짧은 작업(프로세스)을 신속하게 실행하므로 평균 대기시간이 FCFS 스케줄링보다 짧다.

③ Round-Robin 스케줄링은 우선순위가 적용되지 않은 단순한 선점형 방식이다.

④ 다단계 큐(Multilevel Queue) 스케줄링은 우선순위에 따라 준비 큐를 여러 개 사용하는 방식이다.

018 □□□

2020년 지방직(02)

CPU 스케줄링 기법 중 라운드 로빈(Round Robin) 방식에 대한 설명으로 옳지 않은 것은?

① 선점 스케줄링 기법이다.

② 여러 프로세스에 일정한 시간을 할당한다.

③ 시간할당량이 작으면 문맥 교환수와 오버헤드가 증가한다.

④ FIFO(First-In-First-Out) 방식 대비 높은 처리량을 제공한다.

019 □□□

2021년 국가직(07)

아래와 같은 순서대로 회의실 사용 요청이 있을 때, 다음 중 가장 많은 회의실 사용 시간을 확보할 수 있는 스케줄링 방법은? [단, 회의실은 하나이고, 사용 요청은 (시작 시각, 종료 시각)으로 구성된다. 회의실에 특정 회의가 할당되면 이 회의 시간과 겹치는 회의 요청에 대해서는 회의실 배정을 할 수 없다]

(11 : 50, 12 : 30),	(9 : 00, 12 : 00),	(13 : 00, 14 : 30),
(14 : 40, 15 : 00),	(14 : 50, 16 : 00),	(15 : 40, 16 : 20),
(16 : 10, 18 : 00)		

① 시작 시각이 빠른 요청부터 회의실 사용이 가능하면 확정한다.

② 종료 시각이 빠른 요청부터 회의실 사용이 가능하면 확정한다.

③ 사용 요청 순서대로 회의실 사용이 가능하면 확정한다.

④ 회의 시간이 긴 요청부터 회의실 사용이 가능하면 확정한다.

020 □□□

2021년 국회직(12)

선점형(Preemptive) 스케줄링에 해당하지 않는 것은?

① MFQ(Multilevel Feedback Queue) 스케줄링

② RR(Round Robin) 스케줄링

③ MLQ(Multilevel Queue) 스케줄링

④ SRT(Shortest Remaining Time) 스케줄링

⑤ HRN(Highest Response ratio Next) 스케줄링

021 □□□

2022년 지방직(20)

다음과 같이 P1, P2, P3, P4 프로세스가 동시에 준비 상태 큐에 도착했을 때 SJF(Shortest Job First) 스케줄링 알고리즘에서 평균 반환시간과 평균 대기시간을 바르게 연결한 것은? (단, 프로세스 간 문맥교환에 따른 오버헤드는 무시하며, 주어진 4개의 프로세스 외에 처리할 다른 프로세스는 없다고 가정한다)

프로세스	실행시간
P1	5
P2	6
P3	4
P4	9

	평균 반환시간	평균 대기시간
①	6	6
②	6	7
③	13	6
④	13	7

022 □□□

2023년 지방직(19)

다음은 프로세스가 준비 상태 큐에 도착한 시간과 프로세스를 처리하는 데 필요한 실행 시간을 보여준다. 선점형 SJF(Shortest Job First) 스케줄링 알고리즘인 SRT(Shortest Remaining Time) 알고리즘을 사용할 경우, 프로세스들의 대기 시간 총합은? (단, 프로세스 간 문맥 교환에 따른 오버헤드는 무시하며, 주어진 4개 프로세스 외에 처리할 다른 프로세스는 없다고 가정한다)

프로세스	도착 시간	실행 시간
P_1	0	30
P_2	5	10
P_3	10	15
P_4	15	10

① 40　② 45
③ 50　④ 55

023 □□□

2024년 국가직(12)

다음 CPU 스케줄링 알고리즘 중 비선점형 알고리즘만을 모두 고르면?

ㄱ. FCFS(First Come First Served) 스케줄링
ㄴ. HRN(Highest Response-ratio Next) 스케줄링
ㄷ. RR(Round Robin) 스케줄링
ㄹ. SRT(Shortest Remaining Time) 스케줄링

① ㄱ, ㄴ　② ㄱ, ㄹ
③ ㄴ, ㄷ　④ ㄷ, ㄹ

024 □□□

2024년 지방직(17)

다음은 프로세스가 준비 큐에 도착하는 시간과 프로세스를 처리하는데 필요한 실행시간을 보여준다. 비선점 SJF(Shortest Job First) 스케줄링 알고리즘을 사용한 경우, P1, P2, P3, P4 프로세스 중에서 두 번째로 실행되는 프로세스는? (단, 프로세스 간 문맥 교환에 따른 오버헤드는 무시하며, 주어진 4개의 프로세스 외에 처리할 다른 프로세스는 없다고 가정한다)

프로세스	도착시간	실행시간
P1	0	6
P2	1	4
P3	2	1
P4	3	2

① P1　② P2
③ P3　④ P4

025 □□□

2025년 지방직(16)

다음과 같이 준비 상태 큐에 프로세스가 도착했을 때, 타임 슬라이스가 4 ms인 라운드 로빈(round-robin) 스케줄링으로 실행하면 프로세스의 평균 대기 시간은? (단, 프로세스 간 문맥 교환에 따른 오버헤드는 무시하고, 주어진 4개 프로세스 외에 처리할 다른 프로세스는 없다)

프로세스	도착 시간(ms)	실행 시간(ms)
P_1	0	8
P_2	1	4
P_3	2	6
P_4	3	5

① 4 ms
② 11 ms
③ 18 ms
④ 44 ms

CHAPTER 06

분산 메모리 할당 - 페이징과 세그멘테이션

정답 및 해설 p.51

001 □□□

2015년 국회직(20)

페이징(paging)을 기반으로 한 가상 메모리 시스템에 대한 설명으로 옳지 않은 것은?

① 프로세스에서 사용하는 가상 주소(virtual address)가 페이지 테이블을 통해 물리 주소(physical address)로 변환된다.

② 동일한 물리 주소를 서로 다른 프로세스에서 서로 다른 가상 주소를 이용해 접근하는 것이 가능하다.

③ 가상 주소의 변경 없이 해당 가상 주소가 가리키는 데이터의 물리적인 주소를 변경시킬 수 있다.

④ Intel이나 ARM CPU에서는 하나 이상의 페이지 크기를 지원한다.

⑤ 페이지 크기가 커질수록 외부 단편화(external fragmentation) 문제가 심각해진다.

002 □□□

2016년 국가직(09)

가상기억장치(virtual memory) 구현 방법으로서의 페이징(paging)과 세그멘테이션(segmentation)에 대한 설명으로 옳지 않은 것은?

① 페이징 기법에서 페이지(page)의 크기가 2^k 바이트이면 가상 주소(virtual address)의 페이지 오프셋(offset)은 k 비트이다.

② 세그멘테이션 기법에서 세그먼트들은 2의 거듭제곱 바이트의 크기를 가져야 하며 최대 크기가 정해져 있다.

③ 페이징 기법에서는 외부 단편화(external fragmentation)가 발생하지 않는다.

④ 세그멘테이션 기법에서는 외부 단편화가 발생할 수 있다.

003 □□□

2017년 국가직(18)

페이지 크기가 2,000byte인 페이징 시스템에서 페이지 테이블이 다음과 같을 때 논리주소에 대한 물리주소가 옳게 짝지어진 것은? (단, 논리주소와 물리주소는 각각 0에서 시작되고, 1byte 단위로 주소가 부여된다)

페이지번호(논리)	프레임번호(물리)
0	7
1	3
2	5
3	0
4	8

	논리주소	물리주소
①	4,300	2,300
②	3,600	4,600
③	2,500	6,500
④	900	7,900

004 □□□

2017년 국회직(03)

가상메모리(virtual memory) 관리 기법에 대한 설명으로 옳지 않은 것은?

① 프로그램의 크기가 실제 메모리의 크기보다 커도 실행이 가능하다.

② 페이지 방식은 페이지 사상 작업으로 인하여 비용이 증가하고 수행 속도가 감소한다.

③ 페이지 방식은 페이지를 작게 설계하여 내부 단편화를 줄일 수 있다.

④ 세그먼트 방식은 동적 메모리 할당 방법으로 외부 단편화가 발생하지 않는다.

⑤ 세그먼트 방식은 세그먼트 번호와 변위(offset)로 구성하는 가상 주소를 만든다.

005 □□□

2022년 지방직(17)

다중 프로그래밍 환경에서 연속 메모리 할당 방법에 대한 설명으로 옳지 않은 것은?

① 가변분할 메모리 할당은 프로세스의 크기에 따라 메모리를 나누는 것으로 단편화 문제가 발생하지 않는다.
② 가변분할 메모리 할당의 메모리 배치방법으로는 최초 적합, 최적 적합, 최악 적합 방법이 있다.
③ 고정분할 메모리 할당은 프로세스의 크기와 상관없이 메모리를 같은 크기로 나누는 것이다.
④ 고정분할 메모리 할당에서는 쓸모없는 공간으로 인해 메모리 낭비가 발생할 수 있다.

006 □□□

2023년 국가직(07)

다음 설명에 해당하는 페이지 테이블 기술은 무엇인가?

> 물리 메모리의 프레임당 단 한 개의 페이지 테이블 항목을 할당함으로써 페이지 테이블이 차지하는 공간을 줄이는 기술

① 변환 참조 버퍼
② 계층적 페이지 테이블
③ 역 페이지 테이블
④ 해시 페이지 테이블

007 □□□

2023년 지방직(10)

다음 조건을 만족하는 가상기억장치에서 가상 페이지 번호(virtual page number)와 페이지 오프셋의 비트 수를 바르게 연결한 것은?

> • 페이징 기법을 사용하며, 페이지 크기는 2,048바이트이다.
> • 가상 주소는 길이가 32비트이고, 가상 페이지 번호와 페이지 오프셋으로 구분된다.

	가상 페이지 번호	페이지 오프셋
①	11	21
②	13	19
③	19	13
④	21	11

CHAPTER 07 가상기억장치(Virtual Memory)

정답 및 해설 p.52

001 □□□ 2014년 국가직(07)

3개의 페이지 프레임으로 구성된 기억장치에서 다음과 같은 순서대로 페이지 요청이 일어날 때, 페이지 교체 알고리즘으로 LFU(Least Frequently Used)를 사용한다면 몇 번의 페이지 부재가 발생하는가? (단, 초기 페이지 프레임은 비어 있다고 가정한다)

요청된 페이지 번호의 순서: 2, 3, 1, 2, 1, 2, 4, 2, 1, 3, 2

① 4번 ② 5번
③ 6번 ④ 7번

002 □□□ 2014년 국회직(17)

가상(virtual) 기억 장치의 페이지 부재 발생 시, 페이지 교체 기법 중 LRU 방식에 대한 설명으로 옳은 것은?

① 가장 오랫동안 사용되지 않고 있는 페이지를 교체 대상으로 선택한다.
② 참조된 횟수가 가장 적은 페이지를 교체 대상으로 선택한다.
③ 주기억장치에 가장 먼저 적재된 페이지를 교체 대상으로 선택한다.
④ 프로세스에 더 많은 수의 페이지 프레임을 할당하였을 때 오히려 페이지 부재의 발생 횟수가 증가하는 현상이 발생할 수 있다.
⑤ 페이지 부재 발생 비율에 따라 페이지 프레임의 수를 추가 할당하거나 회수하는 기법이다.

003 □□□ 2015년 서울시(02)

가상기억장치(virtual memory)에 대한 설명으로 가장 옳은 것은?

① 가상기억장치를 사용하면 메모리 단편화가 발생하지 않는다.
② 가상기억장치는 실기억장치로의 주소변환 기법이 필요하다.
③ 가상기억장치의 참조는 실기억장치의 참조보다 빠르다.
④ 페이징 기법은 가변적 크기의 페이지 공간을 사용한다.

004 □□□ 2016년 지방직(10)

다음은 가상 메모리의 페이지 교체 정책 중 최적(optimal) 알고리즘을 적용하여 페이지를 할당한 예이다. 참조열 순으로 페이지가 참조될 때, 페이지 부재(page fault)가 6회 발생하였다. 동일한 조건하에서 LRU(Least Recently Used) 알고리즘을 적용할 경우 페이지 부재가 몇 회 발생하는가?

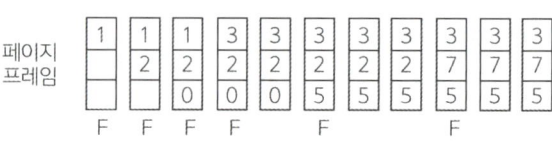

참조열	1	2	0	3	0	5	2	3	7	5	3
페이지 프레임	1	1	1	3	3	3	3	3	3	3	3
		2	2	2	2	2	2	2	7	7	7
			0	0	0	5	5	5	5	5	5
	F	F	F	F		F			F		

F : 페이지 부재

① 6 ② 7
③ 8 ④ 9

005 □□□

2016년 서울시(08)

메모리 크기가 200KB인 시스템에서 요구 페이징(demand paging)으로 가상 메모리(virtual memory)를 구현한다고 하자. 페이지 크기가 2KB이고 페이지 테이블(page table)의 각 항목이 3바이트라고 하면, 25KB 크기의 프로세스를 위한 최소 페이지 테이블의 크기는 어떻게 되는가?

① 25바이트 ② 39바이트
③ 60바이트 ④ 75바이트

006 □□□

2016년 서울시(16)

가상메모리(Virtual Memory)를 효과적으로 제공하기 위해 Core i7과 같은 프로세서 내부에 있는 장치는 무엇인가?

① TLB(Translation Lookaside Buffer)
② 캐시(Cache)
③ 페이지 테이블(Page Table)
④ 스왑 스페이스(Swap Space)

007 □□□

2016년 서울시(18)

3개의 page를 수용할 수 있는 메모리가 있으며, 현재 완전히 비어 있다. 어느 프로그램이 <보기>와 같이 page 번호를 요청했을 때, LRU(Least-Recently-Used)를 사용할 경우 몇 번의 page-fault가 발생하는가?

<보기>

요청하는 번호순서: 2 3 2 1 5 2 4 5

① 6번 ② 5번
③ 4번 ④ 3번

008 □□□

2016년 국회직(13)

가상기억장치에 대한 설명으로 옳은 것은?

① 프로세스의 주소 공간 전체가 주기억장치에 적재된다.
② 실행 중인 프로세스들에 필요한 전체 주소 공간 크기의 합은 주기억장치 용량보다 클 수 없다.
③ 프로세스에서 사용되는 가상주소의 순서와 주기억장치의 물리주소 순서는 일치한다.
④ 페이징 기법에서 페이지의 크기는 프로그램의 모듈 단위로 정해지므로 모두 다르다.
⑤ 프로세스에서 사용되는 가상주소를 주기억장치의 물리주소로 변환하는 것은 프로세스의 실행 중에 이루어진다.

009 □□□

2017년 국가직(추가)(08)

가상 기억장치 기술에 대한 설명으로 옳지 않은 것은?

① 가상 주소(virtual address)에서 물리 주소(physical address)로의 주소 변환(address translation)이 이루어진다.
② 가상 주소와 물리 주소의 비트 수가 서로 다를 수 있다.
③ 다중 프로그래밍 정도(degree of multiprogramming)가 높아짐에 따라 CPU 이용률(utilization)은 계속 높아진다.
④ 서로 다른 프로세스가 동일한 물리 기억장치 영역을 공유할 수 있다.

010 □□□

2018년 서울시(07)

주기억 장치의 페이지 교체 기법에 대한 설명으로 가장 옳은 것은?

① FIFO(First In First Out)는 가장 오래된 페이지를 교체한다.
② MRU(Most Recently Used)는 최근에 적게 사용된 페이지를 교체한다.
③ LRU(Least Recently Used)는 가장 최근에 사용한 페이지를 교체한다.
④ LFU(Least Frequently Used)는 최근에 사용빈도가 가장 많은 페이지를 교체한다.

011 □□□

2018년 국회직(08)

가상 메모리 시스템에서 메모리 부족 시의 페이지 교체 기법(page replacement algorithm)들에 대한 설명으로 옳지 않은 것은?

① LRU(Least Recently Used) 기법은 메모리에 적재된 페이지 중 가장 오랫동안 참조되지 않았던 페이지를 교체하는 기법이다.
② LRU 기법은 실제 그 구현 오버헤드가 커서, 일반적으로 오버헤드를 줄인 여러 유형의 LRU 근사 알고리즘(LRU approximation algorithm)들이 사용되는 것이 보통이다.
③ LRU 기법은 물리적 페이지의 개수를 확장했음에도 페이지 폴트가 늘어나는 경우가 발생할 수도 있는데, 이를 Belady's anomaly라 한다.
④ 이론적으로는 최적의 페이지 교체 기법은 메모리에 적재된 페이지들 중에서 앞으로 가장 오랫동안 참조되지 않을 페이지를 교체하는 것이다.
⑤ FIFO(First In First Out) 기법은 메모리에 적재된 페이지들 중 가장 먼저 메모리에 적재된 페이지를 교체하는 방법이다.

012 □□□

2018년 지방교행(06)

가상 메모리(virtual memory)에 대한 설명으로 옳은 것은?

① 세그먼테이션(segmentation) 기법을 적용할 수 없다.
② 프로세스를 주기억장치에 적재하지 않아도 프로세스의 수행을 가능하게 한다.
③ 주기억장치의 물리적 주소 공간과 사용자 관점의 논리적 주소 공간을 분리해 준다.
④ 페이징(paging) 과정에서 프레임이 필요 이상 할당되면 스레싱(thrashing)이 발생한다.

013 □□□

2019년 국가직(14)

FIFO 페이지 교체 알고리즘을 사용하는 가상메모리에서 프로세스 P가 다음과 같은 페이지 번호 순서대로 페이지에 접근할 때, 페이지 부재(page-fault) 발생 횟수는? (단, 프로세스 P가 사용하는 페이지 프레임은 총 4개이고, 빈 상태에서 시작한다)

1 2 3 4 5 2 1 1 6 7 5

① 6회 ② 7회
③ 8회 ④ 9회

014 □□□

2019년 서울시(05)

운영체제에서 가상 메모리의 페이지 교체 기법에 대한 설명으로 가장 옳지 않은 것은?

① FIFO 기법에서는 아무리 참조가 많이 된 페이지라도 교체될 수 있다.
② LRU 기법을 위해서는 적재된 페이지들의 참조된 시간 또는 순서에 대한 정보가 필요하다.
③ Second-chance 기법에서는 참조 비트가 0인 페이지는 교체되지 않는다.
④ LFU 기법은 많이 참조된 페이지는 앞으로도 참조될 확률이 높을 것이란 판단에 근거한 기법이다.

015 □□□

2020년 국회직(19)

초기 페이지 프레임은 비어 있다고 가정할 때, 3개의 페이지 프레임을 가진 기억장치에서 다음과 같이 페이지 참조열이 주어졌다. LRU(Least Recently Used) 알고리즘을 적용했을 때 발생하는 페이지 부재의 수는?

2, 3, 4, 2, 1, 5, 6, 2, 1, 2, 3, 5, 3

① 8 ② 9
③ 10 ④ 11
⑤ 12

016 □□□

2021년 국회직(13)

페이지 프레임(page frame)의 수가 4이고 가상 페이지(virtual page)의 수가 8인 가상 메모리에서 선입선출(FIFO) 페이지 교체 정책이 사용된다. 처음에 4개의 페이지 프레임들이 비어 있다고 가정했을 때 페이지 참조 열이 0, 1, 7, 2, 3, 2, 7, 1, 0, 3이라면 페이지 부재(page fault) 횟수와 페이지 교체(page replacement) 횟수로 옳은 것은?

① 페이지 부재 횟수 = 6, 페이지 교체 횟수 = 2
② 페이지 부재 횟수 = 6, 페이지 교체 횟수 = 3
③ 페이지 부재 횟수 = 7, 페이지 교체 횟수 = 2
④ 페이지 부재 횟수 = 7, 페이지 교체 횟수 = 3
⑤ 페이지 부재 횟수 = 8, 페이지 교체 횟수 = 3

017 □□□

2022년 국회직(03)

페이지 교체 알고리즘으로 LRU와 FIFO 알고리즘을 사용하고 페이지 참조의 순서는 다음과 같다. 이 경우, 할당된 프레임의 수가 3개일 때 각각의 알고리즘에서 발생하는 페이지 부재 횟수로 옳은 것은? (단, 초기에는 기억장치가 모두 비어 있다고 가정한다)

> 페이지 참조의 순서: 3, 1, 2, 4, 1, 4, 3, 2, 1, 2, 3

	LRU	FIFO
①	5번	6번
②	7번	6번
③	8번	6번
④	7번	7번
⑤	8번	7번

018 □□□

2023년 지방직(08)

운영체제에서 다음 설명에 해당하는 페이지 교체 알고리즘은 무엇인가?

> 페이지 교체가 필요한 시점에서 최근 가장 오랫동안 사용되지 않은 페이지를 제거하여 교체한다.

① 최적(optimal) 교체 알고리즘
② FIFO(First In First Out) 교체 알고리즘
③ LRU(Least Recently Used) 교체 알고리즘
④ LFU(Least Frequently Used) 교체 알고리즘

019 □□□

2024년 국가직(10)

3개의 페이지 프레임으로 구성된 기억장치에서 다음과 같은 참조열 순으로 페이지가 참조될 때, 페이지 부재 발생 횟수가 가장 적은 교체 방법은? (단, 초기 페이지 프레임은 비어 있으며, 페이지 교체 과정에서 사용 빈도수가 동일한 경우는 가장 오래된 것을 먼저 교체한다)

> 참조열: 2 1 2 3 1 4 5 1 4 3

① FIFO(First In First Out)
② LFU(Least Frequently Used)
③ LRU(Least Recently Used)
④ MFU(Most Frequently Used)

020 □□□

2024년 지방직(19)

페이지 테이블(page table)을 사용하는 가상기억장치 컴퓨터 시스템에서 TLB(Translation Lookaside Buffer)에 대한 설명으로 옳은 것은?

① 페이지 테이블의 캐시로서 동작한다.
② 한 시스템 내에 여러 개가 존재할 수 없다.
③ TLB 실패(miss)가 발생할 때마다 페이지 부재(page fault)가 발생한다.
④ 물리 주소(physical address)를 가상 주소(virtual address)로 빠르게 변환하기 위한 것이다.

CHAPTER 08

스래싱(Thrashing)

정답 및 해설 p.55

001 □□□ 2018년 국가직(06)

스래싱(Thrashing)에 대한 설명으로 옳지 않은 것은?

① 프로세스의 작업 집합(Working Set)이 새로운 작업 집합으로 전이 시 페이지 부재율이 높아질 수 있다.
② 작업 집합 기법과 페이지 부재 빈도(Page Fault Frequency) 기법은 한 프로세스를 중단(Suspend)시킴으로써 다른 프로세스들의 스레싱을 감소시킬 수 있다.
③ 각 프로세스에 설정된 작업 집합 크기와 페이지 프레임 수가 매우 큰 경우 다중 프로그래밍 정도(Degree of Multiprogramming)를 증가시킨다.
④ 페이지 부재 빈도 기법은 프로세스의 할당 받은 현재 페이지 프레임 수가 설정한 페이지 부재율의 하한보다 낮아지면 보유한 프레임 수를 감소시킨다.

002 □□□ 2020년 지방직(11)

페이지 부재율(Page Fault Ratio)과 스래싱(Trashing)에 대한 설명으로 옳은 것은?

① 페이지 부재율이 크면 스래싱이 적게 일어난다.
② 페이지 부재율과 스래싱은 전혀 관계가 없다.
③ 스래싱이 많이 발생하면 페이지 부재율이 감소한다.
④ 다중 프로그램의 정도가 높을수록 스래싱이 증가한다.

003 □□□ 2020년 국회직(14)

스래싱(thrashing)에 대한 설명으로 옳은 것은?

① 두 개 이상의 작업이 서로 상대방의 작업이 끝나기만을 기다리고 있기 때문에 결과적으로 아무것도 완료되지 못하는 현상을 의미한다.
② CPU 버스트가 짧은 프로세스에게 우선순위를 항상 부여한다면, 상대적으로 CPU 버스트가 긴 프로세스가 계속해서 지연되는 것을 의미한다.
③ CPU 버스트가 긴 프로세스가 CPU를 양보할 때까지 다른 모든 프로세스들이 기다리는 것을 의미한다.
④ 페이지 부재가 너무 자주 일어나 프로세스가 실행에 보내는 시간보다 페이지 교체에 더 많은 시간을 소비하는 현상을 의미한다.
⑤ CPU가 프로그램을 실행하고 있을 때, 입출력 하드웨어 등의 장치나 예외 상황이 발생하여 처리가 필요한 경우 CPU에게 알려 처리할 수 있도록 하는 것을 의미한다.

CHAPTER 09

디스크 스케줄링

정답 및 해설 p.56

001 □□□

2014년 국가직(17)

운영체제의 디스크 스케줄링 기법에 대한 설명으로 옳은 것은?

① FCFS(First-Come-First-Served)는 현재의 판독/기록 헤드 위치에서 대기 큐 내 요구들 중 탐색 시간이 가장 짧은 것을 선택하여 처리하는 기법이다.

② N-Step-SCAN은 대기 큐 내에서 디스크 암(disk arm)이 외부 실린더에서 내부 실린더로 움직이는 방향에 있는 요구들만을 처리하는 기법이다.

③ C-LOOK은 디스크 암(disk arm)이 내부 혹은 외부 트랙으로 이동할 때, 움직이는 방향에 더 이상 처리할 요구가 없는 경우 마지막 트랙까지 이동하지 않는 기법이다.

④ SSTF(Shortest-Seek-Time-First)는 각 요구 처리에 대한 응답 시간을 항상 공평하게 하는 기법이다.

002 □□□

2014년 서울시(18)

디스크의 서비스 요청 대기 큐에 도착한 요청이 다음과 같을 때 C-LOOK 스케줄링 알고리즘에 의한 헤드의 총 이동거리는 얼마인가? (단, 현재 헤드의 위치는 50에 있고, 헤드의 이동방향은 0에서 199방향이다)

요청대기열의 순서
65, 112, 40, 16, 90, 170, 165, 35, 180

① 388　　② 318
③ 362　　④ 347
⑤ 412

003 □□□

2017년 국가직(05)

디스크 헤드의 위치가 55이고 0의 방향으로 이동할 때, C-SCAN 기법으로 디스크 대기 큐 25, 30, 47, 50, 63, 75, 100을 처리한다면 제일 마지막에 서비스 받는 트랙은?

① 50　　② 63
③ 75　　④ 100

004 □□□

2018년 지방직(04)

다음에서 설명하는 디스크 스케줄링은 무엇인가?

> 디스크 헤드가 한쪽 방향으로 트랙의 끝까지 이동하면서 만나는 요청을 모두 처리한다. 트랙의 끝에 도달하면 반대 방향으로 이동하면서 만나는 요청을 모두 처리한다. 이러한 방식으로 헤드가 디스크 양쪽을 계속 왕복하면서 남은 요청을 처리한다.

① 선입 선처리(FCFS) 스케줄링
② 최소 탐색 시간 우선(SSTF) 스케줄링
③ 스캔(SCAN) 스케줄링
④ 라운드 로빈(RR) 스케줄링

005 □□□

2022년 국가직(20)

디스크 큐에 다음과 같이 I/O 요청이 들어와 있다. 최소탐색시간우선(SSTF) 스케줄링 적용 시 발생하는 총 헤드 이동 거리는? (단, 추가 I/O 요청은 없다고 가정한다. 디스크 헤드는 0부터 150까지 이동 가능하며, 현재 위치는 50이다)

> 큐: 80, 20, 100, 30, 70, 130, 40

① 100　　② 140
③ 180　　④ 430

CHAPTER 10

IPC

정답 및 해설 p.56

001 □□□

2017년 국가직(추가)(10)

UNIX에서의 프로세스 간 통신(interprocess communication)에 대한 설명으로 옳지 않은 것은?

① 세마포어(semaphore) 동작은 중단될 수 없는 원자성을 가진다.
② 시그널(signal)은 커널 혹은 프로세스가 다른 프로세스에게 비동기적으로 특정 사건을 통지하는 데 사용된다.
③ 지명 파이프(named pipe)를 통해 통신하는 프로세스 간에는 부모·자식 관계가 요구된다.
④ 공유 메모리(shared memory)에 대한 상호 배제(mutual exclusion)는 운영체제가 보장하지 않는다.

002 □□□

2022년 국가직(15)

운영체제의 세마포어(Semaphore)에 대한 설명으로 옳지 않은 것은?

① 프로세스 간 상호배제(Mutual Exclusion)의 원리를 보장하는 데 사용된다.
② 여러 개의 프로세스가 동시에 그 값을 수정하지 못한다.
③ 세마포어에 대한 연산은 수행 중에 인터럽트될 수 있다.
④ 세마포어는 플래그 변수와 그 변수를 검사하거나 증감시키는 연산들로 정의된다.

003 □□□

2023년 국가직(06)

유닉스 시스템 신호에 대한 설명으로 옳은 것은?

① SIGKILL: abort()에서 발생되는 종료 시그널
② SIGTERM: 잘못된 하드웨어 명령어를 수행하는 시그널
③ SIGILL: 터미널에서 CTRL + Z 할 때 발생하는 중지 시그널
④ SIGCHLD: 프로세스의 종료 혹은 중지를 부모에게 알리는 시그널

004 □□□

2025년 국가직(11)

프로세스 간 통신에 대한 설명으로 옳지 않은 것은?

① 파이프(pipe)는 두 프로세스가 통신할 수 있게 하는 전달자로서 동작한다.
② 지명 파이프(named pipe)는 서로 통신하는 프로세스 간 부모-자식 관계가 반드시 필요하다.
③ 신호(signal)는 알려 줄 사건의 근원지나 이유에 따라 비동기식으로도 전달될 수 있다.
④ 공유 메모리를 사용하는 프로세스 간 통신에서 프로세스들은 동시에 동일한 위치에 쓰지 않도록 책임져야 한다.

CHAPTER 11

유닉스(Unix)

정답 및 해설 p.57

001 □□□

2015년 지방직(15)

다음 중 유닉스 운영체제의 커널에 속하지 않는 것은?

① 스케줄러
② 파일 관리자
③ 메모리 관리자
④ 윈도우 관리자

002 □□□

2017년 국회직(04)

다음 중 UNIX 파일 시스템에서 i-node에 존재하는 정보로 옳지 않은 것은?

① 파일 이름
② 파일 저장 위치
③ 파일 생성 일시
④ 파일 소유자
⑤ 파일 접근 권한 비트

003 □□□

2018년 국가직(01)

유닉스 운영체제에 대한 설명으로 옳지 않은 것은?

① 계층적 파일시스템과 다중 사용자를 지원하는 운영체제이다.
② BSD 유닉스의 모든 코드는 어셈블리 언어로 작성되었다.
③ CPU 이용률을 높일 수 있는 다중 프로그래밍 기법을 사용한다.
④ 사용자 프로그램은 시스템 호출을 통해 커널 기능을 사용할 수 있다.

004 □□□

2025년 국가직(19)

운영체제 구조에 대한 설명으로 옳지 않은 것은?

① 커널은 운영체제의 핵심 기능을 모아 놓은 것이다.
② 다양한 장치를 효율적으로 사용할 수 있는 하드웨어와의 인터페이스를 디바이스 드라이버라고 한다.
③ 사용자 인터페이스는 커널에 명령을 전달하고, 실행 결과를 사용자와 응용 프로그램에 전달한다.
④ 사용자나 응용 프로그램이 커널을 거치지 않고 하드웨어에 직접 접근할 수 있도록 제공하는 함수의 집합을 시스템 호출이라고 한다.

CHAPTER 12

모바일 운영체제

정답 및 해설 p.57

001 □□□ 2015년 지방직(16)

안드로이드에 대한 설명으로 옳지 않은 것은?

① 안드로이드는 구글이 중심이 되어 개발하는 휴대 단말기용 플랫폼이다.
② 일반적으로 안드로이드 애플리케이션의 네 가지 구성요소는 액티비티, 방송 수신자, 서비스, 콘텐츠 제공자이다.
③ 보안, 메모리 관리, 프로세스 관리, 네트워크 관리 등 핵심 서비스는 리눅스에 기초하여 구현되었다.
④ 콘텐츠 제공자는 UI 컴포넌트를 화면에 표시하고, 시스템이나 사용자의 반응을 처리할 수 있다.

002 □□□ 2018년 지방직(14)

다음 중 모바일 기기에 특화된 운영체제에 해당하지 않는 것은?

① iOS ② Android
③ Symbian ④ Solaris

CHAPTER 13

그 외

정답 및 해설 p.58

001 □□□

2015년 국회직(10)

자식 프로세스를 만들어서 'ls' 프로그램을 수행하도록 하는 아래 C 프로그램에 대한 설명 중 옳지 않은 것은?

```
# include <stdio.h>
void main(int argc, char * argv [])
{
  int pid;
  pid = fork();
  if ( ㉠ ) {
    fprintf(stderr, "Fork Failed");
    exit(-1);
  }
  else if ( ㉡ ) execlp("/bin/ls", "ls", NULL);
  else {
    wait(NULL);
    printf("Child Complete");
    exit(0);
  }
}
```

① ㉠에 들어갈 조건은 pid < 0이다.
② ㉡에 들어갈 조건은 pid == 0이다.
③ 부모 프로세스는 자식 프로세스가 종료한 후에만 종료한다.
④ fork가 정상적으로 수행된다고 가정할 때, 부모 프로세스는 위 프로그램을 수행하는 동안 총 세 번의 시스템 콜을 호출하게 된다.
⑤ 자식 프로세스를 fork한 직후, 부모 프로세스와 자식 프로세스는 위 프로그램의 같은 위치에서부터 동작하게 된다.

002 □□□

2017년 지방직(추가)(17)

프로세스 P가 수행 준비는 되어 있으나 다른 프로세스들이 더 우선적으로 수행되어, 프로세스 P가 계속적으로 CPU 할당을 기다리면서 수행되지 못하는 상태는 무엇인가?

① 교착상태(deadlock)
② 기아상태(starvation)
③ 경쟁상태(race condition)
④ 상호배제(mutual exclusion)

003 □□□

2018년 국가직(18)

파일구조에 대한 설명으로 옳지 않은 것은?

① VSAM은 B+ 트리 인덱스 구조를 사용한다.
② 히프 파일은 레코드들을 키 순서와 관계없이 저장할 수 있다.
③ ISAM은 레코드 삽입을 위한 별도의 오버플로우 영역을 필요로 하지 않는다.
④ 순차 파일에서 일부 레코드들이 키 순서와 다르게 저장된 경우, 파일 재구성 과정을 통해 키 순서대로 저장될 수 있다.

004 □□□

2018년 서울시(14)

임계지역(critical section) 문제에 대한 해결책이 가져야 하는 성질로 가장 옳지 않은 것은?

① 한 번에 한 프로세스만이 임계지역을 수행하도록 해야 한다.
② 프로세스는 자신이 임계지역을 수행하지 않으면서 다른 프로세스가 임계지역을 수행하는 것을 막으면 안 된다.
③ 프로세스의 임계지역 진입은 유한 시간 내에 이루어져야 한다.
④ 임계지역 문제의 해결책에서는 프로세스의 수행 속도에 대해 적절한 가정을 할 수 있다.

005 □□□
2018년 국회직(12)

프로세스(process)나 스레드(thread)들이 공유 자원에 하나 이상의 수정(write 또는 modify) 연산을 포함하는 동시 접근을 할 때 그 접근 부분들을 임계 구역(critical section)이라 한다. 이를 보호하기 위한 병행 프로세스 동기화 기법으로 옳은 것은?

① 인터럽트(interrupt)
② 선점 스케줄링(preemptive scheduling)
③ 문맥교환(context switching)
④ 상호배제(mutual exclusion)
⑤ 교착상태(deadlock)

006 □□□
2020년 지방직(20)

다음은 리눅스 환경에서 fork() 시스템 호출을 이용하여 자식 프로세스를 생성하는 C 프로그램이다. 출력 결과로 옳은 것은? [단, "pid = fork();" 문장의 수행 결과 자식 프로세스의 생성을 성공하였다고 가정한다]

```
#include<stdio.h>
#include<stdlib.h>
#include<unistd.h>
#include<sys/types.h>
#include<errno.h>
#include<sys/wait.h>

int main(void) {
    int i=0, v=1, n=5;
    pid_t pid;

    pid = fork();

    if( pid < 0 ) {
        for(i=0; i<n; i++) v+=(i+1);
        printf("c =%d ", v);
    } else if( pid == 0 ) {
        for(i=0; i<n; i++) v*=(i+1);
        printf("b =%d ", v);
    } else {
        wait(NULL);
        for(i=0; i<n; i++) v+=1;
        printf("a =%d ", v);
    }
    return 0;
}
```

① b = 120, a = 6
② c = 16, b = 120
③ b = 120, c = 16
④ a = 6, c = 16

007 □□□
2021년 국가직(10)

임계구역에 대한 설명으로 옳은 것은?

① 임계구역에 진입하고자 하는 프로세스가 무한대기에 빠지지 않도록 하는 조건을 진행의 융통성(Progress Flexibility)이라 한다.
② 자원을 공유하는 프로세스들 사이에서 공유자원에 대해 동시에 접근하여 변경할 수 있는 프로그램 코드 부분을 임계영역(Critical Section)이라 한다.
③ 한 프로세스가 다른 프로세스의 진행을 방해하지 않도록 하는 조건을 한정 대기(Bounded Waiting)라 한다.
④ 한 프로세스가 임계구역에 들어가면 다른 프로세스는 임계구역에 들어갈 수 없도록 하는 조건을 상호 배제(Mutual Exclusion)라 한다.

008 □□□
2023년 국가직(18)

운영체제 시스템 호출에 대한 설명으로 옳지 않은 것은?

① fork( )는 실행 중인 프로세스를 복사하는 함수이다.
② fork( ) 호출 시 부모 프로세스와 자식 프로세스가 차지하는 메모리 위치는 동일하다.
③ exec( )는 이미 만들어진 프로세스의 구조를 재활용하는 함수이다.
④ exec( ) 호출에 사용되는 함수 중 wait( )는 프로세스 종료 대기를 처리한다.

PART 5

프로그래밍언어

CHAPTER 01

개요

정답 및 해설 p.60

001 □□□

2015년 국회직(16)

C와 같은 고급 언어로 작성된 프로그램은 컴파일 과정을 거쳐 CPU에 의해 실행 가능한 바이너리 형태의 실행 파일(executable file)로 변환된다. 다음 중 생성되는 실행 파일의 크기를 결정하는 요소가 아닌 것은?

① CPU의 동작 클럭 주파 수
② CPU의 설계 방식(RISC 혹은 CISC)
③ 사용된 컴파일러의 최적화 옵션
④ CPU의 비트수(8비트/16비트/32비트/64비트)
⑤ 동적 링킹(dynamic linking) 사용 여부

002 □□□

2017년 지방직(10)

프로그램 구현 기법은 컴파일러를 이용한 기법, 인터프리터를 이용한 기법, 하이브리드(hybrid) 기법으로 구분된다. 이에 대한 설명으로 옳지 않은 것은?

① 하이브리드 기법에서는 인터프리터가 중간 언어로 번역된 프로그램을 해석하고 실행한다.
② 인터프리터를 이용한 기법에서는 고급 언어 프로그램을 명령문 단위로 하나씩 해석하여 바로 실행한다.
③ 반복문이 많은 프로그램의 실행에서 컴파일러를 이용한 기법이 인터프리터를 이용한 기법보다 효율적이다.
④ 인터프리터를 이용한 기법은 번역된 프로그램을 저장하기 위한 큰 기억 장소를 요구하는 단점이 있다.

003 □□□

2017년 서울시(01)

컴퓨터 언어처리에 관련된 시스템 S/W의 기능에 대한 설명으로 옳지 않은 것은?

① 컴파일러: 고급언어를 이진목적모듈로 변환기능
② 어셈블러: 객체지향언어를 이진목적모듈로 변환기능
③ 링커: 여러 목적모듈을 통합하여 실행 가능한 하나의 모듈로 변환기능
④ 로더: 실행 가능한 모듈을 주기억장치에 탑재기능

004 □□□

2019년 국가직(15)

재배치 가능한 형태의 기계어로 된 오브젝트 코드나 라이브러리 등을 입력받아 이를 묶어 실행 가능한 로드 모듈로 만드는 번역기는 무엇인가?

① 링커(linker)
② 어셈블러(assembler)
③ 컴파일러(compiler)
④ 프리프로세서(preprocessor)

005 □□□

2019년 서울시(01)

C 프로그램을 컴파일하면 <보기>와 같은 것들이 실행된다. 이 중 3번째로 실행되는 것은 무엇인가?

<보기>
링커(linker), 어셈블러(assembler), 전처리기(preprocessor), 컴파일러(compiler)

① 링커(linker)
② 어셈블러(assembler)
③ 전처리기(preprocessor)
④ 컴파일러(compiler)

006 □□□

2020년 지방직(01)

인터프리터(Interpreter) 방식의 언어로 옳지 않은 것은?

① JavaScript
② C
③ Basic
④ LISP

007 □□□

2021년 국가직(02)

소프트웨어에 대한 설명으로 옳지 않은 것은?

① 하드웨어에 대응하는 개념으로 우리가 원하는 대로 컴퓨터를 작동하게 만드는 논리적인 바탕을 제공한다.
② 운영체제 등 컴퓨터 시스템을 가동시키는 데 사용되는 소프트웨어를 시스템 소프트웨어라 한다.
③ 문서 작성이나 게임 등 특정 분야의 업무를 처리하는 데 사용되는 소프트웨어를 응용 소프트웨어라 한다.
④ 고급 언어로 작성된 프로그램을 한꺼번에 번역한 후 실행하는 것이 인터프리터 방식이다.

008 □□□

2025년 국가직(05)

언어 번역 프로그램에 해당하지 않는 것은?

① 어셈블러
② 컴파일러
③ 인터프리터
④ 워드프로세서

CHAPTER 02

변수

정답 및 해설 p.61

001 □□□

2016년 서울시(17)

다음 중 C 프로그래밍 언어의 식별자로 사용할 수 없는 것은?

① 3id₩　　② My_ID

③ __yes　　④ K

CHAPTER

03 수식

정답 및 해설 p.61

001 □□□

2017년 국회직(18)

다음 C 프로그램의 출력 결과로 옳은 것은?

```
#include <stdio.h>
int main ()
{
  int i = 3;
  int j = 4;
  if (( ++i > j-- ) && ( i++ < --j )) i = i-- + ++j;
  else j = i-- - --j;
  printf("%d₩n", i);
}
```

① 1
② 2
③ 3
④ 4
⑤ 5

002 □□□

2018년 서울시(15)

다음 C 프로그램의 출력은?

```
#include <stdio.h>
int main()
{
  int a = 5, b = 5;
  a *= 3 + b++;
  printf("%d%d" , a, b) ;
  return 0;
}
```

① 40 5
② 40 6
③ 45 5
④ 45 6

003 □□□

2023년 국가직(08)

다음 C 프로그램의 출력 결과는?

```
#include <stdio.h>
void main() {
  int x = 0x15213F10 >> 4;
  char y = (char) x;
  unsigned char z = (unsigned char) x;
  printf("%d,%u", y, z);
}
```

① -15, 15
② -241, 15
③ -15, 241
④ -241, 241

004 □□□

2023년 국가직(20)

다음 C 프로그램의 실행 결과는?

```
#include <stdio.h>
int C(int v) {
  printf("%d ", v);
  return 1;
}

int main() {
  int a = -2;
  int b = !a;
  printf("%d%d%d%d ", a, b, a&&b, a||b);
  if(b && C(10))
    printf("A ");
  if(b & C(20))
    printf("B ");
  return 0;
}
```

① -2 0 0 1 20
② -2 0 0 1 10 20
③ -2 1 0 1 10 20
④ -2 2 1 1 10 A 20 B

CHAPTER 04 조건

정답 및 해설 p.61

001 □□□

2018년 서울시(04)

다음 C 프로그램의 실행 결과는?

```
#include <stdio.h>
int main( )
{
   int a=0, b=1;
   switch(a) {
      case 0: printf( "%d \n " , b++); ; break;
      case 1: printf( "%d \n " , ++b); ; break;
      default: printf( " 0 \n " , b); ; break;
   }
   return 0;
}
```

① 0　② 1
③ 2　④ 3

002 □□□

2020년 국가직(16)

다음 C 프로그램의 결과로 옳은 것은?

```
#include <stdio.h>
int main()
{
   int a, b;
   a = b = 1;

   if (a = 2)
      b = a + 1;
   else if (a == 1)
      b = b + 1;
   else
      b = 10;

   printf("%d,%d₩n", a, b);
}
```

① 2, 3　② 2, 2
③ 1, 2　④ 2, 10

003 □□□

2021년 국가직(17)

다음은 어느 학생이 C 언어로 작성한 학점 계산 프로그램이다. 출력 결과는?

```
#include <stdio.h>
int main()
{
   int score = 85;
   char grade;
   if (score >= 90) grade='A';
   if (score >= 80) grade='B';
   if (score >= 70) grade='C';
   if (score < 70)  grade='F';
   printf("학점:%c₩n", grade);
   return 0;
}
```

① 학점 : A　② 학점 : B
③ 학점 : C　④ 학점 : F

CHAPTER 05

반복

정답 및 해설 p.62

001 □□□

2019년 국회직(07)

다음 C++ 프로그램의 실행결과로 옳은 것은?

```
#include <iostream>
using namespace std;

int main()
{
    int x;
    for (x = 1; x <= 7; x++) {
        if (x == 5)
            continue;
        else if (x == 6)
            break;
        cout << x;
    }
    return 0;
}
```

① 123
② 1234
③ 12345
④ 12346
⑤ 12347

002 □□□

2021년 지방직(11)

다음 C 프로그램의 실행 결과로 옳은 것은?

```
#include <stdio.h>
int main()
{
    int count, sum = 0;

    for ( count = 1; count <= 10; count++) {
        if ((count% 2) == 0)
            continue;
        else
            sum += count;
    }
    printf("%d₩n", sum);
}
```

① 10
② 25
③ 30
④ 55

CHAPTER 06

함수

정답 및 해설 p.62

001 □□□

2017년 국가직(17)

다음 C 프로그램의 출력값은?

```
#include <stdio.h>
void funCount();
int main(void) {
  int num;
  for(num = 0; num < 2; num++)
    funCount();
  return 0 ;
}
void funCount() {
  int num = 0;
  static int count;
  printf("num =%d, count =%d₩n", ++num, count++);
}
```

① num = 0, count = 0
num = 0, count = 1
② num = 0, count = 0
num = 1, count = 1
③ num = 1, count = 0
num = 1, count = 0
④ num = 1, count = 0
num = 1, count = 1

002 □□□

2018년 국가직(19)

다음 C 프로그램의 출력값은?

```
#include <stdio.h>
int a = 10;
int b = 20;
int c = 30;
void func(void)
{
  static int a = 100;
  int b = 200;
  a++;
  b++;
  c = a;
}
int main(void)
{
  func();
  func();
  printf("a =% d, b =% d, c =% d₩n" , a, b, c);
  return 0;
}
```

① a = 10, b = 20, c = 30
② a = 10, b = 20, c = 102
③ a = 101, b = 201, c = 101
④ a = 102, b = 202, c = 102

003 □□□

2022년 지방직(19)

다음 C 프로그램의 실행 결과로 옳은 것은?

```
#include <stdio.h>

int star = 10;

void printStar() {
    printf("%d ₩n", star);
}

int main()
{
    int star = 5;

    printStar();
    printf("%d ₩n", star);
    return 0;
}
```

① 5
5

② 5
10

③ 10
5

④ 10
10

CHAPTER

07 배열

정답 및 해설 p.62

001 □□□

2015년 서울시(10)

다음 C 프로그램을 실행한 결과로 옳은 것은?

```
int main(void)
{
    int i;
    char ch;
    char str[7] = "nation";
    for(i = 0; i < 4; i++) {
        ch = str[5-i];
        str[5-i] = str[i]; str[i] = ch;
    }
    printf("%s ₩n", str);
    return 0 ;
}
```

① nanoit　② nation

③ noitan　④ notian

002 □□□

2017년 지방교행(20)

다음 C 언어 프로그램의 실행 결과값은?

```
#include <stdio.h>
void main(void) {
    int num[5] = {3, 5, 8, 10, 19};
    int x, y, sum = 0;
    for (x = 0; x < 5; x++) {
        for (y = 2; y <= num[x]; y++)
            if (num[x]% y == 0) break;
            if (y == num[x])
                sum += num[x];
    }
    printf("%d", sum);
}
```

① 15　② 18

③ 27　④ 45

003 □□□

2018년 지방교행(09)

다음 C 프로그램의 출력값은?

```
#include <stdio.h>
void main(void)
{
    int i = 0, n = 167;
    int b[8];
    while (n > 0) {
        if (n%2 == 0) {
            b[i] = 0;
            n = n/2;
        }
        else {
            b[i] = 1;
            n = (n-1)/2;
        }
        i = i + 1;
    }
    for (i = 7; i >= 0; i--)
        printf("%d", b[i]);
}
```

① 10100001　② 10100111

③ 11100101　④ 11100111

004 □□□

2018년 지방교행(20)

다음 C 프로그램의 출력값은?

```
#include <stdio.h>
#define SIZE 7
void main(void)
{
  int i, tmp;
  int num[SIZE] = {58,28,81,98,16,64,70};
  for (i = 0; i < SIZE / 2; i++) {
    if (num[i] < num[SIZE - 1 - i]) {
      tmp = num[i];
      num[i] = num[SIZE - 1 - i];
      num[SIZE - 1 - i] = tmp;
    }
  }
  for (i = 0; i < SIZE; i++)
    printf("%d ", num[i]);
}
```

① 58 28 81 98 16 64 70
② 58 28 98 81 64 70 16
③ 70 64 16 98 81 28 58
④ 70 64 81 98 16 28 58

005 □□□

2019년 국가직(17)

다음 C 프로그램의 출력 결과는?

```
#include <stdio.h>
int main()
{
  char msg[50] = "Hello World!! Good Luck!";
  int i = 2, number = 0;
  while (msg[i] ! = '!' ) {
    if (msg[i] == ' a ' || msg[i] == ' e ' || msg[i] == ' i
' || msg[i] == ' o ' || msg[i] == ' u ' ) number++;
      i++;
  }
  printf("%d", number);
  return 0;
}
```

① 2　② 3
③ 5　④ 6

006 □□□

2022년 지방직(15)

다음 C 프로그램을 실행하면서 사용자가 1, 2, 3, 4를 차례대로 입력했을 때, 출력 결과는?

```
#include <stdio.h>

int main()
{
   int ary[4];
   int sum = 0;
   int i;

   for (i = 0; i < 4; i++) {
      printf("%d번 째 값을 입력하시오: ", i + 1);
      scanf("%d", &ary[i]);
   }

   for (i = 3; i > 0; i--)
      sum += ary[i];

   printf("%d ₩n", sum);
   return 0;
}
```

① 3　② 6
③ 9　④ 10

CHAPTER 08

포인터

정답 및 해설 p.63

001 □□□

2014년 국가직(10)

다음 C 프로그램의 출력 결과로 옳은 것은?

```
# include <stdio.h>
void func(int *a, int b, int *c)
{
   int x;

   x = *a;
   *a = x++;
   x = b;
   b = ++x;
   --(*c);
}
int main()
{
   int a, b, c[1];
   a = 20;
   b = 20;
   c[0] = 20;
   func(&a, b, c);
   printf("a =%d b =%d c =%d₩n" , a, b, *c);
   return 0;
}
```

① a = 20 b = 20 c = 19
② a = 20 b = 21 c = 19
③ a = 21 b = 20 c = 19
④ a = 21 b = 21 c = 20

002 □□□

2014년 지방직(05)

다음 C 프로그램의 출력값은?

```
#include <stdio.h>
int main(void)
{
   int i;
   int a[ ] = {10, 20, 30, 40, 50, 60, 70, 80, 90, 100};
   int *ptr = a + 3;
   for (i = 0; i < 5; ++i) {
      printf("%d ", *(ptr + i) - 3);
   }
}
```

① 27 37 47 57 67
② 37 47 57 67 77
③ 47 57 67 77 87
④ 43 53 63 73 83

003 □□□

2014년 서울시(20)

다음 C 프로그램을 실행한 결과로 옳은 것은?

```
void main() {
   int a[4] = {1, 2, 3};
   int *p = a;
   p++;
   *p++ = 10;
   *p += 10;
   printf("%d%d%d₩n", a[0], a[1], a[2]);
}
```

① 1 2 3
② 1 2 10
③ 1 10 10
④ 1 2 13
⑤ 1 10 13

004 □□□

2014년 국회직(04)

다음 C 프로그램의 출력 결과로 옳은 것은?

```
# include<stdio.h>
int *func(int a, int *x)
{
   a = a + 10;
   x = x + 1;
   *x = *x * 2;
   return x;
}
int main( )
{
   int i;
   int x = 10;
   int *p;
   int a[100];
   for(i = 0; i < 100; i++) a[i] = i * 10;
   p = func(x, a);
   printf("sum =%d₩n", x + a[0] + a[1] + p[0] + p[1]);
}
```

① 오류가 발생한다. ② 60
③ 61 ④ 70
⑤ 80

005 □□□

2015년 지방직(09)

다음 C 프로그램의 출력값은?

```
# include <stdio.h>
int main()
{
   int darr[3][3] = {{ 1, 2, 3 } , { 4, 5, 6 } , { 7, 8, 9}};
   int sum1, sum2 ;
   sum1 = *(*darr + 1) + *(*darr + 2);
   sum2 = *darr[1] + *darr[2];
   printf( "%d,%d" , sum1, sum2);
}
```

① 3, 5 ② 5, 5
③ 5, 11 ④ 11, 5

006 □□□

2015년 서울시(20)

다음의 C 프로그램을 실행한 결과로 옳은 것은? [단, 아래의 scanf() 함수의 입력으로 90을 타이핑했다고 가정한다]

```
int main( )
{
   int i = 10;
   int j = 20;
   int  * k = &i;
   scanf("%d", k);
   printf("%d,%d,%d \n", i, j,  * k);
   return 0 ;
}
```

① 10, 20, 10 ② 10, 20, 90
③ 90, 20, 10 ④ 90, 20, 90

007 □□□

2015년 국회직(01)

다음 프로그램의 실행 결과는?

```
# include <stdio.h>
int main()
{
   int arr[] = {8, 5, 3, 1, 2, 7, 9};
   int *p = arr+2, a = 0, b = 0;
   a = *++p;
   b = (*p)++;
   printf("%d,%d₩n", a, b);
   return 0;
}
```

① 3, 3 ② 3, 1
③ 1, 1 ④ 1, 2
⑤ 4, 1

008 □□□

2015년 국회직(03)

C 언어 포인터 변수에 대한 설명으로 옳지 않은 것은?

① 다른 변수의 주소 값을 저장할 수 있다.
② 포인터 변수의 크기는 가리키고 있는 변수의 종류에 따라 달라진다.
③ 가리키고 있는 변수 값을 읽기 위해서는 * 연산자를 사용한다.
④ 포인터 변수에 일반 변수의 주소를 대입하기 위해서는 & 연산자를 사용한다.
⑤ 포인터 변수를 가리키는 포인터 변수를 선언할 수 있다.

009 □□□

2016년 국가직(18)

다음 C 프로그램의 출력값은?

```
#include <stdio.h>
int main()
{
  int a[] = {1, 2, 4, 8};
  int *p = a;
  p[1] = 3;
  a[1] = 4;
  p[2] = 5;
  printf("%d,%d₩n", a[1]+p[1], a[2]+p[2]);
  return 0;
}
```

① 5, 9　　② 6, 9
③ 7, 9　　④ 8, 10

010 □□□

2016년 서울시(07)

다음 C 프로그램의 실행 결과는?

```
#include <stdio.h>
int main()
{
  char* array1[2]={"Good morning", "C language"};
  printf("%s ₩n", array1[0]+5);
  printf("%c ₩n", *(array1[1]+6));
  return 0;
}
```

① Good morning
　C-language
② morning
　a
③ morning
　g
④ morning
　u

011 □□□

2017년 서울시(10)

다음 C 프로그램을 실행한 결과로 옳은 것은?

```
#include <stdio.h>
void main()
{
  int num[4] = {1, 2, 3, 4};
  int *pt = num;
  pt++;
  *pt++ = 5;
  *pt ++= 10;
  pt--;
  *pt +++= 20;
  printf("%d%d%d%d", num[0], num[1], num[2], num[3]);
}
```

① 1 5 10 20　　② 1 5 20 4
③ 1 5 30 4　　④ 에러 발생

012 □□□

2017년 서울시(20)

다음 C 프로그램의 실행 결과는?

```
#include <stdio.h>
void change(int *px, int *py, int pc, int pd);
void main(void) {
  int a=10, b=20, c=30, d=40;
  change(&a, &b, c, d);
  printf( a=%d b=%d c=%d d=%d , a, b, c, d);
}
void change(int *px, int *py, int pc, int pd) {
  *px = *py + pd;
  *py = pc + pd;
  pc = *px + pd;
  pd = *px + *py;
}
```

① a = 60 b = 70 c = 50 d = 30
② a = 60 b = 70 c = 30 d = 40
③ a = 10 b = 20 c = 50 d = 30
④ a = 10 b = 20 c = 30 d = 40

013 □□□

2017년 지방직(추가)(05)

다음 C 프로그램의 실행 결과는?

```
#include <stdio.h>
int main(void) {
  int i;
  char buf[]="12345678901234567890l2345";
  char *str, ch;
  str = buf;
  for(i = 0; i <= 20; i += 4) {
    printf("%c ", *str++);
    ch = *++str;
  }
  return 0;
}
```

① 1 3 5 7 9 1　　② 1 5 9 3 7 1
③ 2 4 6 8 0 2　　④ 2 6 0 4 8 2

014 □□□

2018년 지방직(09)

다음 C 프로그램의 출력 결과는?

```
#include <stdio.h>
#define SIZE 3
void func(int *m, int *a, int b);
int main(void)
{
  int num[SIZE] = {1, 3, 6};
  int a = 10, b = 30;
  func(num, &a, b);
  printf("a =%d, b =%d₩n", a, b);
  return 0;
}
void func(int *m, int *x, int y)
{
  int i = 0, n = 0;
  y = *x;
  n = *(m + 1) + (*m + 2);
  *x = ++n;
}
```

① a = 7, b = 10　　② a = 7, b = 30
③ a = 10, b = 10　　④ a = 10, b = 30

015 □□□

2018년 국회직(10)

다음 C 프로그램 실행 결과로 출력되는 a, b, c 값으로 옳은 것은?

```
#include <stdio.h>
int foo(int a, int *b)
{
    int c;
    *b = a + 1;
    c = a - 1;
    return c;
}
void main()
{
    int a = 5;
    int b = 3;
    int c = 0;
    b = foo(a, &c);
    c = foo(b, &a);
    printf("a=%d b=%d c=%d₩n", a, b, c);
}
```

① 5, 4, 3
② 4, 3, 2
③ 6, 3, 4
④ 4, 3, 5
⑤ 5, 3, 0

016 □□□

2019년 서울시(20)

<보기>의 C 프로그램을 실행했을 때, 화면에 출력되는 값은? (단, 프로그램의 첫 번째 열의 숫자는 행 번호이고 프로그램의 일부는 아니다)

<보기>

```
1   #include <stdio.h>
2   #include <stdlib.h>
3   #define N 3
4   int main(void) {
5       int (*in)[N], *out, sum=0;
6   
7       in=(int (*)[N])malloc(N * N * sizeof(int));
8       out=(int *)in;
9   
10      for (int i=0; i < N * N; i++)
11          out[i]=i;
12  
13      for (int i=0; i < N; i++)
14          sum += in[i][i];
15  
16      printf( “%d ” , sum);
17          return 0;
18  }
```

① 0
② 3
③ 6
④ 12

017 □□□

2020년 국가직(14)

다음 프로그램의 실행 결과로 옳은 것은?

```
#include <stdio.h>
int main(void)
{
    int array[] = {100, 200, 300, 400, 500};
    int *ptr;
    ptr = array;
    printf("%d₩n", *(ptr+3) + 100);
}
```

① 200
② 300
③ 400
④ 500

018 □□□

2022년 국가직(06)

C 언어에서 함수 호출 시 매개변수 전달 방법에는 값에 의한 호출(Call by Value)과 참조에 의한 호출(Call by Reference)이 있다. C 프로그램 코드가 다음과 같을 때 설명으로 옳지 않은 것은?

```
int get_average(int score[], int n) {
    int i, sum;
    for(i = 0; i < n; i++)
        sum += score[i];
    return sum / n;
}
void main(void) {
    int score[3] = { 1, 2, 5 };
    printf("%d₩n", get_average(score, 3));
}
```

① 전달할 데이터의 양이 많을 경우에는 참조에 의한 호출이 효율적이다.
② 값에 의한 호출로 전달된 데이터는 호출된 함수에서 값을 변경하더라도 함수 종료 후 해당 함수를 호출한 상위 함수에 반영되지 않는다.
③ 값에 의한 호출은 함수 호출 시 데이터 복사가 발생한다.
④ 위의 프로그램에서 함수 get_average()를 호출하는 데 사용한 매개변수 score는 값에 의한 호출로 처리된다.

019 □□□

2022년 국가직(07)

다음 C 프로그램에서 밑줄 친 코드의 실행 결과와 동일한 결과를 출력하는 코드로 옳은 것만을 모두 고르면?

```
#include <stdio.h>
int main()
{
    int ary[5] = {10, 11, 12, 13, 14};
    int *ap;
    ap = ary;
    printf("%d", ary[1]);
    return 0;
}
```

ㄱ. printf("%d", ary+1);
ㄴ. printf("%d", *ap+1);
ㄷ. printf("%d", *ary+1);
ㄹ. printf("%d", *ap++);

① ㄱ, ㄴ　② ㄴ, ㄷ
③ ㄷ, ㄹ　④ ㄴ, ㄷ, ㄹ

020 □□□

2025년 지방직(15)

다음 C 프로그램의 출력 결과는?

```
#include <stdio.h>
int main(void) {
    int x = 100, y = 200;
    int* px = &x, *py = &y, *tmp;
    (*px) -= 10;
    (*py) += 50;
    tmp = px;
    px = py;
    py = tmp;
    (*px) += 50;
    (*py) -= 10;
    printf("x: %d, y: %d \n", x, y);
    return 0;
}
```

① x: 80, y: 300　② x: 140, y: 240
③ x: 240, y: 140　④ x: 300, y: 80

CHAPTER 09

구조체

정답 및 해설 p.66

001 □□□

2016년 서울시(20)

다음 C 프로그램의 실행 결과는?

```
#include <stdio.h>
struct student {
  char name[20]; // 이름
  int money; // 돈
  struct student* link; // 자기 참조 구조체 포인터 변수
};
int main(void)
{
  struct student stu1 = {"Kim", 90, NULL};
  struct student stu2 = {"Lee", 80, NULL};
  struct student stu3 = {"Goo", 60, NULL};
  stu1.link = &stu2;
  stu2.link = &stu3;
  printf("%s%d\n", stu1.link->link->name, stu1.link->money);
  return 0;
}
```

① Goo 80 ② Lee 60
③ Goo 60 ④ Lee 80

002 □□□

2023년 지방직(13)

리틀 엔디안(little endian) 방식을 사용하는 시스템에서 다음 C 프로그램의 출력 결과는? (단, int의 크기는 4바이트이다)

```
#include <stdio.h>
int main() {
    char i;
    union {
        int int_arr[2];
        char char_arr[8];
    } endian;
    for (i = 0; i < 8; i++)
        endian.char_arr[i] = i + 16;
    printf("%x", endian.int_arr[1]);
    return 0;
}
```

① 10111213 ② 13121110
③ 14151617 ④ 17161514

CHAPTER 10

문자와 문자열

CHAPTER 11

표준 입출력과 파일 입출력

PART 5

CHAPTER 12

자바

정답 및 해설 p.66

001 □□□

2014년 국가직(19)

다음 JAVA 클래스 D의 main() 함수 내에서 컴파일하거나 실행하는 데 에러가 발생하지 않는 명령어는?

```
abstract class A {
  public abstract void disp() ;
}
abstract class B extends A { }
  class C extends B {
    public void disp() { }
}
public class D {
  public static void main(String [] args) {
  }
}
```

① A ap = new A();

② A bp = new B();

③ A cp = new C();

④ B dp = new B();

002 □□□

2014년 국회직(03)

다음 자바 프로그램의 오류를 수정하는 방법 중 옳은 것은?

```
1  class Node {
2    int val;
3  }
4  public class Example {
5    public static void main(String args[]) {
6      Node n[] = new Node[100];
7      for (int i = 0; i < n.length; i++) {
8        n[i].val = 0;
9      }
10   }
11 }
```

① 7번째 줄을 다음과 같이 수정한다.

for (int i = 0; i < 100; i ++) {

② 7번째 줄 다음에 아래 문장을 추가한다.

n[i] = new Node() ;

③ 6번째 줄을 아래 문장과 같이 수정한다.

Node n[100] = new Node[] ;

④ 8번째 줄을 아래 문장과 같이 수정한다.

n[i] → val = 0;

⑤ Node의 선언 부분을 class Example 내부로 이동한다.

003 □□□

2014년 국회직(12)

추상 클래스(abstract class)에 대한 설명으로 옳은 것은?

① 상세 클래스(concrete class)라고도 부른다.

② 상속을 하여 파생 클래스를 만들 수 없다.

③ 어떠한 클래스의 파생 클래스는 추상 클래스가 될 수 없다.

④ 추상 클래스의 객체를 직접 생성할 수 없다.

⑤ 데이터 멤버를 포함할 수 없다.

004 □□□

2016년 지방직(19)

다음 자바 코드를 컴파일할 때, 문법 오류가 발생하는 부분은?

```
class Person {
  private String name;
  public int age;
  public void setAge(int age) {
    this.age = age;
  }
  public String toString() {
    return (" name: " + this.name + " , age: " + this.age);
  }
}
public class Person Test {
  public static void main(String [] args) {
    Person a = new Person();          // ㉠
    a.setAge(27);                     // ㉡
    a.name = "Gildong " ;             // ㉢
    System.out.println(a);            // ㉣
  }
}
```

① ㉠　　② ㉡
③ ㉢　　④ ㉣

005 □□□

2016년 국회직(07)

다음 자바 프로그램에서 ㉠에 넣을 수 있는 문장과 그 결과 ㉡의 문장에 의해 출력 되는 결과가 모두 옳은 것은?

```
class Person {
  String name;
  public Person(String n) { name = n; }
  public void whoRU () {
    System.out.println(name +" 입니다." );
  }
}
class Student extends Person {
  String school;
  public Student(String n, String s) {
    super(n);
    school = s;
  }
  public void whoRU () {
    System.out.println(school +" 학교에 다니는 "+ name
+" 입니다.");
  }
}
public class People {
  public static void main(String args[]) {
    ㉠
    obj.whoRU(); // ㉡
  }
}
```

① ㉠의 문장: Person obj = new Student("김철수" , "으뜸중");
　㉡의 출력: 김철수입니다.
② ㉠의 문장: Student obj = new Person("김철수");
　㉡의 출력: 김철수입니다.
③ ㉠의 문장: Person obj = new Student("김철수" , "으뜸중");
　㉡의 출력: 으뜸중학교에 다니는 김철수입니다.
④ ㉠의 문장: Student obj = new Student("김철수", "으뜸중");
　㉡의 출력: 김철수입니다.
⑤ ㉠의 문장: Student obj = new Person("김철수");
　㉡의 출력: 출력이 되지 않음

006 □□□

2016년 국회직(19)

자바의 예외 처리에 대한 설명으로 옳은 것은?

① throw는 처리가 정상적으로 이루어졌음을 알리는 명령이다.
② 예외가 발생할 가능성이 있는 문장은 try 블록에 넣는다.
③ catch 블록에는 예외 발생 여부에 관계없이 실행할 문장을 넣는다.
④ 발생한 예외에 대한 처리는 finally 블록에서 할 수 없다.
⑤ 예외가 발생하였으나 예외 처리가 이루어지지 않은 경우 그 예외는 무시되고, 프로그램은 예외 발생 이후 지점부터 계속된다.

007 □□□

2017년 지방직(17)

다음 Java 프로그램의 출력 결과는?

```
class Foo {
  public int a = 3;
  public void addValue(int i) {
    a = a + i;
    System.out.println("Foo: "+ a + " " );
  }
  public void addFive() {
    a += 5;
    System.out.println("Foo: "+ a + " " );
  }
}
class Bar extends Foo {
  public int a = 8;
  public void addValue(double i) {
    a = a + (int)i;
    System.out.println("Bar: "+ a + " " );
  }
  public void addFive() {
    a += 5;
    System.out.println("Bar: "+ a + " " );
  }
}
public class Test {
  public static void main(String [] args) {
    Foo f = new Bar(); f.addValue(1);
    f.addFive();
  }
}
```

① Foo: 4
Foo: 9

② Bar: 9
Foo: 8

③ Foo: 4
Bar: 13

④ Bar: 9
Bar: 14

008 □□□

2017년 국가직(추가)(15)

다음 Java 언어로 작성한 프로그램의 실행 결과는?

```
public class Test {
  public static void main(String [] args) {
    int ar [] = { 10, 20, 30, 40, 50 };
    int sum = 0, a = 100, b = 0 ;
    try {
      for(int i = 0 ; i < ar.length ; i++) {
        sum + = ar [ i ];
      }
      System.out.println(sum) ;
    } catch (ArrayIndexOutOfBoundsException e) {
      System.out.println("Array Index Out Of Bounds
Exception");
    }
    try {
      float z = a / b ;
      System.out.println(z) ;
    } catch (ArithmeticException e) {
      System.out.println( " Arithmetic Exception " ) ;
    }
  }
}
```

① 100 0.0
② 100 Array Index Out Of Bounds Exception
③ 150 Arithmetic Exception
④ 150 / by zero at Test.main(Test.java:14)

009 □□□

2017년 지방직(추가)(19)

다음 Java 프로그램이 실행될 수 있도록 ㉠ ~ ㉢을 옳게 짝지은 것은?

```
import java.util.Stack;
public class StackDemo1 {
  public static void main(String[] args) {
    Stack< ㉠ > stack = ㉡ Stack<>();
    stack.push("java");
    stack.push("stack");
    stack.push("demo");
    ㉢ popResult = stack.pop();
    System.out.println(popResult);
    popResult = stack.pop();
    System.out.println(popResult);
    popResult = stack.pop();
    System.out.println(popResult);
  }
}
```

	㉠	㉡	㉢
①	String	create	String
②	Object	create	String
③	Object	new	char
④	String	new	Object

010 □□□

2018년 국가직(09)

다음 Java 프로그램의 출력값은?

```
class Super {
  Super() {
    System.out.print( ' A ' ) ;
  }
  Super(char x) {
    System.out.print(x) ;
  }
}
class Sub extends Super {
  Sub () {
    super() ;
    System.out.print( ' B ' ) ;
  }
  Sub(char x) {
    this() ;
    System.out.print(x) ;
  }
}
public class Test {
  public static void main(String [] args) {
    Super s1 = new Super('C');
    Super s2 = new Sub('D');
  }
}
```

① ABCD ② ACBD
③ CABD ④ CBAD

011 □□□

2018년 지방직(19)

다음 Java 프로그램의 출력 결과는?

```
public class Foo {
  public static void main(String [] args) {
    int i, j , k ;
    for (i = 1, j = 1, k = 0; i < 5; i ++ ) {
      if ((i% 2) == 0)
        continue;
      k += i * j++ ;
    }
    System.out.println(k);
  }
}
```

① 5 ② 7
③ 11 ④ 15

012 □□□

2019년 국가직(09)

다음 Java 프로그램의 출력 결과는?

```
class ClassP {
  int func1(int a, int b) {
    return (a+b);
  }
  int func2(int a, int b) {
    return (a-b);
  }
  int func3(int a, int b) {
    return (a*b);
  }
}
public class ClassA extends ClassP {
  int func1(int a, int b) {
    return (a%b);
  }
  double func2(double a, double b) {
    return (a*b);
  }
  int func3(int a, int b) {
    return (a/b);
  }
public static void main(String[] args) {
  ClassP P = new ClassA();
  System.out.print(P.func1(5, 2) + ", " + P.func2(5, 2) + ",
" + P.func3(5, 2));
  }
}
```

① 7, 3, 10 ② 1, 10.0, 2.5
③ 1, 3, 2.5 ④ 1, 3, 2

013 □□□

2019년 지방직(13)

다음 Java 프로그램은 3의 배수를 제외한 1부터 10까지 정수의 누적 합이 10을 초과하는 최초 시점에서의 합을 출력하는 프로그램이다. ㉠과 ㉡에 들어가는 내용으로 적절한 것은?

```
public class JavaApplication {
  public static void main(String[] args) {
    int i = 0, sum = 0;
    while(i < 10) {
      i++;
      if(i% 3 == 0) ㉠;
      if(sum > 10) ㉡;
      sum += i;
    }
    System.out.println("sum=" + sum);
  }
}
```

	㉠	㉡
①	break	goto
②	continue	break
③	final	continue
④	return	break

014 □□□

2019년 서울시(10)

다음의 Java 프로그램의 실행 결과는?

```
class A {
  public void f() { System.out.print( " 1 " ); }
  public static void g() { System.out.print( " 2 " ); }
}
class B extends A {
  public void f() { System.out.print( " 3 " ); }
}
class C extends B {
  public static void g() { System.out.print( " 4 " ); }
}
public class D {
  public static void main(String args[]) {
    A obj = new C();
    obj.f();
    obj.g();
  }
}
```

① 3 2　　② 3 4
③ 1 2　　④ 1 4

015 □□□

2021년 지방직(09)

자바 프로그래밍 언어에 대한 설명으로 옳은 것은?

① 클래스에서 상속을 금지하는 키워드는 this이다.
② 인터페이스(interface)는 추상 메소드를 포함할 수 없다.
③ 메소드 오버라이딩(overriding)은 상위 클래스에 정의된 메소드와 하위 클래스에서 재정의되는 메소드의 매개변수 개수와 자료형 등이 서로 다른 것을 의미한다.
④ 메소드 오버로딩(overloading)은 한 클래스 내에 동일한 이름의 메소드가 여러 개 있고 그 메소드들의 매개변수 개수 또는 자료형 등이 서로 다른 것을 의미한다.

016 □□□

2021년 국회직(10)

다음 프로그램의 A3 클래스에서 사용할 수 있는 객체 변수들로 옳은 것만을 모두 고르면?

```
public class A1 {
  public int x;
  private int y;
  protected int z;
    …
}
public class A2 extends A1 {
  protected int a;
  private int b;
    …
}
public class A3 extends A2 {
  private int q;
    …
}
```

① x, q　　② x, y, b, q
③ x, y, z, q　　④ x, z, a, q
⑤ x, y, z, a, b, q

017 □□□

2023년 지방직(15)

다음 Java 프로그램의 출력 결과는?

```
public class Result {
    public static void main(String[] args) {
        int sum = 0;
        for (int i = 1; i <= 10; i++)
            if (i% 2 != 0 && i% 5 != 0)
                sum += i;
        System.out.println(sum);
    }
}
```

① 15　　② 20
③ 25　　④ 55

CHAPTER 13

언어 종류

정답 및 해설 p.69

001 □□□ 2014년 지방직(15)

프로그래밍 언어에 대한 설명으로 옳지 않은 것은?

① C#은 .NET 프레임워크(framework)에서 동작하는 소프트웨어의 개발을 지원하는 언어이다.
② Java는 C++의 특징인 클래스에서의 다중 상속과 포인터를 지원하는 간결한 언어이다.
③ JavaScript, PHP 및 Ruby는 스크립트 언어이다.
④ C++는 다형성, 오버로딩, 예외 처리와 같은 객체지향(object-oriented) 프로그래밍의 특징을 가진 언어이다.

002 □□□ 2015년 국가직(11)

다음 중 객체지향 기법을 지원하지 않는 프로그래밍 언어는 무엇인가?

① LISP ② Java
③ Python ④ C#

003 □□□ 2016년 국회직(08)

JSP(Java Server Page)에 대한 설명으로 옳은 것은?

① 클라이언트에서 동작하도록 만들어진 스크립트이다.
② 마이크로소프트 윈도 환경에서만 동작한다.
③ JSP는 서블릿 기술과는 배타적으로 사용한다.
④ 웹 서버에서 정적으로 웹 페이지를 생성할 수 있게 한다.
⑤ JSP는 HTML 코드 안에 자바 코드를 삽입하는 형태로 작성한다.

004 □□□ 2019년 지방직(01)

다음 중 저급언어에 해당하는 프로그래밍 언어는 무엇인가?

① 어셈블리어(Assembly Language)
② 자바(Java)
③ 코볼(COBOL)
④ 포트란(Fortran)

005 □□□

2020년 지방직(16)

소프트웨어 개발 언어에 대한 설명으로 옳지 않은 것은?

① C#은 마이크로소프트 닷넷 프레임워크를 지원하는 객체 지향 언어이다.

② Python은 인터프리터 방식의 객체지향 언어로서 실행시점에 데이터 타입을 결정하는 동적 타이핑 기능을 갖는다.

③ Kotlin은 그래픽 요소를 강화한 게임 개발 전용 언어이다.

④ Java는 컴파일된 프로그램이 JVM상에서 인터프리터 방식으로 실행되는 플랫폼 독립적 프로그래밍 언어이다.

006 □□□

2021년 국가직(12)

다음 중 파이썬 프로그래밍 언어에 대한 설명으로 옳은 것만을 모두 고르면?

ㄱ. 변수 선언 시 변수명 앞에 데이터형을 지정해야 한다.
ㄴ. 플랫폼에 독립적인 대화식 언어이다.
ㄷ. 클래스를 정의하여 객체 인스턴스를 생성할 수 있다.

① ㄴ　　② ㄱ, ㄷ

③ ㄴ, ㄷ　　④ ㄱ, ㄴ, ㄷ

CHAPTER 14 그 외

정답 및 해설 p.70

001 □□□

2015년 국가직(16)

비결정적 유한 오토마타(non-deterministic finite automata)에 대한 설명으로 옳지 않은 것은?

① 한 상태에서 전이 시 다음 상태를 선택할 수 있다.
② 입력 심볼을 읽지 않고도 상태 전이를 할 수 있다.
③ 어떤 비결정적 유한 오토마타라도 같은 언어를 인식하는 결정적 유한 오토마타(determini-stic finite automata)로 변환이 가능하다.
④ 모든 문맥 자유 언어(context-free language)를 인식한다.

002 □□□

2015년 지방직(02)

문법 G가 다음과 같을 때 S1으로부터 생성할 수 없는 것은?

G: S1 → 0S2	S1 → 0
S2 → 0S2	S2 → 1

① 0　② 00
③ 01　④ 001

003 □□□

2016년 지방직(04)

입력 안내에 따라 두 사람의 나이를 입력받고 그 합을 구하는 C 프로그램을 작성하려고 한다. 프로그램이 정상적으로 동작하도록 다음의 코드 조각을 올바른 순서로 나열한 것은?

ㄱ. scanf("%d%d", &age1, &age2);
ㄴ. result = age1 + age2;
ㄷ. int age1, age2, result;
ㄹ. printf("나이의 합은%d살입니다.₩n", result);
ㅁ. printf("철수와 영희의 나이를 입력하세요 :");

① ㄷ → ㅁ → ㄱ → ㄴ → ㄹ
② ㄷ → ㄱ → ㄴ → ㅁ → ㄹ
③ ㅁ → ㄱ → ㄷ → ㄹ → ㄴ
④ ㄷ → ㄱ → ㅁ → ㄴ → ㄹ

004 □□□

2018년 서울시(19)

나시-슈나이더만(N-S) 차트의 반복(While) 구조에 대한 표현으로 가장 옳은 것은?

①
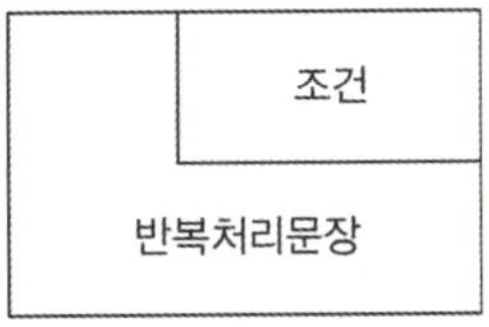

②
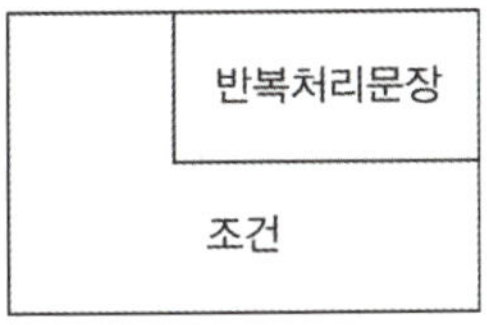

③
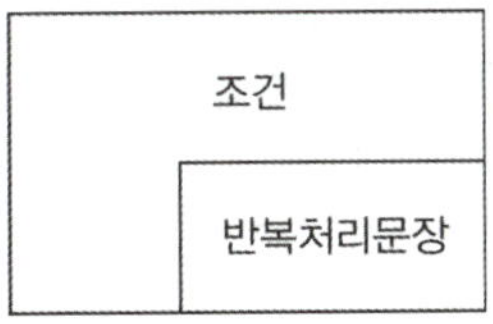

④
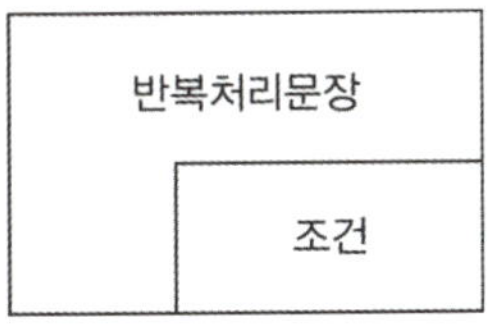

005 □□□

2021년 지방직(10)

다음 C++ 프로그램의 실행 결과로 옳은 것은?

```
#include <iostream>
using namespace std;

class Student {
public:
    Student():Student(0) {};
    Student(int id):_id(id) {
        if (_id > 0) _cnt++;
    };
    static void print() { cout << _cnt;};
    void printID() { cout << ++_id;};

private:
    int _id;
    static int _cnt;
};

int Student::_cnt = 0;

int main() {
    Student A(2);
    Student B;
    Student C(4);
    Student D(-5);
    Student E;
    Student::print();
    E.printID();
    return 0;
}
```

① 21 ② 22
③ 30 ④ 31

006 □□□

2024년 국가직(18)

다음 파이썬 코드는 std 변수에 저장된 각각의 Student 객체에 대해 학생 id 및 국어, 영어 성적의 평균을 출력한다. (가) ~ (다)에 들어갈 내용을 바르게 연결한 것은?

```
class Student:
    def __init__(self, id, kor, eng):
        self.id = id
        self.kor = kor
        self.eng = eng

    def sum(self):
        return self.kor + self.eng

    def avg(self):
        return [    (가)    ]

std = [
    Student("ok", 90, 100),
    Student("pk", 80, 90),
    Student("rk", 80, 80)
]

for to in [  (나)  ]:
    print( [      (다)      ] )
```

	(가)	(나)	(다)
①	self.sum() / 2	std	to.id, to.avg()
②	self.sum() / 2	Student	Student.id, Student.avg()
③	sum(self) / 2	std	to.id, to.avg(self)
④	sum(self) / 2	Student	Student.id, Student.avg(self)

007 □□□

2024년 지방직(20)

다음 파이썬 프로그램의 출력 결과는?

```
student_list = ['A', 'B', 'C', 'D']
student_score = ['92', '85', '77', '54']
student_grade = []
i = 0
for _ in range(len(student_score)):
    try:
        if student_score[_] >= 90:
            student_grade.append('A+')
            i+=1
        elif student_score[_] >= 80:
            student_grade.append('B+')
            i+=1
        elif student_score[_] >= 70:
            student_grade.append('C+')
            i+=1
        else:
            student_grade.append('D+')
            i+=1
    except: student_grade.append('F')
print("%s, %s" % (student_list[i], student_grade[i]))
```

① A, D+ ② A, F
③ D, D+ ④ D, F

008 □□□

2025년 국가직(14)

다음 파이썬(Python) 프로그램의 출력 결과는?

```
a = [1, 3, 5, 7]
b = {1, 3, 5, 7}
c = (1, 3, 5, 7)

a.append(3)
b.add(3)

print(len(a) + len(b) + len(c))
```

① 10 ② 12
③ 13 ④ 14

009 □□□

2025년 지방직(17)

다음 파이썬 프로그램의 출력 결과는?

```
val = [1, 2, 3, 4, 5, 6, 7, 8, 9, 10, 11, 12]
rst = 0
for i in range(2, len(val), 3):
    rst = rst + val[i]
print(rst)
```

① 21 ② 24
③ 26 ④ 30

PART 6

자료구조

CHAPTER 01

자료구조와 알고리즘

정답 및 해설 p.71

001 □□□

2018년 지방교행(19)

다음 순서도에서 m에 104, n에 39를 입력할 때 출력값은? (단, %는 나머지 연산자이다)

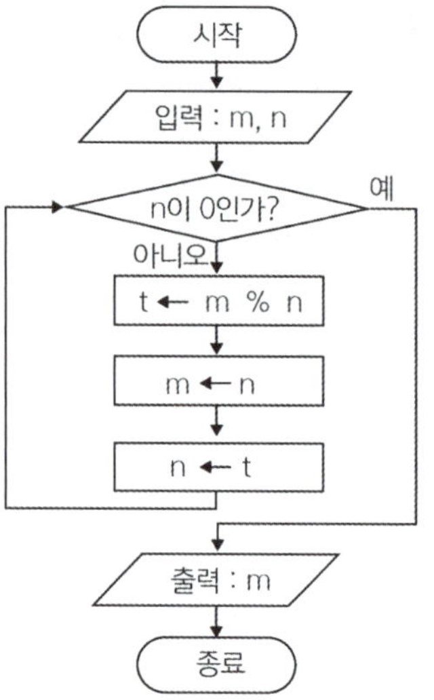

① 0
② 2
③ 13
④ 26

002 □□□

2019년 서울시(16)

다음의 각 설명과 일치하는 데이터 구조로 바르게 짝지어진 것은?

(가) 먼저 추가된 항목이 먼저 제거된다.
(나) 먼저 추가된 항목이 나중에 제거된다.
(다) 항목이 추가된 순서에 상관없이 제거된다.

	(가)	(나)	(다)
①	큐	연결 리스트	스택
②	스택	연결 리스트	큐
③	스택	큐	연결 리스트
④	큐	스택	연결 리스트

003 □□□

2020년 국회직(18)

다음의 C 언어로 작성된 프로그램에서 calc함수의 실행시간(또는 실행 단계 수)을 점근 표기법으로 표시했을 때 옳은 것은?

```
int calc(int n) {
    int i, j, ret = 0;
    if (n <= 0)
        return 0;
    for (i = 1; i <= n; i ++)
        ret += 1;
    return ret + calc(n - 1);
}
```

① $O(\log_2 n)$
② $O(n\log_2 n)$
③ $O(n)$
④ $O(n^2)$
⑤ $O(n^3)$

004 □□□

2022년 지방직(01)

컴퓨터 알고리즘의 조건에 대한 설명으로 옳지 않은 것은?

① 각 명령어의 의미는 모호하지 않고 명확해야 한다.
② 알고리즘 단계들에는 순서가 정해져 있지 않다.
③ 한정된 수의 단계 후에는 반드시 종료되어야 한다.
④ 각 명령어들은 실행 가능한 연산이어야 한다.

005 □□□

2024년 지방직(18)

다음 C 언어로 작성된 코드의 시간 복잡도는? (단, n은 임의의 양의 정수이다)

```
for (i = 0; i < n; i++)
    for(j = 0; j < 500; j++)
        printf("i * j = %d\n", i * j);
```

① $\Theta(n)$
② $\Theta(n^2)$
③ $\Theta(\log n)$
④ $\Theta(n\log n)$

CHAPTER 02

순환(Recursion)

정답 및 해설 p.71

001 □□□

2015년 국가직(18)

다음 C 언어로 작성된 프로그램의 실행 결과에서 세 번째 줄에 출력되는 것은?

```
# include <stdio.h>
int func(int num)
{
  if(num == 1)
    return 1;
  else
    return num * func(num - 1) ;
}
int main()
{
  int i;
  for(i = 5 ; i > = 0 ; i--) {
    if(i% 2 == 1)
      printf("func(%d):%d₩n", i, func(i));
  }
  return 0 ;
}
```

① func(3): 6　　② func(2): 2
③ func(1): 1　　④ func(0): 0

002 □□□

2015년 지방직(20)

다음 C 프로그램의 출력값은?

```
# include <stdio.h>
int recur(int a, int b)
{
  if (a <= 1)
    return a * b ;
  else
    return a * recur(a-1, b + 1) + recur(a-1, b) ;
}
int main()
{
  int a = 3, b = 2 ;
  printf( "% d ₩n " , recur(a, b)) ;
}
```

① 24　　② 30
③ 41　　④ 52

003 □□□

2016년 국가직(07)

다음 C 프로그램의 출력값은?

```
#include <stdio.h>
int func(int n);
int main(void)
{
  int num;
  printf("%d₩n", func(5));
  return 0;
}
int func(int n)
{
  if (n < 2)
    return n;
  else {
    int i, tmp, current=1, last=0;
    for(i=2; i<=n; i++) {
      tmp = current;
      current += last;
      last = tmp;
    }
  }
  return current;
}
```

① 5　　② 6

③ 8　　④ 9

004 □□□

2016년 국회직(18)

다음 C 언어로 작성된 함수는 정수 배열의 원소들의 총 합을 구하여 리턴하는 함수이다. ㉠의 위치에 들어가야 할 코드는? (단, 함수의 첫 번째 인자는 배열의 시작 위치를 나타내는 포인터, 두 번째 인자는 배열의 크기이다)

```
int sum(int *data, const int dsize) {
  if (dsize > 0)
    return ㉠ ;
  return 0 ;
}
```

① *data + sum(data - 1, dsize + 1)

② data + sum(data - 1, dsize + 1)

③ *data + sum(data - 1, dsize - 1)

④ *data + sum(data + 1, dsize - 1)

⑤ data + sum(data + 1, dsize - 1)

005 □□□

2017년 국회직(08)

다음 C 프로그램에서 main() 함수를 실행할 때 fib() 함수가 호출되는 횟수로 옳은 것은?

```
#include <stdio.h>
int fib(int n) {
  if (n == 0) return 0;
  if (n == 1) return 1;
  return (fib(n-1) + fib(n-2));
}
int main ()
{
  fib(5);
}
```

① 3번　　② 5번

③ 10번　　④ 12번

⑤ 15번

006 □□□

2017년 지방교행(10)

다음 C 언어 프로그램의 실행 결과값은?

```
#include <stdio.h>
int func(int a, int b) {
  int temp;
  if (b == 0)
    return a;
  else {
    temp = a% b;
    return func(b, temp);
  }
}
void main(void)
{
  printf("%d", func(120, 180));
}
```

① 10 ② 20
③ 30 ④ 60

007 □□□

2017년 국가직(추가)(19)

다음 C 프로그램의 실행 결과는?

```
#include <stdio.h>
int func(int n) {
  if(n <= 1) return(n) ;
  else return(func(n - 1) + func(n - 2)) ;
}

int main(void) {
  int n = 7 ;
  int i ;
  int result = 0 ;
  for(i = 0 ; i < n ; i++)
    result + = func(i) ;
  printf( "% d " , result) ;
  return(0) ;
}
```

① 0 ② 12
③ 19 ④ 20

008 □□□

2018년 서울시(20)

다음 C 프로그램의 실행 결과로 화면에 출력되는 숫자가 아닌 것은?

```
#include <stdio.h>
int my(int i, int j) {
  if (i<3) i=j=1;
  else {
    i=i-1;
    j=j-i;
    printf("%d,%d, ", i, j);
    return my(i,j);
  }
}
int main(void)
{
  my(5,14);
  return 0;
}
```

① 1 ② 3
③ 5 ④ 7

009 □□□

2018년 국회직(18)

다음 C 프로그램의 실행 결과로 옳은 것은?

```
#include <stdio.h>
int recursion(int n)
{
  if (n < 5) return 1;
  else if (n% 5 == 1) return n + recursion(n - 1);
  else recursion(n - 1);
}
int main()
{
  int n = recursion(16);
  printf("%d", n);
  return 0;
}
```

① 34 ② 33
③ 31 ④ 29
⑤ 28

010 □□□

2020년 지방직(09)

다음 재귀 함수를 동일한 기능의 반복 함수로 바꿀 때, ㉠과 ㉡에 들어갈 내용을 바르게 연결한 것은?

```
int func (int n) {                    //재귀 함수
  if (n == 0)
    return 1;
  else
    return n * func (n - 1);
}
int iter_func (int n) {               //반복 함수
  int f = 1;
  while (___㉠___)
    ___㉡___
  return f;
}
```

	㉠	㉡
①	n < 0	f = f * n--;
②	n < 0	f = f * n++;
③	n > 0	f = f * n--;
④	n > 0	f = f * n++;

011 □□□

2020년 국회직(05)

다음 C 프로그램의 실행 결과로 옳은 것은?

```
int fun(int n) {
    printf("%d ", n);
    if(n < 3) return 1;
    return (fun(n - 3) + fun(n - 2));
}
int main() {
    int k;
    k = fun(5);
    printf("%d₩n", k);
}
```

① 5 1 2 2 0
② 5 2 3 1 0
③ 5 2 3 0 1
④ 5 2 3 0 1 3
⑤ 5 2 3 0 3 1

012 □□□

2022년 국회직(11)

다음 gcd 함수에 대해 gcd(54, 30)을 호출하였을 때 반환되는 값은?

```
int gcd(int max, int min) {
    if (min == 0) return max;
    else return gcd(min, max% min);
}
```

① 6
② 0
③ 54
④ 30
⑤ 24

013 □□□

2023년 국가직(12)

다음 C 프로그램의 실행 결과는?

```
#include <stdio.h>
int funa(int);
void main() {
  printf("%d,%d", funa(5), funa(6));
  return 0;
}

int funa(int n) {
  if(n > 1)
    return (n + (funa(n-2)));
  else
    return (n% 2);
}
```

① 5, 6
② 9, 12
③ 15, 21
④ 120, 720

014 □□□

2024년 국가직(20)

다음 C 프로그램의 출력 결과는?

```
#include <stdio.h>

int recursive(int n) {
    int sum;
    if (n > 2) {
        sum = recursive(n-1) + recursive(n-2);
        printf("%d ", sum);
    }
    else
        sum = n;
    return sum;
}

int main(void) {
    int result;
    result = recursive(5);
    printf("%d", result);
    return 0;
}
```

① 1 2 3 5 7
② 1 3 5 7 9
③ 3 3 5 9 9
④ 3 5 3 8 8

015 □□□

2024년 지방직(14)

다음 C 프로그램의 출력 결과는?

```
#include <stdio.h>

int repeat(int a, int b) {
    if (b == 0)
        return a;
    else if (b % 2 == 0)
        return repeat(a + a, b / 2);
    else
        return repeat(a + a, b / 2) + a;
}

int main() {
    printf("%d", repeat(3, 6));
    return 0;
}
```

① 12
② 24
③ 30
④ 42

CHAPTER 03 배열, 구조체, 포인터

CHAPTER 04 연결리스트(Linked List)

정답 및 해설 p.73

001 □□□

2015년 국가직(20)

연결리스트(linked list)의 ‘preNode’ 노드와 그 다음 노드 사이에 새로운 ‘newNode’ 노드를 삽입하기 위해 빈 칸 ㉠에 들어갈 명령문으로 옳은 것은?

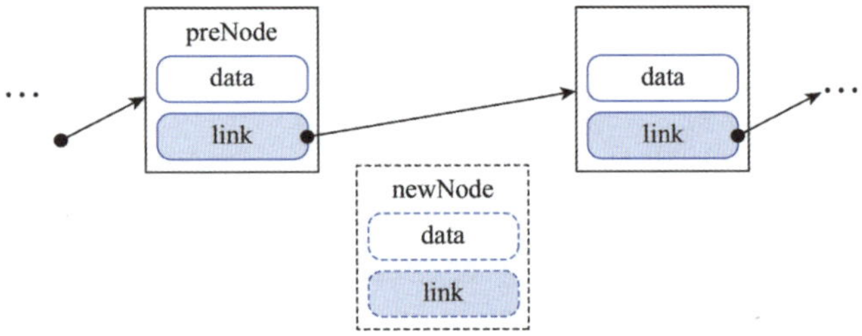


```
...
Node *newNode = (Node *)malloc(sizeof(Node)) ;
㉠
preNode->link = newNode;
...
```

① newNode->link = preNode;
② newNode->link = preNode->link;
③ newNode->link->link = preNode;
④ newNode = preNode->link;

002 □□□

2017년 국가직(09)

노드 A, B, C를 가지는 이중 연결 리스트에서 노드 B를 삭제하기 위한 의사코드(pseudo code)로 옳지 않은 것은? (단, 노드 B의 메모리는 해제하지 않는다)

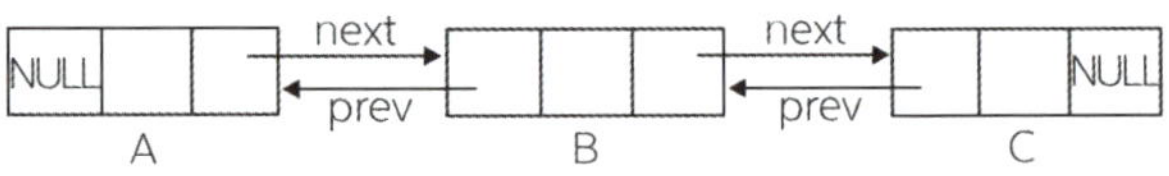

① A->next = C;
C->prev = A;
② A->next = B->next;
C->prev = B->prev;
③ B->prev->next = B->next;
B->next->prev = B->prev;
④ A->next = A->next->next;
A->next->next->prev = B->prev;

003 □□□
2020년 국가직(15)

다음 프로그램은 연결 리스트를 만들기 위한 코드의 일부분이다.

```
struct node {
   int number;
   struct node *link;
};
struct node first;
struct node second;
struct node tmp;
```

아래 그림과 같이 두 개의 노드 first, second가 연결되었다고 가정하고, 위의 코드를 참조하여 노드 tmp를 노드 first와 노드 second 사이에 삽입하고자 할 때, 프로그램 코드로 옳은 것은?

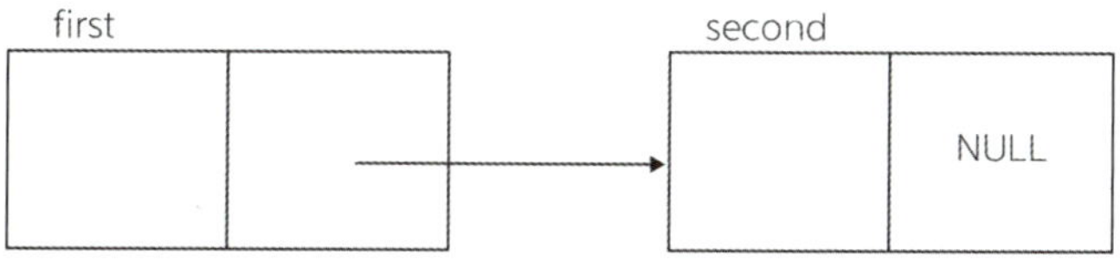

① tmp.link = &first;
   first.link = &tmp;
② tmp.link = first.link;
   first.link = &tmp;
③ tmp.link = &second;
   first.link = second.link;
④ tmp.link = NULL;
   second.link = &tmp;

004 □□□
2022년 국회직(15)

원형 연결 리스트 CL에 x값을 갖는 노드 new를 pre가 가리키는 노드의 다음 노드로 삽입하고자 할 때, 빈 칸에 들어갈 의사코드로 옳은 것은?

```
begin insertMiddleNode(CL, pre, x)
  new ← getNode(); // 삽입할 노드를 할당받음
  new.data ← x;    // 새 노드의 데이터 필드에 x를 저장함
  if(CL == null) then  // CL이 공백 리스트인 경우
    CL ← new;        // CL이 노드 new를 첫번째 노드로
    가리킴
    new.link ← new;  // 참조변수 new의 값을 노드 new
    가 가리키는
    ASDASDSDA        // 새 노드의 링크 필드(new.link)
    에 저장함
      else
  [            ]

end insertMiddleNode(CL, pre, x)
```

① pre.link ← new;
② new.link ← pre;
③ new.link ← pre.link;
   new.link ← pre;
④ new.link ← pre.link;
   pre ← new;
⑤ new.link ← pre.link;
   pre.link ← new;

005 □□□
2025년 국가직(13)

원형 연결 리스트에 대한 설명으로 옳은 것은?

① 하나의 노드에서 모든 노드로의 접근이 가능하다.
② 하나의 노드에서 링크를 계속 따라가면 모든 노드를 거쳐도 자기 자신으로 되돌아올 수 없다.
③ 마지막 노드의 링크 필드 값은 NULL이다.
④ 리스트의 끝에 노드를 삽입하는 연산이 단순 연결 리스트보다 비효율적이다.

CHAPTER 05

스택(Stack)

정답 및 해설 p.74

001 □□□

2014년 국가직(13)

다음 전위(prefix) 표기 수식을 중위(infix) 표기 수식으로 바꾼 것으로 옳은 것은? (단, 수식에서 연산자는 + , * , /이며 피연산자는 A, B, C, D이다)

+ * AB / CD

① A + B * C / D
② A + B / C * D
③ A * B + C / D
④ A * B / C + D

002 □□□

2014년 지방직(13)

후입 선출(LIFO; Last-In First-Out) 형태로서 자료의 삽입과 삭제가 한쪽 끝에서 이루어지는 자료구조는?

① 스택(stack)
② 큐(queue)
③ 트리(tree)
④ 그래프(graph)

003 □□□

2014년 서울시(17)

자료 저장 구조인 스택에 A, B, C, D가 차례로 삽입(push)되며 삽입의 중간에 꺼냄(pop)이 임의의 순서로 일어날 수 있고 꺼낸 데이터는 바로 출력된다면 다음 출력 순서 중 가능하지 않은 것은?

① D, C, B, A
② A, D, C, B
③ D, A, B, C
④ A, B, C, D
⑤ A, B, D, C

004 □□□

2015년 국회직(05)

다음과 같이 주어진 후위 표기방식의 수식을 중위 표기방식으로 나타낸 것은?

ABC-/DEF+*+

① A/(B − C) + F * E + D
② A/(B − C) + D * (E + F)
③ A/(B − C) + D + E * F
④ A/(B − C) * D + E + F
⑤ (A − B)/C + D + E * F

005 □□□

2017년 지방직(06)

다음은 배열로 구현한 스택 자료구조의 push() 연산과 pop() 연산이다. ㉠과 ㉡에 들어갈 코드가 옳게 짝지어진 것은?

```
#define ARRAY_SIZE 10
#define IsFull() ((top == ARRAY_SIZE-1) ? 1: 0)
#define IsEmpty() ((top == -1) ? 1: 0)
int a[ARRAY_SIZE]; int top = -1;
void push(int d) {
  if( IsFull() )
    printf("STACK FULL₩n");
  else
    ㉠
}
int pop() {
  if( IsEmpty() )
    printf("STACK EMPTY₩n");
  else
    ㉡
}
```

	㉠	㉡
①	a[++top] = d;	return a[--top];
②	a[++top] = d;	return a[top--];
③	a[--top] = d;	return a[++top];
④	a[top--] = d;	return a[top++];

006 □□□

2017년 서울시(17)

다음은 postfix 수식이다. 이 postfix 수식은 스택을 이용하여 연산을 수행한다. 그리고 ^는 지수함수 연산자이다. 처음 *(곱하기 연산) 계산이 되고 난 후 스택의 top과 top-1에 있는 두 원소는 무엇인가? [단, 보기의 (top)은 스택의 top 위치를 나타낸다]

27 3 3 ^ / 2 3 * -

① (top) 6, 1 ② (top) 9, 1
③ (top) 2, 3 ④ (top) 2, 7

007 □□□

2017년 국회직(17)

중위 표기법(infix notation)으로 된 다음 식의 후위 표기법(postfix notation)으로 옳은 것은?

(8 - 2 * 3) / 2 + 6 * 3 / 2

① 8 2 3 * - 2 / 6 3 * 2 / +
② 2 3 * 8 - 2 / 6 3 * 2 / +
③ 8 2 - 3 * 2 / 6 + 3 * 2 /
④ 8 2 3 * - 2 / 6 3 * 2 + /
⑤ + / - 8 * 2 3 2 / * 6 3 2

008 □□□

2017년 국가직(추가)(07)

다음 후위(postfix) 표기식을 전위(prefix) 표기식으로 바꾼 것은? (단, 표기식에서 +, -, *, /는 연산자이고 A, B, C, D, E는 피연산자이다)

ABC*D/+E-

① -+A*/BCDE ② -/*+ABCDE
③ +/*-ABCDE ④ -+A/*BCDE

009 □□□ 2017년 지방직(추가)(02)

스택(stack)에 대한 설명으로 옳지 않은 것은?

① 임의의 위치에서 데이터의 삽입과 삭제가 가능하다.
② 연결 리스트(linked list)를 사용하여 구현할 수 있다.
③ 푸시(push) 연산에 의해 데이터를 삽입한다.
④ 가장 나중에 삽입된 데이터가 가장 먼저 삭제된다.

010 □□□ 2017년 지방직(추가)(18)

다음은 후위(postfix) 표기 수식을 스택을 이용하여 계산하는 과정 중에 처리되지 않고 남아 있는 수식과 스택의 상태를 나타낸 것이다. 수식 계산을 완료했을 때의 최종 결과 값은? (단, 수식에서 연산자는 +, *이다)

- 남아 있는 수식: *4*5+6+
- 스택의 상태:

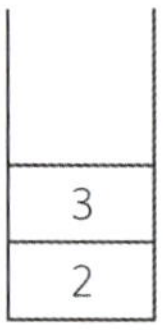

① 35 ② 68
③ 126 ④ 466

011 □□□ 2018년 서울시(01)

중위 표기법으로 표현된 다음 <보기>의 수식을 후위 표기법으로 옳게 표현한 것은?

<보기>

a + (b * c - d) * (e - f * g) - h

① ab * cd + efg * - * - h -
② abc * d + ef * g - * - h -
③ abcd * - efg * + * - h -
④ abc * d - efg * - * + h -

012 □□□ 2018년 국회직(06)

후위 표기법(postfix notation)으로 된 다음 식의 전위표기법(prefix notation)으로 옳은 것은?

ABC+D/-AE+BF*/+

① +-A/+BCD/+AE*BF
② -+A/BC+D/+AE*BF
③ +-A/+BCD/+*AEBF
④ +A-/+BCD/+AE*BF
⑤ -+/A+BCD/+*AEBF

013 □□□

2019년 국가직(02)

다음 전위(prefix) 표기식의 계산 결과는?

+− 5 4 × 4 7

① −19　② 7
③ 28　④ 29

014 □□□

2019년 국회직(17)

다음은 정수를 저장할 수 있는 스택을 Java로 구현한 것이다. ㉠과 ㉡에 넣을 문장으로 옳은 것은?

```
public class StackInt {
    int size, top;
    int buf[];
    public StackInt(int s) {
        buf = new int[s];
        size = s;
        top = -1;
    }
    public void push(int x) {
        ______㉠______;
    }
    public int pop() {
        ______㉡______;
    }
}
```

	㉠	㉡
①	buf[++top] = x	return buf[--top]
②	buf[top] = x	return buf[top]
③	buf[--top] = x	return buf[top++]
④	buf[++top] = x	return buf[top--]
⑤	buf[top + 1] = x	return buf[top − 1]

015 □□□

2020년 국회직(07)

다음과 같이 중위 표기법(infix notation)으로 된 식의 후위 표기법(postfix notation)으로 옳은 것은?

(7 + 6 / 2) / 2 + 9 * 4 / 3

① 6 / 2 + 7 / 2 9 * 4 / 3 +
② 6 2 / 7 + 2 / 9 4 3 * / +
③ 7 6 / 2 + 2 / 9 4 * 3 / +
④ 7 6 2 / + 2 / 9 4 3 / + *
⑤ 7 6 2 / + 2 / 9 4 * 3 / +

016 □□□

2021년 국가직(09)

스택의 입력으로 4개의 문자 D, C, B, A가 순서대로 들어올 때, 스택 연산 PUSH와 POP에 의해서 출력될 수 없는 결과는?

① ABCD　② BDCA
③ CDBA　④ DCBA

017 □□□

2022년 국가직(14)

다음 후위 표기식을 전위 표기식으로 변환하였을 때 옳은 것은?

3 1 4 1 - * +

① 3 + 1 * 4 - 1

② 4 - 1 * 1 + 3

③ + 3 * 1 - 4 1

④ + 3 - 4 1 * 1

018 □□□

2022년 국회직(04)

다음 중위 표기식을 후위 표기식으로 바꾼 것으로 옳은 것은?

$$a+(b-c)\times d\div(e-f)$$

① $ab+c-def-\div\times$

② $abc-d\times ef-\div+$

③ $abc-d\times ef\div-+$

④ $a+b-c\times d\div e-f$

⑤ $+a\div\times-bcd-ef$

019 □□□

2024년 국가직(16)

다음 〈정보〉를 이용하여 아래에 주어진 〈연산〉을 차례대로 수행한 후의 스택 상태는?

〈정보〉

- Create(s, n): 스택을 위한 크기 n의 비어 있는 배열 s를 생성하고, top의 값을 -1로 지정한다.
- Push(s, e): top을 1 증가시킨 후, s[top]에 요소 e를 할당한다.
- Pop(s): s[top]의 요소를 삭제한 후, top을 1 감소시킨다.

〈연산〉

```
Create(s, 4);
Push(s, 'S');
Push(s, 'T');
Pop(s);
Push(s, 'R');
Push(s, 'P');
Push(s, 'Q');
Pop(s);
```

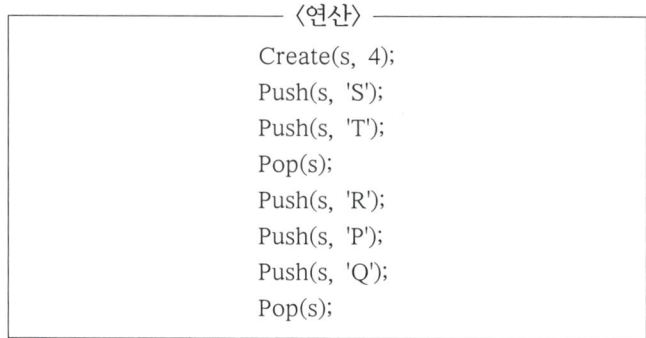

①

	배열	인덱스
		3
top →	P	2
	R	1
	S	0

②

	배열	인덱스
		3
top →	S	2
	R	1
	P	0

③

	배열	인덱스
top →		3
	P	2
	R	1
	S	0

④

	배열	인덱스
top →		3
	S	2
	R	1
	P	0

020 □□□

2025년 국가직(02)

스택을 이용하여 구현할 수 있는 것이 아닌 것은?

① 괄호 매칭

② 진법 변환

③ 후위표현 연산

④ 은행 대기열

CHAPTER 06

큐(Queue)

정답 및 해설 p.77

001 □□□

2014년 서울시(12)

큐가 컴퓨터 시스템에서 이용되는 경우로 옳은 것은?

① 부프로그램을 처리할 때 레지스터들의 내용 및 복귀주소를 저장할 때
② 순환적 프로그램(recursive program)을 처리할 때
③ 다중 프로그래밍의 운영체제가 대기하고 있는 프로그램들에게 처리기를 할당할 때
④ 그래프를 컴퓨터 내부에 나타낼 때
⑤ 후위 표기방식으로 표현된 수식을 계산할 때

002 □□□

2015년 지방직(07)

다음 그림과 같은 원형 큐에 한 객체를 입력하는 알고리즘에 대해 의사코드(pseudo code)를 순서대로 바르게 나열한 것은? (단, 객체는 rear 쪽에 입력되고 front 쪽에서 출력되며, M은 큐의 크기를 나타내는 정수이다)

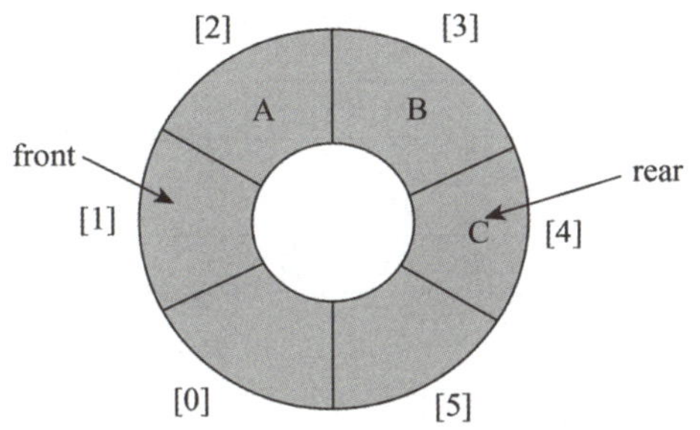

ㄱ. 큐가 공백 상태인 검사: (front == rear)
ㄴ. front 값을 1 증가: front = (front + 1)% M
ㄷ. 큐가 포화 상태 인지 검사: (front == rear)
ㄹ. 객체를 rear 위치에 입력
ㅁ. rear 값을 1 증가: rear = (rear + 1)% M

① ㄱ - ㄴ - ㄹ　　② ㄴ - ㄹ - ㄷ
③ ㄹ - ㅁ - ㄱ　　④ ㅁ - ㄷ - ㄹ

003 □□□

2016년 지방직(18)

다음과 같은 코드로 동작하는 원형 큐의 front와 rear의 값이 각각 7과 2일 때, 이 원형 큐(queue)가 가지고 있는 데이터(item)의 개수는? (단, MAX_QUEUE_SIZE는 12이고, front와 rear의 초깃값은 0이다)

```
int queue [MAX_QUEUE_SIZE];
int front, rear;
void enqueue(int item) {
  if((rear+1)% MAX_QUEUE_SIZE == front) {
    printf("queue is full₩n");
    return;
  }
  rear = (rear+1)% MAX_QUEUE_SIZE;
  queue[rear] = item;
}
int dequeue() {
  if(front == rear) {
  printf("queue is empty₩n");
  return -1;
  }
  front = (front+1)% MAX_QUEUE_SIZE;
  return queue[front];
}
```

① 5　　② 6
③ 7　　④ 8

004 □□□

2016년 국회직(05)

자료구조 큐(queue)에 대한 설명으로 옳은 것은?

① 후입 선출(last-in first-out) 특성을 갖는 자료구조이다.
② 데이터를 넣는 위치는 뒤(rear)이고, 데이터를 꺼내는 위치는 앞(front)인 선형리스트이다.
③ 프로그램 실행 시 함수 호출과 복귀를 위한 처리에 유용하다.
④ 인덱스를 이용하여 지정된 임의 위치에서 직접 데이터를 저장하거나 읽기위한 자료구조이다.
⑤ 하나의 노드가 최대 2개의 자식 노드를 가질 수 있는 구조이다.

005 □□□

2018년 국가직(12)

자료구조에 대한 설명으로 옳지 않은 것은?

① 데크는 삽입과 삭제를 한쪽 끝에서만 수행한다.
② 연결리스트로 구현된 스택은 그 크기가 가변적이다.
③ 배열로 구현된 스택은 구현이 간단하지만 그 크기가 고정적이다.
④ 원형 연결리스트는 한 노드에서 다른 모든 노드로 접근이 가능하다.

006 □□□

2021년 국회직(15)

리스트의 양쪽 끝에서 노드의 삽입과 삭제가 모두 가능한 선형 리스트로서, 리스트의 양쪽 끝 노드를 각각 가리키는 두 개의 포인터를 갖는 자료구조로 옳은 것은?

① 스택(Stack)
② 큐(Queue)
③ 히프(Heap)
④ 데크(Deque)
⑤ 이진 트리(Binary Tree)

007 □□□

2022년 국회직(18)

다음 중 큐(queue)를 사용하여 처리하기에 적절한 것만을 모두 고르면?

ㄱ. 미로 탐색 문제에서 가장 최근에 방문한 길들을 기억할 때
ㄴ. 키보드에서 입력된 키 값을 잠시 저장할 때
ㄷ. 그래프 너비 우선 탐색(BFS)을 할 때
ㄹ. 서브루틴 호출 시 복귀 주소를 저장할 때

① ㄱ, ㄴ
② ㄴ, ㄷ
③ ㄷ, ㄹ
④ ㄱ, ㄴ, ㄷ
⑤ ㄴ, ㄷ, ㄹ

008 □□□

2024년 지방직(09)

다음은 front 다음 위치부터 rear 위치까지 유효한 원소가 들어있는 선형 큐를 보여준다. 두 개의 원소를 제거한 후 큐의 상태는?

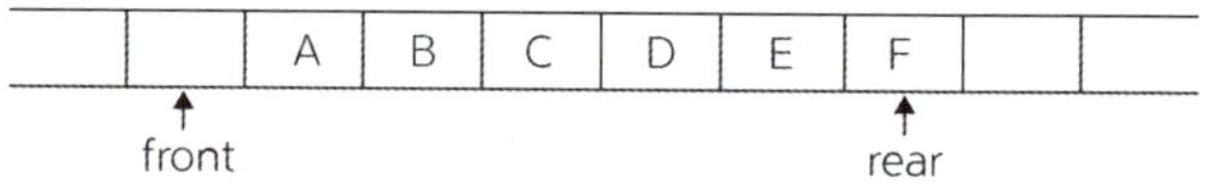

①
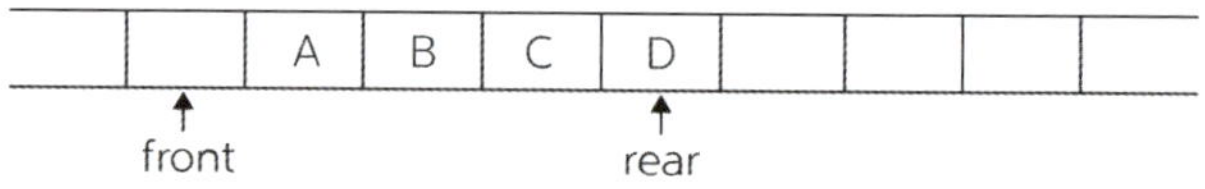

②
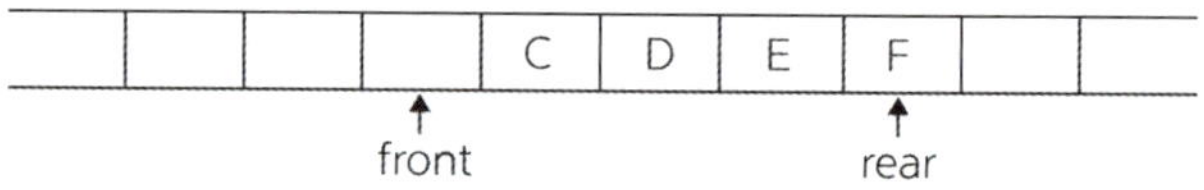

③
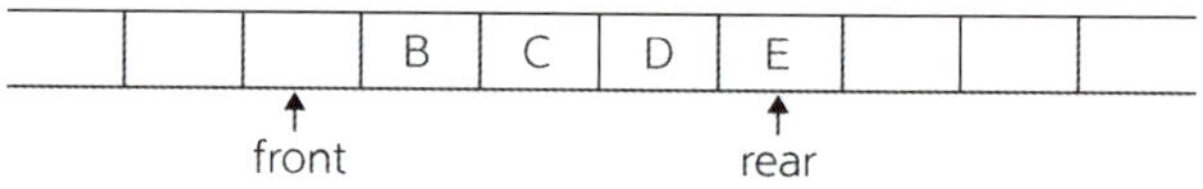

④
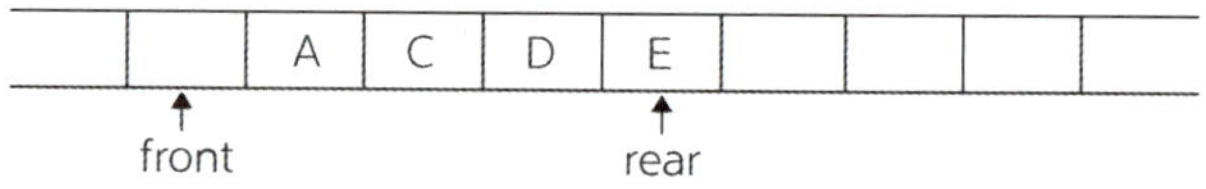

CHAPTER 07 트리(Tree)

정답 및 해설 p.78

001 □□□

2014년 서울시(11)

다음과 같은 수식을 이진트리(binary tree)로 표현하였을 때 완성된 이진트리의 깊이(depth)는 얼마인가? [단, 근 노드(root node)만 존재하는 이진트리의 깊이는 1이다]

((a + b) + c) + d

① 1
② 2
③ 3
④ 4
⑤ 5

002 □□□

2014년 국회직(06)

다음 중 선형(linear) 자료구조로만 짝지어진 것은?

① 배열, 리스트, 스택, 큐
② 배열, 트리, 스택, 큐
③ 배열, 리스트, 그래프, 큐
④ 배열, 리스트, 스택, 트리
⑤ 트리, 리스트, 스택, 큐

003 □□□

2015년 국가직(14)

다음 이진 트리(binary tree)의 노드들을 후위 순회(post-order traversal)한 경로를 나타낸 것은?

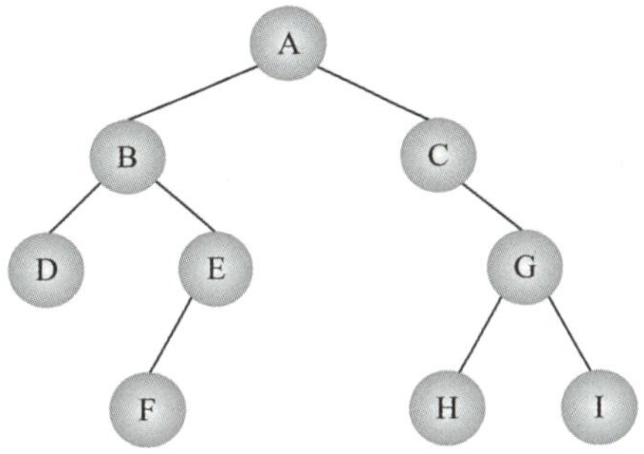

① F → H → I → D → E → G → B → C → A
② D → F → E → B → H → I → G → C → A
③ D → B → F → E → A → C → H → G → I
④ I → H → G → C → F → E → D → B → A

004 □□□

2015년 국회직(07)

다음 트리를 후위 순회(Post-order Traversal)할 경우의 탐색 순서로 옳게 나열된 것은?

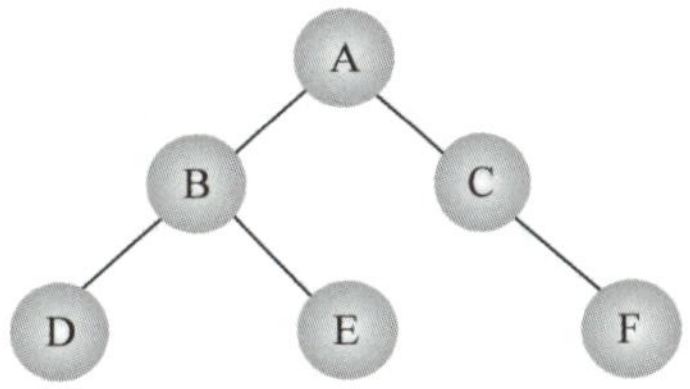

① D → E → B → F → C → A
② A → B → D → E → C → F
③ F → C → E → D → B → A
④ D → E → F → B → C → A
⑤ F → C → A → E → B → D

005 □□□

2017년 지방직(추가)(12)

다음 이진 트리의 노드를 중위 순회(inorder traversal)할 때, 4, 5, 6번째 방문 노드를 순서대로 바르게 나열한 것은?

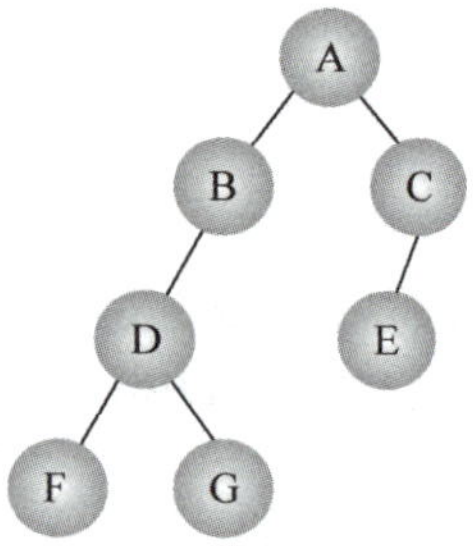

① A, B, C ② B, A, E
③ B, E, C ④ F, G, C

006 □□□

2018년 지방직(01)

다음 중 선형 자료구조에 해당하지 않는 것은?

① 큐 ② 스택
③ 이진 트리 ④ 단순 연결 리스트

007 □□□

2018년 지방직(12)

다음 이진 트리의 노드를 전위 순회(preorder traversal)할 경우의 방문 순서로 옳은 것은?

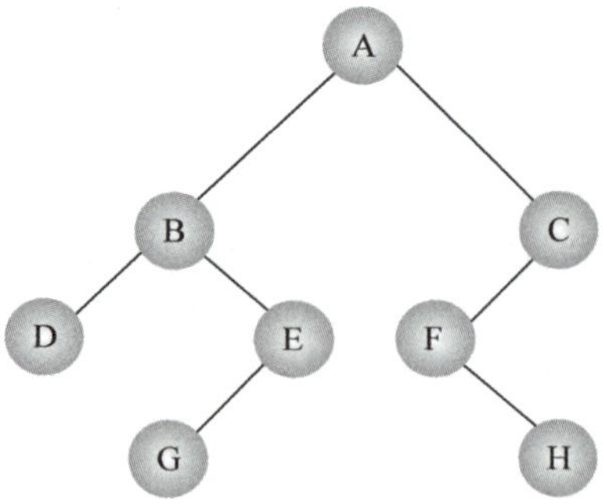

① A → B → C → D → E → F → G → H
② A → B → D → E → G → C → F → H
③ D → B → G → E → A → F → H → C
④ D → G → E → B → H → F → C → A

008 □□□

2018년 지방교행(15)

다음 중 트리를 이용하여 표현할 수 있는 예로 가장 적절한 것은?

① 전국 고속도로 망
② 컴퓨터의 폴더 구조
③ 회전 초밥집의 회전대
④ 링(ring)형 네트워크 구조

009 □□□

2019년 국회직(05)

이진 트리를 전위순회(preorder)와 중위순회(inorder)로 방문한 결과가 다음과 같다. 이 이진 트리를 후위순회(postorder)로 방문한 결과는 무엇인가?

> 전위순회 = [ABCDEFG]
> 중위순회 = [CBDAFGE]

① [GFEDCBA]
② [FEGDCBA]
③ [CBDGFEA]
④ [CDBGFEA]
⑤ [CDBFGEA]

010 □□□

2020년 국가직(17)

다음 이진 트리에 대하여 후위 순회를 하는 경우 다섯 번째 방문하는 노드는?

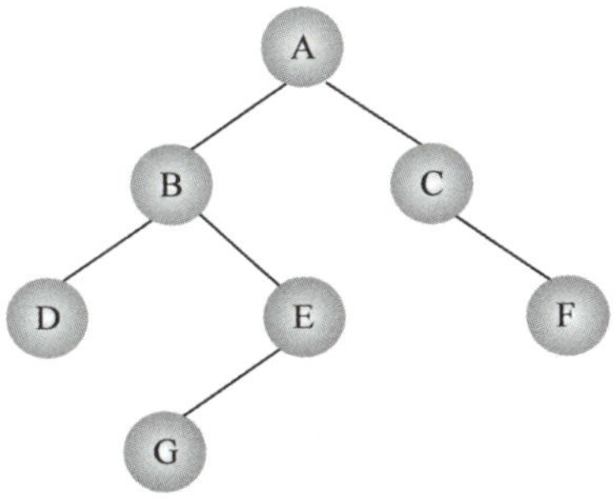

① A
② C
③ D
④ F

011 □□□

2021년 국가직(06)

300개의 노드로 이진 트리를 생성하고자 할 때, 생성 가능한 이진 트리의 최대 높이와 최소 높이로 모두 옳은 것은? (단, 1개의 노드로 생성된 이진 트리의 높이는 1이다)

	최대 높이	최소 높이
①	299	8
②	299	9
③	300	8
④	300	9

012 □□□

2021년 지방직(04)

노드(node)가 11개 있는 트리의 간선(edge) 개수는?

① 10
② 11
③ 12
④ 13

013 □□□

2022년 국회직(07)

이진 트리에 대한 설명으로 옳지 않은 것은?

① 일반 트리와 다르게 공집합을 허용한다.
② 모든 노드에게 유일한 부모 노드가 존재한다.
③ 각 노드는 최대 2개의 자식 노드를 갖는다.
④ 어떤 노드에서 루트 노드에 이르는 경로는 유일하다.
⑤ n개의 노드를 가진 이진 트리는 n - 1개의 간선을 갖는다.

014 □□□

2023년 지방직(11)

다음 트리에 대한 설명으로 옳지 않은 것은?

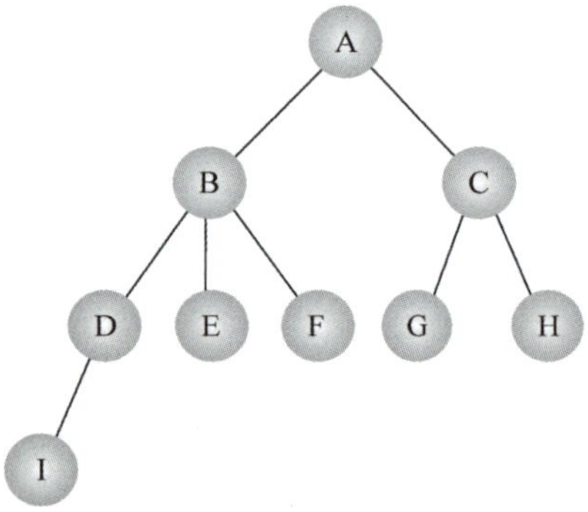

① A 노드의 차수(degree)는 2이다.
② 트리의 차수는 4이다.
③ D 노드는 F 노드의 형제(sibling) 노드이다.
④ C 노드는 G 노드의 부모(parent) 노드이다.

015 □□□

2025년 지방직(09)

다음 이진 트리를 중위 순회하는 경우 방문 순서는?

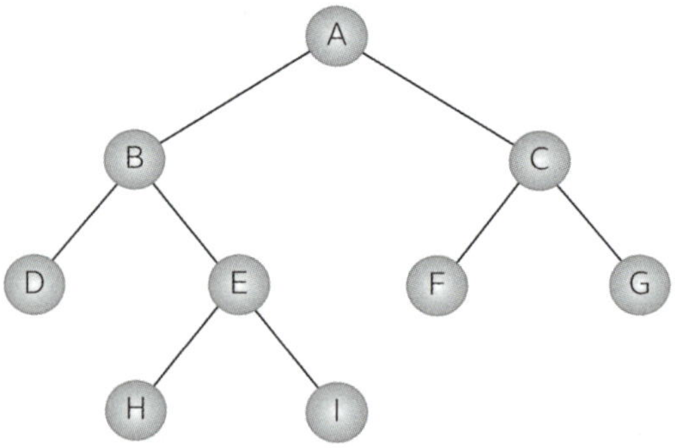

① A, B, D, E, H, I, C, F, G
② A, B, D, E, H, I, F, C, G
③ D, B, H, E, I, A, F, C, G
④ D, H, I, E, B, F, G, C, A

CHAPTER 08

이진 탐색 트리(Binary Search Tree)

정답 및 해설 p.80

001 □□□ 2015년 서울시(15)

A, B, L, E 순서로 문자들을 이진 탐색 트리(Binary Search Tree)에 추가했을 때 결과 트리의 깊이(depth)는? (단, 트리의 깊이는 트리에 속한 노드의 최대 레벨을 의미하며, 루트 노드의 레벨은 1로 정의한다)

① 3 ② 4
③ 2 ④ 1

002 □□□ 2017년 서울시(05)

초기에 빈 Binary Search Tree를 생성하고, 입력되는 수는 다음과 같은 순서로 된다고 가정한다. 입력되는 값을 이용하여 Binary Search Tree를 만들고 난 후 Inorder Traversal을 했을 때의 방문하는 순서는?

7, 5, 1, 8, 3, 6, 0, 2

① 01235678 ② 02316587
③ 75103268 ④ 86230157

003 □□□ 2017년 지방교행(16)

이진 탐색(binary search)에 대한 설명으로 옳은 것은?

① 가장 작은 데이터를 먼저 탐색하는 방식이다.
② 데이터 개수가 n일 때 시간 복잡도는 $O(\log_2 n)$이다.
③ 데이터에 대한 색인 테이블을 만들어 탐색하는 방식이다.
④ 처음에 위치한 데이터부터 차례대로 비교하는 방식이다.

004 □□□ 2018년 서울시(10)

다음 이진 트리의 내부 경로 길이(length)와 외부 경로 길이로 옳은 것은?

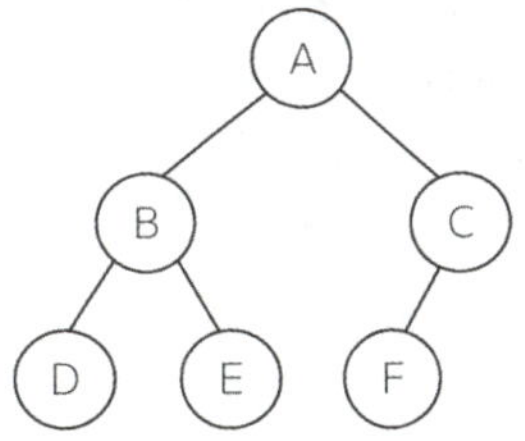

① 7, 20 ② 7, 23
③ 8, 20 ④ 8, 23

005 □□□

2018년 국회직(16)

1과 1000 사이의 정수로 구성된 이진 탐색 트리(binary search tree)에서 숫자 573을 탐색하는 경우 다음 중 비교 경로로 옳지 않은 것은?

① 2, 173, 241, 856, 301, 489, 710, 516, 573
② 7, 816, 68, 714, 121, 561, 278, 395, 573
③ 981, 825, 693, 38, 137, 608, 224, 461, 573
④ 926, 139, 884, 278, 734, 319, 662, 481, 573
⑤ 14, 970, 831, 765, 111, 249, 318, 473, 573

006 □□□

2019년 서울시(07)

다음의 정렬된 데이터에서 2진 탐색을 수행하여 C를 찾으려고 한다. 몇 번의 비교를 거쳐야 C를 찾을 수 있는가? (단, 비교는 '크다', '작다', '같다' 중의 하나로 수행되고, '같다'가 도출될 때까지 반복된다)

A	B	C	D	E	F	G	H	I	J	K	L	M	N	O

① 1번
② 2번
③ 3번
④ 4번

007 □□□

2020년 지방직(19)

다음 이진 검색 트리에서 28을 삭제한 후, 28의 오른쪽 서브트리에 있는 가장 작은 원소로 28을 대치하여 만들어지는 이진 검색 트리에서 41의 왼쪽 자식 노드는?

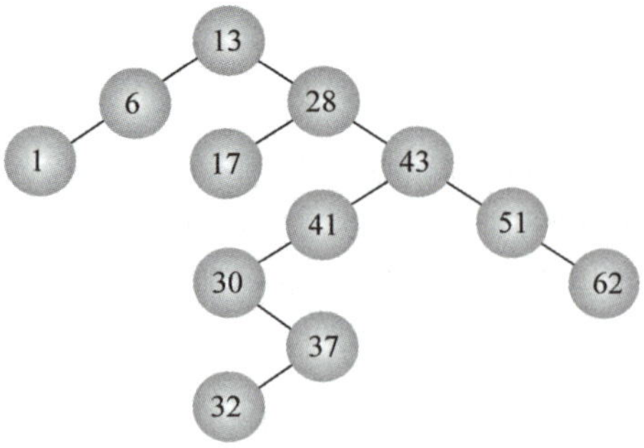

① 13
② 17
③ 32
④ 37

008 □□□

2021년 국회직(06)

다음 데이터를 순서대로 입력하여 이진 탐색 트리를 만들었다. 이 트리의 단말 노드의 수로 옳은 것은?

데이터 입력: 12 16 7 28 60 31 23 5 35 25 2 10 15 6

① 4개
② 5개
③ 6개
④ 7개
⑤ 8개

009 □□□

2023년 지방직(20)

공백 상태인 이진 탐색 트리(binary search tree)에 1부터 5까지의 정수를 삽입하고자 한다. 삽입 결과, 이진 탐색 트리의 높이가 가장 높은 삽입 순서는?

① 1, 2, 3, 4, 5
② 1, 4, 2, 5, 3
③ 3, 1, 4, 2, 5
④ 5, 3, 4, 1, 2

010 □□□

2024년 국가직(09)

다음 파이썬 코드는 이진 탐색을 이용하여 자연수 데이터를 탐색하는 함수이다. (가), (나)에 들어갈 내용을 바르게 연결한 것은? (단, ds는 오름차순으로 정렬된 중복 없는 자연수 리스트이고, key는 찾고자 하는 값이다)

```
def binary(ds, key):
    low = 0
    high = len(ds) - 1
    while low <= high:
        mid = (low+high) // 2
        if key == ds[mid]:
            return mid
        elif key < ds[mid]:
            [        (가)        ]
        else:
            [        (나)        ]
    return
```

	(가)	(나)
①	high = mid - 1	low = mid - 1
②	high = mid - 1	low = mid + 1
③	high = mid + 1	low = mid - 1
④	high = mid + 1	low = mid + 1

CHAPTER 09

우선순위 큐(Priority Queue)

정답 및 해설 p.81

001 □□□

2014년 국회직(07)

최대 힙(max heap)에 대한 설명으로 옳은 것은?

① 두 개의 자식 노드를 갖는 노드의 경우 좌측 자식 노드보다는 크고, 우측 자식 노드보다는 작은 키(key) 값이 저장된다.

② 힙을 중위 순회(in-order traversal)하면 정렬된 순서로 데이터를 얻을 수 있다.

③ 완전 그래프(complete graph)에 해당된다.

④ 루트 노드는 트리에 저장된 키(key) 값 중 가장 큰 값을 갖는다.

⑤ 형제 노드들의 키(key) 값은 좌에서 우로 정렬된 순서를 유지한다.

002 □□□

2019년 지방직(19)

최대 히프 트리(Heap Tree)로 옳은 것은?

①
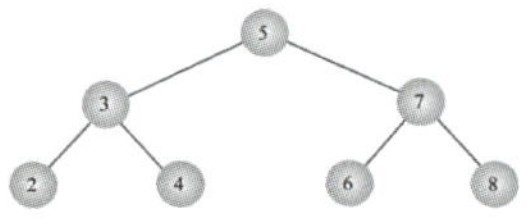

②
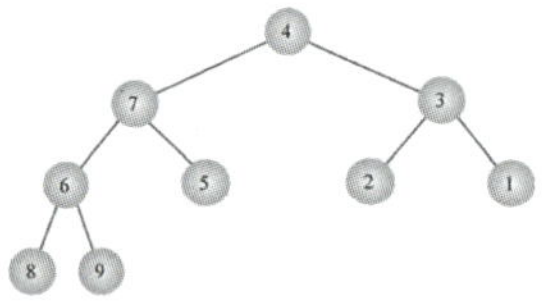

③
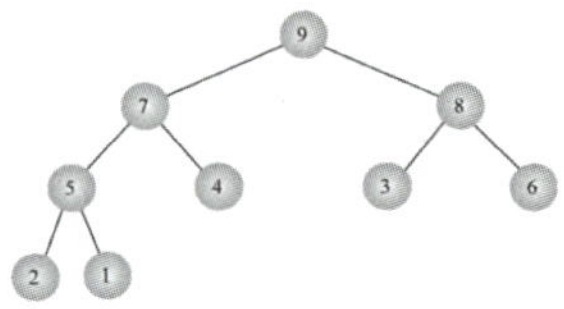

④
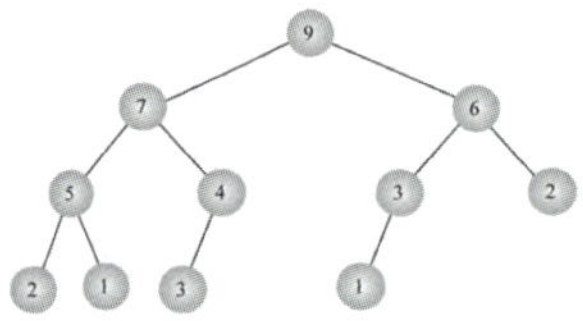

003 □□□

2020년 국회직(20)

아래의 최대힙(max heap)에서 노드를 한 개 삭제하는 연산을 실행하였을 때의 결과로 옳은 것은?

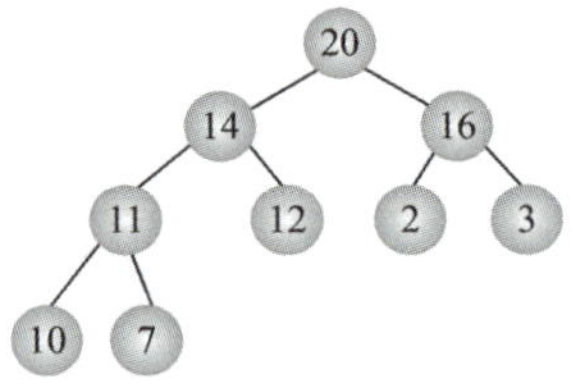

①
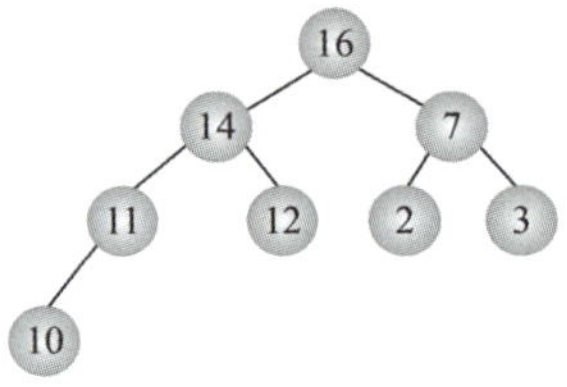

②
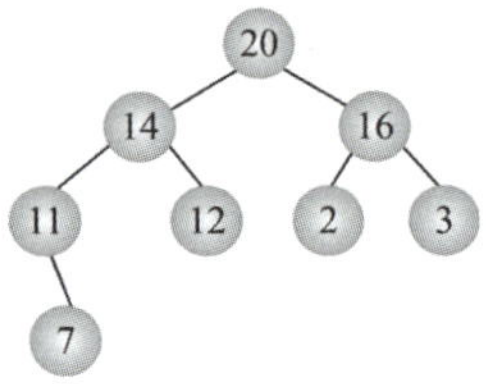

③
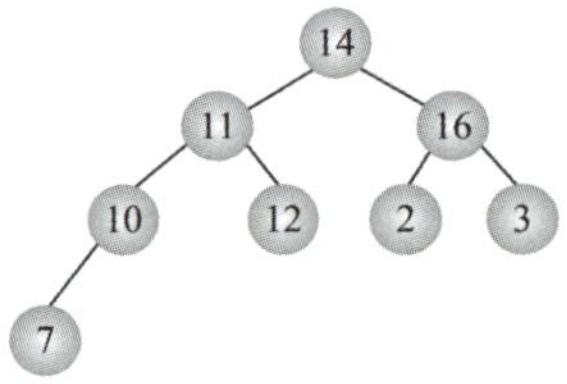

④
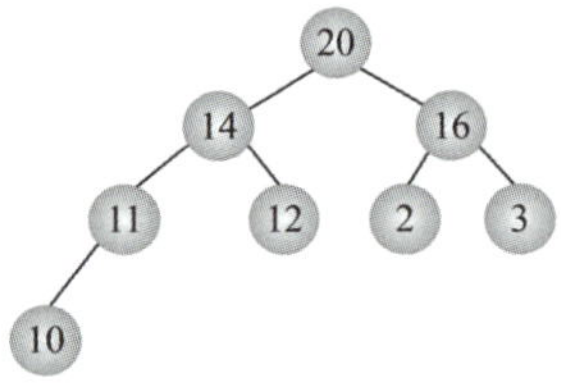

⑤
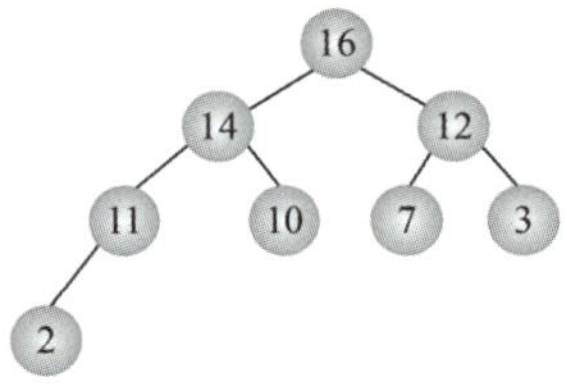

004 □□□

2021년 지방직(15)

노드 7, 13, 61, 38, 45, 26, 14를 차례대로 삽입하여 최대 히프(heap)를 구성한 뒤 이 트리를 중위 순회할 때, 첫 번째로 방문하는 노드는?

① 7
② 14
③ 45
④ 61

005 □□□

2025년 국가직(18)

힙(Heap)에 대한 설명으로 옳지 않은 것은?

① 삽입 시간 복잡도는 O(1)이다.
② 힙은 우선순위 큐의 한 종류이다.
③ 힙은 완전 이진 트리를 사용한다.
④ 최대 힙(Max Heap)은 부모노드의 키값이 자식노드의 키값보다 크거나 같다.

CHAPTER 10 정렬(Sorting)

정답 및 해설 p.82

001 □□□ 2014년 국가직(11)

다음 정렬 알고리즘 중에서 시간 복잡도가 나머지 셋과 다른 것은?

① 버블 정렬(bubble sort)
② 선택 정렬(selection sort)
③ 기수 정렬(radix sort)
④ 삽입 정렬(insertion sort)

002 □□□ 2014년 서울시(16)

다음 정렬 알고리즘들 중 N개의 데이터를 정렬하는 데 최악의 경우에 비교 횟수가 O(NlogN)인 알고리즘으로 옳은 것은?

① 병합 정렬(Merge Sort)
② 퀵 정렬(Quick Sort)
③ 선택 정렬(Selection Sort)
④ 버블 정렬(Bubble Sort)
⑤ 삽입 정렬(Insertion Sort)

003 □□□ 2014년 국회직(05)

이미 정렬되어 있는 목록에 새로운 데이터를 입력하였을 때 가장 빠르게 정렬 결과를 얻을 수 있는 것은?

① 기수 정렬(radix sort)
② 퀵 정렬(quick sort)
③ 삽입 정렬(insertion sort)
④ 힙 정렬(heap sort)
⑤ 합병 정렬(merge sort)

004 □□□ 2015년 국가직(10)

다음은 C 언어로 내림차순 버블정렬 알고리즘을 구현한 함수이다. ㉠에 들어갈 if문의 조건으로 올바른 것은? (단, size는 1차원 배열인 value의 크기이다)

```
void BubbleSorting(int *value, int size) {
  int x, y, temp;
  for( x = 0 ; x < size ; x ++) {
    for(y = 0 ; y < size - x - 1 ; y++) {
      if(          ㉠          ) {
        temp = value [ y ];
        value [ y ] = value [ y+1 ]; value [ y+1 ] = temp ;
      }
    }
  }
}
```

① value [x] > value [y + 1]
② value [x] < value [y + 1]
③ value [y] > value [y + 1]
④ value [y] < value [y + 1]

005 □□□
2015년 서울시(07)

입력값으로 5, 2, 3, 1, 8이 주어졌을 때 버블 정렬(bubble sort)의 1회전(pass) 결과는?

① 1, 2, 3, 5, 8
② 2, 3, 1, 5, 8
③ 2, 5, 3, 1, 8
④ 8, 5, 3, 2, 1

006 □□□
2015년 국회직(02)

정렬할 데이터 중 하나를 선택해 이를 기준으로 작은 값은 왼쪽에, 큰 값은 오른쪽에 오도록 주어진 데이터를 분할한다. 분할된 두 데이터 집합에 대하여 동일한 방법을 재귀적으로 적용하여 정렬하는 방법은?

① 퀵 정렬(quick sort)
② 선택 정렬(selection sort)
③ 거품 정렬(bubble sort)
④ 삽입 정렬(insertion sort)
⑤ 분할 정렬(division sort)

007 □□□
2016년 국가직(13)

자료구조에 대한 설명으로 옳지 않은 것은?

① 큐(queue)는 선입 선출의 특성을 가지며, 삽입과 삭제가 서로 다른 끝 쪽에서 일어난다.
② 연결 그래프(connected graph)에서는 그래프 내의 모든 노드 간에 갈 수 있는 경로가 존재한다.
③ AVL 트리는 삽입 또는 삭제가 일어나 트리의 균형이 깨지는 경우 트리 모습을 변형시킴으로써 균형을 복원시킨다.
④ 기수 정렬(radix sort)은 키(key) 값이 가장 큰 것과 가장 오른쪽 것의 위치 교환을 반복적으로 수행한다.

008 □□□
2016년 서울시(06)

다음 정렬 알고리즘 중 최악의 경우에 시간복잡도가 가장 낮은 것은?

① 버블 정렬(Bubble sort)
② 삽입 정렬(Insertion sort)
③ 퀵 정렬(Quick sort)
④ 힙 정렬(Heap sort)

009 □□□

2016년 국회직(03)

배열에 저장된 n개의 레코드를 키의 오름차순으로 정렬하는 알고리즘에 대한 설명으로 옳은 것은?

① 힙(heap) 정렬은 안정적 정렬 알고리즘이다.
② 최악의 경우 퀵(quick) 정렬의 시간 복잡도는 O(nlogn)이다.
③ 평균적인 상황에서 병합(merge) 정렬의 시간 복잡도는 O(nlogn)이다.
④ 이미 정렬되어 있는 경우 병합 정렬의 시간 복잡도는 O(n)이다.
⑤ 삽입(insertion) 정렬은 평균적인 상황에서 n이 클수록 퀵 정렬에 비해 빠르다.

010 □□□

2017년 국회직(07)

다음 정수 리스트를 퀵 정렬 알고리즘으로 오름차순 정렬할 때, 리스트를 처음 분할한 직후의 분할된 두 리스트의 상태로 옳은 것은? (단, 제어키는 5로 한다)

(5 2 6 4 7 3 8 1)

① (5 2 6 4), (7 3 8 1)
② (2 4 3 1), (6 7 8)
③ (3 1 2 4), (7 6 8)
④ (3 2 1 4), (7 8 6)
⑤ (1 2 3 4), (6 7 8)

011 □□□

2017년 지방교행(15)

다음 <보기>에서 빅 O(big O) 시간 복잡도가 동일한 정렬 알고리즘만을 고른 것은?

<보기>

ㄱ. 힙 정렬(heap sort)
ㄴ. 기수 정렬(radix sort)
ㄷ. 삽입 정렬(insertion sort)
ㄹ. 선택 정렬(selection sort)

① ㄱ, ㄴ　　② ㄱ, ㄹ
③ ㄴ, ㄷ　　④ ㄷ, ㄹ

012 □□□

2017년 국가직(추가)(14)

삽입 정렬을 사용하여 자료를 오름차순으로 정렬한다. 초기 및 2회전 후의 자료가 다음과 같다면 4회전 후의 결과는?

• 초기 자료: 69, 30, 10, 2, 16, 8, 31, 22
• 2회전 후의 자료: 10, 30, 69, 2, 16, 8, 31, 22

① 2, 10, 16, 30, 69, 8, 31, 22
② 8, 2, 10, 30, 16, 69, 22, 31
③ 16, 2, 10, 30, 69, 8, 22, 31
④ 2, 10, 30, 69, 16, 8, 31, 22

013 □□□

2018년 서울시(18)

퀵 정렬에 대한 설명으로 가장 옳지 않은 것은?

① 퀵 정렬은 분할 정복(divide and conquer) 방식으로 동작한다.
② 퀵 정렬의 구현은 흔히 재귀 함수 호출을 포함한다.
③ n개의 데이터에 대한 퀵 정렬의 평균 수행 시간은 O(log n)이다.
④ C.A.R. Hoare가 고안한 정렬 방식이다.

014 □□□

2018년 국회직(04)

다음 정렬 알고리즘의 수행시간을 Big-O 표기법으로 나타냈을 때, 최악의 경우의 수행시간이 같은 것들로만 나열된 것은?

선택 정렬(selection sort), 합병 정렬(merge sort), 삽입 정렬(insertion sort), 퀵 정렬(quick sort), 힙 정렬(heap sort)

① 합병 정렬, 퀵 정렬, 힙 정렬
② 힙 정렬, 선택 정렬, 퀵 정렬
③ 합병 정렬, 선택 정렬, 삽입 정렬
④ 합병 정렬, 힙 정렬, 삽입 정렬
⑤ 선택 정렬, 삽입 정렬, 퀵 정렬

015 □□□

2019년 서울시(09)

다음의 배열 A에 n개의 원소가 있다고 가정하자. 다음 의사 코드에 대한 설명으로 가장 옳지 않은 것은?

```
Function(A[ ], n) {
  for last ← n downto 2 // last를 n에서 2까지 1씩 감소
    for i ← 1 to last-1
      if (A[i] > A[i+1]) then A[i] ↔A[i+1]; // A[i]와 A[i+1]
      를 교환
}
```

① 제일 큰 원소를 끝자리로 옮기는 작업을 반복한다.
② 선택 정렬을 설명하는 의사 코드이다.
③ $O(n^2)$의 수행 시간을 가진다.
④ 두 번째 for 루프의 역할은 가장 큰 원소를 맨 오른쪽으로 보내는 것이다.

016 □□□

2019년 서울시(15)

다음 <보기>는 데이터가 정렬되는 단계를 일부 보여 준 것이다. 어떤 정렬 알고리즘을 사용하면 이와 같은 데이터의 자리 교환이 일어나겠는가? (단, 제일 위의 행이 주어진 데이터이고, 아래로 내려갈수록 정렬이 진행되는 것이다)

<보기>

초기 데이터	8 9 4 3 7 1 5 2
	8 9 3 4 1 7 2 5
	3 4 8 9 1 2 5 7
정렬 데이터	1 2 3 4 5 7 8 9

① 삽입 정렬 ② 선택 정렬
③ 합병 정렬 ④ 퀵 정렬

017 □□□

2019년 국회직(15)

정렬 알고리즘에 대한 설명으로 옳은 것은?

① 선택 정렬과 힙 정렬 알고리즘의 시간 복잡도는 $O(n \log n)$이다.

② 퀵 정렬과 합병 정렬은 분할정복 방법을 사용하는 알고리즘이다.

③ 힙 정렬과 삽입 정렬은 안정적 정렬 알고리즘이다.

④ 최악의 경우 퀵 정렬의 성능은 $O(n \log n)$이다.

⑤ 선택 정렬과 버블 정렬은 제자리 정렬을 할 수 없다.

018 □□□

2022년 국가직(02)

다음 정렬 알고리즘 중 최악의 경우를 가정할 때 시간복잡도가 다른 것은?

① 삽입 정렬(Insertion sort)

② 쉘 정렬(Shell sort)

③ 버블 정렬(Bubble sort)

④ 힙 정렬(Heap sort)

019 □□□

2022년 지방직(03)

다음 자료를 오름차순으로 삽입 정렬(insertion sort)하는 과정에서 나올 수 없는 경우는?

3 1 4 2 9 5

① 1 3 4 2 9 5

② 1 2 3 4 9 5

③ 3 1 5 2 4 9

④ 1 2 3 4 5 9

020 □□□

2022년 국회직(16)

다음 동작에 해당하는 정렬 방법은?

정렬할 원소: 34, 27, 19, 50, 2, 21, 13
1단계: 2 27 19 50 34 21 13
2단계: 2 13 19 50 34 21 27
3단계: 2 13 19 50 34 21 27
4단계: 2 13 19 21 34 50 27
5단계: 2 13 19 21 27 50 34
6단계: 2 13 19 21 27 34 50

① 퀵 정렬
② 셸 정렬
③ 선택 정렬
④ 버블 정렬
⑤ 삽입 정렬

021 □□□

2025년 지방직(04)

다음은 입력으로 들어온 배열 [70, 11, 31, 3, 17, 9, 32, 23]에 대하여 오름차순으로 버블 정렬 알고리즘의 수행 과정을 단계별로 나타낸 것으로 (가)에 해당하는 것은?

<초기 상태>
단계 0: [70, 11, 31, 3, 17, 9, 32, 23]
단계 1: [11, 31, 3, 17, 9, 32, 23, 70]
단계 2: [11, 3, 17, 9, 31, 23, 32, 70]
단계 3: [(가)]
⋮

① 3, 9, 11, 23, 17, 31, 32, 70

② 3, 11, 9, 17, 23, 31, 32, 70

③ 11, 3, 9, 17, 23, 31, 32, 70

④ 11, 3, 17, 9, 23, 31, 32, 70

CHAPTER 11 그래프(Graph)

정답 및 해설 p.85

001 □□□

2016년 국가직(08)

프림(Prim) 알고리즘을 이용하여 최소 비용 신장 트리를 구하고자 한다. 다음 그림의 노드 0에서 출발할 경우 가장 마지막에 선택되는 간선으로 옳은 것은? (단, 간선 옆의 수는 간선의 비용을 나타낸다)

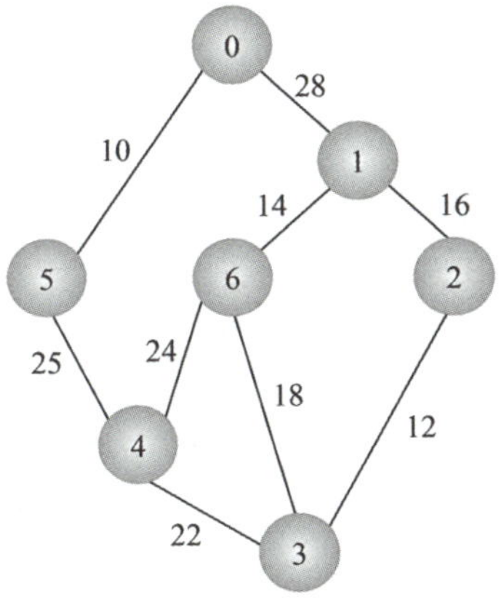

① (1, 2)
② (1, 6)
③ (4, 5)
④ (4, 6)

002 □□□

2016년 지방직(09)

다음의 인접리스트는 어떤 그래프를 표현한 것이다. 이 그래프를 정점 A에서부터 깊이 우선 탐색(depth first search)할 때, 정점이 방문되는 순서로 옳은 것은?

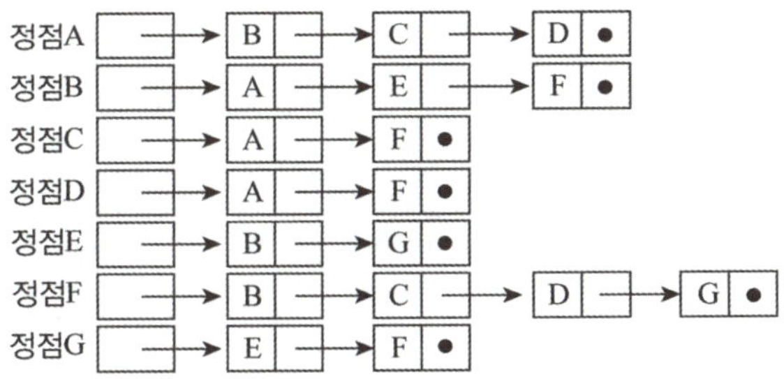

● 은 null을 의미함

① A → B → C → D → F → G → E
② A → D → C → B → F → E → G
③ A → B → C → D → E → F → G
④ A → B → E → G → F → C → D

003 □□□

2016년 서울시(09)

다음 그래프에서 최소 비용의 신장 트리 값은 얼마인가?

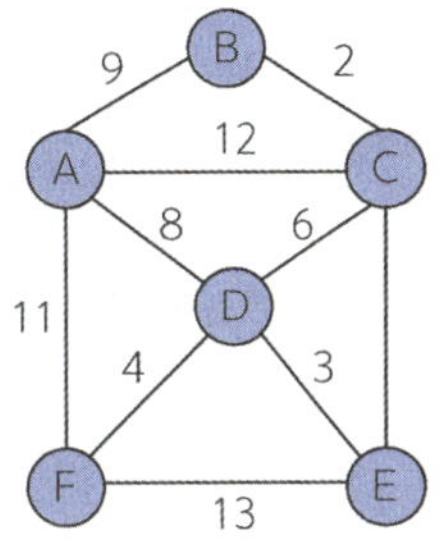

① 16
② 20
③ 23
④ 26

004 □□□

2017년 서울시(15)

다음은 그래프 순회에서 깊이 우선 탐색 방법에 대한 수행 순서를 설명한 것이다. (ㄱ) ~ (ㄹ)에 알맞은 내용으로 짝지어진 것은?

(1) 시작 정점 v를 결정하고 방문한다.
(2) 정점 v에 인접한 정점 중에서
  (2-1) 방문하지 않은 정점 w가 있으면 정점 v를 (ㄱ)에 (ㄴ)하고 w를 방문한다. 그리고 w를 v로 하여 (2)를 수행한다.
  (2-2) 방문하지 않은 정점이 없으면 (ㄱ)을/를 (ㄷ)하여 받은 가장 마지막 방문 정점을 v로 설정한 뒤 다시 (2)를 수행한다.
(3) (ㄹ)이/가 공백이 될 때까지 (2)를 반복한다.

	(ㄱ)	(ㄴ)	(ㄷ)	(ㄹ)
①	Stack	push	pop	Stack
②	Stack	pop	push	Queue
③	Queue	enQueue	deQueue	Queue
④	Queue	enQueue	deQueue	Stack

005 □□□

2017년 지방교행(07)

다음은 (가) 그래프를 (나) 인접 리스트로 표현한 것이다. (나)를 이용하여 (가)를 깊이 우선 탐색(depth first search) 방식으로 올바르게 순회한 것은? (단, 시작점은 A이다)

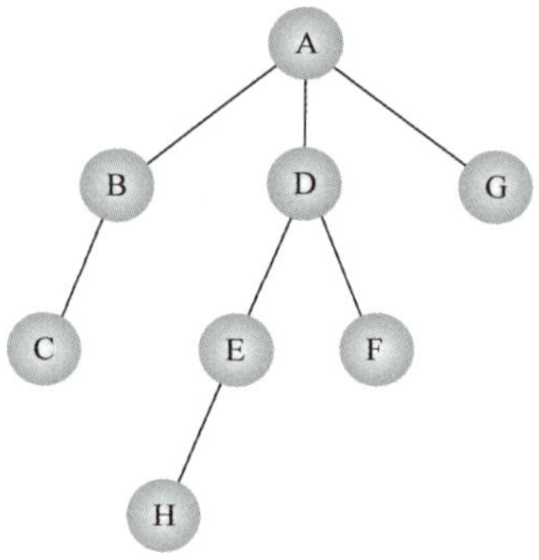

(가) 그래프

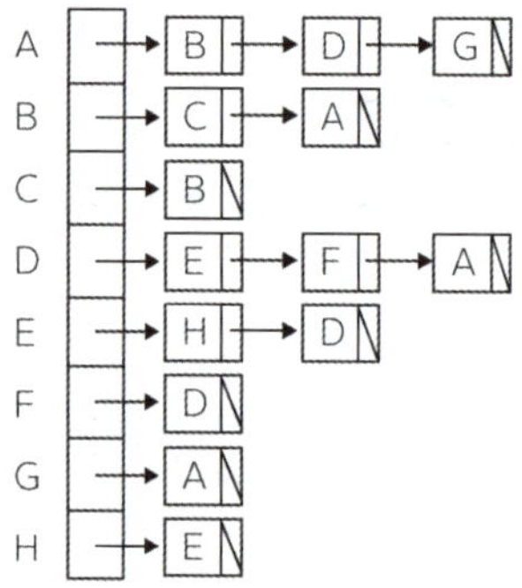

(나) 인접 리스트

① A, B, C, D, E, F, H, G
② A, B, C, D, E, H, F, G
③ A, B, D, G, C, E, F, H
④ A, D, B, G, E, F, C, H

006 □□□

2017년 국가직(추가)(06)

다음 그래프의 정점 A에서부터 깊이 우선 탐색(DFS: Depth First Search)과 너비 우선 탐색(BFS: Breadth First Search)을 수행할 때, 방문 순서를 옳게 짝지은 것은? (단, 방문하지 않은 인접 정점이 2개 이상인 경우 알파벳 오름차순으로 방문한다)

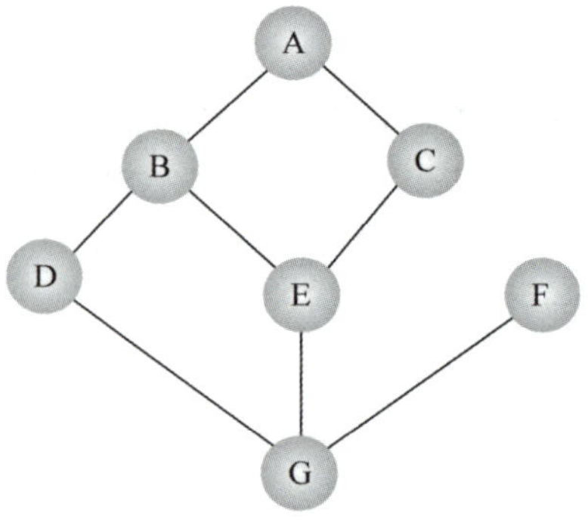

① DFS: A → B → D → G → F → C → E
BFS: A → B → C → D → E → F → G
② DFS: A → B → D → G → F → C → E
BFS: A → B → C → D → E → G → F
③ DFS: A → B → D → G → E → C → F
BFS: A → B → C → D → E → F → G
④ DFS: A → B → D → G → E → C → F
BFS: A → B → C → D → E → G → F

007 □□□

2019년 국회직(19)

다음 그래프에서 각 간선에 가중치를 표시하였다. 이 가중치를 근거로 구성한 최소 비용 신장 트리의 총 가중치 합은? (단, 최소 비용 신장 트리 구성은 Kruskal 알고리즘 원리를 적용한다)

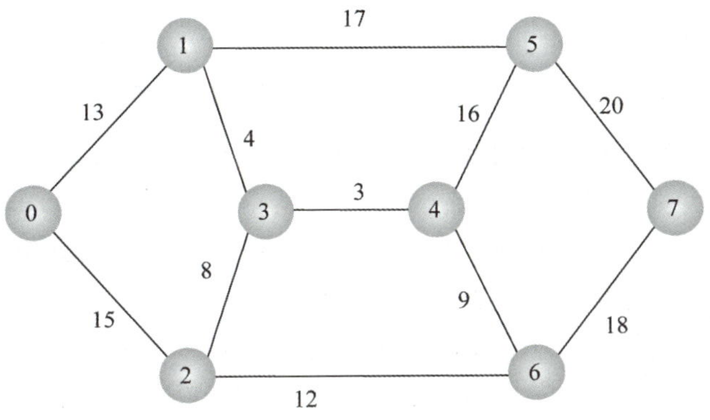

① 67　② 69
③ 71　④ 73
⑤ 75

008 □□□

2020년 국회직(04)

깊이 우선 탐색 알고리즘을 적용하여 아래의 트리를 탐색한다고 했을 때, 방문 순서를 나타낸 것으로 옳은 것은?

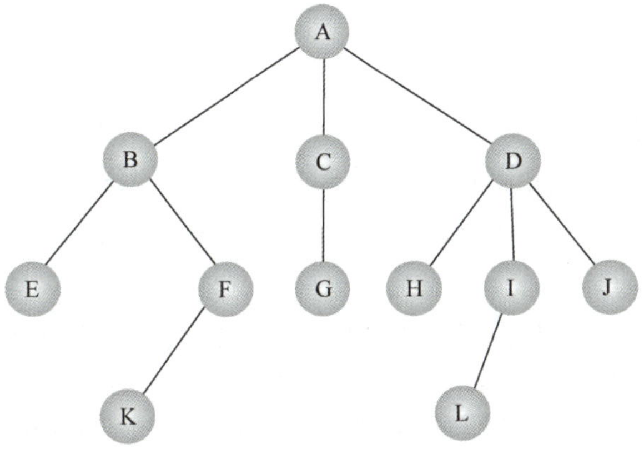

① A → B → C → D → E → F → G → H → I → J → K → L
② A → B → E → F → K → C → G → D → H → I → L → J
③ A → B → E → K → F → C → G → D → H → I → L → J
④ A → E → K → F → B → G → C → H → L → I → J → D
⑤ A → K → L → E → F → G → H → I → J → B → C → D

009 □□□

2022년 국회직(10)

다음 간선작업 네트워크에서 임계경로의 길이는?

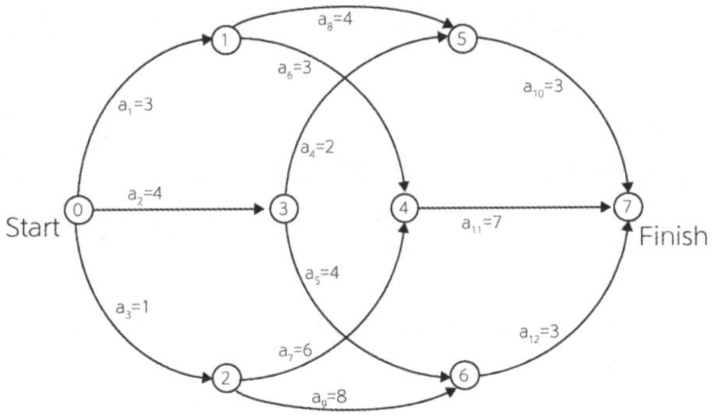

① 10　② 11
③ 13　④ 14
⑤ 16

CHAPTER 12

해싱(Hashing)

정답 및 해설 p.86

001 □□□

2015년 서울시(04)

해싱(hashing)에 대한 설명으로 옳지 않은 것은?

① 검색 속도가 빠르며 삽입, 삭제의 빈도가 높을 때 유리한 방식이다.

② 해싱기법에는 숫자 분석법(digit analysis), 제산법(division), 제곱법(mid-square), 접지법(folding) 등이 있다.

③ 충돌 시 오버플로(overflow) 해결의 부담이 과중되나, 충돌해결에 필요한 기억공간이 필요하지는 않다.

④ 오버플로(overflow)가 발생했을 때 해결기법으로 개방 주소법(open addressing)과 폐쇄 주소법(close addressing)이 있다.

002 □□□

2015년 국회직(13)

검색 및 정렬 알고리즘에 대한 특징으로 옳지 않은 것은?

① 순차검색(Sequential Search): 모든 레코드를 처음부터 탐색한다.

② 해쉬(Hash): 레코드 양과 관계없이 검색 시간이 일정하다.

③ 트리검색(Tree Search): 이진트리를 구성하여 실행한다.

④ 이분검색(Binary Search): 자료가 정렬(Sort)되어 있어야 가능하다.

⑤ 삽입정렬(Insertion Sort): 최악의 경우 $O(n^2)$ 시간을 필요로 한다.

003 □□□

2018년 국가직(20)

해싱(Hashing)에 대한 설명으로 옳지 않은 것은?

① 서로 다른 탐색키가 해시 함수를 통해 동일한 해시 주소로 사상될 수 있다.

② 충돌(Collision)이 발생하지 않는 해시 함수를 사용한다면 해싱의 탐색 시간 복잡도는 O(1)이다.

③ 선형 조사법(Linear Probing)은 연결리스트(Linked List)를 사용하여 오버플로우 문제를 해결한다.

④ 폴딩 함수(Folding Function)는 탐색키를 여러 부분으로 나누어 이들을 더하거나 배타적 논리합을 하여 해시 주소를 얻는다.

004 □□□

2019년 서울시(17)

전화번호의 마지막 네 자리를 3으로 나눈 나머지를 해싱(hashing)하여 데이터베이스에 저장하고자 한다. 나머지 셋과 다른 저장 장소에 저장되는 것은?

① 010-4021-6718

② 010-9615-4815

③ 010-7290-6027

④ 010-2851-5232

005 □□□

2021년 국가직(13)

해쉬(Hash)에 대한 설명으로 옳지 않은 것은?

① 연결리스트는 체이닝(Chaining) 구현에 적합하다.
② 충돌이 전혀 없다면 해쉬 탐색의 시간 복잡도는 O(1)이다.
③ 최악의 경우에도 이진 탐색보다 빠른 성능을 보인다.
④ 해쉬 함수는 임의의 길이의 데이터를 입력받을 수 있다.

006 □□□

2023년 국가직(13)

다음에서 설명하는 해시 함수는 무엇인가?

> 탐색키 값을 여러 부분으로 나눈 후 각 부분의 값을 더하거나 XOR(배타적 논리합) 연산하여 그 결과로 주소를 취하는 방법

① 숫자분석함수　② 제산함수
③ 중간제곱함수　④ 폴딩함수

007 □□□

2024년 국가직(17)

다음은 전체 버킷 개수가 11개이고 버킷당 1개의 슬롯을 가지는 빈 해시 테이블이다. 입력키 12, 33, 13, 55, 23, 83, 11을 순서대로 저장하였을 때, 입력키 23이 저장된 버킷 번호는? [단, 해시 함수는 h(k) = k mod 11이고, 충돌 해결은 선형 조사법을 사용한다]

버킷 번호	0	1	2	3	4	5	6	7	8	9	10
슬롯											

① 1　② 2
③ 3　④ 4

PART 6

해커스공무원 곽후근 컴퓨터일반 단원별 기출문제집

CHAPTER 13

AVL

정답 및 해설 p.87

001 □□□

2018년 지방교행(07)

다음과 같은 순서로 키 값들을 입력할 때 완성된 AVL 트리로 옳은 것은?

8 → 5 → 3 → 10 → 13

①
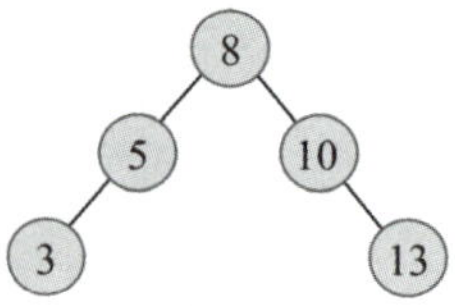

②
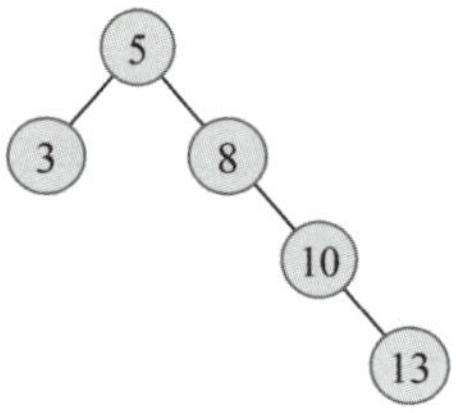

③
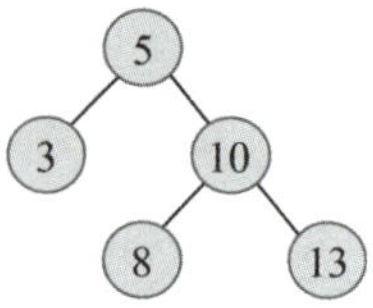

④
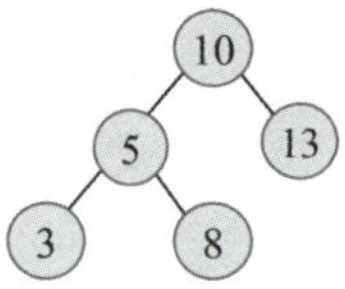

CHAPTER 14 그 외

정답 및 해설 p.88

001 □□□

2018년 국회직(13)

배열 int array[10][200]를 행우선순서(row major order)로 저장하는 경우의 원소 array[7][12]의 시작주소는 몇 번지인가? (단, 배열 array의 시작주소는 10840h로, int의 크기는 4바이트로 가정한다. 배열 첨자는 0부터 시작하며 숫자에 붙은 h는 16진수 표기를 의미한다)

① 10804h
② 11E50h
③ 16488h
④ 108BFh
⑤ 10A3Ch

002 □□□

2025년 지방직(20)

위상 정렬(topological sort)이 가능한 그래프만을 모두 고르면?

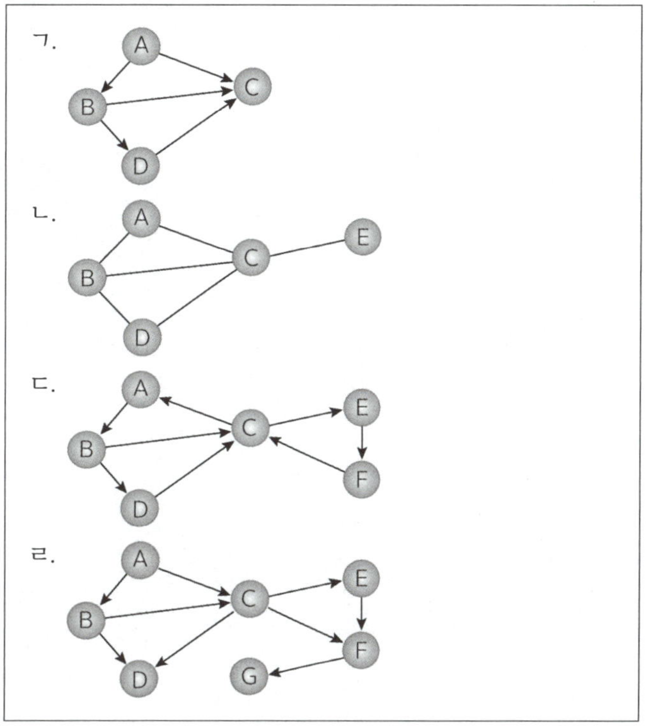

① ㄱ, ㄴ
② ㄱ, ㄹ
③ ㄴ, ㄷ
④ ㄷ, ㄹ

PART 7

데이터베이스

CHAPTER 01

기본 개념

정답 및 해설 p.89

001 □□□ 2020년 국회직(10)

다음 중 데이터베이스의 특성에 대한 설명으로 옳은 것만을 <보기>에서 모두 고르면?

<보기>

ㄱ. 실시간 접근성: 데이터의 검색이나 조작을 요구하는 수시적이고 비정형적인 질의에 대하여 즉시 응답할 수 있어야 한다.
ㄴ. 계속적인 변화: 데이터베이스의 상태는 정적이 아니고 동적이므로 현재의 정확한 데이터를 유지해야 한다.
ㄷ. 동시공유: 데이터베이스는 동시에 여러 사용자가 접근할 수 있어야 한다.
ㄹ. 주소에 의한 참조: 데이터베이스 내에 있는 데이터 레코드들은 주소에 의해 참조된다.

① ㄱ, ㄴ
② ㄴ, ㄷ
③ ㄷ, ㄹ
④ ㄱ, ㄴ, ㄷ
⑤ ㄴ, ㄷ, ㄹ

CHAPTER
02 관리 시스템

정답 및 해설 p.89

001 □□□ 2014년 서울시(03)

DBMS를 구성할 때 고려해야 할 사항으로 옳지 않은 것은?

① 데이터의 중복성을 최소화해야 한다.
② 최신의 데이터를 유지해야 한다.
③ 데이터의 일관성을 유지해야 한다.
④ 사용자가 모든 데이터를 자유로이 탐색할 수 있어야 한다.
⑤ 데이터들은 상호간에 긴밀히 연결되어 있어야 한다.

002 □□□ 2015년 국회직(06)

대용량 데이터의 관리를 위해 사용되는 데이터베이스 관리 시스템(DBMS)에 대한 설명으로 옳지 않은 것은?

① 트랜잭션 처리 과정에서 데이터의 일관성과 무결성 유지를 위한 기능을 수행한다.
② 트랜잭션은 원자성(atomicity)을 가지도록 한다.
③ 데이터 무결성 유지를 위해 데이터의 중복을 허용하지 않는다.
④ 예상치 못한 시스템 중단으로 시스템이 재가동될 때, 데이터 무결성이 유지되는 이전의 상태로 복구하는 기능을 수행한다.
⑤ 저장된 데이터에 대한 효과적인 접근을 위해 질의어를 지원한다.

003 □□□ 2016년 국가직(01)

다음 중 데이터베이스 관리 시스템(database management system)을 구축함으로써 생기는 이점만을 모두 고른 것은?

ㄱ. 응용 소프트웨어가 데이터베이스에 관한 세부 사항에 자세히 관련할 필요가 없어져서 응용 소프트웨어 설계가 단순화될 수 있다.
ㄴ. 데이터베이스에 대한 접근 제어가 용이해진다.
ㄷ. 데이터 독립성을 제거할 수 있다.
ㄹ. 응용 소프트웨어가 데이터베이스를 직접 조작하게 된다.

① ㄱ, ㄴ ② ㄱ, ㄷ
③ ㄴ, ㄹ ④ ㄷ, ㄹ

004 □□□ 2016년 국회직(01)

DBMS를 이용하여 데이터를 관리하고 활용함으로써 얻을 수 있는 장점으로 옳지 않은 것은?

① 데이터의 중복성을 제어하여 저장 공간의 낭비를 방지한다.
② 조직 내의 다양한 응용 사이의 데이터 일관성을 유지한다.
③ 효율적인 질의 처리를 위한 저장 구조와 탐색 기법을 제공한다.
④ 무결성 제약조건을 만족하도록 데이터를 관리한다.
⑤ 사용자가 데이터베이스의 모든 데이터를 자유롭게 액세스할 수 있다.

005 □□□

2018년 서울시(13)

파일 처리 시스템(File Process System)과 비교한 데이터베이스관리 시스템(DBMS)에 대한 설명으로 가장 옳지 않은 것은?

① 응용 프로그램과 데이터 간의 상호 의존성이 크다.
② 데이터 중복을 최소화한다.
③ 응용 프로그램의 요청을 수행한다.
④ 데이터 공유를 수월하게 한다.

006 □□□

2020년 국가직(02)

DBMS를 사용하는 이점으로 옳지 않은 것은?

① 데이터를 프로그램과 분리함으로써 데이터 독립성이 향상된다.
② 데이터의 공유와 동시 접근이 가능하다.
③ 데이터의 중복을 허용하여 데이터의 일관성을 유지한다.
④ 데이터의 무결성과 보안성을 유지한다.

007 □□□

2022년 국회직(20)

데이터베이스 관리 시스템(DBMS)에 대한 설명으로 옳지 않은 것은?

① 하나의 데이터베이스 시스템에는 하나의 외부 스키마만 존재하며, 하나의 외부 스키마를 여러 개의 응용 프로그램이나 여러 명의 사용자가 공용할 수도 있다.
② 개념 스키마는 개체 간의 관계와 제약 조건을 나타낸다.
③ 내부 스키마는 데이터베이스의 물리적 저장 형태를 기술한 것으로 하나만 존재한다.
④ 외부 스키마는 프로그래머나 사용자가 각각의 입장에서 필요로 하는 데이터베이스의 논리적 구조를 정의한 것이다.
⑤ 개념 스키마는 모든 응용 프로그램이나 사용자들이 필요로 하는 데이터를 종합한 조직 전체의 데이터베이스로 하나만 존재한다.

시스템

정답 및 해설 p.90

001 □□□

2015년 서울시(14)

데이터베이스에 대한 설명으로 옳은 것은?

① 개념 스키마는 개체 간의 관계와 제약 조건을 정의한다.
② 데이터베이스는 응용프로그램의 네트워크 종속성을 해결한다.
③ 데이터의 논리적 구조가 변경되어도 응용프로그램은 변경되지 않는 속성을 물리적 데이터 독립성이라고 한다.
④ 외부 스키마는 물리적 저장장치와 밀접한 계층이다.

002 □□□

2017년 국회직(05)

스키마(schema)에 대한 설명으로 옳지 않은 것은?

① 내부 스키마는 범기관적 입장에서 데이터베이스를 정의한 것이다.
② 개념 스키마는 모든 데이터 개체, 관계, 제약 조건, 접근 권한, 무결성 규칙 등을 명세한다.
③ 개념 스키마는 일반적으로 스키마를 의미한다.
④ 외부 스키마는 사용자나 응용 프로그래머가 접근할 수 있는 데이터베이스를 정의한다.
⑤ 스키마는 데이터베이스의 논리적 정의, 데이터 구조와 제약 조건에 관한 명세를 기술한 것이다.

003 □□□

2017년 지방교행(01)

데이터베이스의 특징으로 옳지 않은 것은?

① 내용에 의해 데이터를 참조한다.
② 다수의 사용자가 데이터를 동시에 공유할 수 있다.
③ 사용자의 데이터 요구에 실시간으로 응답할 수 있다.
④ 외부 스키마, 개념 스키마, 내부 스키마를 계층적으로 구성하여 데이터 종속성을 제공한다.

004 □□□

2018년 지방교행(08)

다음 중 데이터베이스의 3단계 - 스키마 구조에 대한 설명으로 <보기>에서 옳은 것만을 모두 고른 것은?

<보기>

ㄱ. 내부 스키마는 물리적 저장 장치의 관점에서 본 데이터베이스 구조이다.
ㄴ. 외부 스키마는 각 사용자의 관점에서 본 데이터베이스 구조로서 여러 개가 존재할 수 있다.
ㄷ. 개념 스키마는 모든 응용 시스템들이나 사용자들이 필요로 하는 데이터를 통합한 조직 전체의 데이터베이스를 기술한 것이다.

① ㄱ, ㄴ　　② ㄱ, ㄷ
③ ㄴ, ㄷ　　④ ㄱ, ㄴ, ㄷ

005 □□□

2019년 국회직(02)

3단계 데이터베이스 구조에서 개체 간의 관계와 제약 조건을 나타내고 데이터베이스의 접근 권한, 보안 및 무결성 규칙에 관한 명세를 정의한 것으로 옳은 것은?

① 외부 스키마
② 서브 스키마
③ 물리 스키마
④ 개념 스키마
⑤ 내부 스키마

006 □□□

2022년 국가직(10)

다음 중 3단계 데이터베이스 구조에서 개념 스키마에 대한 설명으로 옳은 것만을 모두 고르면?

ㄱ. 데이터베이스를 운영하는 기관에 소속되어 있는 모든 응용시스템 또는 사용자들이 필요로 하는 데이터를 통합하여 정의한 조직 전체 데이터베이스의 논리 구조를 말한다.
ㄴ. 개념 스키마와 외부 스키마 사이에는 논리적 데이터 독립성이 있어야 한다.
ㄷ. 데이터베이스 내에는 하나의 개념 스키마만 존재한다.
ㄹ. 데이터에 대한 접근권한, 제약조건 등에 대한 정의도 포함한다.

① ㄱ, ㄴ
② ㄱ, ㄷ
③ ㄴ, ㄷ, ㄹ
④ ㄱ, ㄴ, ㄷ, ㄹ

CHAPTER 04 데이터 모델

정답 및 해설 p.91

001 □□□

2014년 서울시(04)

개념 관계 모델(Entity-Relationship model)을 그래프 방식으로 표현한 E-R다이어그램에서 마름모 모양으로 표현되는 것은?

① 개체 타입(entity type)
② 관계 타입(relationship type)
③ 속성(attribute)
④ 키 속성(key attribute)
⑤ 링크(link)

002 □□□

2016년 국가직(15)

데이터베이스 데이터 모델에 대한 설명으로 옳지 않은 것은?

① 계층 데이터 모델은 트리 형태의 데이터 구조를 가진다.
② 관계 데이터 모델은 테이블로 데이터베이스를 나타낸다.
③ 네트워크 데이터 모델은 그래프 형태로 데이터베이스 구조를 표현한다.
④ 계층 데이터 모델, 관계 데이터 모델, 네트워크 데이터 모델은 개념적 데이터 모델이다.

003 □□□

2017년 국가직(14)

논리적 데이터 모델에 대한 설명으로 옳지 않은 것은?

① 개체 관계 모델은 개체와 개체 사이의 관계성을 이용하여 데이터를 모델링한다.
② 관계형 모델은 논리적 데이터 모델에 해당한다.
③ SQL은 관계형 모델을 따르는 DBMS의 표준 데이터 언어이다.
④ 네트워크 모델, 계층 모델은 레거시 데이터 모델로도 불린다.

004 □□□

2021년 지방직(16)

다음 그림은 스마트폰 수리와 관련된 E-R 다이어그램의 일부이다. 이에 대한 설명으로 옳지 않은 것은?

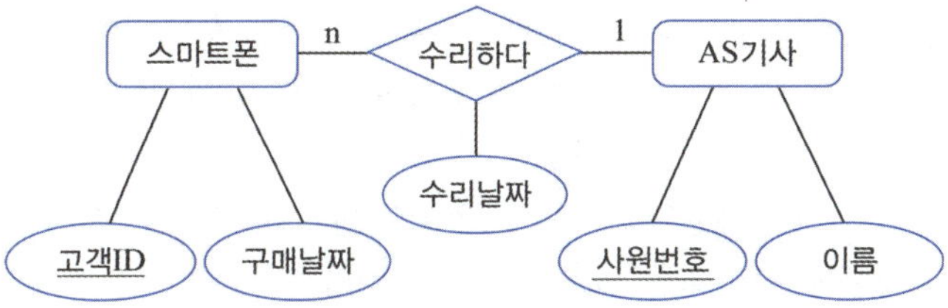

① '수리하다' 관계는 속성을 가지고 있다.
② 'AS기사'와 '스마트폰'은 일대다 관계이다.
③ '스마트폰'은 다중값 속성을 가지고 있다.
④ '사원번호'는 키 속성이다.

005 □□□

2021년 국회직(04)

다음 중 데이터베이스에서 사용되는 NULL에 대한 설명으로 옳은 것만을 모두 고르면?

ㄱ. NULL은 데이터 값이 존재하지 않는다는 것을 나타내는 특별한 표시어(special marker)이다.
ㄴ. NULL인 데이터를 검색할 때 IS NULL을 사용한다.
ㄷ. NULL은 값이 없으므로 "0(Zero)" 값을 가지고 있다.

① ㄱ　　② ㄱ, ㄴ
③ ㄱ, ㄷ　　④ ㄴ, ㄷ
⑤ ㄱ, ㄴ, ㄷ

CHAPTER 05

관계 데이터 모델

정답 및 해설 p.92

001 □□□

2014년 지방직(10)

관계형 데이터베이스의 키(key)에 대한 설명으로 옳지 않은 것은?

① 수퍼키(super key)는 릴레이션을 구성하는 속성(attribute)들 중에서 각 투플(tuple)을 유일하게 식별할 수 있도록 하는 속성 또는 속성들의 집합이다.

② 후보키(candidate key)는 유일성(uniqueness)과 최소성(minimality)을 만족시킨다.

③ 기본키(primary key)는 후보키 중에서 투플을 식별하는 기준으로 선택된 특별한 키이다.

④ 두 개 이상의 후보키 중에서 기본키로 선택되지 않은 나머지 후보키를 외래키(foreign key)라고 한다.

002 □□□

2014년 서울시(06)

데이터베이스 키(key)에 대한 다음의 설명에 해당하는 키는 무엇인가?

> 릴레이션에 있는 모든 투플들을 유일하게 식별할 수 있는 애트리뷰트의 부분집합으로 유일성과 최소성을 만족함

① 기본키(primary key)
② 후보키(candidate key)
③ 대체키(alternate key)
④ 슈퍼키(super key)
⑤ 외래키(foreign key)

003 □□□

2015년 국가직(12)

관계형 모델(relational model)의 릴레이션(relation)에 대한 설명으로 옳지 않은 것은?

① 릴레이션의 한 행(row)을 투플(tuple)이라고 한다.

② 속성(attribute)은 릴레이션의 열(column)을 의미한다.

③ 한 릴레이션에 존재하는 모든 투플들은 상이해야 한다.

④ 한 릴레이션의 속성들은 고정된 순서를 갖는다.

004 □□□

2015년 지방직(18)

다음 데이터베이스 스키마에 대한 설명으로 옳지 않은 것은? (단, 밑줄이 있는 속성은 그 릴레이션의 기본키를, 화살표는 외래키 관계를 의미한다)

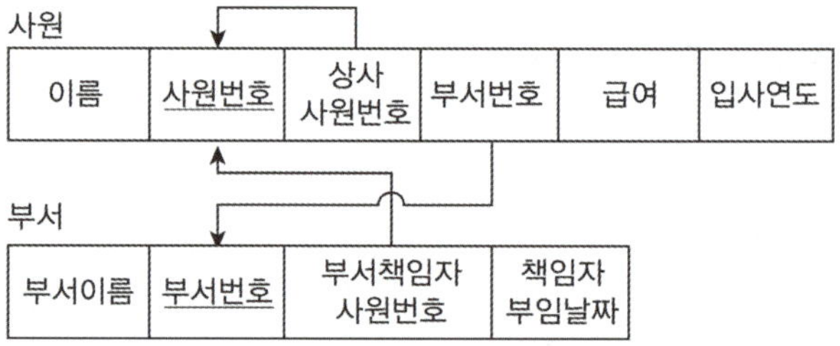

① 외래키는 동일한 릴레이션을 참조할 수 있다.

② 사원 릴레이션의 부서번호는 부서 릴레이션의 부서번호 값 중 하나 혹은 널이어야 한다는 제약조건은 참조 무결성을 의미한다.

③ 신입사원을 사원 릴레이션에 추가할 때 그 사원의 사원번호는 반드시 기존 사원의 사원 번호와 같지 않아야 한다는 제약조건은 제1정규형의 원자성과 관계있다.

④ 부서 릴레이션의 책임자 부임날짜는 반드시 그 부서 책임자의 입사연도 이후이어야 한다는 제약 조건을 위해 트리거(trigger)와 주장(assertion)을 사용할 수 있다.

005 □□□

2016년 지방직(08)

속성 A, B, C로 정의된 릴레이션의 인스턴스가 다음과 같을 때, 후보키의 조건을 충족하는 것은?

A	B	C
1	12	7
20	12	7
1	12	3
1	1	4
1	2	6

① (A)　② (A, C)
③ (B, C)　④ (A, B, C)

006 □□□

2017년 지방직(추가)(09)

데이터베이스 무결성 제약조건에 대한 설명으로 옳지 않은 것은?

① 무결성 제약조건은 사용자에 의한 데이터베이스 갱신이 데이터의 일관성을 손상하지 않도록 보장하는 데에 사용된다.
② DBMS는 무결성 제약조건을 검사하는 기능을 가진다.
③ 도메인 무결성 제약조건은 기본 키가 널(NULL) 값을 가질 수 없고 튜플을 유일하게 식별해야 한다는 것이다.
④ 참조 무결성 제약조건은 릴레이션 사이의 참조를 위해 사용되는 외래키에 대한 것이다.

007 □□□

2019년 국회직(10)

관계 데이터 모델에 대한 설명으로 옳지 않은 것은?

① 릴레이션(relation)의 튜플(tuple)들은 모두 상이하다.
② 릴레이션에서 속성(attribute)들 간의 순서는 의미가 없다.
③ 한 릴레이션에 포함된 튜플 사이에는 순서가 없다.
④ 튜플은 원자값으로 분해가 불가능하다.
⑤ 릴레이션은 속성들을 가지고 있는 테이블이다.

008 □□□

2020년 국회직(12)

관계형 데이터 모델(relational data model)에서 릴레이션에 대한 설명으로 옳지 않은 것은?

① 릴레이션을 구성하는 속성 값은 서브속성으로 다시 세분화할 수 있다.
② 데이터베이스 스키마(database schema)는 정적이고, 데이터베이스 인스턴스(database instance)는 동적이다.
③ 릴레이션 안에는 똑같은 튜플이 존재할 수 없다.
④ 릴레이션의 속성 사이에 순서는 의미가 없다.
⑤ 릴레이션의 속성의 명칭은 유일하나, 속성을 구성하는 값은 같을 수 있다.

009 □□□

2021년 지방직(19)

다음 중 관계형 데이터베이스에 대한 설명으로 옳은 것만을 모두 고르면?

> ㄱ. 관계형 데이터베이스 스키마(schema)는 릴레이션 스키마의 집합과 무결성 제약조건(integrity constraint)으로 구성된다.
> ㄴ. 개체(entity) 무결성 제약조건은 기본 키(primary key)를 구성하는 모든 속성은 널(null) 값을 가지면 안된다는 규칙이다.
> ㄷ. 참조(referential) 무결성 제약조건이란 외래 키(foreign key)는 참조할 수 없는 값을 가질 수 없다는 규칙이다.
> ㄹ. 후보 키(candidate key)가 되기 위해서는 유일성(uniqueness)과 효율성(efficiency)을 항상 만족해야 한다.

① ㄱ, ㄴ, ㄷ ② ㄱ, ㄴ, ㄹ
③ ㄱ, ㄷ, ㄹ ④ ㄴ, ㄷ, ㄹ

010 □□□

2021년 국회직(14)

키(Key)란 데이터베이스에서 조건에 만족하는 튜플을 찾거나 순서대로 정렬할 때 다른 튜플들과 구별할 수 있는 유일한 기준이 되는 속성(Attribute)이다. 그 중 릴레이션을 구성하는 모든 튜플에 대해 유일성은 만족하지만 최소성은 만족하지 못하는 키로 옳은 것은?

① 기본키(Primary Key)
② 대체키(Alternate Key)
③ 복합키(Composite Key)
④ 후보키(Candidate Key)
⑤ 슈퍼키(Super Key)

011 □□□

2022년 국회직(13)

관계형 데이터베이스에 대한 설명으로 옳은 것은?

① 한 릴레이션에는 똑같은 애트리뷰트가 포함될 수 없으며, 포함된 애트리뷰트 사이에는 순서가 있다.
② 후보키가 되기 위해서는 유일성과 효율성을 둘 다 만족해야 한다.
③ 2개 이상의 후보키 중에서 기본키로 선택되지 않은 나머지 후보키를 슈퍼키라고 한다.
④ 참조 무결성을 위해 참조 대상이 존재하지 않는 외래키를 허용하지 않는다.
⑤ 후보키는 모든 튜플을 유일하게 식별할 수 있는 하나 또는 몇 개의 속성들의 부분 집합으로 최소성을 만족하지 않는다.

CHAPTER

06 관계 대수

정답 및 해설 p.93

001 □□□

2017년 지방교행(05)

다음 릴레이션 A, B, C에 대한 관계 대수의 연산 결과로 옳지 않은 것은? (단, 속성명이 동일하면 같은 도메인이다)

A

Name	Dept
강감찬	국어
안중근	영어
윤동주	과학
이순신	영어

B

Name	Dept
강감찬	국어
안창호	과학
윤동주	과학
이순신	영어

C

Name
강감찬
이순신

① A ∪ B

Name	Dept
강감찬	국어
안중근	영어
윤동주	과학
이순신	영어
안창호	과학

② A ∩ B

Name	Dept
강감찬	국어
윤동주	과학
이순신	영어

③ A − B

Name	Dept
안중근	영어

④ A ÷ C

Dept
국어
영어

002 □□□

2020년 지방직(14)

관계 데이터베이스 스키마 STUDENT(SNO, NAME, AGE)에 대하여 다음과 같은 SQL 질의 문장을 사용한다고 할 때, 이 SQL 문장과 동일한 의미의 관계대수식은? (단, STUDENT 스키마에서 밑줄 친 속성은 기본키 속성을, 관계대수식에서 사용하는 관계대수 연산자 기호 π는 프로젝트 연산자를, σ는 셀렉트 연산자를 나타낸다)

<SQL 질의문>

```
SELECT SNO, NAME
FROM STUDENT
WHERE AGE > 20;
```

① $\sigma_{SNO,NAME}(\pi_{AGE>20}(STUDENT))$

② $\pi_{SNO,NAME}(\sigma_{AGE>20}(STUDENT))$

③ $\sigma_{AGE>20}(\pi_{SNO,NAME}(STUDENT))$

④ $\pi_{AGE>20}(\sigma_{SNO,NAME}(STUDENT))$

003 □□□

2022년 국가직(18)

다음의 고객 릴레이션에서 등급이 gold이고 나이가 25 이상인 고객들을 검색하기 위해 기술한 관계대수 표현으로 옳은 것은?

<고객 릴레이션>

고객				
고객아이디	이름	나이	등급	직업
hohoho	이순신	29	gold	교사
grace	홍길동	24	gold	학생
mango	삼돌이	27	silver	학생
juce	갑순이	31	gold	공무원
orange	강감찬	23	silver	군인

<검색결과>

고객아이디	이름	나이	등급	직업
hohoho	이순신	29	gold	교사
juce	갑순이	31	gold	공무원

① $\sigma_{고객}$(등급 = 'gold' ∧ 나이 ≥ 25)
② $\sigma_{등급='gold' \wedge 나이 \geq 25}$(고객)
③ $\pi_{고객}$(등급 = 'gold' ∧ 나이 ≥ 25)
④ $\pi_{등급='gold' \wedge 나이 \geq 25}$(고객)

004 □□□

2023년 국가직(17)

다음과 같이 S 테이블과 T 테이블이 있을 때, SQL 실행 결과는?

S

a	b
1	가
2	나
3	다

T

c	d
나	X
다	Y
라	Z

```
SELECT S.a, S.b, T.d
FROM S
LEFT JOIN T
ON S.b = T.c
```

①

a	b	d
1	가	(NULL)
2	나	X
3	다	Y

②

a	b	d
2	나	X
3	다	Y
1	가	(NULL)

③

a	b	d
1	가	(NULL)
2	나	X
3	다	Y
(NULL)	라	X

④

a	b	d
2	나	X
3	다	Y
(NULL)	라	Z

CHAPTER 07 SQL

정답 및 해설 p.94

001 □□□ 2014년 국가직(08)

관계형 데이터베이스의 표준 질의어인 SQL(Structured Query Language)에서 CREATE TABLE문에 대한 설명으로 옳지 않은 것은?

① CREATE TABLE문은 테이블 이름을 기술하며 해당 테이블에 속하는 칼럼에 대해서 칼럼이름과 데이터 타입을 명시한다.
② PRIMARY KEY절에서는 기본키 속성을 지정한다.
③ FOREIGN KEY절에서는 참조하고 있는 행이 삭제되거나 변경될 때의 옵션으로 NO ACTION, CASCADE, SET NULL, SET DEFAULT 등을 사용할 수 있다.
④ CHECK절은 무결성 제약조건으로 반드시 UPDATE 키워드와 함께 사용한다.

002 □□□ 2016년 서울시(03)

다음 중 유효한 SQL 문장이 아닌 것은?

① SELECT * FROM Lawyers WHERE firmName LIKE '% and%';
② SELECT firmLoc, COUNT(*) FROM Firms WHERE employees < 100;
③ SELECT COUNT(*) FROM Firms WHERE employees < 100;
④ SELECT firmLoc, SUM(employees) FROM Firms GROUP BY firmLoc WHERE SUM(employees) < 100;

003 □□□ 2016년 국회직(12)

다음 SQL 명령문들의 실행 후 상황에 대한 설명으로 옳은 것은?

```
CREATE TABLE UWORDS (ID INTEGER PRIMARY KEY, UWORD CHAR(5), FREQ INTEGER);
INSERT INTO UWORDS VALUES (500, 'THIS' , 500);
INSERT INTO UWORDS VALUES (510, 'IS' , 600);
INSERT INTO UWORDS VALUES (520, 'TEST' , 700);
SELECT UWORD FROM UWORDS WHERE ID > 500;
DELETE FROM UWORDS WHERE FREQ < 600;
COMMIT;
```

① UWORDS 테이블의 레코드(record)의 개수는 3개이다.
② 3개의 레코드가 출력된다.
③ 출력 결과에서 700이란 숫자는 보이지 않는다.
④ UWORDS 테이블의 컬럼(column)의 개수는 2개이다.
⑤ UWORDS 테이블에 TEST라는 단어는 저장되어 있지 않다.

004 □□□ 2017년 서울시(04)

데이터베이스에서 뷰(View)에 대한 설명으로 옳은 것은?

① 뷰는 테이블을 기반으로 만들어지는 가상 테이블이며, 뷰를 기반으로 새로운 뷰를 생성할 수 없다.
② 뷰 삭제는 SQL 명령어 중 DELETE 구문을 사용하며, 뷰 생성에 기반이 된 기존 테이블들은 영향을 미치지 않는다.
③ 뷰 생성에 사용된 테이블의 기본키를 구성하는 속성이 포함되어 있지 않은 뷰도 데이터의 변경이 가능하다.
④ 뷰 생성 시 사용되는 SELECT문에서 GROUP BY 구문은 사용 가능하지만, ORDER BY 구문은 사용할 수 없다.

005 □□□

2017년 국회직(06)

다음 SQL 문장 중 구문이 옳은 것은?

① DELETE FROM STUDENT , ENROL WHERE SNO = 100;

② SELECT COUNT (DISTINCT CNO) FROM ENROL WHERE SNO = 100;

③ SELECT SNO , SNAME FROM STUDENT WHERE DEPT = NULL;

④ INSERT STUDENT INTO VALUES (100, '홍길동' , 2, '전산과')

⑤ SELECT DNO , SUM (SNAME) FROM STUDENT GROUP BY DNO WHERE SUM (SNAME) < 100;

006 □□□

2017년 국회직(16)

뷰(view)에 대한 설명으로 옳지 않은 것은?

① 뷰는 독자적인 인덱스를 가질 수 없다.

② 뷰의 정의를 변경하기 위해 ALTER 문을 사용할 수 있다.

③ 뷰의 정의만 시스템 카탈로그에 저장하였다가 필요 시 실행시간에 테이블을 구축한다.

④ 데이터에 대한 보안을 제공한다.

⑤ 뷰는 또 다른 뷰의 정의에 사용될 수 있다.

007 □□□

2017년 지방교행(14)

다음은 <질의>를 <SQL 문>으로 표현한 것이다. 빈칸 ㉠에 들어갈 내용으로 옳은 것은?

<질의> 직급수당 릴레이션에서 ' 과장 ' 직급의 수당을 500,000원으로 갱신하시오. [단, 직급수당 릴레이션의 스키마는 직급수당(직급, 수당)이다] <SQL 문> UPDATE 직급수당 ㉠ ;

① SET 수당 = 500000 WHERE 직급 = ' 과장 '

② SET 수당 = 500000 HAVING 직급 = ' 과장 '

③ ALTER 수당 = 500000 WHERE 직급 = ' 과장 '

④ ALTER 수당 = 500000 HAVING 직급 = ' 과장 '

008 □□□

2017년 국가직(추가)(13)

관계형 데이터베이스 언어인 SQL에 대한 설명으로 옳은 것은?

① 데이터 정의어(DDL)를 이용하여 데이터를 검색한다.

② 데이터 조작어(DML)를 이용하여 권한을 부여하거나 취소한다.

③ DELETE문은 테이블을 삭제하는데 사용한다.

④ SELECT문에서 FROM절은 필수 항목이고, WHERE절은 선택 항목이다.

009 □□□

2018년 국가직(03)

다음 SQL 명령어에서 DDL(Data Definition Language) 명령어만을 모두 고른 것은?

ㄱ. ALTER	ㄴ. DROP
ㄷ. INSERT	ㄹ. UPDATE

① ㄱ, ㄴ　　② ㄴ, ㄷ

③ ㄴ, ㄹ　　④ ㄷ, ㄹ

010 □□□

2018년 지방직(03)

직원 테이블 emp의 모든 레코드를 근무연수 wyear에 대해서는 내림차순으로, 동일 근무연수에 대해서는 나이 age의 오름차순으로 정렬한 결과를 얻기 위한 SQL 질의문은?

① SELECT * FROM emp ORDER BY age, wyear DESC;

② SELECT * FROM emp ORDER BY age ASC, wyear;

③ SELECT * FROM emp ORDER BY wyear DESC, age;

④ SELECT * FROM emp ORDER BY wyear, age ASC;

011 □□□

2018년 국회직(11)

데이터베이스에서 사용하는 뷰(view)에 대한 설명으로 옳은 것을 <보기>에서 모두 고르면?

<보기>

ㄱ. 뷰의 정의는 변경할 수 없다.
ㄴ. 뷰는 삽입, 갱신, 삭제 연산에 제약이 있다.
ㄷ. 뷰 위에 다른 뷰를 정의할 수 없다.
ㄹ. 뷰가 정의된 테이블이 삭제되더라도 뷰는 남는다.
ㅁ. 뷰는 물리적으로 구현되는 테이블이다.

① ㄱ, ㄴ　　② ㄱ, ㅁ

③ ㄴ, ㄷ　　④ ㄷ, ㄹ

⑤ ㄹ, ㅁ

012 □□□

2018년 지방교행(10)

다음은 <질의>를 <SQL 문>으로 표현한 것이다. 빈칸 ㉠에 들어갈 내용으로 옳은 것은?

<질의>

사원 릴레이션에서 사원이 7명 이상인 부서에 대해서 부서명과 평균 급여를 구하시오.
[단, 사원 릴레이션의 스키마는 (사원번호, 사원명, 부서명, 급여)이고, 기본키는 사원번호이다]

<SQL 문>

SELECT 부서명, AVG(급여) FROM 사원 GROUP BY 부서명 ㉠ ;

① HAVING CHECK(*) >= 7

② HAVING COUNT(*) >= 7

③ WHERE CHECK(*) >= 7

④ WHERE COUNT(*) >= 7

013 □□□

2019년 서울시(12)

고객, 제품, 주문, 배송 업체 테이블을 가진 판매 데이터베이스를 SQL을 이용해 구축하고자 한다. 각 테이블이 다음과 같은 속성을 가진다고 가정할 때, 다음 중 가장 옳지 않은 SQL 문은? (단, 밑줄은 기본키를 의미한다)

- 고객(고객아이디, 고객이름, 나이, 등급, 직업, 적립금)
- 제품(제품번호, 제품명, 재고량, 단가, 제조업체)
- 주문(주문번호, 주문제품, 주문고객, 수량, 배송지, 주문일자)
- 배송업체(업체번호, 업체명, 주소, 전화번호)

① 고객 테이블에 가입 날짜를 추가한다.
→ "ALTER TABLE 고객 ADD 가입 날짜 DATE;"

② 주문 테이블에서 배송지를 삭제한다.
→ "ALTER TABLE 주문 DROP COLUMN 배송지;"

③ 고객 테이블에 18세 이상의 고객만 가입 가능하다는 무결성 제약 조건을 추가한다.
→ "ALTER TABLE 고객 ADD CONSTRAINT CHK_AGE CHECK(나이> = 18);"

④ 배송 업체 테이블을 삭제한다.
→ "ALTER TABLE 배송업체 DROP;"

014 □□□

2019년 서울시(14)

다음 중 <보기 1>의 테이블 R에 대해 <보기 2>의 SQL을 수행한 결과로 옳은 것은?

<보기 1>

A	B
3	1
2	4
3	2
2	5
3	3
1	5

<보기 2>

```
SELECT SUM(B) FROM R GROUP BY A
HAVING COUNT(B)=2;
```

① 2　② 5
③ 6　④ 9

015 □□□

2020년 국가직(20)

다음 테이블 인스턴스(Instance)들에 대하여 오류 없이 동작하는 SQL(Structured Query Language) 문장은?

<STUDENT>

칼럼 이름	데이터 타입	키 타입	설명
studno	숫자	기본키	학번
name	문자열		이름
grade	숫자		학년
height	숫자		키
deptno	숫자		학과 번호

<PROFESSOR>

칼럼 이름	데이터 타입	키 타입	설명
profno	숫자	기본키	번호
name	문자열		이름
position	문자열		직급
salary	숫자		급여
deptno	숫자		학과 번호

① SELECT deptno, position, AVG(salary)
FROM PROFESSOR
GROUP BY deptno;

② (SELECT studno, name
FROM STUDENT
WHERE deptno = 101)
UNION
(SELECT profno, name
FROM PROFESSOR
WHERE deptno = 101);

③ SELECT grade, COUNT(*), AVG(height)
FROM STUDENT
WHERE COUNT(*) > 2
GROUP BY grade;

④ SELECT name, grade, height
FROM STUDENT
WHERE height > (SELECT height, grade
FROM STUDENT
WHERE name = '홍길동');

016 □□□

2021년 국가직(08)

제품 테이블에 대하여 SQL 명령을 실행한 결과가 다음과 같을 때, ㉠과 ㉡에 들어갈 내용을 바르게 연결한 것은?

<제품 테이블>

제품ID	제품이름	단가	제조업체
P001	나사못	100	A
P010	망치	1,000	B
P011	드라이버	3,000	B
P020	망치	1,500	C
P021	장갑	800	C
P022	너트	200	C
P030	드라이버	4,000	D
P031	절연테이프	500	D

<SQL 명령>

```
SELECT 제조업체, MAX(단가) AS 최고단가
FROM 제품
GROUP BY ( ㉠ )
HAVING COUNT(*) > ( ㉡ ) ;
```

<실행 결과>

제조업체	최고단가
B	3,000
C	1,500
D	4,000

	㉠	㉡
①	제조업체	1
②	제조업체	2
③	단가	1
④	단가	2

017 □□□

2022년 지방직(12)

다음 SQL(Structured Query Language)문으로 생성한 테이블에 내용을 삽입할 때 올바르게 동작하지 않는 SQL 문장은?

```
CREATE TABLE Book (ISBN CHAR(17) PRIMARY KEY,
TITLE VARCHAR(30) NOT NULL, PRICE INT NOT
NULL, PUBDATE DATE, AUTHOR VARCHAR(30));
```

① INSERT INTO Book (ISBN, TITLE, PRICE, AUTHOR) VALUES ('978-89-8914-892-1', '데이터베이스 개론', 20000, '홍길동');

② INSERT INTO Book VALUES ('978-89-8914-892-2', '데이터베이스 개론', 20000, '2022-06-18', '홍길동');

③ INSERT INTO Book (ISBN, TITLE, PRICE) VALUES ('978-89-8914-892-3', '데이터베이스 개론', 20000);

④ INSERT INTO Book (ISBN, TITLE, AUTHOR) VALUES ('978-89-8914-892-4', '데이터베이스 개론', '홍길동');

018 □□□

2023년 국가직(19)

SQL 뷰에 대한 설명으로 옳은 것은?

① 복잡한 질의를 간단하게 표현할 수 있게 한다.
② 데이터 무결성을 보장하지만 독립성을 제공하지는 않는다.
③ 제거할 때는 DELETE문을 사용한다.
④ 동일한 데이터에 대해 하나의 뷰만 생성 가능하다.

019 □□□

2023년 지방직(17)

데이터베이스 언어에 대한 설명으로 옳지 않은 것은?

① 데이터 제어어(data control language)는 사용자가 데이터에 대한 검색, 삽입, 삭제, 수정 등의 처리를 DBMS에 요구하기 위해 사용되는 언어이다.
② 데이터 제어어는 데이터베이스의 보안, 무결성, 회복(recovery) 등을 지원하기 위해 사용된다.
③ 절차적 데이터 조작어(procedural data manipulation language)는 사용자가 원하는 데이터와 그 데이터로의 접근 방법을 명시해야 하는 언어이다.
④ 데이터 정의어(data definition language)는 데이터베이스 스키마의 생성, 변경, 삭제 등에 사용되는 언어이다.

020 □□□

2024년 지방직(02)

DDL(Data Definition Language) 명령어에 해당하지 않는 것은?

① ALTER
② DROP
③ SELECT
④ CREATE

CHAPTER 08

설계

정답 및 해설 p.96

001 □□□ 2014년 서울시(07)

데이터베이스 설계 단계에서 목표 DBMS에 맞는 스키마 설계와 트랜잭션 인터페이스 설계에 대한 것은 어떤 단계에서 이루어지는가?

① 요구 조건 분석 단계
② 개념적 설계 단계
③ 논리적 설계 단계
④ 물리적 설계 단계
⑤ 구현 단계

002 □□□ 2015년 국가직(03)

데이터베이스 설계 과정에서 목표 DBMS의 구현 데이터 모델로 표현된 데이터베이스 스키마가 도출되는 단계는?

① 요구사항 분석 단계
② 개념적 설계 단계
③ 논리적 설계 단계
④ 물리적 설계 단계

CHAPTER 09

정규화

정답 및 해설 p.97

001 □□□

2014년 국회직(01)

관계형 데이터베이스에서 불필요한 정보 중복으로 인한 문제점이 없도록 릴레이션(relation)을 작게 분해하는 과정을 의미하는 것은?

① 조인(join)
② 인덱싱
③ 정규화(normalization)
④ 증분 백업(incremental backup)
⑤ 스키마 변환

002 □□□

2015년 서울시(03)

스키마 R(A, B, C, D)와 함수적 종속{A → B, A → C}을 가질 때 다음 중 BCNF 정규형은?

① S(A, B, C, D)
② S(A, B)와 T(A, C, D)
③ S(A, C)와 T(A, B, D)
④ S(A, B, C)와 T(A, D)

003 □□□

2016년 지방직(07)

관계형 데이터베이스 설계에서의 정규화에 대한 설명으로 옳지 않은 것은?

① 질의처리 성능 향상을 위해 비효율적인 릴레이션들을 병합하는 과정이다.
② 데이터 중복을 감소시켜 저장 공간의 효율성을 향상시킨다.
③ 삽입, 삭제, 수정 시 발생할 수 있는 이상(anomaly) 현상을 제거한다.
④ 정규형에는 1NF, 2NF, 3NF, BCNF, 4NF, 5NF 등이 있다.

004 □□□

2017년 지방직(19)

다음은 속성(attribute) A, B, C, D와 4개의 투플(tuple)로 구성되고 두 개의 함수 종속 AB → C, A → D를 만족하는 릴레이션을 나타낸다. ㉠과 ㉡에 들어갈 수 있는 속성값이 옳게 짝지어진 것은? [단, A 속성의 도메인은 {a1, a2, a3, a4}이고, D 속성의 도메인은 {d1, d2, d3, d4, d5}이다]

A	B	C	D
a1	b1	c1	d1
a1	b2	c2	㉠
㉡	b1	c1	d3
a4	b1	c4	d4

	㉠	㉡
①	d1	a1
②	d1	a2 또는 a3
③	d5	a2 또는 a4
④	d4	a4

005 □□□

2018년 국회직(05)

다음 중 관계형 데이터베이스(relational database)에 대한 설명으로 옳은 것을 <보기>에서 모두 고르면?

<보기>

ㄱ. 스키마 변환 시 정보의 무손실, 자료 중복의 감소, 관련된 구조 간의 통합의 원칙을 준수하여야 한다.
ㄴ. 관계대수(relational algebra)의 연산에서 피연산자는 모두 릴레이션이지만 연산결과는 릴레이션이 아니다.
ㄷ. 릴레이션에 연산을 수행 시 삽입이상(insertion anomaly), 삭제이상(deletion anomaly), 갱신이상(update anomaly)이 발생할 수 있다.
ㄹ. 튜플을 구성하는 속성 사이에 존재하는 종속관계를 고려하지 않고 하나의 릴레이션으로 표현하여 이상(anomaly)을 해결할 수 있다.
ㅁ. 릴레이션이 여러 속성을 표현할 때 이를 작게 분해(decomposition)하는 과정을 정규화(normalization)라고 한다.
ㅂ. 릴레이션들은 관계대수(relational algebra)로 조작이 가능하다.

① ㄱ, ㄴ, ㄷ
② ㄴ, ㄷ, ㄹ
③ ㄴ, ㄹ, ㅁ
④ ㄷ, ㄹ, ㅂ
⑤ ㄷ, ㅁ, ㅂ

006 □□□

2018년 지방교행(13)

릴레이션 스키마 R(A, B, C, D, E, F)에서 함수적 종속이 다음과 같을 때, 제3정규형을 만족하도록 R을 분해한 것으로 옳은 것은? [단, R의 기본키는 (A, B)이다]

{ (A, B) → C, B → D, A → E, E → F }

① R1(A, B, C, D)
R2(A, E)
R3(E, F)
② R1(A, B, C)
R2(B, D)
R3(A, E, F)
③ R1(A, B, C)
R2(B, D) R3(A, E) R4(E, F)
④ R1(A, C)
R2(B, C)
R3(B, D)
R4(A, E, F)

007 □□□

2019년 국가직(06)

보이스 코드 정규형(BCNF; Boyce-Codd Normal Form)을 만족하기 위한 조건에 해당하지 않는 것은?

① 기본 키가 아닌 속성이 기본 키에 완전 함수 종속적이어야 한다.
② 이행적 함수 종속성이 없어야 한다.
③ 모든 속성 값이 원자 값(atomic value)을 가져야 한다.
④ 조인(join) 종속성이 없어야 한다.

008 □□□

2019년 지방직(08)

릴레이션 R = { A, B, C, D, E }이 함수적 종속성들의 집합 FD = { A → C, { A, B } → D, D → E, { A, B } → E }를 만족할 때, R이 속할 수 있는 가장 높은 차수의 정규형으로 옳은 것은? [단, 기본키는 복합 속성 { A, B }이고, 릴레이션 R의 속성 값은 더 이상 분해될 수 없는 원자값으로만 구성된다]

① 제1정규형
② 제2정규형
③ 제3정규형
④ 보이스/코드정규형

009 □□□

2025년 국가직(06)

데이터베이스 정규화에 대한 설명으로 옳지 않은 것은?

① 정규화 과정에서 고려해야 하는 속성 간의 관련성을 함수적 종속성이라고 한다.
② 정규화는 이상 현상이 발생하는 릴레이션을 분해하여 이상 현상을 없애는 과정이다.
③ 릴레이션의 함수 종속 관계에서 모든 결정자가 슈퍼키면 보이스/코드 정규형(BCNF)에 속한다.
④ 릴레이션에 속한 모든 속성의 도메인이 원자 값(atomic value)만으로 구성되어 있으면 제1정규형에 속한다.

CHAPTER 10

트랜잭션(Transaction)

정답 및 해설 p.98

001 □□□

2014년 국가직(01)

데이터베이스에서 트랜잭션(transaction)이 가져야 할 ACID 특성으로 옳지 않은 것은?

① 원자성(atomicity) ② 고립성(isolation)
③ 지속성(durability) ④ 병행성(concurrency)

002 □□□

2017년 국가직(03)

트랜잭션이 정상적으로 완료(commit)되거나, 중단(abort) 되었을 때 롤백(rollback)되어야 하는 트랜잭션의 성질은?

① 원자성(atomicity) ② 일관성(consistency)
③ 격리성(isolation) ④ 영속성(durability)

003 □□□

2018년 국회직(01)

데이터베이스에서 트랜잭션에 대한 설명 중 다음의 특성이 의미하는 것으로 옳은 것은?

각 트랜잭션은 다른 트랜잭션과 독립적으로 수행되는 것처럼 보여야 하며, 다른 트랜잭션에 영향을 미치지 않는다.

① 고립성(Isolation) ② 일관성(Consistency)
③ 원자성(Atomicity) ④ 지속성(Durability)
⑤ 투명성(Transparency)

004 □□□

2019년 국회직(12)

다음 <보기> 중 트랜잭션의 ACID 특성에 해당되는 것을 나열한 것으로 옳은 것은?

<보기>

ㄱ. 하나의 트랜잭션은 부분적으로 반영될 수 있다.
ㄴ. 완료된 트랜잭션의 결과는 시스템의 장애 등이 발생해도 손실되지 않는다.
ㄷ. 트랜잭션 실행이 완료되면 언제나 일관성 있는 데이터베이스 상태로 유지되어야 한다.
ㄹ. 트랜잭션이 갱신 중인 데이터에 다른 트랜잭션이 접근할 수 있다.

① ㄱ, ㄴ ② ㄱ, ㄷ
③ ㄴ, ㄷ ④ ㄴ, ㄹ
⑤ ㄷ, ㄹ

005 □□□

2022년 지방직(09)

다음은 A 계좌에서 B 계좌로 3,500원을 이체하는 계좌 이체 트랜잭션 T_1과, C 계좌에서 D 계좌로 5,200원을 이체하는 계좌 이체 트랜잭션 T_2가 순차적으로 수행되면서 기록된 로그파일 내용이다. (가)의 시점에서 장애가 발생했을 경우 지연 갱신 회복 기법을 적용했을 때 트랜잭션에 대한 회복조치로 옳은 것은?

1: <T_1, start>
2: <T_1, A, 7800>
3: <T_1, B, 3500>
4: <T_1, commit>
5: <T_2, start>
6: <T_2, C, 9820>
____________ (가) ____________
7: <T_2, D, 5200>
8: <T_2, commit>

① T_1, T_2 트랜잭션 모두 별다른 조치를 수행하지 않는다.
② T_1 트랜잭션의 로그 내용을 무시하고 버린다.
③ T_1 트랜잭션에는 별다른 회복조치를 하지 않지만, T_2 트랜잭션에는 redo(T_2) 연산을 실행한다.
④ T_2 트랜잭션에는 별다른 회복조치를 하지 않지만, T_1 트랜잭션에는 redo(T_1) 연산을 실행한다.

006 □□□

2025년 지방직(01)

데이터베이스에서 트랜잭션(transaction)의 성질이 아닌 것은?

① 원자성(atomicity)
② 일관성(consistency)
③ 독립성(isolation)
④ 의존성(dependency)

CHAPTER 11

병행 제어

정답 및 해설 p.99

001 □□□

2018년 국가직(17)

데이터베이스의 동시성 제어에 대한 설명으로 옳지 않은 것은? (단, T1, T2, T3는 트랜잭션이고, A는 데이터 항목이다)

① 다중버전 동시성 제어 기법은 한 데이터 항목이 변경될 때 그 항목의 이전 값을 보존한다.

② T1이 A에 배타 로크를 요청할 때, 현재 T2가 A에 대한 공유 로크를 보유하고 있고 T3가 A에 공유 로크를 동시에 요청한다면, 트랜잭션 기아 회피 기법이 없는 경우 A에 대한 로크를 T3가 T1보다 먼저 보유한다.

③ 로크 전환이 가능한 상태에서 T1이 A에 대한 배타 로크를 요청할 때, 현재 T1이 A에 대한 공유 로크를 보유하고 있는 유일한 트랜잭션인 경우 T1은 A에 대한 로크를 배타 로크로 상승할 수 있다.

④ 2단계 로킹 프로토콜에서 각 트랜잭션이 정상적으로 커밋될 때까지 자신이 가진 모든 배타적 로크들을 해제하지 않는다면 모든 교착 상태를 방지할 수 있다.

002 □□□

2024년 국가직(19)

DBMS에서의 병행 수행 및 병행 제어에 대한 설명으로 옳은 것은?

① 2단계 로킹 규약을 적용하면 트랜잭션 스케줄의 직렬 가능성을 보장할 수 있으나 교착상태가 발생할 수도 있다.

② 트랜잭션이 데이터에 공용 lock 연산을 수행하면 해당 데이터에 read, write 연산을 모두 수행할 수 있다.

③ 연쇄 복귀는 하나의 트랜잭션이 여러 개의 데이터 변경 연산을 수행할 때 일관성 없는 상태의 데이터베이스에서 데이터를 가져와 연산을 수행함으로써 모순된 결과가 발생하는 것이다.

④ 갱신 분실은 트랜잭션이 완료되기 전에 장애가 발생하여 rollback 연산을 수행하면, 이 트랜잭션이 장애 발생 전에 변경한 데이터를 가져가 변경 연산을 수행한 또 다른 트랜잭션에도 rollback 연산을 수행하여야 한다는 것이다.

CHAPTER

12

상용 데이터베이스/모바일 데이터베이스

정답 및 해설 p.99

001 □□□ 2016년 국회직(14)

모바일 데이터베이스의 특징 또는 종류에 해당하지 않는 것은?

① 클라이언트 측 데이터베이스의 복제 및 비동기화 기능
② 저성능 CPU와 제한된 주기억장치를 가진 모바일 기기에 탑재 가능
③ 내장형 데이터베이스
④ SQLite
⑤ DB2 Everyplace

002 □□□ 2017년 국회직(15)

현재 모바일 기기에 탑재되는 임베디드 데이터베이스 엔진의 대표적인 예로서, 서버가 따로 필요하지 않아 널리 활용되는 것으로 옳은 것은?

① SQLite
② MySQL
③ mSQL
④ Oracle
⑤ SQL Server

CHAPTER 13

그 외

정답 및 해설 p.99

001 □□□

2018년 서울시(09)

질의 최적화를 위한 질의문의 내부 형태 변화에 대한 규칙으로 가장 옳지 않은 것은?

① 실렉트(select) 연산은 교환적이다.
→ ó$_{c1}$(ó$_{c2}$(R)) ≡ ó$_{c2}$(ó$_{c1}$(R))

② 연속적인 프로젝트(project) 연산은 첫 번째 것을 실행하면 된다.
→ $\Pi_1(\Pi_2(\ldots(\Pi_n(R))\ldots)) \equiv \Pi_n(R)$

③ 합집합(∪)과 관련된 프로젝트(project) 연산은 다음과 같이 변환된다.
→ $\Pi(R \cup S) \equiv \Pi(R) \cup \Pi(S)$

④ 실렉트의 조건 c가 프로젝트 속성만 포함하고 있다면 교환적이다.
→ ó$_{c}$(Π(R)) ≡ Π(ó$_{c}$(R))

002 □□□

2018년 국회직(14)

다음은 마트에서 판매 기록을 저장한 트랜잭션(transaction) 데이터이다. 규칙 "기저귀" → "맥주"의 신뢰도(confidence) 값으로 옳은 것은?

식별자	품목
1	맥주, 땅콩, 기저귀
2	맥주, 커피, 기저귀
3	맥주, 기저귀, 계란
4	땅콩, 계란, 우유
5	땅콩, 커피, 기저귀, 우유

① 0.33
② 0.5
③ 0.75
④ 0.8
⑤ 1.00

PART 8

소프트웨어공학

CHAPTER 01

개요

정답 및 해설 p.101

001 □□□

2014년 서울시(13)

다음 중 객체 지향 소프트웨어 개발 모형의 개발 단계로 옳은 것은?

㉠ 설계	㉡ 구현
㉢ 계획	㉣ 분석
㉤ 테스트 및 검증	

① ㉢ → ㉠ → ㉣ → ㉡ → ㉤
② ㉢ → ㉡ → ㉣ → ㉠ → ㉤
③ ㉢ → ㉣ → ㉠ → ㉡ → ㉤
④ ㉢ → ㉡ → ㉠ → ㉣ → ㉤
⑤ ㉢ → ㉠ → ㉤ → ㉡ → ㉣

002 □□□

2017년 서울시(16)

소프트웨어 개발 생명 주기(Software Development Life Cycle)의 순서로 옳은 것은?

① 계획 → 분석 → 설계 → 구현 → 테스트 → 유지보수
② 분석 → 계획 → 설계 → 구현 → 테스트 → 유지보수
③ 분석 → 계획 → 설계 → 테스트 → 구현 → 유지보수
④ 계획 → 설계 → 분석 → 구현 → 테스트 → 유지보수

003 □□□

2021년 국회직(16)

소프트웨어 공학의 개발 과정에 대한 설명으로 옳지 않은 것은?

① 계획: 목표를 세우고 달성하기 위하여 체계적인 진행 상황 관리를 할 수 있도록 행동 방안을 마련한다.
② 요구사항 문서화: 사용자의 요구사항을 명세서로 작성하는 과정으로 프로젝트에 관계된 모든 사람이 이해하기 쉽게 작성해야 한다.
③ 설계: 요구사항을 반영하여 설계서를 작성하는 과정으로 변화에 쉽게 적응할 수 있고 유지보수가 용이하도록 작성해야 한다.
④ 구현: 프로그램을 제작 및 구현하는 단계로 보통 본 과정에서 완벽히 제작하여 시험 단계를 생략한다.
⑤ 시험과 유지 및 보수: 프로그램 구현 이후 품질 보증을 위하여 제품의 오류를 발견하고 수정, 배포 이후에는 사용 시에 생기는 문제에 관하여 관리하여야 한다.

CHAPTER 02 프로세스와 방법론

정답 및 해설 p.101

001 □□□ 2015년 국가직(07)

소프트웨어 개발 프로세스 모델 중 하나인 나선형 모델(spiral model)에 대한 설명으로 옳지 않은 것은?

① 폭포수(waterfall) 모델과 원형(prototype) 모델의 장점을 결합한 모델이다.
② 점증적으로 개발을 진행하여 소프트웨어 품질을 지속적으로 개선할 수 있다.
③ 위험을 분석하고 최소화하기 위한 단계가 포함되어 있다.
④ 관리가 복잡하여 대규모 시스템의 소프트웨어 개발에는 적합하지 않다.

002 □□□ 2015년 지방직(01)

UP(Unified Process)의 네 단계 중 아키텍처 결정을 위한 설계 작업과 분석 작업의 비중이 크고, 시스템 구성에 관련된 위험 요소를 식별하고 이를 완화하는 데 중점을 두는 단계는?

① 도입(inception) ② 상세(elaboration)
③ 구축(construction) ④ 이행(transition)

003 □□□ 2015년 서울시(13)

소프트웨어 프로토타이핑(prototyping)에 대한 설명으로 옳지 않은 것은?

① 개발자가 구축할 소프트웨어의 모델을 사전에 만드는 공정으로서 요구사항을 효과적으로 유도, 수집한다.
② 프로토타이핑에 의해 만들어진 프로토타입은 폐기될 수 있고, 재사용될 수도 있다.
③ 프로토타입은 기능적으로 제품의 하위 기능을 담당하는 작동 가능한 모형이다.
④ 적용사례가 많고, 가장 오래됐으며 널리 사용되는 방법으로 결과물이 명확하므로 가시성이 매우 좋다.

004 □□□ 2015년 국회직(19)

익스트림 프로그래밍(XP; eXtreme Programming) 방법에서 채택한 것으로 일련의 차례와 계획을 기반으로 하여 개발을 진행시키지 않고, 일정한 주기를 가지고 끊임없이 프로토타입을 만들어내며 그때그때 필요한 요구를 더하고 수정하여 하나의 커다란 소프트웨어를 만들어내는 소프트웨어 개발 방법론은?

① Waterfall development
② Spiral development
③ Agile development
④ Rapid application development
⑤ Plan-driven development

005 □□□

2016년 국회직(20)

소프트웨어 개발 생명 주기의 대표적인 모델에 대한 설명으로 옳지 않은 것은?

① 프로토타입 모델, 폭포수 모델, 익스트림 프로그래밍 모델, 나선형 모델 등이 있다.
② 가장 전통적인 방법은 폭포수 모델이다.
③ 프로토타입 모델은 사용자의 의견을 중요하게 여긴다.
④ 최근에 등장한 소규모 소프트웨어 개발에 유리한 것은 익스트림 프로그래밍 모델이다.
⑤ 시간과 비용이 적게 들며, 위험 요인을 사전에 분석하여 제거하거나 낮출 수 있는 것은 나선형 모델이다.

006 □□□

2017년 국가직(15)

다음에서 설명하는 소프트웨어 개발 방법론은 무엇인가?

- 애자일 방법론의 하나로 소프트웨어 개발 프로세스가 문서화하는 데 지나치게 많은 시간과 노력이 소모되는 단점을 보완하기 위해 개발되었다.
- 의사소통, 단순함, 피드백, 용기, 존중의 5가지 가치에 기초하여 '고객에게 최고의 가치를 가장 빨리' 전달하도록 하는 방법론으로 켄트벡이 고안하였다.

① 통합 프로세스(UP)
② 익스트림 프로그래밍
③ 스크럼
④ 나선형 모델

007 □□□

2017년 지방직(04)

다음은 폭포수 모델에서 제시하는 소프트웨어 개발 단계들 중 일부에 대한 설명이다. 제시된 소프트웨어 개발 단계를 순서대로 바르게 나열한 것은?

ㄱ. 시스템 구조, 프로그램, 인터페이스를 설계한다.
ㄴ. 소프트웨어를 이용하면서 문제점을 수정하거나 새로운 기능을 추가한다.
ㄷ. 요구대로 소프트웨어가 적합하게 작동하는지 확인한다.
ㄹ. 사용자의 요구사항을 파악한다.

① ㄱ → ㄴ → ㄷ → ㄹ
② ㄱ → ㄹ → ㄴ → ㄷ
③ ㄹ → ㄱ → ㄷ → ㄴ
④ ㄹ → ㄷ → ㄴ → ㄱ

008 □□□

2017년 지방교행(12)

다음 중 나선형 소프트웨어 개발 프로세스 모델에 대한 설명으로 옳은 것만을 <보기>에서 있는 대로 고른 것은?

<보기>

ㄱ. 소프트웨어 개발 프로세스를 위험 관리 측면에서 바라본 모델이다.
ㄴ. 비선형적이며 반복적으로 개발이 진행되므로 소프트웨어 품질의 강인성을 높일 수 있다.
ㄷ. 계획 수립, 개발, 평가의 3단계로 이루어진다.

① ㄱ, ㄴ
② ㄱ, ㄷ
③ ㄴ, ㄷ
④ ㄱ, ㄴ, ㄷ

009 ☐☐☐ 2017년 국가직(추가)(11)

폭포수(waterfall) 모델의 변형으로 산출물보다는 각 개발 단계의 테스트에 중점을 두며, 테스트 활동이 분석 및 설계와 어떻게 관련되어 있는지 보여주는 소프트웨어 개발 모델은 무엇인가?

① 나선형(spiral) 모델
② 단계적 개발(phased development) 모델
③ 원형(prototyping) 모델
④ V 모델

010 ☐☐☐ 2018년 지방직(07)

소프트웨어 개발을 위한 애자일 기법에 대한 설명으로 옳은 것은?

① 소프트웨어를 점증적으로 개발한다.
② 작동하는 소프트웨어보다 포괄적인 문서에 더 가치를 둔다.
③ 계획에 따라 단계적으로 개발하므로 변화에 대응하기 어렵다.
④ 고객과의 협업보다 계약 협상을 더 중요시한다.

011 ☐☐☐ 2018년 서울시(02)

소프트웨어 개발 프로세스 모델에 대한 설명으로 가장 옳지 않은 것은?

① 폭포수(Waterfall) 모델은 단계별 정형화된 접근 방법 및 체계적인 문서화가 용이하다.
② RAD(Rapid Application Development) 모델은 CASE (Computer Aided Software Engineering) 도구를 활용하여 빠른 개발을 지향한다.
③ 나선형(Spiral) 모델은 폭포수(Waterfall) 모델과 원형(Prototype) 모델의 장점을 결합한 모델이다.
④ 원형(Prototype) 모델은 고객의 요구를 완전히 이해하여 개발을 진행하는 것으로 시스템 이해도가 높은 관리자가 있는 경우 유용하다.

012 ☐☐☐ 2019년 국회직(20)

소프트웨어 개발 생명주기 모형 중 나선형 모형에 대한 설명으로 옳지 않은 것은?

① Boehm이 제안한 것으로, 폭포수 모형과 프로토타입 모형의 장점에 위험 분석 기능이 추가된 모형이다.
② 나선을 따라 돌듯이 여러 번의 소프트웨어 개발 과정을 거쳐 점진적으로 최종 소프트웨어를 개발하는 것이다.
③ 프로토타입을 점진적으로 발전시켜, 누락되거나 추가된 요구사항을 반영할 수 있다.
④ 가장 현실적이며, 소규모 시스템에 적합하다.
⑤ 발생할 수 있는 위험을 관리하고 최소화하는 것이 목적이며, 위험성 평가에 크게 의존한다.

013 □□□

2020년 국가직(04)

소프트웨어 개발 프로세스 중 원형(Prototyping) 모델의 단계별 진행 과정을 올바르게 나열한 것은?

① 요구 사항 분석 → 시제품 설계 → 고객의 시제품 평가 → 시제품 개발 → 시제품 정제 → 완제품 생산
② 요구 사항 분석 → 시제품 설계 → 시제품 개발 → 고객의 시제품 평가 → 시제품 정제 → 완제품 생산
③ 요구 사항 분석 → 고객의 시제품 평가 → 시제품 개발 → 시제품 설계 → 시제품 정제 → 완제품 생산
④ 요구 사항 분석 → 시제품 개발 → 시제품 설계 → 고객의 시제품 평가 → 시제품 정제 → 완제품 생산

014 □□□

2020년 지방직(17)

소프트웨어 시스템은 기능 관점, 동적 관점 및 정보 관점으로 분류할 수 있다. 동적 관점에서 시스템을 기술할 때 사용할 수 있는 도구로 옳지 않은 것은?

① 사건 추적도(Event Trace Diagram)
② 자료 흐름도(Data Flow Diagram)
③ 상태 변화도(State Transition Diagram)
④ 페트리넷(Petri Net)

015 □□□

2022년 국회직(19)

소프트웨어 생명주기 모형에 대한 설명으로 옳지 않은 것은?

① 나선형 모형: 보헴(Boehm)이 제안한 것으로, 폭포수 모형과 프로토타입 모형의 장점에 위험분석 기능이 추가된 모델이다.
② V-모형: 개발 작업과 검증 작업 사이의 관계를 명백히 드러내 놓은 폭포수 모델의 변형으로 각 개발 단계의 테스트에 중점을 둔다.
③ 애자일 기법: 개발팀이 설계와 문서화보다는 소프트웨어 자체에 초점을 맞추도록 한다.
④ 익스트림 프로그래밍: 시험 개발과 검증에 사용자 참여를 유도하여 고객의 요구사항에 유연하게 대응하도록 한다.
⑤ UP 모형: 반복적이고 점진적인 소프트웨어 개발을 지원하며, 프로그램의 모든 요구사항을 초기에 완전히 파악하도록 요구한다.

016 □□□

2023년 국가직(15)

구조적 개발 방법론에서 사용자 요구사항을 분석한 후 결과를 표현할 때 사용되는 도구에 대한 설명으로 옳은 것은?

① 자료흐름도에서 자료저장소는 원으로 표현한다.
② 자료사전은 계획(ISP), 분석(BAA), 설계(BSD), 구축(SC)의 절차로 작성한다.
③ 자료사전에서 사용하는 기호 중 ( )는 선택에 사용되는 기호이다.
④ 소단위 명세서를 작성하는 도구에는 구조적 언어, 의사결정표 등이 있다.

017 □□□

2025년 지방직(18)

애자일(agile) 방법론에 대한 설명으로 옳지 않은 것은?

① 고객의 요구 사항 변화를 허용하는 개발 방식이다.
② 익스트림 프로그래밍(XP)은 애자일 기법 중 하나이다.
③ 구현 단계에서는 고객의 추가 요구 사항을 반영하지 않는다.
④ 포괄적인 문서보다는 작동하는 프로그램에 더 가치를 둔다.

CHAPTER
03 비용 산정

정답 및 해설 p.104

001 □□□ 2016년 국회직(06)

개발할 프로그램의 LOC(Line of Code)가 50,000이고 개발에 참여할 프로그래머가 5명, 각 프로그래머들의 평균 생산성이 1,000LOC/MM(Man Month)일 때 개발에 소요되는 기간은 얼마인가?

① 10개월
② 15개월
③ 20개월
④ 30개월
⑤ 40개월

002 □□□ 2019년 국가직(19)

소프트웨어 규모를 예측하기 위한 기능 점수(function point)를 산정할 때 고려하지 않는 것은?

① 원시 코드 라인수(Line Of Code)
② 외부조회(External inQuiry)
③ 외부입력(External Input)
④ 내부논리파일(Internal Logical File)

CHAPTER 04 CPM

CHAPTER 05 Use case diagram

정답 및 해설 p.104

001 □□□ 2016년 서울시(15)

다음 중 Use case diagram에서 사용하는 기본 요소가 아닌 것은?

① 

② 

③ 

④ 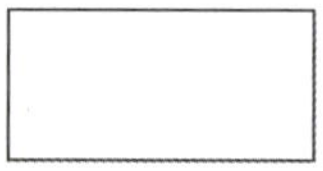

002 □□□ 2017년 국가직(08)

'인터넷 서점'에 대한 유스케이스 다이어그램에서 '회원 등록' 유스케이스를 수행하기 위해서는 '실명 확인' 유스케이스가 반드시 선행되어야 한다면 이들의 관계는?

① 일반화(generalization) 관계
② 확장(extend) 관계
③ 포함(include) 관계
④ 연관(association) 관계

CHAPTER 06

설계 원칙

정답 및 해설 p.104

001 □□□ 2015년 서울시(18)

소프트웨어 설계의 원칙으로 옳지 않은 것은?

① 상세설계로 갈수록 추상화 수준은 증가한다.
② 계층적 조직이 제시되며, 모듈적이어야 한다.
③ 설계는 분석 모델까지 추적이 가능하도록 한다.
④ 요구사항 분석에서 얻은 정보를 이용하여 반복적 방법을 통해 이루어져야 한다.

002 □□□ 2021년 국가직(01)

컴퓨팅 사고(Computational Thinking)에서 주어진 문제의 중요한 특징만으로 문제를 간결하게 재정의함으로써 문제 해결을 쉽게 하는 과정은 무엇인가?

① 분해 ② 알고리즘
③ 추상화 ④ 패턴 인식

CHAPTER 07

디자인 패턴(Design Pattern)

정답 및 해설 p.105

001 □□□

2015년 지방직(06)

디자인 패턴에 대한 설명으로 옳지 않은 것은?

① 일반적으로 디자인 패턴을 이용하면 좋은 설계나 아키텍처를 재사용하기 쉬워진다.

② 패턴은 사용 목적에 따라서 생성 패턴, 구조 패턴, 행위 패턴으로 분류할 수 있다.

③ 생성 패턴은 빌더(builder), 추상 팩토리(abstract factory) 등을 포함한다.

④ 행위 패턴은 가교(bridge), 적응자(adapter), 복합체(composite) 등을 포함한다.

002 □□□

2018년 국가직(10)

개발자가 사용해야 하는 서브 시스템의 가장 앞쪽에 위치하면서 서브 시스템에 있는 객체들을 사용할 수 있도록 인터페이스 역할을 하는 디자인 패턴은 무엇인가?

① Facade 패턴
② Strategy 패턴
③ Adapter 패턴
④ Singleton 패턴

CHAPTER 08

모듈 설계 - 응집도 & 결합도

정답 및 해설 p.105

001 □□□ 2018년 국가직(11)

소프트웨어 모듈 평가 기준으로 판단할 때, 다음 4명 중 가장 좋게 설계한 사람과 가장 좋지 않게 설계한 사람을 순서대로 바르게 나열한 것은?

- 철수: 절차적 응집도 + 공통 결합도
- 영희: 우연적 응집도 + 내용 결합도
- 동수: 기능적 응집도 + 자료 결합도
- 민희: 논리적 응집도 + 스탬프 결합도

① 철수, 영희　② 철수, 민희
③ 동수, 영희　④ 동수, 민희

002 □□□ 2018년 지방교행(14)

다음 중 모듈의 응집도에 대한 설명으로 <보기>에서 옳은 것만을 모두 고른 것은?

<보기>

ㄱ. 모듈 내 한 구성 요소의 출력이 다른 구성 요소의 입력이 되는 경우는 순차적 응집도(sequential cohesion)에 해당한다.
ㄴ. 모듈 내 구성 요소들이 서로 다른 기능을 같은 시간대에 함께 실행하는 경우는 우연적 응집도(coincidental cohesion)에 해당한다.
ㄷ. 모듈이 여러 가지 기능을 수행하며 모듈 내 구성 요소들이 같은 입력 자료를 이용하거나 동일 출력 데이터를 만들어 내는 경우는 통신적 응집도(communicational cohesion)에 해당한다.

① ㄱ　② ㄴ
③ ㄱ, ㄷ　④ ㄴ, ㄷ

003 □□□ 2024년 국가직(15)

다음 설명에 해당하는 모듈의 결합도는?

한 모듈이 다른 모듈의 내부 기능 및 자료를 직접 참조하거나 사용하는 경우로, 한 모듈에서 다른 모듈의 내부로 제어가 이동하는 경우도 이에 해당한다.

① 공통 결합도(common coupling)
② 내용 결합도(content coupling)
③ 외부 결합도(external coupling)
④ 자료 결합도(data coupling)

CHAPTER 09

모델링 – 객체지향과 UML

정답 및 해설 p.106

001 □□□ 2014년 국가직(15)

객체 지향 언어에서 클래스 A와 클래스 B는 상속관계에 있다. A는 부모 클래스, B는 자식 클래스라고 할 때 클래스 A에서 정의된 메서드(method)와 원형이 동일한 메서드를 클래스 B에서 기능을 추가하거나 변경하여 다시 정의하는 것을 무엇이라고 하는가?

① 추상 클래스(abstract class)
② 인터페이스(interface)
③ 오버로딩(overloading)
④ 오버라이딩(overriding)

002 □□□ 2015년 국가직(04)

객체지향 프로그래밍의 특징 중 상속 관계에서 상위 클래스에 정의된 메소드(method) 호출에 대해 각 하위 클래스가 가지고 있는 고유한 방법으로 응답할 수 있도록 유연성을 제공하는 것은?

① 재사용성(reusability)
② 추상화(abstraction)
③ 다형성(polymorphism)
④ 캡슐화(encapsulation)

003 □□□ 2017년 지방직(11)

객체 지향 프로그래밍에 대한 설명으로 옳지 않은 것은?

① 다형성(polymorphism)을 이용할 수 있다.
② 추상 클래스(abstract class)로부터 객체를 직접 생성할 수 없다.
③ 객체 간에는 메시지(message)를 통해 명령을 전달한다.
④ 상속(inheritance)이란 기존의 여러 클래스들을 조합하여 새로운 클래스를 만드는 기법이다.

004 □□□ 2017년 서울시(13)

정보은닉(information hiding)에 대한 설명으로 옳지 않은 것은?

① 필요하지 않은 정보는 접근을 제한하는 것이다.
② 모듈 사이의 독립성을 유지시킨다.
③ 설계전략을 지역화하여 전략의 변경에 따른 영향을 최소화 한다.
④ 모듈 사이의 결합도를 높여 신뢰성을 향상시킨다.

005 □□□

2017년 국회직(09)

객체지향 언어에 대한 설명으로 옳지 않은 것은?

① 객체는 재사용이 가능하나 클래스는 불가능하다.
② 객체는 하나의 클래스 타입으로 선언된다.
③ 오버라이딩(overriding), 오버로딩(overloading) 모두 다형성을 지원한다.
④ 추상 메소드는 선언만 하고 그 내용은 기술하지 않은 메소드이다.
⑤ Smalltalk, Simula, Java 언어는 객체지향 개념을 잘 표현하고 있다.

006 □□□

2019년 지방직(04)

다음에서 설명하는 객체지향 프로그래밍의 특징은 무엇인가?

> • 객체를 구성하는 속성과 메서드가 하나로 묶여 있다.
> • 객체의 외부와 내부를 분리하여 외부 모습은 추상적인 내용으로 보여준다.
> • 객체 내의 정보를 외부로부터 숨길 수도 있고, 외부에 보이게 할 수도 있다.
> • 객체 내부의 세부 동작을 모르더라도 객체의 메서드를 통해 객체의 기능을 활용할 수 있다.

① 구조성　② 다형성
③ 상속성　④ 캡슐화

007 □□□

2019년 서울시(13)

다음 UML 다이어그램 중 시스템의 구조(structure)보다는 주로 동작(behavior)을 묘사하는 다이어그램들만 고른 것은?

> ㄱ. 클래스 다이어그램(class diagram)
> ㄴ. 상태 다이어그램(state diagram)
> ㄷ. 시퀀스 다이어그램(sequence diagram)
> ㄹ. 패키지 다이어그램(package diagram)
> ㅁ. 배치 다이어그램(deployment diagram)

① ㄱ, ㄹ　② ㄴ, ㄷ
③ ㄴ, ㅁ　④ ㄷ, ㄹ

008 □□□

2019년 서울시(19)

UML(Unified Modeling Language)에 대한 설명으로 가장 옳지 않은 것은?

① UML은 방법론으로, 단계별로 어떻게 작업해야 하는지 자세하게 나타낸다.
② UML은 소프트웨어의 구성요소와 그것들의 관계 및 상호작용을 시각화한 것이다.
③ UML은 객체지향 소프트웨어를 모델링하는 표준 그래픽 언어로, 심벌과 그림을 사용해 객체지향 개념을 나타낼 수 있다.
④ UML은 소프트웨어 개발의 중요한 작업인 분석, 설계, 구현의 정확하고 완벽한 모델을 제공한다.

009 □□□

2019년 국회직(16)

다음 (　　) 안에 공통적으로 들어갈 단어로 옳은 것은?

> 연산이나 부프로그램이 특정 하나의 자료형에 대해 정의된 것이 아니고, 여러 자료형을 처리할 수 있도록 만들어진 경우의 특성을 (　　)(이)라고 한다. 이때 특수 범주형 (　　)와/과 매개변수화 (　　)(으)로 나눌 수 있다.

① 추상화　② 다형성
③ 캡슐화　④ 상속성
⑤ 정보 은닉

010 □□□

2020년 국회직(17)

다음 중 객체지향(object-oriented) 언어인 C++에 대한 설명으로 옳지 않은 것만을 <보기>에서 모두 고르면?

> <보기>
> ㄱ. 다중 상속(multiple inheritance)이 불가능하다.
> ㄴ. 함수 오버로딩(overloading)이 가능하나 한 클래스(class) 내에서 동일한 이름을 가진 다수의 함수는 정의될 수 없다.
> ㄷ. 클래스를 통해 데이터 캡슐화(encapsulation)와 추상화(abstraction)를 지원한다.
> ㄹ. 다형성(polymorphism)과 상속(inheritance)을 지원한다.
> ㅁ. 다형성(polymorphism)의 지원을 위해 동적 바인딩(dynamic binding)을 사용한다.

① ㄱ, ㄴ　② ㄱ, ㄴ, ㅁ
③ ㄱ, ㄷ, ㄹ　④ ㄴ, ㄹ, ㅁ
⑤ ㄷ, ㄹ, ㅁ

011 □□□

2021년 지방직(17)

UML(Unified Modeling Language) 버전 2.0에 대한 설명으로 옳지 않은 것은?

① 액터(actor)는 사람이 아닌 경우도 있다.
② 클래스(class) 다이어그램은 시스템의 클래스들과 그들 간의 연관을 보여준다.
③ 유스케이스(usecase) 다이어그램은 사용자와 시스템 간의 상호 작용을 보여준다.
④ 시퀀스(sequence) 다이어그램은 시스템이 내부 또는 외부 이벤트에 대해 어떻게 반응하는지 보여준다.

012 □□□

2022년 국회직(09)

다음 중 ㉠, ㉡에 들어갈 단어를 옳게 연결한 것은?

> • 기존 현실 세계의 객체에서 불필요한 속성을 제거하고, 중요한 정보만 클래스로 표현하는 일종의 모델링 기법으로 객체지향 프로그래밍에서는 클래스를 통해서 ___㉠___ 을/를 지원하고 있다.
> • 객체의 상세한 내용을 객체 외부에 철저히 숨기고 단순히 메시지만으로 객체와의 상호작용을 하게 하는 것을 ___㉡___ (이)라고 말한다.

	㉠	㉡
①	추상화	다형성
②	추상화	캡슐화
③	다형성	캡슐화
④	상속	다형성
⑤	캡슐화	추상화

013 □□□

2023년 지방직(12)

다음에서 설명하는 UML(Unified Modeling Language) 다이어그램(diagram)은 무엇인가?

> 객체들이 어떻게 상호 동작하는지를 메시지 순서에 초점을 맞춰 나타낸 것으로, 어떠한 작업이 객체 간에 발생하는지를 시간 순서에 따라 보여준다.

① 클래스(class) 다이어그램
② 순차(sequence) 다이어그램
③ 배치(deployment) 다이어그램
④ 컴포넌트(component) 다이어그램

014 □□□

2024년 지방직(06)

UML 버전 2.0에서 구조 다이어그램에 해당하는 것만을 모두 고르면?

> ㄱ. 활동 다이어그램
> ㄴ. 클래스 다이어그램
> ㄷ. 컴포넌트 다이어그램
> ㄹ. 시퀀스 다이어그램

① ㄱ, ㄴ　　② ㄱ, ㄹ
③ ㄴ, ㄷ　　④ ㄷ, ㄹ

CHAPTER 10 테스트 케이스(Test Case)

정답 및 해설 p.108

001 □□□

2014년 국가직(14)

프로그램의 내부구조나 알고리즘을 보지 않고, 요구사항 명세서에 기술되어 있는 소프트웨어기능을 토대로 실시하는 테스트는 무엇인가?

① 화이트 박스 테스트
② 블랙 박스 테스트
③ 구조 테스트
④ 경로 테스트

002 □□□

2018년 국가직(14)

결정 명령문 내의 각 조건식이 참, 거짓을 한 번 이상 갖도록 조합하여 테스트 케이스를 설계하는 방법은 무엇인가?

① 문장 검증 기준(Statement Coverage)
② 조건 검증 기준(Condition Coverage)
③ 분기 검증 기준(Branch Coverage)
④ 다중 조건 검증 기준(Multiple Condition Coverage)

003 □□□

2022년 지방직(04)

소프트웨어의 화이트박스 테스트에 대한 설명으로 옳지 않은 것은?

① 글래스 박스(Glass-box) 테스트라고 부른다.
② 소프트웨어의 내부 경로에 대한 지식을 보지 않고 테스트 대상의 기능이나 성능을 테스트하는 기술이다.
③ 문장 커버리지, 분기 커버리지, 조건 커버리지 등의 검증 기준이 있다.
④ 모듈의 논리적인 구조를 체계적으로 점검하기 때문에 구조적 테스트라고도 한다.

004 □□□

2024년 지방직(07)

블랙박스 테스트 기법에 해당하는 것은?

① 조건 커버리지(condition coverage)
② 기본 경로 테스트(basis path test)
③ 문장 커버리지(statement coverage)
④ 동등 분할(equivalence partitioning)

CHAPTER 11 테스트(Test)

정답 및 해설 p.109

001 □□□ 2016년 국가직(06)

소프트웨어 테스트에 대한 설명으로 옳지 않은 것은?

① 단위(unit) 테스트는 개별적인 모듈에 대한 테스트이며, 테스트 드라이버(driver)와 테스트 스텁(stub)을 사용할 수 있다.
② 통합(integration) 테스트는 모듈을 통합하는 방식에 따라 빅뱅(big-bang) 기법, 하향식(top-down) 기법, 상향식(bottom-up) 기법을 사용한다.
③ 시스템(system) 테스트는 모듈들이 통합된 후 넓이 우선 방식 또는 깊이 우선 방식을 사용하여 테스트한다.
④ 인수(acceptance) 테스트는 인수 전에 사용자의 요구 사항이 만족되었는지 테스트한다.

002 □□□ 2021년 국가직(11)

통합 테스팅 방법에 대한 설명으로 옳지 않은 것은?

① 연쇄식(Threads) 통합은 초기에 시스템 골격을 파악하기 어렵다.
② 빅뱅(Big-bang) 통합은 모든 모듈을 동시에 통합하여 테스팅한다.
③ 상향식(Bottom-up) 통합은 가장 하부 모듈부터 통합하여 테스팅한다.
④ 하향식(Top-down) 통합은 프로그램 제어 구조에서 상위 모듈부터 통합하는 것을 말한다.

003 □□□ 2021년 국회직(07)

소프트웨어 테스트 방법 중 한 모듈의 수정이 다른 부분에 영향을 끼칠 수도 있다고 생각하여 수정 전 모듈 뿐 아니라 관련된 모듈까지 문제가 없는지 검사하는 테스트 방법은 무엇인가?

① 회귀 테스트(Regression Test)
② 인수 테스트(Acceptance Test)
③ 통합 테스트(Integration Test)
④ 단위 테스트(Unit Test)
⑤ 시스템 테스트(System Test)

CHAPTER 12 CMMI

정답 및 해설 p.110

001 □□□ 2016년 국가직(04)

CMMI(Capability Maturity Model Integration)의 성숙도 모델에서 표준화된 프로젝트 프로세스가 존재하나 프로젝트 목표 및 활동이 정량적으로 측정되지 못하는 단계는 무엇인가?

① 관리(managed) 단계
② 정의(defined) 단계
③ 초기(initial) 단계
④ 최적화(optimizing) 단계

002 □□□ 2022년 지방직(10)

다음에 해당하는 CMMI(Capability Maturity Model Integration) 모델의 성숙 단계로 옳은 것은? (단, 하위 성숙 단계는 모두 만족한 것으로 가정한다)

• 요구사항 개발	• 조직 차원의 프로세스 정립
• 기술적 솔루션	• 조직 차원의 교육훈련
• 제품 통합	• 통합 프로젝트 관리
• 검증	• 위험관리
• 확인	• 의사 결정 분석 및 해결
• 조직 차원의 프로세스 개선	

① 2단계 ② 3단계
③ 4단계 ④ 5단계

CHAPTER 13

PMBOK

정답 및 해설 p.110

001 □□□ 2017년 지방직(09)

PMBOK(Project Management Body of Knowledge)에서 제시하는 소프트웨어 프로젝트 관리 영역에 대한 설명으로 옳지 않은 것은?

① 프로젝트 일정 관리(time management)는 주어진 기간 내에 프로젝트를 완료하기 위한 활동에 대해 다룬다.

② 프로젝트 비용 관리(cost management)는 승인된 예산 내에서 프로젝트를 완료하기 위한 활동에 대해 다룬다.

③ 프로젝트 품질 관리(quality management)는 품질 요구를 만족하여 수행 목표를 달성하기 위한 활동에 대해 다룬다.

④ 프로젝트 조달 관리(procurement management)는 완성된 소프트웨어를 고객에게 전달하기 위한 활동에 대해 다룬다.

CHAPTER 14

형상관리

정답 및 해설 p.111

001 □□□ 2014년 지방직(07)

소프트웨어 형상 관리(configuration management)에 대한 설명으로 옳지 않은 것은?

① 형상 관리는 소프트웨어에 가해지는 변경을 제어하고 관리하는 활동을 포함한다.

② 기준선(baseline) 변경은 공식적인 절차에 의해서 이루어진다.

③ 개발 과정의 산출물인 원시 코드(source code)는 형상 관리 항목에 포함되지 않는다.

④ 형상 관리는 소프트웨어 운용 및 유지보수 단계뿐 아니라 소프트웨어 개발 단계에서도 적용될 수 있다.

CHAPTER 15

CASE

정답 및 해설 p.111

001 □□□ 2017년 지방직(추가)(13)

CASE(Computer-Aided Software Engineering)에 대한 설명으로 옳지 않은 것은?

① 소프트웨어 품질을 효율적으로 제어할 수 있다.

② 소프트웨어 유지보수 비용을 절감할 수 있다.

③ 통합 CASE 도구는 소프트웨어 개발 주기의 전체 과정을 지원한다.

④ 하위 CASE 도구는 프로젝트 계획 수립 및 요구 분석 과정을 지원한다.

CHAPTER 16

그 외

정답 및 해설 p.111

001 □□□ 2014년 국회직(13)

소프트웨어 재사용에 대한 설명으로 옳지 않은 것은?

① 소프트웨어 개발 시간과 비용 절감
② 프로젝트 실패 위험률 감소
③ 소프트웨어 개발자의 생산성 증가
④ 소프트웨어 구축에 대한 지식 공유
⑤ 새로운 소프트웨어 개발방법론 개발

002 □□□ 2016년 서울시(19)

소프트웨어 프로젝트 관리가 어려운 이유로 옳지 않은 것은?

① 소프트웨어는 형태가 없어 프로젝트 관리자는 프로젝트 진척사항을 분석하는 데 어려움이 있다.
② 소프트웨어 개발 프로세스는 조직에 따라 가변적이므로 관리에 어려움이 있다.
③ 컴퓨터와 통신에서의 빠른 기술적 변화로 인해 관리자의 경험이 새로운 프로젝트에 전달되지 않을 수 있다.
④ 대규모 소프트웨어 프로젝트는 일회성(one-off) 프로젝트가 전혀 없어서, 경험이 충분한 관리자가 문제를 예측할 수 없다.

003 □□□ 2017년 지방직(12)

시간 순서대로 제시된 다음의 시스템 운영 기록만을 이용하여 시스템의 가용성(availability)을 계산한 결과는?

(단위: 시간)

가동시간	고장시간	가동시간	고장시간	가동시간	고장시간
8	1	7	2	9	3

① 80% ② 400%
③ 25% ④ 75%

004 □□□ 2022년 국가직(16)

소프트웨어에 대한 ISO/IEC 품질 표준 중에서 프로세스 품질 표준으로 옳은 것은?

① ISO/IEC 12119
② ISO/IEC 12207
③ ISO/IEC 14598
④ ISO/IEC 25010

005 □□□

2023년 국가직(16)

다음 설명에 해당하는 법칙은 무엇인가?

> 주식회사의 주가를 보면 일일 가격은 급격히 변동할 수 있다. 하지만 긴 기간의 움직임을 보면 상승, 하락 또는 변동 없는 추세를 보인다.

① 자기 통제의 법칙
② 복잡도 증가의 법칙
③ 피드백 시스템의 법칙
④ 지속적 변경의 법칙

006 □□□

2025년 지방직(19)

객체지향 설계에서의 SOLID 원칙 중 '구체화가 아닌 추상화에 의존해야 한다'는 원칙은?

① 개방-폐쇄 원칙(open-closed principle)
② 단일 책임 원칙(single responsibility principle)
③ 인터페이스 분리 원칙(interface segregation principle)
④ 의존관계 역전 원칙(dependency inversion principle)

gosi.Hackers.com

PART 9

인터넷

CHAPTER 01

최신 기술

정답 및 해설 p.113

001 □□□

2014년 국가직(20)

유비쿼터스 컴퓨팅 환경과 관련된 기술에 대한 설명으로 옳지 않은 것은?

① RFID 시스템은 태그(tag), 안테나(antenna), 리더기(reader), 서버(server) 등의 요소로 구성된다.

② 스마트 카드(smart card)는 마이크로프로세서, 카드 운영체제, 보안 모듈, 메모리 등을 갖춘 집적회로 칩(IC chip)이 내장된 플라스틱 카드이다.

③ 텔레매틱스(telematics)는 증강 현실(augmented reality)이 확장된 개념으로 사용자가 실세계 위에 가상세계의 정보를 겹쳐 볼 수 있도록 구현한 기술이다.

④ 웨어러블 컴퓨팅(wearable computing)은 컴퓨터를 옷이나 안경처럼 착용할 수 있게 해주는 기술이다.

002 □□□

2014년 국회직(20)

다음에서 설명하는 것은 무엇인가?

> 기존의 유선통신을 기반으로 한 인터넷이나 모바일 인터넷보다 진화된 단계로 인터넷에 연결된 기기가 사람의 개입 없이 상호간에 알아서 정보를 주고받아 처리하며, 사물은 물론이고 현실과 가상 세계의 모든 정보와 상호작용하는 개념을 말한다.

① 사물인터넷(Internet of things)

② 클라우드 컴퓨팅(cloud computing)

③ 유틸리티 컴퓨팅(utility computing)

④ 빅데이터 서비스(big data service)

⑤ 딥러닝(deep learning)

003 □□□

2015년 국가직(17)

다음 중 클라우드 컴퓨팅 서비스 모델과 이에 대한 설명이 바르게 짝지어진 것은?

> ㄱ. 응용소프트웨어 개발에 필요한 개발 요소들과 실행 환경을 제공하는 서비스 모델로서, 사용자는 원하는 응용소프트웨어를 개발할 수 있으나 운영체제나 하드웨어에 대한 제어는 서비스 제공자에 의해 제한된다.
> ㄴ. 응용소프트웨어 및 관련 데이터는 클라우드에 호스팅되고 사용자는 웹브라우저 등의 클라이언트를 통해 접속하여 응용소프트웨어를 사용할 수 있다.
> ㄷ. 사용자 필요에 따라 가상화된 서버, 스토리지, 네트워크 등의 인프라 자원을 제공한다.

	IaaS	PaaS	SaaS
①	ㄷ	ㄴ	ㄱ
②	ㄴ	ㄱ	ㄷ
③	ㄷ	ㄱ	ㄴ
④	ㄱ	ㄷ	ㄴ

004 □□□

2015년 지방직(12)

IoT(Internet of Things) 기기의 확산 등으로 예상되는 인터넷 주소의 고갈 문제를 해결하기 위한 것은 무엇인가?

① HTTPS

② IPv4

③ IPv6

④ Common Gateway Interface

005 □□□

2016년 국가직(17)

유비쿼터스 컴퓨팅에 대한 설명으로 옳지 않은 것은?

① 감지 컴퓨팅은 컴퓨터가 센서 등을 이용하여 사용자의 행위 또는 주변 환경을 인식하여 필요 정보를 제공하는 기술이다.
② 노매딕(nomadic) 컴퓨팅은 현실 세계와 가상 화면을 결합하여 보여주는 기술이다.
③ 퍼베이시브(pervasive) 컴퓨팅은 컴퓨터가 도처에 편재되도록하는 기술이다.
④ 웨어러블(wearable) 컴퓨팅은 컴퓨터 착용을 통해 컴퓨터를 인간 몸의 일부로 여길 수 있도록 하는 기술이다.

006 □□□

2016년 지방직(11)

IT 기술에 관한 설명으로 옳지 않은 것은?

① IoT(Internet of Things)는 각종 사물에 센서와 통신 기능을 내장하여 인터넷에 연결하는 기술이다.
② 공용 클라우드(public cloud)는 한 기업의 정보 보안을 위해 내부 데이터 센터의 기능을 강화한 형태이다.
③ 빅데이터는 수집 · 저장된 대량의 정형 또는 비정형 데이터 집합으로부터 가치를 추출하고 결과를 분석하는 기술이다.
④ 가상현실은 가상의 공간과 사물을 컴퓨터에서 만들어, 인간 오감을 활용한 작용으로 현실 세계에서는 경험하지 못하는 상황을 간접적으로 체험할 수 있도록 해준다.

007 □□□

2016년 서울시(12)

다음 <보기> 중 우리가 흔히 인터넷을 통해 비용을 지불하거나 혹은 무료로 사용하는, 클라우드 저장 서버에 대한 분류로 옳은 것을 모두 고르면?

<보기>

ㄱ. Public cloud
ㄴ. Private cloud
ㄷ. Software as a service(Saas)
ㄹ. Platform as a service(Paas)
ㅁ. Infrastructure as a service(Iaas)

① ㄱ, ㄷ
② ㄱ, ㅁ
③ ㄴ, ㄷ
④ ㄴ, ㄹ

008 □□□

2017년 지방직(13)

다음에서 설명하는 기술은 무엇인가?

- 자동차를 기반으로 각종 정보를 주고받을 수 있는 자동차용 원격 정보 서비스 기술
- 교통 정보, 차량 안전 및 보안, 차량 진단, 생활 정보 등의 서비스를 제공

① 텔레매틱스(Telematics)
② USN(Ubiquitous Sensor Network)
③ 증강현실(Augmented Reality)
④ 와이브로(WiBro)

009 □□□

2017년 지방직(16)

빅데이터에 대한 설명으로 옳지 않은 것은?

① 빅데이터의 특성을 나타내는 3V는 규모(Volume), 속도(Velocity), 가상화(Virtualization)를 의미한다.
② 빅데이터는 그림, 영상 등의 비정형 데이터를 포함한다.
③ 자연어 처리는 빅데이터 분석 기술 중의 하나이다.
④ 시각화(visualization)는 데이터 분석 결과를 쉽게 이해할 수 있도록 표현하는 기술이다.

010 □□□

2017년 서울시(18)

빅데이터에 대한 설명으로 옳은 것은?

① 빅데이터는 정형 데이터로만 구성되며, 소셜 미디어 데이터는 해당되지 않는다.
② 빅데이터를 구현하기 위한 대표적인 프레임워크는 하둡이 있으며, 하둡의 필수 핵심 구성 요소는 맵리듀스(MapReduce)와 하둡분산파일시스템(Hadoop Distributed File System)이다.
③ 빅데이터 처리과정은 크게 수집 → 저장 → 처리 → 시각화(표현) → 분석 순서대로 수행된다.
④ NoSQL은 관계 데이터 모델을 사용하는 RDBMS 중 하나이다.

011 □□□

2017년 국가직(추가)(04)

가상 객체와 실세계를 접목하여 현실감 있는 정보를 제공하는 기술은 무엇인가?

① 지리정보 시스템(geographical information system)
② 증강현실(augmented reality)
③ 생체인식(biometrics)
④ 사물인터넷(Internet of Things)

012 □□□

2018년 지방직(11)

사용자가 인터넷 등을 통해 하드웨어, 소프트웨어 등의 컴퓨팅 자원을 원격으로 필요한 만큼 빌려서 사용하는 방식의 서비스 기술은 무엇인가?

① 클라우드 컴퓨팅
② 유비쿼터스 센서 네트워크
③ 웨어러블 컴퓨터
④ 소셜 네트워크

013 □□□

2018년 서울시(05)

정책 수립에 있어 중요성이 커지고 있는 빅데이터에 대한 설명으로 가장 옳지 않은 것은?

① 디지털 환경에서 생성되는 데이터로 규모가 방대하고, 생성 주기가 길며, 형태가 다양하다.
② 하둡(Hadoop)과 같은 오픈 소스 소프트웨어 시스템을 빅데이터 처리에 이용하는 것이 가능하다.
③ 보건, 금융과 같은 분야의 빅데이터는 사회적으로 유용한 정보이나 데이터 활용 측면에서 프라이버시 침해에 대한 대비가 필요하다.
④ 구글 및 페이스북, 아마존의 경우 이용자의 성향과 검색 패턴, 구매패턴을 분석해 맞춤형 광고를 제공하는 등 빅데이터의 활용을 증대시키고 있다.

014 □□□

2019년 국가직(16)

이메일, ERP, CRM 등 다양한 응용 프로그램을 서비스 형태로 제공하는 클라우드 서비스는 무엇인가?

① SaaS(Software as a Service)
② PaaS(Platform as a Service)
③ NaaS(Network as a Service)
④ IaaS(Infrastructure as a Service)

015 □□□

2019년 지방직(10)

유비쿼터스를 응용한 컴퓨팅 기술에 대한 설명으로 옳지 않은 것은?

① 엑조틱 컴퓨팅(Exotic Computing)은 스스로 생각하여 현실세계와 가상세계를 연계해 주는 컴퓨팅 기술이다.
② 노매딕 컴퓨팅(Nomadic Computing)은 장소에 상관없이 다양한 정보기기가 편재되어 있어 사용자가 정보기기를 휴대할 필요가 없는 컴퓨팅 기술이다.
③ 디스포절 컴퓨팅(Disposable Computing)은 컴퓨터가 센서 등을 통해 사용자의 상황을 인식하여 사용자가 필요로 하는 정보를 제공해주는 컴퓨팅 기술이다.
④ 웨어러블 컴퓨팅(Wearable Computing)은 컴퓨터를 옷이나 안경처럼 착용할 수 있게 해 줌으로써 컴퓨터를 인간의 몸의 일부로 여길 수 있도록 하는 컴퓨팅 기술이다.

016 □□□

2020년 국가직(13)

응용프로그램 제작에 필요한 개발환경, SDK 등 플랫폼 자체를 서비스 형태로 제공하는 클라우드 컴퓨팅 서비스 모델은 무엇인가?

① DNS　　② PaaS
③ SaaS　　④ IaaS

017 □□□

2020년 지방직(10)

데이터의 종류 및 처리에 대한 설명으로 옳지 않은 것은?

① 크롤링(Crawling)을 통해 얻은 웹문서의 텍스트 데이터는 대표적인 정형 데이터(Structured Data)이다.

② XML로 작성된 IoT 센서 데이터는 반정형 데이터(Semi-structured Data)로 분류할 수 있다.

③ 반정형 데이터는 데이터 구조에 대한 메타 데이터(Meta-data)를 포함한다.

④ NoSQL과 Hadoop은 대규모 비정형 데이터(Unstructured Data) 처리에 적합하다.

018 □□□

2021년 지방직(02)

다음 설명에 해당하는 기술은 무엇인가?

실제 환경에 가상 사물을 합성해 원래 존재하는 사물처럼 보이도록 하는 기술이다.

① MPEG(Moving Picture Experts Group)

② AI(Artificial Intelligence)

③ AR(Augmented Reality)

④ VOD(Video On Demand)

019 □□□

2022년 국가직(05)

클라우드 컴퓨팅에 대한 설명으로 옳지 않은 것은?

① 클라우드 컴퓨팅은 기업의 IT 요구를 매우 경제적이고, 신뢰성 있게 충족시킬 수 있는 수단이 된다.

② 클라우드 컴퓨팅 서비스 모델에는 IaaS, PaaS, SaaS가 있다.

③ 클라우드 컴퓨팅을 이용하는 방식에는 사설 클라우드, 공용 클라우드, 하이브리드 클라우드가 있다.

④ IaaS를 통해 사용자는 소프트웨어 설치 및 유지보수에 대한 비용을 절감할 수 있다.

020 □□□

2022년 지방직(02)

다음에서 설명하는 빅데이터의 3대 특징으로 옳지 않은 것은?

빅데이터는 대용량의 데이터 집합으로부터 가치 있는 정보를 효율적으로 추출하고 결과를 분석하는 기술이다.

① 센싱 기술 등을 활용하여 사물과 주위 환경으로부터 정보 획득(sensor)

② 방대한 양의 데이터 처리(volume)

③ 정형 데이터와 비정형 데이터 등 다양한 유형의 데이터로 구성(variety)

④ 실시간으로 생산되며 빠른 속도로 수집 및 분석(velocity)

021 □□□

2024년 국가직(05)

클라우드 컴퓨팅 서비스에서 애플리케이션을 구축, 테스트, 설치할 수 있도록 통합환경을 제공하는 것은?

① IaaS　　② NAS
③ PaaS　　④ SaaS

022 □□□

2025년 국가직(01)

사용자가 언제 어디서나 필요한 컴퓨팅 자원(하드웨어/소프트웨어)에 접근하여 활용할 수 있는 유연한 환경을 의미하는 기술은?

① 빅데이터　　② 가상현실
③ 사물인터넷　　④ 클라우드 컴퓨팅

023 □□□

2025년 국가직(17)

NoSQL의 특징으로 옳지 않은 것은?

① 동적 스키마를 지원할 수 있다.
② 다양한 형태의 비정형 데이터들도 다룬다.
③ 빠른 속도로 증가하는 대용량 데이터를 처리하는 데 적합하지 않다.
④ 관계형 데이터베이스보다는 ACID 특성을 중요시하지 않는다.

CHAPTER 02

기타 - 용어

정답 및 해설 p.117

001 □□□

2014년 국가직(16)

인터넷 관련 용어에 대한 설명으로 옳지 않은 것은?

① POP3, IMAP, SMTP는 전자 우편 관련 프로토콜이다.
② RSS는 웹 사이트 간의 콘텐츠를 교환하기 위한 XML 기반의 기술이다.
③ CGI(Common Gateway Interface)는 웹 서버상에서 다른 프로그램을 실행시키기 위한 기술이다.
④ 웹 캐시(web cache)는 웹 서버가 사용자의 컴퓨터에 저장하는 방문 기록과 같은 작은 임시 파일로 이를 이용하여 웹 서버는 사용자를 식별, 인증하고 사용자별 맞춤 정보를 제공할 수도 있지만 개인 정보 침해의 소지가 있다.

002 □□□

2014년 지방직(01)

구조화된 웹 문서의 작성을 위해 W3C에서 제정한 확장 가능한 마크업 언어는 무엇인가?

① HTML ② CSS
③ XML ④ SGML

003 □□□

2014년 지방직(04)

경영 상태를 실시간으로 파악하고 정보를 공유하게 하여 기업의 기간 업무부터 인사 관계까지 기업 활동 전반을 통합적으로 관리함으로써 경영 자원의 활용을 최적화하기 위한 것은 무엇인가?

① EAI(Enterprise Application Integration)
② ERP(Enterprise Resource Planning)
③ BPR(Business Process Reengineering)
④ KMS(Knowledge Management System)

004 □□□

2014년 지방직(11)

인터넷에 연결된 호스트의 도메인 이름을 IP 주소로 변환하기 위한 것은 무엇인가?

① NAT ② ARP
③ DHCP ④ DNS

005 □□□

2014년 서울시(09)

인터넷상에 있는 원격지의 컴퓨터에 접속하여 자신의 컴퓨터처럼 사용할 수 있도록 해주는 인터넷 서비스는 무엇인가?

① FTP ② SMTP
③ USENET ④ HTTP
⑤ TELNET

006 □□□

2014년 국회직(02)

다음과 같은 정규식(regular expression)이 있다. 아래의 문자열 중 이 정규식에 의하여 만들어 질 수 있는 것은?

d+(e|ba)*

① dbb ② ebaba
③ dbea ④ ddebaeba
⑤ ddaa

007 □□□

2015년 서울시(19)

웹 캐시에 대한 설명으로 옳은 것은?

① 웹에서 사용자의 상태 정보를 보관하기 위한 것이다.
② 캐시 정보를 찾기 위한 방법으로 iterative와 recursive 방법이 있다.
③ 웹 사용자에게 데이터를 더 빠르게 전달할 수 있다.
④ 인터넷을 이용한 전자상거래에서 쇼핑카트나 추천 등에 사용할 수 있다.

008 □□□

2016년 국가직(20)

다음 인터넷에서 사용되는 경로 배정(routing) 프로토콜 중에서 자율 시스템(autonomous system) 내부에서의 경로 배정을 위해 사용되는 것만을 모두 고른 것은?

ㄱ. OSPF	ㄴ. BGP	ㄷ. RIP

① ㄱ, ㄴ
② ㄱ, ㄷ
③ ㄴ, ㄷ
④ ㄱ, ㄴ, ㄷ

009 □□□

2016년 지방직(06)

QR코드에 대한 설명으로 옳지 않은 것은?

① 'Quick Response' 코드의 약자로 일본에서 개발되었다.
② 가로와 세로를 활용하는 2차원 형태로 이루어져 있다.
③ 기존 바코드보다 많은 양의 데이터를 넣을 수 있다.
④ 오류 정정(error correction) 기능이 없다.

010 □□□

2016년 지방직(14)

통신 프로토콜에 대한 설명으로 옳은 것은?

① MIME(Multipurpose Internet Mail Extensions)는 인터넷 상에서 디지털 오디오 및 비디오 신호를 실시간으로 전달하기 위한 전송 계층 프로토콜이다.
② TFTP(Trivial File Transfer Protocol)는 안전한 파일 전송을 위해 인증과 TCP를 필수 구성 요소로 한다.
③ TELNET는 가상 터미널 연결을 위한 응용 계층 프로토콜로 텍스트 기반 양방향 통신 기능을 제공한다.
④ DHCP(Dynamic Host Configuration Protocol)는 호스트의 인터넷 도메인명을 IP 주소로 변환시켜 주는 것이다.

011 □□□

2016년 지방직(15)

브라우저가 웹서버로부터 정보를 읽어오기 위해 사용하는 응용 계층 프로토콜은 무엇인가?

① SMTP
② HTTP
③ IMAP
④ RTP

012 □□□

2016년 서울시(10)

라우팅 알고리즘은 라우터에 패킷이 도착했을 때 포워딩 테이블을 검색하고 패킷이 전달될 인터페이스를 결정하는 알고리즘이다. 다음 중 라우팅 알고리즘이 아닌 것은?

① RIP(Routing Information Protocol)
② OSPF(Open Shortest Path First)
③ CDMA(Code Division Multiple Access)
④ BGP(Border Gateway Protocol)

013 □□□

2017년 국가직(11)

공개키 암호화 방법을 사용하여 철수가 영희에게 메시지를 보내는 것에 대한 설명으로 옳지 않은 것은?

① 공개키는 누구에게나 공개된다.
② 공개키의 위조 방지를 위해 인증기관은 인증서를 발급한다.
③ 철수는 자신의 공개키를 사용하여 평문을 암호화 한다.
④ 영희는 자신의 개인키를 사용하여 암호문을 복호화 한다.

014 □□□

2017년 국가직(13)

다음에서 설명하는 보안공격방법은 무엇인가?

> 공격자는 여러 대의 좀비 컴퓨터를 분산·배치하여 가상의 접속자를 만든 후 처리할 수 없을 정도로 매우 많은 양의 패킷을 동시에 발생시켜 시스템을 공격한다. 공격받은 컴퓨터는 사용자가 정상적으로 접속할 수 없다.

① 키로거(Key Logger)
② DDoS(Distributed Denial of Service)
③ XSS(Cross Site Scripting)
④ 스파이웨어(Spyware)

015 □□□

2017년 국가직(19)

HTML5의 특징에 대한 설명으로 옳지 않은 것은?

① 플러그인의 도움 없이 음악과 동영상 재생이 가능하다.
② 쌍방향 통신을 제공하여 실시간 채팅이나 온라인 게임을 만들 수 있다.
③ 디바이스에 접근할 수 없어서 개인정보보호 및 보안을 철저히 유지할 수 있다.
④ 스마트폰의 일반 응용프로그램도 HTML5를 사용해 개발할 수 있다.

016 □□□

2017년 지방직(03)

가상 사설 네트워크(VPN; Virtual Private Network)에 대한 설명으로 옳지 않은 것은?

① 터널링(tunneling) 기술을 사용한다.
② 전용회선 기반 사설 네트워크보다 구축 및 유지비용이 높다.
③ 암호화 기술을 사용한다.
④ VPN 기능은 방화벽이나 라우터에 내장될 수 있다.

017 □□□

2017년 지방직(07)

32비트 16진수 $302AF567_{(16)}$이 메모리 주소 $200_{(16)}$부터 시작하는 4바이트에 저장되어 있다. 리틀 엔디안(little endian) 방식을 사용하는 시스템에서 메모리 주소와 그 주소에 저장된 8비트 데이터가 옳게 짝지어진 것은? (단, 바이트 단위로 주소가 지정된다)

①	$200_{(16)}$	$201_{(16)}$	$202_{(16)}$	$203_{(16)}$
	$67_{(16)}$	$F5_{(16)}$	$2A_{(16)}$	$30_{(16)}$
②	$200_{(16)}$	$201_{(16)}$	$202_{(16)}$	$203_{(16)}$
	$F5_{(16)}$	$67_{(16)}$	$30_{(16)}$	$2A_{(16)}$
③	$200_{(16)}$	$201_{(16)}$	$202_{(16)}$	$203_{(16)}$
	$30_{(16)}$	$2A_{(16)}$	$F5_{(16)}$	$67_{(16)}$
④	$200_{(16)}$	$201_{(16)}$	$202_{(16)}$	$203_{(16)}$
	$2A_{(16)}$	$30_{(16)}$	$67_{(16)}$	$F5_{(16)}$

018 □□□

2017년 서울시(07)

다음 중 집적도가 가장 높은 회로와 가장 큰 저장용량 단위를 나타낸 것은?

> GB, PB, MB, TB
> VLSI, MSI, ULSI, SSI

① ULSI, PB
② VLSI, TB
③ MSI, GB
④ SSI, PB

019 □□□

2017년 서울시(19)

최근 컴퓨팅 환경이 클라우드 환경으로 진화됨에 따라 가상화 기술이 중요한 기술로 부각되고 있다. 이에 대한 설명으로 옳지 않은 것은?

① 하나의 컴퓨터에 2개 이상의 운영체제 운용이 가능하다.
② VM(Virtual Machine)하에서 동작되는 운영체제(Guest OS)는 실 머신에서 동작되는 운영체제보다 효율적이다.
③ 특정 S/W를 여러 OS플랫폼에서 실행할 수 있어 S/W 이식성이 제고된다.
④ VM하에서 동작되는 운영체제(Guest OS)의 명령어는 VM 명령어로 시뮬레이션되어 실행된다.

020 □□□

2017년 지방교행(02)

웹 관련 기술에 대한 설명으로 옳지 않은 것은?

① CGI(Common Gateway Interface) 프로그램은 클라이언트에서 실행된다.
② XML(eXtensible Markup Language)은 사용자가 태그를 정의하여 사용할 수 있다.
③ URL(Uniform Resource Locator)은 인터넷에서 자원의 위치를 표현하는 방식이다.
④ HTTP(HyperText Transfer Protocol)는 웹 클라이언트와 웹 서버가 통신할 때 사용하는 프로토콜이다.

021 □□□

2017년 지방직(추가)(03)

통신 시스템에서 아날로그 신호를 디지털 신호로 변환하는 과정 중 시간적으로 연속적인 아날로그 신호로부터 신호 값을 일정한 시간 간격으로 추출하는 단계는 무엇인가?

① 표본화(sampling)　② 부호화(encoding)
③ 복호화(decoding)　④ 양자화(quantization)

022 □□□

2017년 지방직(추가)(11)

다음 시나리오에서 괄호 안에 들어갈 가장 적합한 정보 서비스 유형은 무엇인가?

> 회사원 甲이 출장지로 자동차를 운전하여 가던 중, 휘발유가 부족한 것을 알았다. 그래서 (　　) 유형의 앱을 실행하여 주변 주유소를 검색하고 가장 가까운 주유소를 선택하였다.

① 빅데이터 서비스　② 클라우드 서비스
③ 가상현실 서비스　④ 위치기반 서비스

023 □□□

2018년 국가직(02)

다음에서 설명하는 해킹 공격 방법은 무엇인가?

> 공격자는 사용자의 합법적 도메인을 탈취하거나 도메인 네임 시스템(DNS) 또는 프락시 서버의 주소를 변조하여, 사용자가 진짜 사이트로 오인하여 접속하도록 유도한 후 개인정보를 훔친다.

① 스니핑(Sniffing)
② 파밍(Pharming)
③ 트로이 목마(Trojan Horse)
④ 하이재킹(Hijacking)

024 □□□

2018년 국가직(08)

네트워크 기술에 대한 설명으로 옳지 않은 것은?

① IPv6는 인터넷 주소 크기가 128비트이고 호스트 자동 설정 기능을 제공한다.
② 광대역 통합망은 응용 서비스별로 약속된 서비스 레벨 보증(Service Level Agreement) 품질 수준을 보장해 줄 수 있다.
③ 모바일 와이맥스(WiMAX)는 휴대형 단말기를 이용해 고속 인터넷 접속 서비스를 제공하는 무선망 기술이다.
④ SMTP(Simple Mail Transfer Protocol)는 사용자 인터페이스 구성방법을 지정하는 전송 계층 프로토콜이다.

025 □□□

2018년 국가직(15)

가상 머신(Virtual Machine)에 대한 설명으로 옳지 않은 것은?

① 단일 컴퓨터에서 가상화를 사용하여 다수의 게스트 운영체제를 실행할 수 있다.
② 가상 머신은 사용자에게 다른 가상 머신의 동작에 간섭을 주지 않는 격리된 실행환경을 제공한다.
③ 가상 머신 모니터(Virtual Machine Monitor)를 사용하여 가상화하는 경우 반드시 호스트 운영체제가 필요하다.
④ 자바 가상 머신은 자바 바이트 코드가 다양한 운영체제 상에서 수행될 수 있도록 한다.

026 □□□

2018년 지방직(05)

정보량의 크기가 작은 것에서 큰 순서대로 바르게 나열한 것은? (단, PB, TB, ZB, EB는 각각 petabyte, terabyte, zettabyte, exabyte이다)

① 1 PB, 1 TB, 1 ZB, 1 EB
② 1 PB, 1 TB, 1 EB, 1 ZB
③ 1 TB, 1 PB, 1 ZB, 1 EB
④ 1 TB, 1 PB, 1 EB, 1 ZB

027 □□□

2018년 지방직(13)

전자 메일의 송신 또는 수신을 목적으로 하는 응용 계층 프로토콜에 해당하지 않는 것은?

① IMAP ② POP3
③ SMTP ④ SNMP

028 □□□

2018년 서울시(12)

다음 중 <보기>에서 잘 알려진 포트번호(well-known port)와 TCP 프로토콜이 바르게 연결된 것을 모두 고른 것은?

<보기>

ㄱ. 21번 포트: FTP ㄴ. 53번 포트: TELNET
ㄷ. 23번 포트: SMTP ㄹ. 80번 포트: HTTP

① ㄱ, ㄴ ② ㄱ, ㄹ
③ ㄴ, ㄷ ④ ㄴ, ㄹ

029 □□□

2018년 국회직(09)

요즘 집안에서 스마트폰 및 컴퓨터의 인터넷 접속을 위하여 공유기의 사용이 일반화되어 있다. 공유기에 접속하는 컴퓨터 디바이스에는 사설 IP가 주로 할당되는데 이때 IP 주소의 자동 할당을 위해 사용되는 프로토콜로 옳은 것은?

① ARP ② DHCP
③ TCP ④ UDP
⑤ ICMP

030 □□□

2018년 지방교행(02)

다음 <조건>을 가장 만족하는 초당 표본추출(sampling) 횟수는?

<조건>

- 디지털 신호로 변환하기 위한 아날로그 음성 신호의 최대 주파수는 4KHz이다.
- 표본추출된 디지털 신호를 아날로그 신호로 다시 변환할 경우 원래의 아날로그 음성 신호로 복원되어야 한다.

① 1000 ② 2000
③ 4000 ④ 8000

031 □□□

2018년 국회직(15)

사용자가 WWW(World Wide Web)을 사용하여 임의의 사이트에 접속하는 과정의 설명으로 옳지 않은 것은?

① 사용자의 웹브라우저에서 DNS 서버로 DNS 질의 메시지를 보낸다.
② DNS 간의 질의는 재귀형(recursive) 또는 반복형(iterative)으로 연계된다.
③ 사용자의 웹브라우저는 DNS 서버로부터 사이트의 웹 서버 MAC 주소를 획득한다.
④ HTTP 요청 메시지를 보내기 전에 TCP 3-방향 핸드셰이크를 수행한다.
⑤ 웹 서버가 보낸 HTTP 응답 메시지의 바디로부터 HTML을 추출하여 웹 페이지를 보여준다.

032 □□□

2018년 지방교행(01)

다음에서 설명되지 않은 기술은 무엇인가?

- 현실을 기반으로 가상 정보를 실시간으로 결합하여 보여주는 기술
- 인터넷을 기반으로 사물들을 연결하여 정보를 상호 소통하는 기술
- 많은 양의 정형 또는 비정형 데이터들로부터 가치를 추출하고 결과를 분석하는 기술
- 서로 다른 물리적인 위치에 존재하는 컴퓨터의 자원들을 가상화 기술로 통합해 제공하는 기술

① 빅데이터 ② 블록체인
③ 사물인터넷 ④ 증강현실

033 □□□

2018년 지방교행(05)

인터넷에서 호스트네임(hostname)에 사상(mapping)되는 IP 주소를 찾기 위해 사용하는 것은 무엇인가?

① DNS(Domain Name System)
② OSPF(Open Shortest Path First)
③ ICMP(Internet Control Message Protocol)
④ SNMP(Simple Network Management Protocol)

034 □□□

2018년 지방교행(12)

다음 그림은 전자우편의 전달 과정을 나타낸 것이다. ㉠ ~ ㉢에 사용되는 전자우편 프로토콜을 올바르게 짝지은 것은?

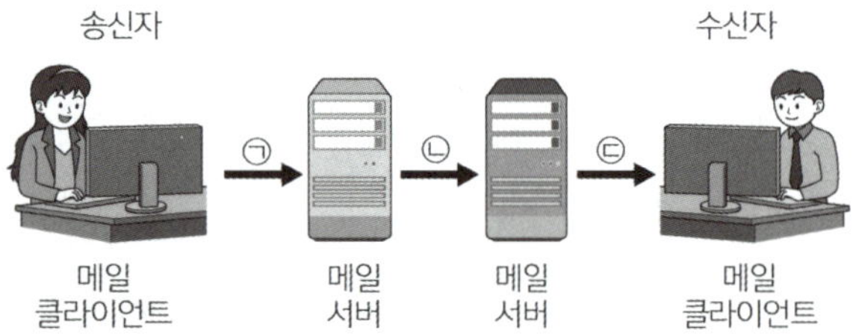

	㉠	㉡	㉢
①	SMTP	SMTP	IMAP
②	SMTP	IMAP	POP3
③	POP3	SMTP	IMAP
④	POP3	IMAP	POP3

035 □□□

2019년 국가직(03)

사진이나 동영상 등의 디지털 콘텐츠에 저작권자나 판매자 정보를 삽입하여 원본의 출처 정보를 제공하는 기술은 무엇인가?

① 콘텐츠 필터링
② 디지털 핑거프린팅
③ 디지털 워터마킹
④ 디지털 사이니지

036 □□□

2019년 국가직(20)

다음 중 LTE(Long-Term Evolution) 표준에 대한 설명으로 옳은 것만을 모두 고르면?

> ㄱ. 다중 입력 다중 출력(MIMO) 안테나 기술을 사용한다.
> ㄴ. 4G 무선 기술로서 IEEE 802.16 표준으로도 불린다.
> ㄷ. 음성 및 데이터 네트워크를 통합한 All-IP 네트워크 구조이다.
> ㄹ. 다운스트림에 주파수 분할 멀티플렉싱과 시간 분할 멀티플렉싱을 결합한 방식을 사용한다.

① ㄱ, ㄷ
② ㄴ, ㄹ
③ ㄱ, ㄴ, ㄷ
④ ㄱ, ㄷ, ㄹ

037 □□□

2019년 지방직(16)

구매 방법에 따른 소프트웨어 분류에 대한 설명으로 옳은 것은?

① 프리웨어(Freeware)는 라이선스 없이 무료로 배포되어, 영리 목적 기관에서도 자유롭게 배포할 수 있는 소프트웨어이다.
② 라이트웨어(Liteware)는 상용 소프트웨어의 일부 기능만을 사용할 수 있도록 하여, 낮은 가격에 판매되는 소프트웨어이다.
③ 오픈소스 소프트웨어(Open Source Software)는 프로그램 소스가 공개되어 있으나, 저작권자의 동의없는 임의 수정은 불가능하다.
④ 셰어웨어(Shareware)는 시범적으로 사용자에게 무료로 제공한 후 일정 기간이 지나면, 유용성에 따라서 구매하도록 하는 소프트웨어이다.

038 □□□

2019년 서울시(02)

유닉스 파일 시스템에 대한 설명으로 가장 옳지 않은 것은?

① 슈퍼블록은 전체 블록의 수, 블록의 크기, 사용 중인 블록의 수 등 파일 시스템의 정보를 가지고 있다.

② 아이노드는 파일의 종류, 크기, 소유자, 접근 권한 등 각종 속성 정보를 가지고 있다.

③ 파일마다 데이터 블록, 아이노드 외에 직접 블록 포인터와 단일 · 이중 · 삼중 간접 블록 포인터로 구성된 인덱스 정보를 가진 인덱스 블록을 별도로 가지고 있다.

④ 디렉터리는 하위 파일들의 이름과 아이노드 포인터(또는 아이노드 번호)를 포함하는 디렉터리 엔트리들로 구성된다.

039 □□□

2019년 서울시(08)

인터넷 서비스 관련 용어들에 대한 설명으로 가장 옳지 않은 것은?

① ASP는 동적 맞춤 형 웹 페이지의 구현을 위해 사용된다.

② URL은 인터넷상에서 문서나 파일의 위치를 나타낸다.

③ HTML은 웹 문서의 전달을 위한 통신 규약이다.

④ SSL은 안전한 웹 통신을 위한 암호화를 위해 사용된다.

040 □□□

2019년 국회직(03)

유닉스 계열의 운영체제에서 사용하는 명령과 그 설명이 옳은 것은?

① grep: 파일에서 특정 단어나 문자열을 포함하는 행을 찾아 출력한다.

② umount: 저장장치의 파일시스템을 디렉터리 트리에 연결한다.

③ ln: 파일을 복사한다.

④ pwd: 사용자의 비밀번호를 설정하거나 변경한다.

⑤ more: 파일에 대한 추가 속성 정보를 출력한다.

041 □□□

2019년 국회직(06)

CSS(Cascading Style Sheets)에 대한 설명으로 옳은 것은?

① HTML 문서의 내용을 웹 브라우저에 어떻게 표현할 것인가를 기술하는 역할을 한다.

② 웹페이지의 동작을 정의하는 스크립트 프로그래밍 언어이다.

③ CSS 스타일은 반드시 HTML 문서 내에 정의해야 한다.

④ CSS의 주석은 '<!--'와 '-->' 사이에 작성한다.

⑤ 의사 클래스(pseudo-class): focus는 사용자가 특정 요소 위로 마우스 포인터를 옮겨놓으면 적용된다.

042 □□□

2020년 국가직(01)

아날로그 신호를 디지털 신호로 변조하기 위한 펄스부호변조(PCM) 과정으로 옳지 않은 것은?

① 분절화(Segmentation) ② 표본화(Sampling)

③ 부호화(Encoding) ④ 양자화(Quantization)

043 □□□

2020년 국가직(11)

암호화 기술에 대한 설명으로 옳은 것은?

① 공개키 암호화는 암호화하거나 복호화하는 데 동일한 키를 사용한다.

② 공개키 암호화는 비공개키 암호화에 비해 암호화 알고리즘이 복잡하여 처리속도가 느리다.

③ 공개키 암호화의 대표적인 알고리즘에는 데이터 암호화 표준(Data Encryption Standard)이 있다.

④ 비밀키 암호화는 암호화와 복호화 과정에서 서로 다른 키를 사용하는 비대칭 암호화(asymmetric encryption)이다.

044 □□□

2020년 지방직(12)

전자상거래 관련 기술 중 고객의 요구에 맞춰 자재조달에서부터 생산, 판매, 유통에 이르기까지 공급사슬 전체의 기능통합과 최적화를 지향하는 정보시스템은 무엇인가?

① ERP(Enterprise Resource Planning)

② EDI(Electronic Data Interchange)

③ SCM(Supply Chain Management)

④ KMS(Knowledge Management System)

045 □□□

2020년 국회직(03)

다음 중 서버 가상화(virtualization)에서 필요로 하는 하이퍼바이저(hypervisor)에 대한 설명으로 옳은 것만을 <보기>에서 모두 고르면?

<보기>

ㄱ. 하이퍼바이저는 운영체제(Operating System: OS) 없이 직접 하드웨어를 제어하거나 운영체제상에서 응용 프로그램처럼 동작할 수 있다.

ㄴ. 하이퍼바이저상에서 실행되는 게스트(guest) OS는 반드시 특정 하이퍼바이저상에서 실행될 수 있도록 수정되어야 한다.

ㄷ. Type-2 하이퍼바이저는 특정 OS상에서 응용 프로그램처럼 동작한다.

ㄹ. 전가상화(full-virtualization)와 반가상화(para-virtualization) 기술 모두에서 하이퍼바이저를 필요로 한다.

ㅁ. KVM(Kernel-based Virtual Machine)은 Type-1 하이퍼바이저로 분류될 수 있다.

① ㄱ, ㄴ, ㅁ　② ㄱ, ㄷ, ㄹ

③ ㄴ, ㄷ, ㅁ　④ ㄱ, ㄴ, ㄷ, ㄹ

⑤ ㄱ, ㄷ, ㄹ, ㅁ

046 □□□

2020년 국회직(15)

다음 중 양자컴퓨팅(quantum computing)에 대한 설명으로 옳은 것만을 <보기>에서 모두 고르면?

<보기>

ㄱ. 양자 얽힘(entanglement), 중첩(superposition)과 같은 양자역학 현상을 이용한다.

ㄴ. 0, 1 또는 0과 1의 상태를 동시에 가질 수 있는 큐비트(Qbit)가 계산의 기본 단위이다.

ㄷ. QKD(Quantum Key Distribution) 시스템에서는 양자 얽힘 현상을 이용하지 않는다.

ㄹ. 이산로그(discrete logarithm) 문제를 다항시간의 복잡도로 풀 수 있는 방법을 제공한다.

ㅁ. 소인수분해(integer factorization) 문제를 다항시간(polynomial time)의 복잡도로 풀 수 있는 방법이 존재하여 기존의 모든 NP(Non-deterministic Polynomial)문제를 다항시간 내에 풀 수 있다.

① ㄱ, ㄴ, ㄷ　② ㄱ, ㄴ, ㄹ

③ ㄴ, ㄷ, ㅁ　④ ㄱ, ㄴ, ㄹ, ㅁ

⑤ ㄴ, ㄷ, ㄹ, ㅁ

047 □□□

2021년 지방직(01)

가상화폐와 관련이 가장 적은 것은?

① 채굴(mining)　② 소켓(socket)
③ 비트코인(bitcoin)　④ 거래(transaction)

048 □□□

2021년 지방직(07)

가상 기계(virtual machine)에 대한 설명으로 옳지 않은 것은?

① 가상 기계 모니터 또는 하이퍼바이저(hypervisor)는 가상 기계를 지원하는 소프트웨어이다.
② 가상 기계 모니터는 호스트 운영체제 위에서만 실행된다.
③ 데스크톱 환경에서 Windows나 Linux와 같은 운영체제를 여러 개 실행하기 위해 사용되기도 한다.
④ 가상 기계가 호스트 운영체제 위에서 동작할 때, 이 기계 위에서 동작하는 응용 프로그램은 처리 속도가 느려질 수 있다.

049 □□□

2021년 지방직(14)

다음 설명에 해당하는 기술은 무엇인가?

- 클라이언트의 요구에 대한 응답 시간을 줄일 수 있다.
- 외부 인터넷과 연결된 트래픽을 줄일 수 있다.
- 최근 호출된 객체의 사본을 저장한다.

① DNS　② NAT
③ Router　④ Proxy server

050 □□□

2021년 지방직(20)

IT 기술에 대한 설명으로 옳지 않은 것은?

① IoT는 각종 물체에 센서와 통신 기능을 내장해 인터넷에 연결하는 기술이다.
② ITS는 기존 교통체계의 구성 요소에 첨단 기술들을 적용시켜 보다 안전하고 편리한 통행과 전체 교통체계의 효율성을 높이는 시스템이다.
③ IPTV는 인터넷을 이용하여 방송 및 기타 콘텐츠를 TV로 제공하는 서비스 방식이다.
④ GIS는 라디오 주파수를 이용한 비접촉 인식 장치로 태그와 리더기로 구성된 자동 인식 데이터 수집용 무선 통신 시스템이다.

051 □□□

2021년 국회직(05)

분산 데이터 저장 환경에 관리 대상 데이터를 저장함으로써 누구도 임의로 수정할 수 없고 누구나 변경의 결과를 열람할 수 있도록 하는 분산 컴퓨팅 기술은 무엇인가?

① 트랜잭션(Transaction)
② 해시함수(Hash Function)
③ 블록체인(Blockchain)
④ 데이터 마이닝(Data Mining)
⑤ 인공신경망(Artificial Neural Network)

052 □□□

2021년 국회직(17)

5G 네트워크의 주요 기술 중 하나로, 데이터 속도를 높이고 대용량 MIMO(Multiple Input Multiple Output) 안테나를 사용해 대역폭을 향상시켜 실제 필요한 장소에 집중적으로 무선 신호를 전송하는 기술은 무엇인가?

① 광대역 부호 다중 분할 접속(Wideband Code Division Multiple Access)
② 펨토셀(Femto Cell)
③ 주파수 집성기술(Carrier Aggregation)
④ 고속 하향 패킷 접속(High Speed Downlink Packet Access)
⑤ 빔 포밍(Beam Forming)

053 □□□

2021년 국회직(18)

다음 중 파일 전송 프로토콜(FTP)에 대한 설명으로 옳은 것만을 모두 고르면?

ㄱ. 응용 계층 프로토콜이다.
ㄴ. FTP 프로토콜에서 제어 연결은 20번 포트, 데이터 연결은 21번 포트를 사용한다.
ㄷ. FTP 연결은 능동(Active) 전송 모드와 수동(Passive) 전송 모드로 구분한다.

① ㄱ
② ㄱ, ㄴ
③ ㄱ, ㄷ
④ ㄴ, ㄷ
⑤ ㄱ, ㄴ, ㄷ

054 □□□

2021년 국회직(19)

블록체인 기술로서, 장애가 있더라도 전체의 3분의 1을 넘지 않는다면 시스템이 정상 작동하도록 하는 기법은 무엇인가?

① 지분증명(Proof of Stake)
② 위임된 지분증명(Delegated Proof of Stake)
③ 작업증명(Proof of Work)
④ 비잔틴 장애 허용(Byzantine Fault Tolerance)
⑤ 샤딩(Sharding)

055 □□□

2021년 국회직(20)

시큐어 코딩(Secure Coding) 기법으로 옳지 않은 것은?

① 화이트리스트 방식으로 허용된 확장자만 업로드를 허용한다.
② 입력 화면 폼(FORM) 작성 시 POST 방식보다 GET 방식을 사용한다.
③ 사용자로부터 입력받은 스크립트 관련 문자열을 필터링하여 변환한다.
④ 인자화된 질의문(parameterized query)을 사용한다.
⑤ 외부의 부적절한 입력이 명령어로 사용될 가능성을 배제해야 한다.

056 □□□

2022년 국가직(17)

블록체인(Block Chain)에 대한 설명으로 옳지 않은 것은?

① 블록에는 트랜잭션(Transaction)이 저장되어 있다.
② 스마트 컨트랙트(Smart Contract)는 실세계의 계약이 블록체인에서 이루어질 수 있도록 하는 기술이다.
③ 중앙 서버를 통해 전파된 블록은 네트워크에 참가한 개별 노드에서 유효성을 검증받은 후, 중앙 서버로 다시 전송된다.
④ 블록체인은 공개범위에 따라 Public 블록체인과 Private 블록체인으로 나눌 수 있다.

057 □□□

2022년 국회직(02)

유닉스 운영체제에서 다음과 같은 파일의 접근권한을 세자리 숫자로 표기한 것으로 옳은 것은?

파일의 소유자는 읽고 쓰고 실행할 수 있지만 파일의 소유자를 제외한 사용자는 실행만 할 수 있다.

① 711　　② 722
③ 744　　④ 644
⑤ 611

058 □□□

2023년 국가직(02)

인터넷 통신에서 IP 주소를 동적으로 할당하는 데 사용되는 것은 무엇인가?

① TCP　　② DNS
③ SOAP　　④ DHCP

059 □□□

2023년 국가직(11)

시간적으로 연속적인 아날로그 신호에 대해 일정한 시간 간격으로 아날로그 신호 값을 추출하는 과정은 무엇인가?

① 표본화　　② 양자화
③ 부호화　　④ 자동화

060 □□□

2023년 지방직(09)

ICT 기술에 대한 설명으로 옳지 않은 것은?

① 기계학습(machine learning)의 학습 방법에는 지도학습(supervised learning), 비지도학습(unsupervised learning), 강화학습(reinforcement learning) 등이 있다.
② 가상현실(virtual reality)은 가상의 공간과 사물 등을 만들어, 일상적으로 경험하기 어려운 상황을 실제처럼 체험할 수 있도록 해준다.
③ RFID(Radio Frequency IDentification)에서 수동형 태그는 내장된 배터리를 사용하여 무선 신호를 발생시킨다.
④ 지그비(ZigBee)는 저비용, 저전력 무선 네트워크 기술로 센서 네트워크에서 사용할 수 있다.

061 □□□

2024년 국가직(01)

컴퓨터에서 사용하는 정보량의 단위를 크기가 작은 것부터 큰 것 순서대로 바르게 나열한 것은?

① EB, GB, PB, TB
② EB, PB, GB, TB
③ GB, TB, EB, PB
④ GB, TB, PB, EB

062 □□□

2024년 국가직(03)

암호화 및 복호화를 위하여 개인키와 공개키가 필요한 비대칭키 암호화 기법은?

① AES
② DES
③ RSA
④ SEED

063 □□□

2024년 지방직(05)

이메일 송신 또는 수신을 위한 프로토콜에 해당하지 않는 것은?

① POP3
② SMTP
③ FTP
④ IMAP

064 □□□

2024년 지방직(16)

블록체인에 대한 설명으로 옳은 것만을 모두 고르면?

ㄱ. 비트코인은 블록체인 기술을 기반으로 만들어진 암호화폐이다.
ㄴ. 블록체인 유형에는 퍼블릭 블록체인, 프라이빗 블록체인 등이 있다.
ㄷ. 블록체인에서 사용되는 합의 알고리즘에는 작업 증명(PoW: Proof of Work), 지분 증명(PoS: Proof of Stake) 등이 있다.

① ㄱ, ㄴ
② ㄱ, ㄷ
③ ㄴ, ㄷ
④ ㄱ, ㄴ, ㄷ

065 □□□

2025년 국가직(03)

블록체인의 특징이 아닌 것은?

① 해시값을 사용하여 변조를 방지한다.
② 모든 거래는 거래 당사자만 확인할 수 있다.
③ 모든 노드는 P2P 네트워크를 이용해 연결되어 있다.
④ 원장을 조작한 이중 지불을 방지하기 위해 합의 알고리즘을 사용한다.

066 □□□

2025년 국가직(10)

다음 그림은 TCP 기반 서버와 클라이언트 간 소켓 통신을 위한 함수 호출 관계를 나타낸다. (가) ~ (다)에 들어갈 내용을 바르게 연결한 것은?

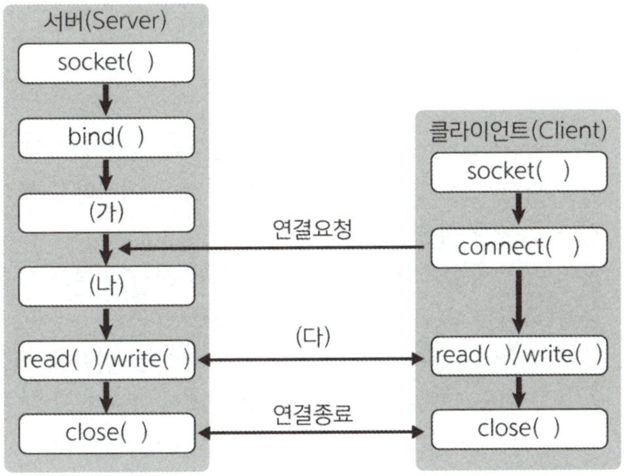

	(가)	(나)	(다)
①	request( )	accept( )	연결 종료 요청
②	accept( )	connect( )	연결 종료 요청
③	listen( )	accept( )	데이터 송수신
④	request( )	connect( )	데이터 송수신

067 □□□

2025년 지방직(10)

다음 설명에 해당하는 기술은?

> 현실을 디지털 기반의 가상 세계로 확장해 가상 공간에서 모든 활동을 할 수 있게 만드는 기술이다. 정치, 경제, 사회, 문화 등 전반적 측면에서 현실과 비현실이 공존하는 생활형, 게임형 가상 세계라는 의미로 넓게 사용한다.

① 메타버스(metaverse)
② 사물인터넷(Internet of Things)
③ 텔레메틱스(telematics)
④ NFT(Non-Fungible Token)

CHAPTER 03

인공지능

정답 및 해설 p.127

001 □□□

2016년 국회직(04)

기계학습(machine learning)에 대한 설명으로 옳지 않은 것은?

① 학습 개별 데이터에 대한 미리 지정된 레이블 또는 목표치가 없는 경우에 적용하는 기법들을 비교사 또는 자율학습(unsupervised learning)이라 부른다.
② 대표적인 unsupervised learning 기법으로는 clustering이 있다.
③ 인공신경망(artificial neural network) 기법을 이용하여 unsupervised learning을 시행할 수 있다.
④ Decision tree는 unsupervised learning 기법으로 분류된다.
⑤ SVM(Support Vector Machine)은 교사 또는 지도 학습(supervised learning) 기법이다.

002 □□□

2017년 국회직(02)

자신이 수행한 행동(action)에 따른 보상(reward)을 통해 스스로 문제 해결방법을 찾아내도록 하는 기계학습(machine learning) 기법은 무엇인가?

① 베이시안 네트워크(bayesian network)
② 지도학습(supervised learning)
③ 군집화(clustering)
④ 경사 하강법(gradient descent method)
⑤ 강화학습(reinforcement learning)

003 □□□

2018년 국가직(07)

다음 중 인공신경망에 대한 설명으로 옳은 것만을 모두 고른 것은?

ㄱ. 단층 퍼셉트론은 배타적 합(Exclusive-OR) 연산자를 학습할 수 있다.
ㄴ. 다층 신경망은 입력층, 출력층, 하나 이상의 은닉층들로 구성된다.
ㄷ. 뉴런 간 연결 가중치(Connection Weight)를 조정하여 학습한다.
ㄹ. 생물학적 뉴런망을 모델링한 방식이다.

① ㄱ, ㄴ, ㄷ
② ㄱ, ㄴ, ㄹ
③ ㄱ, ㄷ, ㄹ
④ ㄴ, ㄷ, ㄹ

004 □□□

2019년 국회직(08)

다음의 설명 중 옳지 않은 것은?

① 지도 학습(supervised learning)은 입력과 출력 사이의 매핑을 학습하는 것이며, 입력과 출력 쌍이 데이터로 주어지는 경우에 적용한다.
② 지도 학습 종류에는 예측변수의 특성을 사용해 목표 수치를 예측하는 회귀(regression) 기법도 있다.
③ 강화 학습(reinforcement learning)은 주어진 입력에 대한 일련의 행동 결과에 대해 보상(reward)이 주어지게 되며, 시스템은 이러한 보상을 이용해 학습을 행한다.
④ 비지도 학습(unsupervised learning)은 입력만 있고 출력은 없는 경우에 적용하며, 입력 사이의 규칙성 등을 찾아내는 게 목표이다.
⑤ 어떤 종류의 값을 군집(clustering)하고 이를 분류(classification)하는 기법은 비지도 학습의 한 종류이다.

005 □□□

2021년 국가직(19)

합성곱 신경망(CNN, Convolutional Neural Network) 처리 시 다음과 같은 입력과 필터가 주어졌을 때, 합성곱에 의해 생성된 특징 맵(Feature Map)의 ㉠에 들어갈 값은?

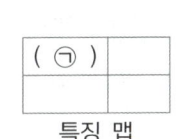

입력

1	1	0	0
1	1	1	1
0	1	0	0
1	1	0	1

필터

1	0	0
0	1	1
1	1	1

특징 맵

(㉠)	

① 3　　② 4
③ 5　　④ 6

006 □□□

2022년 국가직(03)

기계 학습에서 지도 학습과 비지도 학습에 대한 설명으로 옳은 것은?

① 지도 학습의 대표적인 기법에는 군집화가 있다.
② 비지도 학습의 기법에는 분류와 회귀분석 등이 있다.
③ 지도 학습은 학습 알고리즘이 수행한 행동에 대해 보상을 받는 학습 방식이다.
④ 비지도 학습은 정답이 없는 데이터를 보고 유용한 패턴을 추출하는 학습 방식이다.

007 □□□

2022년 국회직(05)

기계학습에 대한 설명으로 옳지 않은 것은?

① 회귀 문제는 지도 학습의 한 방법이다.
② 군집화 문제는 비지도 학습의 한 방법이다.
③ 강화 학습은 보상을 기반으로 학습하는 방법이다.
④ 인공신경망은 지도, 비지도, 강화 학습 모두에 이용될 수 있다.
⑤ 비지도 학습은 명시적 정답이 제공되지 않으므로 손실함수가 정의될 수 없다.

008 □□□

2023년 국가직(14)

다음 중 (가) ~ (다)에 해당하는 말을 바르게 연결한 것은?

(가) 컴퓨터가 데이터를 통해 스스로 학습하여 예측이나 판단을 제공하는 기술
(나) 인간의 지적 능력을 컴퓨터를 통해 구현하는 기술
(다) 인공 신경망을 활용하는 개념으로, 여러 계층의 신경망을 구성해 학습을 효과적으로 수행하는 기술

	(가)	(나)	(다)
①	인공지능	머신러닝	딥러닝
②	인공지능	딥러닝	머신러닝
③	머신러닝	인공지능	딥러닝
④	머신러닝	딥러닝	인공지능

CHAPTER 04

멀티미디어

정답 및 해설 p.128

001 □□□

2014년 서울시(14)

컴퓨터에서 사용하는 그림 파일 형식에 대한 설명으로 옳지 않은 것은?

① GIF: 컬러 사용에 제한이 없고 파일의 크기가 작은 그래픽 파일
② BMP: Windows 운영체제에서 기본적으로 지원하는 비트맵 방식의 그래픽 파일
③ WMF: 벡터방식을 지원하기 위한 공통적인 형식
④ JPG: 불필요하게 복잡한 부분을 생략하여 압축하는 형식
⑤ PSD: 포토샵의 기본적인 파일 형식

002 □□□

2015년 지방직(04)

컴퓨터 이미지에 대한 설명으로 옳지 않은 것은?

① 벡터 방식은 이미지의 크기가 커지면 저장 용량도 커진다.
② GIF와 JPG는 비트맵 방식의 파일 형식이다.
③ 상세한 명암과 색상을 표현하는 사진에 적합한 방식은 비트맵 방식이다.
④ 벡터 방식은 이미지를 확대, 축소, 회전하더라도 이미지의 품질에 영향을 주지 않는다.

003 □□□

2016년 국가직(05)

다음에서 설명하는 이미지 파일 형식(format)으로 옳은 것은?

- 컴퓨서브사에서 이미지 파일 전송 시간을 줄이기 위해 개발한 이미지 파일 압축 형식이다.
- RLE(Run Length Encoding) 방식을 응용한 압축 방법을 사용한다.
- 사용 가능한 색이 256색으로 제한된다.

① JPEG ② MPEG
③ TIFF ④ GIF

004 □□□

2017년 지방직(추가)(16)

비트맵 방식의 이미지 파일 형식 중 압축을 하지 않기 때문에 파일 크기가 크다는 단점을 가진 것은 무엇인가?

① AI ② BMP
③ PNG ④ JPEG

005 □□□

2018년 지방교행(03)

색상 모델(color model)에 대한 설명으로 옳은 것은?

① CMY 모델에서는 색을 혼합할수록 흰색에 가까워진다.
② RGB 모델은 감산 모델로 잉크젯 컬러 프린터에 이용된다.
③ HSV 모델은 사람의 직관적인 시각에 기초하여 색상, 채도, 명도로 구성된다.
④ RGB 모델로 표현된 색상은 CMY 모델로 표현된 색상으로 변환이 불가능하다.

006 □□□

2022년 지방직(08)

이미지 표현을 위한 RGB 방식과 CMYK 방식에 대한 설명으로 옳은 것은?

① CMYK 방식은 가산 혼합 모델로 빛이 하나도 없을 때 검은색을 표현한다.
② CMYK 방식에서 C는 Cyan을 의미한다.
③ RGB 방식은 주로 컬러 프린터, 인쇄, 페인팅 등에 적용된다.
④ RGB 방식에서 B는 Black을 의미한다.

007 □□□

2024년 지방직(01)

이미지 파일 형식에 해당하지 않는 것은?

① WAV ② BMP
③ TIFF ④ JPEG

CHAPTER 05

멀티미디어 - 용어

정답 및 해설 p.130

001 □□□

2014년 국가직(18)

멀티미디어 기술에 대한 설명으로 옳지 않은 것은?

① 멀티미디어는 소리, 음악, 그래픽, 정지 화상, 동영상과 같은 여러 형태의 정보를 컴퓨터를 이용하여 생성, 처리, 통합, 제어 및 표현하는 개념이다.

② RLE(Run-Length Encoding)는 손실 압축 기법으로 압축되는 데이터에 동일한 값이 연속하여 나타나는 긴 열이 있을 경우 자주 사용한다.

③ RTP(Real-time Transport Protocol)는 인터넷상에서 실시간 트래픽을 처리하기 위해 설계된 프로토콜로 UDP와 애플리케이션 프로그램 사이에 위치한다.

④ JPEG은 컬러 사진의 압축에 유효한 표준이다.

002 □□□

2019년 지방직(14)

다음과 같은 압축되지 않은 비트맵 형식의 이미지를 RLE(Run Length Encoding) 방식을 이용하여 압축했을 때 압축률이 가장 작은 것은? (단, 모든 이미지의 가로와 세로의 길이는 동일하고, 가로 방향 우선으로 픽셀을 읽어 처리한다)

①

②
 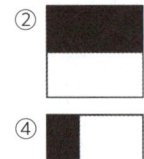

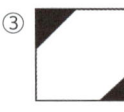

③

④

003 □□□

2025년 지방직(11)

40 KHz로 샘플링하고 10비트로 양자화하여 60초의 스테레오 음악 파일을 만들었을 때, 파일의 크기는? (단, 압축은 하지 않는다)

① 약 2 Mbyte
② 약 6 Mbyte
③ 약 16 Mbyte
④ 약 48 Mbyte

2026 대비 최신개정판

해커스공무원 곽후근 컴퓨터일반 단원별 기출문제집

개정 3판 1쇄 발행 2025년 10월 24일

지은이	곽후근 편저
펴낸곳	해커스패스
펴낸이	해커스공무원 출판팀
주소	서울특별시 강남구 강남대로 428 해커스공무원
고객센터	1588-4055
교재 관련 문의	gosi@hackerspass.com 해커스공무원 사이트(gosi.Hackers.com) 교재 Q&A 게시판 카카오톡 채널 [해커스공무원 노량진캠퍼스]
학원 강의 및 동영상강의	gosi.Hackers.com
ISBN	979-11-7404-575-1 (13560)
Serial Number	03-01-01

공무원 교육 1위* 해커스공무원
* [공무원 교육 1위 해커스공무원] 한경비즈니스 2024 한국품질만족도 교육(온·오프라인 공무원학원) 1위
공무원 수강료 최대 200% 환급
합격할 때까지
평생 무제한 패스
영어
비비안
국어
신민숙
행정법
함수민
행정학
서현
9·7급 공무원 인강
합격할 때까지 평생수강
무제한
행정법
함수민
국어, 영어, 한국사
기본서 3권 제공
해커스공무원
한국사
기본서
해커스공무원
영어
기본서
해커스공무원
국어
기본서
* 교재 포함형 패스 구매시 제공
해커스PSAT 합격패스
50% 할인쿠폰 제공
상황판단
길규범
언어논리
조은정
자료해석
김용훈
7급 응시자격 단기 달성
토익, 지텔프, 한능검 강좌 무료
G-TELP
비비안
한능검
안지영
TOEIC
재키
실제 시험 유사성 100% 출제
합격예측 모의고사 무료 제공
매일국어·기출보카
어플 무료 이용권 제공
공무원
국어
해커스
공무원
기출보카
* [최대 200% 환급] 미션 달성 시, 교재비 및 옵션가 제외, 제세공과금 본인 부담 / [평생] 불합격 인증 시 1년씩 연장
상담 및 문의전화
1588-4055
해커스공무원 gosi.Hackers.com
수강료 0원으로 공무원 전문강좌 무제한 수강하기 ▶

2026 대비 최신개정판

해커스공무원

곽후근 컴퓨터일반

단원별 기출문제집

약점 보완 해설집

해커스공무원

해커스공무원

곽후근 컴퓨터일반

단원별 기출문제집

약점 보완 해설집

해커스공무원

PART 1 디지털공학

CHAPTER 01 | 개요

정답 p.10

001	①	002	①	003	①

001

답 ①

EDSAC(Electronic Delay Storage Automatic Calculator, 에드삭): 1949년 영국에서 최초로 개발된 프로그램 내장 방식의 컴퓨터이다. 참고로, EDVAC(Electronic Discrete Variables Automatic Computer, 에드박)은 1952년 미국에서 개발된 프로그램 내장 방식을 본격적으로 활용한 컴퓨터이다.

(선지분석)

② 프로그램 내장 방식은 1945년 폰 노이만(Von Neumann)이 제안하였고, 오늘날 컴퓨터의 기본 사상이다.
③ 컴퓨터에 기억장치를 설치하고, 프로그램과 데이터를 함께 기억장치에 저장했다가, 프로그램에 포함된 명령에 따라 자동으로 작업을 처리하는 방식이다. 기존 방식은 운영자가 스위치 다시 세팅하였다.
④ Program이 HDD(보조기억)에 설치되고 실행을 위해 Memory(주기억)에 올라온다. 그리고 CPU가 이를 워드 단위로 가지고 와서 실행하는 구조이다.

TIP 프로그램 내장 방식은 최초의 컴퓨터 내부구조(최초로 내부의 동작 원리를 고안함)이고, 배비지의 분석엔진은 최초의 컴퓨터 외부구조[최초로 컴퓨터의 외형(연산, 저장, 입출력 등)을 고안함]이다.

002

답 ①

입력 형식은 전류, 전압, 온도, 속도, 압력과 같은 연속된 자료이다.

(선지분석)

② 출력 형식은 곡선, 그래프와 같은 연속된 자료이다.
③ 아날로그 컴퓨터는 미적분 연산을 사용하고, 디지털 컴퓨터는 사칙과 논리 연산을 사용한다.
④ 아날로그 컴퓨터는 증폭회로를 사용하고, 디지털 컴퓨터는 논리회로를 사용한다.

003

답 ①

ㄱ: 최초로 적용한 컴퓨터이다.
ㄷ: 활용한 컴퓨터이다.

(선지분석)

②, ③, ④ ㄷ: 최초의 전자식 컴퓨터이다.
ㄹ: 최초의 기계식 컴퓨터이다.

CHAPTER 02 | 컴퓨터의 세대별 분류

정답 p.11

001	①

001

답 ①

포트란, 코볼같은 고급 언어는 트랜지스터가 적용된 제2세대 컴퓨터부터 사용되었다.

(선지분석)

② 애플사는 1977년에 개인용 컴퓨터를 출시하였다.
③ IBM PC라고 불리는 컴퓨터는 1981년에 출시되었다.
④ 1992년에 월드와이드웹 기술이 적용되면서 인터넷에 연결되는 컴퓨터의 사용자가 폭발적으로 증가하였다.

CHAPTER 03 | 진법 변환

정답 p.12

001	②	002	①	003	③	004	③	005	②
006	②	007	④	008	④	009	④	010	①
011	③	012	④	013	②	014	④		

001

답 ②

8진수를 16진수로 바꾸는 가장 나쁜 방법은 8진수를 10진수로 바꾸고 16진수로 다시 바꾸는 것이다. 시간을 절약하기 위해서는 다음의 방법을 사용해야 한다. → 1단계는 8진수의 각 자리별로 3비트의 2진수로 변환하고, 2단계는 변환된 2진수를 4비트 단위로 재분할하고 16진수로 변환한다. 해당 방식으로 변환하면 다음과 같다.

$56.13_{(8)} \rightarrow 101110.001011_{(2)} \rightarrow 2E.2C_{(16)}$

002

답 ①

워드(word): CPU가 주기억장치로부터 한 번에 가지고 올 수 있는 양으로 32비트 컴퓨터에서는 워드가 32비트이고, 64비트 컴퓨터에서는 워드가 64비트이다.

(선지분석)

② 바이트(byte): 8비트를 의미한다.
③ 비트(bit): 컴퓨터에서 사용하는 최소 단위를 나타내고, 0 또는 1로 표현된다.
④ 니블(nibble): 4비트를 의미한다.

003 답 ③

$1B4.C_{(16)} = 1 \times 16^2 + B \times 16^1 + 4 \times 16^0 + C \times 16^{-1} = 436.75$

(선지분석)

① 436.625
② $664.5_{(8)} = 6 \times 8^2 + 6 \times 8^1 + 4 \times 8^0 + 5 \times 8^{-1} = 436.625$
④ $0.436625 \times 10^3 = 436.625$

TIP 해당 문제의 경우에 10진수로 통일해서 비교하는 것이 빠르다. 즉, 진수 비교 문제가 나왔을 때는 가장 빠르게 변환할 수 있는 진수로 통일해야 한다. 이는 문제의 조건에 따라 다르다.

004 답 ③

16진수 B9E은 2진수 1011 1001 1110로 바꿀 수 있다.

005 답 ②

$0.011_{(2)} = 0 \times 2^{-1} + 1 \times 2^{-2} + 1 \times 2^{-3} = 0.375_{(10)}$

(선지분석)

① $20D_{(16)}=2 \times 16^2 + 0 + 13 = 525_{(10)}$
③ $1000_{(2)} = 1000 = 10_{(8)}$ // 2진수를 3비트씩 쪼개면 8진수가 된다.
④ $0.1_{(2)} = 1 \times 2^{-1} = 0.5_{(10)}$

006 답 ②

$57_{(8)}$

(선지분석)

① $100111_{(2)} = 47_{(8)}$
③ $43_{(10)} = 53_{(8)}$
④ $2D_{(16)} = 00101101_{(2)} = 55_{(8)}$

TIP 해당 문제의 경우 8진수로 통일하는 것이 시간을 절약할 수 있다. 이런 종류의 문제가 나올 때 2진수 혹은 10진수로 변환하면 오히려 시간을 낭비하는 경우가 발생한다. 그러므로 주어진 보기를 보고 가장 빠르게 바꿀 수 있는 진수를 선택하여야 한다.

007 답 ④

$13754_{(8)} = 1 \times 8^4 + 3 \times 8^3 + 7 \times 8^2 + 5 \times 8^1 + 4 \times 8^0 = 6124_{(10)}$

008 답 ④

8진수를 2진수로 나타내고, 이들을 4비트씩 묶는다.
$(.321)_8 = (.011010001)_2 = (.688)_{16}$

009 답 ④

2진수를 4비트씩 분리하면 $AD_{(16)}$이 된다.

(선지분석)

① 8진수를 10진수로 바꾸면 $180_{(10)}$이 된다.
② 8진수를 2진수로 바꾸고, 4비트씩 분리하면 $B3_{(16)}$이 된다.
③ 2진수를 3비트씩 분리하면 $244_{(8)}$가 된다.

TIP 쉽게 변환이 가능한 ③과 ④를 먼저 확인한 후 나머지를 확인하면 된다.

010 답 ①

16진수 201은 이진수로 001000000001이므로 이를 3비트씩 나누면 1001이 된다.

011 답 ③

45는 2로 나누고, .1875는 2를 곱한다.

012 답 ④

10진수 124를 8진수로 바꾸면 174가 된다. 8진수 543과 174를 더하면 737이 된다.

013 답 ②

1바이트는 8비트이고, 워드는 32비트 컴퓨터에서는 32비트이고, 64비트 컴퓨터에서는 64비트이다.

(선지분석)

①, ③, ④ ㄴ에서 1니블은 4비트이다.

014 답 ④

00101110을 시프트해도 주어진 값이 나오지 않는다.

CHAPTER 04 | 자료의 표현

CHAPTER 05 | 데이터의 2진수 표현

정답 p.14

001	④	002	②	003	④	004	③	005	③
006	①	007	②	008	④	009	①	010	①
011	①	012	②	013	②	014	②	015	③
016	①	017	①	018	④				

001 답 ④

2의 보수로 표현된 2진수를 10진수로 표현하는 방법은 2진수 음의 정수를 2의 보수를 이용하여 양의 정수로 만들고 이것을 10진수로 변환하고 최종 단계에서 (-) 부호를 붙이는 방식이다.

- 0011 + 1100 = 1111
- 1의 보수: 0000, 2의 보수: 0001, 부호 붙이기: -1

002 답 ②

원리는 66을 이진수로 바꾸고(주어진 비트수 조건에 유의한다) 2의 보수로 표현하면 된다.

- 66의 이진수: 1000010
- 8비트: 01000010
- 1의 보수: 10111101
- 2의 보수: 10111110

003 답 ④

정규화된 표현은 부동소수점 수에 대한 표현을 통일하기 위한 방법이다. 즉, 정규화 된 표현을 사용하게 되면 표현할 수 있는 유효 숫자를 늘리게 된다.

004 답 ③

- 20의 이진수: 10100
- 8비트: 00010100(만약, 비트수가 주어지지 않으면 부호 비트 하나를 추가해서 010100이 된다)
- 1의 보수: 11101011
- 2의 보수: 11101100

005 답 ③

기수: 표준 형식에 기수 2는 포함되지 않는다. 왜냐하면 기수를 2로 가정(2진수)하고 있기 때문에 굳이 표준 형식에 포함할 필요가 없다.

선지분석

예 0.1001×2^5

① 지수: 표준 형식에 지수 5가 포함된다.

② 가수: 표준 형식에 가수 1001이 포함된다.

④ 부호: 표준 형식에 부호 +(0)가 포함된다.

006 답 ①

다음과 같은 단계를 거쳐 10진수를 2의 보수로 바꾼다.

- 1011: 10진수 11을 이진수로 바꾼다.
- 01011: 5비트이므로 비트 수 만큼 앞에 0을 붙인다(만약, 비트 수 조건이 주어지지 않으면 이진수 앞에 0을 하나 붙인다).
- 10100: 1의 보수로 바꾼다(각 비트를 반전한다).
- 10101: 2의 보수로 바꾼다(1의 보수에 +1을 한다).

007 답 ②

- IEEE 754의 조건은 다음과 같다.
  - $\pm 1.\text{bbbb}\cdots\text{bbb} \times 2^{\pm E}$
  - 지수(8비트), 바이어스(127), 가수(23비트)
- 주어진 비트와 IEEE 754의 조건을 적용하면 다음과 같다.
  - 부호 = 1 (음수)
  - 지수 = 10000011 - 01111111 = 100 (4)
  - 가수 = 1010101 -> 11010101 (1 생략)
  - 결과: $-1.1010101 \times 2^4 = -11010.101 = -26.625$

008 답 ④

IEEE 754 표준 단정도(32비트) 부동소수점 표현은 0이 2개(음수/양수)이고 2의 보수 표기는 0이 한 개다. 그러므로 부호 있는 2진 정수가 1개 더 많이 표현할 수 있다.

선지분석

① 컴퓨터에서는 이진수(0과 1)로 표현한다.

② 부호 있는 이진 정수를 표현하는 방법은 부호화 - 크기, 1의 보수, 2의 보수 방법이 존재한다.

③ 부동소수점 수는 부호(sign), 지수(exponent), 소수(fraction) 또는 가수(mantissa)로 표현한다.

009 답 ①

2의 보수가 표현할 수 있는 최댓값과 최솟값의 합이다($-2^{n-1} \sim +(2^{n-1}-1)$).

선지분석

② 부호화 - 크기와 1의 보수가 표현할 수 있는 최댓값과 최솟값의 합이다($-(2^{n-1}-1) \sim +(2^{n-1}-1)$).

③, ④ 해당 경우는 존재하지 않는다.

010
답 ①

- 5: 0101 // 5의 이진수는 0101이다.
- −5: 1010 (1의 보수) // 5의 1의 보수는 1010이다.
- −5: 1011 (2의 보수) // 5의 2의 보수는 1011이다(2의 보수로 해석한 값).
- 주어진 조건: 1011 // 만약 이것을 2의 보수가 아닌 1의 보수로 해석하면 값이 얼마일까? 1011을 1의 보수를 취하면 0100이 나오고 이는 4이므로 결국 −4가 1의 보수로 해석한 값이다.

011
답 ①

1110 + 1010 = 1000
해당 덧셈 결과를 10진수로 바꾸는 방법은 2의 보수를 취하고(양수로 바꾸고) −를 붙이는 방법이 있다.
1000 → 2의 보수(0111 + 1) → 1000
여기에 음수를 붙이면 −8이 된다.

012
답 ②

$0 \sim (64^{10} - 1) = 0 \sim (2^{6 \times 10} - 1) = 0 \sim (2^{60} - 1)$

선지분석

① $2^{16} = 2^6 \times 2^{10}$을 의미한다.
③, ④ 주어진 조건으로 해당 비트수가 나오지는 않는다.

013
답 ②

주어진 2진수를 십진수로 바꾸는 방법은 2의 보수를 취하고 −를 붙이면 된다.
2의 보수를 취하면 01000100, 즉 십진수 68이 된다.
십진수에 음수화를 하면 −68이 된다.

014
답 ②

$35_{(10)} = 100011_{(2)}$
8비트 = 00100011
2의 보수 = 11011101

015
답 ③

$-30.25 \times 2^{-8} = 11110.01 \times 2^{-8} = 1.111001 \times 2^{-4}$
- 부호: 1
- 지수: 01111111 − 00000100 = 01111011
- 가수: 111001

이들을 결합하여 16진수로 바꾸면 BDF20000이 된다.

016
답 ①

무한 소수로 정확한 값을 표현할 수 없다.

선지분석

②, ③, ④ 유한 소수로 정확한 값으로 표현할 수 있다.

017
답 ①

최저 음수의 값은 -2^{n-1}이다.

018
답 ④

7 − 12 = −5를 2의 보수로 나타내면 된다. 5를 이진수로 바꾸면 101이 되고 8비트를 채우면 0000 0101이 된다. 1의 보수로 바꾸면 1111 1010이 되고, 2의 보수로 바꾸면 1111 1011이 된다.

CHAPTER 06 | 2진수의 연산

정답 p.18

001	②	002	②	003	④

001
답 ②

- XOR: 0과 A를 XOR하면 A가 나온다.
  예 0 XOR 0 = 0, 0 XOR 1 = 1
- XOR: 1과 A를 XOR하면 A'가 나온다.
  예 1 XOR 0 = 1, 1 XOR 1 = 0

1의 보수(complement)를 얻고 싶으면 1과 XOR하면 되고, 원래의 값을 얻고 싶으면 0과 XOR하면 된다.

002
답 ②

- 11110100 → 00001011 // 해당 이진수는 십진수로 −11이다.
- 11011111 → 00100000 // 해당 이진수는 십진수로 −32이다.
- −11 + Y = −32 // Y를 계산하면 −21이 나온다.
- 00010101 → 11101010 // −21을 1의 보수로 계산하면 ②가 된다.

003
답 ④

산술 시프트이므로 부호는 그대로 유지된다.

CHAPTER 07 | 문자 데이터의 표현

정답 p.19

001	④	002	①

001 답 ④

통상적으로 16비트를 사용한다.

002 답 ①

8비트로 한 문자를 표현한다.

(선지분석)

②, ③, ④ ㄴ: 8비트를 사용한다.
ㄷ: 8비트를 사용하지만, 패리티를 사용하지 않는다.

CHAPTER 08 | 디지털 논리

정답 p.20

001	④	002	④	003	③	004	①	005	③
006	①	007	③	008	③	009	③	010	③
011	③	012	③	013	②	014	③	015	④
016	⑤	017	④	018	③	019	④	020	②
021	②	022	③						

001 답 ④

곱의 합(Sum of Product)은 출력이 1이 되는 최소항들의 합으로 구성된다. 여기서 최소항은 변수들이 AND로 결합되고, 변수의 값이 참이며 A의 형태로 사용하고 변수의 값이 0이면 A'의 형태로 사용한다. 주어진 조건을 카노맵으로 표현하면 다음과 같다.

AB \ CD	00	01	11	10
00	1	1		1
01	1	1		
11		1	1	
10			1	1

카노맵의 ABCD 값에 따른 표기

0, 1, 2, 3의 순서로 표기되지 않은 이유는 AB, CD의 값이 00, 01, 10, 11로 되지 않고 00, 01, 11, 10으로 되기 때문이다. 이렇게 하는 이유는 이웃과 1비트만 차이가 나야하기 때문이다. 1비트만 차이가 나야만 묶었을 때 간략화를 수행할 수 있다.

0	1	3	2
4	5	7	6
12	13	15	14
8	9	11	10

002 답 ④

NAND: Universal Gate로 해당 게이트로 모든 다른 게이트(AND, OR, NOT)를 만들 수 있다. 이에 해당 하는 게이트에는 NOR도 존재한다. 예로 들면, NAND 게이트 2개를 이용하면 AND 게이트를 만들 수 있다.

003 답 ③

주어진 논리회로를 부울식으로 간략화하면 다음과 같다.

$(AC')' + BC = A' + C + BC = A' + C(1 + B) = A' + C = (AC')'$

004 답 ①

$((XY)'(XY)')' = XY + XY = XY$

TIP 해당 논리회로는 Universal gate인 NAND 게이트로 AND 게이트를 만든 것을 의미한다.

005 답 ③

논리 회로를 부울 대수로 표현하면 다음과 같다.

$(x + y)(xy)' = (x + y)(x' + y') = x'y + xy' = x$ XOR y

006 답 ①

$A + A'B = (A + A')(A + B) = A + B$

(선지분석)

② $A(A + B) = A + AB = A(1 + B) = A$
③ $AB' + A = A(B' + 1) = A$
④ $(A + B)(A + B') = A + AB' + AB + BB' = A(1 + B' + B) = A$

007 답 ③

NOR: Universal Gate로 해당 게이트로 모든 다른 게이트(AND, OR, NOT)를 만들 수 있다. 이에 해당하는 게이트에는 NAND도 존재한다. 하나를 예로 들면, NOR 게이트 3개를 이용하면 AND 게이트를 만들 수 있다.

008 답 ③

해당 논리식은 주어진 부울함수와 무관하다.

(선지분석)

주어진 조건은 곱의 합이므로 이를 카노맵에 표시하면 다음과 같다.

X \ YZ	00	01	11	10
0		1	1	
1	1	1		1

① $x'y'z + x'yz + xy'z' + xy'z + xyz'$: 곱의 합으로 표현(1인 항들을 표현)

② $(x + y + z)(x + y' + z)(x' + y' + z')$: 합의 곱으로 표현(0인 항들을 표현)

④ $x'z + xz' + y'z$: 카노맵으로 간략화

TIP 곱의 합(Sum of Product)은 출력이 1이 되는 최소항들의 합으로 구성된다. 여기서 최소항은 변수들이 AND로 결합되고, 변수의 값이 참이며 A의 형태로 사용하고 변수의 값이 0이면 A'의 형태로 사용한다. 합의 곱(Product of Sum)은 출력이 0이 되는 최대항들의 곱으로 구성된다. 여기서 최대항은 변수들이 OR로 결합되고, 변수의 값이 참이면 A'의 형태로 사용하고 변수의 값이 0이면 A의 형태로 사용한다. 곱의 합과 합의 곱은 보수 관계를 가진다.

009 답 ③

첫 번째 비트에서 A가 1이고, B가 0일 때 S는 0이 나온다. 왜냐하면, S의 AND 입력 중에 하나(A XOR B' = 1 XOR 1 = 0)가 0이기 때문이다. 보기 중에 첫 번째 출력이 0인 것은 하나밖에 없기 때문에 두 번째 비트를 검사할 필요가 없다.

TIP 비슷한 문제가 나오면 시간을 절약하기 위해 최소한의 검사만을 수행한다.

010 답 ③

주어진 조건을 기반으로 카노맵을 그리고 간략화를 수행하면 $AB + A'C$가 된다.

CD \ AB	00	01	11	10
00			1	
01			1	
11	1	1	1	
10	1	1	1	

컨센서스 법칙

컨센서스 법칙을 적용하면 다음과 같이 간략화가 가능하다.

$AB + A'C + ABD' + A'CD' + BCD'$

$= AB(1 + D') + A'C(1 + D') + BCD'$

$= AB + A'C + BC + BCD'$ (컨센서스 법칙) $= AB + A'C$

011 답 ③

- X = 0, Y = 1 // 초기 입력 조건이다.
- Y = 1, B = 0 // Y의 값이 NOT을 거쳐 0이 되어 B의 AND 입력으로 들어가므로 B는 다른 입력에 상관없이 무조건 0이 된다.
- XY = 0, X + Y = 1 // X가 0이고, Y가 1이므로 XY는 0이 되고, X + Y는 1이 된다.
- A = 0 XOR 1 = 1 // A의 XOR 입력에 0과 1이 들어오므로 해당 결과는 1이 된다.

결국 A는 1이 되고, B는 0이 된다.

TIP AND는 하나의 입력이 0이면 다른 입력에 상관없이 출력이 0이고, OR는 하나의 입력이 1이면 다른 입력에 상관없이 출력이 1이다.

012 답 ③

- 첫 번째 조건에 의해 X, Y, Z는 C를 가져야 한다(2번과 4번은 답이 될 수 없음).
- 두 번째 조건에 의해 X, Y는 B를 가져야 한다(1번은 답이 될 수 없음).
- 세 번째 조건에 의해 X는 A, Y는 B, Z는 C를 가져야 한다(검사할 필요 없음).

013 답 ②

문제를 해결하는 2가지 방법이 존재한다.

- 첫 번째 방법은 부울식을 이용해서 푸는 것이다.

  $Y = A'B'C' + A'BC + AB'C + ABC'$

  $= (A'B' + AB)C' + (A'B + AB')C$

  $= (A'B + AB')'C' + (A'B + AB')C$

  $= (A'B + AB') \odot C$

  $= A \oplus B \odot C$

- 두 번째 방법은 ABC = 000을 대입하는 것이다. 주어진 조건을 보면 해당 입력에 대해 출력이 1이 나와야 한다.

  ① $AB \oplus C = 0 \oplus 0 = 0$

  ② $A \oplus B \odot C = 0 \odot 0 = 1$

  ③ $A \oplus B \oplus C = 0 \oplus 0 = 0$

  ④ $A \odot B \odot C = 1 \odot 0 = 0$

TIP 해당 문제에서는 두 번째 방법이 빠른 것처럼 보이지만, ABC = 000에서 답을 찾을 수 없는 경우 계속해서 대입을 해봐야 하기 때문에 첫 번째 방법보다 시간이 더 걸릴 수도 있다.

014 답 ③

- 곱의 합 형태로 최소화: 1을 기준으로 1, 2, 4, 8, 16개로 묶는다. 최대한 크게 묶는 것이 좋고 무관 조건은 묶을 수 있으면 묶고 묶을 수 없으면 버린다(don't care).
- 합의 곱 형태로 최대화: 0을 기준으로 1, 2, 4, 8, 16개로 묶는다. 최대한 크게 묶는 것이 좋고 무관 조건은 묶을 수 있으면 묶고 묶을 수 없으면 버린다(don't care).

주어진 조건으로 곱의 합 형태로 최소화한 결과는 다음과 같다.

CD \ AB	00	01	11	10	
00	0	1	X	1	
01	0	X	0	0	
11	X	1	0	0	
10	0	1	X	1	AD'
		A'B			

015 답 ④

주어진 카노맵을 간략화하면 다음과 같다.

BC \ A	0	1	
00	0	1	AB'C'
01	0	0	
11	1	0	
10	1	0	
	A'B		

016 답 ⑤

XOR는 유니버설 게이트가 아니다.

선지분석

① NAND는 유니버설 게이트이다.

② Decoder는 NOT으로 사용될 수 있다. OR와 NOT을 결합하면 NOR가 되고 이는 유니버설 게이트 집합이다.

③ Multiplexer는 입력에 따라 AND, OR, NOT을 만들 수 있기 때문에 유니버설 게이트 집합이다.

④ OR, NOT을 결합하면 NOR가 되고 이는 유니버설 게이트 집합이다.

TIP NAND를 4개 결합하면 XOR를 만들 수 있다.

017 답 ④

$A + B(B + C) = A + B + BC = A + B(1 + C) = A + B$

선지분석

① $(A + B)(A + C) = A + AC + AB + BC = A(1 + C + B) + BC$
$= A + BC$

② $BC + A(A + B) = A + AB + BC = A(1 + B) + BC = A + BC$

③ $A + AC + BC = A(1 + C) + BC = A + BC$

018 답 ③

$(x2 + x3) \cdot x1' + x3'$ (제2 분배법칙)

$= (x1' + x3') \cdot (x2 + x3 + x3')$

$= (x1' + x3') \cdot (x2 + 1)$

$= (x1' + x3') \cdot 1$

$= x1' + x3'$

019 답 ④

다음과 같이 가정한다.

$X = (x + y >= z)$, $X' = (x + y < z)$

$Y = (x - y <= z)$, $Y' = (x - y > z)$

해당 가정을 이용하면 수식은 다음과 같이 변환되어 간략화된다.

$(X \cdot (X + Y) \cdot Y') + X'$

$= ((X + X \cdot Y) \cdot Y') + X' = (X \cdot Y' + X \cdot Y \cdot Y') + X'$

$= X \cdot Y' + X'$(제2 분배법칙)

$= (X' + X) \cdot (X' + Y') = X' + Y'$

020 답 ②

주어진 카르노맵을 간소화하기 위해 묶으면 다음과 같다.

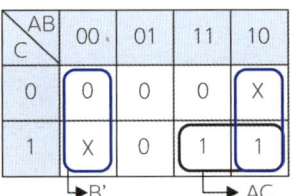

C \ AB	00	01	11	10
0	0	0	0	X
1	X	0	1	1
	B'		AC	

021 답 ②

$X(X + Y) = XX + XY = X + XY$

022 답 ③

OR 양쪽에 0이 들어와야 하므로, X는 0이 되고 YZ는 11또는 00이 되어야 한다.

CHAPTER 09 | 플립플롭

정답 p.25

001	②	002	③

001 답 ②

플립플롭은 1비트를 저장한다.

선지분석

① 홀수 패리티 생성기 또는 XNOR에 대한 설명이다.
③ 원래는 디코더(decoder)에 대한 설명을 하려는 의도였으나 2^n을 2n으로 잘못 표기하였다.
④ 반가산기(half adder)에 대한 설명이다.
⑤ 멀티플렉서(multiplexor)에 대한 설명이다.

002 답 ③

J에 따라 (나), (다)가 결정된다.

CHAPTER 10 | 조합논리회로

정답 p.26

001	④	002	②	003	①

001 답 ④

전가산기는 반가산기 2개와 OR 게이트로 구성된다.

선지분석

① 반가산기는 전단계의 캐리를 포함하지 않고, 전가산기는 전단계의 캐리를 포함하여 덧셈을 수행한다.
② 그림에서 S를 계산하면 $(A \oplus B) \oplus C_i$가 된다.
③ 그림에서 C_0를 계산하면
$(A \oplus B)C_i + AB = (A'B + AB')C_i + AB = A'BC_i + AB'C_i + AB$가 된다. 부울식으로 전개해도 되지만 시간이 오래 걸리므로 바로 아래와 같이 카노맵으로 바꾼다. 해당 카노맵을 간략화하면 $C_0 = BC_i + AC_i + AB$가 된다.

C \ AB	00	01	11	10
0			1	
1		1	1	1

부울식

부울식을 간략화 하면 다음과 같다.
A'BCi + AB'Ci + AB
= A'BCi + AB'Ci + AB + ABCi + ABCi
= BCi + ACi + AB

002 답 ②

M = 1, Cout = 1 또는 M = 0, Cout = 0에서는 오버플로우가 발생하지 않는다.

선지분석

①, ③, ④ 부호 없는 연산과 부호 있는 연산에서 오버플로우가 발생하는 경우는 다음과 같다.
- 부호 없는 경우: M = 0, Cout = 1 또는 M = 1, Cout = 0에서 오버플로우가 발생한다.
- 부호 있는 경우: V = 1이면 오버플로우가 발생한다(M에 무관함).

003 답 ①

멀티플렉서는 입력과 출력이 $2^n \times 1$의 구조를 갖는다.

선지분석

② 플립플롭은 Latch(NOR 또는 NAND로 구성)와 클럭으로 구성된다.
③ 덧셈기는 XOR와 AND로 구성된다.
④ 곱셈기는 여러 개의 덧셈기(가산기)로 구성된다.
⑤ 감산기는 XOR, AND, NOT으로 구성된다.

CHAPTER 11 | 순차논리회로

정답

p.27

001	③	002	②	003	②

001

답 ③

순차논리회로와 조합논리회로는 다음과 같이 구분한다.

- 순차논리회로: 현재의 입력과 과거의 출력이 현재의 출력을 결정한다. 즉, 과거의 출력에 영향을 받는다.
- 조합논리회로: 현재의 입력이 현재의 출력을 결정한다. 즉, 과거의 출력에 영향을 받지 않는다.

③ 동기식 카운터: 카운터의 경우 현재값이 10이 되려면 과거값 9와 현재값 1이 있어야 하므로 순차논리회로이다. 여기서 동기식이란 카운터를 구성하는 플립플롭 모두에 클럭이 인가됨을 의미한다.

선지분석

① 디코더: 현재의 입력(3)이 현재의 출력(8)을 결정하므로 조합논리회로이다.

② 전가산기: 현재의 입력(두개의 입력과 전단계의 캐리)이 현재의 출력(합의 결과와 캐리)을 결정하므로 조합논리회로이다.

④ 멀티플렉서: 현재의 입력(4)이 현재의 출력(1)을 결정하므로 조합논리회로이다.

002

답 ②

ㄱ. 조합논리회로: 현재의 입력이 현재의 출력을 결정한다. 즉, 과거의 출력에 영향을 받지 않는다. 문제의 주어진 조건을 보면 현재의 출력이 과거의 출력에 영향을 받지 않으므로 조합논리회로이다.

ㄴ. 순차논리회로: 현재의 입력과 과거의 출력이 현재의 출력을 결정한다. 즉, 과거의 출력에 영향을 받는다. 카운터의 경우 현재값이 10이 되려면 과거값 9와 현재값 1이 있어야 하므로 순차논리회로이다.

003

답 ②

링 카운터는 순차 회로이다. 즉, 현재의 출력값이 현재의 입력값과 과거의 출력값에 의해서 결정된다.

PART 2 컴퓨터구조

CHAPTER 01 | 컴퓨터 시스템의 구성과 기능

정답 p.30

001	①	002	②	003	④

001 답 ①

응용 소프트웨어: 컴퓨터에게 특정목적의 작업을 수행하기 위한 프로그램들이다. 컴퓨터가 많은 다른 작업을 수행할 수 있도록 하는 소프트웨어다. 사무용(스프레드시트), 과학계산, 정보시스템, 멀티미디어, 교육용 등이 존재한다(하드웨어랑 밀접한 관련을 가지지 않는다).

선지분석

②, ③, ④ 시스템 소프트웨어: 컴퓨터 시스템의 운영을 위한 프로그램으로, 컴퓨터 시스템의 개별 하드웨어 요소들을 직접 제어, 통합, 관리하는 가장 큰 기능을 수행한다. 운영체제, 장치 드라이버, 프로그래밍 도구(로더, 링커), 컴파일러, 어셈블러, 유틸리티 등을 포함한다(하드웨어랑 밀접한 관련을 가진다).

002 답 ②

CPU 기기에서 동작하는 것이 GPGPU에서 동작하지 않는 경우가 존재한다. 예를 들어, 64비트 부동소수점 값은 CPU에서는 일반적이지만 GPGPU 중에는 지원하지 않는 경우가 있다.

선지분석

① 일반적으로 컴퓨터 그래픽스를 위한 계산만 맡았던 그래픽 처리 장치(GPU)를 전통적으로 중앙 처리 장치(CPU)가 맡았던 응용 프로그램들의 계산에 사용하는 기술이다.
③ 일반 CPU에 비해 병렬도가 높다(높은 수준의 병렬 처리가 가능).
④ 개방형 범용 병렬 컴퓨팅 프레임워크로서 CPU, GPU, DSP 등의 프로세서로 이루어진 이종 플랫폼에서 실행되는 프로그램을 작성할 수 있게 해 준다.
⑤ ③과 같은 개념으로 병렬도가 낮은 프로그램은 일반 CPU에 비해 성능향상을 기대하기 어렵다.

003 답 ④

GPU는 많은 수의 ALU를 포함하고 있기 때문에 대량의 간단한 연산을 병렬로 빠르게 처리한다.

선지분석

① 많은 수의 ALU를 가진다.
② 고성능 CPU나 미래의 GPU는 가능하나 현재의 GPU는 지원하지 않는다.
③ 일반적으로 GPU가 전력을 적게 소모하나 이도 단정적으로 말할 수 없다(상황에 따라 CPU가 더 적게 소모되기도 함).
⑤ 트랜지스터 수는 크기에 비례한다(일반적으로 CPU가 더 많음). 그러나 하나의 칩에 들어가는 트랜지스터의 수로는 개수를 비교할 수 없다.

CHAPTER 02 | 중앙처리장치(CPU)

정답 p.31

001	①	002	⑤	003	④	004	②	005	②
006	③	007	④	008	③	009	②	010	④
011	②	012	②	013	②	014	④	015	③
016	③	017	①	018	③	019	②	020	④

001 답 ①

PC: 주기억장치에 저장된 다음에 인출할 명령어의 주소를 가지고 있는 레지스터다.

선지분석

② AC: 계산에 필요한 오퍼랜드와 계산 결과를 저장하는 임시 레지스터로 사용된다.
③ IR: 가장 최근에 주기억장치인 RAM에서 인출한 명령어를 저장한다.
④ MBR: 기억장치에 쓰여질 데이터 혹은 가장 최근에 읽은 데이터 또는 명령어가 저장된다.
⑤ Index: 인덱스 주소 지정 방식에 사용되며 명령어가 실행될 때마다 인덱스 레지스터의 내용이 자동적으로 증가 혹은 감소한다. 배열의 데이터를 인덱싱할 때 사용한다.

002 답 ⑤

레지스터: 많은 수의 레지스터를 사용한다. CISC보다 제어 장치를 간단하게 만들 수 있기 때문에 남는 돈으로 레지스터와 캐시 등을 추가하였다.

선지분석

① 명령어 구조: CISC에는 많은 명령어가 존재하지만 자주 사용하는 명령어는 몇 개 안된다는 사실에서 출발하였다. 그러므로 CISC에 비해 적은 수의 명령어와 간단한 명령어 구조를 가진다.
② 파이프라이닝: 명령어 구조가 간단하기 때문에 명령어 단계에 들어가는 시간을 일정하게 맞출 수 있고 이는 파이프라이닝의 성능 개선으로 이어진다. 또한 명령어 연산 코드의 해독과 레지스터 오퍼랜드의 액세스가 동시에 일어나는 게 가능하다.

③ 주소 지정 방식: 주소 지정방식에 있어서도, 단순하게 레지스터 주소 지정 방식을 사용하므로 적은 수의 간단한 주소지정 방식을 사용 할 수 있다.
④ 명령어 형식: 적은 수의 단순한(고정된) 명령어 형식을 사용할 수 있다.

003 답 ④

DMA: 입출력장치와 주기억장치 사이의 통신을 담당한다.

선지분석

① 중요 구성요소: ALU, CU, 레지스터, 내부 버스로 구성된다.
② 레지스터: 명령어, 데이터, 주소 등을 임시로 저장한다.
③ 어드레스 버스: 주소 버스는 단방향이고, 데이터와 제어 버스는 양방향이다.

004 답 ②

세그먼트 포인터: 세그먼트 레지스터는 존재하지만 세그먼트 포인터는 존재하지 않는다. 여기서 세그먼트란 메모리를 조각내어 각각의 조각마다 시작 주소, 범위, 접근 권한 등을 부여하여 메모리를 보호하는 기법을 말한다. 세그먼트 레지스터는 세그먼트 영역의 메모리에 주소를 지정한다.

선지분석

①, ③, ④ 제어장치: PC, MAR, MBR, IR 레지스터가 있다.

005 답 ②

여러 작업: 해당 설명은 CISC이고, RISC는 한 개의 명령어로 한 개의 작업을 수행할 수 있다.

선지분석

① Clock Cycle: 명령어가 단순하므로 사이클 당 한 명령어 실행(one instruction per cycle)이 가능하다. 즉, 기계 사이클 당 하나의 기계어가 실행된다.
③ 명령어 길이: 고정 길이의 명령어를 사용하여 더욱 빠르게 해석할 수 있다. 명령어의 길이를 고정하면 파이프라인 처리의 고속화를 꾀할 수 있지만, 컴파일러의 최적화 과정이 복잡해지기 쉽다.
④ 주소 지정 방식: 단순하게 레지스터 주소 지정 방식을 사용하므로 적은 수의 간단한 주소지정 방식을 사용 할 수 있다.
⑤ Pipelining: 명령어 수행 단계별 시간이 일정하고, 연산 코드의 해독과 레지스터 오퍼랜드의 액세스가 동시에 일어나는 것이 가능하다.

006 답 ③

RISC는 CISC에 많은 명령어가 존재하지만 자주 사용하는 명령어는 몇 개 안된다는 사실에서 출발하였다. 그러므로 CISC에 비해 적은 수의 명령어와 간단한(고정된) 명령어 구조를 가진다.

선지분석

① 기존 방식은 컴퓨터에 다른 일을 시키려면 전기회로를 모두 바꿔줘야 하는 불편함을 가지는데, 프로그램 내장방식은 프로그램과 자료를 기억장치에 저장해 놓았다가 사람이 실행시키는 명령에 따라 작업을 차례로 불러내어 처리하는 방식이다.
② 하나의 명령어 스트림(IS)이 다수의 처리장치들에서 동시 처리되는 기술이다. 하나의 명령어는 각 처리요소가 각 기억장치에 저장된 독립된 데이터를 처리하도록 한다. 결과적으로 하나의 제어장치는 하나의 명령어를 인출하여 해독하고, 여러 개의 처리장치는 여러 데이터를 동시에 인출하여 명령어를 실행한다. 벡터 프로세서(vector processor)와 배열 프로세서(array processor)가 대표적인 SIMD 분류에 속한다.
④ 하나의 명령어를 여러 단계로 나누어서 처리할 수 있기 때문에, 한 명령어의 특정 단계를 처리하는 동안 다른 부분에서는 다른 명령어의 다른 단계를 처리할 수 있다. 결과적으로 처리 속도를 향상시킬 수 있다.

007 답 ④

ㄷ. PC: 다음에 인출할 명령어의 주소를 보관한다. 현재의 명령어 주소가 아님에 주의해야 한다.
ㄹ. IR: 현재 가지고 온 명령어를 저장한다. 제어장치에서 해당 명령어를 해석해서 처리하기 위한 시작점이 되는 레지스터이다.
ㄴ. MAR: 명령어의 주소 혹은 데이터의 주소를 보관하는데 버퍼 역할을 한다. CPU와 주기억장치의 속도 차이가 크기 때문에 이를 완충해주는 역할을 한다.
ㄱ. AC: 연산에 필요한 데이터를 임시로 보관한다. 예를 들어, add 명령어를 실행할 때 사용된다.

008 답 ③

CISC는 다양한 어드레싱 모드(주소 기법)를 사용하고, RISC는 간단한 어드레싱 모드를 사용한다. RISC는 레지스터를 많이 사용하므로 레지스터 주소 지정 방식을 많이 사용한다.

선지분석

① CISC는 가변 길이의 명령어 형식을 가지고, RISC는 고정 길이의 명령어 형식을 가진다.
② CISC는 명령어의 길이가 길고 프로그램의 길이가 짧다. 반대로, RISC는 명령어의 길이가 짧고 프로그램의 길이가 길다.
③ CISC는 하나의 명령어로 복잡한 명령어를 수행할 수 있기 때문에 복잡한 하드웨어(제어 장치)가 필요하다. 반대로, RISC는 하나의 명령어로 복잡한 명령어를 처리할 수 없기 때문에 간단한 하드웨어(제어 장치)를 사용한다. 제어 장치를 만드는 비용을 아껴서 CISC에 비해 많은 레지스터를 사용한다.

009 답 ②

캐시 메모리(Cache memory): CPU와 주기억장치 사이에 위치하는 고속의 메모리이다. CPU와 주기억장치의 속도차를 개선하는데 사용된다.

선지분석
① 누산기(AC): CPU 내부 레지스터로 계산을 위한 데이터의 임시 저장용 레지스터이다.
③ 프로그램 카운터(PC): 다음에 수행할 명령어의 번지를 저장하는 레지스터이다.
④ 메모리 버퍼 레지스터(MBR): 메모리 주소 레지스터(MAR)가 지정한 주소의 데이터 혹은 명령어를 가져오거나 MAR이 지정한 주소로 데이터를 저장할 때 사용한다.

TIP 주기억장치 300번지에 add 250이라는 명령어가 있다고 가정하고 이를 CPU가 가지고 와서 실행하는 과정에서 어떤 레지스터가 사용되는지 확인해보자.

010

답 ④

ㄴ. 최신 CPU나 그래픽 카드는 대부분 이용 환경에 따라 클럭이 자동으로 조절된다. 즉, 처리할 작업이 없는데 클럭을 최대로 할 필요가 없다.
ㄷ. CISC에서 실제로 사용하는 명령어 개수가 많지 않음에 착안한 RISC는 CISC에 비해 명령어 수가 적고 명령어 형식이 간단(Reduced)하다. 명령어 형식이 간단해지면 제어장치를 만드는 비용을 절약할 수 있고, 절약된 돈으로 CISC에 비해 많은 레지스터를 컴퓨터 내에 추가하였다. 그래서 대부분의 연산이 레지스터상에서 이루어진다.

선지분석
ㄱ. 하나의 명령어는 여러 개의 클럭을 사용하므로 모든 명령어의 실행시간은 클럭 주기보다 크다.

011

답 ②

CPU는 ALU(산술연산과 논리연산을 수행), 레지스터(데이터, 명령어, 주소를 임시 저장), 제어장치(명령어를 해석해서 제어 신호를 만들어냄)로 구성된다.

선지분석
ㄴ. DRAM: 재충전 방식의 주기억장치를 의미한다.
ㄷ. PCI: 컴퓨터 메인보드에 주변 장치(사운드, 비디오, SSD 등)를 장착하는 데 쓰이는 컴퓨터 버스의 일종으로 현재는 PCIe가 사용된다.
ㅁ. 메인보드: 마더보드 혹은 주회로기판을 의미한다.

012

답 ②

RISC 대부분의 연산은 레지스터에서 수행되고 메모리는 데이터를 가지고 올 때하고 데이터를 저장할 때만 사용된다. 메모리의 피연산자를 직접 처리하지 않는다. 만약, 직접 처리하면 CISC와 마찬가지로 속도가 늦어진다.

선지분석
① CISC는 명령어 길이가 가변적이다.
③ RISC의 출발점은 "CISC의 모든 명령어가 자주 사용되는 것은 아니다"라는 데서 출발한다. 이를 바탕으로 RISC는 명령어 처리구조를 단순화, 기계어 명령의 수를 줄였다. 그리고 RISC는 제어장치를 간단하게 만들어 남는 비용으로 레지스터와 캐시를 추가하였다.
④ CISC는 명령어 실행 단계가 많고 회로 설계가 복잡하다.

013

답 ②

프로그램 카운터: 다음에 수행할 명령어의 주소를 저장한다(PC, 특수 목적 레지스터).

선지분석
① 명령어 레지스터: 기억장치로부터 읽어온 명령어를 수행하기 위하여 일시적으로 저장한다(IR, 특수 목적 레지스터).
③ 데이터 레지스터: 데이터를 저장하기 위해 사용하는 일반 목적용 레지스터이다.
④ 주소 레지스터: 주소를 저장하기 위해 사용하는 일반 목적용 레지스터이다.

014

답 ④

MBR: 기억장치에 쓰여질 데이터 혹은 가장 최근에 읽은 데이터가 저장된다. CPU와 주기억장치의 속도 차이가 크기 때문에 이를 완충해주는 역할을 한다.

선지분석
① Status: PSW와 그 밖의 상태가 저장되는 레지스터이다.
② PSW: 현재 CPU의 상태를 나타낸다. 예를 들어, C(캐리가 발생했는지?), S(부호 비트는?), Z(0인지?), V(오버플로우가 발생했는지?) 등을 나타낸다.
③ MAR: 명령어의 주소 혹은 데이터의 주소를 보관하는데 버퍼 역할을 한다. CPU와 주기억장치의 속도 차이가 크기 때문에 이를 완충해주는 역할을 한다.
⑤ Index: 인덱스 주소 지정 방식에 사용되며 명령어가 실행될 때마다 인덱스 레지스터의 내용이 자동적으로 증가 혹은 감소한다. 배열의 데이터를 인덱싱할 때 사용한다.

015

답 ③

MAR: 해당 설명은 IR이고, MAR은 다음에 읽기 동작이나 쓰기 동작을 수행할 기억장소의 주소를 저장한다.

선지분석
① AC: 연산에 이용되는 데이터나 연산 결과 등을 일시적으로 보관한다.
② PC: 다음에 실행할 명령어의 주소를 저장한다.
④ MBR: 기억장치에 저장될 데이터 혹은 기억장치로부터 읽은 데이터를 임시로 저장한다.

016

답 ③

명령어를 처리하기 위해서는 명령어를 인출해야 한다.

(선지분석)

① 메모리 접근 후 명령어를 실행한다.
② 명령어 해독 후 오퍼랜드를 가지고 오기 위해 메모리에 접근한다.
④ 명령어 인출 후 명령어를 해독한다.

017

답 ①

Intel은 CISC의 대표 주자로서 IA-64와 iAPX 계열 CPU(Intel i960, i860) 등을 제외하면 대부분의 CPU는 CISC 방식이다.

(선지분석)

②, ③, ④, ⑤ 나머지 CPU 들은 모두 RISC 방식이다.

018

답 ③

ㄴ. 명령어 실행 단계에서 제어 장치(제어 신호), 레지스터(임시 저장), 연산 장치(실제 연산)가 필요하다.
ㄷ. 인출에서는 MAR <- PC, MBR <- M(MAR), IR <- MBR을 거친다.

019

답 ②

명령어의 길이가 가변적이다.

020

답 ④

해당 주소는 메모리 주소 레지스터에 담긴다.

CHAPTER 03 | 주기억장치(Main Memory)

정답

p.35

001	②	002	③	003	③	004	④	005	④
006	③	007	②	008	④	009	③	010	③
011	②	012	②	013	④	014	②	015	②
016	①	017	①	018	③				

001

답 ②

메모리의 처리 속도를 기준으로 나열하면 다음과 같다.

레지스터(Register) > L1 Cache(On-Chip Cache, SRAM) > L2 Cache(Off-Chip Cache, SRAM) > 주기억장치(DRAM) > 보조기억장치(HDD or SSD) > 보조기억장치(CD/DVD or 블루레이) > 클라우드

가장 빠른 메모리는 레지스터이고, 가장 늦은 메모리는 클라우드이다. On-Chip Cache는 캐시가 CPU에 포함되는 것을 의미하고, Off-Chip 캐시는 캐시가 CPU 밖에 있음의 의미한다. 현재 사용하는 컴퓨터는 캐시가 4개 존재하고 L1부터 L3까지가 On-Chip Cache이고, L4가 Off-Chip Cache인데 L1이 가장 빠르고 L4가 가장 느리다(번호 순서대로 기억하면 된다).
따라서 본문의 답은 L1 Cache > L2 Cache > 주기억장치(임의 접근 메모리) > 가상메모리 순이 된다. 가상메모리는 요청을 했을 때 주기억장치에 없으면 보조기억장치에서 가지고 오기 때문에 주기억장치보다 속도가 느리다.

002

답 ③

8개의 4K × 8비트 RAM 칩 사용: 8(= 2 × 4)을 쪼갠다고 하더라도 문제의 조건을 맞출 수 없다. (4 × 2)K × (8 × 4)

(선지분석)

① 4개의 2K × 64비트 RAM 칩 사용: (2 × 4)K × 64
② 32개의 1K × 16비트 RAM 칩 사용: 32(= 8 × 4)를 쪼개서 워드 용량과 워드 길이 곱한다.
(1 × 8)K × (16 × 4)
④ 4개의 8K × 16비트 RAM 칩 사용: 8K × (16 × 4)

TIP n개의 워드 용량 × 워드 길이가 있다면 n을 워드 용량을 확장하는데 사용할 수 있고 아니면 n을 워드 길이를 확장하는데 사용할 수 있다. 워드 용량을 확장하게 되면 (워드 용량 × n) × 워드 길이가 되고(직렬 연결), 워드 길이를 확장하게 되면 워드 용량 × (워드 길이 × n)이 된다(병렬 연결). 여기에 주의할 사항이 n이 워드 용량과 워드 길이에 동시에 적용되지는 않는다.

003

답 ③

SRAM: SRAM이 캐시이므로 접근 속도가 더 빠르다. 단, 저장 밀도(집적도)는 SRAM에 비해서 DRAM이 높다.

(선지분석)

① 휘발성: 기본적으로 DRAM은 휘발성 메모리이다. 최신 기술은 FRAM, PRAM, MRAM과 같은 비휘발성 메모리도 존재한다.
② 재충전: DRAM은 캐패시터에 전하가 충전되는 방식으로 시간이 지나면 방전이 발생한다. 값을 유지하기 위해 주기적으로 재충전을 해주어야 하고 이러한 재충전으로 인해 동적(Dynamic)이라는 단어를 사용한다.
④ 주기억장치: DRAM은 주기억장치에 사용하고, SRAM에 캐시에 사용한다.

004 답 ④

erase 속도: 물리적은 수행 방법을 떠나 읽기는 페이지 단위로 수행되고 지우기는 블록 단위로 수행되므로 읽기가 더 빠르다.

(선지분석)

① read와 write: 페이지 단위로 읽기/쓰기 동작이 가능하다.
② erase: 블록(블록을 나누면 페이지가 된다) 단위로 지워야 한다.
③ overwrite: 덮어 쓸 수 없으므로, 모든 블록을 지우기 전까지는 해당 자료를 변경할 수 없다.
⑤ 전원 공급: 메모리 칩 안에 정보를 유지시키는 데에 전력이 필요 없는 비휘발성 메모리이다.

005 답 ④

리프레시: 캐패시터를 사용하지 않기 때문에 리프레시가 필요 없다. 그리고 메모리 칩 안에 정보를 유지시키는 데에 전력이 필요 없는 비휘발성 메모리이다.

(선지분석)

① 읽기/쓰기: 페이지 단위로 읽기/쓰기 동작이 가능하다.
② 수명 단축: 매체의 소재 자체의 한계로 인해 기록 가능 횟수에 한계가 있다.
③ 지운 후 쓰기: 덮어 쓸 수 없으므로, 모든 블록을 지우기 전까지는 해당 자료를 변경할 수 없다.
⑤ 전력 소모: 연산을 수행하지 않을 때의 대기 중 전력 소모는 낮다.

006 답 ③

메모리의 처리 속도를 기준으로 나열하면 다음과 같다.

레지스터(Register) > L1 Cache(On-Chip Cache, SRAM) > L2 Cache(Off-Chip Cache, SRAM) > 주기억장치(DRAM) > 보조기억장치(HDD or SSD) > 보조기억장치(CD/DVD or 블루레이) > 클라우드

이렇게 메모리를 구성한 이유는 경제학의 원리 때문이다. 즉, 적정 비용의 적정 속도를 얻기 위해서이다.

007 답 ②

최적(여러 공백 중 새로운 프로그램이 요구하는 크기보다 크면서 가장 크기가 비슷한 공간을 채택하여 할당하는 방법이다. 매우 작은 공백만 생긴다는 장점을 갖는다): 12에 15를 할당한다, 30에 35를 할당한다, 20에 20을 할당한다.

(선지분석)

①, ③ 최초(여러 유휴 공간들을 차례대로 검색해 나가다가 새로운 프로그램을 저장 할 수 있을 만큼의 크기를 가진 부분을 최초로 찾으면 그 곳에 할당하는 방법이다. 검색 시간을 절약할 수 있다): 12에 20을 할당한다, 30에 35를 할당한다, 20은 할당할 수 없다.
④ 최악(존재하는 여러 공백 중 가장 큰 부분을 찾아 할당한다. 프로그램이 할당되고 남은 공간이 크다면, 그 나머지 부분을 다른 프로그램에 할당하여 사용할 수 있다): 12에 35를 할당한다, 30은 할당할 수 없다.

008 답 ④

최악 적합은 가장 큰 공간에 할당하는 것을 의미한다.

- 25KB는 가장 큰 공간인 35KB에 할당된다(z).
- 30KB는 남은 것 중에 가장 큰 공간인 30KB에 할당된다(w).
- 15KB는 남은 것 중에 가장 큰 공간인 20KB에 할당된다(x).
- 10KB는 마지막 남은 공간인 15KB에 할당된다(y).

009 답 ③

해당 칩 4개를 병렬로 구성하게 되면 32K × (8 × 4) = 32K × 32가 된다. 즉, 워드 크기가 32비트인 컴퓨터에서도 사용할 수 있다. 이것은 하나의 예이고 칩만 여러 개 있다면 워드의 크기는 얼마든지 바꿀 수 있다.

(선지분석)

32K × 8비트는 워드의 개수(32K) × 워드의 길이(8비트)를 의미한다.

① 해당 칩 4개를 직렬로 구성하게 되면
(32 × 4)K × 8 = 128K × 8비트 ROM을 만들 수 있다.
② 워드의 길이가 8비트이므로 데이터 핀은 8개이다.
④ 워드의 개수가 32K이므로 주소의 개수도 32,768(32K)개이다.

010 답 ③

메모리를 직렬로 연결하면 주소의 개수(워드의 개수)를 늘릴 수 있고, 병렬로 연결하면 워드의 길이를 늘릴 수 있다.
주소의 개수 × 워드의 길이 = (512 × 4) × 4 = 2048 × 4가 된다.
즉, 0번지부터 2047번지까지 사용할 수 있고 마지막 번지인 2047을 16진수로 바꾸면 7FF번지가 된다.

011 답 ②

SRAM은 재충전이 필요 없는 휘발성 메모리이다.

(선지분석)

① CPU가 빠르고 주기억장치(DRAM)가 너무 느리기 때문에 캐시기억장치(SRAM)를 사용하여 속도 차이 문제를 개선한다.
③ RAID는 디스크를 여러 개 병렬로 사용하므로 신뢰성과 접근속도를 향상 시킬 수 있다.
④ 기억장치 계층 구조는 경제학의 원리가 적용된다. 즉, 적용 비용의 적정 속도를 유지한다.

012

답 ②

블루레이 디스크는 보조기억장치로 사용된다. 보조기억장치에는 HDD, SSD, CD, DVD 등이 포함된다.

선지분석

①, ③, ④ 주기억장치에는 RAM과 ROM이 사용된다. RAM에는 SRAM(캐시)과 DRAM(주기억)이 존재하고, ROM에는 MROM(제조사가 1회 변경), PROM(사용자가 1회 변경), EPROM(사용자가 계속 변경, UVEPROM(자외선으로 지움)과 EEPROM(전기 신호로 지움)이 존재)이 존재한다.

013

답 ④

1K × 4bit → 8K × 16bit
1K(× 8개) × 4bit → 8K × 4bit: 직렬 연결
8K × 4(x4개)bit → 8K × 16bit: 병렬 연결
8개 × 4개 = 32개 // 8개짜리가 4개 필요한 개념이다.

TIP 1K × 4bit에서 1K는 주소의 개수(워드의 개수)를 의미하고 4는 워드의 비트를 의미한다. 해당 칩을 직렬 연결하면 주소의 개수를 늘릴 수 있고, 병렬 연결하면 워드의 비트를 늘릴 수 있다.

014

답 ②

- 레지스터: CPU 내부에 위치하는 고속의 메모리이다.
- 캐시메모리(SRAM): CPU 내부와 외부에 위치하는 고속의 메모리이다. CPU와 주기억장치의 속도차를 개선하기 위한 메모리이다.
- 주기억장치(DRAM): CPU와 보조기억장치의 속도차를 개선하기 위한 메모리이다.
- 하드디스크: 보조기억장치로 HDD(예전, 기계식), SSD(현재, 전자식) 등을 예로 들 수 있다.

015

답 ②

SRAM은 캐시로서 속도가 제일 빠르다.
DRAM은 주기억장치로서 속도가 두 번째로 빠르다.
플래시 메모리(SSD)는 임의 접근으로 속도가 세 번째로 빠르다.
마그네틱 디스크는 HDD로서 속도가 가장 느리다(직접 접근).

016

답 ①

SRAM도 휘발성이다.

017

답 ①

ㄱ. 남는 공간으로 재할당을 한다.
ㄷ. 시간을 절약한다.

선지분석

ㄴ. 내부 단편화를 최소화할 수 있다.
ㄹ. 외부 단편화를 최소화할 수 있다.

018

답 ③

할당 후 제일 적게 남으면 최적 적합이다.

선지분석

① 중앙 적합은 존재하지 않는다.
② 3번에 할당해야 한다.
③ 2번에 할당해야 한다.

CHAPTER 04 | 캐시기억장치(Cache)

정답

p.40

001	③	002	②	003	⑤	004	④	005	①
006	③	007	④	008	④	009	③	010	②
011	④	012	④	013	④	014	④	015	③
016	③								

001

답 ③

공간적 지역성: CPU가 현재 1000번지를 사용했으면 앞으로 1001번지를 사용할 확률이 높다는 데서 출발한다. 프로그램에서 순차적 실행이나 배열이 대표적인 예이다.

선지분석

① 시간적 지역성: CPU가 현재 1000번지를 사용했으면 앞으로 1000번지를 다시 사용할 확률이 높다는 데서 출발한다. 프로그램에서 루프가 대표적인 예이다.
② 캐시 일관성: CPU와 캐시가 여러 개 존재할 때 캐시와 주기억장치와의 데이터가 일치해야 함을 의미한다. 주기억장치와 일부 캐시는 변경되었는데 다른 캐시는 변경되지 않는 문제 등이 발생할 수 있다.
④ 영속적 바인딩: 원격 프로시저 호출을 위하여 설정되는 연결이 결과 값 반환 이후에도 계속 유지된다. 원격 프로시저를 반복 호출하는 응용에 적합하다.

002

답 ②

- 완전 연관: 주기억장치의 내용이 캐시의 어디에도 올 수 있으므로 캐시 적중률이 가장 좋다.
- 2-way 집합 연관: 직접과 완전 연관을 결합하였다. 주기억장치의 내용이 정해진 집합 내에서(직접) 집합의 어디에도 올 수 있기 때문에(집합 연관) 캐시 적중률이 완전 연관 다음으로 좋다.
- 직접: 주기억장치의 내용이 캐시의 특정 위치에 와야 하므로 캐시 적중률이 가장 나쁘다.

003

답 ⑤

주기억장치와 캐시기억장치에서 데이터를 인출하는데 소요되는 평균기억장치 접근시간($T_{average}$)은 다음과 같다.

$T_{average} = H_{hit\_ratio} \times T_{cache} + (1 - H_{hit\_ratio}) \times T_{main}$

여기서, H_{hit_ratio}는 적중률이고, T_{cache}는 캐시기억장치 접근시간, T_{main}은 주기억장치 접근시간이다. 주의할 것은 T_{main}은 주기억장치로 바로 접근하는 시간이 아니고 캐시로 가서 실패한 후에 주기억장치로 가는 시간을 의미한다. 이를 기반으로 문제를 풀면 다음과 같다.

- 0.9 × 1: 90%는 캐시(1 사이클)에서 가져간다.
- 0.1 × 101: 10%는 DRAM에서 가져간다. DRAM(100 사이클)에 바로 가는 것이 아니라 캐시(1 사이클)에서 miss가 발생했을 때 DRAM으로 간다. 그러므로 총 101 사이클이 소요된다.
- 0.9 × 1 + 0.1 × 101 = 11 사이클: 이를 계산하면 총 11 사이클이 나온다.

선지분석

④ 0.9 × 1 + 0.1 × 100 = 10.9: 해당 사이클로 계산하지 않도록 주의한다. 해당 사이클로 계산될 수 있는 경우 DRAM에 접근하는 사이클에 캐시에서 miss가 난 사이클이 포함될 때이다.

004

답 ④

우선순위 상속: 우선순위 역전(inversion)의 해결책으로 사용된다. 우선순위 역전이란 우선순위가 높은 태스크(task1)가 READY 상태(실행 가능)로 바뀌었지만(task3가 끝나기를 기다림 - 세마포어), 더 낮은 우선순위의 태스크(task2)가 CPU를 점유하고 있어서 실행되지 못하는 상태를 말한다. 현재 실행 중인 태스크(task3)가 task2에 의해 선점되지 않도록 task1의 우선순위를 상속한다.

선지분석

① 스누핑: 주소 버스를 항상 감시하여 캐시 상의 메모리에 대한 접근이 있는지를 감시하는 구조이다. 다른 캐시에서 쓰기가 발생하면 캐시 컨트롤러에 의해서 자신의 캐시 위에 있는 복사본을 무효화시킨다.

② MESI: 캐시 메모리의 일관성을 유지하기 위해서 별도의 플래그(flag)를 할당한 후 플래그의 상태를 통해 데이터의 유효성 여부를 판단하는 프로토콜이다.

③ 디렉토리 기반: 캐시 블록의 공유 상태, 노드 등을 기록하는 저장 공간인 디렉터리를 이용하여 관리하는 구조이다.

005

답 ①

자주 사용할 것 같은 명령어 또는 데이터를 캐시에 저장하여 CPU가 주기억장치에 접근하는 시간을 줄여준다.

선지분석

② 가장 접근 속도가 느린 장치이다.

③ 주기억장치의 일종이다. 주기억장치는 CPU와 보조기억장치의 속도 차이를 개선하기 위해 존재한다.

④ 가장 접근 속도가 빠른 장치이다.

006

답 ③

직접 사상은 주기억장치에서 캐시기억장치로 정해진 위치로 가기 때문에 별도의 교체 알고리즘이 필요하지 않다. 단, 연관 사상 또는 집합 연관 사상은 별도의 교체 알고리즘이 필요하다.

선지분석

① 파이프라인의 속도를 높이기 위해 명령어 캐시와 데이터 캐시를 분리한다. 즉, 명령어와 데이터에 동시에 접근할 수 있어 파이프라인 해저드(구조적 해저드)를 감소시킬 수 있다.

② 캐시는 경제학의 원리(적정 비용의 적정 속도)를 적용하여 다단계 캐시 구조를 사용한다. 현재 사용하는 컴퓨터는 4단계 캐시 구조를 가진다.

④ 쓰기 버퍼는 주기억장치에 쓰기 위해 대기 중인 데이터를 저장한다. CPU는 캐시와 쓰기 버퍼에 데이터를 기록하고 실행을 계속해서 수행한다(기다리지 않음에 유의).

007

답 ④

- Set = 9bit = 2^9 // 세트 필드가 9비트이므로 512(= 2^9)개의 라인이 존재한다.
- 2-way = $2^9 + 2^9 = 2^{10}$ // 세트 내에 2개의 라인이 존재하므로 총 1024(= 2^{10})개의 라인이 존재한다.

TIP 해당 문제를 확장하면 N-way까지 계산이 가능하다.

008

답 ④

주어진 조건을 태그, 라인, 단어로 분리하면 다음과 같다.

- 라인: 0001 // 캐시 메모리의 라인 번호에서 0001을 선택한다.
- 단어: 1 // 라인 번호 0001에서 단어 번호 1을 선택한다.
- 태그: 000 // 라인 번호 0001, 단어 번호 1의 태그 번호는 000이다.

009

답 ③

LFU: 해당 설명은 MFU이고, LFU는 가장 적게 참조된 블록을 교체한다.

선지분석

① LRU: 시간을 기준으로 오랫동안 사용되지 않았던 블록을 교체한다.

② FIFO: 들어온 순서대로 블록을 교체한다.

④ Random: 랜덤하게 임의의 블록을 교체한다.

010

답 ②

평균 기억장치 접근시간

= 적중률 × 캐시기억장치 접근시간 + (1 - 적중률) × 주기억장치 접근시간

= 0.8 × 20 + 0.2 × 150 = 16 + 30 = 46ns

011 답 ④

해당 방식은 write-through 정책이고, write-back은 새롭게 생성된 중앙처리장치의 데이터를 캐시기억장치에만 기록하고 주기억장치는 나중에 기록하는 방식이다.

선지분석

① CPU 인접한 곳에 위치한 캐시를 off-chip 캐시라고 하고, CPU 내부에 포함된 캐시를 on-chip 캐시라고 한다.
② 속도차를 개선하기 위해 지역성의 원리를 이용한다.
③ 어떤 정책(write-back 또는 write-through)을 사용하더라도 데이터 불일치 문제가 발생한다.

012 답 ④

연관 사상과 집합 연관 사항의 경우 캐시 블록 교체정책이 필요하다.

선지분석

① 충돌 실패(다수의 블록이 동일한 집합이나 블록에 사상되면서 생기는 실패)는 직접 사상과 집합 연관 사상에서 발생한다.
② 공간적 지역성을 더 잘 활용한다.
③ 캐시와 주기억장치 모두 갱신한다.
⑤ Write-through 캐시에만 적용된다.

013 답 ④

세트 = $2^8/2^2 = 2^6$, 오프셋 = $2^{13}/2^8 = 2^5$

014 답 ④

특정 주기억장치블록을 여러 개의 캐시기억장치 블록으로 사상할 수 없다. 즉, 주어진 위치로만 사상할 수 있다.

015 답 ③

$2.5 = x1.5 + (1 - x)11.5$
$10x = 9$
$x = 0.9$

016 답 ③

32Kbyte가 4-way이므로 1-way는 8Kbyte가 된다. 각 캐시 블록의 크기가 64바이트이므로, 나누면 8Kbyte/64byte = 213/26 = 27

CHAPTER 05 | 보조기억장치(Auxiliary Memory)

정답 p.44

001	⑤	002	④	003	③	004	②	005	③
006	②	007	③	008	④	009	③	010	③
011	②								

001 답 ⑤

RAID 레벨 5: 패리티 비트를 저장하는 볼륨을 별도로 설치(레벨 4)하지 않고, 데이터를 저장하는 볼륨에 패리티 비트를 분산하여 저장한다.

선지분석

① 자기 테이프: 저렴하고 크기가 작은 여러 개의 독립된 하드 디스크(자기 디스크, HDD)들을 묶어 하나의 기억장치처럼 사용할 수 있는 방식이다.
② 더 많은 양의 데이터: 여러 개의 독립된 디스크들이 일부 중복된 데이터를 나눠서 저장하고 신뢰성(안정성), 성능(속도)을 향상시키는 기술을 의미한다.
③ 읽기 전용 보조기억장치: 읽기와 쓰기가 가능한 보조기억장치(HDD)를 이용한다.
④ RAID 레벨 0: 2개 이상의 디스크를 사용하여 2개 이상의 볼륨을 구성한 구조로 여분(redundancy) 디스크를 포함하지 않아서 오류 검출 기능은 없다. 높은 신뢰성을 요구하기 보다는 성능과 용량을 중요시하는 시스템에 사용한다.

002 답 ④

RAID 레벨 5: 패리티 비트를 저장하는 볼륨을 별도로 설치(레벨 4)하지 않고, 데이터를 저장하는 볼륨에 패리티 비트를 분산하여 저장한다.

선지분석

① RAID 레벨 1: 여분의 디스크가 포함되지 않지만 동일한 RAID 볼륨을 추가적으로 구성된다. 추가된 볼륨이 원래의 볼륨과 동일하기 때문에 미러링(mirroring) 모드라고 한다.
② RAID 레벨 0: 2개 이상의 디스크를 사용하여 2개 이상의 볼륨을 구성한 구조로 여분(redundancy)의 디스크를 포함하지 않아서 오류 검출 기능은 없다. 높은 신뢰성을 요구하기 보다는 성능과 용량을 중요시하는 시스템에 사용한다.
③ RAID 레벨 0 + RAID 레벨 1: 해당 조합 외에도 RAID 레벨 1 + RAID 레벨 0, RAID 레벨 5 + RAID 레벨 0 등이 가능하다.

003 답 ③

CPU, ROM, 주기억장치(RAM), 보조기억장치의 관계를 순서대로 설명하면 다음과 같다.

- 컴퓨터 전원을 켜면 CPU는 자동적으로 ROM에 저장된 프로그램들(BIOS)을 실행시켜서 부팅을 수행한다.
- 완전하게 부팅이 되면(보조기억장치에 저장되어 있는 운영체제가 주기억장치로 로드되면), 사용자는 보조기억장치에 저장된 응용 프로그램을 실행시켜서 주기억장치의 RAM에 프로그램 명령들을 적재한다.
- CPU는 RAM에서 실행할 명령어 데이터를 가지고 와서 처리를 한다.
- 처리된 결과는 다시 RAM으로 보낸다.
- 모든 처리가 완료가 되면 RAM에 저장된 결과들이 보조기억장치에 저장한다.

004 답 ②

BIOS는 주기억장치인 ROM에 저장된다.

선지분석

① 하드디스크는 임의 접근과 순차 접근을 결합한 직접 접근이다.
③ CPU를 기준으로 접근 속도는 레지스터 > 캐시기억장치 > 주기억장치 > 보조기억장치(하드디스크) 순이다.
④ 하드디스크는 비휘발성이다.

005 답 ③

RAID 4: RAID 3은 바이트 단위로 데이터를 분할하고 패리티 정보를 계산하지만, RAID 4는 미리 정해진 블록 단위로 데이터를 분할하고 패리티를 계산한다. RAID 3과 마찬가지로 오직 1개의 별도 볼륨으로 패리티 정보를 저장한다.

선지분석

① RAID 1: 여분의 디스크가 포함되지 않지만 동일한 RAID 볼륨을 추가적으로 구성된다. 추가된 볼륨이 원래의 볼륨과 동일하기 때문에 미러링(mirroring) 모드라고 한다.
② RAID 2: RAID 0의 병렬 접속 기술을 사용하며, 여분의 디스크를 추가하여 오류검사를 통해 신뢰성을 높인 방법이다. 패리티 정보는 해밍 코드(Hamming Code)를 사용한다.
④ RAID 5: 패리티 비트를 저장하는 볼륨을 별도로 설치(레벨 4)하지 않고, 데이터를 저장하는 볼륨에 패리티 비트를 분산하여 저장한다.

006 답 ②

RAID 3: 해당 설명은 RAID 4이고, RAID 3은 바이트 단위이다. RAID 3은 추가 볼륨의 단점(RAID 2)을 조금 더 개선하여, 오직 1개의 볼륨만으로 패리티 정보를 저장할 수 있어 볼륨의 추가 비용이 적게 든다.

선지분석

① RAID 1: 여분의 디스크가 포함되지 않지만 동일한 RAID 볼륨을 추가적으로 구성된다. 추가된 볼륨이 원래의 볼륨과 동일하기 때문에 미러링(mirroring) 모드라고 한다.
③ RAID 5: 패리티 비트를 저장하는 볼륨을 별도로 설치(레벨 4)하지 않고, 데이터를 저장하는 볼륨에 패리티 비트를 분산하여 저장한다.
④ RAID 6: 신뢰성에 좀 더 기반을 둔 구성이다. RAID 5에서는 2개의 볼륨에서 동시에 오류가 발생할 경우 복구하기 힘들지만 RAID 6은 패리티 정보를 하나 더 추가해서 동시에 오류가 발생해도 복구가 가능하다.

007 답 ③

레이드 레벨 3: 레이드 레벨 2의 추가 볼륨 단점을 조금 더 개선하여, 오직 1개의 볼륨만으로 패리티 정보를 저장할 수 있어 볼륨의 추가 비용이 적게 든다.

선지분석

① 레이드 레벨 0: 해당 설명은 레이드 레벨 1이고, 레이드 레벨 0은 데이터를 2개 이상의 디스크에 블록 단위로 스트라이핑하여 저장하며, 다른 레이드 레벨에 비해 오류에 취약하다.
② 레이드 레벨 1: 해당 설명은 레이드 레벨 0이고, 레이드 레벨 1은 동일하게 미러링된 디스크 세트로 구성된다(레벨 4).
④ 레이드 레벨 5: 데이터와 패리티를 비트단위가 아닌 블록단위로 다수의 디스크에 스트라이핑하여 저장한다.
⑤ 레이드 레벨 6: 레이드 레벨 5에 패리티 정보를 하나 더 추가해서 동시에 오류가 발생해도 복구가 가능하다.

008 답 ④

RAID 5: 해당 설명은 RAID 6이고, RAID 5는 단일 분산 패리티 정보를 블록 단위로 분산 저장한다.

선지분석

① RAID 1: 미러링(mirroring) 모드를 지원한다.
② RAID 2: 데이터를 비트 단위로 분산 저장하고, 여분의 디스크를 추가하여 오류 검사(해밍 코드)를 통해 신뢰성을 높인 방법이다.
③ RAID 4: 미리 정해진 블록 단위로 데이터를 분할하고 패리티를 계산한다.

009 답 ③

RAID-4: 미리 정해진 블록 단위로 데이터를 분할하고 패리티를 계산한다.

선지분석

① RAID-0: 디스크 스트라이핑 방식을 사용한다.
② RAID-1: 디스크 미러링 방식을 사용한다.
④ RAID-5: 모든 디스크에 패리티 정보를 나눈다.

010 답 ③

기계적 장치는 HDD이고, SSD는 반도체 장치를 사용한다.

011 답 ②

미러링을 수행하고 오류를 검출하지 않는다.

CHAPTER 06 | 입출력장치(I/O)

정답 p.47

001	②	002	②	003	②	004	②	005	③
006	③	007	②	008	②	009	③	010	②

001 답 ②

입출력 인터페이스가 알림: 인터럽트 혹은 interrupt-driven I/O 라고 한다.

선지분석

① CPU가 계속 검사: 폴링 혹은 programmed I/O라고 한다.
③ 입출력 장치: DMA 혹은 직접 메모리 접근이라고 한다.
④ 채널 제어기: IOP(입출력 프로세서) 혹은 채널 이라고 한다.

002 답 ②

폴링 방식은 CPU 낭비가 발생하지만, 인터럽트는 입출력장치가 준비가 되면 CPU에게 요청을 하는 것이므로 CPU 낭비가 발생하지 않는다.

선지분석

① 폴링 방식은 CPU가 입출력장치의 상태를 반복적으로 검사하므로 CPU 낭비가 발생한다.
③ 인터럽트에서는 우선순위에 따라 인터럽트를 처리할 수 있다.
④ 인터럽트에서는 ISR(Interrupt Service Routine)을 호출한다.

003 답 ②

주기억장치와 입출력장치 사이의 데이터를 전송 시 효율성을 기준으로 정리하면 IOP(입출력 프로세서) > DMA(직접 메모리 접근) > Interrupt(인터럽트) > Polling(폴링) 순이다.

선지분석

① CPU로부터 입출력 명령과 버스 사용 제어만 받고 DMA에서 입출력을 수행한다. 이후 입출력이 끝나며 DMA에서 CPU에게 인터럽트를 통해 알린다.
③ DMA 제어기는 주기억장치와 입출력장치 사이에서 데이터를 전송하기 위해 버스 마스터(컴퓨터 시스템에 연결된 시스템 중 버스의 사용을 억제 또는 통제하는 역할을 하는 장치)로 동작한다. 또한 버스 마스터는 버스를 사용하는 장치(CPU, 주기억장치, 입출력 등)를 의미하기도 한다.
④ 단일 컴퓨터 시스템에 여러 개의 DMA 제어기가 존재할 수 있다.

004 답 ②

- 동기 인터럽트는 프로세서의 명령어를 실행한 결과로 발생하는 인터럽트이다.
- 비동기 인터럽트는 명령어와 관련 없는 이벤트에 의해서 발생하는 인터럽트이다.

키보드 혹은 마우스는 명령어와 관련 없는 이벤트이므로 비동기 인터럽트이다.

선지분석

① 실행 중에 0으로 나누는 것은 명령어 실행의 결과이므로 동기 인터럽트이다.
③ 명령어 실행 때문에 발생하는 인터럽트는 동기 인터럽트이다.
④ 보호 메모리 영역을 참조하는 것은 명령어 실행의 결과이므로 동기 인터럽트이다.

005 답 ③

DMA 제어기는 여러 입출력 장치가 공유해서 사용한다.

선지분석

① CPU를 대신해서 DMA 제어기가 입출력 장치와 메인메모리 사이에 데이터를 전송한다.
② 사이클 스틸링이란 CPU의 간섭 없이 버스 혹은 메인메모리에 접근하는 것을 의미하므로 DMA는 사이클 스틸링이랑 같은 의미이다.
④ DMA 제어기는 CPU에게 버스 사용권을 얻어야 하므로 CPU가 메인메모리에 접근하지 않는 동안에 데이터를 전송할 수 있다.
⑤ 데이터 전송이 완료되면 DMA 제어기가 CPU로 인터럽트를 보내 CPU가 자신에게 시킨 일이 다 끝났음을 알린다.

006 답 ③

인터럽트: 프로그램을 실행하고 있을 때, 입출력 하드웨어 등의 장치나 또는 예외상황이 발생하여 처리가 필요할 경우에 마이크로프로세서(CPU)에게 알려 처리할 수 있도록 하는 것을 말한다.

선지분석

① 파이프: 두 프로세스가 생산자 - 소비자 모델에 따라 통신할 수 있게 해주는 원형 버퍼이다(익명). 즉, 파이프는 한 프로세스가 쓰고 다른 프로세스가 읽는 선입선출 형태의 큐라 할 수 있다. 지명 파이프(named pipe)와 익명 파이프(anonymous pipe) 2종류가 있다.
② 스레드: 어떠한 프로그램 내에서, 특히 프로세스 내에서 실행되는 흐름의 단위를 말한다. 일반적으로 한 프로그램은 하나의 스레드를 가지고 있지만, 프로그램 환경에 따라 둘 이상의 스레드를 동시에 실행할 수 있다. 이러한 실행 방식을 멀티스레드(multi-thread)라고 한다(원자성을 가진다).

④ 프로세스 제어블록: 프로세스에 대한 정보를 가진다. 프로세스 정보란 프로세스 식별자, 프로세스 상태, 프로그램 카운터, CPU 레지스터 및 일반 레지스터, CPU 스케줄링 정보 등을 의미한다.

007 답 ②

CPU는 DMA 제어기에게 데이터 전송 명령을 내리고 더 이상 관여하지 않는다. 즉, DMA 제어기가 동작을 관리한다.

선지분석

① 채널(IOP)은 CPU의 간섭 없이 I/O 장치와 기억장치 사이에 자료를 주고받는다.
③ 폴링 방식(CPU가 I/O 장치를 계속 체크함)을 단점을 개선하기 위해 인터럽트를 사용한다.
④ I/O 장치는 키보드, 마우스, 모니터, 프린터 등으로 인터페이스 역할을 한다.
⑤ Memory-mapped I/O는 주기억장치를 입출력을 위한 기억장치로 사용하기 때문에 기존의 메모리 접근 명령어를 그대로 사용할 수 있다.

008 답 ②

이로 인해 CPU에게 부담을 주게 된다(자신의 할 일을 하지 못한다).

선지분석

① 인터럽트를 나타낸다.
③ 폴링의 장점이다.
④ 인터럽트를 나타낸다.
⑤ 폴링 방식을 개선한 인터럽트 방식을 의미한다.

009 답 ③

요청된 인터럽트를 무시할 수도 있다.

010 답 ②

내부 인터럽트에 해당한다.

CHAPTER 07 | 시스템 버스(System Bus)

정답 p.50

001	①	002	④	003	⑤	004	④	005	④

001 답 ①

명령어 버스: 명령어 버스가 아니라 제어 버스가 존재한다. 명령어는 데이터 버스에 실린다.

선지분석

② 3-상태 버퍼: 3-상태 버퍼의 Control Input에 0을 인가하면 High-impedance(높은 저항) 상태가 되어 입출력 장치의 출력을 버스에서 차단(분리)할 수 있다.
③ CPU를 거치지 않음: DMA(CPU의 명령어 받아 독자적으로 움직임) 혹은 IOP(입출력 프로세서)를 이용하면 입출력 장치와 주기억 장치 간 데이터가 CPU를 거치지 않고 전송된다.
④ 별도의 버스: 입출력 장치들을 위해 입출력 버스가 존재한다.

002 답 ④

명령어: 명령어 버스는 존재하지 않는다. 명령어는 데이터 버스에 실린다.

선지분석

① 주소: 중앙처리장치가 주기억장치로 데이터를 쓰기(write) 동작을 하거나 데이터를 읽기(read) 동작을 할 때, 해당하는 주기억장치 장소를 지정하는 주소를 전송하기 위한 선들의 집합이 주소 버스다. 주소 버스는 CPU에서 주기억장치 및 입출력 모듈로 주소를 전송할 수 있지만, 반대로는 주소를 전송할 수 없다. 따라서 주소 버스는 단방향 전송을 한다. 주소 버스의 비트 수는 중앙처리장치가 액세스할 수 있는 기억장치의 주소 수를 결정한다. 또는 기억장소의 수를 결정한다.
② 데이터: 컴퓨터 시스템을 구성하는 장치들 사이에 데이터를 전송하는 데 사용되는 선들의 집합을 데이터 버스라 한다. 이 버스는 연결된 장치들 간에 서로 양방향 전송이 가능하다. 그리고 데이터 버스의 폭(선들의 수)은 중앙처리장치와 주기억장치 사이에 한 번에 전송되는 비트 수가 된다.
③ 제어: 중앙처리장치와 주기억장치 및 입출력장치 사이에 제어 신호들을 전송하는 선들의 집합이 제어 버스다. 컴퓨터에서 사용하는 주요 제어 신호는 기억장치 읽기/쓰기, 입출력 읽기/쓰기, 전송 확인, 버스 요구/승인, 인터럽트 요구/확인, 클록, 리셋 등이다.

003 답 ⑤

버스의 종류에는 CPU 내부 버스, 시스템 버스, 입출력 버스가 있고, 시스템 버스는 용도에 따라 주소 버스, 데이터 버스, 제어 버스로 구성된다.

(선지분석)

① 구성요소끼리 1:1로 연결된 구조(dedicated)가 아니라 버스를 이용한 공유 구조(shared)를 가진다.
② 해당 용도로 사용되기 때문에 단방향 특성을 가진다. 즉, 주기억장치나 입출력장치가 CPU에 주소를 요청할 수는 없다.
③ 여러 가지 제어 신호가 존재한다. 예를 들면, 기억장치 읽기/쓰기 제어신호, 인터럽트 요청/확인 신호, 버스 요청/승인 신호 등이 존재한다.
④ 중앙처리장치가 기타 모듈로 데이터를 보낼 수도 있고, 기타 모듈이 중앙처리장치로 데이터를 보낼 수 있으므로 양방향이다.

004 답 ④

- 제어흐름: 제어장치로부터 나오는 단방향 선 → a, d, g, h, j
- 데이터흐름: 주기억장치로 오고가는 양방향 선(단, 입출력은 단방향이다) → b, c, e, f, i

c는 데이터 흐름, g는 제어 흐름이다.

(선지분석)

① a는 제어 흐름, f는 데이터 흐름이다.
② b는 데이터 흐름, g는 제어 흐름이다.
③ h는 제어 흐름, d는 제어 흐름이다.

005 답 ④

데이터 버스는 양방향성을 가진다.

CHAPTER 08 | 명령어(Instruction)

CHAPTER 09 | 주소 지정 기법(Addressing Mode)

정답 p.52

001	⑤	002	④	003	①	004	①

001 답 ⑤

- 직접 주소 지정 방식은 메모리를 1번 접근하지만 연산 코드를 제외하고 남은 비트들이 주소 비트로 사용되기 때문에 지정할 수 있는 기억장소의 수가 제한된다. 예를 들어, 명령어의 길이(워드의 길이, 기억장치의 폭)가 16비트, 연산 코드(op-code, operation code)가 5비트라고 가정하면 A(오퍼랜드)가 가지는 기억장소의 수는 11비트(= 16비트 - 5비트)이다. 그러므로 기억장소의 수는 2048개(2^{11}개), 즉 0번지부터 2047번지까지 접근할 수 있다. 결론은 직접 주소 방식으로는 메모리의 2048 이후의 번지를 접근할 수 없다.
- 간접 주소 지정 방식은 2번의 기억장치 액세스가 필요하다. 첫 번째는 유효 주소(effective address, 실제 오퍼랜드를 가리키는 주소)가 저장된 곳에 액세스하는 것이고, 두 번째는 유효 주소에 액세스하여 실질적인 데이터를 얻는 것이다.

실행 사이클 동안 두 번의 기억장치 액세스가 필요하지만 최대 기억장치 용량은 CPU가 한 번에 액세스할 수 있는 단어의 길이에 의하여 결정된다(지정 가능한 주소 범위가 확대된다). 예를 들어, 명령어의 길이(워드의 길이, 기억장치의 폭)가 16비트, 연산 코드(op-code, operation code)가 5비트라고 가정하면 A(오퍼랜드를 가리키는 유효 주소가 아님)가 가지는 기억장소의 수는 11비트(= 16비트 - 5비트)이다. A를 통해 실제 오퍼랜드(데이터)가 있는 주소(유효 주소)를 가지고 오는데 해당 주소는 워드의 길이(기억장치의 폭)이므로 16비트가 된다. 16비트가 가지는 기억장치의 주소 수는 65536개(2^{16}개), 즉 0번지부터 65535번지까지 접근할 수 있다.

002 답 ④

레지스터 주소지정방식은 레지스터를 1번 접근하고, 직접 주소지정방식은 메모리를 1번 접근하기 때문에 직접 주소지정방식이 더 느리다.

(선지분석)

① 즉시 주소지정방식은 메모리와 레지스터를 접근하지 않는다.
② 간접 주소지정방식은 메모리를 2번 접근한다.
③ 상대 주소 지정 방식은 유효 주소를 구하기 위해 프로그램 카운터의 값과 명령어 내 주소필드 값을 더한다.

003 답 ①

선택된 레지스터가 피연산자라면 레지스터 모드이지만, 피연산자가 아닌 피연산자의 주소이므로 레지스터 간접 모드이다.

004 답 ①

27 = 128바이트

CHAPTER 10 | 파이프라이닝(Pipelining)

정답 p.53

001	④	002	①	003	④	004	①	005	①
006	⑤	007	①	008	①	009	④		

001 답 ④

병렬: 병렬 해저드라는 용어는 존재하지 않는다.

선지분석

① 구조적: 하드웨어가 여러 명령들의 수행을 동시에 지원하지 않기 때문에 발생한다. 자원 충돌이 발생한 것이므로 부족한 자원의 추가하면 된다.

② 데이터: 명령의 값이 현재 파이프라인에서 수행 중인 이전 명령의 값에 종속됨을 의미한다. 이런 경우 데이터 전방 전달(forwarding or bypassing, 결과가 저장되기 전에 미리 사용함)을 수행하면 된다.

③ 제어: 분기(jump, branch 등) 명령어에 의해서 발생. 분기를 결정된 시점에, 잘못된(의미 없는) 명령이 파이프라인에 있기 때문에 발생하는 것을 의미한다. 해결 방법으로는 분기 예측(분기를 예측하고 분기된 곳의 명령어를 가지고 온다), 지연 분기(어차피 수행할 명령어들을 미리 가지고 와서 수행한다) 등이 존재한다.

002 답 ①

4단계: 명령어 인출, 명령어 해독, 오퍼랜드 인출, 명령어 실행

인터럽트를 처리하는 단계는 매번 발생하는 것이 아니기 때문에 파이프라인 단계에 포함할 수 없다.

TIP 이외에도 파이프라이닝 2단계는 명령어 인출, 명령어 실행이고, 6단계는 명령어 인출, 명령어 해독, 오퍼랜드 계산, 오퍼랜드 인출, 명령어 실행, 오퍼랜드 저장이다.

003 답 ④

ㄱ. 데이터 해저드: 명령의 값이 현재 파이프라인에서 수행 중인 이전 명령의 값에 종속됨을 의미한다. 이런 경우 데이터 전방 전달(forwarding or bypassing, 결과가 저장되기 전에 미리 사용함)을 수행하면 된다. 아니면 파이프라인 스톨(stall, 어떤 명령어도 수행하지 않는 NOP 실행)을 사용한다.

ㄴ. 구조적 해저드: 하드웨어가 여러 명령들의 수행을 동시에 지원하지 않기 때문에 발생한다. 자원 충돌이 발생한 것이므로 부족한 자원을 추가하면 된다.

ㄷ. 제어 해저드: 분기(jump, branch 등) 명령어에 의해서 발생한다. 분기를 결정된 시점에, 잘못된 명령이 파이프라인에 있기 때문에 발생하는 것을 의미한다. 해결 방법으로는 분기 예측(분기를 예측하고 분기된 곳의 명령어를 가지고 온다), 지연 분기(어차피 수행할 명령어들을 미리 가지고 와서 수행한다) 등이 존재한다. 아니면 파이프라인 스톨(stall, 어떤 명령어도 수행하지 않는 NOP 실행)을 사용한다.

004 답 ①

슈퍼스칼라: CPU 내에 파이프라인을 여러 개 두어 명령어를 동시에 실행하는 기술이다.

선지분석

② 데이지 체인: 입출력 제어 기법 중 다중 인터럽트를 처리할 때 사용하는 기법이다. 모든 입출력 모듈이 하나의 인터럽트 요구선을 공유한다. 그리고 입출력 모듈들의 인터럽트 확인 신호 선은 데이지 체인 형태로 연결된다. 중앙처리장치와 가까운 입출력 모듈의 우선순위가 높다.

③ DMA: 대용량의 데이터를 이동시킬 때 효과적인 기술로 기억장치와 입출력 모듈 간의 데이터 전송을 별도의 하드웨어인 DMA 제어기가 처리하고, 중앙처리장치는 개입하지 않도록 하는 입출력 처리 기법이다.

④ PCI: 컴퓨터 메인보드에 주변 장치(보조기억장치 등)를 장착하는 데 쓰이는 컴퓨터 버스의 일종이다. 현재는 PCIe가 사용된다.

005 답 ①

슈퍼 스칼라: 파이프라인을 개선하기 위한 구조로 하드웨어를 추가하여 동시에 여러 개의 명령어를 처리한다.

선지분석

② 분기 예측: 파이프라인의 제어 해저드를 해결하기 위한 방법이다. 분기를 예측해서 다음에 실제로 처리되는 명령어를 가지고 온다.

③ VLIW: 여러 opcode(operation code, 연산 코드) 필드가 있는 긴 명령어 하나에 독립적인 연산 여러 개를 정의하고 이들을 한꺼번에 내보내는 명령어 구조 집합의 종류이다.

④ SIMD: 하나의 명령어 스트림이 다수개의 데이터 스트림을 만들어내는 구조이다. 벡터 프로세서 또는 Array(배열) 프로세서에 해당하는 구조이다.

006 　답 ⑤

누산기로서 계산에 사용하는 임시 레지스터이다.

선지분석

① 하나의 작업을 다수의 단계로 분할하여 시간적으로 중첩되게 실행함으로써 처리율을 높인다.
② 파이프라인을 개선하기 위한 구조로 하드웨어를 추가하여 동시에 여러 개의 명령어를 처리한다.
③ 여러 opcode(operation code, 연산 코드) 필드가 있는 긴 명령어 하나에 독립적인 연산 여러 개를 정의하고 이들을 한꺼번에 내보내는 명령어 구조 집합의 종류이다.
④ 하드웨어 멀티스레딩을 지원하는 슈퍼스칼라 CPU의 전반적인 효율성을 개선하기 위한 기술이다(하나의 실행에 여러 개의 독립 스레드를 허용).

007 　답 ①

- 구조적: 해저드에는 데이터, 구조적, 제어 해저드가 존재한다.
- 제어: 분기(jump, branch 등) 명령어에 의해서 발생한다. 즉, 명령어를 제때 가지고 오지 못한다.

선지분석

②, ③, ④ 데이터: 명령의 값이 현재 파이프라인에서 수행 중인 이전 명령의 값에 종속되기 때문에 발생한다. 즉, 데이터를 제때 가지고 오지 못한다.

008 　답 ①

블루 – 레이 디스크는 보조기억장치이다.

009 　답 ④

구조적 해저드에 해당한다.

CHAPTER 11 | 제어 장치(Control Unit)

정답 　p.55

001	③

001 　답 ③

시프트 레지스터는 연산장치에 들어간다.

CHAPTER 12 | 병렬 컴퓨터(Parallel Computer)

정답 　p.56

001	④	002	③	003	①	004	②	005	③
006	④	007	④						

001 　답 ④

단일 운영체제: 각 노드는 독립적인 컴퓨터이므로 개별적인 운영체제를 가진다.

선지분석

① 클러스터 전용 상호 연결망이나 LAN: 클러스터를 구성하는 개별 컴퓨터(노드)를 연결하기 위해 클러스터 전용 상호 연결망이나 LAN을 사용할 수 있다.
② 노드 추가: 새로운 시스템(노드)을 점차적으로 추가하면 성능 향상이 가능하다.
③ 높은 가용성: 각 노드는 독립적인 컴퓨터이므로, 독립 컴퓨터의 결함에도 서비스를 계속 제공할 수 있다. 즉, 높은 가용성을 갖는다.

002 　답 ③

특수한 작업: 그리드 컴퓨팅에서 그리드상의 자원을 통제하고 할당하려면, 글로버스얼라이언스(그리드 컴퓨팅을 위한 기반 기술을 개발하기 위해 설립된 조직)나 개인 제공자가 제공하는 공개소스 소프트웨어 같은 소프트웨어 프로그램이 필요하다. 클라이언트 소프트웨어는 서버의 응용 프로그램과 통신한다. 이런 서버 소프트웨어는 데이터와 응용 프로그램 코드를 일정 단위로 분할한 뒤, 분할된 코드를 그리드상의 컴퓨터에 배분한다. 즉, 개별 컴퓨터는 특수한 작업을 수행하지 않는다.

선지분석

① 다양한 컴퓨터: 서로 다른 기종(heterogeneous)의 컴퓨터들을 하나로 묶고 이들을 연결하기 위해 별도의 표준 프로토콜이 필요하다.
② 여러 조각: 대용량 데이터에 대한 연산을 작은 소규모 연산들로 나누어 작은 여러 대의 컴퓨터들로 분산시켜 수행한다.
④ 크고 복잡한 계산: 고도의 연산 작업(computation intensive jobs) 혹은 대용량 처리(data intensive jobs)를 수행한다.
⑤ 규모 조절: 클러스터 컴퓨팅과 마찬가지로 컴퓨터를 추가하면 그에 따른 성능(규모) 향상을 얻을 수 있다.

003 　답 ①

임베디드: 특정한 제품이나 솔루션에서 주어진 작업을 수행할 수 있도록 추가로 탑재되는 솔루션이나 시스템이다. 예를 들어, 냉장고에 컴퓨터의 기능이 들어가 있다면 이를 임베디드 시스템이라고 한다.

선지분석

② 클러스터 컴퓨팅: 클러스터를 구성하는 개별 컴퓨터(노드)를 연결하기 위해 클러스터 전용 상호 연결망이나 LAN을 사용할 수 있다. 개별 컴퓨터들은 연결되어 상호 협력한다.
③ NUMA: 시스템 내의 모든 프로세서가 동일한 기억 장치를 공유하고 있지만 기억 장치를 접속하는 시간이 기억 장치의 위치에 따라 달라지는 구조이다. 일단, UMA(균일 기억 장치 액세스)가 먼저 나왔고, 현재는 멀티코어(여러 개의 CPU를 하나의 칩셋에 넣음)가 많이 사용된다. UMA를 나타낸다.
④ MISD: 해당 설명은 MIMD이고, MISD는 처리장치들에서 수행되는 명령어는 다르지만, 전체적으로는 하나의 데이터 스트림을 가지게 되는 형태다. 기상 예보 분석과 같은 복잡한 자료 처리에만 사용된다.

004

답 ②

DMA: 대용량의 데이터를 이동시킬 때 효과적인 기술로, 기억장치와 입출력 모듈 간의 데이터 전송을 별도의 하드웨어인 DMA 제어기가 처리하고, 중앙처리장치는 개입하지 않도록 하는 입출력 처리 기법이다.

선지분석

① Array processor: 벡터 프로세서(vector processor)와 배열 프로세서(array processor)가 대표적인 SIMD 분류에 속한다.
③ GPU: GPU도 하나의 명령어를 다수의 처리장치들에서 처리되기 때문에 SIMD 분류에 속한다.
④ SIMD: 하나의 명령어 스트림(IS)이 다수의 처리장치들에서 동시 처리되는 기술이다. 하나의 명령어는 각 처리요소가 각 기억장치에 저장된 독립된 데이터를 처리하도록 한다. 결과적으로 하나의 제어장치는 하나의 명령어를 인출하여 해독하고, 여러 개의 처리장치는 여러 데이터를 동시에 인출하여 명령어를 실행한다.

005

답 ③

MISD: 해당 설명은 MIMD이고, MISD는 처리장치들에서 수행되는 명령어는 다르지만, 전체적으로는 하나의 데이터 스트림을 가지게 되는 형태다.

선지분석

① SISD: 한 번에 한 개씩의 명령어와 데이터를 순서대로 처리하는 단일 프로세서 시스템이다.
② SIMD: 하나의 명령어 스트림(IS)이 다수의 처리장치들에서 동시 처리되는 기술이다. 벡터 프로세서(vector processor)와 배열 프로세서(array processor)가 대표적인 SIMD 분류에 속한다.
④ MIMD: 다수의 처리장치가 서로 다른 명령어들을 동시에 병렬로 실행하는 형태로, 통상적인 일반 목적(general-purpose)의 다중 프로세서 구조이다.

006

답 ④

UMA, NUMA는 강결합형(메모리를 공유)이고, NORMA는 약결합형(개별 메모리를 가짐)이다.

007

답 ④

배열 프로세서는 SIMD에 속한다.

CHAPTER 13 | 그 외

정답

p.58

001	④	002	②	003	③	004	③	005	②
006	②	007	③						

001

답 ④

암달의 법칙은 컴퓨터 시스템의 일부를 개선할 때 전체적으로 얼마만큼의 최대 성능 향상이 있는지 계산하는 데 사용된다. 암달의 법칙에 따르면, 어떤 시스템을 개선하여 전체 작업 중 P%의 부분에서 S배의 성능이 향상되었을 때 전체 시스템에서 최대 성능 향상은 다음과 같다.

$$\frac{1}{(1-P)+\frac{P}{S}}$$

문제의 주어진 조건에서, P는 0.7이고 전체 시스템의 성능 향상은 2가 된다. 이를 수식에 대입하면 다음과 같다.

$$\frac{1}{(1-0.7)+\frac{0.7}{S}}=2, \quad S=3.5$$

002

답 ②

암달의 법칙은 컴퓨터 시스템의 일부를 개선할 때 전체적으로 얼마만큼의 최대 성능 향상이 있는지 계산하는 데 사용된다. 암달의 법칙에 따르면, 어떤 시스템을 개선하여 전체 작업 중 P%의 부분에서 S배의 성능이 향상되었을 때 전체 시스템에서 최대 성능 향상은 다음과 같다.

$$\frac{1}{(1-P)+\frac{P}{S}}$$

문제의 주어진 조건에서, P는 0.75이고 S는 4가 된다. 이를 수식에 대입하면 다음과 같다.

$$\frac{1}{(1-0.75)+\frac{0.75}{4}}=2.28$$

003

답 ③

해당 조건을 암달의 법칙에 적용하면 다음과 같다. 연산 A는 60%이므로 0.6으로 표현하고, 전체 프로그램은 실행 시간이 50% 감소했으므로 성능이 2배 증가한 것으로 볼 수 있다. 그러므로 연산 A를 n배 빠르게 한다는 것을 S로 가정하면 다음과 같다.

- 암달의 법칙 = 1 / ((1 - 0.6) + 0.6 / S) = 2
- S = 6

004

답 ③

- 프로그램의 실행 시간은 다음과 같이 구할 수 있다.
  프로그램의 CPU 실행시간 = 프로그램의 CPU 클럭 사이클 수 x 클럭 사이클 시간 = 프로그램의 CPU 클럭 사이클 수 / 클럭 속도
- 컴퓨터 A에 주어진 조건으로 프로그램의 CPU 클럭 사이클 수를 계산하면 다음과 같다.
  10 = 프로그램의 CPU 클럭 사이클 수 / 2GHz, 프로그램의 CPU 클럭 사이클 수 = 20G
- 컴퓨터 B에 주어진 조건으로 클럭 속도(클럭 주파수)를 구하면 다음과 같다.
  6 = (20G * 1.5) / 클럭 속도, 클럭 속도 = 5GHz

1. **프로그램의 CPU 클럭 사이클 수**

   프로그램의 CPU 클럭 사이클 수 = 명령어 수 × 명령어당 평균 클럭 사이클 수(CPI)

2. **이를 프로그램의 실행 시간에 적용 시**

   - 프로그램의 CPU 실행 시간 = 명령어 수 × CPI × 클럭 사이클 시간
   - 프로그램의 CPU 실행 시간 = 명령어 수 × CPI / 클럭 속도

005

답 ②

암달의 법칙: 컴퓨터 시스템의 일부를 개선할 때 전체적으로 얼마만큼의 최대 성능 향상이 있는지 계산하는 데 사용된다. 병렬 컴퓨팅에서 멀티 프로세서를 사용할 때 프로그램의 성능 향상은 프로그램의 순차적인 부분에 의해 제한된다.

(선지분석)

① 무어의 법칙: 반도체 집적회로의 성능이 24개월마다 2배로 증가한다는 법칙이다(현재는 해당 법칙이 깨진 상태이다).

③ 구스타프슨의 법칙: 컴퓨터 과학에서 대용량 데이터 처리는 효과적으로 병렬화할 수 있다는 법칙이다. 구스타프슨-바시스의 법칙(Gustafson-Barsis' law)으로도 알려져 있다. 구스타프슨의 법칙은 병렬화로 얻을 수 있는 프로그램의 성능 향상은 프로그램의 순차적인 부분에 의해 제한된다는 암달의 법칙에 대한 반대 개념이다. 구스타프슨의 법칙은 처음에 존 구스타프슨과 동료인 에드윈 바시스에 의해서 처음 발표되었다. S(P) = P - α(P - 1). 여기서 P는 프로세서의 수이며 S는 성능향상, α는 어떤 병렬 프로세스에서 병렬화 되지 않는 순차적인 부분의 비를 말한다.

④ 폰노이만 아키텍처: 폰노이만은 산술 논리 장치와 프로세서 레지스터를 포함하는 처리 장치, 명령 레지스터와 프로그램 카운터를 포함하는 컨트롤 유닛(제어 장치), 데이터와 명령어를 저장하는 메모리, 외부 대용량 스토리지, 입출력 메커니즘을 제안하였다.

006

답 ②

1 clock 시간 = 1/4GHz = 0.25ns

완료 시간 = 0.25ns × 4 × 10^{10} = 10s

007

답 ③

암달의 법칙을 적용한다.

1/((1 - 0.6) + 0.6/2) = 1.43, 50초에서는 1.43배 감소하였으므로 50/1.43 = 35가 된다.

PART 3 데이터통신

CHAPTER 01 | 개념

정답 p.62

001	①	002	①	003	①	004	③	005	④
006	③	007	③	008	①	009	②	010	②

001

답 ①

Bluetooth: 휴대폰과 그 주변장치를 연결하는 무선 솔루션을 고안해 케이블을 대체하기 위한 연구로서 PC와 휴대폰 및 각종 디지털 기기 등을 하나의 무선통신 규격으로 통일한다는 의미를 가진다.

선지분석

② Wi-Fi: 무선 접속 장치(AP: Access Point)가 설치된 곳에서 전파나 적외선 전송 방식을 이용하여 일정 거리 안에서 무선 인터넷을 할 수 있는 근거리 통신망을 의미한다.

③ RFID: 태그, 안테나, 리더기 등으로 구성되는데, 태그와 안테나는 정보를 무선으로 수 미터에서 수십 미터까지 보내며 리더기는 이 신호를 받아 상품 정보를 해독한 후 컴퓨터로 보낸다.

④ USB: 호스트 기기에 다양한 주변 기기를 연결하는 버스 규격이다. 기존의 직렬 포트와 병렬 포트 등을 교체하기 위해 나왔으며 하나의 버스에 최대 127대의 주변 장치가 연결 가능하다.

TIP PAN은 10m 안팎의 개인 영역 내에 위치한 정보기술 장치들 간의 상호 통신을 의미하고 대표적인 기술로는 Bluetooth(10m), ZigBee(10m, 저전력), NFC(10cm) 등이 있다.

002

답 ①

스타: 각 장치는 허브(hub)라는 중앙 제어기와 점-대-점 링크로 연결한다. 제어 장치가 교환기(또는 스위칭) 역할 담당한다.

선지분석

② 트리: 성형의 변형으로 성형처럼 트리에 연결된 노드는 네트워크상의 통신을 제어하는 중앙 허브에 연결한다.

③ 버스: 백본(Backbone)인 케이블에 모든 장치를 연결한다. 노드는 drop lines와 taps에 의해 버스 케이블에 연결된다(터미네이터를 가진다).

④ 링: 각 장치는 이웃하는 장치와 점-대-점 링크를 갖는다.

⑤ 그물: 중앙 제어 노드의 중계 없이 모든 노드가 다른 노드와 점-대-점 전용 링크로 직접 연결한다. n개의 장치를 서로 그물형 접속 형태로 연결하기 위해 n(n-1)/2개의 물리적인 채널이 필요하다.

003

답 ①

(가) Bluetooth: 1994년에 에릭슨이 최초로 개발한 디지털 통신 기기를 위한 개인 근거리 무선 통신 산업 표준이다. 2.4 ~ 2.485GHz의 UHF(극초단파)를 이용하여 전자 장비 간의 짧은 거리(10m)의 데이터 통신 방식을 규정한다.

(나) NFC: 13.56MHz의 대역을 가지며, 아주 가까운 거리(10cm)의 무선 통신을 하기 위한 기술이다. 현재 지원되는 데이터 통신 속도는 초당 424 킬로비트다. 교통, 티켓, 지불 등 여러 서비스에서 사용할 수 있다.

(다) ZigBee: 소형, 저전력 디지털 라디오를 이용해 개인 통신망을 구성하여 통신하기 위한 표준 기술이다. ZigBee 장치는 메시 네트워크(각각의 노드가 네트워크에 대해 데이터를 릴레이하는 네트워크 토폴로지) 방식을 이용하여, 여러 중간 노드(10m)를 거쳐 목적지까지 데이터를 전송함으로써 저전력임에도 불구하고 넓은 범위의 통신이 가능하다.

004

답 ③

해당 설명은 링(ring)형이고, 트리형은 스타형의 변형으로 스타형처럼 트리에 연결된 노드는 네트워크상의 통신을 제어하는 중앙 허브에 연결한다.

선지분석

① 메시형은 노드가 1:1로 연결되기 때문에 네트워크 규모가 커질수록 통신 회선 수가 기하급수적으로 증가한다.

② 스타형은 각 노드가 허브에 연결되어 있기 때문에 허브가 고장나면 전체 네트워크가 영향을 받는다(single point of failure, 단일장애점).

④ 버스형은 하나의 회선에 여러 개의 노드가 연결되어 있는 형태로써, 노드가 많아지면 충돌이 발생해서 전송 속도가 늦어진다.

005

답 ④

버스는 노드를 공유 케이블에 연결하기만 하면 되기 때문에 노드의 추가 및 삭제가 쉽다. 다만, 서로 배치해야 하는 거리가 있어 재구성이 어렵고 결함이 어디에서 발생했는지 찾기가 어렵다(결함 분리가 어렵다).

선지분석

① 버스는 구조가 간단하고 작은 네트워크에 유용하며 사용이 용이하다.

② 버스는 공유 케이블을 사용하는 구조이기 때문에 네트워크 트래픽이 많을 경우 충돌이 발생하여 네트워크 효율이 떨어진다.

③ 버스는 공유 케이블을 사용하는 구조이기 때문에 버스 고장이 발생하면 네트워크 전체가 동작하지 않는다.

006

답 ③

버스(Bus)형: 공유 구조이기 때문에 구축 비용이 저렴하고, 새로운 노드 추가가 쉽다. 터미네이터가 케이블 끝(end)에 있다. 그리고 공유 구조이기 때문에 연결된 노드에 트래픽이 증가하면 네트워크 성능이 떨어진다.

선지분석

① 링(Ring)형: 이웃 노드와 1:1로 연결되어 있다.
② 망(Mesh)형: 모든 노드와 1:1로 연결되어 있다.
④ 성(Star)형: 중앙에 허브를 가진다.

007

답 ③

트리형: 중앙 허브에 병목 현상이 발생하고 중앙 허브의 고장은 네트워크 전체가 마비된다(단일장애점).

선지분석

① 버스형: 설치가 쉽고, 그물형, 성형, 트리형 접속 형태보다 적은 양의 케이블 사용한다(비용이 저렴).
② 링형: 비교적 설치와 재구성이 쉽고, 결함 분리가 간단하다.
④ 성형: 하나의 링크에 문제가 발생하면 해당 링크만 영향을 받는다.

008

답 ①

태그의 정보를 리더기가 읽어 들이는 형태이다.

선지분석

② 광역 통신망을 나타낸다.
③, ④ PAN에서 사용되는 프로토콜을 의미한다.

009

답 ②

동시가 아닌 교대로 통신하기 때문에 반이중 통신이 된다.

선지분석

① 한쪽으로만 통신이 이루어진다.
③ 양쪽으로 동시에 통신이 이루어진다.
④ WAN을 의미한다.

010

답 ②

사용된 허브로 인해 병목 현상이 나타난다.

CHAPTER 02 | OSI 모델

정답

p.64

001	①	002	⑤	003	②	004	①	005	④
006	③	007	②	008	③	009	①	010	②
011	⑤	012	①	013	③	014	③	015	④

001

답 ①

전송 계층(Transport layer): 메시지 종단(End-to-End) 전달, 포트 주소 지정, 단편화와 재조립, 연결 제어(관리), 흐름 제어, 혼잡 제어 등을 수행한다.

선지분석

② 링크 계층(Link layer): 패킷 노드(Node-to-Node or Peer-to-Peer) 전달, 물리적인(MAC) 주소 지정, 접근 제어(MAC filtering), 흐름 제어(stop-and-wait, sliding window), 오류 처리(ARQ) 등을 수행한다.
③ 네트워크 계층(Network layer): 패킷 종단(End-to-End) 전달, 논리적인(IP) 주소 지정, 경로 지정(Routing), 주소 변환(ARP) 등을 수행한다.
④ 세션 계층(Session Layer): 세션 관리, 동기화, 원활한 종료(모든 전송을 마치고 종료) 등을 수행한다.

002

답 ⑤

표현: 해당 설명은 응용 계층이고, 표현 계층은 변환, 암호화/복호화, 압축, 보안을 수행한다.

선지분석

① 데이터 링크: 패킷 노드(Node-to-Node or Peer-to-Peer) 전달, 물리적인(MAC) 주소 지정, 접근 제어(MAC filtering), 흐름 제어(stop-and-wait, sliding window), 오류 처리(ARQ) 등을 수행한다.
② 네트워크: 패킷 종단(End-to-End) 전달, 논리적인(IP) 주소 지정, 경로 지정(Routing), 주소 변환(ARP) 등을 수행한다.
③ 전송: 메시지 종단(End-to-End) 전달, 포트 주소 지정, 단편화와 재조립, 연결 제어(관리), 흐름 제어, 혼잡 제어 등을 수행한다.
④ 세션: 세션 관리, 동기화, 원활한 종료(모든 전송을 마치고 종료) 등을 수행한다.

003

답 ②

네트워크: 해당 설명은 표현 계층이고 네트워크 계층은 패킷 종단(End-to-End) 전달, 논리적인 주소(IP) 지정, 경로 지정(Routing), 주소 변환(ARP) 등을 수행한다.

선지분석

① 물리: 데이터 링크층으로 부터 한 단위의 데이터를 받아 통신 링크를 따라 전송될 수 있는 형태로 변환한다. 회선 구성, 데이터 전송 모드, 접속형태, 신호, 부호화, 인터페이스, 전송매체 등을 고려한다.
③ 전송: 메시지 종단(End-to-End) 전달, 포트 주소 지정, 단편화와 재조립, 연결 제어(관리), 흐름 제어, 혼잡 제어 등을 수행한다.
④ 응용: 네트워크상의 소프트웨어 사용자에게 사용자 인터페이스 제공한다. 전자우편(X.400), 원격파일 접근과 전송(FTAM), 공유 데이터베이스 관리 및 여러 종류의 분산 정보 서비스(X.500)를 제공한다.

004

답 ①

데이터 링크: 패킷 노드(Node-to-Node or Peer-to-Peer) 전달, 물리적인 주소(MAC) 지정, 접근 제어(MAC filtering), 흐름 제어(stop-and-wait, sliding window), 오류 처리(ARQ) 등을 수행한다.

선지분석

② 물리: 데이터 링크층으로 부터 한 단위의 데이터를 받아 통신 링크를 따라 전송될 수 있는 형태로 변환한다. 회선 구성, 데이터 전송 모드, 접속형태, 신호, 부호화, 인터페이스, 전송매체 등을 고려한다.
③ 전송: 메시지 종단(End-to-End) 전달, 포트 주소 지정, 단편화와 재조립, 연결 제어(관리), 흐름 제어, 혼잡 제어 등을 수행한다.
④ 표현: 변환, 암호화/복호화, 압축, 보안을 수행한다.

005

답 ④

데이터 링크층과 세션층에서 동기화를 수행한다.

선지분석

① 데이터 링크층에서 물리 주소(MAC)를 지정하고, 네트워크층에서 논리 주소(IP)를 지정한다. 그리고 전송 층에서 포트 주소를 지정한다.
② 데이터 링크층과 전송층에서 오류 제어를 제공한다.
③ 네트워크 층과 전송 층에서 데이터 분할과 조합을 제공한다.
⑤ 데이터 링크층과 전송층에서 흐름 제어를 제공하고, 캡슐화는 응용층의 데이터가 아래층으로 내려오면서 각 계층의 헤더가 붙는 것을 의미한다.

006

답 ③

E2E(End to End) 경로설정은 네트워크 계층에서 수행한다.

선지분석

① 데이터링크 계층의 프로토콜 데이터 유닛(PDU)은 프레임이다.
② P2P(Point to Point) 오류제어: ARQ(automatic repeat request)를 사용한다.
④ P2P 흐름제어: stop-and-wait 또는 sliding window를 사용한다.

007

답 ②

데이터 링크: 패킷 노드(Node-to-Node or Peer-to-Peer) 전달, 물리적인 주소(MAC) 지정, 접근 제어(MAC filtering), 흐름 제어(stop-and-wait, sliding window), 오류 처리(ARQ) 등을 수행한다.

선지분석

① 물리: 데이터 링크층으로 부터 한 단위의 데이터를 받아 통신 링크를 따라 전송될 수 있는 형태로 변환한다. 회선 구성, 데이터 전송 모드, 접속형태, 신호, 부호화, 인터페이스, 전송매체 등을 고려한다.
③ 네트워크: 패킷 종단(End-to-End) 전달, 논리적인 주소(IP) 지정, 경로 지정(Routing), 주소 변환(ARP) 등을 수행한다.
④ 트랜스포트: 메시지 종단(End-to-End) 전달, 포트 주소 지정, 단편화와 재조립, 연결 제어(관리), 흐름 제어, 혼잡 제어 등을 수행한다.
⑤ 응용: 네트워크상의 소프트웨어 사용자에게 사용자 인터페이스를 제공한다. 전자우편(X.400), 원격파일 접근과 전송(FTAM), 공유 데이터베이스 관리 및 여러 종류의 분산 정보 서비스(X.500)를 제공한다.

008

답 ③

ㄴ. 논리적인 주소 지정(IP 주소)과 라우팅 기능(Best Route)을 지정한다.
ㄹ. 메시지가 1500바이트보다 큰 경우에 패킷 단편화(Fragmentation) 기능을 제공한다.

선지분석

ㄱ. 혼잡 제어는 TCP에서 제공한다. 혼잡 제어란 네트워크로 유입되는 패킷의 양을 조절하여 네트워크가 혼잡(네트워크의 중간이 라우터 등에서 혼잡)해지지 않게 조절하는 것을 말한다. 예를 들어, 패킷의 양이 많은 것을 감지하여 패킷을 적게 보내면 혼잡 현상이 일어나는 것을 막을 수 있다.
ㄷ. TCP는 보낸 패킷에 대한 응답(ACK)을 받으므로 속도는 UDP에 비해 느리지만 신뢰성 있는 전달 서비스를 제공한다.

009

답 ①

네트워크 계층: 해당 설명은 데이터 링크층에 대한 설명이고, 네트워크 계층은 패킷 종단(End-to-End) 전달, 논리적인(IP) 주소 지정, 경로 지정(Routing), 주소 변환(ARP) 등을 수행한다.

선지분석

② 물리 계층: 데이터 링크층으로 부터 한 단위의 데이터를 받아 통신 링크를 따라 전송될 수 있는 형태로 변환한다. 회선 구성, 데이터 전송 모드, 접속형태, 신호, 부호화, 인터페이스, 전송매체 등을 고려한다.

③ 전송 계층: 메시지 종단(End-to-End) 전달, 포트 주소 지정, 단편화와 재조립, 연결 제어(관리), 흐름 제어, 혼잡 제어 등을 수행한다. 프로토콜에는 TCP, UDP, SCTP 등이 있다.

④ 응용 계층: 네트워크 상의 소프트웨어 사용자에게 사용자 인터페이스 제공한다. 전자우편(X.400), 원격파일 접근과 전송(FTAM), 공유 데이터베이스 관리 및 여러 종류의 분산 정보 서비스(X.500) 제공한다.

OSI 7 계층

물리 계층 (1)	데이터 링크층으로부터 한 단위의 데이터를 받아 통신 링크를 따라 전송될 수 있는 형태로 변환한다. 회선 구성, 데이터 전송 모드, 접속형태, 신호, 부호화, 인터페이스, 전송매체 등을 고려한다.
데이터 링크 계층 (2)	패킷 노드(Node-to-Node or Peer-to-Peer) 전달, 물리적인(MAC) 주소 지정, 접근 제어(MAC filtering), 흐름 제어(stop-and-wait, sliding window), 오류 처리(ARQ) 등을 수행한다.
네트워크 계층 (3)	패킷 종단(End-to-End) 전달, 논리적인(IP) 주소 지정, 경로 지정(Routing), 주소 변환(ARP) 등을 수행한다.
전송 계층 (4)	메시지 종단(End-to-End) 전달, 포트 주소 지정, 단편화와 재조립, 연결 제어(관리), 흐름 제어, 혼잡 제어 등을 수행한다. 프로토콜에는 TCP, UDP, SCTP 등이 있다.
세션 계층 (5)	세션 관리, 동기화, 원활한 종료(모든 전송을 마치고 종료) 등을 수행한다.
표현 계층 (6)	변환, 암호화/복호화, 압축, 보안을 수행한다.
응용 계층 (7)	네트워크상의 소프트웨어 사용자에게 사용자 인터페이스 제공한다. 전자우편(X.400), 원격파일 접근과 전송(FTAM), 공유 데이터베이스 관리 및 여러 종류의 분산 정보 서비스(X.500)를 제공한다.

010 　　답 ②

수신측에서 패킷을 수신하게 되면, 하위 계층에서 상위 계층 순으로 처리된다(디캡슐화).

선지분석

① 물리 계층: 데이터 링크층으로 부터 한 단위의 데이터를 받아 통신 링크를 따라 전송될 수 있는 형태로 변환한다. 회선 구성, 데이터 전송 모드, 접속형태, 신호, 부호화, 인터페이스, 전송매체 등을 고려한다.

③ 전송 계층: 메시지 종단(End-to-End) 전달, 포트 주소 지정, 단편화와 재조립, 연결 제어(관리), 흐름 제어, 혼잡 제어 등을 수행한다. 프로토콜에는 TCP, UDP, SCTP 등이 있다.

④ 네트워크 계층: 패킷 종단(End-to-End) 전달, 논리적인(IP) 주소 지정, 경로 지정(Routing), 주소 변환(ARP) 등을 수행한다.

⑤ 응용 계층: 네트워크상의 소프트웨어 사용자에게 사용자 인터페이스 제공한다. 전자우편(X.400), 원격파일 접근과 전송(FTAM), 공유 데이터베이스 관리 및 여러 종류의 분산 정보 서비스(X.500)를 제공한다.

011 　　답 ⑤

표현 계층: 변환, 암호화/복호화, 압축, 보안을 수행한다.

선지분석

① 물리 계층: 데이터 링크층으로 부터 한 단위의 데이터를 받아 통신 링크를 따라 전송될 수 있는 형태로 변환한다. 회선 구성, 데이터 전송 모드, 접속형태, 신호, 부호화, 인터페이스, 전송매체 등을 고려한다.

② 데이터링크 계층: 패킷 노드(Node-to-Node or Peer-to-Peer) 전달, 물리적인(MAC) 주소 지정, 접근 제어(MAC filtering), 흐름 제어(stop-and-wait, sliding window), 오류 처리(ARQ) 등을 수행한다.

③ 네트워크 계층: 네트워크 계층은 패킷 종단(End-to-End) 전달, 논리적인(IP) 주소 지정, 경로 지정(Routing), 주소 변환(ARP) 등을 수행한다.

④ 전송 계층: 메시지 종단(End-to-End) 전달, 포트 주소 지정, 단편화와 재조립, 연결 제어(관리), 흐름 제어, 혼잡 제어 등을 수행한다. 프로토콜에는 TCP, UDP, SCTP 등이 있다.

012 　　답 ①

네트워크: 해당 설명은 전송 계층이고, 네트워크 계층은 패킷의 발신지 - 대 - 목적지 전달(End-to-End), 논리적인 주소지정(Logical addressing, IP address), 경로지정(Routing, best route), 주소 변환(Address transformation, ARP), 다중화(Multiplexing, fragmentation) 등을 제공한다.

선지분석

② 데이터링크: 노드 - 대 - 노드 전달(node-to-node/station-to-station/peer-to-peer delivery), 주소 지정(Addressing, MAC address(물리적인 주소)), 접근 제어(Access control, MAC filtering, MAC을 등록하고 등록된 MAC만 수신함), 흐름 제어(Flow control, stop-and-wait, sliding window), 오류 처리(Error handling, ARQ(automatic repeat request)), 동기화(Synchronization, P2P 간에 흐름 제어를 위한 동기화) 등을 제공한다.

③ 세션: 세션 관리(Session management, 확인점 이용(설정, 유지 및 종료)), 동기화(Synchronization, syn 확인), 대화 제어(Dialog control, 송수신측이 데이터를 전송), 원활한 종료(Graceful Close) 등을 제공한다.

④ 표현: 변환(Translation), 암/복호화(Encryption/Decryption), 압축(Compression), 보안(Security) 등을 들 수 있다.

013 답 ③

전송 계층: 메시지 종단(End-to-End) 전달, 포트 주소 지정, 단편화와 재조립, 연결 제어(관리), 흐름 제어, 혼잡 제어 등을 수행한다.

선지분석

① 데이터링크 계층: 패킷 노드(Node-to-Node or Peer-to-Peer) 전달, 물리적인(MAC) 주소 지정, 접근 제어(MAC filtering), 흐름 제어(stop-and-wait, sliding window), 오류 처리(ARQ) 등을 수행한다.

② 네트워크 계층: 패킷 종단(End-to-End) 전달, 논리적인(IP) 주소 지정, 경로 지정(Routing), 주소 변환(ARP) 등을 수행한다.

④ 응용 계층: 네트워크 상의 소프트웨어 사용자에게 사용자 인터페이스 제공한다. 전자우편(X.400), 원격파일 접근과 전송(FTAM), 공유 데이터베이스 관리 및 여러 종류의 분산 정보 서비스(X.500) 제공한다.

014 답 ③

TELNET은 응용 계층이다.

선지분석

① FTP 등도 포함된다.

② SSL을 표현 계층으로 나타낸 것에 유의한다(기존에는 전송 계층으로 나타냄).

④ IGMP 등도 포함된다.

⑤ Token Ring 등도 포함된다.

015 답 ④

데이터링크 계층 프로토콜이다.

CHAPTER 03 | OSI 모델과 TCP/IP

정답 p.67

001	①	002	①	003	③	004	②	005	③
006	①	007	③	008	①	009	⑤	010	③
011	②	012	②	013	④	014	③	015	⑤
016	③	017	③	018	②	019	③	020	②
021	③	022	③	023	④	024	②	025	②
026	①	027	①	028	④	029	③	030	③
031	②	032	①	033	③				

001 답 ①

RARP: MAC 주소(물리 주소)를 IP 주소(논리 주소)로 바꿔준다.

선지분석

② ICMP: 인터넷 제어 메시지 프로토콜은 RFC 792에서 정의한 인터넷 프로토콜 모음 중의 하나이다. ICMP 메시지들은 일반적으로 IP 동작에서 진단이나 제어로 사용되거나 오류에 대한 응답으로 만들어진다. 예를 들어, 핑(ping) 유틸리티는 ICMP "에코 요청(Echo request)"과 "에코 응답(Echo reply)" 메시지를 사용해 구현할 수 있다.

③ ARP: IP 주소(논리 주소)를 MAC 주소(물리 주소)로 바꿔준다.

④ IGMP: 인터넷 그룹 관리 프로토콜은 호스트 컴퓨터와 인접 라우터가 멀티캐스트 그룹 멤버십을 구성하는 데 사용하는 통신 프로토콜이다. 특히 IPTV와 같은 곳에서 호스트가 특정 그룹에 가입하거나 탈퇴하는데 사용하는 프로토콜을 가리킨다.

⑤ UDP: 연결을 설정하지 않고 수신자가 데이터를 받을 준비를 확인하는 단계를 거치지 않고 단방향으로 정보를 전송한다. UDP를 사용하는 애플리케이션에는 도메인 이름 서비스(DNS), IPTV, 음성 인터넷 프로토콜(VoIP), TFTP, IP 터널, 그리고 많은 온라인 게임 등이 있다.

002 답 ①

ARP: IP 주소(논리 주소)를 MAC 주소(물리 주소)로 바꿔준다. RARP는 MAC 주소를 IP 주소로 바꿔준다.

선지분석

② UDP: 연결을 설정하지 않고 수신자가 데이터를 받을 준비를 확인하는 단계를 거치지 않고 단방향으로 정보를 전송한다. UDP를 사용하는 애플리케이션에는 도메인 이름 서비스(DNS), IPTV, 음성 인터넷 프로토콜(VoIP), TFTP, IP 터널, 그리고 많은 온라인 게임 등이 있다.

③ MIME: 아스키코드 텍스트만을 사용해야 했던 인터넷 전자메일에서 다양한 포맷과 형식을 쓸 수 있도록 지원하는 데이터 부호화 방식이다. 즉, 아스키코드만으로 표현할 수 없는 문자나 2진 데이터, 이미지, 음성, 애플리케이션 등의 비문자 데이터를 다룰 수 있도록 지원한다.

④ DHCP: 호스트가 네트워크에 접속하고자 할 때마다 IP를 동적으로 할당한다. 예를 들어, 커피숍에 가면 와이파이에 접속하게 되는데 와이파이에서 DHCP를 이용해서 사용자에게 IP와 임대기간을 할당한다.

003 답 ③

ICMP: 인터넷 제어 메시지 프로토콜은 RFC 792에서 정의한 인터넷 프로토콜 모음 중의 하나이다. ICMP 메시지들은 일반적으로 IP 동작에서 진단이나 제어로 사용되거나 오류에 대한 응답으로 만들어진다. 예를 들어, 핑(ping) 유틸리티는 ICMP "에코 요청(Echo request)"과 "에코 응답(Echo reply)" 메시지를 사용해 구현할 수 있다.

선지분석

① TCP: 근거리 통신망이나 인트라넷, 인터넷에 연결된 컴퓨터에서 실행되는 프로그램 간에 일련의 옥텟(바이트)을 안정적으로, 순서대로, 에러 없이 교환할 수 있게 한다. 연결 설정을 수행하고, 흐름 제어와 혼잡 제어를 수행한다. TCP는 웹 브라우저들이 월드 와이드 웹에서 서버에 연결할 때 사용되며, 이메일 전송이나 파일 전송에도 사용된다.
② UDP: 연결을 설정하지 않고 수신자가 데이터를 받을 준비를 확인하는 단계를 거치지 않고 단방향으로 정보를 전송한다. UDP를 사용하는 애플리케이션에는 도메인 이름 서비스(DNS), IPTV, 음성 인터넷 프로토콜(VoIP), TFTP, IP 터널, 그리고 많은 온라인 게임 등이 있다.
④ ARP: IP 주소(논리 주소)를 MAC 주소(물리 주소)로 바꿔준다.
⑤ RTP: 실시간으로 음성이나 동화상을 송수신하기 위한 전송 계층 통신 규약이다. RFC 1889에 RTCP(RTP control protocol)와 함께 규정되어 있다. 자원 예약 프로토콜(RSVP)과는 달리 라우터 등의 통신망 기기에 의지하지 않고 단말 간에 실행되는 것이 특징이다. RTP는 보통 사용자 데이터그램 프로토콜(UDP)의 상위 통신 규약으로 이용된다.

004 답 ②

브로드캐스팅: 해당 설명은 UDP에 해당하고, TCP는 브로드캐스팅을 지원하지 않는다.

선지분석

① 트랜스포트: 4계층에 해당한다.
③ Connection-oriented: 연결을 맺고 패킷을 전송한다.
④ 재전송: 패킷에 문제가 발생했을 때 재전송(retransmission) 기능을 제공한다.
⑤ 흐름 제어: 흐름 제어와 혼잡 제어 기능을 지원한다.

005 답 ③

TELNET, SNMP, TFTP: TELNET은 TCP지만, SNMP, TFTP는 UDP이다.

선지분석

① 전송 계층: TCP(신뢰성), UDP(비신뢰성)이 존재한다.
② UDP: connectionless(비연결)로 신뢰성을 보장하지 않는다. 그러므로 중복 전달 및 전송 오류가 발생할 수 있다.
④ TCP: connection-oriented(연결 지향)로 신뢰성을 보장한다.

006 답 ①

IP 주소 획득: 물리 주소인 MAC 주소를 획득하기 위해 사용된다. IP 주소 획득을 위해 사용되는 것은 RARP이다.

선지분석

② 브로드캐스트: 호스트 A가 호스트 B의 MAC 주소를 얻으려면 ARP request라는 특수 패킷을 브로드캐스팅 해야 한다.
③ 유니캐스트: 호스트 B는 ARP reply 패킷을 사용해 자신의 MAC 주소를 호스트 A에 회신한다(유니캐스트).
④ 캐시 테이블: ARP를 사용하는 호스트에서는 가장 최근에 얻은 IP 주소와 MAC 주소 매핑 값을 보관하는 캐시 정보를 이용한다(ARP 캐시 테이블)

007 답 ③

UDP와 TCP 모두 체크섬 필드가 존재한다. 체크섬은 전송 중에 데이터가 변경되었는지를 확인하는데 사용된다.

선지분석

① 재전송은 TCP에서만 발생한다.
② 재정렬은 TCP에서만 수행한다. 이를 Segmentation and Reassembly라고 부른다.
④ 혼잡 제어는 TCP에서만 수행한다.
⑤ 수신 확인은 TCP에서만 수행한다.

008 답 ①

TCP(전송 계층)는 데이터 전송의 신뢰성을 보장하지만, UDP(전송 계층)는 전송의 신뢰성을 보장하지 않는다.

선지분석

② IP는 1개의 패킷에 대한 E2E(end-to-end) 전송을 담당하며, 논리적인 주소 지정(주소를 바꿀 수 있음)과 경로 설정(best route)을 담당하는 네트워크 계층 프로토콜이다.
③ SMTP는 메일 클라이언트가 메일 서버로 메일을 보낼 때, 메일 서버끼리 메일을 주고받을 때 사용하는 응용 계층 프로토콜이다.
④ IoT(사물인터넷)의 등장으로 IPv4(32비트 주소)의 주소가 고갈되어 IPv6(128비트 주소)가 제안되었다.

009 답 ⑤

ACK를 통해 송신측에서는 수신측이 데이터를 받았는지 확인할 수 있다.

선지분석

① 연결 설정 과정(3-way handshake)을 수행한다.
② 슬라이딩 윈도우를 이용하여 데이터 흐름 제어(end-to-end)를 수행한다.
③ slow start, fast retransmit, fast recovery 등을 이용해서 혼잡 제어(중간 라우터에서 발생하는 혼잡)를 수행한다.
④ FTP는 TCP를 이용하고, TFTP는 UDP를 이용한다.

010 답 ③

SYN 세그먼트는 연결 설정 과정에서 사용하고, FIN 세그먼트는 연결 해제 과정에서 사용한다.

선지분석

① 종단 간(end to end) 흐름 제어를 제공한다.
② 전송하기 전에 연결 설정 과정(3-way handshake)을 수행하고, 종료할 때 연결 해제 과정(4-way)을 수행한다.
④ 큰 파일의 경우 여러 개의 패킷(TCP segment)으로 쪼개져서 송신되는데 이들을 구분하기 위해 순서 번호(sequence number)를 사용한다.

011 답 ②

라우팅 테이블에 포함해야 하는 필수 정보는 (목적지 호스트, 다음 홉)의 조합이다. 필수 정보 중에 변하는 정보는 목적지 호스트(수신 측 IP 주소)가 아니라 다음 홉이다. 그러므로 IP는 다음 홉 주소를 바탕으로 라우팅 테이블을 갱신한다.

선지분석

① TCP는 송신 데이터에 대한 ACK를 수신하기 때문에 신뢰성 있는 스트림 전송 서비스를 제공한다.
③ TCP는 실제 데이터를 전송하기 전에 3-way handshaking을 수행한다.
④ IP는 네트워크 계층 프로토콜로 신뢰성을 보장하지 않고 비연결 지향형이다. 신뢰성과 연결 지향은 그 위의 계층인 전송 계층에서 TCP가 제공한다.

012 답 ②

데이터링크층의 PDU는 프레임이다.

선지분석

① 물리층의 PDU이다.
③ 네트워크층의 PDU이다(데이터그램으로도 표현함).
④ 세션층, 표현층, 응용층의 PDU이다.
TIP 전송층의 PDU는 세그먼트이다.

013 답 ④

TCP에서 검사합(checksum)은 필수이다.

선지분석

① TCP는 동시에 송수신자가 패킷을 주고받을 수 있다.
② 연결 설정에 3-way handshake를 사용하고, 연결 해제에 4-way handshake를 사용한다.
③ 흐름 제어(수신자가 더 이상 패킷을 받을 수 없을 때 제어)와 혼잡 제어(네트워크 중간의 라우터 등이 더 이상 패킷을 받을 수 없을 때 제어)를 제공한다.

014 답 ③

㉠ ARP: IP 주소(논리 주소)를 MAC 주소(물리 주소)로 바꿔준다.
㉡ ICMP: 인터넷 제어 메시지 프로토콜은 RFC 792에서 정의한 인터넷 프로토콜 모음 중의 하나이다. ICMP 메시지들은 일반적으로 IP 동작에서 진단이나 제어로 사용되거나 오류에 대한 응답으로 만들어진다. 예를 들어, 핑(ping) 유틸리티는 ICMP "에코 요청(Echo request)"과 "에코 응답(Echo reply)" 메시지를 사용해 구현할 수 있다.

선지분석

①, ② RARP: MAC 주소(물리 주소)를 IP 주소(논리 주소)로 바꿔준다.
④ ICMP, ARP의 순서가 바뀌었다.

015 답 ⑤

TCP는 신뢰적인 데이터 전달을 보장하고, 수신 프로세스에게 데이터가 올바른 순서로 전달되는 것을 보장한다.

선지분석

① TCP는 혼잡 제어(congestion control)와 흐름 제어(flow control) 기능이 포함되어 있다.
② UDP는 비신뢰적이고 비연결형이다. 즉, 신뢰적인 데이터 전달을 보장하지 않는다.
③ TCP는 패킷 재전송(retransmission) 기능을 가진다.
④ UDP는 헤더에 출발지 포트 번호, 목적지 포트 번호, 길이, 체크섬의 정보를 가진다.

016 답 ③

ㄱ. UDP는 TCP와 다르게 연결 설정을 하지 않는다.
ㄴ. UDP와 TCP는 오류검사에 체크섬을 사용한다.
ㄷ. UDP와 TCP는 출발지 포트 번호와 목적지 포트 번호를 포함한다.

선지분석

ㄹ. 혼잡제어(중간)와 흐름제어(종단간)는 TCP에서 사용한다.

017 답 ③

지연시간 보장은 RSVP 프로토콜이 수행한다. RSVP란 전송 계층 프로토콜로 네트워크상에서 자원을 예약할 수 있도록 디자인된 프로토콜이다(예 최소 경로 지연, 경로 대역폭 등).

선지분석

① 연결 설정은 TCP에서 제공한다.
② 오류 검출은 TCP, UDP에서 checksum의 형태로 제공한다.
④ 혼잡 제어는 TCP에서 제공한다.

018 답 ②

IP에서 Fragmentation을 통해 패킷의 분해, 조립을 수행하나 포트 지정을 수행하지 않는다. 포트 지정은 TCP와 UDP에서 수행한다.

선지분석

① TCP는 순서제어(Sequence Number), 에러 제어, 흐름제어, 혼잡제어, 패킷 다중화(TCP Segmentation) 등의 기능을 제공한다.
③ UDP는 연결을 맺지 않고 보낸 패킷에 대한 응답 패킷을 받지 않는다.
④ IP는 비연결형, 비신뢰성이다.
⑤ ③과 연계하여 보낸 패킷에 대한 응답을 받지 않으므로 고속 전송이 가능하다(예를 들면, 멀티미디어 패킷). UDP는 네트워크 층에서 fragmentation이 발생하여 데이터그램이라고 불린다.

019 답 ③

UDP는 전송 계층에서 사용되는 비연결형, 비신뢰성 프로토콜이다.

선지분석

① 물리층과 데이터 링크층, 네트워크층(인터넷층), 전송층, 응용층으로 구성된다.
② ICMP는 네트워크 층에서 사용 가능한 프로토콜이다.
④ 라우팅 프로토콜은 네트워크 층에서 운영한다.

020 답 ②

SMTP는 응용 계층이다.

선지분석

① HTTP, Telnet은 응용 계층이다.
③ IP, ARP는 네트워크 계층이다.
④ UDP, TCP는 전송 계층이다.

021 답 ③

전송 순서가 바뀔 수 있으므로 전송 순서를 변경하고 데이터 재조립을 수행한다.

선지분석

①, ② TCP에서 흐름제어와 혼잡제어를 지원하나 UDP에서는 지원하지 않는다.
④ TCP는 connection-oriented이고, UDP는 connectionless이다.
⑤ UDP는 고속 전송이 가능하기 때문에 스트리밍에 적합하다.

022 답 ③

계층별 PDU는 응용층(Message), 전송층(Segment), 네트워크층(Datagram, Packet), 데이터링크층(Frame), 물리층(Bits)이다.

023 답 ④

UDP 기반이다.

024 답 ②

Tahoe 알고리즘에 의해 임곗값이 9가 되고, 혼잡 윈도우값은 1로 감소한다.

025 답 ②

비순차적인 데이터 전송을 통해 전송을 보장하지 않는다.

026 답 ①

해당 설명은 ICMP이다.

027 답 ①

네트워크 계층에서 사용되는 프로토콜이다.

028 답 ④

네트워크 계층 프로토콜이다.

029 답 ③

TCP에 대한 설명이다.

030 답 ③

데이터 링크 계층의 PDU는 프레임이다.

선지분석

① 물리 계층의 PDU이다.
② 네트워크 계층의 PDU이다.
④ 전송 계층의 PDU이다.

031 답 ②

옳은 지문이다.

선지분석

①, ③, ④ ㄱ, ㄷ: TCP에 해당한다.
ㅁ: 헤더 크기가 다르다.

032 답 ①

전자메일을 SMTP를 사용하고, 원격접속은 Telnet을 사용한다. 둘 다 TCP 상에서 동작한다.

033 답 ③

RARP에 대한 설명이고, ICMP는 제어 메시지(오류 메시지)를 전송한다.

CHAPTER 04 | 에러 검출

정답 p.75

001	④	002	④	003	④	004	①	005	③
006	④								

001 답 ④

BCD 부호 방식: 영숫자 코드로 6비트의 길이를 가지는 코드이다.

선지분석

① 패리티(parity) 검사 방식: 홀수 패리티(전송되는 데이터 중 1의 개수가 홀수 개)와 짝수 패리티(전송되는 데이터 중 1의 개수가 짝수 개)가 있다.
② 검사합(checksum) 방식: 데이터와 1의 보수를 같이 보낸 후 수신지에서 데이터와 1의 보수를 더해서 결과 값이 0이면 수신하고 0이 아니면 폐기한다.
③ CRC 방식: 데이터를 제수(n + 1비트)로 2진 나눗셈(모듈로 2 나눗셈, XOR 이용)한 나머지(n비트, CRC)를 보낸다. 수신지에서는 데이터 뒤에 CRC를 붙여 제수로 2진 나눗셈을 해서 0이면 수신, 0이 아니면 폐기한다.

002 답 ④

패리티 비트: 짝수 개의 비트에 오류가 발생하면 오류를 발견할 수 없다.

선지분석

① 체크섬: 1의 보수 혹은 2의 보수 방법을 사용한다.
② CRC: 모듈로 - 2 연산(XOR)을 주로 사용한다.
③ 중복 정보: 여기서 중복(redundancy)이란 체크섬이나 CRC를 이야기한다. 데이터와 중복 정보를 함께 보내고 수신 쪽에서는 중복 정보를 이용하여 데이터를 확인한다.

003 답 ④

데이터를 제수(n + 1비트)로 2진 나눗셈(모듈로 2 나눗셈, XOR 이용)한 나머지(n비트, CRC)를 보낸다. 수신지에서는 데이터 뒤에 CRC를 붙여 제수로 2진 나눗셈을 해서 0이면 수신, 0이 아니면 폐기한다. 이때, 제수를 위해 다항식 코드를 사용한다.

선지분석

① 송신 측에서 오류 정정용 부호를 데이터에 부가하여 송신하고, 수신측에서 이것을 이용하여(보통 통계 수법에 의해) 오류 정정을 하고, 복호한 데이터를 그대로 출력하는 것이다. 즉, 오류에 대한 재전송을 수행하지 않는다.
② 홀수 패리티(전송되는 데이터 중 1의 개수가 홀수 개)와 짝수 패리티(전송되는 데이터 중 1의 개수가 짝수 개)가 있다.
③ 이 방식은 여러 개의 바이트를 하나의 블록으로 구성한 후 교차 검사를 한다. 즉, 블록 데이터의 수평과 수직 방향 모두에 패리티 비트를 둠으로써 오류 검출 확률을 높인다.

004 답 ①

홀수 패리티 비트: 1의 개수가 홀수 개이면 정상이고 짝수 개이면 오류이다.
1의 개수가 짝수 개다.

005 답 ③

순환 중복 검사: 모듈로 - 2 연산과 다항식을 사용하고, 2계층(데이터링크 계층)에서 사용한다.

선지분석

① 수직 중복 검사(각 단위의 전송 방향에서 패리티 비트)
② 세로 중복 검사(전체 블록의 전송 방향에서는 패리티 비트)
④ 체크섬: 1의 보수 또는 2의 보수를 이용하여 검사합을 만들고, 4계층(TCP, UDP)에서 사용한다.

006 답 ④

0011001로 수정 후 0010으로 복호한다.

선지분석

① mod 2를 사용하므로 짝수 패리티이다.
② 0101010으로 인코딩된다.
③ 패리티 오류(해당 위치)도 복구가 가능하다.

CHAPTER 05 | 데이터 링크 제어

정답

p.77

001	①	002	④	003	③	004	③

001

답 ①

ARQ(Automatic Repeat reQuest): 정지 - 대기(Stop-and-wait) ARQ와 미닫이 창(Sliding window) ARQ가 있다. Stop-and-wait ARQ는 1개씩 전송 후 오류 발생 시 재전송을 수행하며, Sliding window ARQ는 여러 개 전송 후 오류 발생 시 n 프레임 - 후퇴(Go-back-n) 혹은 선택적 - 거부(Selective-reject) 방법으로 재전송을 수행한다. Go-back-n은 오류가 발생한 프레임과 그 이후에 전송한 모든 프레임을 다시 재전송을 하고, Selective-reject는 오류가 발생한 프레임만 재전송한다.

선지분석

② FEC(Forward Error Correction): 송신 측에서 오류 정정용 부호를 데이터에 부가하여 송신하고, 수신측에서 이것을 이용하여(보통 통계 수법에 의해) 오류 정정을 하고, 복호한 데이터를 그대로 출력하는 것이다. 즉, 오류에 대한 재전송을 수행하지 않는다.

③ 순회 부호(Cyclic code): 어떤 부호 계열 중에서 그 부호를 구성하는 각 요소를 임의의 횟수만 순환 자리 이동(cyclic shift)하여도 다시 그 부호계로 들어갈 수 있는 부호 또는 부호계이다. 즉, 오류에 대한 재전송을 수행하지 않는다.

④ 해밍 부호(Hamming code): 1950년에 해밍이 처음 고안한 것으로, 1비트의 오류를 정정할 수 있는 오류 정정 부호이다. 즉, 오류에 대한 재전송을 수행하지 않는다.

002

답 ④

- 선택적 반복: 손상되거나 손실된 프레임만 재전송하므로 프레임 전송 효율이 높다.
- N 복귀: 손상되거나 손실된 프레임 이후의 프레임 모두 다시 재전송하지만 에러가 많이 발생하지 않는 평균적인 상황을 고려하므로 프레임 전송 효율이 중간이다(누적해서 ACK를 보냄).
- 정지 후 대기: 손상되거나 손실된 프레임만 재전송하지만 한 번에 하나의 프레임만을 전송하므로 프레임 전송 효율이 가장 낮다.

003

답 ③

오류가 발생한 프레임과 그 이후에 전송한 모든 프레임을 다시 재전송하기 때문에 불필요한 재전송 프레임들이 존재한다.

선지분석

① ACK에는 수신이 예상되는 다음 프레임의 번호를 전달하고, NAK에는 손상된 프레임 번호를 전달한다.

② 송신측은 확인응답이 올 때까지 전송된 모든 프레임의 사본을 갖는다.

④ Go-back-N ARQ는 stop-and-wait 방식이 아니라 sliding window 방식이다.

004

답 ③

Go-back-N: 6번째 프레임까지 전송 후 4번째 프레임에서 오류가 나면 4, 5, 6프레임을 다시 보낸다.

선지분석

① Selective-Reject: 6번째 프레임까지 전송 후 4번째 프레임에서 오류가 나면 4번 프레임을 다시 보낸다.

②, ④ 해당 프레임의 개수를 보내는 방법은 존재하지 않는다.

CHAPTER 06 | 데이터 링크 프로토콜

정답

p.78

001	①

001

답 ①

비동기식 전송 방식(asynchronous transmission): 비트 스트림에 있는 각 문자를 독립적으로 다룬다(문자 중심). 주로 모뎀(modem)에서 사용하며 시작과 정지 비트, 문자 사이에 가변 길이 갭(gap)을 가진다. 종류로는 XMODEM, YMODEM, ZMODEM, BLAST, kermit 등이 존재한다.

선지분석

② 동기식 전송 방식(synchronous transmission): 전체 비트 스트림을 같은 크기의 문자들로 나누어 처리한다(비트 중심). 문자 중심 프로토콜과 비트 중심 프로토콜이 있다. 문자 중심은 프레임 또는 패킷을 문자의 연속으로 해석하고, 비트 중심은 프레임 또는 페킷을 비트의 연속으로 해석한다.

③ 아날로그 전송 방식(analog transmission): 음성, 오디오, 비디오 등 연속적으로 변하는 신호 형태의 데이터 통신 방식이다.

④ 병렬 전송 방식(parallel transmission): 한 개의 비트가 아닌 그룹으로 n비트 데이터를 전송한다. 속도는 빠르지만 고가이다.

CHAPTER 07 | LAN

정답 p.79

001	①	002	①

001

답 ①

IEEE 802.11b: CSMA/CD(유선랜)는 IEEE 802.3을 사용하고 CSMA/CA(무선랜)는 IEEE 802.11이 사용된다.

선지분석

② 충돌 검출: 전송 중에 충돌을 감지하기 위한 프레임의 최소길이는 전파되는 시간(T)의 최소 2배 이상이어야 한다. 왜냐하면 노드 A가 아주 짧은 프레임을 약 2T 시간 내에 전송하였다면 노드 A는 프레임이 충돌 없이 전송되었다고 판단하기 때문이다.
③ 임의의 시간: 충돌이 발생하면 양 패킷을 버리고 양쪽에서 임의의 수만큼 쉰 후 다시 전송한다.
④ 전송 요구량이 증가: 버스 구조를 사용하기 때문에 전송 요구량이 증가하면 충돌이 발생하게 되어 회선의 유효 전송률이 낮아진다.

002

답 ①

ㄱ. CSMA/CD에서 MA는 네트워크가 비어있으면 누구나 사용 가능(버스형)한 것을 의미한다.
ㄷ. CSMA/CD에서 CS는 네트워크가 사용 중인지 확인하는 것을 의미한다.

참고로, CSMA/CD에서 CD는 데이터를 전송하며 충돌여부 감지하는 것을 의미하고 충돌이 발생하면 양 패킷을 버리고, 양쪽에서 임의의 수만큼 쉰 후 다시 전송한다.

선지분석

ㄴ. 충돌이 발생 후 임의의 시간만큼 쉬므로 지연 시간을 정확히 예측할 수 없다.
ㄹ. 토큰링에 대한 설명이다. 토큰링에서는 토큰이 있어야만 전송이 가능하다.

CHAPTER 08 | 교환 방식(Switching)

정답 p.80

001	④	002	④

001

답 ④

회선 교환 방식은 1:1 연결 방식이고, 패킷 교환 방식은 N:N 연결 방식이다. 그러므로 패킷 교환 방식이 더 많은 동시 접속자를 수용할 수 있다.

선지분석

① 연결 설정 및 해제 과정이 필요하다.
② 발신자와 수신자 간에 독립적이며 동시에 폐쇄적인 통신 연결로 구성되어 있다.
③ 전화(PSTN) 또는 컴퓨터와 같은 두 장치를 직접 물리적으로 연결한다.
⑤ 일단 설정된 통신은 안정적이다. 다른 요인에 의해 통신이 방해받지 않는다.

002

답 ④

회선 교환에 대한 설명이다.

CHAPTER 09 | CSMA/CA

정답 p.81

001	②	002	④	003	④	004	③	005	③

001

답 ②

CSMA/CA: IEEE 802.11을 사용한다. 무선이기 때문에 충돌보다는 회피를 목적으로 한다.

선지분석

① GSM: 유럽의 대표적인 이동통신 시스템인 GSM은 세계에서 가장 널리 사용되고 있으며, 기술적으로는 TDMA를 기본으로 하고 있다.
③ CSMA/CD: IEEE 802.3을 사용한다. 유선이기 때문에 회피보다는 충돌을 목적으로 한다.
④ LTE: HSDPA(WCDMA(3G)를 확장한 고속 패킷 통신규격)보다 한층 진화된 휴대전화 고속 무선 데이터 패킷통신규격이다. HSDPA의 진화된 규격인 HSPA+와 함께 3.9세대 무선통신규격으로 불린다.

002

답 ④

애드혹 방식을 사용하면 유선랜 기술로 인터넷에 연결되어 있지 않아도 된다.

선지분석

① 현재를 기준으로 하면 10Gbps로 전송할 수 있는 표준(802.11ax)도 존재한다(년도에 따라 최대 전송 속도가 다르다).
② 무선랜은 CSMA/CA를 사용한다. 즉, 유선처럼 충돌이 발생 후 이를 처리하면 늦으므로 충돌을 회피한다.
③ 다수의 사용 가능 채널이 존재한다. 예를 들어, IEEE 802.11 b/g는 14개의 채널이 존재한다.
⑤ 인프라(infrastructure) 방식과 애드혹(Ad-Hoc) 방식으로 구성할 수 있다. 핫스팟에 여러 대의 클라이언트가 접속해 네트워크를 구성한다면 인프라망(하부구조 네트워크)이라고 부르고, 각 클라이언트가 핫스팟 없이 서로 데이터를 주고받는다면 애드혹 네트워크라고 부른다.

003

답 ④

802.11n: MIMO 기술(기지국과 단말기에 여러 안테나를 사용하여, 사용된 안테나 수에 비례하여 용량을 높이는 기술)을 사용한다.

선지분석

① 802.11a: 54Mbps의 전송률을 제공한다.
② 802.11b: DSSS 방식(디지털 신호를 매우 작은 전력으로 넓은 대역으로 분산하여 동시에 송신)을 사용하여 11Mbps의 전송률을 제공한다.
③ 802.11g: 2.4GHz 대역이다.

802.11n 무선 랜

여기서, OFDM은 하나의 정보를 여러 개의 반송파(캐리어)로 분할하고, 분할된 반송파 간의 간격을 최소화하기 위해 직교성을 부가하여 다중화해 전송하는 방법이다. 그리고 MU-MIMO는 제각기 하나 이상의 안테나를 갖춘 사용자나 무선 터미널들이 서로 통신하는, 무선 통신을 위한 MIMO 기술들의 집합을 나타낸다.

무선랜 규격	최대속도 (Mbps)	채널 대역폭 (MHz)	사용 주파수 대역 (GHz)	주요 특징
802.11b	11	20	2.4	• 초기 기술, 느린 전송 속도 • DSSS
802.11a	54	20	5	OFDM
802.11g	54	20	2.4	• OFDM, DSSS • 2.4GHz 대역 간섭
802.11n	600	20/40	2.4/5	• OFDM • MIMO
802.11ac	6900	20/40/ 80/160	5	• OFDM • MU-MIMO

004

답 ③

IEEE 802.11b는 DSSS 기법을 사용한다.

선지분석

① 다중 안테나 기술을 사용하면 안테나 개수가 증가함에 따라 속도가 높아진다.
② 최신 무선랜은 10Gbps를 지원한다(LTE의 속도가 1Gbps라고 가정).
④ 최고 속도는 정해져있지만 전송 속도(대역폭)는 상황에 따라 가변적이다.
⑤ 무선랜은 여러 개의 채널이 존재하여 근접한 거리의 기기가 서로 간섭을 받지 않는다.

005

답 ③

OFDMA를 사용한다(더 많은 사용자).

선지분석

① 진폭 변조와 위상 변조를 동시에 수행하여 더 많은 데이터를 실어 보낸다.
② 무선랜이므로 CSMA/CA를 사용한다(회피).
④ 최신 버전인 WPA3를 사용한다.
⑤ 기존 주파수 대역인 2.4와 5GHz를 사용한다.

CHAPTER 10 | MANET

정답

p.82

001	④

001

답 ④

MANET은 기존 네트워크인 AP를 이용할 수도 있고 이용하지 않을 수도 있지만 AP를 중재자로 사용하지는 않는다. AP를 사용하는 경우는 MANET의 끝단에서 네트워크에 연결하기 위함이지 MANET의 중간에서 중재자로 사용하려는 것은 아니다.

선지분석

① 이동노드들은 무선 채널을 사용하므로 전송 거리와 전송 대역폭에 제약을 받게 되고, 전파간섭 및 다중 링크로 인한 보안문제를 야기한다.
② 호스트 기능과 이동 애드혹 라우팅 기능을 동시에 갖는 이동노드의 특성을 가진다.
③ 애드혹 네트워크상의 이동노드들은 보안 및 라우팅 기능 등을 백본 네트워크에 의존할 수가 없기 때문에, 이러한 기능들은 여러 노드 간의 협력에 의해 분산 운영되어야 한다.

CHAPTER 11 | 서브넷(Subnet)

정답

p.83

001	①	002	③	003	②	004	②	005	②
006	③	007	②	008	①	009	④		

001

답 ①

1개의 서브넷이 존재한다.

선지분석

② 서브넷으로 사용할 수 없다.
③ 2개의 서브넷(32, 33 vs. 34, 35)이 존재한다.
④ 4개의 서브넷(32, 33, 34, 35)이 존재한다.

002

답 ③

주어진 조건으로 비트 마스크를 하게 되면(256 - 224 = 32) 32개의 주소를 가지는 8개의 하위 네트워크 나눠진다. 첫 번째 하위 네트워크는 0부터 31까지의 주소를 가지고 이때 0은 네트워크 주소이고 31은 브로드캐스트 주소이다. 즉, 실제로 사용할 수 있는 호스트의 주소는 30개이다.
마찬가지로 두 번째 하위 네트워크는 32부터 63까지의 주소를 가지고 이때 32는 네트워크 주소이고 63은 브로드캐스트 주소이다. 이와 같이 계산하면 브로드캐스트 주소는 31, 63, 95, 127, 159, 191, 223, 255이 된다.

003

답 ②

255.255.255.192를 2진수로 표현하면
11111111.11111111.11111111.11000000이 된다. 호스트 식별자 비트 수는 여러 가지 방법으로 구할 수 있다.

- 방법 - 1: subnet mask에서 1이 아닌 비트가 호스트 식별자 비트가 된다. 그러므로 0이 6개 이므로 6비트가 된다.
- 방법 - 2: 192가 들어간 자리는 총 256개를 사용할 수 있으므로 256 - 192를 하면 64개가 나오고 이를 2의 지수승으로 표현하면 2^6이 돼서 호스트 식별자 비트는 6비트가 된다.

004

답 ②

subnet mask가 존재하지 않는다. 굳이 표현하자면
11111111.11111111.01111110.00000000이 되는데 subnet mask를 이용해서 bit masking을 하려면 중간에 0이 있으면 안된다. 즉, 앞에서부터 1로 채워져야만 subnet mask로 사용할 수 있다(서브넷을 만드는 기본 원칙).

선지분석

① subnet mask가 /10인 경우이다.
11111111.11000000.00000000.00000000
③ subnet mask가 /20인 경우이다.
11111111.11111111.11110000.00000000
④ subnet mask가 /22인 경우이다.
11111111.11111111.11111100.00000000

005

답 ②

네트워크 주소와 마스크를 이용한 사용 가능 주소는 다음과 같다.

- 123.4.8.128/25: 123.4.8.128 ~ 123.4.8.255: m1
- 123.4.8.0/24: 123.4.8.0 ~ 123.4.8.255: m2
- 123.4.0.0/16: 123.4.0.0 ~ 123.4.255.255: m3
- 0.0.0.0/0: 0.0.0.0 ~ 255.255.255.255: m4

포워딩 테이블은 목적지 IP 주소에 해당하는 네트워크 주소를 찾는 것인데 일치하는 것이 여러 개 있다면 범위가 작은 것을 우선으로 한다. m2, m3, m4 모두가 해당되지만 이중 범위가 가장 작은 것은 m2이다.

006

답 ③

서브넷을 255.255.255.192로 사용하면 각 서브넷에 64개의 IP를 사용할 수 있다. 그러므로 192.168.0.0부터 192.168.0.63은 같은 서브넷을 사용하고, 192.168.0.64부터 192.168.0.127은 같은 서브넷을 사용한다.

007

답 ②

32비트에서 25비트를 빼면 7비트이고 이를 이진수로 바꾸면 128이다. 실제 서브넷 마스크는 256에서 128을 빼주면 되므로 서브넷 마스크는 128이 된다.

008

답 ①

서브넷마스크가 /23이므로 해당 패킷들은 같은 인터페이스(R1)로 전달된다.

009

답 ④

2^6에서 2개(네트워크 주소와 브로드캐스트 주소)를 제외한다.

CHAPTER 12 | 그 외

정답

p.85

001	④	002	②	003	②	004	②	005	①
006	②	007	④	008	①	009	④	010	②
011	②	012	①	013	④	014	④	015	②
016	③	017	①	018	③	019	③	020	②

001

답 ④

• IPv4: 32비트 = 4바이트
• IPv6: 128비트 = 16바이트

TIP IPv6의 주소를 바이트로 물어보면 헷갈릴 수 있으므로 기억해두는 것이 좋다.

002

답 ②

데이터 링크: 브리지, 허브, 스위치(L2 스위치)

선지분석

① 물리: 리피터(L1 스위치)
③ 네트워크: 라우터(L3 스위치)
④ 전송: 부하 분산기, 방화벽(L4 스위치)

TIP IDS, IPS, DPI 등은 L7 스위치에 해당한다.

003

답 ②

출발지 주소와 목적지 주소: IPv4는 패킷을 목적지까지 배달해야 하므로 출발지 주소와 목적지 주소를 가진다.

선지분석

① 주소: 주소는 4바이트(32비트)이다.
③ 주소 공간: 클래스에 따라 4바이트를 네트워크 주소와 호스트 주소로 나눈다.
④ 스위치: 스위치는 MAC(2계층) 정보를 이용하고, 라우터가 IPv4(3계층) 정보를 이용한다.

004

답 ②

비트: 비트 프레임은 전송 오류를 해결하는 과정에서 사용하는 프레임의 종류가 아니라, 전송 단위(문자 단위로 보낼 것인지 비트 단위로 보낼 것인지)의 한 종류이다.

선지분석

① 부정 응답: NAK 프레임으로 전송 과정에서 프레임 변형 오류가 발생했음을 회신하는 용도이다.
③ 긍정 응답: ACK 프레임으로 전송 데이터가 올바르게 도착했음을 회신하는 용도이다.
④ 정보: I 프레임으로 상위 계층이 전송을 요구한 데이터를 수신 호스트에 전송하는 용도로 사용한다.

005

답 ①

ㄱ. 네트워크 계층: 라우터
ㄴ. 데이터 링크 계층: 브리지, 허브, 스위치
ㄷ. 물리 계층: 리피터

TIP 전송 계층은 부하 분산기(L4 스위치), 방화벽이 있고, 응용 계층은 IDS, IPS, DPI 등이 있다.

006

답 ②

6바이트: 16바이트로 확장되었다.

선지분석

① 고갈: IoT로 인해 더 많은 IP 주소가 필요하게 되었다.
③ 애니캐스트: 애니캐스트 주소는 여러 인터페이스를 식별한다. 애니캐스트 주소로 지정된 패킷은 적절한 멀티캐스트 라우팅 토폴로지를 통해 주소로 식별되는 가장 가까운 인터페이스인 단일 인터페이스로 배달된다.
④ 전환: IPv4/IPv6 듀얼스택 방식, 터널링(Tunneling) 방식, 주소 변환 방식 등이 존재한다.

007

답 ④

게이트웨이: 설명은 맞지만 모뎀은 게이트웨이가 아니다(게이트웨이는 모든 계층의 정보를 이용한다). 모뎀은 아날로그 신호를 디지털 신호로 바꿔주거나 아날로그 신호를 디지털 신호로 바꿔주는 역할을 수행한다.

선지분석

① 허브: 2계층 정보를 이용하는 L2 스위치이다. 더미 허브는 패킷을 받으면 다른 모든 포트들로 브로드캐스팅을 하고, 스위칭 허브는 학습된 포트(해당 MAC이 있는 포트)로 보낸다.
② 리피터: 1계층 정보를 이용하는 L1 스위치이다.
③ 브리지: 2계층 정보를 이용하는 L2 스위치이다.
⑤ 라우터: 3계층 정보를 이용하는 L3 스위치이다.

TIP 4계층 정보를 이용하는 L4 스위치에는 부하 분산기, 방화벽 등이 있고, 7계층 정보를 이용하는 L7 스위치에는 어플리케이션 스위치, IDS, IPS, DPI 등이 있다.

008

답 ①

IPv4의 주소 길이는 32비트(4바이트)이고, IPv6 주소 길이는 128비트(16바이트)이다.

선지분석

② 해당 설명은 TCP이고, UDP는 패킷 전송에 실패할 경우 해당 패킷을 재전송하지 않는다.
③ 해당 설명은 라우터(유무선공유기) 포트 포워딩(외부 주소를 내부 주소로 포워딩 해 줌) 등을 나타내고, DHCP는 유무선공유기 등에서 IP 주소를 자동으로 할당하기 위해 사용한다.
④ 해당 설명은 ARP이고, DNS는 도메인 네임(호스트 주소)에 대한 IP를 알아내기 위해 사용한다.

009

답 ④

C 클래스는 처음 3비트가 110으로 시작한다(이를 10진수로 바꾸면 192에서 223으로 시작함).

선지분석

①, ②, ③ A 클래스는 처음 1비트가 0으로 시작한다(이를 10진수로 바꾸면 0에서 127로 시작함). 다음의 표는 IPv4 주소 클래스를 나타낸다.

클래스	첫째 옥텟 IP	최상위 비트	범위	호스트 수	네트워크 수	블록
Class A	0 ~ 127	0	0.0.0.0 ~ 127.0.0.0	16,277,216	128	/8
Class B	128 ~ 191	10	128.0.0.0 ~ 191.255.0.0	65,536	16,384	/16
Class C	192 ~ 223	110	192.0.0.0 ~ 223.255.255.0	256	2,097,152	/24
Class D	224 ~ 239	1110	224.0.0.0 ~ 239.255.255.255	N/A (268,435,456)		N/A
Class E	240 ~ 255	1111	240.0.0.0 ~ 247.255.255.255	N/A (268,435,456)		N/A

010

답 ②

ㄱ. 송신지 포트 번호는 송신지 응용 프로그램, 수신지 포트 번호는 수신지 응용 프로그램에 할당된 포트 번호이다.

ㄷ. TCP 헤더에는 플래그 비트가 8개가 정의되어 있고, 처음 2개 비트는 혼잡 제어 용도로 사용한다. 그리고 나머지 6개 필드는 값이 1이면 다음과 같은 의미를 갖는다.

- URG: Urgent Pointer 필드가 유효한지를 나타낸다.
- ACK: Acknowledgment Number 필드가 유효한지를 나타낸다.
- PSH: 현재 세그먼트에 포함된 데이터를 상위 계층에 즉시 전달하도록 지시할 때 사용한다.
- RST: 연결의 리셋이나 유효하지 않은 세그먼트에 대한 응답용으로 사용한다.
- SYN: 연결 설정 요구를 의미하는 플래그 비트로써, 가상 회선 연결을 설정하는 과정에서 사용한다.
- FIN: 한쪽 프로세스에서 더는 전송할 데이터가 없어 연결을 종료하고 싶다는 의사 표시를 상대방에게 알리려고 사용한다.

선지분석

ㄴ. 수신자가 예상하는 다음 시퀀스(순서) 번호이다. 시퀀스 번호는 실제 데이터의 최초 바이트 값이고, 다음 시퀀스 번호는 해당 순서 번호에 데이터 크기를 더한 값이다.

ㄹ. 송신측이 현재 수신하고자 하는 윈도 크기이다(기본 단위는 바이트).

011

답 ②

IPv6 주소의 비트 수(128비트)는 IPv4 주소의 비트 수(32비트)의 4배이다.

선지분석

① IPv4는 비연결형, 비신뢰성 프로토콜이다.
③ IPv6는 애니캐스트 주소를 지원한다. 애니캐스트란 멀티캐스트와 마찬가지로 여러 인터페이스를 식별한다. 애니캐스트 주소로 지정된 패킷은 적절한 멀티캐스트 라우팅 토폴로지를 통해 주소로 식별되는 가장 가까운 인터페이스인 단일 인터페이스로 배달된다(멀티캐스트는 다중 인터페이스로 배달).
④ IPv6는 IPv4 네트워크와의 호환성을 위해 3가지 방법(IPv4/IPv6 듀얼 스택 방식, 터널링 방식, 주소 변환 방식)을 제공한다.

012

답 ①

기본 원리는 MTU가 1500바이트를 가정하면 헤더 크기 20바이트를 제외한 1480바이트를 8로 나눈 값이 offset이다. 여기서, 8로 나눈 이유는 offset을 8바이트 단위로 지정하기 때문이다. 이러한 원리를 이용하면 가능한 offset은 0(첫번째 패킷), 185(= 1480/8, 두번째 패킷) 등이 된다.
문제의 주어진 조건은 6000바이트를 3개로 나눈다고 하였으니 각 패킷은 2000바이트이고, 헤더의 조건이 주어지지 않았으므로 이를 8로 나누면 된다. 주어진 조건의 가능한 offset은 0(첫번째 패킷), 250(= 2000/8, 두번째 패킷), 500(= 4000/8, 세번째 패킷)이 된다.

013

답 ④

브리지: L2 switch(브리지는 네트워크에 흐르는 프레임의 물리주소를 필터링 한다)

선지분석

① 라우터: L3 switch
② 허브: L2 switch(더미 허브는 MAC 주소에 상관없이 모든 포트로 브로드캐스팅, 스위칭 허브는 학습 기능을 이용해서 MAC 주소와 관련된 포트로 포워딩)
③ 스위치: L2 switch에도 보안 기능과 트래픽 관리 기능이 들어간다. 예전에는 L4, L7 스위치에만 적용했는데 L4, L7의 경우 로컬 네트워크에서 발생하는 보안 문제를 처리할 수 없기 때문에 L2에도 보안 기능을 제공하기 시작했다.

014

답 ④

Gateway는 내부 네트워크(동일 프로토콜 사용)에서 외부 네트워크(이종 프로토콜 사용)로 나가는 통로 역할을 한다.

선지분석

① Modem에 대한 설명이다.
② Repeater에 대한 설명이다.
③ Bridge에 대한 설명이다.
⑤ DNS에 대한 설명이다.

015

답 ②

131을 2진수로 바꾸면 10000011이 된다. 10으로 시작하는 클래스는 B이다.

선지분석

① 0으로 시작한다.
③ 110으로 시작한다.
④ 1110으로 시작한다.

016

답 ③

B 클래스는 10으로 시작하므로 10000000(128) ~ 10111111(191)의 범위의 주소를 찾으면 된다.

017

답 ①

리피터와 더미허브는 물리 계층에 해당한다.

018

답 ③

B 클래스는 10으로 시작한다.

019

답 ③

A 클래스는 24비트의 호스트 ID를 가진다.

선지분석

① C 클래스에 해당한다.
② B 클래스에 해당한다.

020

답 ②

128비트이다.

선지분석

① 4바이트이다.
③ 40바이트이다.
④ B 클래스이다.

PART 4 운영체제

CHAPTER 01 | 개요

정답 p.92

001	③	002	②	003	②	004	③

001 답 ③

ㄱ. 운영체제의 주된 역할은 자원 관리와 인터페이스이다. 자원은 중앙처리장치(CPU), 주기억장치(DRAM), 보조기억장치(HDD or SSD), 주변장치(I/O)를 의미하고, 해당 자원이 유한하기 때문에 이를 사용하려고 하는 프로세스들이 자원을 사용할 수 있도록 관리(할당 및 회수)를 해주어야 한다. 인터페이스는 윈도우즈의 GUI처럼 사용자의 요청을 받아 하드웨어 자원에게 전달하고, 하드웨어 자원의 응답을 받아 다시 사용자에게 응답하는 역할을 한다.

ㄹ. 가상메모리(Virtual memory)는 사용자와 논리적 주소(보조기억장치)를 물리적(주기억장치)으로 분리하여 사용자가 주기억장치 용량을 초과한 프로세스에 주소를 지정해서 메모리를 제한 없이 사용할 수 있도록 하는 것이다. 프로그램 전체를 동시에 실행하지 않으므로, 요구한 메모리 전체가 아닌 일부만 적재해도 실행 가능한 원리를 이용한다.

(선지분석)

ㄴ. 스풀링은 CPU와 입출력 장치(프린터)의 속도 차이를 줄이기 위해 보조기억장치(HDD or SSD)의 일부를 버퍼처럼 사용한다. 버퍼링은 CPU와 입출력 장치(키보드)의 속도 차이를 줄이기 위해 주기억장치(DRAM)의 일부를 버퍼처럼 사용한다.

ㄷ. RR은 자신(프로세스)에게 주어진 시간 할당량(Time quantum or Time slice)만큼 사용하고 다른 프로세스에게 CPU를 강제로 내어주어야 하기 때문에 대표적인 선점(Preemptive) 방식이다.

002 답 ②

실시간 시스템: 입력에 응답하는 데 필요한 시간 간격이 너무 짧은 환경을 제어한다. 경성 실시간(무기 시스템과 같이 무조건 주어진 시간에 끝내야 함)과 연성 실시간(멀티미디어 시스템과 같이 약간의 여유가 있음)이 있다.

(선지분석)

① 일괄 처리 시스템: 작업 준비 시간을 줄이려고 데이터가 발생할 때마다 즉시 처리하지 않고 데이터를 일정 기간 또는 일정량이 될 때까지 모아 두었다가 한꺼번에 처리한다.

③ 시분할 시스템: 각 프로그램에 일정한 프로세서 사용 시간 또는 규정 시간량 할당하는 것으로 응답시간 최소화가 목표이다.

003 답 ②

일괄 처리 시스템을 한꺼번에 처리한다.

(선지분석)

① 실시간 시스템이다.

③ 분산 처리 시스템이다.

④ 시분할 시스템이다.

004 답 ③

응답 시간 감소이다.

(선지분석)

④ 다중프로그래밍 시스템: 여러 개의 프로그램들을 동시에 주기억장치에 적재하여, 한 프로그램이 입출력 등의 작업을 할 때 중앙처리 장치를 쉬게 하지 않고 다른 프로그램을 처리하게 하여 전체적인 처리 속도를 향상시키는 방식이다. 시분할과 비슷하고, 프로세서 사용 최대화가 목표이다.

CHAPTER 02 | 프로세스와 스레드

정답 p.93

001	⑤	002	⑤	003	①	004	④	005	①
006	②	007	③	008	②	009	③	010	③
011	①	012	③	013	④	014	①	015	④
016	④	017	⑤	018	④	019	④	020	③
021	②	022	③	023	②				

001 답 ⑤

하나의 스레드에 여러 개의 프로세스: 하나의 프로세스에 여러 개의 스레드가 존재한다.

(선지분석)

① 프로세스(작업의 기본 단위): 프로세스는 작업의 기본 단위이고, 스레드는 논리적인 최소 단위이다(원자성 - 더 이상 나눌 수 없음).

② 비동기적: 프로세스는 어떤 작업을 요청했을 때 그 작업이 종료될 때까지 기다린 후에 다음(다른) 작업을 수행하는 방식(동기적)이 아니라 어떤 작업을 요청했을 때 그 작업이 종료될 때까지 기다리지 않고 다른 작업을 하고 있다가 요청했던 작업이 종료되면 그에 대한 추가 작업을 수행하는 방식이다.

③ 실행중인 프로그램: 프로그램이 보조기억장치에 있지만 이를 프로세스라고 하지 않는다. 왜냐하면 실행중이 아니기 때문이다. 보조기억장치에 있는 프로그램이 주기억장치로 올라와 실행중일 때 비로소 프로세스라고 한다.
④ 스레드는 프로세스에서 자원을 공유하고 실행(제어)을 분리한 개념이다.

002 답 ⑤

문맥교환: 실행 중인 프로세스의 제어를 다른 프로세스에 넘겨 실행 상태가 되도록 하는 것이다. 프로세스 문맥 교환이 일어나면 프로세서의 레지스터에 있던 내용을 저장한다.

선지분석

① 상호배제: 자원을 최소 하나 이상 비 공유한다. 즉, 한 번에 프로세스 하나만 해당 자원 사용할 수 있어야 한다. 사용 중인 자원을 다른 프로세스가 사용하려면, 요청한 자원 해제될 때까지 대기한다.
② 동기화: 변수나 파일은 프로세스별로 하나씩 차례로 읽거나 쓰도록 해야 하는데, 공유 자원을 동시에 사용하지 못하게 실행을 제어하는 방법 뜻한다.
③ 교착상태: 다중 프로그래밍 시스템에서, 프로세스가 결코 일어나지 않을 사건(event)을 기다리는 상태이다. 프로세스가 교착상태에 빠지면, 작업 정지되어 명령 진행 불가하다.
④ 스케줄링: 프로세스 스케줄링은 여러 개의 프로세스가 존재하면 다양한 스케줄링 방법들을 이용해서 프로세서(CPU)에게 프로세스(작업)를 할당하는 것이다. 디스크 스케줄링은 여러 개의 디스크 작업 요청이 존재하면 다양한 스케줄링 방법들을 이용해서 해당 작업들을 처리하는 것이다.

003 답 ①

스레드별 데이터: 스레드별로 스택, 지역 데이터, 스레드 실행 환경 정보(SP, PC, 상태, 우선순위)를 가진다.

선지분석

② 자원 공유: 코드, 전역 데이터, 힙을 공유한다.
③ 다른 프로세서: 프로세스 하나에 포함된 스레드들은 공동의 목적 달성을 위해 병렬 수행한다. 프로세스 하나가 서로 다른 프로세서(CPU)에서 프로그램의 다른 부분을 동시에 실행한다.
④ Pthread: 병렬적으로 작동하는 소프트웨어의 작성을 위해서 제공되는 표준 API다. Pthread는 모든 유닉스 계열 POSIX 시스템에서, 일반적으로 이용되는 라이브러리이다.

004 답 ④

전역변수: 공유 자원이고, 데이터 영역에 저장된다.

선지분석

①, ②, ③ 지역변수, 함수인자: 공유 자원이 아니라 개별 자원이고, 스택 영역에 저장된다. 매크로변수는 코드영역에 저장된다.

TIP 임계 구역(critical section) 또는 공유변수 영역은 병렬컴퓨팅에서 둘 이상의 스레드가 동시에 접근해서는 안 되는 공유 자원(자료 구조 또는 장치)을 접근하는 코드의 일부를 말한다.

005 답 ①

컨텍스트 스위칭: 실행 중인 프로세스의 제어를 다른 프로세스에 넘겨 실행 상태가 되도록 하는 것이다. 프로세스 문맥 교환이 일어나면 프로세서의 레지스터에 있던 내용 저장한다.

선지분석

② 가상메모리: 사용자와 논리적 주소(보조기억장치)를 물리적(주기억장치)으로 분리하여 사용자가 주기억장치 용량을 초과한 프로세스에 주소를 지정해서 메모리를 제한 없이 사용할 수 있도록 하는 것이다. 프로그램 전체를 동시에 실행하지 않으므로, 요구한 메모리 전체가 아닌 일부만 적재해도 실행 가능한 원리를 이용한다.
③ 교체정책: 페이지 부재 발생 시 메인 메모리에 있으면서 사용하지 않는 페이지 없애 새로운 페이지로 바꾸는 것이다. 교체 알고리즘에는 선입선출(FIFO), 최적페이지(OPT), 최근최소사용(LRU, 카운터, 스택), 최근최소사용근접(참조비트, 시계 - 2차 적기회, NUR, LFU, MFU) 등이 있다.
④ 디스패치: 준비(Ready) 상태의 프로세스가 CPU를 할당받아 실행(Running) 상태로 전이되는 과정을 의미한다.

006 답 ②

스레드는 스레드별로 스택, 지역 데이터, 스레드 실행 환경 정보(레지스터)를 가진다.

선지분석

①, ③, ④ 스레드는 그림에서 보는 바와 같이 코드(실행 파일), 전역 데이터(전역 변수), 힙(동적 할당)을 공유한다.

007 답 ③

IPC는 프로세스 간 통신에 사용되고, 스레드 간 통신은 미리 공유한 자원을 통해 수행된다.

선지분석

① 싱글 스레드는 하나의 프로세스에 1개의 스레드를 생성하고, 다중(멀티) 스레드는 하나의 프로세스에 2개 이상의 스레드들을 생성한다.
② 프로세스의 직접 실행 정보를 제외한 나머지 프로세스 관리 정보를 공유하기 때문에 싱글 스레드보다 효율적이다.
④ 스레드는 자원을 공유하고, 실행(제어)을 분리한다.

008 답 ②

다른 프로세스에 속한 스레드 간의 교착상태는 결국 프로세스 간 교착상태와 동일하다.

선지분석

① 이를 멀티(다중) 스레드라고 한다.
③ 메모리를 공유하고 실행(제어)은 분리한다.
④ 스레드가 CPU 스케줄링의 가장 작은 단위이다(원자성을 가진다).
⑤ 스레드는 메모리를 공유하므로 문맥교환으로 인한 부하가 프로세스 간 문맥교환보다 심하지 않다.

009 답 ③

프로그램이 자동으로 사용하는 임시 메모리 영역이다. 지역(local) 변수, 매개변수(parameter), 리턴 값 등 잠시 사용되었다가 사라지는 데이터를 저장하는 영역이다. 함수 호출 시 생성되고, 함수가 끝나면 시스템에 반환된다.

선지분석

① 전역변수, 정적변수 등이 저장된다. 프로그램이 실행 될 때 생성되고 프로그램이 종료 되면 시스템에 반환 된다.
② 동적으로 메모리를 할당할 때 사용한다. 이 영역에 데이터를 저장하기 위해서 C는 malloc(), C++와 Java는 new를 사용한다.
④ 코드 자체를 구성하는 메모리 영역으로 실행(이진) 파일을 저장된 메모리이다.

010 답 ③

입출력이 완료되면 실행 상태가 아닌 준비 상태로 간다.

선지분석

① 우선순위 스케줄링에서 자신에게 주어진 시간이 끝나면, 준비 상태로 간다.
② 실행 상태에서 동기식 입출력 요청을 하면 대기 상태가 되지만, 비동기식 입출력 요청을 하면 대기 상태가 아닌 실행 상태를 유지한다.
④ 다중 처리기는 CPU가 여러 개이기 때문에 여러 개의 프로세스를 동시에 실행할 수 있다.
⑤ 대기 상태의 프로세스들은 스케줄링에서 제외되고, 준비 상태의 프로세스들을 중심으로 스케줄링이 수행된다.

011 답 ①

하나의 스레드는 프로세스 내에 존재하므로 여러 프로세스에 포함될 수 없다.

선지분석

② 스레드는 자원을 공유하고 제어(실행)를 분리한 논리적 단위(원자 단위, 더 이상 쪼갤 수 없음)이다.
③ 스레드는 그림과 같이 같은 프로세스에 속한 다른 스레드와 코드(텍스트), 힙, 데이터 영역을 공유한다.
④ 스레드는 그림과 같이 SP, SR(제어 장치), PC, 스택 등을 독립적으로 가진다.

012 답 ③

ㄴ. 코드, 데이터, 힙을 공유한다.
ㄷ. 스택, SP, SR(제어장치), PC 등을 개별적으로 가진다.

선지분석

ㄱ. 스레드는 프로세스에 포함된다(논리적 단위, 원자성).
ㄹ. 스레드는 자원을 공유하기 때문에 프로세스에 비해 문맥교환에 효과적이다.

013 답 ④

스케줄링이 끝나거나 이벤트나 입출력을 완료하면 준비 상태로 전이한다.
ㄱ. 우선순위 스케줄링을 의미한다.
ㄴ. 입출력 작업이 완료되었음을 의미한다.
ㄷ. 라운드로빈 스케줄링을 의미한다.

014 답 ①

데이터: 전역 변수가 저장된다.

선지분석

② 스택: 지역 변수, 복귀 주소 등이 저장된다.
③ 텍스트: 실행 파일(코드)이 저장된다.
④ 힙: 동적 메모리가 저장된다.

015 답 ④

다중 스레드는 관련 자원과 함께 메모리 공유가 가능하므로, 손상된 데이터나 스레드의 이상 동작을 고려해야 한다.

선지분석

① 다중 스레드는 서로 다른 프로세서에서 프로그램의 다른 부분을 동시에 실행할 수 있으므로 사용자 응답성이 증가된다.
② 스레드는 프로세스의 특성인 자원(메모리)과 제어(실행)에서 자원을 공유하고 제어를 분리한 실행 단위이다.
③ 프로세스보다 동일한 프로세스의 스레드에 프로세서를 할당하거나 스레드 간의 문맥 교환이 훨씬 경제적이다(서로 많이 공유됨).

016 답 ④

문맥교환: 실행 중인 프로세스의 제어를 다른 프로세스에 넘겨 실행 상태가 되도록 하는 것이다. 프로세스 문맥 교환이 일어나면 프로세서의 레지스터에 있던 내용을 저장한다.

선지분석

① 세마포어: 두 개의 원자적 함수로 조작되는 정수 변수로서, 멀티프로그래밍 환경에서 공유 자원에 대한 접근을 제한하는 방법으로 사용된다.
② 모니터: 공유 자원과 이것의 임계 영역을 관리하는 소프트웨어 구성체이다.

③ 상호배제: 병행 프로세스에서 프로세스 하나가 공유 자원 사용 시 다른 프로세스들이 동일한 일을 할 수 없도록 하는 방법이다.

017 답 ⑤

PC 등의 레지스터의 내용을 스택에 저장할 수 있다.

선지분석

① 스택의 주소를 가리키는 레지스터가 존재한다.
② 스택은 LIFO 구조이다.
③ 스택 버퍼 오버플로우 공격에 이용된다.
④ 문맥교환을 위해서는 프로세스의 정보를 스택에 저장해야 한다. PCB must be kept in an area of memory protected from normal process access. In some operating systems the PCB is placed at the beginning of the kernel stack of the process.

018 답 ④

힙은 동적 메모리 할당을 위해 사용된다.

선지분석

① 해당 설명은 스택이다.
② 전역변수는 데이터 세그먼트에 저장된다.
③ 지역변수는 스택에 저장된다.

019 답 ④

입출력 또는 이벤트가 발생한 경우를 의미한다. 작업이 완료되면 종료가 된다.

선지분석

① 입출력 또는 이벤트가 완료되었다.
② 프로세스들 중 하나를 선택한다.
③ 시간을 모두 사용하거나 우선 순위가 밀린 경우에 해당한다.

020 답 ③

준비 상태가 아닌 대기 상태이다.

선지분석

① 실행 중인 프로그램을 프로세스라고 한다.
② 프로세스는 PCB를 가지고, PCB에 현재의 활동 상태를 기록한다.
④ 주기억장치의 4가지 영역 중에 스택에는 임시 데이터(반환 주소, 매개변수 등)가 저장된다.

021 답 ②

인터럽트 정보(복귀 주소와 PSW)는 스택에 저장된다.

022 답 ③

옳은 지문이다.

선지분석

①, ②, ④ ㄱ. 전역 변수는 데이터 영역에 할당된다.
ㄹ. 함수의 매개변수, 복귀 주소 및 지역변수는 스택 영역에 할당된다.

023 답 ②

함수와 관련된 것은 스택 영역이다.

CHAPTER 03 | 프로세스 관리

정답 p.99

001	②

001 답 ②

프로세스 생성 시 필요한 세부 작업 순서는 다음과 같다.

- 새로운 프로세스에 프로세스 식별자를 할당한다.
- 프로세스의 모든 구성 요소를 포함할 수 있는 주소 공간과 프로세스 제어 블록 공간을 할당한다.
- 프로세스 제어 블록을 초기화한다(프로세스 상태, 프로그램 카운터, 자원 요청, 프로세스 제어 정보(우선순위) 등의 초기화를 포함).
- 링크를 수행한다(해당 큐에 삽입).

CHAPTER 04 | 교착상태(Deadlock)

정답 p.100

001	③	002	③	003	①	004	③	005	④
006	③	007	①	008	②	009	④	010	②
011	③	012	②						

001 답 ③

선점: 선점이 아닌 비선점(독점)이다. 비선점이란 자원 선점 불가이다. 즉, 자원은 강제로 빼앗을 수 없고, 자원 점유하고 있는 프로세스 끝나야 해제한다.

선지분석

① 상호배제: 자원을 최소 하나 이상 비공유한다. 즉, 한 번에 프로세스 하나만 해당 자원 사용할 수 있어야 한다. 사용 중인 자원을 다른 프로세스가 사용하려면, 요청한 자원 해제될 때 까지 대기한다.
② 점유와 대기: 자원을 최소한 하나 정도 보유하고 다른 프로세스에 할당된 자원 얻으려고 대기하는 프로세스 있어야 한다.
④ 순환 대기: 환형 대기라고도 한다. 상대방이 가진 자원을 서로 대기하는 상태를 나타낸다.

002
답 ③

효율성: 양보는 교착상태 발생 조건이 아니다.

선지분석

① 점유 및 대기: 자원을 최소한 하나 정도 보유하고 다른 프로세스에 할당된 자원 얻으려고 대기하는 프로세스 있어야 한다.
② 상호배제: 자원을 최소 하나 이상 비 공유한다. 즉, 한 번에 프로세스 하나만 해당 자원 사용할 수 있어야 한다. 사용 중인 자원을 다른 프로세스가 사용하려면, 요청한 자원 해제될 때 까지 대기한다.
④ 환형 대기: 상대방이 가진 자원을 서로 대기하는 상태를 나타낸다.
⑤ 비선점: 비선점이란 자원 선점 불가이다. 즉, 자원은 강제로 빼앗을 수 없고, 자원 점유하고 있는 프로세스 끝나야 해제한다.

003
답 ①

배타적인 통제권: 교착 상태 발생 조건에서 상호배제이다.

선지분석

② 고유번호 할당: 교착 상태 예방에서 순환(환형) 대기 조건 방지이다.
③ 모든 자원 할당: 교착 상태 예방에서 점유와 대기 조건 방지이다.
④ 자원 반납 후 요구: 교착 상태 예방에서 비선점 조건 방지이다.

004
답 ③

비선점: 자원 선점 불가이다. 즉, 자원은 강제로 빼앗을 수 없고, 자원 점유하고 있는 프로세스가 끝나야 해제 한다.

선지분석

① 상호 배제: 자원을 최소 하나 이상 비공유한다. 즉, 한 번에 프로세스 하나만 해당 자원 사용할 수 있어야 한다. 사용 중인 자원을 다른 프로세스가 사용하려면, 요청한 자원 해제될 때까지 대기한다.
② 점유와 대기: 자원을 최소한 하나 정도 보유하고 다른 프로세스에 할당된 자원 얻으려고 대기하는 프로세스가 있어야 한다.
④ 순환 대기: 환형 대기라고도 한다. 상대방이 가진 자원을 서로 대기하는 상태를 나타낸다.

005
답 ④

교착 상태의 해결 방안 중에 제거(Elimination)는 존재하지 않는다.

선지분석

① 하벤더의 교착 상태 예방(Prevention) 방법은 점유와 대기 조건 방지, 비선점 조건 방지, 순환(환형) 대기 조건 방지를 수행한다.
② 회피(Avoidance)는 교착 상태의 모든 발생 가능성을 미리 제거하는 것이 아닌 교착 상태 발생할 가능성을 인정하고, 교착 상태가 발생하려고 할 때 적절히 회피하는 것이다. 회피 방법은 프로세스의 시작을 중단하거나 은행가 알고리즘을 이용해서 자원 할당을 거부한다.
③ 탐지(Detection)는 회복 전에 사용하고, 시스템 상태를 검사한다. 쇼사니와 코프만이 제안하였고, 은행가 알고리즘에서 사용한 자료구조와 비슷하다.
⑤ 회복(Recovery)은 프로세스를 중단하거나 자원을 선점하는 방법이 존재한다.

006
답 ③

은행원 알고리즘은 교착상태 회피에 사용되고, 외부 단편화가 발생하면 통합/압축을 이용해서 조각난 메모리를 모은다.

선지분석

① 정적 링킹은 라이브러리를 실행 파일에 포함하는 것이고(실행 파일의 크기가 커진다), 동적 링킹은 라이브러리를 실행 파일과 분리하는 것이다(실행할 때 분리된 라이브러리를 호출한다).
②, ④ 싱글 버퍼링은 채널(IOP)이 데이터를 버퍼에 저장하면 프로세서가 처리하는 방식으로 진행된다(저장과 처리가 동시에 될 수 없다). 이중 버퍼링은 입력채널이 첫 번째 버퍼에 데이터를 저장하는 동안 프로세서가 두 번째 버퍼의 데이터를 처리할 수 있는 것이다(저장과 처리가 동시에 일어난다).

007
답 ①

두개의 기차가 모두 진입한 경우에는 탐지, 회복에 해당하는 방법을 사용해야 한다. 은행가 알고리즘은 회피에서 사용하는 방법이다.

선지분석

② 교착상태 해결 방법 중 예방에 해당한다.
③ 교착상태 해결 방법 중 회피에 해당한다.
④ 교착상태 해결 방법 중 탐지, 회복에 해당한다.

008
답 ②

상호배제는 교착 상태 해결 방안이 아니고 교착 상태 발생 조건이다. 교착 상태 발생 조건에는 이외에도 점유와 대기, 비선점, 순환 대기가 있다.

선지분석

① 예방(Prevention)을 의미한다.
③ 탐지(Detection), 회복(Recovery)을 의미한다.
④ 회피(Avoidance)를 의미한다.
TIP 그 외에는 무시(Ignorance)가 있다.

009 답 ④

순환 대기 조건: 마지막 프로세스는 제일 처음 프로세스가 점유한 자원을 대기한다.

선지분석

① 상호 배제 조건: 자원을 최소 하나 이상 비공유 한다. 즉, 한 번에 프로세스 하나만 해당 자원 사용할 수 있어야 한다. 사용 중인 자원을 다른 프로세스가 사용하려면, 요청한 자원이 해제될 때까지 대기한다.
② 점유와 대기 조건: 자원을 최소한 하나 정도 보유하고, 다른 프로세스에 할당된 자원을 얻으려고 대기한다.
③ 비선점 조건: 자원 선점 불가이다. 즉, 자원은 강제로 빼앗을 수 없고, 자원을 점유하고 있는 프로세스가 끝나야 해제한다.

010 답 ②

은행원 알고리즘은 회피에 해당한다.

011 답 ③

환형 대기가 발생한다.

선지분석

ㄱ. T_3가 교착상태가 아니다.
ㄴ. T_3가 교착상태가 아니다.
ㄷ. T_2, T_4가 교착상태가 아니다.

012 답 ②

비선점이다.

CHAPTER 05 | 프로세스 스케줄링

정답 p.103

001	④	002	②	003	②	004	②	005	①
006	②	007	②	008	②	009	④	010	③
011	②	012	④	013	④	014	①	015	①
016	⑤	017	①	018	④	019	④	020	⑤
021	④	022	③	023	①	024	③	025	②

001 답 ④

ㄱ. FCFS: 프로세서를 요청하는 순서대로 프로세서를 할당하기 때문에 기아가 발생하지 않는다.
ㄴ. RR: 한 번에 한 프로세스에 정의된 규정 시간량 만큼 프로세서를 제공하기 때문에 기아가 발생하지 않는다.
ㄹ. HRRN: 우순 순위가 대기한 시간에 비례해서 커지기 때문에 기아가 발생하지 않는다.

선지분석

ㄷ. SJF: 각 작업의 프로세서 실행 시간을 이용하여 프로세서가 사용 가능할 때 실행 시간이 가장 짧은 작업(프로세스)에 할당하는 방법이기 때문에 실행 시간이 긴 작업에 대해 기아가 발생할 수 있다.

002 답 ②

주어진 조건으로 SJF의 간트 차트를 그리면 다음과 같다.

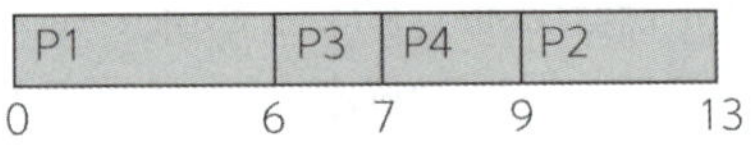

각 프로세스의 대기 시간(= 시작 시간 − 도착 시간 − 점유 시간)을 구하면 다음과 같다. 평균 대기 시간은 4(= (8 + 4 + 4)/4)이다.

- P1 = 0
- P2 = 9 − 1 = 8
- P3 = 6 − 2 = 4
- P4 = 7 − 3 = 4

003 답 ②

SJF: 프로세서(CPU)가 사용 가능할 때 실행 시간이 가장 짧은 작업(프로세스)에 할당하기 때문에 평균대기시간이 감소한다.

선지분석

① RR: 프로세스에 정의된 규정 시간량(Time Quantum) 또는 시간 할당량(Time Slice) 만큼 프로세서(CPU)를 제공한다. 작업 길이가 다양할 때는 이전 작업을 마친 후 후보가 규정 시간량을 마치고 다음 작업으로 이동하기 때문에, 평균대기시간이 FCFS보다 적다.
③ FCFS: 프로세서(CPU)를 요청하는 순서대로 할당하기 때문에 장기 실행 프로세스가 뒤의 프로세스(작업)를 모두 지연시켜 평균대기시간이 길어져 최악의 대기시간이 된다.
④ SCAN: 프로세스 스케줄링이 아니라 디스크 스케줄링이다.
⑤ C-LOOK: 프로세스 스케줄링이 아니라 디스크 스케줄링이다.

004 답 ②

SRT는 선점(독점 방지) 최소작업 우선 스케줄링이다. 주어진 조건에 대한 간트 차트를 그리면 다음과 같다. P_1이 실행 중에 2초 후에 P_2가 들어오면 P_1은 6초가 남고 P_2는 4초가 남았으므로 P_2가 실행되게 된다. 이와 같은 방법으로 프로세서의 남은 시간을 계산해서 가장 적은 작업을 우선적으로 스케줄링하면 된다.

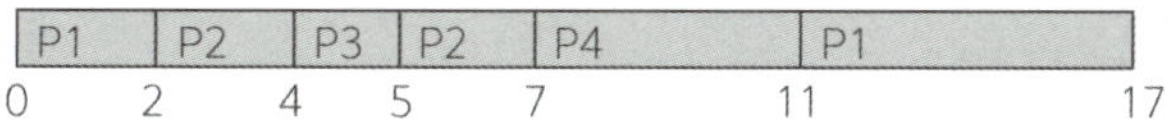

각 프로세스의 반환 시간(= 종료 시간 - 도착 시간)은 다음과 같이 계산된다.

$P_1 = 17 - 0 = 17$, $P_2 = 7 - 2 = 5$, $P_3 = 5 - 4 = 1$, $P_4 = 11 - 6 = 5$

네 프로세스의 평균 반환 시간은 7(= (17 + 5 + 1 + 5)/4)이다.

005

답 ①

FIFO: 프로세스 처리 시간이 지날수록 우선순위가 높아진다.

선지분석

② LIFO: 프로세스 처리 시간이 지날수록 우선순위가 낮아진다.

③ SJF: 프로세스 처리 시간이랑 무관하게 각 작업의 실행 시간이 작은 것을 우선으로 한다.

④ SRTF: 프로세스 처리 시간이랑 무관하게 각 작업의 남아 있는 시간이 작은 것을 우선으로 한다.

⑤ RR: 프로세스 처리 시간이랑 무관하게 각 작업에게 고정된 시간 할당량이 주어진다.

TIP 프로세스 처리 시간이 지날수록 우선순위가 높아지는 것을 찾으면 된다.

006

답 ②

RR: 시간 할당량(time quantum or slice) 후에 강제로 다른 프로세스에게 CPU를 넘겨주기 때문에 선점 방식이다.

선지분석

① FCFS: 처음에 들어온 프로세스가 처음 처리되기 때문에 비선점 방식이다.

③ SPN: 가장 작은 실행 시간을 가지는 프로세스가 먼저 처리되기 때문에 비선점 방식이다.

④ HRRN: 계산된 우선순위(대기한 시간이 길어지면 우선순위가 높아짐)로 먼저 처리하기 때문에 비선점 방식이다.

007

답 ②

Multi-level Queue 방식의 단점(한 큐에서만 고정 실행)을 개선하기 위한 방식으로 높은 우선순위에 따라 준비 큐에 프로세스를 할당하고 작업이 큐 사이에 이동이 가능하다.

선지분석

① 시간 할당량 후에 강제로 다른 프로세스에게 CPU를 넘겨주는 선점 방식이다.

③ 가장 작은 실행 시간을 가지는 프로세스가 먼저 처리되는 비선점 방식이다.

④ 계산된 우선순위(대기한 시간이 길어지면 우선순위가 높아짐)로 먼저 처리하는 비선점 방식이다.

⑤ 스케줄링 이벤트가 일어날 때마다, 큐에서 마감시간이 가장 가까운 프로세스를 탐색하여 다음에 수행되도록 하는 비선점 방식이다.

008

답 ②

주어진 조건으로 간트 차트를 그리면 다음과 같다.

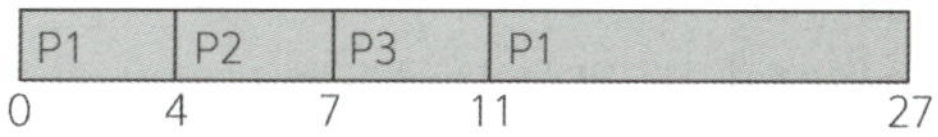

- P1 대기 시간 = 11 - 4 = 7 // 마지막 대기 시간(11)에서 미리 점유했던 시간(4)을 빼준다.
- P2 대기 시간 = 4 - 0 = 4 // 미리 점유했던 시간이 없다.
- P3 대기 시간 = 7 - 0 = 7 // 미리 점유했던 시간이 없다.

위의 모든 대기 시간을 더하면 총 대기시간은 18이 된다.

009

답 ④

주어진 조건으로 간트 차트를 그리면 다음과 같다.

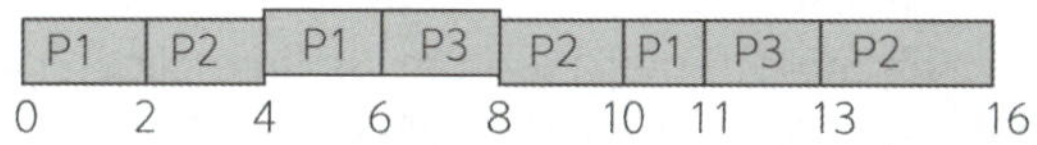

P2 다음에 P3이 아닌 P1이 온 이유는 스케줄링 시점 2에서 P3(3에 도착함)이 아직 도착하지 않아서 기존의 P1이 스케줄링 큐에 들어가게 되는 것이다. 마찬가지로 스케줄링 시점 4에서 보면 P3이 시점 3에서 이미 들어와서 스케줄링 큐에 들어가 있게 된다. 이러한 RR 스케줄링을 기준으로 작업을 마치는 순서는 P1, P3, P2가 된다.

010

답 ③

ㄷ. Priority: 우선 순위에 기반해서 처리하므로 우선 순위가 밀리는 프로세스는 기아가 될 수 있다.

ㅁ. SJF: 실행 시간이 짧은 프로세스를 먼저 처리하므로 실행 시간이 긴 프로세스는 기아가 될 수 있다.

선지분석

ㄱ. FIFO: 들어온 순서대로 처리되므로 기아가 발생하지 않는다.

ㄴ. RR: 프로세스가 자신에게 주어진 시간 할당량만큼만 CPU를 점유하므로 기아가 발생하지 않는다.

ㄹ. HRN: 우선순위가 대기 시간에 비례해서 증가하므로 기아가 발생하지 않는다.

011

답 ②

주어진 조건으로 간트 차트를 그리면 다음과 같다. SJF는 비선점 방식이므로 P1이 제일 먼저 수행되고, 그 후에 실행 시간을 기준으로 P4, P2, P3가 실행된다.

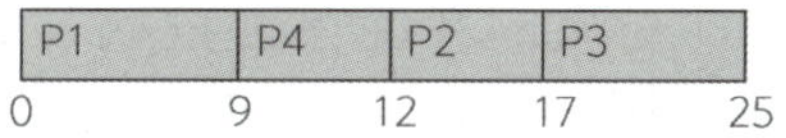

간트 차트를 통해 각 프로세스의 대기 시간을 구하면 다음과 같다.

- P1 = 0 // P1은 제일 처음에 실행하므로 대기 시간이 없다.
- P2 = 12 - 1 = 11 // P2는 12에서 시작하고 1에 도착했으므로 대기시간은 11이 된다.

• P3 = 17 - 2 = 15 // P3는 17에서 시작하고 2에 도착했으므로 대기시간은 15가 된다.
• P4 = 9 - 3 = 6 // P4는 9에서 시작하고 3에 도착했으므로 대기 시간은 6이 된다.

각 프로세스의 대기 시간의 합은 32가 된다.

012 답 ④

SRTF는 비선점 SJF에서 발생하는 기아상태를 해결하지 못한다. 왜냐하면, SRTF는 남아 있는 실행 시간으로 계속 선점되기 때문에 남아 있는 실행 시간이 긴 프로세스가 기아가 발생할 수 있다.

(선지분석)

① FCFS는 FIFO 방식이기 때문에 비선점이고, 준비 큐에서 시간 순으로 가장 오래 대기한 프로세스(제일 처음 들어온 프로세스)를 선택해서 처리한다.
② RR는 시간 할당량(time quantum or time slice)만큼 실행 후 다른 프로세스가 선점해서 실행하는 방식이다.
③ 비선점 SJF는 실행 시간을 기준으로 가장 짧은 프로세스를 선택한다.

013 답 ④

HRRN(HRN)에서 각각의 우선순위(= (서비스 시간 + 대기 시간)/서비스 시간)를 계산하면 다음과 같다.

• P1 = (10 + 5) / 5 = 3
• P2 = (12 + 4) / 4 = 4
• P3 = (8 + 12) / 12 = 1.7
• P4 = (15 + 3) / 3 = 6

014 답 ①

주어진 조건으로 간트 차트를 그리면 다음과 같다. 비선점이므로 P1이 제일 먼저 실행되고, P1 종료 후에 도착 한 프로세스(P2, P3) 중 실행 시간이 작은 것은 P3이므로 P3가 실행된다. 그리고 P3 종료 후에 도착 한 프로세스(P2, P4) 중 실행 시간이 작은 것은 P4이므로 P4가 실행된다. P4가 끝나고 마지막 프로세스인 P2가 실행된다.

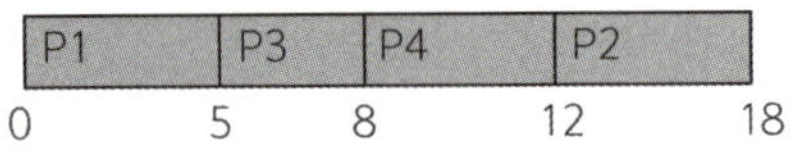

간트 차트를 기준으로 평균 대기 시간을 구하면 다음과 같다.

• P1 = 0 // 0ms간 대기했고 0ms에 도착했으므로 대기 시간은 0ms이다.
• P2 = 12 - 3 = 9 // 12ms간 대기했고 3ms에 도착했으므로 대기 시간은 9ms이다.
• P3 = 5 - 4 = 1 // 5ms간 대기했고 4ms에 도착했으므로 대기 시간은 1ms이다.
• P4 = 8 - 6 = 2 // 8ms간 대기했고 6ms에 도착했으므로 대기 시간은 2ms이다.
• 평균 대기 시간 = (0 + 9 + 1 + 2) / 4 = 3ms

015 답 ①

ㄱ. FCFS는 비선점이다. 즉, 먼저 온 프로세스가 먼저 처리된다. 중간에 누가 뺏을 수 없다.

(선지분석)

ㄴ. RR은 선점이다. 자신이 할당 시간(time quantum, time slice)만큼만 처리되고 그 시간 이후에 다른 프로세스에게 뺏긴다.
ㄷ. SRT는 선점이다. 남아 있는 시간을 기준으로 다른 프로세스에게 뺏긴다. 참고로 SJF는 비선점이다.

016 답 ⑤

• 선점 스케줄링
  ㄱ. RR: 시간 할당량 후에 강제로 다른 프로세스에게 CPU를 넘겨주기 때문에 선점 방식이다.
  ㄷ. SRT: 각 작업의 남아 있는 시간이 작은 것을 우선으로 하는 선점 방식이다.
  ㅁ. MFQ: MLQ의 단점을 개선하기 위해 작업이 큐 사이 이동 가능하다. MLQ와 마찬가지로 각 큐는 자신만의 독자적인 스케줄링 갖기 때문에 만약 RR이 사용된다면 선점 방식으로 동작한다.
  ㅂ. MLQ: 준비 상태 큐를 종류별로 여러 단계로 분할, 그리고 작업을 메모리의 크기나 프로세스의 형태에 따라 특정 큐에 지정하는 방식이다. 각 큐는 자신만의 독자적인 스케줄링 갖기 때문에 만약 RR이 사용된다면 선점 방식으로 동작한다.
• 비선점 스케줄링
  ㄴ. SJF or SPN: 가장 작은 실행 시간을 가지는 프로세스가 먼저 처리되기 때문에 비선점 방식이다.
  ㄹ. HRN or HRRN: 계산된 우선순위(대기한 시간이 길어지면 우선 순위가 높아짐)로 먼저 처리하기 때문에 비선점 방식이다.

017 답 ①

FCFS: 일괄 처리 시스템에서는 매우 효율적이나 빠른 응답을 요청하는 대화식 시스템에는 적합하지 않다.

(선지분석)

② SJF: 각 작업의 프로세서 실행 시간을 이용하여 프로세서가 사용 가능할 때 실행 시간이 가장 짧은 작업(프로세스)에 할당하는 방법이다(평균 대기시간이 가장 짧다).
③ RR: 한 번에 한 프로세스에 정의된 규정 시간량 만큼 프로세서를 제공한다.
④ MLQ: 작업을 메모리의 크기나 프로세스의 형태에 따라 특정 큐에 지정하고, 각 큐는 자신만의 독자적인 스케줄링 갖는다.

018 답 ④

작업 길이가 다양할 때는 이전 작업을 마친 후 후보가 규정 시간량을 마치고 다음 작업으로 이동하기 때문에, 평균 대기 시간이 선입선처리보다 적다. 미완성 작업은 각 규정 시간량을 마친 후 프로세서를 기다리므로 평균 처리 시간이 높다(오랜 시간).

선지분석

① 일정 시간 후에 다른 프로세스가 CPU를 사용하므로 선점 방식이다.
② time quantum or time slice를 할당한다.
③ 시간할당량이 작으면 문맥 교환수가 증가하고, 이는 오버헤드의 증가로 이어진다.

019

답 ④

9:00 ~, 16:10 ~, 13:00 ~, 14:50 ~ 이 선택된다. 선택된 개수가 같다면 회의 시간이 긴 요청을 기준으로 선택된 스케줄링이 가장 많은 사용 시간을 확보할 수 있다.

선지분석

① 9:00 ~, 13:00 ~, 14:40 ~, 15:40 ~ 이 선택된다.
② 12:00 ~, 14:30 ~, 15:00 ~, 16:20 ~ 이 선택된다.
③ 11:50 ~, 13:00 ~, 14:40 ~, 15:40 ~ 이 선택된다.

020

답 ⑤

우선 순위에 대기 시간을 포함하는 비선점형 스케줄링 방식이다.

선지분석

①, ③ 사용되는 스케줄링 방식에 따라 선점형 스케줄링이 가능하다.
② time slice 또는 time quantum 후에 선점된다.
④ 남아 있는 시간을 기준으로 선점된다.

021

답 ④

평균 반환시간 = (4 + 9 + 15 + 24)/4 = 13,
평균 대기시간 = (0 + 4 + 9 + 15)/4 = 7

022

답 ③

주어진 조건으로 간트 차트를 그리면 다음과 같다.

P1	P2	P4	P3	P1
5	15	25	40	

- P1 = 40 − 5 = 35
- P2 = 5 − 5 = 0
- P3 = 25 − 10 = 15
- P4 = 15 − 15 = 0

023

답 ①

FCFS, HRN은 비선점형이고, RR, SRT는 선점형이다.

024

답 ③

비선점이므로 P1이 실행되고, 실행 시간 6 동안 모든 프로세스가 도착했으므로 이 중 실행 시간이 가장 작은 P3가 두 번째로 선택된다.

025

답 ②

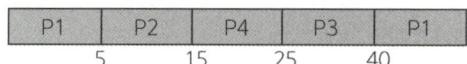

P1	P2	P3	P4	P1	P3	P4
4	8	12	16	20	22	

P1 = 16 − 4 = 12, P2 = 4 − 1 = 3, P3 = 20 − 2 − 4 = 14,
P4 = 22 − 3 − 4 = 15

CHAPTER 06 | 분산 메모리 할당 - 페이징과 세그멘테이션

정답 p.110

001	⑤	002	②	003	③	004	④	005	①
006	③	007	④						

001

답 ⑤

외부 단편화: 페이지 크기가 커질수록 내부 단편화 문제가 심각해진다.

선지분석

① 페이지 테이블: 논리 주소를 물리 주소로 변환한다.
② 동일한 물리 주소: 여러 프로세스가 하나의 페이지를 공유한다.
③ 물리주소 변경: 페이지 교체, 프로그램 재배치(relocation) 등으로 물리주소가 변경될 수 있다.
④ Intel이나 ARM: Intel은 4KB, 2MB/4MB, 1GB의 페이지 크기를 제공하며, ARM은 4KB, 16KB, 64KB의 페이지 크기를 제공한다.

002

답 ②

세그먼트: 2^k바이트의 크기를 가지지만, 최대 크기가 정해져 있지는 않다. 즉, 페이징처럼 고정된 크기를 가지지 않는다.

선지분석

① 페이지: 16비트 논리적 주소에서 6비트가 페이지 번호이고 10비트가 오프셋이면, 크기가 1KB(= 2^{10})인 최대 64(= 2^6)개의 페이지로 구성된다.
③ 페이징: 내부 단편화(80이 필요한데 100이 있음)가 발생한다.
④ 세그멘테이션: 외부 단편화(120이 필요한데 100이 있음)가 발생한다.

003 답 ③

페이지 크기가 2,000byte이므로 논리주소와 물리주소를 2,000으로 나누면 페이지번호와 프레임번호가 된다. 2,500은 1이 되고, 6,500은 3이 된다.

선지분석

① 4,300은 2가 되고, 2,300은 1이 된다(보기에는 5로 할당되어 있다).
② 3,600은 1이 되고, 4,600은 2가 된다(보기에는 3으로 할당되어 있다).
④ 900은 0이 되고, 7,900은 3이 된다(보기에는 7로 할당되어 있다).

004 답 ④

세그먼트(세그멘테이션) 방식은 동적 메모리 할당 방법으로 외부 단편화가 발생한다.

선지분석

① 프로그램의 크기가 실제 메모리의 크기보다 커도 가상 메모리를 사용하면 실행이 가능하다.
② 페이지 방식은 페이지 테이블을 이용한 페이지 사상 작업으로 인하여 비용이 증가하고 수행속도가 감소한다. 이를 보완하기 위해 페이지 테이블을 주기억장치에 두지 않고 캐시를 사용한다.
③ 페이지 방식은 페이지를 작게 설계하면 할당을 하고 남는 공간이 적어지므로 내부 단편화를 줄일 수 있지만 단편화가 많이 발생하여 관리의 부담이 커진다.
⑤ 세그먼트 방식은 세그먼트 번호와 변위를 가지고, 페이징 방식은 페이지 번호와 변위를 가진다.

005 답 ①

세그멘테이션의 경우 외부 단편화가 발생한다.

006 답 ③

해당 설명은 역 페이지 테이블이다. 모든 프로세스는 하나의 페이지 테이블만 참조한다. Page table의 문제는 한 프로세스당 Page table을 가지고 있어야 하기 때문에, 사용되지 않는 Page가 있더라도 어찌됐든 page의 최대 개수만큼 page table entry를 가지고 있어야 한다.

선지분석

④ 해시 테이블을 이용하는 방법이다. Page number의 해시값으로 해시 테이블에 접근한 뒤 연결 리스트에서 Page number와 일치하는 원소를 찾는 방식이다.

007 답 ④

페이지 오프셋 = 2,048 = 211

CHAPTER 07 | 가상기억장치(Virtual Memory)

정답

p.112

001	②	002	①	003	②	004	④	005	②
006	①	007	②	008	⑤	009	③	010	①
011	③	012	③	013	③	014	③	015	③
016	①	017	④	018	③	019	③	020	①

001 답 ②

LFU는 각 페이지마다 참조 횟수 카운터가 있으며, 수가 가장 작은 페이지를 대체하는 것이다. 문제의 조건을 기반으로 페이지 부재 회수(총 5회: 1번째, 2번째, 3번째, 7번째, 10번째)를 표시하면 다음과 같다.

참조열 1 2 0 3 0 5 2 3 7 5 3

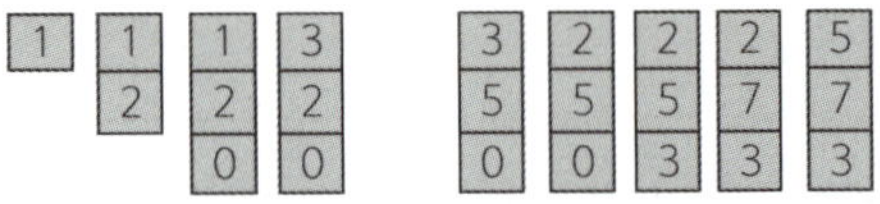

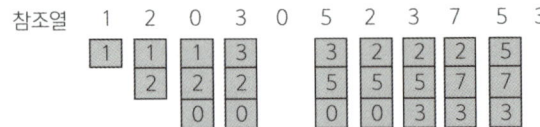

7번째 페이지 부재에서 요청된 페이지가 4일 때 (2, 3, 1) 중 교체 페이지는 참조 횟수를 기반으로 한다. 2는 참조 횟수가 3이고 1은 참조 횟수가 2인데, 3은 참조 횟수가 1이므로 3이 교체된다.

002 답 ①

가장 오랫동안 사용되지 않고 있는 페이지: LRU는 프로세스가 가장 최근의 페이지에 액세스했다는 것은 멀지 않아 다시 액세스할 가능성이 있다는 의미이다(지역성의 원리). 과거 오랫동안 사용하지 않은 페이지로 대치하는 효과로 생각할 수 있다.

선지분석

② 참조된 횟수가 가장 적은 페이지: LFU는 각 페이지마다 참조 횟수 카운터가 있으며, 수가 가장 작은 페이지 대치한다. 프로세스의 초기 단계에서 한 페이지를 많이 사용한 후 다시는 사용하지 않을 때 곤란하다.
③ 주기억장치에 가장 먼저 적재된 페이지: FIFO에 대한 설명이다.
④ 더 많은 수의 페이지 프레임 할당: FIFO에서 벨래디의 변이(Belady's anomaly)에 대한 설명이다.
⑤ 페이지 부재 발생 비율: 스래싱(Thrashing)을 해결하기 위한 페이지 부재 빈도(Page Fault Frequency) 방법에 대한 설명이다.

003 답 ②

주소변환 기법: 페이지 테이블을 이용해 논리적 주소를 물리적 주소로 바꿔주는 주소변환 기법이 필요하다.

선지분석

① 메모리 단편화: 페이징에서는 내부 단편화가 발생하고, 세그멘테이션에서는 외부 단편화가 발생한다.

③ 참조 속도: 가상기억장치는 주소변환 기법(주소변환 테이블이 주기억장치 혹은 고속 메모리(캐시)에 있음)을 사용하므로 실기억장치의 참조보다 느리다.
④ 페이징 기법: 해당 설명은 세그멘테이션 기법이고, 페이징 기법은 고정 크기의 페이지 공간을 사용한다.

004

답 ④

LRU에서 프로세스가 가장 최근의 페이지에 액세스했다는 것은 멀지 않아 다시 액세스할 가능성이 있다는 의미이다. 과거 오랫동안 사용하지 않은 페이지로 대치하는 효과로 생각할 수 있다. 페이지를 대치할 때 오랫동안 사용하지 않은 페이지를 선택하므로 시간적으로 거꾸로 찾는 최적 페이지 대치 알고리즘이라고 할 수 있다. 주어진 조건으로 LRU를 적용하면 다음과 같다. 4번째 3이 들어왔을 때 페이지 프레임 내에 3이 없기 때문에 교체를 해야 한다. 이때, 0이 가장 최근에 사용되었고, 그 다음에 2가 사용되었기 때문에 1을 교체한다. 페이지 부재는 참조열이 프레임 내의 빈 공간에 새로 들어왔거나 참조열과 동일한 프레임이 존재하는 않는 것을 의미한다. 이러한 방식으로 참조열을 처리하면 총 9회의 페이지 부재가 발생한다.

참조열 1 2 0 3 0 5 2 3 7 5 3

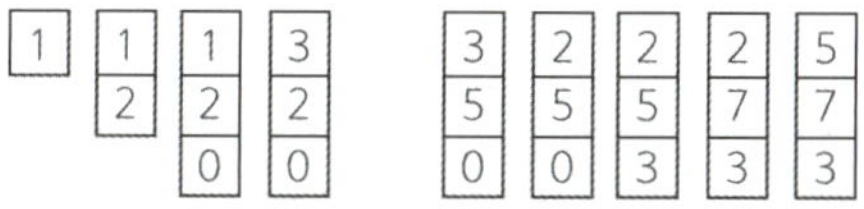

TIP 본문에 나온 최적 알고리즘은 시험 문제와 전혀 관련이 없는 허수이다. 그러므로 이런 허수에 시간을 뺏기지 않도록 한다. 긴 지문 중에 허수와 진수를 가려내는 것이 아주 중요하므로 평소에 다독이 정말 중요하다.

005

답 ②

25KB 크기의 프로세스는 13개의 페이지가 필요하다(= 프로세스 크기 / 페이지 크기 = 25KB / 2KB = 13).
각 페이지에 테이블 항목으로 3바이트가 필요하므로 최소 페이지 테이블의 크기는 39바이트이다(= 페이지 개수 × 테이블 항목 크기).

006

답 ①

TLB: 가상 메모리 주소를 물리적인 주소로 변환하는 속도를 높이기 위해 사용되는 캐시이다. TLB는 최근에 일어난 가상 메모리 주소와 물리 주소의 변환 테이블을 저장하기 때문에 일종의 주소 변환 캐시라고 할 수 있다.

선지분석

② 캐시: CPU와 주기억장치의 속도차를 개선하기 위해 CPU와 주기억장치 사이에 놓인 고속의 메모리를 캐시라고 한다.
③ 페이지 테이블: 논리 주소를 물리 주소로 변환한다. 일반적으로 주기억장치에 상주한다(속도를 높이기 위해 캐시를 사용할 수 있다).
④ 스왑 스페이스: 컴퓨터의 실제 메모리, 즉 주기억장치의 가상 메모리 확장으로 사용되는 하드디스크 상의 한 공간이다. 주기억장치에 있는 것 중 가장 오래 전에 사용되었던 파일들은, 새로운 파일이 주기억장치에 들어올 수 있는 공간을 내주기 위해, 다시 필요해질 때까지 하드디스크로 스왑된다.

007

답 ②

LRU는 프로세스가 가장 최근의 페이지에 액세스했다는 것은 멀지 않아 다시 액세스할 가능성이 있다는 의미이다. 과거 오랫동안 사용하지 않은 페이지로 대치하는 효과로 생각할 수 있다. 페이지를 대치할 때 오랫동안 사용하지 않은 페이지를 선택하므로 시간적으로 거꾸로 찾는 최적 페이지 대치 알고리즘이라고 할 수 있다. 주어진 조건으로 LRU를 적용하면 다음과 같다. 5번째 5가 들어왔을 때 페이지 프레임 내에 5가 없기 때문에 교체를 해야 한다. 이때, 1이 가장 최근에 사용되었고, 그 다음에 2가 사용되었기 때문에 3을 교체한다. 페이지 부재가 발생되었다는 의미는 참조열이 프레임 내의 빈 공간에 새로 들어왔거나 참조열과 동일한 프레임이 존재하지 않는 것을 의미한다. 이러한 방식으로 참조열을 처리하면 총 5회의 페이지 부재(page-fault)가 발생한다.

2 3 2 1 5 2 4 5

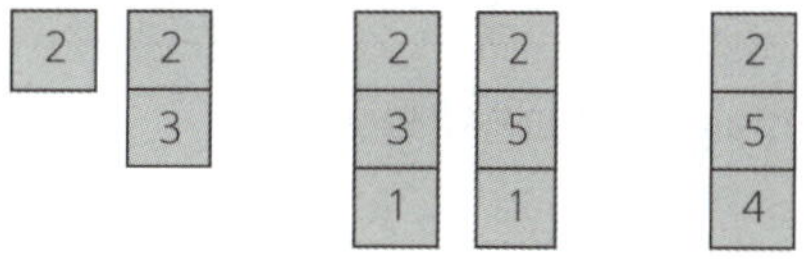

008

답 ⑤

실행 중에 페이지 테이블 또는 세그멘테이션 테이블을 이용해서 가상주소(논리주소)를 물리주소로 변환한다.

선지분석

① 프로세스의 주소 공간 중 현재 사용되는 것만 주기억장치에 적재된다. 예를 들어, 운영체제는 용량이 아주 크지만 전체가 주기억장치에 적재되지 않고 현재 사용되는 것만 적재된다.
② 실행 중인 프로세스들에 필요한 전체 주소 공간 크기의 합은 이론상 보조기억장치의 용량과 같을 수 있다.
③ 가상주소(논리주소)와 물리주소의 순서는 일치하지 않는다. 예를 들어, 논리주소는 일련의 순서를 가질 수 있지만, 물리주소는 비어 있는 공간을 사용하는 것이므로 이산적으로(분산적으로) 분포되어 있다.
④ 해당 설명은 세그멘테이션 기법이고, 페이징 기법에서 페이지의 크기는 모두 동일하다.

009 답 ③

다중 프로그래밍 정도가 높아짐에 따라 CPU 이용률이 낮아지는 현상(스래싱, 페이지 교체가 빈번하게 발생)이 발생한다.

선지분석

① 가상 주소(논리 주소)에서 물리 주소로 변환이 이뤄진다.
② 페이지 테이블의 매핑에 따라 가상 주소와 물리 주소의 비트 수가 다를 수 있다.
④ 공유 페이지가 가능하다.

010 답 ①

FIFO: 가장 먼저 들어온 페이지를 교체한다. 즉, 가장 오래된 페이지를 교체한다.

선지분석

② MRU: 가장 최근에 사용한 페이지를 교체한다.
③ LRU: 가장 최근에 사용하지 않은 페이지를 교체한다.
④ LFU: 가장 사용 빈도가 적은 페이지를 교체한다.

011 답 ③

Belady's anomaly는 FIFO에서 발생한다.

선지분석

① LRU는 최근에 사용했던 것이 앞으로도 사용할 확률이 높다는 것에 기반한다(시간적 지역성).
② LRU 근사 알고리즘에는 참조비트, 시계 - 2차적기회, NUR, LFU, MFU 등이 존재한다.
④ 최적의 방법으로 구현하기가 어렵다. 왜냐하면 앞으로 가장 오랫동안 참조되지 않을 페이지를 찾는 것은 아주 어렵기 때문이다.
⑤ FIFO는 처음 들어온 페이지를 먼저 교체하므로 시간상으로 오래된 페이지를 먼저 교체하는 것이다.

012 답 ③

사용자는 논리적 주소 공간을 바라보고 실제 사용할 때는 페이지 테이블을 통해 논리적 주소 공간과 물리적 주소 공간을 매핑한다.

선지분석

① 가상 메모리의 대표적인 기법으로 페이징과 세그멘테이션 기법이 있다.
② 프로세스를 주기억장치에 적재하지 않으면 프로세스를 수행할 수 없다.
④ 페이징 과정에서 프레임이 필요보다 적게 할당되면 스래싱(프로세스의 실행보다 페이지 교체에 더 많은 시간을 소요하는 비정상적인 현상)이 발생한다.

013 답 ③

FIFO는 아래 그림과 같이 Page Fault(프레임 내에 해당 페이지가 없음)가 발생하면 먼저 들어온 페이지를 교체하는 것이다. 그림에서 보는 바와 같이 총 8번의 Page Fault가 발생한다.

1	2	3	4	5	2	1	1	6	7	5
1	1	1	1	5		5		5	5	
	2	2	2	2		1		1	1	
		3	3	3		3		6	6	
			4	4		4		4	7	
fault	fault	fault	fault	fault		fault		fault	fault	

014 답 ③

Second-chance: 참조 비트가 1인 페이지는 교체되지 않는다.

선지분석

① FIFO: 처음 들어온 페이지를 교체한다.
② LRU: 참조 시간이 오래된 페이지를 교체한다(지역성의 원리이다).
④ LFU: 참조 횟수가 적은 페이지를 교체한다(지역성의 원리이다).

015 답 ③

주어진 조건으로 LRU 알고리즘을 적용하면 다음과 같이 10번의 페이지 부재가 발생한다.

2	3	4	2	1	5	6	2	1	2	3	5	3
2	2	2	2	2	2	6	6	6	6	3	3	3
	3	3	3	1	1	1	2	2	2	2	2	2
		4	4	4	5	5	5	1	1	1	5	5
fault	fault	fault		fault	fault	fault	fault	fault		fault	fault	

016 답 ①

주어진 조건으로 페이지 부재 횟수(f)와 페이지 교체 횟수(r)를 나타내면 다음과 같다.

0	1	7	2	3	2	7	1	0	3
0	0	0	0	1	1	1	1	7	7
	1	1	1	7	7	7	7	2	2
		7	7	2	2	2	2	3	3
			2	3	3	3	3	0	0
f	f	f	f	f				f	
				r				r	

017

답 ④

	3	1	2	4	1	4	3	2	1	2	3
LRU	3	3	3	4	4	4	4	4	1	1	1
		1	1	1	1	1	1	2	2	2	2
			2	2	2	2	3	3	3	3	3
7번	F	F	F	F			F	F	F		
FIFO	3	3	3	1	1	1	2	2	4	3	3
		1	1	2	2	2	4	4	3	1	1
			2	4	4	4	3	3	1	2	2
7번	F	F	F	F			F		F	F	

018

답 ③

최근에 사용하지 않은 페이지를 교체한다.

019

답 ③

모든 방법을 다 해보는 것도 하나의 방법이나 통상적으로 봤을 때 페이지 부재가 가장 적은 방법은 LRU이다(아래의 그림 참고).

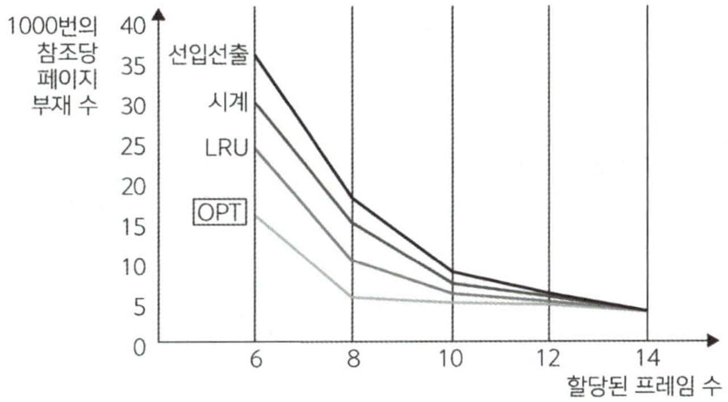

▲ 페이지 대치 알고리즘의 비교

020

답 ①

캐시로서 빠르게 변환한다.

선지분석

② 여러 개 존재할 수 있다.
③ TLB는 캐시이므로 실패가 발생하면 실제 페이지 테이블을 조사한다. 실제 페이지 테이블에서 실패가 페이지 부재로 이어진다.
④ 가상 주소를 물리 주소로 빠르게 변환하기 위한 것이다.

CHAPTER 08 | 스래싱(Thrashing)

정답

p.117

001	③	002	④	003	④

001

답 ③

큰 크기의 작업 집합은 페이지 부재 비율을 감소시켜 다중 프로그래밍 정도를 증가시킬 수 있으나 작업 집합이 매우 큰 경우에는 지역성의 원리가 깨지게 되고 페이지 부재 비율이 증가되어 다중 프로그래밍 정도가 감소한다(페이지 프레임이 큼 → 페이지 부재 빈도에 따라 프레임수 감소 → 다중 프로그램 정도 감소).

선지분석

① 작업 집합 모델은 프로세스가 많이 참조하는 페이지 집합을 메모리 공간에 계속 상주시켜 빈번한 페이지 대치 현상을 줄이는 것이다(지역성의 원리). 만약 새로운 작업 집합으로 전이되면 많이 참조된 페이지가 아니라 새로운 페이지가 작업 집합 내에 존재하므로 페이지 부재율이 높아질 수 있다.
② 프로세스를 중단시키면 프레임을 회수할 수 있으므로 다른 프로세스들의 스래싱을 감소시킬 수 있다.
④ 페이지 부재 빈도 기법은 현재 페이지 프레임 수가 설정한 페이지 부재율의 하한보다 낮아지면 프레임이 너무 많다는 의미이므로 보유한 프레임 수를 감소시킨다. 반대로 페이지 부재율이 높다는 것은 더 많은 프레임이 필요하다는 의미이므로 프레임 수를 증가시킨다.

TIP 스래싱이란 페이지 교환이 계속 일어나는 현상이다. 어떤 프로세스에 프레임이 충분하지 않다면 할당된 프레임을 최소 프레임 수까지 줄일 수 있다 하더라도 실제 사용하는 프레임 수만큼 갖지 못하면 빈번하게 페이지 부재가 발생 가능하다.

002

답 ④

다중 프로그램의 정도가 높을수록 스래싱이 증가한다.

선지분석

① 페이지 부재율이 크면 스래싱이 많이 일어난다.
② 페이지 부재율이 크면 스래싱이 많이 발생하고, 페이지 부재율이 작으면 스래싱이 적게 발생한다.
③ 스래싱이 많이 발생하면 페이지 부재율이 증가한다.

003

답 ④

페이지 교환이 계속 일어나는 현상이다.

선지분석

① 교착 상태를 나타낸다.
② 기아 상태를 나타낸다.
③ 호위 효과를 나타낸다.
⑤ 인터럽트를 나타낸다.

PART 4

해커스공무원 곽후근 컴퓨터일반 단원별 기출문제집

CHAPTER 09 | 디스크 스케줄링

정답 p.118

001	③	002	②	003	②	004	③	005	②

001 답 ③

C-LOOK: 보통 헤드는 요청에 따라 각 방향으로 이동하지만, 현재 방향에 더는 요청이 없을 때 다시 처음부터 요청을 처리한다.

선지분석

① FCFS(First-Come-First-Served): 요청이 도착한 순서에 따라 처리하는 가장 간단한 스케줄링 알고리즘이다. 공정성을 보장할 수 있다.
② N-Step-SCAN: 어떤 방향의 진행이 시작 될 당시에 대기 중이던 요청에 대해서만 서비스하고 진행 도중 도착한 요청들은 반대 방향 진행 때 서비스 하는 기법이다.
④ SSTF: 디스크 요청을 처리하려고 헤드가 먼 곳까지 이동하기 전에, 현재 헤드 위치에 가까운 모든 요구를 먼저 처리하는 방법으로 공정성을 보장할 수 없다.

002 답 ②

C-LOOK은 순환 스케줄링에서 현재 방향에 더는 요청이 없을 때 다시 처음부터 요청을 처리한다. 해당 조건에 따른 헤드의 이동 거리를 계산하면 다음과 같다. 이를 모두 더하면
318(= 130 + 164 + 24)이 된다.

- 50 → 65 → 90 → 112 → 165 → 170 → 180: 130만큼 이동
- 180 → 16: 164만큼 이동
- 16 → 35 → 40: 24만큼 이동

003 답 ②

C-SCAN은 스캔 스케줄링처럼 헤드를 한쪽 방향으로 이동하면서 요청을 처리 하지만, 한쪽 끝에 다다르면 역방향으로 헤드를 이동하는 것이 아니라 다시 처음부터 요청을 처리하는 것이다. 그러므로 주어진 조건에 따른 처리 순서를 나열하면 다음과 같다.
50 → 47 → 30 → 25 → 100 → 75 → 63

선지분석

제일 마지막에 서비스 받는 트랙이 100인 경우는 다음과 같은 2가지이다.
①, ③ 어떤 방법으로도 마지막에 서비스 받는 트랙이 될 수 없다.
④ • SCAN: 50 → 47 → 30 → 25 → 63 → 75 → 100
• FCFS: 25 → 30 → 47 → 50 → 63 → 75 → 100

004 답 ③

SCAN(스캔): 입출력 헤드가 디스크의 한쪽 끝에서 다른 끝으로 이동하며, 한쪽 끝에 도달했을 때는 역방향으로 이동하면서 요청한 트랙을 처리한다.

선지분석

① FCFS(선입 선처리): 요청이 도착한 순서에 따라 처리하는 가장 간단한 스케줄링 알고리즘이다. 공정성을 보장할 수 있다.
② SSTF(최소 탐색 시간 우선): 디스크 요청을 처리하려고 헤드가 먼 곳까지 이동하기 전에, 현재 헤드 위치에 가까운 모든 요구를 먼저 처리하는 방법으로 공정성을 보장할 수 없다.
④ RR(라운드 로빈): 디스크 스케줄링이 아니라 프로세스 스케줄링이다.

TIP 프로세스 스케줄링을 묻는 질문에 디스크 스케줄링이 나오고, 디스크 스케줄링을 묻는 질문에 프로세스 스케줄링이 나온다. 그러므로 서로를 구별하면 오답을 빠르게 제거할 수 있다.

005 답 ②

헤드가 다음과 같이 이동한다.
40, 30, 20, 70, 80, 100, 130
이들의 이동 거리를 더하면 140이 된다.

CHAPTER 10 | IPC

정답 p.119

001	③	002	③	003	④	004	②

001 답 ③

파이프에는 일반(익명) 파이프와 지명 파이프가 존재한다. 일반(익명) 파이프는 한방향 통신을 수행하며, 생성자와 소비자 관계를 가진다. 그리고 지명 파이프는 양방향 통신을 수행하며, 어떠한 관계도 가지지 않는다.

선지분석

① 세마포어 S는 정수값을 가지는 변수이며, P와 V라는 명령에 의해서만 접근할 수 있다. P는 임계 구역에 들어가기 전에 수행되고, V는 임계 구역에서 나올 때 수행된다. 이때 변수 값을 수정하는 연산은 모두 원자성을 만족해야 한다. 다시 말해, 한 프로세스(또는 스레드)에서 세마포어 값을 변경하는 동안 다른 프로세스가 동시에 이 값을 변경해서는 안 된다.
② 신호는 유닉스, 유닉스 계열, POSIX 호환 운영 체제에 쓰이는 제한된 형태의 프로세스 간 통신이다. 신호는 프로세스나 동일 프로세스 내의 특정 스레드로 전달되는 비동기식 통보이다. 여기서 특정 사건이란 프로세스 중단 신호 등을 의미한다.

④ 공유메모리의 상호 배제는 사용자가 세마포어 등을 통해 구현내야 한다.

002 답 ③

원자성을 가진다. 즉, 중간에 인터럽트 될 수 없다.

003 답 ④

child stopped or terminated이다.

(선지분석)

① kill signal(강제 종료)이다. (SIGABRT)
② termination signal(clean 종료)이다.
③ illegal instruction이다. (SIGSTP)

004 답 ②

지명 파이프는 부모 - 자식 관계가 필요하지 않다.

CHAPTER 11 | 유닉스(Unix)

정답 p.120

001	④	002	①	003	②	004	④

001 답 ④

인터페이스: 운영체제의 역할 중에 인터페이스는 윈도우 관리자(X window) 등을 의미하고 이는 커널에 포함되지 않는다.

(선지분석)

①, ②, ③ 자원 관리: 운영체제의 역할 중에 자원 관리는 스케줄러(프로세스, 디스크), 파일 관리자, 메모리 관리 등을 의미하고 이는 커널의 핵심 기능이다.

002 답 ①

파일 이름은 디렉터리가 가진다. 디렉터리는 이외에도 i-node를 위한 포인터를 가진다.

i-node에 존재하는 정보

구분	주요 사항
소유자 식별자	파일을 소유하고 있는 소유자 계정정보
그룹소유자 식별자	파일을 소유하고 있는 소유자의 그룹정보
파일접근 허가권한	파일에 대한 읽기, 쓰기, 실행권한에 대한 정보
파일 내용 담긴 Disk 실 주소	파일 내용이 담겨져 있는 정보에 대한 포인터
File Size(byte)	파일 크기
처음 만들어진 시기	파일 처음 생성된 시기
마지막 사용된 시기(접근시간)	파일 마지막 접근시기
마지막 수정된 시기(수정시간)	파일 마지막 수정시기
File에 대한 링크 수	동일 파일에 대한 다양한 이름을 지닌 링크수의 개수
파일 종류	디렉토리, 파일인지(특수파일, 일반파일) 구분

003 답 ②

BSD 유닉스의 모든 코드는 C 언어로 작성되었다. 그러나 초창기 유닉스의 언어는 어셈블리 언어이다.

(선지분석)

① 유닉스는 트리 형태의 파일시스템을 가지며, 여러 명의 사용자를 동시에 지원한다.
③ 다중 프로그래밍 기법이란 여러 개의 프로그램들을 동시에 주기억 장치에 적재하여, 한 프로그램이 입출력 등의 작업을 할 때 중앙처리 장치를 쉬게 하지 않고 다른 프로그램을 처리하게 하여 전체적인 처리 속도를 향상시키는 방식이다.
④ 사용자(응용) 프로그램은 시스템 호출(system call)을 통해 커널 기능을 사용할 수 있다. 예를 들어, 사용자 프로그램과 커널 사이에 데이터를 주고받을 때 시스템 호출을 사용할 수 있다.

004 답 ④

커널을 거쳐야 한다.

CHAPTER 12 | 모바일 운영체제

정답 p.121

001	④	002	④

001 답 ④

콘텐츠 제공자: 해당 설명은 액티비티를 의미하고, 콘텐츠 제공자는 데이터를 관리하고 한 프로세스의 데이터에 다른 프로세스에서 실행 중인 코드를 연결하는 표준 인터페이스이다. 즉, 콘텐츠 제공자는 오디오파일, 동영상, 이미지, 개인 연락처 정보 등을 관리한다.

(선지분석)

① 안드로이드: 휴대 전화를 비롯한 휴대용 장치를 위한 운영 체제와 미들웨어, 사용자 인터페이스 그리고 표준 응용 프로그램을 포함하고 있는 소프트웨어 스택이자 모바일 운영 체제이다.

② 구성요소: 안드로이드 애플리케이션의 구성요소는 Activity(액티비티), Service(서비스), Broadcast Receiver(방송 수신자), Content Provider(콘텐츠 제공자)이다.
③ 리눅스: 안드로이드는 리눅스 커널 위에서 동작한다.

002 답 ④

Solaris: PC용 유닉스 운영체제이다.

선지분석

① iOS: 아이폰의 운영체제이다.
② Android: 대표적으로 삼성 갤럭시폰의 운영체제이다.
③ Symbian: 심비안에서 개발한 모바일 기기용 운영체제이다.

TIP 모바일 운영체제는 이외에도 블랙베리(블랙베리), 윈도우폰(MS), 바다(삼성), 타이젠(삼성) 등이 존재한다.

CHAPTER 13 | 그 외

정답 p.122

001	④	002	②	003	③	004	④	005	④
006	①	007	④	008	②				

001 답 ④

시스템 콜: 부모 프로세스는 2번의 시스템 호출(wait, exit)을 수행한다.

선지분석

①, ② pid < 0이면 자식 프로세스 생성에 실패한 것이고, pid == 0은 자식 프로세스를 의미하고, pid > 0은 부모 프로세스를 의미한다. // 조건문에서 첫 번째 조건, 두 번째 조건, 세 번째 조건에 해당한다. 참고로, execlp()는 /bin/ls의 ls를 수행하는 것을 의미한다.
③ wait(): 자식 프로세스가 끝날 때까지 기다린다. // 부모 프로세스는 자식 프로세스가 종료한 후에 종료한다.
⑤ pid = fork(): 자식 프로세스를 생성한다. 부모와 자식 프로세스의 분기가 일어나 2개의 프로세스가 존재한다. // 부모 프로세스와 자식 프로세스가 프로그램의 같은 위치부터 동작하게 된다.

TIP 원래 fork도 부모 프로세스에 포함되는 시스템 호출인데, 문제의 의도는 하나의 프로세스에서 fork가 발생하여 부모와 자식으로 분리된 것으로 보고 있다. 그러므로 fork 이후에 부모가 수행한 시스템 호출은 2개이다.

002 답 ②

작업이 결코 사용할 수 없는 자원을 계속 기다리는 결과(교착 상태)를 예방하려고 자원을 할당할 때 발생 하는 결과이다(기다림).

선지분석

① 다중 프로그래밍 시스템에서, 프로세스가 결코 일어나지 않을 사건(event)을 기다리는 상태이다. 프로세스가 교착 상태에 빠지면, 작업이 정지되어 명령 진행이 불가하다.
③ 여러 프로세스가 동시에 공유 데이터에 접근 시, 접근 순서에 따라 실행 결과 달라지는 상황 말한다. 공유 데이터에 마지막으로 남는 데이터의 결과를 보장할 수 없는 상황이다.
④ 자원을 최소 하나 이상 비공유한다. 즉, 한 번에 프로세스 하나만 해당 자원 사용할 수 있어야 한다. 사용 중인 자원을 다른 프로세스가 사용하려면, 요청한 자원이 해제될 때까지 대기한다.

003 답 ③

ISAM: 자료를 순서대로 처리할 수도 있고 특정 항목을 색인으로 하여 순서에 관계없이 처리할 수도 있다. ISAM을 적용하는 파일은 색인부(자료의 색인), 주저장부(자료를 새로 저장), 오버플로부(자료의 중간에 새로운 자료를 저장) 등 3개의 영역으로 나누어 관리한다.

선지분석

① VSAM: 가상 기억 환경에서 직접 접근과 순차 접근의 2가지 방식으로 기억 장치에 있는 데이터를 읽거나 기록할 수 있게 한다. 1차 색인이 B+ 트리 구조로 구성되고 트리의 노드에 탐색키, 앞의 부분에 레코드가 배치되어 필요에 따라 보조 기억 장치와 주기억 장치 사이에 데이터의 페이지가 전송된다.
② 히프 파일(Heap file): 데이터가 입력되는 순서대로 저장된 파일로, 키 순서와 관계 없다. 레코드에 대한 분석, 분류, 표준화 과정을 거치지 않는다. 필드의 순서, 길이 등에 제한이 없고, 레코드의 길이, 타입이 일정하지 않다. Pile 파일이라고도 한다.
④ 순차 파일(Sequential file): 파일 내에서의 레코드는 키 필드 값에 따라 정렬된다. 모든 레코드는 똑같은 순서의 데이터 필드로 구성된다. 파일에 새로운 레코드를 삽입하거나 삭제하는 경우 파일 재구성을 수행한다.

004 답 ④

프로세스의 속도나 프로세서 수에 영향 받지 않는다.

선지분석

① 두 프로세스는 동시에 공유 자원에 진입 불가이다.
② 공유 자원을 사용하는 프로세스만 다른 프로세스 차단이 가능하다.
③ 프로세스가 공유 자원을 사용하려고 너무 오래 기다려서는 안 된다.

005

답 ④

상호배제: 자원을 최소 하나 이상 비공유한다. 즉, 한 번에 프로세스 하나만 해당 자원 사용할 수 있어야 한다. 사용 중인 자원을 다른 프로세스가 사용하려면, 요청한 자원이 해제될 때까지 대기한다.

(선지분석)

① 인터럽트: 프로그램을 실행하고 있을 때, 입출력 하드웨어 등의 장치나 또는 예외상황이 발생하여 처리가 필요할 경우에 마이크로프로세서(CPU)에게 알려 처리할 수 있도록 하는 것을 말한다.
② 선점 스케줄링: 시분할 시스템에서 타임 슬라이스가 소진되었거나, 인터럽트나 시스템 호출 종료 시에 더 높은 우선순위 프로세스가 발생되었음을 알았을 때, 현 실행 프로세스로부터 강제로 CPU를 회수하는 것을 말한다.
③ 문맥교환: 실행 중인 프로세스의 제어를 다른 프로세스에 넘겨 실행 상태가 되도록 하는 것이다. 프로세스 문맥 교환이 일어나면 프로세서의 레지스터에 있던 내용을 저장한다.
⑤ 교착상태: 다중 프로그래밍 시스템에서, 프로세스가 결코 일어나지 않을 사건(event)을 기다리는 상태이다. 프로세스가 교착상태에 빠지면, 작업이 정지되어 명령 진행이 불가하다.

006

답 ①

fork()는 자식 프로세스를 생성한다. 즉, 부모와 자식 프로세스의 분기(2개의 프로세스)가 일어난다. pid가 0보다 작으면 fork() 실패를 나타내고, 나머지는 fork() 성공을 나타낸다(0이면 자식 프로세스이고 0보다 크면 부모 프로세스이다). 부모 프로세스 부분의 wait(NULL)은 자식 프로세스가 끝날 때까지 기다리는 것을 의미하므로 b가 먼저 출력되고, 그 후에 a가 출력된다. 참고로, 해당 문제는 국회직에서 출제된 문제의 유형과 동일하다.

007

답 ④

세마포어 등을 이용하여 상호 배제를 구현하여야 한다.

(선지분석)

① 해당 설명은 한정 대기이다.
② 동시에 접근하여 변경할 수 없다.
③ 해당 설명은 진행의 융통성이다.

008

답 ②

부모와 자식이 동시에 동작하므로 메모리 위치는 다르다.

(선지분석)

③ 이미 만들어진 PCB, 메모리 영역 등을 그대로 사용한다.

PART 5 프로그래밍언어

CHAPTER 01 | 개요

정답 p.126

001	①	002	④	003	②	004	①	005	②
006	②	007	④	008	④				

001 답 ①

CPU의 동작 클럭 주파수: 크기가 아니라 실행 속도와 연관된다.

(선지분석)

② CPU의 설계 방식: CISC는 명령어의 길이가 짧고, 이로 인해 크기가 작아진다.
③ 최적화 옵션: 최적화가 될수록 크기가 작아진다.
④ 비트수: 비트수가 클수록 크기가 커진다.
⑤ 동적 링킹: DLL을 사용하면 크기가 작아진다.

002 답 ④

해당 설명은 한 번에 컴파일을 하는 컴파일러에 해당되고, 인터프리터는 명령문 단위로 실행되기 때문에 큰 기억 장소를 요구하지 않는다.

(선지분석)

① 하이브리드는 자바처럼 컴파일을 하고 난 후 인터프리터를 수행한다.
② 인터프리터는 소스 코드를 명령문 단위(line by line)로 해석해서 실행한다.
③ 반복문이 많은 경우 한 번에 컴파일을 하는 컴파일러가 효율적이다. 왜냐하면 인터프리터는 반복문이 실행될 때마다 해석해서 실행해야 하기 때문이다.

003 답 ②

어셈블러: 해당 설명은 컴파일러이고, 어셈블러는 어셈블리어를 이진파일(실행파일)로 변환한다.

(선지분석)

① 컴파일러: 고급언어(소스코드)를 이진파일(실행파일) 또는 어셈블리어로 변환한다.
③ 링커: 소스코드를 컴파일 한 이진파일과 미리 컴파일 한 라이브러리 이진 파일을 통합하여 실행 가능한 하나의 파일로 만든다.
④ 로더: 링커를 통해 만들어진 이진파일(실행파일)을 실행하기 위해 주기억장치에 올린다.

004 답 ①

링커: 소스코드를 컴파일 한 이진파일과 미리 컴파일 한 라이브러리 이진 파일을 통합하여 실행 가능한 하나의 파일로 만든다.

(선지분석)

② 어셈블러: 어셈블리 파일 → 이진 파일(실행 파일)
③ 컴파일러: 소스 파일(원시 파일) → 어셈블리어 또는 이진 파일(실행 파일)
④ 프리프로세서: 선행처리기로서 컴파일 전에 실행한다. 예를 들면, #include(컴파일 전에 헤더 파일을 소스 코드내에 포함시킴), #define(컴파일 전에 기호 상수를 원래의 상수로 바꿈) 등이 있다.

005 답 ②

C언어를 컴파일하면 전처리기, 컴파일러, 어셈블러, 링커, 로더의 순으로 동작한다.
② 어셈블러: 어셈블리 언어를 이진 파일로 만든다.

(선지분석)

소스코드를 실행 파일로 만드는 순서
① 링커: 미리 컴파일한 라이브러리 파일과 이진 파일을 합친다.
③ 전처리기: 컴파일 전에 전처리(#include, #define 등)를 수행한다.
④ 컴파일러: 소스 코드를 어셈블리 언어 혹은 이진 파일로 만든다.

TIP 이외에 로더는 이진 파일을 메모리에 적재한다.

006 답 ②

C: 대표적인 컴파일러 언어이다.

(선지분석)

① JavaScript: 스크립트 언어는 인터프리터 방식으로 동작한다.
③ Basic: 초보자도 쉽게 배울 수 있도록 만들어진 대화형 프로그래밍 언어로 1963년에 개발되었다.
④ LISP: 인공지능 개발용 언어로 사용되며, 연결 리스트를 주요 자료 구조로 사용한다.

007 답 ④

해당 설명은 컴파일 방식이다. 인터프리터는 한줄씩 번역 후 실행한다.

(선지분석)

① 컴퓨터는 하드웨어(변경 불가능), 소프트웨어(변경 가능), 펌웨어(변경 가능하지만 어려움)로 구성된다.
② 시스템 소프트웨어는 하드웨어랑 밀접한 연관을 가진다.
③ 응용 소프트웨어는 하드웨어랑 밀접한 연관을 가지지 않는다.

008

답 ④

문서를 편집한다.

CHAPTER 02 | 변수

정답 p.128

001	①

001

답 ①

C언어에서 식별자를 만드는 규칙은 다음과 같다.

- 알파벳 문자와 숫자, 밑줄 문자 _로 구성한다.
- 첫 번째 문자는 반드시 알파벳 또는 밑줄 문자 _로 시작해야 한다(보기의 3id는 숫자로 시작하기 때문에 식별자로 사용할 수 없다).
- 대문자와 소문자를 구별한다.
- C 언어의 키워드와 똑같은 이름은 허용되지 않는다.

CHAPTER 03 | 수식

정답 p.129

001	③	002	②	003	③	004	①

001

답 ③

- int i = 3;
- int j = 4;
- ++i > j--; // i가 먼저 증가되어 4가 되고, j는 비교 후에 감소한다. 즉, 4 > 4가 되므로 false가 된다. &&(논리 AND)의 특성상 뒤의 조건을 검사할 필요 없다(컴파일러가 최적화를 수행).
- j = i-- - --j; // i가 3으로 바뀐다(j는 관심이 없다).
- printf("%d\n", i); // 결론적으로 3이 출력된다.

002

답 ②

- int a = 5, b = 5;
- a = a * (3 + b++); // a = 5 * (3 + 5) = 40;
- b = 6; // b++는 후위 연산으로 위의 연산이 끝난 후에 증가한다.

003

답 ③

- int x = 0x15213F10 >> 4; // 0x015213F1 (4비트를 오른쪽으로 shift한다)
- char y = (char) x; // 총 4바이트에서 1바이트만 사용하므로 F1(11110001)만 남는다(부호 있는 이진수로 해석).
- unsigned char z = (unsigned char) x; // 총 4바이트에서 1바이트만 사용하므로 F1(11110001)만 남는다(부호 없는 이진수로 해석).

004

답 ①

- if(b && C(10)) // b가 false이므로 C(10)을 수행하지 않는다.
- if(b & C(20)) // C(20)을 수행한다.

CHAPTER 04 | 조건

정답 p.130

001	②	002	①	003	③

001

답 ②

- switch(a) // a가 0이기 때문에 case 0이 선택된다.
- printf("%d\n", b++); ; break; // b++는 b의 값 1을 출력하고 나중에 2로 증가한다.

002

답 ①

- if (a = 2) // a에 2가 대입되고, if(a)가 되어 조건문이 true가 된다.
- b = a + 1; // a가 2이므로 b는 3이 된다.

003

답 ③

if (score >= 80)과 if (score >= 70)의 조건 모두를 만족하기 때문에 마지막 조건이 최종적으로 적용된다.

CHAPTER 05 | 반복

정답 p.131

001	②	002	②

001 답 ②

- if (x == 5) continue; // x가 5일 때, 아래 구문을 수행하지 않고 다시 for 문으로 이동한다.
- if (x == 6) break; // x가 6일 때, for 문을 끝낸다.
- cout << x; // c언어의 printf와 같은 역할을 수행한다. 위의 조건에 의해 1234만을 출력한다(<<은 C++에서 출력에 사용하기 위해 연산자 오버로딩(operator overloading)을 한 것이다).

002 답 ②

1부터 10까지 짝수는 건너띄고 홀수(1, 3, 5, 7, 9)만 더하는 것이로 25가 된다.

CHAPTER 06 | 함수

정답 p.132

001	④	002	②	003	③

001 답 ④

- for(num=0; num<2; num++) funCount(); // funCount()를 2번 호출한다.
- int num=0; // 지역 변수는 호출될 때마다 초기화된다.
- static int count; // 정적 변수는 호출 시에도 값을 유지한다.
- printf("num = %d, count = %d\n", ++num, count++); // ++num은 0을 하나 증가시켜 1을 출력하고, count++은 출력 후 증가를 시킨다. num은 매번 초기화되면 첫 번째 호출과 두 번째 호출에서 둘 다 1을 출력하지만, count는 처음에 0을 출력하고 1로 증가하고 해당 값을 두 번째 호출해서도 유지하므로 1을 출력한다.

002 답 ②

printf("a = %d, b = %d, c = %d\n", a, b, c); // 일단 main 안에 지역변수 a, b, c가 없기 때문에 전역 변수 a, b, c를 출력하게 된다. func에 a, b가 있지만 해당 지역변수는 func 함수 안에서만 사용할 수 있다. 그러므로 a는 10이고, b는 20이 된다. c는 func 함수 안에서 변하기 때문에 두 번 호출되는 func 함수를 분석해야 한다.

- 첫 번째 func() 호출: 정적변수 a는 101이 되고, c에 할당된다.
- 두 번째 func() 호출: 정적변수 a는 두 번째 호출에도 해당 값이 유지하므로 102가 되고, c에 할당된다. 그러므로 최종 c는 102가 된다.

TIP 해당 문제의 경우 지역 변수와 전역 변수의 특성을 이해하면 바로 문제가 풀리므로 func 함수를 분석할 필요가 없다. 왜냐하면 직관적으로 전역변수 c는 변한다는 것을 알 수 있기 때문에 답이 정해져있다.

003 답 ③

함수 내에 변수가 없으므로 전역 변수를 출력하고, 함수 내에 변수가 있으므로 지역 변수를 출력한다.

CHAPTER 07 | 배열

정답 p.134

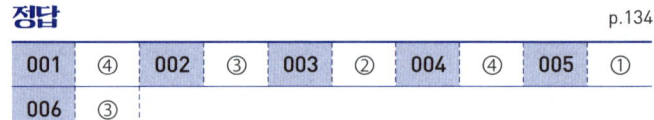

001	④	002	③	003	②	004	④	005	①
006	③								

001 답 ④

해당 문제의 경우 패턴만 파악하면 된다. 해당 문제의 패턴은 문자열의 첫 문자와 마지막 문자를 교환하는 것이다. 그리고 문자열의 두 번째 문자와 마지막에서 두 번째 문자를 교환한다. 이를 4번 반복하면 된다.

i = 0 -> nation, i = 1 -> notian, i = 2 -> noitan, i = 3 -> notian

002 답 ③

해당 코드를 분석하면 배열에 있는 값 중에 소수를 찾아서 그 합을 구하는 문제이다.

- x = 0, num[x] = 3, y = 3, sum = 3; // x가 0일 때, y(3)로 num[0](3)을 나누면 나머지가 0이 되고(break이므로 for 문을 멈춘다), y와 num[0]이 같은 값이므로 sum에 더해준다(3 = 0 + 3).

- x = 1, num[x] = 5, y = 5, sum = 8; // x가 1일 때, y(5)로 num[1](5)을 나누면 나머지가 0이 되고(break이므로 for 문을 멈춘다), y와 num[1]이 같은 값이므로 sum에 더해준다(8 = 3 + 5).
- x = 2, num[x] = 8, y = 2, sum = 8; // x가 2일 때, y(2)로 num[2](8)을 나누면 나머지가 0이 되고(break이므로 for 문을 멈춘다), y와 num[2]이 다른 값이므로 sum에 더해주지 않는다.
- x = 3, num[x] = 10, y = 2, sum = 8; // x가 3일 때, y(2)로 num[3](10)을 나누면 나머지가 0이 되고(break이므로 for 문을 멈춘다), y와 num[3]이 다른 값이므로 sum에 더해주지 않는다.
- x = 4, num[x] = 19, y = 19, sum = 27; // x가 4일 때, y(19)로 num[4](19)을 나누면 나머지가 0이 되고(break이므로 for 문을 멈춘다), y와 num[4]이 같은 값이므로 sum에 더해준다(27 = 8 + 19).

003

답 ②

- i = 0, b[0] = 1, n = 83; // i가 0에서 n이 167이므로 2로 나눈 나머지가 1이 되어, b[0]에 1을 대입한다.
  그리고 n = (167 − 1) / 2 = 83이 된다. i를 하나 증가시킨다.
- i = 1, b[1] = 1, n = 41; // i가 1에서 n이 83이므로 2로 나눈 나머지가 1이 되어, b[1]에 1을 대입한다.
  그리고 n = (83 − 1)/2 = 41이 된다. i를 하나 증가시킨다.
- i = 2, b[2] = 1, n = 20; // i가 2에서 n이 41이므로 2로 나눈 나머지가 1이 되어, b[2]에 1을 대입한다.
  그리고 n = (41 − 1)/2 = 20이 된다. i를 하나 증가시킨다.
- i = 3, b[3] = 0, n = 10; // i가 3에서 n이 20이므로 2로 나눈 나머지가 0이 되어, b[3]에 0을 대입한다.
  그리고 n = 20/2 = 10이 된다. i를 하나 증가시킨다.
- i = 4, b[4] = 0, n = 5; // i가 4에서 n이 10이므로 2로 나눈 나머지가 0이 되어, b[4]에 0을 대입한다.
  그리고 n = 10/2 = 5가 된다. i를 하나 증가시킨다.
- i = 5, b[5] = 1, n = 2; // i가 5에서 n이 5이므로 2로 나눈 나머지가 1이 되어, b[5]에 1을 대입한다.
  그리고 n = (5 − 1)/2 = 2가 된다. i를 하나 증가시킨다.
- i = 6, b[6] = 0, n = 1; // i가 6에서 n이 2이므로 2로 나눈 나머지가 0이 되어, b[6]에 0을 대입한다.
  그리고 n = 2/2 = 1이 된다. i를 하나 증가시킨다. 여기서 답이 나오므로 아래의 단계를 수행할 필요가 없다.
- i = 7, b[7] = 1, n = 0; // i가 7에서 n이 1이므로 2로 나눈 나머지가 1이 되어, b[7]에 1을 대입한다.
  그리고 n = (1 − 1)/2 = 0이 된다. n이 0이 되면 while 문을 탈출한다.

마지막 출력문을 보면 b[0]부터 출력하는 것이 아니라 b[7]부터 출력하는 것에 주의한다.

TIP 해당 코드는 10진수를 2진수로 변환하는 일반적인 코드로서 여러분들이 평소에 다양한 프로그래밍 코드를 접했다면 코드를 해석하지 않고도 문제를 빠르게 풀 수 있다.

004

답 ④

i = 0; num[0](58)보다 num[6](70)이 크므로 서로 교환한다.
i = 1; num[1](28)보다 num[5](64)가 크므로 서로 교환한다.
i = 2; num[2](81)보다 num[4](16)가 크지 않으므로 서로 교환하지 않는다.
for 문 조건은 3(= SIZE / 2 = 7 / 2, 소수점 이하 버림) 전인 2까지 반복하는 것이므로 더 이상 진행하지 않는다.

005

답 ①

- int i = 2; // i가 2부터 시작하므로 주의한다.
- while (msg[i] != '!') // i가 2부터 시작하고 ! 전까지의 문자열을 검사하므로 “llo World”를 검사한다.
- if (조건) number++; // 주어진 조건은 검사 문자열에서 모음(a, e, i, o, u)의 개수를 찾는 것이다.

결론은 “llo World”에는 2개의 모음(o, o)이 존재한다.

006

답 ③

arr[3] + arr[2] + arr[1] = 9이다.

CHAPTER 08 | 포인터

정답 p.136

001	①	002	②	003	⑤	004	④	005	③
006	④	007	③	008	②	009	④	010	④
011	③	012	②	013	①	014	②	015	①
016	④	017	④	018	④	019	②	020	①

001

답 ①

함수 호출 시에 call-by-value(값이 복사되므로 main의 값이 바뀌지 않음), call-by-reference(주소가 복사되므로 main의 값이 바뀜)를 묻는 질문이다. a, c는 call-by-reference이고, b는 call-by-value이므로 b(20)는 바뀌지 않는다. func() 내부의 코드를 각각 설명하면 다음과 같다.
x = *a; // a의 값을 x에 넣는다. x(20), a(20)
*a = x++; // x의 값을 a에 넣고, 하나 증가시킨다. a(20), x(21)
x = b; // b의 값을 x에 넣는다. x(20), b(20), b는 call-by-value이므로 해당 코드는 무의미하다.
b = ++x; // x를 하나 증가하고 b에 넣는다. b(21), x(21), b는 call-by-value이므로 해당 코드는 무의미하다.
--(*c); // c의 값을 하나 감소한다. c(19)
결국 a(20), b(20), c(19)이다.

TIP 코드 해석은 전체를 해석할 필요가 없고 필요한 부분만 해석하면 된다. 해당 문제에서는 call-by-value는 해석할 필요가 없다. 왜냐하면 값이 바꾸지 않기 때문이다. 만약, call-by-reference가 2개인데 1개만 풀어도 답이 나온다면 굳이 나머지를 풀 필요가 없다.

002

답 ②

*ptr = a + 3; // a[3] = 40, a는 배열의 시작 주소(포인터)이고 여기에 +3을 하면 40을 가리키게 된다.

i = 0, *(ptr + 0) - 3 = 37 // ptr이 가리키는 값(40)에서 -3을 하면 37이 나오게 된다. 여기서 바로 답이 나오므로 아래의 계산을 해볼 필요가 없다.

i = 1, *(ptr + 1) - 3 = 47

i의 나머지도 마찬가지 방법으로 계산한다.

TIP 프로그래밍언어 문제는 C언어, 자바 둘 다 마찬가지로 모든 코드를 해석하거나 모든 코드를 다 돌려볼 필요가 없다. 답이 나오는 핵심적인 부분만 해석하고 돌려보면 된다. 즉, 코드의 전체적인 해석보다는 핵심을 이해했는지가 중요한 포인트이다.

003

답 ⑤

*p = a; // a와 p는 운명을 같이한다(서로 같다고 보아도 무방하다).

p; // p는 a[0]의 주소(전체 배열의 주소)를 가리킨다.

p++; // p를 가리키는 주소를 하나 증가한다. a[1]을 가리키게 된다.

*p++ = 10; // 현재 p에 10을 대입하고, p의 주소를 하나 증가한다. a[1]은 10이 되고, p는 a[2]가 된다.

*p + = 10; // p에 10을 더한다. a[2]는 3이기 때문에 p는 13(= a[2] + 10)이 된다.

결론적으로 a[0]은 1이 되고, a[1]은 10이 되고, a[2]는 13이 된다.

004

답 ④

a[0] = 0 * 10 = 0, a[1] = 1 * 10 = 10, a[2] = 2 * 10 = 20; // for 문을 통해 a 배열에 값이 할당된다. 규칙적이므로 한두 개만 해보면 된다.

p = func(x, a); // x는 call-by-value이므로 값(10)이 바뀌지 않는다(함수 내에서 관심을 주지 않아도 된다). a는 call-by-reference이므로 주의 깊게 봐야 하고, 반환 되는 주소도 주의 깊게 봐야 한다. a가 함수 내에서 x에 대입되므로 헷갈리지 말아야 한다.

x = x + 1; // x의 주소가 하나 증가한다. x[1]이 된다.

x[1] = x[1] * 2 = 20; // x[1]은 10이기 때문에 최종 결과는 20이 된다(즉, a[1]이 20이 된다).

return x; // x[1]의 주소를 반환한다(즉, a[1]의 주소를 반환한다).

p = a[1] = p[0] = 20; // p는 a[1]의 주소를 가지게 되고, p[0]는 a[1]의 값인 20을 가지게 된다.

p[1] = 20 = a[2]; // p[1]은 a[2]가 되므로 20을 가지게 된다.

x + a[0] + a[1] + p[0] + p[1] = 10 + 0 + 20 + 20 + 20 = 70; // 이들을 다 더하면 70이 된다.

005

답 ③

*darr: 1의 주소

*darr + 1: 2의 주소

*darr + 2: 3의 주소

sum1 = *(2의 주소) + *(3의 주소) = 2 + 3 = 5

darr[1]: 4의 주소

darr[2]: 7의 주소

sum2 = *darr[1] + *darr[2] = 4 + 7 = 11

006

답 ④

i = 10;

j = 20; // 프로그램 내에서 값이 바뀌지 않는다.

int *k = &i ; // i와 k는 운명을 같이한다(i와 k는 동일하다고 봐도 무방하다).

k = 90 = i; // k에 90이 입력되면, i에도 90이 할당된다.

007

답 ③

- arr = &arr[0] = &8; // arr은 첫 번째 배열의 시작 주소를 의미하고 8을 가리킨다.
- p = arr+2 = &arr[2] = &3; // p는 세 번째 배열의 시작 주소를 의미하고 3을 가리킨다.
- a = *++p; // p의 주소를 하나 증가(&arr[3])하고 해당 주소의 값(1)을 a에 대입한다.
- b = (*p)++; // 현재 p의 값(1)을 b에 대입하고, 그 값을 하나 증가(2)한다.

008

답 ②

포인터 변수의 크기: 포인터 변수의 크기는 고정된다. 32비트 컴퓨터에서는 32비트이고, 64비트 컴퓨터에서는 64비트이다.

선지분석

① 변수의 주소값: 변수나 포인터의 주소값을 저장할 수 있다.

③ 변수값: 포인터가 가리키는 값을 가져오는 간접 참조 연산자 *를 사용한다.

④ 변수의 주소: 변수의 주소를 계산하는 주소 연산자 &를 사용한다.

⑤ 포인터 변수: 이중 포인터 혹은 포인터 배열을 선언할 수 있다. 3중 포인터, 4중 포인터, N중 포인터도 이론적으로는 가능하나 잘 사용되지 않는다.

009

답 ④

p = a; // p와 a는 운명을 같이한다(p와 a는 동일하다).

- p[1] = 3; // a[1] = 3; // p[1]에 3을 대입하면, a[1]에도 3이 대입된다.
- a[1] = 4; // p[1] = 4; // a[1]에 4를 대입하면, p[1]에도 4가 대입된다.

- p[2] = 5; // a[2] = 5; // p[2]에 5를 대입하면, a[2]에도 5가 대입된다.
- a[1] + p[1] = 8
- a[2] + p[2] = 10

010

답 ④

array1은 두 개의 문자열을 가리키는 포인터 배열이다(이중 배열, 이중 포인터와 동일한 개념이다).
첫 번째 포인터인 array1[0]은 첫 번째 문자열("Good morning")의 시작 주소를 가리킨다.
두 번째 포인터인 array1[1]은 두 번째 문자열("C language")의 시작 주소를 가리킨다.
array1[0] + 5는 첫 번째 문자열에서 6번째 문자인 m의 주소를 나타내고, 이를 %s인 문자열로 출력하면 "morning"이 된다.
array1[1] + 6은 두 번째 문자열에서 7번째 문자인 u의 주소를 나타내고 해당 값(*)을 문자인 %c로 출력하면 'u'가 된다.

011

답 ③

int *pt = num; // pt는 num[0]가 운명을 같이한다(pt는 num의 시작 주소와 같다).
pt++; // pt의 주소가 증가되어 num[1]을 가리키게 된다.
*pt++ = 5; // 일단 num[1] = 5를 넣고, pt의 주소가 증가되어 num[2]를 가리키게 된다.
*pt ++ = 10; // 일단 num[2] = 10을 넣고, pt의 주소가 증가되어 num[3]를 가리키게 된다. pt와 ++가 분리된 것에 현혹되지 않는다. pt++과 pt ++은 같은 것이다.
pt--; // pt의 주소가 감소되어 num[2]를 가리키게 된다.
*pt +++ = 20; // num[2]의 기존 값 10에 20을 더하기 때문에 num[2]는 30이 되고, pt의 주소가 증가되어 num[3]를 가리키게 된다.
그러므로 num[0]은 바뀌지 않아서 1이고, num[1]은 5, num[2]는 30, 마지막으로 num[3]은 바뀌지 않아서 4이다.

012

답 ②

a = px = 20 + 40 = 60; // a는 인수의 주소가 함수로 복사되므로 참조에 의한 호출(call-by-reference)이다. 그러므로 a는 함수 내에서의 연산에 따라 값이 60으로 수정된다.
b = py = 30 + 40 = 70; // b는 인수의 주소가 함수로 복사되므로 참조에 의한 호출(call-by-reference)이다. 그러므로 b는 함수 내에서의 연산에 따라 값이 70으로 수정된다.
c = pc; // c는 인수의 값만이 함수로 복사되므로 값에 의한 호출(call-by-value)이다. 그러므로 c의 값은 변하지 않는다.
d = pd; // d는 인수의 값만이 함수로 복사되므로 값에 의한 호출(call-by-value)이다. 그러므로 d의 값은 변하지 않는다.
TIP 비슷한 문제가 나오면 call-by-value는 함수 호출 후에도 값의 변화가 없으므로 call-by-reference가 변하는지만 보면 된다.

013

답 ①

str // buf의 시작 주소(1의 주소)이다(buf와 str은 운명을 같이한다).
*str++ // 현재 str을 출력하고(1을 출력) 주소를 증가(2의 주소)한다(후위 연산).
*++str // 주소를 증가(3의 주소)하고 ch에 대입한다(전위 연산).
같은 패턴으로 계속 반복한다(결국 주소를 2개 증가하고 출력 : 1 3 5…).

014

답 ②

int a = 10, b = 30;
func(num, &a, b);
b // b는 call-by-value(값에 의한 호출)이므로 호출 후에도 값이 변하지 않는다. 그러므로 출력될 최종 b의 값은 30이다.
&a // a는 call-by-reference(주소에 의한 호출)이므로 호출 후에 값이 변한다. 이때, 함수 내에서 값이 변해 7이 될 수도 있고, 변한 값이 다시 10이 될 수도 있다. 그러므로 아래의 코드 해석 과정을 거쳐야 한다.
num; // num의 시작 주소가 func 함수 내에서 m에게 할당된다. 이 둘은 운명을 같이한다(num과 m은 동일하다).
n = *(m + 1) + (*m + 2); // m은 num 배열의 시작주소이므로 m + 1은 배열의 2번째 요소의 주소를 의미한다. 그러므로 *(m + 1)은 2번째 배열 요소의 값 3이 된다. 그리고 *m은 배열의 첫 번째 요소의 값이므로 1이 된다. 이를 계산하면 6 = 3 + (1 + 2)이 된다.
*x = ++n; // n이 6이고 먼저 증가한 후 대입되므로 x(a와 운명을 같이하는 포인터, x와 a는 동일하다)의 값은 7이 된다.

015

답 ①

a = 5, b = 3, c = 0; // 초기 조건이다.
b = foo(a, &c); // a의 값은 변하지 않고, b와 c의 값은 변한다.
c = 6; return 4; // foo를 실행하면 b는 4가 되고, c는 6이 된다.
c = foo(b, &a); // b의 값은 변하지 않고, a와 c의 값은 변한다.
지문에서 b가 4인 답은 ①밖에 없기 때문에 더 이상 코드를 분석할 필요가 없다.
a = 5; return 3; // foo를 실행하면 a는 5가 되고, c는 3이 된다.
a = 5, b = 4, c = 3 // 최종 결과이다.
TIP 해당 문제는 자주 출제되는 유형으로 call-by-value와 call-by-reference를 묻는 질문이다.

016

답 ④

int (*in)[N]; // 포인터 배열 = 이중 배열
in = (int (*)[N])malloc(N*N*sizeof(int)); // 이중 배열 메모리 할당
out = (int *)in; // out(단일 배열)과 in(이중 배열)은 운명을 같이 한다(out과 in은 같다).
out[i] = i; // out[0] = 0, out[1] = 1, …, out[8] = 8

sum += in[i][i]; // sum = in[0][0] + in[1][1] + in[2][2] = 0 + 4 + 8 = 12

017 답 ④

ptr = array; // array(배열의 시작 주소)와 ptr은 운명을 같이한다.
ptr+3; // ptr은 배열의 시작 주소(100의 주소)이므로 +3을 하면 400의 주소를 가리킨다.
*(ptr+3) + 100; // 400과 100을 더하면 500이 된다.

018 답 ④

score는 배열의 주소이므로 참조에 의한 호출이다.

019 답 ②

ㄴ. *ap는 10을 의미하므로 여기에 1을 더하면 11이 된다.
ㄷ. *ary는 10을 의미하므로 여기에 1을 더하면 11이 된다.

선지분석

ㄱ. ary[1]의 값이 아닌 주소를 의미한다.
ㄹ. *ap를 먼저 출력하고 주소를 하나 증가한다.

020 답 ①

처음 연산에서 x = 90, y = 250이 된다.
중간에 x와 y의 위치가 바뀐다.
두 번째 연산에서 y = 300, x = 80이 된다.

CHAPTER 09 | 구조체

정답 p.142

001	①	002	④

001 답 ①

stu1.link = &stu2; // stu1.link는 stu2의 주소를 가리킨다.
stu2.link = &stu3; // stu2.link는 stu3의 주소를 가리킨다.
stu1.link->link->name // stu1.link는 stu2이므로 stu1.link->link(=stu2->link)는 stu3을 가리킨다. 그러므로 stu1.link->link->name(=stu3->name)은 "Goo"가 된다.
stu1.link->money // stu1.link는 stu2이므로 stu1.link->money (=stu2->money)는 80이 된다.

002 답 ④

char_arr에는 1617181920212223이 저장되지만 int_arr에는 1918171623222120이 저장된다(little endian).
이 중 endian.int_arr[1]은 23222120이고, 이를 16진수로 출력하면 17161514가 된다.

CHAPTER 10 | 문자와 문자열

CHAPTER 11 | 표준 입출력과 파일 입출력

CHAPTER 12 | 자바

정답 p.144

001	③	002	②	003	④	004	③	005	③
006	②	007	③	008	③	009	④	010	③
011	②	012	④	013	②	014	①	015	④
016	④	017	②						

001 답 ③

추상 클래스로는 온전한 클래스가 아니기 때문에 객체를 생성할 수 없다. A, B는 추상 클래스이기 때문에 추상 클래스가 아닌 C가 답이 된다.

002 답 ②

- Node n[] = new Node[100]; // 레퍼런스 배열을 생성한다(C언어에서 2중 포인터(2차원 배열)의 개념과 유사).
- n.length; // 레퍼런스 배열이 생성되면 자동으로 주어진다(C언어에서는 자동으로 주어지지 않음).
- n[i] = new Node(); // 배열의 각 원소 객체를 생성한다(C언어에서 포인터(1차원 배열)의 개념과 유사).

TIP 자바에서 객체 배열을 만드는 방법은 항상 위와 같다.

003 답 ④

객체 생성: 추상 클래스는 온전한 클래스가 아니기 때문에 인스턴스(객체)를 생성할 수 없다.

선지분석

① 상세 클래스: 추상 클래스의 반대이다. 객체를 만들기 위해서 만드는 클래스이다.
② 상속: 추상 클래스는 상속의 용도로 많이 사용된다.

③ 파생 클래스: 추상 클래스의 파생 클래스는 추상 클래스가 될 수 있다.
④ 데이터 멤버: 추상 클래스는 추상 메소드와 데이터 멤버를 포함할 수 있다.

004

답 ③

ⓒ 멤버 변수는 private이기 때문에 접근하는 것은 비정상이다. 만약, 멤버 변수가 public이면 접근할 수 있다.

선지분석

① ㉠ 객체를 생성하는 것은 정상이다. 만약, Person 클래스가 추상 클래스라면 객체를 생성할 수 없다.
② ㉡ 멤버 함수가 public이기 때문에 호출하는 것은 정상이다. 만약, 멤버 함수가 private이면 호출할 수 없다.
④ ㉣ System.out.println(a)는 System.out.println(a.toString())과 동일한데 toString은 public이므로 호출이 가능하다. 만약, toString이 private이면 호출이 불가능하다.

TIP 일반적으로 멤버 함수는 접근할 수 있고, 멤버 변수는 접근할 수 없지만 키워드(public, private)를 꼭 확인하여야 한다.

005

답 ③

- Person obj = new Student("김철수", "으뜸중"); // Student의 생성자가 호출된다.
- super(n); // 명시적으로 슈퍼클래스(Person) 생성자를 호출한다. name에 "김철수"가 할당된다.
- school = s; // school에 "으뜸중"이 할당된다.
- obj.whoRU(); // 슈퍼클래스(Person)의 whoRU()가 호출된다. 그리고 동적 바인딩에 의해 서브클래스(Student)의 whoRU()가 호출된다.

006

답 ②

try 블록은 예외가 발생할 가능성이 있는 문장이 들어간다. 예외를 체크하는 것으로 예외가 발생할 수도 있고 발생하지 않을 수도 있다.

선지분석

① throw는 예외(오류)가 발생했음을 알리는 명령이다. throw 문이 실행되면 명시된 예외클래스의 객체가 생성되고 해당 예외가 발생한다.
③ catch 블록은 예외가 발생했을 때 실행할 문장을 넣는다.
④ finally 블록은 예외 발생 여부와 관계없이 실행 가능하므로 발생한 예외에 대한 처리를 할 수 있다.
⑤ 예외 처리가 이루어지지 않으면 프로그램은 멈춘다. 예를 들어, 0으로 숫자를 나누면 해당 값이 무한대가 되고 더 이상 프로그램을 진행할 수 없다. 그러므로 꼭 예외처리를 해주어야 한다.

007

답 ③

- class Bar extends Foo // Bar는 Foo로부터 상속을 받는다.
- Foo f = new Bar(); // Bar 객체를 만들어 Foo 객체에 대입한다. Bar는 Foo를 상속받았기 때문에 이런 식의 상속이 가능하다. 이때 f에서의 호출은 default로 Foo의 함수를 대상으로 한다(동적 바인딩은 예외이다).
- f.addValue(1); // addValue에 들어간 인자(parameter)가 double이 아니라 int이기 때문에 Foo의 addValue()가 호출된다. 만약, Bar에도 double이 아닌 int를 인자로 받는 함수가 있었다면 동적 바인딩(실행 시간에 호출할 함수를 결정)에 의해 Bar의 addValue()가 호출될 것이다(4 = 3 + 1).
- f.addFive(); // 동일한 원형을 가지는 함수가 Foo와 Bar에 동시에 있으므로, 동적 바인딩을 통해 Bar 객체의 addFive가 사용된다(13 = 8 + 5).

008

답 ③

- 첫 번째 try에서는 에러가 발생하지 않으므로 try 블록의 sum(150)을 출력한다.
- 두 번째 try에서는 에러가 발생한다(a/b = 100/0). 그러므로 catch 블록의 에러("Arithmetic Exception")를 출력한다.

TIP 자바의 예외 처리는 try 블록에서 예외가 발생하면 catch와 finally 블록을 수행하고, try 블록에서 예외가 발생하지 않으면 finally 블록만을 수행한다.

009

답 ④

프로그램의 빈칸은 다음과 같은 유추가 가능하다.
(ㄱ) 스택에 문자열이 삽입: String 클래스를 사용한다.
(ㄴ) 새로운 객체의 생성: new 키워드를 사용한다.
(ㄷ) 상위 클래스의 변수로 하위 클래스의 객체를 가리킬 수 있다(반대의 경우는 불가능): Object라는 최상위 클래스를 사용한다.

010

답 ③

Super s1 = new Super('C'); // Super 클래스의 생성자 Super(char x)가 호출되므로 'C'가 출력된다. Super()는 인자가 없으므로 호출되지 않는다. 생성자 호출 시 매개변수의 유무에 주의하여야 한다.
Super s2 = new Sub('D'); // Sub 클래스의 생성자 Sub(char x)가 호출된다(매개변수의 유무에 주의). Sub(char x)에는 this()가 있는데 이는 자신의 생성자 Sub()를 호출한다(매개 변수의 유무에 주의). Sub()에는 super()가 있는데 이는 자신의 부모 클래스인 Super 클래스의 생성자 Super()를 호출한다(여기서 'A'가 출력된다). super() 후에는 'B'가 출력된다. Sub() 후에는 'D'가 출력된다.
이들을 순서대로 출력하면 "CABD"가 된다.

TIP 해당 프로그램에서 this는 자신의 객체를 나타내고, this()는 자신의 생성자 호출을 나타낸다. 또한 super()는 부모 클래스의 생성자를 호출하는 데 매개변수의 유무에 따라 적절한 부모 클래스의 생성자를 호출하면 된다.

011 답 ②

for 문 조건에 의해 i는 1부터 4까지 증가하는데, 다음의 조건에 의해 1과 3일 때만 주어진 수식이 동작한다.

- if (i % 2) == 0) continue; // i를 2로 나누어서 나머지가 0이면 아래 수식을 수행하지 말고 다시 for 문으로 돌아간다. 그러므로 2, 4는 수식 계산에서 배제된다.
- i = 1; k = k + (i * j++) = 0 + (1*1); // 수식 계산 후 k = 1, j = 2가 된다.
- i = 3; k = k + (i * j++) = 1 + (3*2); // 수식 계산 후 k = 7, j = 3이 된다.

TIP 자바의 형태이지만 결국 C언어 문제이다.

012 답 ④

ClassP P = new ClassA(); // 자식 클래스 객체를 생성해서 부모 클래스에 할당한다. 즉, 자식 클래스의 모든 내용(함수, 변수) 중에 부모 클래스에 해당한 것만 사용하겠다는 의미이다. default로 부모 클래스의 메소드가 호출된다.

P.func1(5, 2) // 처음에 ClassP의 func1이 default로 호출되나 자식 클래스에 함수 원형이 동일한 함수가 존재하여, 실행 시간에 호출을 결정하는 동적 바인딩(다형성 - overriding)의 원리에 의해 ClassA의 func1 실행된다. 즉, 5%2 = 1이 된다.

P.func2(5, 2) // 처음에 ClassP의 func2가 default로 호출되고 ClassA에 원형이 동일한 함수가 없으므로 원래대로 ClassP의 func2가 호출된다. 즉, 5 - 2 = 3이 된다.

P.func3(5, 2) // 처음에 ClassP의 func3이 default로 호출되나 자식 클래스에 함수 원형이 동일한 함수가 존재하여, 실행 시간에 호출을 결정하는 동적 바인딩(다형성 - overriding)의 원리에 의해 ClassA의 func3 실행된다. 즉, 5/2 = 2가 된다. 2.5가 아닌 이유는 반환형이 int가 되어 소수점이 버려지기 때문이다.

013 답 ②

자바처럼 보이지만 C언어를 알면 풀 수 있는 문제이다.

반복문에서 continue는 현재의 반복을 중단하고 다음 반복을 시작하게 한다.

반복문에서 break는 반복 루프를 빠져 나오는데 사용된다(자신과 가까운 반복문 하나만 빠져나온다).

선지분석

① goto: 프로그램을 원하는 위치로 이동한다(난독화에 사용한다).

③ final: 상수를 표현하거나 overriding을 막는다(자바에서 사용한다).

④ return: 함수의 실행을 종료하고 호출한 함수로 제어를 반환한다.

014 답 ①

- A obj = new C(); // 자식 객체를 생성해서 부모 객체가 받음(default로 부모 객체의 메소드 호출) (자식은 부모를 포함하기 때문에 해당 관계로 성립한다)
- obj.f(); // 원래 A.f()가 호출되어야 하나 동적 바인딩(실행 시간에 호출 결정)으로 인해 B.f()가 호출(다형성의 overriding 개념이다)
- obj.g(); // 메소드가 static인 경우에는 동적 바인딩이 적용되지 않는다. static은 클래스를 통해 1개만 존재하기 때문이다(상속이 무의미하다).

015 답 ④

오버로딩은 한 클래스 내 또는 상속 관계에서 한 클래스 내에 동일한 이름의 메소드가 여러 개 있고 그 매소드들의 원형이 다른 것을 의미한다.

선지분석

① 상속을 금지시키는 키워드는 final이고, this는 자기 자신의 객체를 나타낸다.

② 인터페이스는 추상 클래스와 마찬가지로 추상 메소드를 포함할 수 있다.

③ 오버라이딩은 재정의되는 메소드의 매개변수 개수와 자료형 등이 완전히 같은 것을 의미한다.

016 답 ④

- x // public 이므로 어디에서든 접근이 가능하다.
- z, a // protected 이므로 자식 클래스에서 접근이 가능하다.
- q // private는 자신의 클래스에서 접근이 가능하다.

선지분석

① z, a가 없다.

②, ③, ⑤ 부모 클래스의 private인 y는 자식 클래스에서 접근할 수 없다.

017 답 ②

1부터 10까지의 수 중 2와 5로 나눠지지 않는 수이므로 1, 3, 7, 9가 남고 이를 더해주면 된다.

CHAPTER 13 | 언어 종류

정답 p.151

001	②	002	①	003	⑤	004	①	005	③
006	③								

001 답 ②

Java: 자바는 다중 상속과 포인터를 지원하지 않는다(C++에서는 지원한다). 자바는 단일 상속과 레퍼런스라는 개념을 지원한다. 레퍼런스는 포인터보다 조금 넓은 의미의 개념이다.

선지분석

① C#: 모든 것을 객체로 취급하는 컴포넌트 프로그래밍언어이다(닷넷 프레임워크에서 사용). 이 프로그래밍언어를 사용하면 대대적인 개정 없이도 하나 이상의 OS(운영체제)에서 사용될 수 있는 응용프로그램들을 만들어낼 수가 있다. .NET(닷넷) framework는 웹 개발과 응용 프로그램의 개발을 분리하지 말자는 개념에서 나온 것이다.

③ 스크립트 언어: 컴퓨터 프로그래밍 언어로서 따로 컴파일 과정이 필요 없고 응용 소프트웨어를 제어한다. 응용 프로그램과 독립하여 사용되고 일반적으로 응용 프로그램의 언어와 다른 언어로 사용되어 최종사용자가 응용 프로그램의 동작을 사용자의 요구에 맞게 수행할 수 있도록 해준다.

④ C++: C의 대부분의 특징을 포함하고 있으므로 시스템 프로그래밍에 적합할 뿐만 아니라 클래스, 연산자 중복(오버로딩), 가상 함수 등과 같은 특징을 갖추고 있어 객체 지향 프로그래밍에 적합하다.

002 답 ①

LISP: 인공지능지향의 프로그램언어로 리스트형식으로 된 데이터를 처리하도록 설계된 프로그래밍 언어이다. 해당 언어는 객체지향 특성을 가지지 않는다.

선지분석

②, ③, ④ 객체지향: 시뮬라 67, 스몰토크, 비주얼 베이직 닷넷, 오브젝티브-C, C++, C#, 자바, 객체지향 파스칼, 델파이, 파이썬, 펄, 루비, 액션스크립트, ASP, 스위프트 등

003 답 ⑤

HTML 내에 자바 코드를 삽입하여 웹 서버에서 동적으로 웹 페이지를 생성하여 웹 브라우저에 돌려주는 언어이다.

선지분석

① 서버에서 동작하도록 만들어진 스크립트이다.

② 리눅스나 유닉스에도 동작한다.

③ 서블릿(자바를 사용하여 웹페이지를 동적으로 생성하는 서버측 프로그램 혹은 그 사양) 기술과 같이 사용된다.

④ 동적으로 웹 페이지를 생성한다.

004 답 ①

어셈블리어는 원래 중간(중급)언어(인간이 중간 정도 이해할 수 있는 언어)인데 해당 문제에서는 저급언어(인간이 보고 이해할 수 없는 언어)로 보고 있다. 즉, 어셈블리어에 대해서는 2가지 견해가 존재하고 공무원 시험에서는 저급언어로 보고 있다.

선지분석

② 자바는 가전제품 제어를 위해 1990년대에 개발된 고급언어(인간이 보고 이해할 수 있는 언어)이다.

③ 코볼은 사무처리 위주의 언어를 위해 1960년대에 개발된 고급언어이다.

④ 포트란은 수식 계산을 위해 1960년대에 개발된 고급언어이다.

005 답 ③

Kotlin은 JVM에서 동작하는 프로그래밍 언어이고, 2011년 7월, 젯브레인사가 공개하였다. 코틀린은 2019년 5월 7일 이후로 구글의 안드로이드 앱 개발에서 선호하는 언어(공식 개발 언어)가 되었다.

선지분석

① C#은 기존 언어들의 장점을 결합한 마이크로소프트 닷넷 프레임워크를 지원하는 객체지향 언어이다.

② Python은 인터프리터 방식의 객체지향 언어이고 동적 타이핑 기능을 지원한다.

④ Java는 컴파일된 프로그램(자바 바이트코드)이 JVM 상에서 인터프리터 방식으로 실행되므로 플랫폼 독립적이다.

> **동적 타이핑(dynamic typing)**
>
> 자료형 검사의 대부분이 컴파일 타임이 아닌 실행 시간에 수행될 경우에 사용한다. 값은 자료형을 가지고 있지만 변수는 그렇지 않다. 즉, 변수는 모든 자료형의 값을 가질 수 있다. 동적으로 정형된 언어는 일반적으로 모든 런타임 개체가 자료형 정보를 함께 갖고 있다. 이런 런타임 자료형 정보는 함수 오버로딩, 동적 디스패치, 게으른 바인딩, 다운캐스팅 등에도 사용될 수 있다.

006 답 ③

ㄴ. 인터리프트 방식으로 플랫폼에 독립적이다.

ㄷ. 객체지향 언어이다.

선지분석

ㄱ. 동적 타이핑 기능이 있어 데이터형을 지정하지 않아도 된다.

CHAPTER 14 | 그 외

정답 p.153

001	④	002	②	003	①	004	③	005	①
006	①	007	②	008	③	009	④		

001 답 ④

문맥 자유 언어: 유한 오토마타(컴퓨터 프로그램과 전자 논리 회로 설계에 사용, 유한한 개수의 상태를 가지며 한 번에 오직 하나의 상태만을 가짐)는 정규 언어(정규 표현식을 이용하여 표현할 수 있는 형식 언어(특정한 법칙들에 따라 적절하게 구성된 문자열들의 집합))를 인식하고, push-down 오토마타(컴퓨터 과학에서 스택을 사용하여 어떤 작업이 한 요인 때문에 정지될 시 그 요인을 음식점의 식기 분출 기계처럼 밀어내리는 역할을 함)가 문맥 자유 언어(문법과 의미를 서로 분리시켜 구문을 형식화시킴, 프로그래밍 언어 또는 통신 프로토콜의 구문 문법(여러 문법 이론과 모형을 포괄하는 명칭)에 사용됨)를 인식한다.

(선지분석)

① 다음 상태 선택: DFA(결정적 유한 오토마타)는 다음 상태가 결정되어 있지만, NFA(비결정적 유한 오토마타)는 다음 상태를 선택할 수 있다.
② 상태 전이: DFA는 입력에 유관하지만, NFA는 입력에 무관하다.
③ 변환: DFA와 NFA는 서로 변환이 가능하다.

TIP 오토마타(automata)는 컴퓨터 구조, 컴파일러 설계 등의 중요한 요소이다.

002 답 ②

00: 주어진 문법으로는 생성할 수 없다.

(선지분석)

① 0: S1 → 0
③ 01: S1 → 0S2, S2 → 1
④ 001: S1 → 0S2, S2 → 0S2, S2 → 1

TIP 해당 문제는 컴파일러에서 사용하는 형식 언어를 나타낸다.

003 답 ①

일반적인 프로그램의 순서는 다음과 같다.

- 변수 선언: int age1, age2, result;
- 사용자 입력을 요청하는 출력: printf("철수와 영희의 나이를 입력하세요 :");
- 사용자 입력: scanf("%d%d", &age1, &age2);
- 사용자 입력을 이용한 계산: result = age1 + age2;
- 최종 출력: printf("나이의 합은 %d살입니다.\n", result);

TIP 해당 문제뿐만 아니라 대부분의 프로그램의 순서는 비슷한 패턴을 가진다.

004 답 ③

나시 - 슈나이더만 차트는 사각형 박스로 선택, 조건, 반복의 구조적 흐름을 표현한다. 장점은 표준화가 가능하다는 점이고, 단점은 알고리즘이 복잡하면 수직적으로 확장한다는 것이다.

005 답 ①

- Student::print(); // A(2), C(4)에서 _cnt++가 동작하여 2를 출력한다. D(-5)는 0보다 크지 않으므로 _cnt++가 동작하지 않는다(B와 E도 0이므로 _cnt++가 동작하지 않는다).
- E.printID(); // _id가 0으로 초기화되고, ++_id에 의해 1이 출력된다.

006 답 ①

(가) self를 이용하여 sum을 호출한다.
(나) Student 객체가 std 변수에 저장되었으므로 std를 사용한다.
(다) to는 std에 저장된 객체 중에 하나이므로 to를 이용하여 id와 avg를 호출한다.

007 답 ②

_는 변수로 사용되고, student_score[_] >= 90:에서 에러가 발생한다. 예를 들어, student_score[0]은 문자열 '92'이고, 이를 정수 90과 비교한다. 에러가 발생하여 except: student_grade.append('F')가 실행된다(4번 반복). i는 에러로 인해 증가하지 않았으므로 0이고, student_list[0]은 A, student_grade[0]은 F를 출력하게 된다.

008 답 ③

a.append(3): 3을 추가하는데 중복을 허용한다. a = [1, 3, 5, 7, 3]
b.add(3): 3을 추가하는데 중복을 허용하지 않는다. b = {1, 3, 5, 7}

009 답 ④

len(val)은 12이고, 인덱스 2부터 3개씩 건너뛰면서 더하는 것이다. 즉, 3, 6, 9, 12를 더한다.

PART 6 자료구조

CHAPTER 01 | 자료구조와 알고리즘

정답 p.158

001	③	002	④	003	④	004	②	005	①

001 답 ③

- m = 104, n = 39 // 문제의 주어진 조건이다. n이 0이 아니므로 아래로 진행한다.
- t = 104 % 39 = 26, m = 39, n = 26 // t, m, n이 수정된다. n이 0이 아니므로 아래로 진행한다.
- t = 39 % 26 = 13, m = 26, n = 13 // t, m, n이 수정된다. n이 0이 아니므로 아래로 진행한다.
- t = 26 % 13 = 0, m = 13, n = 0 // t, m, n이 수정된다. n이 0이 종료하고 m을 출력한다.

002 답 ④

ㄱ. 큐: FIFO의 특성을 가진다.
ㄴ. 스택: LIFO의 특성을 가진다.
ㄷ. 연결리스트: 임의의 위치에 삽입 및 제거할 수 있다.

003 답 ④

- 실행 시간은 다음과 같이 계산이 가능하다.
  calc(n) // n번 연산이 수행된다고 가정하자(for 문에서 발생하는 연산만 계산해 포함).
  calc(n − 1) // n − 1번 연산이 수행된다고 가정하자.
  …
  cal(1) // 1번 연산이 수행된다고 가정하자.
- 이들의 연산을 모두 더하면 다음과 같다.
  $n + (n - 1) + (n - 2) + ... + 1 = n(n + 1)/2 = (n^2 + n)/2$
  빅오에서는 최고차 항만을 고려하므로 $O(n^2)$이 된다.

004 답 ②

알고리즘의 단계는 순서가 정해져 있다.

005 답 ①

두 번째 for문은 500만큼만 반복하기 때문에 상수이다. 그러므로 θ(n)이다.

CHAPTER 02 | 순환(Recursion)

정답 p.159

001	③	002	③	003	①	004	④	005	⑤
006	④	007	④	008	①	009	①	010	③
011	④	012	①	013	②	014	④	015	④

001 답 ③

i를 2로 나눠서 나머지가 1인 경우에만 printf()를 출력하므로 다음과 같은 순서로 출력된다.

- i = 5 → func(5): ? // ?를 한 이유는 굳이 계산할 필요가 없기 때문이다.
- i = 3 → func(3): ? // ?를 한 이유는 굳이 계산할 필요가 없기 때문이다.
- = 1 → func(1): 1 // 우리의 관심사인 세 번째 줄에 출력되는 문장이다.

TIP 전체의 코드를 모두 돌려볼 필요가 없이 문제의 조건에 맞는 코드만 살펴보면 된다.

002 답 ③

recur(3, 2): 3 * recur(2, 3) + recur(2, 2) = 33 + 8 = 41
recur(2, 3): 2 * recur(1, 4) + recur(1, 3) = 8 + 3 = 11
recur(2, 2): 2 * recur(1, 3) + recur(1, 2) = 6 + 2 = 8

TIP 순환 호출의 경우에는 종료 조건(a <= 1)을 잘 보아야 한다.

003 답 ①

해당 코드는 피보나치 수열을 반복을 이용해서 구현한 것이다(자료구조의 순환 부분에 나오는 대표적인 코드). 원래는 순환을 이용해서 구현해야 하나 피보나치 수열의 경우에는 순환보다 반복이 더 효율적이다.

초기 조건: current = 1, last = 0
i = 2, current = 1, last = 1 // 전단계의 current와 last를 더하면 현재의 current가 되고, 전단계의 current가 현재의 last가 된다.
i = 3, current = 2, last = 1
i = 4, current = 3, last = 2
i = 5, current = 5, last = 3

TIP i = 2에서 코드의 패턴을 파악하면 더 이상 코드 없이 기계적으로 계산하면 된다. 그리고 해당 코드가 피보나치 수열 계산 코드라는 것을 미리 알고 있었다면 코드를 볼 필요 없이 계산이 가능하다.

004

답 ④

문제가 주어졌을 때 해당 코드의 패턴(무엇을 하려고 하는 것인지?)을 파악해야 한다. 해당 코드의 패턴은 재귀함수를 이용해서 주어진 숫자의 합을 계산하는 문제이다.

sum(data, size) // size 크기의 data 배열의 합을 구하는 함수이다.

*data // data가 포인터이기 때문에 *data는 현재 data 배열 요소 값이다.

sum(data + 1, dsize – 1) // 현재 data의 다음 요소와 크기를 하나 감소시켜 합을 구하고 이를 재귀함수를 통해 반복하면 된다.

TIP 코드는 눈으로 읽히는 것이 아니라 손으로 익히는 것이다. 무료 컴파일러(dev-c++)를 설치하고 코드를 한번 실행하면 눈으로 이해한 것 보다 훨씬 많은 것을 이해할 수 있을 것이다.

005

답 ⑤

호출을 그림으로 표현하면 다음과 같다. 그림을 통해 알 수 있듯이 15번의 fib() 함수 호출이 발생함을 알 수 있다.

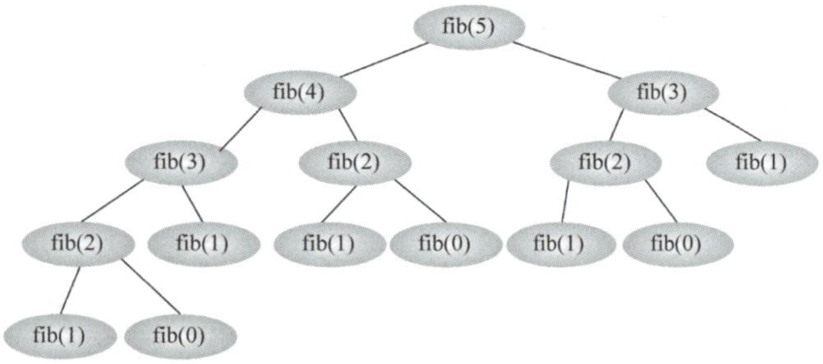

TIP 프로그램의 패턴을 파악하면 기계적으로 함수 호출 횟수를 계산할 수 있다. 부가 설명을 하자면 해당 코드는 피보나치 수열을 순환 호출로 계산했을 때의 단점을 보여준다. 왜냐하면 함수들이 중복해서 호출되기 때문이다. 피보나치 수열의 경우에는 순환 호출보다 반복(해당 문제도 출제)을 통해서 푸는 것이 좋다.

006

답 ④

func(120, 180); // func를 호출한다. func는 순환호출(재귀함수)이므로 종료 조건과 호출 조건을 잘 파악한다.

temp = 120 % 180; func(180, 120); // 120 % 180은 180으로 나눈 나머지를 의미하므로 120이 되고, func을 다시 호출한다.

temp = 180 % 120; func(120, 60); // 180 % 120은 120으로 나눈 나머지를 의미하므로 60이 되고, func을 다시 호출한다.

temp = 120 % 60; func(60, 0); // 120 % 60은 60으로 나눈 나머지를 의미하므로 0이 되고, func를 다시 호출한다.

return 60; // 호출했을 때 b가 0이므로 종료 조건에 해당되어, 더 이상 순환호출을 하지 않고 a(60)를 반환한다.

007

답 ④

func(0) = 0
func(1) = 1
func(2) = func(1) + func(0) = 1
func(3) = func(2) + func(1) = 2
func(4) = func(3) + func(2) = 3
func(5) = func(4) + func(3) = 5
func(6) = func(5) + func(4) = 8
result = func(0) + func(1) + func(2) + func(3) + func(4) + func(5) + func(6) = 20

008

답 ①

my(5, 14); // i = 4, j = 10을 출력하고 my(4, 10)을 호출한다.
my(4, 10); // i = 3, j = 7을 출력하고 my(3, 7)을 호출한다.
my(3, 7); // i = 2, j = 5를 출력하고 my(2, 5)를 호출한다.
my(2, 5); // 2는 3보다 작으므로 순환 호출을 종료한다.
① 4번의 순환 호출 과정에서 1을 출력되지 않는다.

(선지분석)

② my(4, 10)에서 출력한다.
③ my(3, 7)에서 출력한다.
④ my(4, 10)에서 출력한다.

009

답 ①

recursion(16); // recursion(16)을 호출한다.

return 16 + recursion(15); // if (n%5 == 1)을 만족하기 때문에 16을 리턴하고 recursion(15)를 호출한다.

recursion(15); -> 14 -> 13 -> 12 -> 11 // if (n%5 == 1)을 만족하지 않기 때문에 recursion(14), recursion(13), recursion(12), recursion(11)을 차례대로 호출한다.

return 11 + recursion(10); // if (n%5 == 1)을 만족하기 때문에 11을 리턴하고 recursion(10)을 호출한다.

recursion(10); -> 9 -> 8 -> 7 -> 6 // if (n%5 == 1)을 만족하지 않기 때문에 recursion(9), recursion(8), recursion(7), recursion(6)을 차례대로 호출한다.

return 6 + recursion(5); // if (n%5 == 1)을 만족하기 때문에 6을 리턴하고 recursion(5)를 호출한다.

recursion(5); -> 4 // f (n%5 == 1)을 만족하지 않기 때문에 recursion(4)를 호출한다.

return 1; // if (n < 5)를 만족하기 때문에 1을 리턴한다.

n = 16 + 11 + 6 + 1 = 34; // 리턴된 값들을 더하면 34가 된다.

TIP 순환 호출(재귀 함수)은 자주 출제되는 문제이다. 일단, 순환 호출의 개념과 종료 조건 파악이 중요하며 규칙성을 찾는 것이 매우 중요하다.

010 답 ③

n > 0 // 주어진 n을 감소시킬 것이기 때문에 0보다 크다는 조건을 가진다.
f = f * n--; // n을 하나씩 감소하면서 자신과 곱해주는 연산을 수행한다.

011 답 ④

fun(5) // 5를 출력한다.
fun(2) // 2를 출력한다. 종료 조건에 의해 더 이상 출력하지 않는다(1을 반환).
fun(3) // 3을 출력한다.
fun(0) // 0을 출력한다. 종료 조건에 의해 더 이상 출력하지 않는다(1을 반환).
fun(1) // 1을 출력한다. 종료 조건에 의해 더 이상 출력하지 않는다(1을 반환).
main 함수의 printf // 3을 출력한다. fun(5)에서 3이 반환된다.

012 답 ①

다음과 같은 순서로 호출된다.
gcd(30, 24) → gcd(24, 6) → gcd(6, 0)

013 답 ②

funa(5); // 5 + funa(3); // 3 + funa(1); // return 1; // 9
funa(6); // 6 + funa(4); // 4 + funa(2); // 2 + funa(0); // return 0; // 12

014 답 ④

recursive의 printf에서는 4번 출력한다.
- recursive(5) = recursive(4) + recursive(3); // 8을 출력한다. (네번째로 출력)
- recursive(4) = recursive(3) + recursive(2); // 5를 출력한다. (두번째로 출력)
- recursive(3) = recursive(2) + recursive(1); // 3을 출력한다. (첫번째로 출력)
- recursive(3) = recursive(2) + recursive(1); // 3을 출력한다. (세번째로 출력)

main의 printf에서는 마지막으로 1번 출력한다(8을 출력).

015 답 ④

repeat(3, 6) → repeat(6, 3) → repeat(12, 1)+6 → repeat(24, 0)+12 → return 24
42 = 24 + 12 + 6

CHAPTER 03 | 배열, 구조체, 포인터

CHAPTER 04 | 연결리스트(Linked List)

정답

p.164

001	②	002	④	003	②	004	⑤	005	①

001 답 ②

newNode->link = preNode->link // newNode->link는 오른쪽 노드에 연결되어야 하는데 그 정보를 가지고 있는 노드가 preNode->link이다. 그래서 newNode->link에 preNode->link를 연결한다.
preNode->link = newNode // preNode->link는 새로운 노드인 newNode에 연결해야 한다.

002 답 ④

A의 next에 A의 next의 next인 C를 연결한다(여기까지는 정상적인 코드이나 A의 next가 C로 변경되었다). A의 next는 C로 바뀌었기 때문에 A의 next의 next(즉, C의 next)는 NULL이 되기 때문에 에러가 발생하게 된다.

선지분석

노드 B를 삭제하면 노드 A와 노드 C를 연결해주면 된다.
① A의 next에 C를 연결하고, C의 prev에 A를 연결하면 A와 C를 연결하게 된다.
② A의 next에 B의 next인 C를 연결하고, C의 prev에 B의 prev인 A를 연결하면 A와 C를 연결하게 된다.
③ B의 prev인 A의 next에 B의 next인 C를 연결하고, B의 next인 C의 prev에 B의 prev인 A를 연결하면 A와 C를 연결하게 된다.

003 답 ②

tmp.link = first.link; // tmp.link가 second를 가리켜야 하는데 해당 정보를 first.link가 가지고 있다.
first.link = &tmp; // first 다음에 tmp가 삽입되었으므로 first.link는 tmp를 가리켜야 한다.

004 답 ⑤

new.link ← pre.link;: new.link는 pre의 다음 노드를 가리켜야 하는데 해당 정보를 pre.link가 가지고 있다.
pre.link ← new;: pre.link는 중간에 삽입된 new를 가리킨다.

005

답 ①

옳은 지문이다.

선지분석

②, ③ 단순 연결 리스트에 해당한다.
④ 헤드가 마지막 노드를 가리키므로 연산이 효율적이다.

CHAPTER 05 | 스택(Stack)

정답

p.166

001	③	002	①	003	③	004	②	005	②
006	①	007	①	008	④	009	①	010	①
011	④	012	①	013	④	014	④	015	⑤
016	②	017	③	018	②	019	①	020	④

001

답 ③

전위(prefix)를 중위(infix)로 바꾸는 방법은 다음과 같다. 앞에서부터 연산자, 변수, 변수 순으로 된 것을 찾아 연산자를 변수와 변수 사이로 옮긴다.
+ * A B / C D → + * A B (C / D) → + (A * B) (C / D) → (A * B) + (C / D)

TIP 전위(prefix), 중위(infix), 후위(postfix)를 서로 간에 교환하는 방식은 6가지가 존재한다. 2014년 이후로 4가지가 시험 문제에 나왔고, 2가지(전위 → 후위, 중위 → 전위)가 아직 시험 문제에 나오지 않았다. 자주 나오는 문제이므로 꼭 숙지를 해두어야 한다.

002

답 ①

스택: 후입선출(LIFO; Last-In First-Out) 선형 구조로서 가장 최근에 들어온 데이터가 가장 먼저 나간다.

선지분석

② 큐: 선입선출(FIFO; First-In First-Out) 선형 구조로서 먼저 들어온 데이터가 먼저 나간다.
③ 트리: 계층적인 구조를 나타내는 비선형 구조로 부모 - 자식 관계의 노드들로 이루어진다.
④ 그래프: 연결되어 있는 객체 간의 관계를 표현하는 비선형 구조로 가장 일반적인 형태이다.

003

답 ③

D, A, B, C: D를 꺼냈다는 것은 모든 데이터가 들어가 있다는 의미이다. D 다음에 C는 꺼낼 수 있는데 A는 꺼낼 수 없다.

선지분석

① D, C, B, A: A, B, C, D를 삽입하고 차례로 꺼낸다.
② A, D, C, B: A를 삽입하고 A를 꺼낸다. B, C, D를 삽입하고 차례로 꺼낸다.
④ A, B, C, D: A를 삽입하고 A를 꺼낸다. B를 삽입하고 B를 꺼낸다. C를 삽입하고 C를 꺼낸다. D를 삽입하고 D를 꺼낸다.
⑤ A, B, D, C: A를 삽입하고 A를 꺼낸다. B를 삽입하고 B를 꺼낸다. C, D를 삽입하고 차례로 꺼낸다.

TIP Stack은 LIFO(Last-In First-Out) 구조이다.

004

답 ②

후위를 중위로 바꾸는 것을 스택을 이용하여 풀면 다음과 같다. 피연산자가 나오면 스택에 집어넣고(push), 연산자가 나오면 스택에서 최상위 두 개를 꺼내(pop) 연산을 수행 후 다시 스택에 집어넣는다(push). 여기서 첫 번째 피연산자와 두 번째 피연산자의 순서에 주의한다.

							F			
		C				E	E	E+F		
	B	B	B-C		D	D	D	D	D* (E+F)	
A	A	A	A	A/ (B-C)	A/ (B-C)	A/ (B-C)	A/ (B-C)	A/ (B-C)	A/ (B-C)	A/(B-C) +D*(E+F)

TIP 전위(prefix), 중위(infix), 후위(postfix)를 서로 간에 교환하는 방식은 6가지가 존재한다. 4가지 시험 문제에 나왔고, 2가지(전위 → 후위, 중위 → 전위)가 아직 시험 문제에 나오지 않았다. 자주 나오는 문제이므로 꼭 숙지를 해두어야 한다.

005

답 ②

int top = -1; 이라는 조건은 top이 최상위 데이터를 가리킨다는 것이다. 그러므로 스택에 데이터를 넣으려면(push) top을 하나 증가시키고(++top) 데이터를 넣어야 하고, 스택에서 데이터를 빼려면(pop) 일단 빼내고 나중에 top을 하나 감소시킨다(top--).

TIP 만약 초기 조건이 int top = 0; 라면 top이 최상위 데이터의 바로 위의 데이터를 가리킨다는 것이다. 그러므로 스택에 데이터를 넣으려면(push) 일단 넣고 나중에 top을 하나 증가시키고(top++), 스택에서 데이터를 빼려면(pop) top을 하나 감소시키고(--top) 나중에 뺀다.

006

답 ①

주어진 조건을 스택을 이용해서 계산하면 다음과 같다. 27, 3, 3 오퍼랜드를 순서대로 스택에 쌓는다(push). ^ 연산자를 만나면 스택의 최상위 오퍼랜드 2개(3, 3)를 꺼내(pop) 계산한 후 다시 스택에 집어넣는다(push). / 연산자를 만나면 스택의 최상위 오퍼랜드 2개(27, 27)를 꺼내(pop) 계산한 후 다시 스택에 집어넣는다(push). 2, 3 오퍼랜드를 순서대로 스택에 쌓는다(push). * 연산자를 만나면 스택의 최상위 오퍼랜드 2개(2, 3)를 꺼내(pop) 계산한 후 다시 스택에 집어넣는다(push). * 계산이 되고 난 후 스택의 top에는 6이 있고, top-1에는 1이 있다.

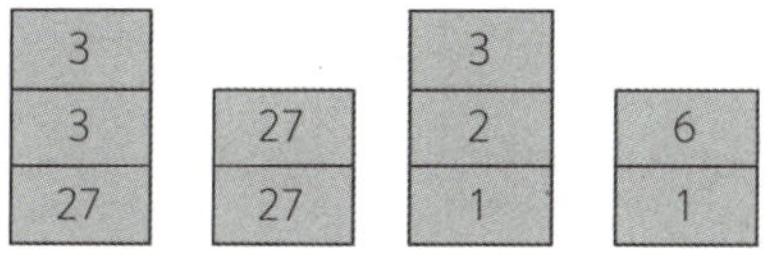

007

답 ①

중위표기식을 후위표기식으로 바꾸는 방법은 다음과 같다.

- 피연산자를 만나면 그대로 출력한다.
- 연산자를 만나면 스택에 저장했다가 스택보다 우선 순위가 같거나 낮은 연산자가 나오면 그때 출력한다.
- 왼쪽 괄호는 우선순위가 가장 낮은 연산자로 취급한다.
- 오른쪽 괄호가 나오면 스택에서 왼쪽 괄호위에 쌓여있는 모든 연산자를 출력한다.

해당 방법을 기반으로 중위를 후위로 바꾸면 다음과 같다.
(를 스택에 넣는다.
8을 출력한다(출력: 8).
(보다 우선순위가 높으므로 -를 스택에 넣는다.
2를 출력한다(출력: 8 2).
-보다 우선순위가 높으므로 *를 스택에 넣는다.
3을 출력한다(출력: 8 2 3).
)가 나왔으므로 스택에서 (위에 쌓여있는 모든 연산자를 출력한다(출력: 8 2 3 * -).
/를 스택에 넣는다.
2를 출력한다(출력: 8 2 3 * - 2).
+보다 /의 우선순위가 높으므로 /를 출력하고 +를 스택에 저장한다(출력: 8 2 3 * - 2 /).
6을 출력한다(출력: 8 2 3 * - 2 / 6).
+보다 우선순위가 높으므로 *를 스택에 넣는다.
3을 출력한다(출력: 8 2 3 * - 2 / 6 3).
/와 *의 우선순위가 동일하므로 *를 출력하고 /를 스택에 저장한다(출력: 8 2 3 * - 2 / 6 3 *).
2를 출력한다(출력: 8 2 3 * - 2 / 6 3 * 2).
수식의 끝이므로 스택에 남아 있는 연산자를 출력한다(출력: 8 2 3 * - 2 / 6 3 * 2 / +).

008

답 ④

후위를 전위로 바꾸는 과정은 다음과 같다.

- 수식의 앞에서부터 뒤로 읽어 들인다.
- 피연산자는 스택에 push한다.
- 연산자이면 스택에서 pop을 두 번하여 연결한다. 첫 번째 pop는 피연산자A이고, 두 번째 pop는 피연산자B라고 하면, 순서는 "연산자 - 피연산자B - 피연산자A"이다. 결과를 스택에 push한다.
- 위의 과정을 입력스트링이 끝날 때까지 반복한다.

적용 결과를 그림으로 나타내면 다음과 같다.

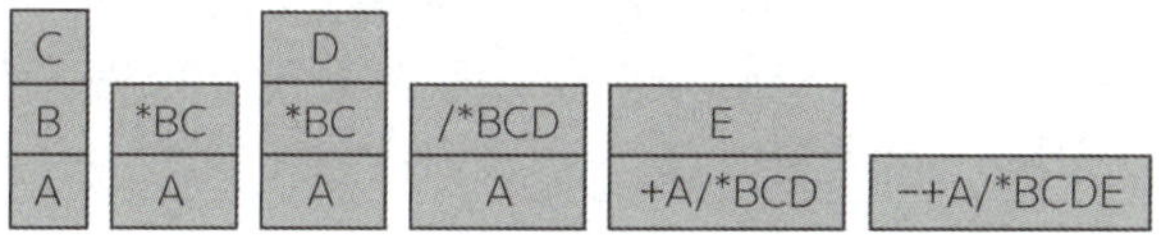

009

답 ①

스택 또는 큐는 임의의 위치에서 데이터의 삽입과 삭제가 불가능하다(위치가 정해짐). 임의의 위치에서 데이터의 삽입과 삭제가 가능한 것은 연결 리스트이다.

선지분석

② 배열 또는 연결 리스트를 사용하여 구현할 수 있다.
③ push 연산에 의해 데이터를 삽입하고, pop 연산에 의해 데이터를 삭제한다(push, pop은 스택의 ADT(추상 데이터 타입)에 해당).
④ 스택은 LIFO 구조를 가진다.

010

답 ①

후위 표기 수식은 스택을 이용하여 다음과 같은 계산이 가능하다.
*: 스택에서 3, 2를 꺼내 곱한 후 다시 스택에 넣는다.
4: 스택에 넣는다.
*: 스택에서 4, 6을 꺼내 곱한 후 다시 스택에 넣는다.
5: 스택에 넣는다.
+: 스택에서 5, 24를 꺼내 더한 후 다시 스택에 넣는다.
6: 스택에 넣는다.
+: 스택에서 6과 29를 꺼내 더한 후 다시 스택에 넣는다.

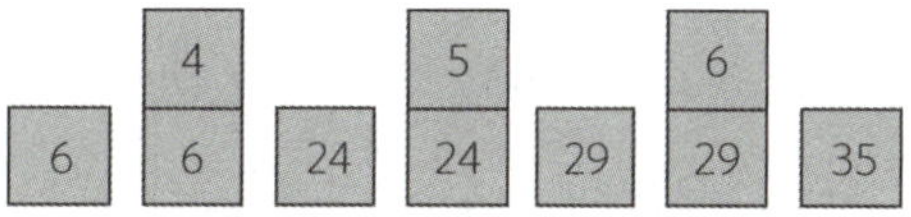

011

답 ④

중위표기식을 후위표기식으로 바꾸는 방법은 다음과 같다.

- 피연산자를 만나면 그대로 출력한다.
- 연산자를 만나면 스택에 저장했다가 스택보다 우선 순위가 같거나 낮은 연산자가 나오면 그때 출력한다.
- 왼쪽 괄호는 우선순위가 가장 낮은 연산자로 취급한다.
- 오른쪽 괄호가 나오면 스택에서 왼쪽 괄호위에 쌓여있는 모든 연산자를 출력한다.

해당 방법을 기반으로 중위를 후위로 바꾸면 다음과 같다.
a를 출력한다. 출력: a
+를 스택에 push한다. 출력: a
(를 스택에 넣는다. 출력: a
b를 출력한다. 출력: ab
*를 스택에 push한다. 출력: ab
c를 출력한다. 출력: abc
-와 스택의 최상위인 *를 비교한다. *의 우선순위가 높으므로 출력하고 -는 push한다. 출력: abc* → ② 혹은 ④번이 답임을 알 수 있다.
d를 출력한다. 출력: abc*d
)는 (위의 모든 연산자를 출력한다. 출력: abc*d- → 해당 결과로 ④가 답임을 알았으므로 더 이상의 진행은 무의미하다.

012 답 ①

후위 표기법을 전위 표기법으로 바꾸는 방법은 다음과 같다.
- 오퍼랜드를 만나면 스택에 push한다.
- 연산자(op를 만나면 스택에서 2개(s1, s2)의 오퍼랜드를 꺼내고 op s1 s2로 만들어 스택에 push한다(순서에 주의한다. 스택 상에서 s1이 s2 아래에 있다).
- 수식의 끝까지 반복한다.

이를 기준으로 주어진 조건을 후위 표기식에서 전위 표기식으로 바꾸면 다음과 같다.
- 오퍼랜드 A, B, C를 스택에 push한다.
- 연산자(+)를 만나면 스택에서 최상위 오퍼랜드 2개(B, C)를 꺼내 +BC로 만들어서 스택에 push한다.
- 이와 동일한 방법으로 수식의 끝까지 하게 되면 마지막 결과가 나오게 된다.

				F			
C	D		E	B	*BF		
B	+BC	/+BCD	A	+AE	+AE	/+AE*BF	
A	A	A	-A/+BCD	-A/+BCD	-A/+BCD	-A/+BCD	-A/+BCD/+AE*BF

013 답 ④

전위(prefix) 표기식을 중위(infix) 표기식으로 바꾸면서 계산을 수행한다.
Prefix → infix: 앞에서부터 연산자, 변수, 변수 순으로 된 것을 찾아 연산자를 변수와 변수 사이로 옮긴다.
$+-54 \times 47$
$+-544 \times 7$ // 4×7은 변수가 된다.
$+5-44 \times 7$ // $5-4$는 변수가 된다.
$(5-4)+(4 \times 7)=29$

TIP Prefix ↔ infix ↔ postfix: 6개 조합에서 2개(prefix → postfix, infix → prefix)가 시험 문제 미출제 되었으므로 이를 확인해 두는 것 좋다.

014 답 ④

int top = -1; 이라는 조건은 top이 최상위 데이터를 가리킨다는 것이다. 그러므로 스택에 데이터를 넣으려면(push) top을 하나 증가시키고(++top) 데이터를 넣어야 하고, 스택에서 데이터를 빼려면(pop) 일단 빼내고 나중에 top을 하나 감소시킨다(top--).

TIP 만약 초기 조건이 int top = 0; 라면 top이 최상위 데이터의 바로 위의 데이터를 가리킨다는 것이다. 그러므로 스택에 데이터를 넣으려면(push) 일단 넣고 나중에 top을 하나 증가시키고(top++), 스택에서 데이터를 빼려면(pop) top을 하나 감소시키고(--top) 나중에 뺀다.

015 답 ⑤

(: 스택에 넣는다(스택: ().
7: 출력한다(결과: 7).
+: 스택에 넣는다(스택: (+).
6: 출력한다(결과: 7 6).
/: 스택의 top(+)가 우선순위를 비교한다. /가 더 높기 때문에 스택에 넣는다(스택: (+ /).
2: 출력한다(결과: 7 6 2).
): 왼쪽 괄호 위의 모든 연산자를 출력한다(결과: 7 6 2 / +).
/: 스택에 넣는다(/).
2: 출력한다(결과: 7 6 2 / + 2).
+: 스택의 top(/)가 우선순위를 비교한다. top이 더 높기 때문에 top을 출력한다(출력: 7 6 2 / + 2 /). 더 이상 비교 대상이 없기 때문에 +를 스택에 넣는다(스택: +).
9: 출력한다(출력: 7 6 2 / + 2 / 9).
*: 스택의 top(+)가 우선순위를 비교한다. *가 더 높기 때문에 스택에 넣는다(스택: + *).
4: 출력한다(출력: 7 6 2 / + 2 / 9 4).
/: 스택의 top(*)가 우선순위를 비교한다. top가 동일하기 때문에 top을 출력한다(출력: 7 6 2 / + 2 / 9 4 *). 그 다음 top(+)가 비교한다. /가 더 높기 때문에 스택에 넣는다(스택: + /).
3: 출력한다(출력: 7 6 2 / + 2 / 9 4 * 3).
더 이상의 수식이 없으므로 스택에 있는 모든 연산자를 출력한다(출력: 7 6 2 / + 2 / 9 4 * 3 / +).

016 답 ②

B가 처음에 나오려면 D와 C가 스택에 미리 들어간 상태여야 한다. 그러므로 D는 나올 수 없고 C가 나와야 한다.

017 답 ③

오퍼랜드는 스택에 push한다.
오퍼레이터를 만나면 스택에서 오퍼랜드 2개를 pop하고, (오퍼레이터, 오퍼랜드1, 오퍼랜드2)로 변환한 후 다시 스택에 push한다(오퍼랜드가 됨). 단, 오퍼랜드1은 스택에서 오퍼랜드2 아래에 위치한다.
이를 반복한다.

018 답 ②

중위표기식을 후위표기식으로 바꾸는 방법은 다음과 같다.

- 피연산자를 만나면 그대로 출력한다.
- 연산자를 만나면 스택에 저장했다가 스택보다 우선 순위가 같거나 낮은 연산자가 나오면 그때 출력한다.
- 왼쪽 괄호는 우선순위가 가장 낮은 연산자로 취급한다.
- 오른쪽 괄호가 나오면 스택에서 왼쪽 괄호위에 쌓여있는 모든 연산자를 출력한다.

방법을 적용하면 다음과 같다.
a를 출력한다.
+를 스택에 넣는다.
(를 스택에 넣는다.
b를 출력한다.
−를 스택에 넣는다.
c를 출력한다.
)와 짝이되는 > 위의 연산자들을 출력한다(−).
x를 스택에 넣는다.
d를 출력한다.
x를 스택에서 꺼내고 /를 스택에 넣는다.
<를 스택에 넣는다.
e를 출력한다.
−를 스택에 넣는다.
)와 짝이되는 > 위의 연산자들을 출력한다(−).
스택에 남아 있는 연산자들(/+)을 출력한다.

019

답 ①

top이 −1이라고 했으므로, top은 최상위 데이터를 가리킨다.

020

답 ④

큐를 이용하여 구현한다.

CHAPTER 06 | 큐(Queue)

정답 p.171

001	③	002	④	003	③	004	②	005	①
006	④	007	②	008	②				

001

답 ③

다중 프로그래밍: 큐를 이용한 FCFS(선입선처리)에 사용한다.

선지분석

① 레지스터들의 내용과 복귀 주소: 스택에 저장한다.
② 순환적 프로그램: 순환적 프로그램의 복귀 주소를 저장하기 위해 스택을 사용한다.
④ 그래프: 배열이나 연결리스트를 사용한다.
⑤ 후위 표기식: 스택을 사용한다.

002

답 ④

주어진 조건으로 하면 다음과 같은 단계로 큐에 한 객체를 입력한다.

- rear 값을 1 증가: rear = (rear + 1)%M // 포화 상태인지를 검사하고 객체를 rear 위치에 입력하기 위해 rear 값을 1 증가한다(원형 큐이기 때문에 %M을 수행한다).
- 큐가 포화 상태인지 검사: (front == rear) // 큐가 포화 상태면 객체를 입력할 수 없다.
- 객체를 rear 위치에 입력 // rear가 증가된 상태이므로 해당 자리에 입력한다.

TIP 다른 동작 과정으로도 동일한 작업을 수행할 수 있다.

- 큐가 포화 상태인지 검사: (front == (rear + 1)%M) // rear를 하나 증가시키고 해당 위치가 front와 같다면 포화 상태이다.
- rear 값을 1 증가: rear = (rear + 1)%M // 객체를 rear 위치에 입력하기 위해 rear 값을 1 증가한다.
- 객체를 rear 위치에 입력 // rear가 증가된 상태이므로 해당 자리에 입력한다.

003

답 ③

주어진 조건(front는 첫 번째 요소 하나 앞의 인덱스, rear는 마지막 요소의 인덱스)으로 원형큐를 그리면 다음과 같다. 이를 토대로 데이터의 개수는 7개(8, 9, 10, 11, 0, 1, 2)이다.

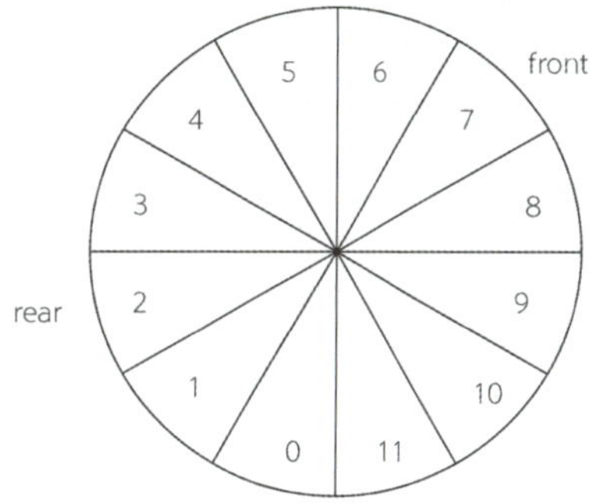

TIP 해당 문제의 경우 코드를 확인 후 문제의 조건을 파악해야 한다. 만약, 문제의 조건이 바뀌면(front는 첫 번째 요소의 인덱스, rear는 마지막 요소 하나 뒤의 인덱스) 데이터의 개수는 동일하지만 포함되는 인덱스의 위치가 다르다(7, 8, 9, 10, 11, 0, 1).

004

답 ②

큐의 경우 맨 앞의 위치를 나타내기 위해 front를 사용하고, 맨 뒤의 위치를 나타내기 위해 rear를 사용한다.

선지분석

① FIFO 특성을 갖는다.
③ 함수 호출과 복귀에는 스택이 사용된다.
④ 인덱스를 이용하는 것은 배열이다.
⑤ 2개의 자식 노드를 갖는 것은 이진 트리이다.

005 답 ①

데크는 삽입과 삭제가 양쪽 끝에서 수행된다.

선지분석

② 연결리스트로 구현된 스택은 필요시 메모리를 할당해서 사용가능하므로 그 크기가 가변적이다(실행 시에 메모리를 할당할 수 있다).
③ 배열로 구현된 스택은 구현과 조작이 간단하지만 컴파일 전에 미리 그 크기를 고정한다.
④ 원형연결리스트는 한 노드에서 다른 모든 노드로 접근이 가능하지만 양방향이 아니어서 바로 옆의 노드에 가기 위해 한 바퀴를 돌아야 하는 경우가 발생한다. 이를 위해 이중연결리스트를 사용한다.

006 답 ④

double-ended queue의 줄임말로서 큐의 전단(front)과 후단(rear)에서 모두 삽입과 삭제가 가능한 큐이다.

선지분석

① LIFO 구조를 가진다.
② FIFO 구조를 가진다.
③ 노드들이 저장하고 있는 키들이 최대 히프(key(부모노드) ≥ key(자식노드)) 또는 최소 히프(key(부모노드) ≤ key(자식노드))를 만족하는 완전이진트리이다.
⑤ 2개의 자식 노드를 가진다.

007 답 ②

ㄴ. 순서대로 처리한다.
ㄷ. DFS는 스택을 사용한다.

선지분석

ㄱ, ㄹ. 스택을 사용한다.

008 답 ②

원소의 제거는 front에서 발생하므로 두 개의 원소를 제거하면 A, B가 제거된다.

CHAPTER 07 | 트리(Tree)

정답 p.173

001	④	002	①	003	②	004	①	005	②
006	③	007	②	008	②	009	④	010	④
011	④	012	①	013	②	014	②	015	③

001 답 ④

수식 이진 트리는 산술식을 이진 트리 형태로 표현한 것으로 비단말노드는 연산자가 되고 단말노드는 피연산자가 된다. 해당 산술식을 수식 이진 트리로 표현하면 다음과 같다. 높이는 트리의 최대 레벨이고 레벨은 각층의 번호를 의미하므로 4가 된다.

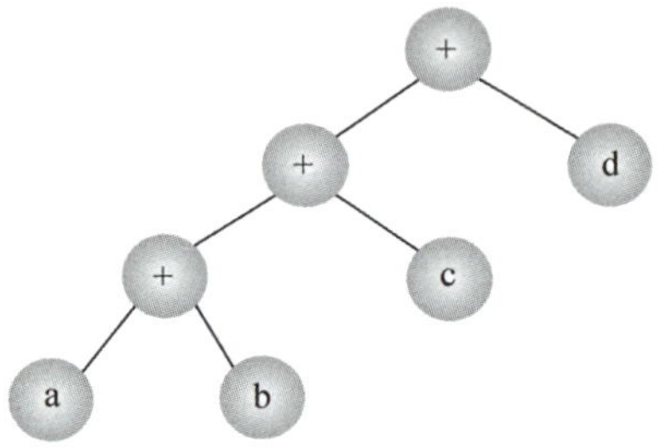

002 답 ①

선형 자료구조(1 : 1로 연결): 배열, 연결 리스트, 스택, 큐

선지분석

②, ③, ④, ⑤ 비선형 자료구조(N:N으로 연결): 트리, 그래프

003 답 ②

D, F, E, B, H, I, G, C, A: 후위 순회

선지분석

① 해당 순회 방법은 존재하지 않는다.
③ D, B, F, E, A, C, H, G, I: 중위 순회
④ 해당 순회 방법은 존재하지 않는다.

004 답 ①

D - E - B - F - C - A: 후위 순회

선지분석

② A - B - D - E - C - F: 전위 순회
③, ④, ⑤ 해당 순회는 존재하지 않는다.

005 답 ②

중위 순회의 4, 5, 6번째 방문 노드: F, D, G, B, A, E, C

선지분석

① 레벨 순회의 1, 2, 3번째 방문 노드: A, B, C, D, E, F, G
③ 후위 순회의 4, 5, 6번째 방문 노드: F, G, D, B, E, C, A
④ 전위 순회의 4, 5, 6번째 방문 노드: A, B, D, F, G, C, E

006 　답 ③

이진 트리: 자식 노드를 2개 이하만 가지는 트리 구조로 1:2로 연결되어 있어 비선형 자료구조의 형태를 가진다.

선지분석

① 큐: FIFO 구조로 1 : 1로 연결되어 있어 선형 자료구조의 형태를 가진다.
② 스택: LIFO 구조로 1 : 1로 연결되어 있어 선형 자료구조의 형태를 가진다.
④ 단순 연결 리스트: 체인(Chain) 구조로 1 : 1로 연결되어 있어 선형 자료구조의 형태를 가진다.

TIP 1 : 1 연결 구조이면 선형이고, 1 : N 연결 구조 또는 N : N 연결 구조이면 비선형이다.

007 　답 ②

전위 순회(preorder traversal)

선지분석

① 레벨 순회(level traversal)
③ 중위 순회(inorder traversal)
④ 후위 순회(postorder traversal)

008 　답 ②

트리를 이용하면 컴퓨터의 계층적 폴더들의 전체 크기를 계산할 수 있다.

선지분석

① 그래프를 이용하면 전국 고속도로 망을 표현할 수 있다.
③ 원형 연결 리스트를 이용하면 회전 초밥집의 회전대를 표현할 수 있다. 임의의 위치에서 추가와 삭제가 가능하다.
④ 원형 연결 리스트를 이용하면 링(ring)형 네트워크 구조를 표현할 수 있다. 임의의 위치에서 추가와 삭제가 가능하다.

009 　답 ④

주어진 조건으로 트리를 그리면 다음과 같다.

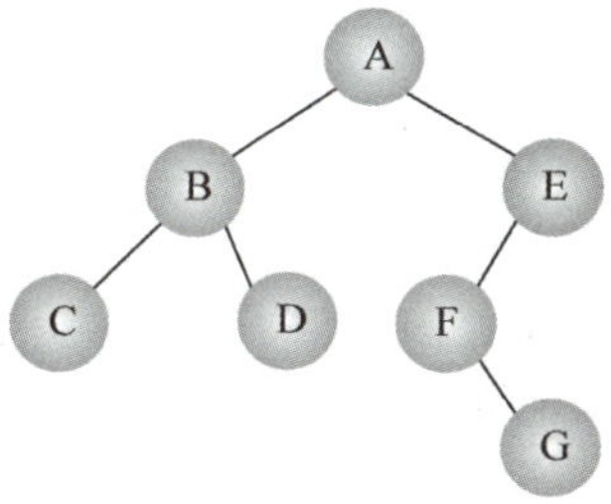

선지분석

①, ②, ③ 주어진 조건으로는 나올 수 없는 방문 결과이다.
⑤ 아래의 그림으로 트리를 구성하면 전위순회 조건과 후위순회 조건은 만족하지만, 중위순회 조건은 만족하지 않는다.

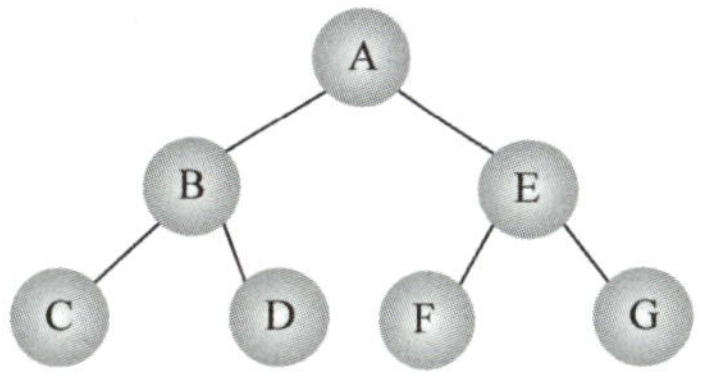

010 　답 ④

후위 순회 방문 순서: D → G → E → B → F → C → A

011 　답 ④

최대 높이는 경사 이진 트리를 의미하므로 300이 된다.
최소 높이는 균형 이진 트리를 의미하므로 $\log_2 300$의 상한을 적용하면 9가 된다.

012 　답 ①

트리의 구조상 노드가 n개 존재하면 간선의 개수는 n – 1개이다.

013 　답 ②

부모는 왼쪽과 오른쪽 자식을 가지므로 유일한 부모 노드를 가지지 않는다. 경사 이진 트리의 경우 루트는 부모 노드가 존재하지 않는다.

선지분석

①, ③ 2개의 이하의 자식 노드이므로 공집합이 허용된다.
④ 경로가 중복되지 않는다.
⑤ 신장 트리 조건이다.

014 　답 ②

트리의 차수는 3이다(트리노드들의 차수 중 최대 차수).

015 　답 ③

중위 순회의 결과이다.

선지분석

① 전위 순회의 결과이다.
② 어떤 순회도 아니다.
④ 후위 순회의 결과이다.

CHAPTER 08 | 이진 탐색 트리(Binary Search Tree)

정답 p.177

001	②	002	①	003	②	004	③	005	②
006	④	007	④	008	③	009	①	010	②

001 답 ②

이진 탐색 트리에 원소를 삽입하기 위해서는 먼저 탐색을 수행하는 것이 필요하다. 탐색에 실패한 위치가 바로 새로운 노드를 삽입하는 위치이다. 해당 조건으로 이진 탐색 트리를 그리면 다음과 같다.

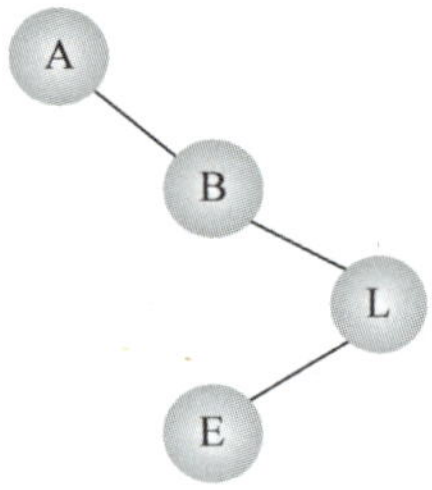

002 답 ①

이진 탐색 트리에 원소를 삽입하기 위해서는 먼저 탐색을 수행하는 것이 필요하다. 탐색에 실패한 위치가 바로 새로운 노드를 삽입하는 위치이다. 주어진 조건으로 이진 탐색 트리를 구성하면 다음과 같다.

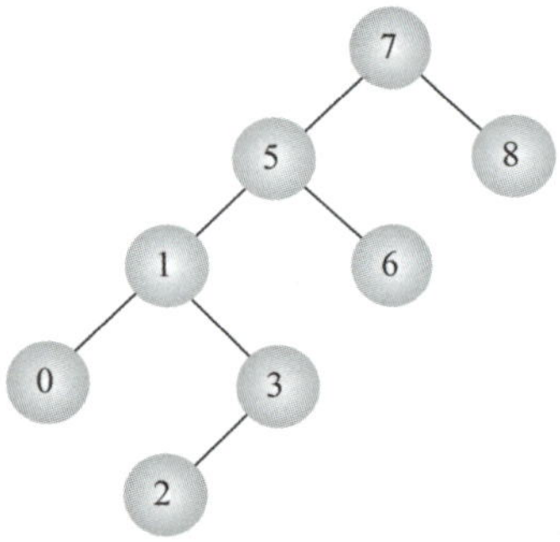

① inorder traversal(중위 순회)이다.

(선지분석)

② postorder traversal(후위 순회)이다.
③ preorder traversal(전위 순회)이다.
④ 어떠한 순회도 아니다.

TIP 이진 탐색 트리를 중위 순회하면 오름차순으로 정렬된 값을 얻을 수 있다. 해당 원리를 알고 있었다면 이진 탐색 트리를 구성해서 중위 순회를 할 필요가 없이 바로 오름차순으로 정렬하면 원하는 답을 찾을 수 있다.

003 답 ②

이진 탐색이므로 탐색할 때 1/2씩 탐색 범위에서 제외된다.

(선지분석)

① 우선순위 큐에서 min heap(최소힙)의 탐색에 대한 설명이다.
③ 색인 순차 탐색에 대한 설명이다.
④ 순차 탐색에 대한 설명이다.

004 답 ③

- 내부 경로 길이: 루트로부터 각 내부 노드 경로 길이의 합이다.
  8 = 1(AB) + 1(AC) + 2(ABD) + 2(ABE) + 2(ACF)
- 외부 경로 길이: 루트로부터 각 외부 노드 경로 길이의 합이다.
  20 = 3(ABD왼쪽) + 3(ABD오른쪽) + 3(ABE왼쪽) + 3(ABE오른쪽) + 3(ACF왼쪽) + 3(ACF오른쪽) + 2(AC오른쪽)

TIP (외부 경로 길이 = 내부 경로 길이 + 2 × 노드의 개수)라는 수식이 성립한다. 즉, 외부 경로 길이 = 8 + 2 × 6 = 20이 된다.

005 답 ②

해당 조건을 그림으로 그리면 다음과 같다. 이진탐색트리의 조건은 자신의 노드를 기준으로 왼쪽 자식은 자신보다 같거나 작고, 오른쪽 자식은 자신보다 크거나 같다는 전제 조건에서 출발한다. 816에서 왼쪽 자식(86)을 비교했기 때문에 이후의 비교 숫자는 816보다 적어야 한다. 마찬가지 조건으로 714보다 적어야 하고, 561보다 적어야 한다. 그런데 마지막 비교 숫자가 573으로 이는 561보다 크기 때문에 잘못된 비교 경로가 된다. 즉, 561에서 왼쪽의 비교 경로로 온 이상 이진탐색트리의 조건에 의해 561보다 큰 숫자가 나올 수 없다.

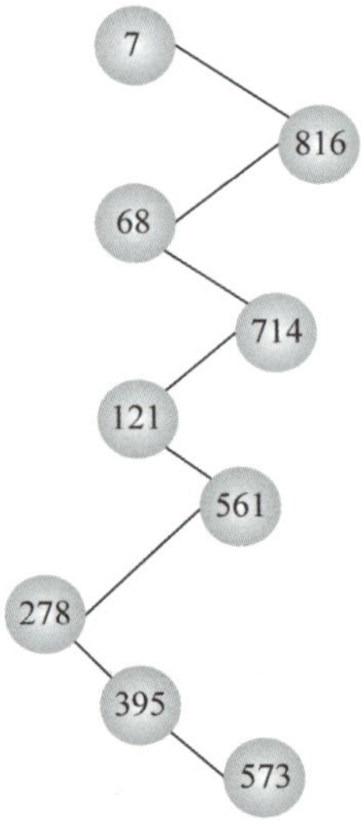

(선지분석)

①, ③, ④, ⑤ 그림을 그려서 확인해보면 모두 다 이진탐색트리에서 정상적인 비교 경로를 가짐을 알 수 있다.

006 답 ④

2진 탐색: H를 비교한다(작다). → D를 비교한다(작다). → B를 비교한다(크다). → C를 비교한다(같다).

007

답 ④

다음의 알고리즘을 통해 37이 선택된다.

- 오른쪽 서브트리에서 후계자(30)를 찾는다.
- 후계자(30)를 찾아서 계속 왼쪽으로 이동한다.
- 후계자의 부모(41)와 후계자의 자식(37)을 연결한다. 후계자가 왼쪽에 있는 경우는 후계자의 부모(41) 왼쪽에 후계자의 오른쪽 자식(37)을 연결한다.
- 참고로 후계자가 오른쪽에 있는 경우 후계자의 부모 오른쪽에 후계자의 오른쪽 자식을 연결한다.

008

답 ③

주어진 조건으로 이진 탐색 트리를 구성하면 다음과 같다(단말 노드는 색으로 표시).

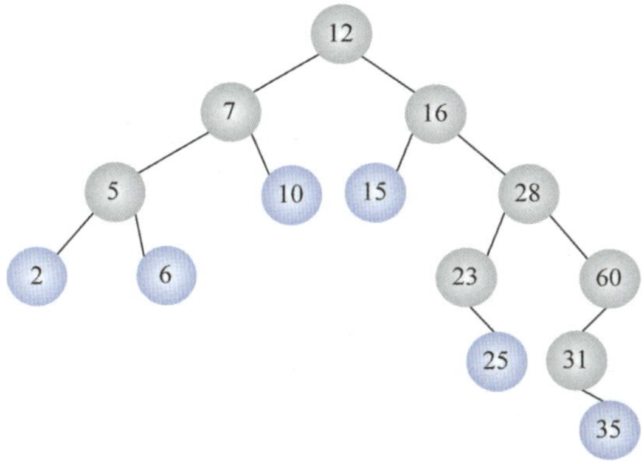

009

답 ①

높이가 가장 높은 삽입 순서는 경사이진트리이다.

010

답 ②

key가 ds[mid] 보다 작다는 것은 2등분에서 왼쪽을 검색해야 함을 의미하므로 high를 mid-1로 만든다. key가 ds[mid] 보다 크다는 것은 2등분에서 오른쪽을 검색해야 함을 의미하므로 low를 mid+1로 만든다.

CHAPTER 09 | 우선순위 큐(Priority Queue)

정답

p.180

001	④	002	③	003	①	004	①	005	①

001

답 ④

루트 노드: 최대 힙은 부모 노드의 키값이 자식 노드의 키값보다 크거나 같고, 최소 힙은 부모 노드의 키값이 자식 노드의 키값보다 작거나 같다.

선지분석

① 두 개의 자식 노드: 이진 탐색 트리에 해당된다.
② 중위 순회: 이진 탐색 트리에 해당된다.
③ 완전 그래프: 모든 정점이 연결되어 있는 그래프이다.
⑤ 형제 노드: 이진 탐색 트리에 해당된다.

002

답 ③

최대 히프(max heap)란 부모 노드의 키값이 자식 노드의 키값보다 크거나 같은 완전 이진 트리를 의미한다.

선지분석

①, ② 부모 노드의 키값이 자식 노드의 키값보다 크거나 같지 않다.
④ 완전 이진 트리가 아니다.

003

답 ①

최대힙에서 삭제 연산은 다음과 같다.

- 루트 20을 삭제한다.
- 7을 루트로 올린다.
- 7의 자식 중 큰 자식(16)가 최대힙 조건(부모가 크거나 같아야 함)을 비교한다.
- 7과 16을 교환한다.
- 7은 자식(2 또는 3)보다 크므로 최대힙 조건을 만족한다.
- 삭제 연산을 마친다.

004

답 ①

최대 히프에 삽입하는 방법은 새로운 노드를 히프의 마지막 노드에 이어서 삽입한다. 그리고 삽입 후에 새로운 노드를 부모 노드들과 교환해서 최대 히프의 성질을 만족시킨다. 해당 방법을 통해 만들어진 최대 히프는 다음과 같다. 해당 트리에서 중위 순회를 할 때 첫 번째로 방문하는 노드는 7이다.

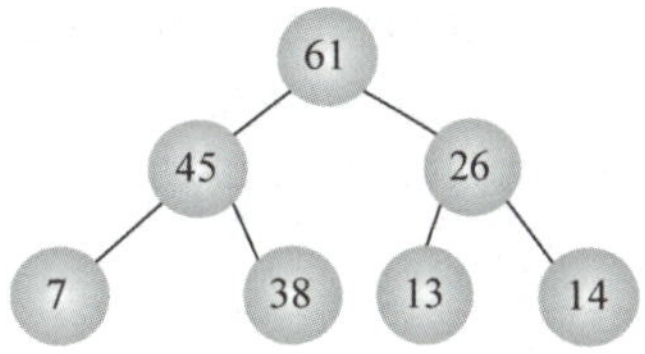

005

답 ①

삽입 시간 복잡도는 O(logn)이다.

CHAPTER 10 | 정렬(Sorting)

정답

p.182

001	③	002	①	003	③	004	④	005	②
006	①	007	④	008	④	009	③	010	④
011	④	012	①	013	③	014	⑤	015	②
016	③	017	②	018	④	019	③	020	③
021	②								

001 답 ③

정렬 알고리즘의 시간 복잡도를 정리하면 다음과 같다. 시험에 자주 출제되므로 무조건 숙지하여야 한다. 시간 복잡도는 직접 구현하지 않고서도 수행 시간을 분석하는 것이다. 예를 들어, 입력의 개수 n에 대해 연산(비교, 이동 등)의 횟수의 함수로 나타낸다. 빅오(O)는 연산의 횟수를 대략적(점근적/근사적)으로 표기한 것으로 함수의 상한을 표시한다.

알고리즘	최선	평균	최악
삽입 정렬	$O(n)$	$O(n^2)$	$O(n^2)$
선택 정렬	$O(n^2)$	$O(n^2)$	$O(n^2)$
버블 정렬	$O(n^2)$	$O(n^2)$	$O(n^2)$
쉘 정렬	$O(n)$	$O(n^{1.5})$	$O(n^2)$
퀵 정렬	$O(nlog_2n)$	$O(nlog_2n)$	$O(n^2)$
힙 정렬	$O(nlog_2n)$	$O(nlog_2n)$	$O(nlog_2n)$
합병 정렬	$O(nlog_2n)$	$O(nlog_2n)$	$O(nlog_2n)$
기수 정렬	$O(dn)$	$O(dn)$	$O(dn)$

삽입, 선택, 버블 정렬의 시간 복잡도는 $O(n^2)$이고, 기수 정렬의 시간 복잡도는 $O(dn)$이다.

002 답 ①

최악의 경우에 병합 정렬은 O(NlogN이고), 나머지 정렬 알고리즘은 $O(n^2)$이다. 여기서, N은 정렬할 데이터의 수를 의미한다. 빅오(O)는 연산(비교, 이동 등)의 횟수를 대략적(점근적/근사적)으로 표기한 것으로 함수의 상한을 표시한다.

알고리즘	최선	평균	최악
삽입 정렬	$O(n)$	$O(n^2)$	$O(n^2)$
선택 정렬	$O(n^2)$	$O(n^2)$	$O(n^2)$
버블 정렬	$O(n^2)$	$O(n^2)$	$O(n^2)$
쉘 정렬	$O(n)$	$O(n^{1.5})$	$O(n^2)$
퀵 정렬	$O(nlog_2n)$	$O(nlog_2n)$	$O(n^2)$
힙 정렬	$O(nlog_2n)$	$O(nlog_2n)$	$O(nlog_2n)$
합병 정렬	$O(nlog_2n)$	$O(nlog_2n)$	$O(nlog_2n)$
기수 정렬	$O(dn)$	$O(dn)$	$O(dn)$

003 답 ③

삽입 정렬: 새로운 데이터를 n번만 비교하면 된다. 최선의 시간 복잡도는 $O(n)$이 된다.

선지분석

① 기수 정렬: 새로운 데이터를 다시 정렬해야 한다. 최선의 시간 복잡도는 $O(dn)$이 된다.
② 퀵 정렬: 새로운 데이터를 다시 정렬해야 한다. 최선의 시간 복잡도는 $O(nlog_2n)$이 된다.
④ 힙 정렬: 새로운 데이터를 다시 정렬해야 한다. 최선의 시간 복잡도는 $O(nlog_2n)$이 된다.
⑤ 합병 정렬: 새로운 데이터를 다시 정렬해야 한다. 최선의 시간 복잡도는 $O(nlog_2n)$이 된다.

TIP 이미 정렬된 경우 시간 복잡도에서 최선의 경우에 해당된다.

004 답 ④

value[y] < value[y + 1]: 내림차순 버블정렬 알고리즘이다. 오른쪽에 있는 수가 왼쪽보다 크면 두 수를 교환한다. 이를 계속 반복한다.

선지분석

①, ② x, y + 1을 비교하는 것은 어떤 의미도 존재하지 않는다.
③ value[y] > value[y + 1]: 오름차순 버블정렬 알고리즘이다. 왼쪽에 있는 수가 오른쪽보다 크면 두 수를 교환한다. 이를 계속 반복한다.

005 답 ②

2, 3, 1, 5, 8: 오름차순 1회전 결과(2, 5, 3, 1, 8 → 2, 3, 5, 1, 8 → 2, 3, 1, 5, 8)

선지분석

① 1, 2, 3, 5, 8: 오름차순 최종 결과
③ 2, 5, 3, 1, 8: 오름차순 1회전 부분 결과
④ 8, 5, 3, 2, 1: 내림차순 최종 결과

TIP 문제의 조건에 오름차순인지 내림차순인지가 주어지지 않았으므로 오름차순 1회전과 내림차순 1회전이 모두 답이 될 수 있다.

006 답 ①

퀵: pivot을 이용한다.

선지분석

② 선택: 가장 작은 수를 선택해서 맨 왼쪽과 교환한다(이를 반복).
③ 거품(버블): 바로 옆과 교환을 반복한다(거품이 흘러가듯).
④ 삽입: 자신을 왼쪽과 비교하면서 올바른 위치에 삽입한다.
⑤ 분할: 분할 후 합병하면서 정렬한다.

007 답 ④

기수 정렬: 해당 설명은 선택 정렬이고, 기수 정렬에서 한자리수는 단순히 자리수에 따라 버켓(bucket)에 넣었다가 꺼내면 정렬된다. 만약 자리수가 많다면, 낮은 자리수로 먼저 분류한 다음 순서대로 읽어서 다시 높은 자리수로 분류한다.

선지분석

① 큐: 먼저 들어온 데이터가 먼저 나가는(FIFO) 자료구조이다.

② 연결 그래프: 무방향 그래프에 있는 모든 정점 쌍에 대하여 항상 경로가 존재한다.

③ AVL: 한 노드를 중심으로 좌우 종속 트리의 높이 차가 1 이하인 균형 잡힌 트리이다. 이진 트리의 삽입, 삭제를 계속할 때 어느 한 방향으로 치우치거나, 높이 차이로 인해서 수행 시간이 증가되는 것을 막기 위해 균형을 유지하도록 한 것이다.

008 답 ④

힙: 최악의 경우에 시간 복잡도는 $O(nlogn)$이다.

선지분석

① 버블: 최악의 경우에 시간 복잡도는 $O(n^2)$이다.

② 삽입: 최악의 경우에 시간 복잡도는 $O(n^2)$이다.

③ 퀵: 최악의 경우에 시간 복잡도는 $O(n^2)$이다.

009 답 ③

병합(합병) 정렬의 시간 복잡도는 평균에서 $O(nlogn)$이다.

선지분석

① 힙 정렬은 안정적이지 않다. 즉, 같은 값을 가진 데이터의 순서가 정렬 후에도 바뀐다.

② 퀵 정렬의 시간 복잡도는 최악에서 $O(n^2)$이다.

④ 이미 정렬되어 있는 경우 병합 정렬의 시간 복잡도는 $O(nlogn)$이다. 병합 정렬은 이미 정렬된 것과 상관없이 다시 정렬을 수행한다.

⑤ 삽입 정렬(n^2)은 평균적인 상황에서 n이 클수록 퀵 정렬(nlogn)에 비해서 느리다.

010 답 ④

퀵 정렬에서 분할 알고리즘은 다음과 같다.

- 피벗(pivot)을 가장 왼쪽 숫자라고 가정한다.
- 두개의 변수 low(피벗 다음의 숫자를 가리킴)와 high(맨 오른쪽을 가리킴)를 사용한다.
- low를 오른쪽으로 이동하면서 피벗보다 작으면 통과, 크면 정지한다.
- high를 왼쪽으로 이동하면서 피벗보다 크면 통과, 작으면 정지한다.
- 정지된 위치의 숫자를 교환한다.
- low와 high가 교차하면 종료한다.
- 피벗과 high가 가리키는 숫자를 교환한다.

주어진 조건을 이용해서 문제를 풀면 다음과 같다.
피벗(제어키)을 5라고 가정한다.
low는 6에서 정지하고, high는 1에서 정지한다.
이 둘을 교환한다.: (5 2 1 4 7 3 8 6)
low는 7에서 정지하고, high는 3에서 정지한다.
이 둘을 교환한다.: (5 2 1 4 3 7 8 6)
low(7)와 high(3)가 교차하므로 종료한다.
피벗(5)와 high(3)을 교환한다.: (3 2 1 4 5 7 8 6)
피벗을 기준으로 두 리스트로 분할하면 다음과 같다.: (3 2 1 4) (7 8 6)

011 답 ④

ㄷ. 삽입 정렬의 시간 복잡도는 $O(n^2)$이다.

ㄹ. 선택 정렬의 시간 복잡도는 $O(n^2)$이다.

선지분석

ㄱ. 힙 정렬의 시간 복잡도는 $O(nlogn)$이다.

ㄴ. 기수 정렬의 시간 복잡도는 $O(dn)$이다.

TIP 문제의 조건에 최선, 평균, 최악에 대한 조건이 없으므로 평균 시간 복잡도를 기준으로 하였다.

012 답 ①

삽입 정렬은 정렬되어 있는 부분(왼쪽)에 새로운 레코드를 올바른 위치에 삽입하는 과정을 반복하는 것이다.

- 1회전: 30, 69, 10, 2, 16, 8, 31, 22 //
  정렬되어 있는 부분(30, 69)
- 2회전: 10, 30, 69, 2, 16, 8, 31, 22 //
  정렬되어 있는 부분(10, 30, 69)
- 3회전: 2, 10, 30, 69, 16, 8, 31, 22 //
  정렬되어 있는 부분(2, 10, 30, 69)
- 4회전: 2, 10, 16, 30, 69, 8, 31, 22 //
  정렬되어 있는 부분(2, 10, 16, 30, 69)

선지분석

② 주어진 조건과 관련 없는 회전 결과이다.

③ 주어진 조건과 관련 없는 회전 결과이다.

④ 주어진 조건과 관련 없는 회전 결과이다.

013 답 ③

평균 수행 시간: 패스의 수가 logn이고, 각 패스 안에서의 비교 횟수는 n이므로 평균 수행 시간은 O(nlogn)이다.

선지분석

① 분할 정복: 퀵 정렬은 분할 정복법을 사용한다. 밑줄친 숫자를 피벗을 나타낸다. 피벗(pivot)을 가장 왼쪽 숫자라고 가정하고, 두 개의 변수 low와 high를 사용한다. low는 피벗보다 작으면 통과하고 크면 정지한다. 그리고 high는 피벗보다 크면 통과하고 작으면 정지한다. 정지된 위치의 숫자를 교환하고 low와 high가 교차하면 종료한다.

② 재귀 함수 호출: 리스트를 2개의 부분리스트로 비균등 분할하고, 각각의 부분리스트를 다시 퀵정렬함으로써 재귀 함수 호출을 사용한다.

```
void quick_sort(int list[], int left, int right)
{
    if (left < right) {
        int q = partition(list, left, right); // ①번 지문에서
        기술한 알고리즘 사용
        quick_sort(list, left, q-1); // 재귀 함수 호출(피벗 왼
        쪽 리스트)
        quick_sort(list, q+1, right); // 재귀 함수 호출(피벗
        오른쪽 리스트)
    }
}
```

④ C.A.R Hoare: 퀵 정렬은 토니 호어가 고안하였다.

014

답 ⑤

선택 정렬, 삽입 정렬, 퀵 정렬: 최악의 경우 수행 시간이 $O(n^2)$이다.

선지분석

①, ②, ③, ④ 합병 정렬과 힙 정렬은 최악의 경우 수행 시간이 $O(nlogn)$이다.

015

답 ②

해당 정렬은 선택 정렬이 아니라 버블 정렬이다.

선지분석

① 두 개의 for문을 통해 제일 큰 원소를 끝자리로 옮기는 작업을 반복한다.

③ 첫 번째 for문 n개를 두 번째 for문이 평균 $n/2$번 수행하므로 연산 횟수는 $n^2/2$이고 이를 빅오로 표기하면(최고차항으로 표기하면) $O(n^2)$이다.

④ 두 번째 for문은 가장 큰 원소를 맨 오른쪽으로 보낸다.

016

답 ③

합병 정렬: 분할 후 합병하면서 정렬한다.

선지분석

① 삽입 정렬: 자신을 왼쪽과 비교하면서 올바른 위치에 삽입한다.

② 선택 정렬: 가장 작은 수를 선택해서 맨 왼쪽과 교환한다(이를 반복).

④ 퀵 정렬: pivot를 이용한다.

017

답 ②

퀵 정렬과 합병 정렬은 분할정복 방법(divide and conquer)을 사용한다. 그림을 자세히 보면 해당 문제를 분할(순환호출 사용)해서 해결함을 알 수 있다.

선지분석

① 힙 정렬의 시간 복잡도는 $O(nlogn)$이지만, 선택 정렬은 $O(n^2)$이다.

알고리즘	최선	평균	최악
삽입 정렬	$O(n)$	$O(n^2)$	$O(n^2)$
선택 정렬	$O(n^2)$	$O(n^2)$	$O(n^2)$
버블 정렬	$O(n^2)$	$O(n^2)$	$O(n^2)$
쉘 정렬	$O(n)$	$O(n^{1.5})$	$O(n^2)$
퀵 정렬	$O(nlog_2n)$	$O(nlog_2n)$	$O(n^2)$
힙 정렬	$O(nlog_2n)$	$O(nlog_2n)$	$O(nlog_2n)$
합병 정렬	$O(nlog_2n)$	$O(nlog_2n)$	$O(nlog_2n)$
기수 정렬	$O(dn)$	$O(dn)$	$O(dn)$

③ 삽입은 안정적이지만, 힙은 안정적이지 않다. 즉, 힙의 경우 같은 값을 가진 데이터의 순서가 정렬이 진행됨에 따라 계속 순서가 바뀐다(실제로 알고리즘을 동작시켜보면 바로 알 수 있다).

알고리즘	안정성	추가 메모리 필요
삽입 정렬	○	×
선택 정렬	×	×
버블 정렬	○	×
쉘 정렬	×	×
힙 정렬	×	×
합병 정렬	○	○
퀵 정렬	×	×
기수 정렬	○	○

④ 최악의 경우 퀵 정렬의 성능은 $O(n^2)$이다(위의 표를 참조한다).

⑤ 선택과 버블은 제자리 정렬을 수행할 수 있다. 즉, 정렬을 위한 추가 메모리가 필요하지 않다(위의 표를 참조한다)(실제로 알고리즘을 동작시켜보면 바로 알 수 있다).

018

답 ④

$O(nlogn)$이다.

선지분석

①, ②, ③ $O(n^2)$이다.

019

답 ③

삽입 정렬에서는 나올 수 없다.

020

답 ③

키 값이 가장 작은 것과 왼쪽 것의 위치 교환을 반복적으로 수행한다.

선지분석

① 피벗이 있어야 한다.
② 간격이 있어야 한다.
④ 바로 옆의 숫자와 교환을 반복한다.
⑤ 숫자들을 비교하면서 제자리로 찾아간다.

021

답 ②

2단계에서 버블 정렬(옆이랑 비교하면서 왼쪽이 크면 오른쪽이랑 바꿈)을 적용하면 된다.

CHAPTER 11 | 그래프(Graph)

정답 p.187

001	②	002	④	003	③	004	①	005	②
006	④	007	③	008	②	009	④		

001

답 ②

프림(Prim)의 MST 알고리즘은 시작 정점에서부터 출발하여 신장 트리 집합을 단계적으로 확장해나간다. 시작 단계에서는 시작 정점만이 신장 트리 집합에 포함되고, 신장 트리 집합에 인접한 정점 중에서 최저 간선으로 연결된 정점 선택하여 신장 트리 집합에 추가한다. 프림 알고리즘을 이용해서 선택한 간선의 순서는 다음과 같다.

10(0, 5) → 25(5, 4) → 22(4, 3) → 12(3, 2) → 16(2, 1) → 14(1, 6)

002

답 ④

깊이 우선 탐색은 한 방향으로 갈 수 있을 때까지 가다가 더 이상 갈 수 없게 되면 가장 가까운 갈림길로 돌아와서 이곳으로부터 다른 방향으로 다시 탐색을 진행한다(스택 이용). 깊이 우선 탐색으로 정점이 방문되는 순서는 다음과 같다.

- A → B // 처음에 어디로 가도 상관없으나 암묵적으로 알파벳 우선 순위에 기반해서 방문한다고 가정하므로 B를 먼저 방문한다.
- B → E // B → A로는 한번 방문되었기 때문에 방문하지 않는다. 만약, A → C로 방문한다면 이는 넓이 우선 방식이다. 그리고 B → C로 방문할 수는 없다. 왜냐하면 B와 C는 연결되지 않았기 때문이다. A에 연결된 독립적인 B, C, D가 있다는 것이지, A에 B가 연결되고 B에 C가 연결되었다는 의미가 아니다.
- E → G, G → F, F → C // 나머지도 같은 방식으로 방문한다.
- C → 없음 // 더 이상 방문할 노드가 없기 때문에, 가장 최근 노드(F)로 backtracking한다. 이것이 스택(LIFO)이 사용되는 이유이다.
- F → D // 그 다음 순서인 D를 방문하면 모든 노드를 방문하게 된다.

결론적으로 정리한 순서는 다음과 같다.

A → B → E → G → F → C → D

003

답 ③

문제의 조건에 MST 알고리즘이 주어지지 않았으므로 가중치가 가장 작은 간선을 묶어 신장 트리를 만들면 된다. 가중치가 가장 작은 간선을 묶으면 다음과 같다.

8 + 6 + 4 + 3 + 2 = 23

004

답 ①

DFS(깊이 우선 탐색)의 구현 코드는 다음과 같다.

```
void dfs_mat(GraphType *g, int v)
{
    int w;
    visited[v] = TRUE;          // (1) 시작 정점 v를 결
    정하고 방문한다.
    printf("%d ", v);
    for(w=0; w<g->n; w++)       // (2) 정점 v에 인접한
    정점 중에서
        if(g->adj_mat[v][w] && !visited[w])
            dfs_mat(g, w);      // (2-1) 방문하지 않은
            정점 w가 있으면 정점 v를 스택에 push하고 w를
            방문한다. 그리고 w를 v로 하여 (1)과 (2)를 다시 수
            행한다. w로 호출하는 순간 정점 v를 스택에 자동
            push한다.
    // (2-2) 방문하지 않은 정점이 없으면 스택을 pop하여 가
    장 마지막 방문 정점을 v로 설정한 뒤 다시 (2)를 수행한다.
    // (3) 스택이 공백이 될 때까지 (2)를 반복한다.
}
```

TIP DFS(깊이 우선 탐색)은 스택을 사용하고, BFS(넓이 우선 탐색)은 큐를 사용한다.

005

답 ②

깊이 우선 탐색은 한 방향으로 갈 수 있을 때까지 가다가 더 이상 갈 수 없게 되면 가장 가까운 갈림길로 돌아와서 이곳으로부터 다른 방향으로 다시 탐색을 진행한다(스택 이용). 깊이 우선 탐색으로 정점이 방문되는 순서는 다음과 같다.

- A, B, C // A에서 B를 탐색하고, B에서 C를 탐색한다. 탐색이 끝났으므로 스택에 저장한 복귀 주소를 이용해서 A로 돌아온다.
- D, E, H // A에서 D를 탐색하고, D에서 E를 탐색하고, E에서 H를 탐색한다. 탐색이 끝났으므로 스택에 저장한 복귀 주소를 이용해서 D로 돌아온다.

• F // D에서 F를 탐색한다. 탐색이 끝났으므로 스택에 저장한 복귀 주소를 이용해서 A로 돌아온다.
• G // A에서 G를 방문한다.

이들을 정리하면 탐색 순서는 A, B, C, D, E, H, F, G가 된다.

선지분석

③ 넓이 우선 탐색(breadth first search)에 해당한다.

TIP 주어진 문제의 조건 중에 빠진 조건이 존재한다. 빠진 조건은 탐색할 곳이 여러 개 있다면 우선 탐색은 알파벳 순서를 기준으로 한다는 것이다. 왜냐하면 문제의 조건이 주어지지 않았기 때문에 A에서 G로 먼저 탐색을 해도 된다.

006

답 ④

DFS: A - B - D - G - E - C - F

• A에서 B를 탐색한다. B에서 D를 탐색한다. D에서 G를 탐색한다. G에서 E를 탐색한다. E에서 C를 탐색한다. 더 이상 갈 곳이 없다. 스택을 이용해서 backtracking한다.
• E로 backtracking하나 갈 곳이 없다.
• G로 backtracking하고 방문하지 않은 F를 방문한다.

BFS: A - B - C - D - E - G - F

• A에서 B와 C를 방문한다(큐를 이용한다). B에서 D와 E를 방문한다.
• C에서는 방문할 곳이 없다. D에서 G를 방문한다.
• E에서는 방문할 곳이 없다. G에서 F를 방문한다. F에서는 방문할 곳이 없다.

007

답 ③

Kruskal은 그래프의 간선들을 가중치의 오름차순으로 정렬하고, 정렬된 간선 중에서 사이클을 형성하지 않는 간선을 현재의 간선 집합에 추가 하는 것이다. 만약 사이클을 형성하면 그 간선은 제외한다.

가중치가 가장 작은 3을 선택한다.
그 다음으로 가중치가 작은 4를 선택한다.
그 다음으로 가중치가 작은 8을 선택한다.
그 다음으로 가중치가 작은 9를 선택한다.
그 다음으로 가중치가 작은 12를 선택한다. 그러나 사이클이 형성되므로 해당 간선은 제외한다.
그 다음으로 가중치가 작은 13을 선택한다.
그 다음으로 가중치가 작은 15를 선택한다. 그러나 사이클이 형성되므로 해당 간선은 제외한다.
그 다음으로 가중치가 작은 16을 선택한다.
그 다음으로 가중치가 작은 17을 선택한다. 그러나 사이클이 형성되므로 해당 간선은 제외한다.
그 다음으로 가중치가 작은 18을 선택한다.
그 다음으로 가중치가 작은 20을 선택한다. 그러나 사이클이 형성되므로 해당 간선은 제외한다.
해당 간선의 가중치를 더하면 71(= 3 + 4 + 8 + 9 + 13 + 16 + 18)이 된다.

008

답 ②

알파벳 순으로 방문한다고 가정한다.
A → B → E로 방문한다. 더 이상 방문할 곳이 없으므로 B로 backtrakcing한다(스택을 이용).
F → K로 방문한다. 더 이상 방문할 곳이 없으므로 F, B, A 순으로 backtracking한다.
C → G로 방문한다. 더 이상 방문할 곳이 없으므로 C, A 순으로 backtracking한다.
D → H로 방문한다. 더 이상 방문할 곳이 없으므로 D로 backtracking한다.
I → L로 방문한다. 더 이상 방문할 곳이 없으므로 I, D로 backtracking한다.
J로 방문한다. 더 이상 방문할 곳이 없으므로 D, A로 backtracking한다. 더 이상 방문할 곳이 없으므로 방문을 종료한다.

선지분석

① 너비 우선 탐색을 나타낸다.

009

답 ④

임계경로는 최장 길이를 의미한다.

선지분석

①, ②, ③ 단순 경로로 최장 길이가 아니다.
⑤ 해당 길이로는 최장 길이가 만들어지지 않는다.

CHAPTER 12 | 해싱(Hashing)

정답

p.190

001	③	002	②	003	③	004	①	005	③
006	④	007	④						

001

답 ③

기억공간: 개방주소법은 충돌해결에 필요한 기억공간이 필요하지 않지만 폐쇄주소법은 충돌해결에 필요한 기억공간이 필요하다. 즉, 체이닝은 메모리를 추가적으로 할당하는 연결리스트를 사용한다.

선지분석

① 검색 속도: 대부분의 탐색 방법들은 키 값 비교로써 탐색하고자 하는 항목에 접근하는데, 해싱은 키 값에 대한 산술적 연산에 의해 테이블의 주소를 계산하여 항목에 접근하므로 검색 속도가 빠르다.
② 해싱기법: 제산 함수, 폴딩 함수, 중간제곱 함수, 비트추출 함수, 숫자 분석 방법 등이 존재한다.
④ 오버플로 해결기법: 개방주소법(선형조사법, 2차조사법, 재해싱)과 폐쇄주소법(체이닝)이 존재한다.

002 답 ②

해시: 레코드 양이 적으면 검색 시간이 일정하지만, 레코드 양이 많으면 충돌이 발생하고 충돌을 해결하기 위해 검색 시간이 증가하게 된다.

선지분석

① 순차: 리스트에서 찾고자 하는 값을 맨 앞에서부터 끝까지 차례대로 찾아 나가는 것이다. 검색할 리스트의 길이가 길면 비효율적이지만, 검색 방법 중 가장 단순하여 구현이 쉽고 정렬되지 않은 리스트에서도 사용할 수 있다는 장점이 있다.

③ 트리: 이진 트리가 아닌 이진 탐색 트리를 구성하여야 한다.

④ 이분: 이분 검색은 검색할 자료를 반씩 나누어 나머지 반만 검색하는 방식을 반복하여 자료를 찾는 검색 방법이다. 이 이분 검색을 이용하여 자료를 찾는다면 빠른 속도로 원하는 자료를 찾을 수 있다. 단, 이분 검색은 정렬되어있는 데이터에 사용할 수 있다.

⑤ 삽입: 최선은 $O(n)$이고, 평균과 최악은 $O(n^2)$이다.

003 답 ③

선형 조사법: 해당 설명은 체이닝이고, 선형조사법은 충돌이 일어난 항목을 해시 테이블의 다른 위치에 저장한다.

선지분석

① 해싱은 충돌이 발생할 수 있다.

② 충돌이 발생하지 않으면 해시 함수를 통해 바로 탐색이 되기 때문에 시작 복잡도는 O(1), 즉 탐색에 상수의 시간(고정된 시간)이 소요된다.

④ 폴딩 함수는 접는 부분을 분리해서 더한다.

004 답 ①

6718: 나머지 1

선지분석

② 4815: 나머지 0

③ 6027: 나머지 0

④ 5232: 나머지 0

005 답 ③

최악의 경우 해쉬는 O(n)이 걸리고, 이진 탐색은 O(logn)이 걸린다.

선지분석

① 체이닝은 연결리스트를 이용한다.

② 충돌이 없다면 해쉬 탐색은 상수 시간에 비례한다.

④ 입력은 임의 길이, 출력은 고정 길이이다.

006 답 ④

해당 설명은 폴딩함수이다.

007 답 ④

12 mod 11 = 1, 33 mod 11 = 0, 13 mod 11 = 2, 55 mod 11 = 0(3), 23 mod 11 = 1(4)

CHAPTER 13 | AVL

정답

p.192

001	③

001 답 ③

Adelson-Velskii와 Landis에 의해 1962년에 제안된 트리이다. 모든 노드의 왼쪽과 오른쪽 서브트리의 높이 차가 1이하인 이진탐색트리이다. 트리가 비균형 상태로 되면 스스로 노드들을 재배치하여 균형 상태 유지한다. 균형 인수(balance factor)는 (왼쪽 서브트리의 높이 - 오른쪽 서브 트리의 높이)를 의미하고, 모든 노드의 균형 인수가 ±1 이하이면 AVL 트리이다.

AVL 트리의 균형이 깨지는 4가지 경우(삽입된 노드 N으로부터 가장 가까우면서 균형 인수가 ±2가 된 조상 노드가 A라면)는 다음과 같다.

- LL 타입: N이 A의 왼쪽 서브 트리의 왼쪽 서브 트리에 삽입
- LR 타입: N이 A의 왼쪽 서브 트리의 오른쪽 서브 트리에 삽입
- RR 타입: N이 A의 오른쪽 서브 트리의 오른쪽 서브 트리에 삽입
- RL 타입: N이 A의 오른쪽 서브 트리의 왼쪽 서브 트리에 삽입

각 타입별 재균형 방법은 다음과 같다.

- LL 회전: A부터 N까지의 경로상 노드의 오른쪽 회전
- LR 회전: A부터 N까지의 경로상 노드의 왼쪽 - 오른쪽 회전
- RR 회전: A부터 N까지의 경로상 노드의 왼쪽 회전
- RL 회전: A부터 N까지의 경로상 노드의 오른쪽 - 왼쪽 회전

결론은 2진 탐색 트리처럼 삽입을 하다가 왼쪽 서브 트리와 오른쪽 서브 트리의 높이차가 2가되면 균형을 맞추기 위해서 회전한다. 주어진 조건으로 문제를 풀면 다음과 같다. 8, 5, 3을 추가하게 되면 노드 8에서 균형 인수가 2가 되므로 LL 타입이 되고, LL 회전을 수행한다. 그리고 10, 13을 추가하게 되면 8에서 균형 인수가 -2가 되므로 RR 타입이 되고, RR 회전을 수행한다. 그러면 최종 AVL 트리가 완성된다.

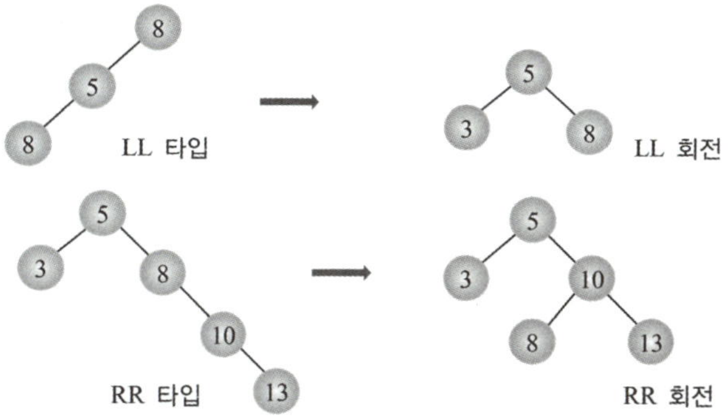

CHAPTER 14 | 그 외

정답 p.193

001	②	002	②

001 답 ②

- int A[row][col]; // 2차원 배열이 선언되었다고 가정한다.
- A[0][0]; // 시작 주소는 A[0][0] 혹은 A이다.
- 요소크기 = int = 4 bytes; // 요소크기는 int이기 때문에 4바이트이다. 만약, 요소가 int가 아니라 char(1바이트) 혹은 double(8바이트)이면 요소크기에 주의해야 한다.
- A[i][j]의 주소 = 시작주소 + (i*col + j)*요소크기; // 행 우선 순서로 저장할 때는 주어진 수식으로 개별 요소의 주소를 계산할 수 있다(행을 중심으로 배열의 요소를 배치하므로 i*col로 계산된다).
- A[i][j]의 주소 = 시작주소 + (j*row + i)*요소크기; // 열 우선 순서로 저장할 때는 주어진 수식으로 개별 요소의 주소를 계산할 수 있다(열을 중심으로 배열의 요소를 배치하므로 j*row로 계산된다. 이는 행 우선 순서와 역의 관계를 가진다).

주어진 조건으로 문제를 풀면 다음과 같다.

- int array[10][200]; // 주어진 2차원 배열이다.
- 시작주소 = 10840h // 시작 주소이다.
- 요소크기 = int = 4바이트 // 요소크기는 int이다.
- array[7][12]의 주소 = 10840h + (7*200 + 12)*4 = 11E50h; // 행 우선 순위로 계산한 주소값이다.

TIP 행 우선 순서와 열 우선 순서는 역의 관계를 가지므로 행 우선 순서 하나만 이해하고 외우면 된다.

002 답 ②

선행 노드를 하나씩 제거하면 위상 정렬이 가능하다.

선지분석

①, ③, ④ ㄴ: 위상 정렬은 방향 그래프만 해당된다.
ㄷ: 해당 관계에서는 선행 노드를 제거해도 위상 정렬을 보장받지 못한다.

PART 7 데이터베이스

CHAPTER 01 | 기본 개념

정답 p.196

001	④	

001

답 ④

ㄱ. 사용자의 데이터 요구에 실시간으로 응답한다.
ㄴ. 데이터의 계속적인 삽입, 삭제, 수정을 통해 현재의 정확한 데이터를 유지한다.
ㄷ. 서로 다른 데이터의 동시 사용뿐만 아니라 같은 데이터의 동시 사용도 지원한다.

선지분석

ㄹ. 주소에 의한 참조가 아닌 내용에 의한 참조를 사용한다.

CHAPTER 02 | 관리 시스템

정답 p.197

001	④	002	③	003	①	004	⑤	005	①
006	③	007	①						

001

답 ④

모든 데이터 탐색: 사용자는 자신에게 주어진 권한만큼만 탐색할 수 있다.

선지분석

① 중복성 최소화: DBMS는 파일 시스템의 단점이 중복성을 최소화한다.
② 최신의 데이터: 최신의 데이터를 유지해야하는 것은 일반적인 사항이다.
③ 일관성: DBMS는 데이터를 DB에 모아 놓았기 때문에 파일 시스템에 비해서 일관성을 유지할 수 있다.
⑤ 긴밀히 연결: DBMS를 사용하는 관계형 데이터베이스의 특징이다. 여기서 관계형이란 데이터들이 상호간에 긴밀히 연결되어 있음을 의미한다.

002

답 ③

데이터 중복: 데이터 중복을 최소화하는 것은 무결성 유지를 위해서 하는 것이 아니라 동일한 데이터가 여러 위치에 중복 저장되는 현상을 방지하는 것이다. 데이터가 중복되면, 저장 공간이 낭비되고 데이터의 일관성이 깨질 수 있다.

선지분석

① 일관성과 무결성: 트랜잭션이 성공적으로 수행된 후에도 데이터베이스가 일관성 있는 상태를 유지해야 한다.
② 원자성: 트랜잭션의 연산들이 모두 정상적으로 실행되거나 하나도 실행되지 않아야 하는 all-or-nothing 방식이다.
④ 이전 상태 복구: DBMS에서는 롤백(Rollback) 기능을 제공한다.
⑤ 질의어: DBMS에서는 SQL을 지원한다.

003

답 ①

- 단순화: 응용 소프트웨어와 데이터베이스 사이에 DBMS가 있기 때문에 응용 소프트웨어가 데이터베이스에 관한 세부 사항을 알 필요가 없다.
- 접근 제어: 응용 소프트웨어가 DBMS를 통해 데이터베이스에 접근하기 때문에 접근 제어가 용이하다.

선지분석

- 독립성: DBMS가 있기 때문에 응용 소프트웨어에 데이터가 종속적이지 않다. 즉, 데이터 독립성이 확보된다.
- 직접 조작: DBMS로 인해 응용 소프트웨어가 데이터베이스를 직접 조작할 수 없다.

004

답 ⑤

사용자는 자신의 권한 만큼만 데이터를 액세스할 수 있다.

선지분석

① 파일 시스템과 다르게 모든 데이터를 데이터베이스에 모았기 때문에 중복이 발생하지 않는다.
② 파일 시스템과 다르게 모든 데이터를 데이터베이스에 모았기 때문에 데이터의 일관성을 유지할 수 있다.
③ 테이블 형태의 관계형 데이터베이스(저장 구조)와 SQL 언어(탐색 기법)를 제공한다.
④ 4가지(개체, 참조, 도메인, 사용자 정의) 무결성 제약 조건이 존재한다.

005

답 ①

응용 프로그램과 데이터 간의 상호 의존성이 작다. 데이터를 수정하면 응용 프로그램을 수정할 필요 없이 DBMS에서 처리를 해주면 된다.

선지분석

② 데이터베이스를 이용해서 데이터 중복을 최소화한다.
③ 응용 프로그램의 요청을 받아 데이터베이스에게 전달한다. 또한 데이터베이스의 응답(출력 결과)을 사용자에게 전달한다.
④ 데이터베이스를 이용해서 데이터 공유를 수월하게 할 수 있다.

006 답 ③

DBMS는 데이터의 중복 문제(기존 파일 시스템의 문제)를 해결한다.

선지분석

① DBMS는 파일 시스템의 데이터 종속성 문제를 해결한다.
② 특정 조직의 여러 사용자가 함께 소유하여 이용할 수 있고, 서로 다른 데이터의 동시 사용뿐만 아니라 같은 데이터의 동시 사용도 지원한다.
④ 사용자가 DBMS를 통해 DB에 접근하게 되므로 무결성과 보안성을 유지할 수 있다.

007 답 ①

여러 개의 외부 스키마가 존재한다(공용 가능).

선지분석

② 전체 데이터베이스에 어떤 데이터가 저장되는지, 데이터들 간에는 어떤 관계가 존재하고 어떤 제약조건이 존재하는지에 대한 정의뿐만 아니라, 데이터에 대한 보안 정책이나 접근 권한에 대한 정의도 포함한다.
③ 전체 데이터베이스가 저장 장치에 실제로 저장되는 방법을 정의한 것이다. 레코드 구조, 필드 크기, 레코드 접근 경로 등 물리적 저장 구조를 정의한다.
④ 외부 단계에서 사용자에게 필요한 데이터베이스를 정의한 것이다. 각 사용자가 생각하는 데이터베이스의 모습, 즉 논리적 구조로 사용자마다 다르다. 서브 스키마(sub schema)라고도 한다.
⑤ 개념 단계에서 데이터베이스 전체의 논리적 구조를 정의한 것이다. 조직 전체의 관점에서 생각하는 데이터베이스의 모습이다.

CHAPTER 03 | 시스템

정답

p.199

001	①	002	①	003	④	004	④	005	④
006	④								

001 답 ①

개념 스키마: 전체 데이터베이스에 어떤 데이터가 저장되는지, 데이터들 간에는 어떤 관계가 존재하고 어떤 제약조건이 존재하는지에 대한 정의뿐만 아니라, 데이터에 대한 보안 정책이나 접근 권한에 대한 정의도 포함된다.

선지분석

② 종속성: 응용프로그램의 데이터 종속성을 해결한다.
③ 물리적 데이터 독립성: 해당 설명은 논리적 데이터 독립성이고, 물리적 데이터 독립성은 내부 스키마(물리적 구조)가 변경되어도 개념 스키마(논리적 구조)는 영향을 받지 않는다.
④ 외부 스키마: 해당 설명은 내부 스키마이고, 외부 스키마는 각 사용자가 생각하는 데이터베이스의 모습, 즉 논리적 구조로 사용자마다 다르다.

002 답 ①

내부 스키마: 해당 설명은 개념 스키마를 의미하고, 내부 스키마는 전체 데이터베이스가 저장 장치에 실제로 저장되는 방법을 정의한 것이다. 레코드 구조, 필드 크기, 레코드 접근 경로 등 물리적 저장 구조를 정의한다.

선지분석

② 개념 스키마: 전체 데이터베이스에 어떤 데이터가 저장되는지, 데이터들 간에는 어떤 관계가 존재하고 어떤 제약조건이 존재하는지에 대한 정의뿐만 아니라, 데이터에 대한 보안 정책이나 접근 권한에 대한 정의도 포함한다.
③ 개념 스키마: 개념 단계에서 데이터베이스 전체의 논리적 구조를 정의한 것이다. 조직 전체의 관점에서 생각하는 데이터베이스의 모습이다.
④ 외부 스키마: 외부 단계에서 사용자에게 필요한 데이터베이스를 정의한 것이다. 각 사용자가 생각하는 데이터베이스의 모습, 즉 논리적 구조로 사용자마다 다르다. 서브 스키마(sub schema)라고도 한다.
⑤ 스키마: 데이터베이스에 저장되는 데이터 구조와 제약조건을 정의한 것이다.

003 답 ④

계층적 구성은 외부/개념 사상(논리적 데이터 독립성)과 개념/내부 사상(물리적 데이터 독립성)을 제공하여 데이터 독립성을 제공한다.

선지분석

① 데이터가 저장된 주소나 위치가 아닌 내용으로 참조한다. 예를 들면, "재고량이 1,000개 이상인 제품의 이름을 검색하시오"와 같은 방법으로 참조한다(주소 기반 참조가 아니라 내용 기반 참조이다).
② 서로 다른 데이터의 동시 사용뿐만 아니라 같은 데이터의 동시 사용도 지원한다.
③ 사용자의 데이터 요구에 실시간으로 응답한다.

004
답 ④

ㄱ. 내부 스키마: 물리적인 저장 장치의 관점, 즉 전체 데이터베이스가 저장 장치에 실제로 저장되는 방법을 정의한 것이다. 레코드 구조, 필드 크기, 레코드 접근 경로 등 물리적 저장 구조를 정의한다.
ㄴ. 외부 스키마: 개별 사용자 관점, 즉 외부 단계에서 사용자에게 필요한 데이터베이스를 정의한 것이다. 각 사용자가 생각하는 데이터베이스의 모습, 즉 논리적 구조로 사용자마다 다르다. 서브 스키마(sub schema)라고도 한다.
ㄷ. 개념 스키마: 조직 전체의 관점, 즉 개념 단계에서 데이터베이스 전체의 논리적 구조를 정의한 것이다. 전체 데이터베이스에 어떤 데이터가 저장되는지, 데이터들 간에는 어떤 관계가 존재하고 어떤 제약조건이 존재하는지에 대한 정의뿐만 아니라, 데이터에 대한 보안 정책이나 접근 권한에 대한 정의도 포함한다.

005
답 ④

개념 스키마: 조직 전체의 관점에서 생각하는 데이터베이스의 모습이다. 전체 데이터베이스에 어떤 데이터가 저장되는지, 데이터들 간에는 어떤 관계가 존재하고 어떤 제약조건이 존재하는지에 대한 정의뿐만 아니라, 데이터에 대한 보안 정책이나 접근 권한에 대한 정의도 포함한다.

(선지분석)

① 외부 스키마: 각 사용자가 생각하는 데이터베이스의 모습, 즉 논리적 구조로 사용자마다 다르다.
② 서브 스키마: 외부 스키마와 동일한 의미이다.
③ 물리 스키마: 내부 스키마와 동일한 의미이다.
⑤ 내부 스키마: 전체 데이터베이스가 저장 장치에 실제로 저장되는 방법을 정의한 것이다. 레코드 구조, 필드 크기, 레코드 접근 경로 등 물리적 저장 구조를 정의한다.

006
답 ④

개념 스키마에 대한 일반적인 내용들로 구성되어 있다.

CHAPTER 04 | 데이터 모델

정답 p.201

001	②	002	④	003	①	004	③	005	②

001
답 ②

관계: 마름모로 표현한다.

(선지분석)

① 개체: 사각형으로 표현한다.
③ 속성: 타원으로 표현한다.
④ 키 속성: 속성에서 밑줄로 표현한다.
⑤ 링크: 각 요소를 연결한다.

002
답 ④

개념적: 해당 모델은 논리적 데이터 모델이고, 개념적 데이터 모델은 개체 - 관계(E-R) 모델이다.

(선지분석)

① 계층: 데이터베이스의 논리적 구조가 트리(tree) 형태이다.
② 관계: 데이터베이스의 논리적 구조가 2차원 테이블(table) 형태이다.
③ 네트워크: 데이터베이스의 논리적 구조가 네트워크, 즉 그래프(graph) 형태이다.

003
답 ①

개체관계 모델은 논리적 모델이 아니라 개념적 모델이다.

(선지분석)

② 관계형 모델은 테이블 형태를 가지는 논리적 모델이다.
③ SQL은 관계형 DBMS에서 사용하는 언어이다.
④ 네트워크(그래프) 모델, 계층(트리) 모델은 예전에(레거시) 사용했던 모델이다.

004
답 ③

다중값 속성은 이중 타원으로 표현되는데 속성 중에 이중 타원이 존재하지 않는다.

(선지분석)

① 수리날짜라는 속성을 가진다.
② n, 1이 존재하므로 일대다 관계이다.
④ 밑줄이 있으므로 키 속성이다.

005
답 ②

ㄱ. 데이터베이스뿐만 아니라 프로그래밍 언어에서도 해당 표시어를 사용한다.
ㄴ. NULL인 데이터를 검색할 때 IS NULL을 사용하고, NULL이 아닌 데이터를 검색할 때 IS NOT NULL을 사용한다.

(선지분석)

NULL은 아직 값이 정해지지 않은 것으로 어떤 값도 가지지 않는다.

CHAPTER 05 | 관계 데이터 모델

정답

p.202

001	④	002	②	003	④	004	③	005	②
006	③	007	④	008	①	009	①	010	⑤
011	④								

001

답 ④

외래키: 해당 설명은 대체키이고, 외래키는 다른 릴레이션의 기본키를 참조하는 속성 또는 속성들의 집합이다.

선지분석

① 수퍼키: 유일성(하나의 릴레이션에서 모든 투플은 서로 다른 키 값을 가져야 한다)을 만족하는 속성 또는 속성들의 집합이다.
② 후보키: 유일성과 최소성(꼭 필요한 최소한의 속성들로만 키를 구성한다)을 만족하는 속성 또는 속성들의 집합이다.
③ 기본키: 후보키 중에서 기본적으로 사용하기 위해 선택한 키이다.

002

답 ②

후보키: 유일성(하나의 릴레이션에서 모든 투플은 서로 다른 키 값을 가져야 한다)과 최소성(꼭 필요한 최소한의 속성들로만 키를 구성한다)을 만족하는 속성 또는 속성들의 집합이다.

선지분석

① 기본키: 후보키 중에서 기본적으로 사용하기 위해 선택한 키이다.
③ 대체키: 기본키로 선택되지 못한 후보키이다.
④ 슈퍼키: 유일성을 만족하는 속성 또는 속성들의 집합이다.
⑤ 외래키: 해당 설명은 대체키이고, 외래키는 다른 릴레이션의 기본키를 참조하는 속성 또는 속성들의 집합이다.

003

답 ④

고정된 순서: 하나의 릴레이션에서 속성 사이의 순서는 무의미하다(속성의 무순서).

선지분석

① 투플: 릴레이션의 행에 해당한다. 여기서 릴레이션은 하나의 개체에 관한 데이터를 2차원 테이블의 구조로 저장한 것을 의미한다.
② 열: 릴레이션의 속성, 애트리뷰트를 의미한다.
③ 투플 상이: 하나의 릴레이션에는 동일한 투플이 존재할 수 없다(투플의 유일성).

004

답 ③

원자성: 해당 설명은 개체 무결성 제약조건(릴레이션에서 기본키를 구성하는 속성은 널 값이나 중복값을 가질 수 없다)이고, 제1정규형의 원자성은 릴레이션의 모든 속성이 더는 분해되지 않는 원자값만 가져야 함을 의미한다.

선지분석

① 외래키: 다른 릴레이션 혹은 동일한 릴레이션을 참조할 수 있다.
② 참조무결성: 외래키는 참조할 수 없는 값을 가질 수 없는 규칙이다. NULL은 가질 수 있지만 참조하지 않은 값을 가질 수는 없다.
④ 트리거와 주장: 트리거는 명시된 조건을 검토하여 그에 맞는 절차를 수행하게 되는 사용자 정의문이고, 주장은 조건이 만족되지 않을 경우 변경 연산문의 수행을 거부하는 것이다.

005

답 ②

후보키는 유일성(하나의 릴레이션에서 모든 투플은 서로 다른 키 값을 가져야 한다)과 최소성(꼭 필요한 최소한의 속성들로만 키를 구성한다)을 만족해야 한다.

- A, B, C - 각각 중복이 존재(유일성을 만족하지 않는다)
- (A, B) - 1행과 3행이 같다(유일성을 만족하지 않는다)
- (B, C) - 1행과 2행이 같다(유일성을 만족하지 않는다)
- (A, C) - 유일성과 최소성을 만족(후보키이다)
- (A, B, C) - 유일성을 만족하나 최소성을 만족하지 않는다. 왜냐하면 (A, C)가 존재하기 때문이다. 만약, (A, C)가 없다면 (A, B, C)가 후보키이다.

006

답 ③

해당 설명은 개체 무결성 제약 조건이고, 도메인 무결성 제약 조건은 모든 속성은 특정한 도메인으로 정의되므로 해당 속성은 도메인에 존재하는 값만 가질 수 있다는 것을 의미한다.

선지분석

① 무결성 제약 조건은 일관성(데이터를 결함이 없는 상태, 즉 정확하고 유효하게 유지하는 것)을 보장한다.
② DBMS는 개체, 참조, 도메인, 사용자 정의 무결성 제약조건을 검사한다.
④ 참조 무결성 제약 조건은 외래키는 참조할 수 없는 값을 가질 수 없다는 것을 의미한다.

007

답 ④

원자성은 튜플이 가지는 특성이 아니라 속성이 가지는 특성이다.

선지분석

① 튜플의 유일성을 만족해야 한다.
② 속성의 무순서를 만족해야 한다.
③ 튜플의 무순서를 만족해야 한다.
⑤ 릴레이션은 속성과 튜플을 가지고 있는 테이블이다.

008

답 ①

속성은 원자성을 가진다. 즉, 서브속성으로 세분화할 수 없다.

선지분석

② 스키마는 고정되었고, 인스턴스는 입력에 따라 계속 바뀐다.
③ 튜플의 유일성이다.
④ 속성의 무순서이다.
⑤ 속성은 도메인을 의미하고, 도메인을 구성하는 값은 동일한 값이 존재할 수 있다.

009

답 ①

ㄱ. 데이터베이스에 저장되는 데이터 구조와 제약조건을 정의한 것이다.
ㄴ. 기본키를 구성하는 모든 속성은 널(NULL) 값을 가질 수 없는 규칙이다.
ㄷ. 외래키는 참조할 수 없는 값을 가질 수 없는 규칙이다.
ㄹ. 후보키는 유일성과 최소성을 만족해야 한다.

010

답 ⑤

유일성을 만족한다.

선지분석

① 후보키 중 기본적으로 사용하기 위해 선택한 키이다.
② 후보키 중 기본키로 선택되지 못한 키이다.
③ 각 튜플들을 식별할 수 있는 두 개 또는 그 이상의 속성들로 구성된 후보키이다.
④ 유일성과 최소성을 만족한다.

011

답 ④

NULL은 허용한다.

선지분석

① 똑같은 속성이 포함될 수 없으며, 포함된 속성 사이에는 순서가 없다.
② 유일성과 최소성을 만족해야 한다.
③ 대체키라고 한다.
⑤ 최소성을 만족한다.

CHAPTER 06 | 관계 대수

정답

p.205

001	④	002	②	003	②	004	②

001

답 ④

디비전을 나타낸다. 릴레이션 C의 모든 투플(강감찬, 이순신)과 관련이 있는 릴레이션 A의 투플로 결과 릴레이션을 구성한다. 이때, Dept의 내용은 같아야 한다. 예를 들어, 국어나 영어로 동일하면 결과에 국어 혹은 영어로 릴레이션이 구성되는데 현재 주어진 조건은 서로 틀리므로 결과 릴레이션이 존재하지 않는다.

선지분석

① 합집합을 나타낸다. 릴레이션 A에 속하거나 릴레이션 B에 속하는 모든 투플로 결과 릴레이션을 구성한다.
② 교집합을 나타낸다. 릴레이션 A와 릴레이션 B에 속하는 모든 투플로 결과 릴레이션을 구성한다.
③ 차집합을 나타낸다. 릴레이션 A에 존재하고 릴레이션 B에 존재하지 않는 투플로 결과 릴레이션을 구성한다.

002

답 ②

셀렉트는 조건을 만족하는 투플들을 반환하고, 프로젝트는 주어진 속성들의 값으로만 구성된 투플들을 반환한다.

003

답 ②

검색은 σ를 사용하고, 조건은 σ의 아래 첨자에 위치한다.

004

답 ②

LEFT JOIN // 왼쪽 테이블을 중심으로 조인한다.

선지분석

① DBMS에 따라 해당 결과가 나올 수도 있다.

CHAPTER 07 | SQL

정답

p.207

001	④	002	④	003	③	004	④	005	②
006	②	007	①	008	④	009	①	010	③
011	①	012	②	013	④	014	④	015	②
016	①	017	④	018	①	019	①	020	③

001

답 ④

CHECK절이 무결성 제약 조건은 맞으나 UPDATE 키워드는 FOREIGN KEY와 사용된다.

선지분석

①, ②, ③ CREATE TABLE은 테이블 생성을 수행하는 SQL로 속성_이름, PRIMARY KEY(기본키), UNIQUE(대체키), FOREIGN KEY(외래키), CONSTRAINT(제약 조건)로 구성된다.

002

답 ④

GROUP BY: 그룹에 대한 조건을 작성할 때는 WHERE가 아니라 HAVING을 사용해야 한다.

선지분석

① LIKE: LIKE 키워드는 %(0개 이상의 문자)와 _(한 개의 문자)와 같이 사용할 수 있다.
② COUNT(*): COUNT(속성)은 속성 값의 개수인데, 속성을 *로 지정하면 모든 속성 즉, NULL 값의 유무에 상관없이 대상 테이블에서 모든 행(투플)의 수를 계산한다.
③ COUNT(*): COUNT(속성)은 속성 값의 개수인데, 속성을 *로 지정하면 모든 속성 즉, NULL 값의 유무에 상관없이 대상 테이블에서 모든 행(투플)의 수를 계산한다.

003

답 ③

각 명령어의 실행 결과는 다음과 같다.

- INSERT: 3개의 레코드 삽입한다(컬럼 수가 3개이다).
- SELECT: ID가 500보다 큰 2개의 레코드 중 UWORD 출력한다(ID와 FREQ는 출력되지 않는다).
- DELETE: FREQ가 600보다 작은 1개의 레코드 삭제한다(남은 레코드 2개이다).

FREQ는 출력하지 않으므로 700이란 숫자는 보이지 않는다.

선지분석

① 레코드 개수는 2개이다.
② 2개의 레코드가 출력된다.
④ 컬럼 수는 3개이다.
⑤ THIS라는 단어가 저장되어 있지 않다.

004

답 ④

SELECT 문은 생성하려는 뷰의 정의를 표현하며 ORDER BY는 사용이 불가하다.

선지분석

① 뷰는 물리적인 테이블을 기반으로 만들어지는 논리적인 테이블이며, 뷰를 기반으로 새로운 뷰를 생성할 수 있다.
② 뷰 삭제는 DELETE 구문을 사용하며, 뷰 생성에 기반이 된 기존 테이블들에 영향을 미친다(Drop, 기존 테이블에 영향을 미치지 않음).
③ 뷰 생성에 사용된 테이블의 기본키를 구성하는 속성이 포함되어 있는 뷰만 데이터의 변경이 가능하다.

005

답 ②

집계함수 COUNT도 정상이고, WHERE 조건도 정상이다.

선지분석

① DELETE는 1개의 테이블에 대해서만 동작한다.
③ DEPT = NULL이 아니라 DEPT IS NULL이다.
④ INSERT STUDENT INTO가 아니라 INSERT INTO STUDENT이다.
⑤ GROUP BY DNO WHERE가 아니라 GROUP BY DNO HAVING이다.

006

답 ②

일반적으로 뷰의 정의는 변경할 수 없지만, ALTER VIEW를 지원하는 데이터베이스도 존재한다.

선지분석

① 인덱스는 물리적인 테이블이 가질 수 있고, 뷰는 물리적인 테이블로 만들어진 논리적인 테이블로 인덱스를 가질 수 없다.
③ 시스템 카탈로그는 데이터베이스에 저장되는 데이터에 관한 정보를 가지는데, 이 중에 뷰의 정의를 포함한다.
④ 논리적인 테이블인 뷰는 물리적인 테이블의 일부만이 사용자에게 보이므로 이로 인한 보안을 제공한다.
⑤ 논리적인 뷰를 이용해서 또 다른 논리적인 뷰를 만들 수 있다.

007

답 ①

SET 키워드 다음에 속성 값을 어떻게 수정할 것인지를 지정하고, WHERE 절에 제시된 조건을 만족하는 투플에 대해서만 속성 값을 수정한다.

선지분석

② SET에 HAVING이 사용되지 않는다.
③, ④ UPDATE에 ALTER를 사용하지 않는다. ALTER는 ALTER TABLE 명령어를 사용할 수 있는데 새로운 속성을 추가/삭제 및 새로운 제약조건의 추가/삭제에 사용한다.

008 답 ④

FROM에는 테이블_이름이 나오므로 무조건 있어야 하고, WHERE에는 조건이 있으므로 조건이 없다면 필수는 아니다.

선지분석

① 해당 설명은 DML이고, DDL은 테이블을 생성하거나 변경한다.
② 해당 설명은 DCL이고, DML은 데이터를 검색한다.
③ 해당 명령은 DROP이고, DELETE는 데이터 삭제이다.

009 답 ①

ㄱ. ALTER: DDL로 데이터베이스 객체를 변경한다.
ㄴ. DROP: DDL로 데이터베이스 객체를 삭제한다.

선지분석

ㄷ. INSERT: DML로 데이터베이스 객체에 데이터를 입력한다.
ㄹ. UPDATE: DML로 데이터베이스 객체의 데이터를 수정한다.

SQL의 DDL, DML, DCL

DDL (정의어)	CREATE(데이터베이스 객체 생성), ALTER(객체 변경), DROP(객체 삭제), RENAME(객체 이름 변경), TRUNCATE(객체를 삭제하고 새로 만듦)
DML (조작어)	SELECT(테이블이나 뷰의 내용을 읽고 선택), INSERT(데이터 입력), UPDATE(데이터 수정), DELETE(데이터 삭제)
DCL (제어어)	GRANT(객체에 권한을 부여), DENY(사용자에게 해당 권한 금지), REVOKE(객체의 권한을 취소), COMMIT(명령을 실행), ROLLBACK(명령을 취소)

010 답 ③

ORDER BY wyear DESC, age;
순서상으로 wyar DESC를 적용하고, 해당 결과에 age를 적용한다. wyear DESC는 wyear에 대해서 내림차순(DESC) 정렬을 의미한다. age에 차순 조건이 없다면 디폴트(default)로 오름차순(ASC) 정렬을 적용한다(오름차순이 default로 생략).

011 답 ①

ㄱ. 일반적으로 뷰의 정의는 변경할 수 없지만, ALTER VIEW와 같은 명령어를 제공하는 데이터베이스도 존재한다(공무원 시험의 특성 상 가장 근접한 답의 측면에서 바라보면 맞는 답이다).
ㄴ. 뷰에 대한 삽입 · 수정 · 삭제 연산은 제한적으로 수행된다. 변경 가능한 뷰와 변경 불가능한 뷰가 존재한다. 예를 들어 기본 테이블의 기본키를 구성하는 속성이 포함되어 있지 않은 뷰나 기본 테이블에 있던 내용이 아닌 집계 함수로 새로 계산된 내용을 포함하는 뷰 등은 변경 불가능한 뷰이다.

선지분석

ㄷ. 뷰 위에 다른 뷰를 정의할 수 있다.
ㄹ. 뷰가 정의된 테이블이 삭제되면 뷰도 삭제된다. 물리적인 테이블이 삭제되었는데 논리적인 테이블이 남아 있는 것은 이치상 맞지 않는다.
ㅁ. 뷰는 논리적으로 구현되는 테이블이다.

012 답 ②

HAVING은 GROUP BY의 조건을 나타내기 위해 사용된다. 개수 계산(동일 부서의 사원수)을 위해 집계 함수 COUNT를 사용한다. *는 모든 컬럼(속성)을 대상으로 개수 계산을 수행하고, 컬럼 중에 비어 있는 값이 있다고 하더라도(예를 들어, 한 사원의 급여가 비어 있음) 개수 계산에 포함시키겠다는 의미이다.

선지분석

① CHECK는 CREATE TABLE 또는 ALTER TABLE에 제약 조건을 만들기 위해 사용된다.
③ WHERE는 SELECT의 조건을 나타내기 위해 사용된다. 문제의 조건은 SELECT의 조건이 아닌 GROUP BY의 조건을 나타낸다. CHECK는 CREATE TABLE 또는 ALTER TABLE에 제약 조건을 만들기 위해 사용된다.
④ WHERE는 SELECT의 조건을 나타내기 위해 사용된다. 문제의 조건은 SELECT의 조건이 아닌 GROUP BY의 조건을 나타낸다.

013 답 ④

테이블 제거: DROP TABLE 테이블_이름;

선지분석

① 새로운 속성 추가: ALTER TABLE 데이블_이름 ADD 속성_이름 데이터_타입;
② 기존 속성 삭제: ALTER TABLE 테이블_이름 DROP 속성_이름; (COLUMN는 지원하는 데이터베이스에 따라 사용 여부가 결정된다)
③ 새로운 제약 조건 추가: ALTER TABLE 테이블_이름 ADD CONSTRAINT 제약조건_이름 제약조건_내용;

014 답 ④

GROUP BY A HAVING COUNT(B) = 2 // A를 그룹으로 묶었을 때 동일한 속성값의 개수(중복의 개수)가 2인 것을 찾는다(3은 3개, 2는 2개, 1은 1개).
GROUP BY A HAVING COUNT(*) = 2와 같이 써도 무방하다.
SUM(B) // 찾아진 2에서 B의 값을 합하면 9(= 4 + 5)가 된다.

015 답 ②

UNION은 여러 개의 SQL 문을 합쳐 하나의 SQL 문으로 만들어 준다.

선지분석

① SELECT deptno, AVG(salary) 또는 GROUP BY deptno, position으로 수정해주어야 한다.

③ 집계 함수는 WHERE 절에서는 사용할 수 없고 SELECT 절이나 HAVING 절에서만 사용 가능하다.

④ WHERE 절이 파싱되면 (WHERE height > height, grade)가 되어 비교 구문을 해석할 수 없다.

016

답 ①

SELECT 제조업체...이므로 (ㄱ)은 제조업체이다. 그리고 결과를 보면 제조업체 개수가 1개보다 큰 제조업체를 대상으로 했음을 알 수 있다.

017

답 ④

PRICE에 NULL이 올 수 없다.

018

답 ①

뷰를 통해 질의를 간략화할 수 있다.

선지분석

② 논리적 데이터 독립성(각각의 응용 프로그램들이 서로 영향을 받지 않고 응용 프로그램이 원하는 논리적 구조를 제공)을 제공한다.

019

답 ①

데이터 조작어에 대한 설명이다.

020

답 ③

DML 명령어에 해당한다.

CHAPTER 08 | 설계

정답 p.213

001	③	002	③

001

답 ③

논리적 설계: DBMS에 적합한 논리적 구조를 설계한다. 결과물은 논리적 스키마(릴레이션 스키마)이다. 릴레이션 스키마 변환 후 속성의 데이터 타입, 길이, 널 값 허용 여부, 기본 값, 제약조건 등을 세부적으로 결정하고 결과를 문서화(테이블 명세서)시킨다.

선지분석

① 요구 조건(사항) 분석: 데이터베이스의 용도를 파악한다. 결과물은 요구 사항 명세서이다.

② 개념적 설계: DBMS에 독립적인 개념적 구조를 설계한다. 결과물은 개념적 스키마(E-R 다이어그램)이다.

④ 물리적 설계: DBMS로 구현 가능한 물리적 구조를 설계한다. 결과물은 물리적 스키마이다.

⑤ 구현 단계: SQL 문을 작성한 후 이를 DBMS에서 실행하여 데이터베이스를 생성한다.

002

답 ③

논리적: DBMS에 적합한 논리적 구조를 설계한다. 결과물은 논리적 스키마(릴레이션 스키마)이다. 릴레이션 스키마 변환 후 속성의 데이터 타입, 길이, 널 값 허용 여부, 기본 값, 제약조건 등을 세부적으로 결정하고 결과를 문서화(테이블 명세서)시킨다.

선지분석

① 요구사항 분석: 데이터베이스의 용도를 파악한다. 결과물은 요구 사항 명세서이다.

② 개념적: DBMS에 독립적인 개념적 구조를 설계한다. 결과물은 개념적 스키마(E-R 다이어그램)이다.

④ 물리적: DBMS로 구현 가능한 물리적 구조를 설계한다. 결과물은 물리적 스키마이다.

TIP 구현 단계: SQL 문을 작성한 후 이를 DBMS에서 실행하여 데이터베이스를 생성한다.

CHAPTER 09 | 정규화

정답

p.214

001	③	002	④	003	①	004	②	005	⑤
006	③	007	④	008	①	009	③		

001 답 ③

정규화: 이상 현상이 발생하지 않도록, 릴레이션을 관련 있는 속성들로만 구성하기 위해 릴레이션을 분해(decomposition)하는 과정이다. 함수적 종속성(속성들 간의 관련성)을 판단하여 정규화를 수행한다.

선지분석

① 조인: 조인 속성을 이용해 두 릴레이션을 조합하여 결과 릴레이션을 구성한다. 조인 속성이란 두 릴레이션이 공통으로 가지고 있는 속성을 의미한다.

② 인덱싱: 검색 속도를 높이기 위한 자료 구조이다. 인덱스는 일반적으로 키-필드로 이루어져있고 테이블에 대한 세부 정보를 가지지 않는다. 별도의 세부 정보의 이용 없이 키 값을 기초로 하기 때문에 검색과 정렬속도를 향상시킨다. 인덱싱하고자 하는 컬럼을 키로 하는 index table을 만든다.

④ 증분 백업: 선택된 데이터의 Full 백업(데이터를 모두 백업하는 방식) 이후 변경, 추가된 데이터만 백업하는 방식이다. 단, 주기적으로 Full 백업을 수행한다.

⑤ 스키마 변환: 개념적 스키마(E-R 다이어그램)에서 논리적 스키마(릴레이션 스키마)로의 변환과 논리적 스키마에서 물리적 스키마로의 변환이 존재한다.

002 답 ④

S(A, B, C)와 T(A, D): 현재 A가 결정자(후보키)이다. D가 결정자이면 후보키가 된다.

선지분석

①, ②, ③ S(A, B, C, D), S(A, B)와 T(A, C, D), S(A, C)와 T(A, B, D): 현재 A가 결정자(후보키)이다. D가 결정자인데 후보키가 아닐 확률(유일성이 깨짐)이 존재한다.

TIP 릴레이션의 함수 종속 관계에서 모든 결정자(X가 Y를 함수적으로 결정할 때 X를 결정자, Y를 종속자라고 함)가 후보키(유일성과 최소성을 만족)이면 보이스/코드 정규형(BCNF)에 속한다.

003 답 ①

병합: 함수 종속성을 이용해 릴레이션을 연관성이 있는 속성들로만 구성되도록 분해해서 이상 현상이 발생하지 않는 바람직한 릴레이션으로 만들어 가는 과정이다.

선지분석

② 효율성: 목적 데이터를 효율적으로 저장하고 중복을 방지하여 저장 공간의 낭비를 줄이는 것이다.

③ 이상 현상: 이상 현상의 종류에는 삽입, 갱신, 삭제가 존재한다.

④ 정규형: 정규형의 종류는 1NF, 2NF, 3NF, BCNF, 4NF, 5NF가 존재한다.

004 답 ②

A → D 종속을 만족해야 하고, 1번 튜플에서 A, D가 a1, d1로 결정되었으므로 ㉠도 d1이 되어야 한다. ㉡이 a2 또는 a3라면 어떤 종속 조건에도 해당이 되지 않기 때문에 릴레이션의 튜플로 사용할 수 있다.

선지분석

① A → D 종속을 만족해야 하고, 1번 튜플에서 A, D가 a1, d1로 결정되었으므로 ㉠도 d1이 되어야 한다. ㉡이 a1이라면 1번 튜플과 3번 튜플의 AB → C 종속 조건을 만족하는데, 대신 A → D라는 종속에 어긋나게 된다.

③ A → D 종속 조건에 의해, ㉠은 d5가 될 수 없다. ㉡이 a2는 될 수 있지만, ㉡이 a4라면 3번 튜플과 4번 튜플의 AB 값이 같은데 C값은 다르므로, AB → C 종속과 A → D라는 종속에 어긋나게 된다.

④ A → D 종속 조건에 의해, ㉠은 d4가 될 수 없다. ㉡이 a4라면 3번 튜플과 4번 튜플의 AB값이 같은데 C 값은 다르므로, AB → C 종속과 A → D라는 종속에 어긋나게 된다.

005 답 ⑤

ㄷ. 삽입, 삭제, 갱신 이상이 발생한다.
ㅁ. 작게 무손실 분해하는 과정을 정규화라고 한다.
ㅂ. 릴레이션은 관계 대수(일반 집합 4개, 순수 관계 4개)로 조작이 가능하다.

선지분석

ㄱ. 관련된 구조 간의 통합이 아닌 분리의 원칙을 준수하여야 한다.
ㄴ. 연산 결과도 릴레이션이다.
ㄹ. 종속 관계를 고려하지 않으면 이상 문제를 해결할 수 없다.

006 답 ③

제3정규형까지 모두 만족한다.

선지분석

① R1(A, B, C, D): 기본키인 (A, B)에 부분 함수 종속(B → D) 되므로 제2정규형을 만족하지 않는다.

② R3(A, E, F): 이행적 함수 종속(A → E, E → F)이 되어 제3정규형을 만족하지 않는다.

④ R4(A, E, F): 이행적 함수 종속(A → E, E → F)이 되어 제3정규형을 만족하지 않는다.

TIP 정규형이 높아질수록 분해의 수가 증가한다. 그러므로 주어진 보기 중 ③ 또는 ④에서 답을 선택하면 된다.

007
답 ④

제5정규형에 해당한다. BCNF는 제3정규형까지 만족하고 "모든 결정자가 후보키"인 조건만 만족하면 된다.

(선지분석)

① 제2정규형에 해당한다.
② 제3정규형에 해당한다.
③ 제1정규형에 해당한다.

TIP 제4정규형은 다치(multi-valued) 종속을 제거하는 것을 의미한다.

008
답 ①

정규형이란 삽입, 삭제, 수정 시에 발생하는 이상 현상을 제거하는 것을 의미한다. 주어진 보기 조건에 의해 제1정규형(모든 속성의 도메인이 원자 값으로만 구성)은 무조건 만족한다. 만약, 제1정규형이 만족하지 않으면 답이 존재하지 않는다.

(선지분석)

② 제2정규형(모든 속성이 기본키에 완전 함수 종속) 만족하지 않음을 알 수 있다. 왜냐하면, {A, B}가 복합 속성인데 A → C인 부분 함수 종속 관계가 형성되어 있기 때문이다.
③, ④ 제2정규형이 깨졌으므로 제3정규형과 보이스/코드정규형을 해볼 필요가 없다.

009
답 ③

모든 결정자가 후보키이면 BCNF에 속한다.

CHAPTER 10 | 트랜잭션(Transaction)

정답
p.216

001	④	002	①	003	①	004	③	005	④
006	④								

001
답 ④

병행성(Concurrency)은 여러 트랜잭션이 동시에 수행되는 것을 의미하며 격리성에서 사용된다. 격리성은 병행성에서도 마치 순서대로 하나씩 수행되는 것처럼 정확하고 일관된 결과를 얻을 수 있음을 의미한다.

(선지분석)

트랜잭션의 ACID 특성은 다음과 같다.

① 원자성(Atomicity): 트랜잭션의 연산들이 모두 정상적으로 실행되거나 하나도 실행되지 않아야 하는 all-or-nothing 방식을 의미한다.
② 격리성 혹은 고립성(Isolation): 수행 중인 트랜잭션이 완료될 때까지 다른 트랜잭션들이 중간 연산 결과에 접근할 수 없음을 의미한다.
③ 지속성(Durability): 트랜잭션이 성공적으로 완료된 후 데이터베이스에 반영한 수행 결과는 영구적이어야 함을 의미한다.

TIP 이외에도 일관성(Consistency)은 트랜잭션이 성공적으로 수행된 후에도 데이터베이스가 일관성 있는 상태를 유지해야 함을 의미한다.

TIP 번역된 한글은 지문에 따라 바뀔 수 있으므로 영어 단어로 기억하는 것이 좋다.

002
답 ①

트랜잭션의 연산들이 모두 정상적으로 실행되거나 하나도 실행되지 않아야 하는 all-or-nothing 방식을 의미한다.

(선지분석)

② 트랜잭션이 성공적으로 수행된 후에도 데이터베이스가 일관성 있는 상태를 유지해야 함을 의미한다.
③ 수행 중인 트랜잭션이 완료될 때까지 다른 트랜잭션들이 중간 연산 결과에 접근할 수 없음을 의미한다.
④ 트랜잭션이 성공적으로 완료된 후 데이터베이스에 반영한 수행 결과는 영구적이어야 함을 의미한다.

003
답 ①

고립성(격리성): 수행 중인 트랜잭션이 완료될 때까지 다른 트랜잭션들이 중간 연산 결과에 접근할 수 없음을 의미한다.

(선지분석)

② 일관성: 트랜잭션이 성공적으로 수행된 후에도 데이터베이스가 일관성 있는 상태를 유지해야 함을 의미한다.
③ 원자성: 트랜잭션의 연산들이 모두 정상적으로 실행되거나 하나도 실행되지 않아야 하는 all-or-nothing 방식을 의미한다.
④ 지속성: 트랜잭션이 성공적으로 완료된 후 데이터베이스에 반영한 수행 결과는 영구적이어야 함을 의미한다.
⑤ 투명성: DDBMS(분산 DBMS)의 특성으로 트랜잭션이 발생해도 분산 데이터베이스의 무결성과 일관성이 유지됨을 의미한다.

004
답 ③

ㄴ. ACID의 지속성에 해당한다.
ㄷ. ACID의 일관성에 해당한다.

(선지분석)

ㄱ. ACID의 원자성에 위배된다. 하나의 트랙잰션은 all or nothing 이다. 즉, 부분적으로 반영될 수 없다.
ㄹ. ACID의 고립성에 위배된다. 트랜잭션이 갱신 중인 데이터에 다른 트랜잭션이 접근할 수 없다.

005

답 ④

지연 갱신이므로 T_2는 버리고, T_1은 redo를 한다.

006

답 ④

트랜잭션의 성질에 의존성은 존재하지 않는다.

CHAPTER 11 | 병행 제어

정답 p.218

001	④	002	①

001

답 ④

교착상태란 트랜잭션들이 상대가 독점하고 있는 데이터에 unlock(해제) 연산이 실행되기를 서로 기다리면서 트랜잭션의 수행을 중단하고 있는 상태이다. 그러므로 정상적으로 커밋될 때까지 자신이 가진 모든 배타적 로크들을 해제하지 않으면 교착상태가 오히려 증가한다.

선지분석

① 다중 버전 동시성 제어 기법은 트랜잭션이 한 데이터 아이템을 접근하려 할 때, 그 트랜잭션의 타임스탬프와 접근하려는 데이터 아이템의 여러 버전의 타임스탬프를 비교하여, 현재 실행하고 있는 스케줄의 직렬가능성이 보장되는 적절한 버전을 선택하여 접근하도록 하는 기법이다. 그러므로 한 데이터 항목이 변경될 때 그 항목의 이전 값을 보존하여 다중 버전을 만든다.

② 기본 로크(lock, 로킹, locking) 규약에 따라 공유 로크(T2)에 대해서는 공유 로크(T3)만 요청할 수 있다. 만약, 트랜잭션 기아(트랜잭션이 수행되지 못하고 계속 무한정 기다림) 회피 기법이 존재하면 선입선처리 기법(공평한 처리 방식)에 따라 먼저 요청한 T1이 A에 대한 로크를 보유한다.

③ 로크 전환이란 항목 A가 보유하고 있는 로크를 하나의 로크 상태로부터 다른 로크 상태로 전환하는 것을 의미한다. 로크 상승(공유 로크에서 배타 로크로 전환)과 로크 하강(배타 로크에서 공유 로크로 전환)이 가능하다. 단, 전제 조건은 로크를 보유한 트랜잭션이 하나이어야 한다.

002

답 ①

일반적인 내용이다.

선지분석

② 공용 lock은 read 연산만 수행할 수 있다.

③, ④ 연쇄 복귀와 갱신 분실이 서로 바뀌어 서술되었다.

CHAPTER 12 | 상용 데이터베이스/모바일 데이터베이스

정답 p.219

001	①	002	①

001

답 ①

모바일 데이터베이스는 클라이언트(모바일 기기)가 서버측 데이터베이스를 복제하고 이를 동기화하는 기능을 수행한다.

선지분석

② 모바일 기기에 탑재 가능하도록 만든 데이터베이스로서, 서버측 데이터베이스보다 가볍다(Lite).

③ 모바일 기기(스마트폰)에 내장된다.

④, ⑤ 모바일 데이터베이스의 종류에는 SQL Anywhere, DB2 Everyplace, SQL Server Compact, SQL Server Express, Oracle Database Lite, SQLite, SQLBase 등이 존재한다.

002

답 ①

SQLite: 모바일 데이터베이스의 종류에는 SQL Anywhere, DB2 Everyplace, SQL Server Compact, SQL Server Express, Oracle Database Lite, SQLite, SQLBase 등이 존재한다.

선지분석

② MySQL: 오픈 소스 RDBMS(관계형 데이터베이스 관리 시스템)로서 서버용 데이터베이스이다.

③ mSQL: David Hughes가 개발한 SQL 기반의 DBMS(데이터베이스 관리 시스템)으로 서버용 데이터베이스이다.

④ Oracle: 오라클에서 개발한 RDBMS로 서버용 데이터베이스이다.

⑤ SQL Server: 마이크로소프트에서 개발한 RDBMS로 서버용 데이터베이스이다.

CHAPTER 13 | 그 외

정답 p.220

001	②	002	③

001

답 ②

연속적인 프로젝트 연산은 마지막 것을 실행한다. → R3에 해당된다.

선지분석

① 실렉트 연산은 교환적이다. → R2 규칙에 해당된다.

③ 합집합과 관련된 프로젝트 연산은 개별 프로젝트의 합과 같다. → R11 규칙에 해당된다.

④ 실렉트의 조건 c가 프로젝트 속성만 포함하고 있다면 교환적이다. → R4에 해당된다.

질의 최적화를 위한 질의문의 내부 형태 변화에 대한 규칙

- R1. 논리곱으로 연결된 선택 조건 → 일련의 개별적인 선택 조건
  $S_{c1\ AND\ c2\ AND\ cn}(R) \equiv S_{c1}(S_{c2}(...(S_{cn}(R))...))$
- R2. 선택연산은 교환적
  $S_{c1}(S_{c2}(R)) \equiv S_{c2}(S_{c1}(R))$
- R3. 연속적인 프로젝트 연산() → 마지막 것만 실행
  $P_1(P_2(...(P_n(R))...)) \equiv P_1(R)$
- R4. 셀렉트의 조건 c가 프로젝트 애트리뷰트만 포함하고 있다면 이들은 교환적
  $S_c(P(R)) \equiv P(S_c(R))$
- R5. 셀렉트의 조건이 카티션 프로덕트(x)에 관련된 릴레이션 하나에만 국한 → 조인조건
  $s_c(R \times S) \equiv R \bowtie_c S$, $s_{c1}(R \bowtie_{c2} S) \equiv R \bowtie_{c1 \wedge c2} S$
- R6. 셀렉트의 조건이 조인 또는 카티션 프로덕트에 관련된 릴레이션 하나와만 관련이 되어 있을 때
  $\acute{o}_c(R \bowtie S) \equiv \acute{o}_c(R) \bowtie S$, $\acute{o}_c(R \times S) \equiv \acute{o}_c(R) \times S$
- R7. c1은 릴레이션 R과 관련되어 있고, c2는 릴레이션 S와 관련이 되어 있을 때, c = c1 AND c2
  $\acute{o}_c(R \bowtie S) \equiv \acute{o}_{c1}(R) \bowtie \acute{o}_{c2}(S)$, $\acute{o}_c(R \times S) \equiv \acute{o}_{c1}(R) \times \acute{o}_{c2}(S)$
- R8. ×, ∪, ∩, ⋈는 교환적
  $R \times S \equiv S \times R$, $R \cup S \equiv S \cup R$, $R \cap S \equiv S \cap R$,
  $R \bowtie S \equiv S \bowtie R$
- R9. L1은 릴레이션 R에 관련되어 있고, L2는 릴레이션 S에 관련되어 있을 때, L=(L1, L2)
  $\Pi_L(R \bowtie S) \equiv \Pi_{L1}(R) \bowtie \Pi_{L2}(S)$, $\Pi_L(R \times S) \equiv \Pi_{L1}(R) \times \Pi_{L2}(S)$
- R10. 집합연산과 관련된 셀렉트의 변환
  $\acute{o}_c(R \cup S) \equiv \acute{o}_c(R) \cup \acute{o}_c(S)$, $\acute{o}_c(R \cap S) \equiv \acute{o}_c(R) \cap \acute{o}_c(S)$,
  $\acute{o}_c(R - S) \equiv \acute{o}_c(R) - \acute{o}_c(S)$
- R11. 합집합과 관련된 프로젝트의 변환
  $\Pi(R \cup S) \equiv \Pi(R) \cup \Pi(S)$
- R12. ∪, ∩, ×, ⋈는 연합적
  $(R \bowtie S) \bowtie T \equiv R \bowtie (S \bowtie T)$, $(R \cup S) \cup T \equiv R \cup (S \cup T)$,
  $(R \cap S) \cap T \equiv R \cap (S \cap T)$, $(R \times S) \times T \equiv R \times (S \times T)$
- R13. OR로 연결된 조건식을 AND로 연결된 논리곱 정형식(conjunctive normal form)으로 변환
  c1 OR (c2 AND c3) → (c1 OR c2) AND (c1 OR c3)

002

답 ③

정보추출은 고객관련 정보를 토대로 미래의 구매형태를 예측하거나 변수 간 인과관계를 분석하는 마케팅 기법이다. 정보추출의 예에는 연관 규칙이 있다. 연관 규칙이란 하나의 거래나 사건에 포함되어있는 품목들의 상호 연관성을 발견하는 것이다. 연관성은 어떤 item 집합의 존재가 다른 item 집합의 존재를 암시하는 것을 의미하여 A → B(만일 A가 일어나면 B가 일어남)와 같이 표시한다. 함께 구매하는 상품의 조합이나 서비스 패턴 발견할 수 있다. 미국 월마트 기저귀와 맥주 판매를 보면 기저귀가 많이 판매되면 맥주도 많이 판매가 되는 패턴을 알 수 있다. 연관 규칙 분석 방법은 지지도(support)와 신뢰도(confidence)가 있다.

- 지지도는 전체 거래 중 X(기저귀)와 Y(맥주)가 동시에 포함하는 거래가 어느 정도인가를 나타낸다. 여기서 N은 전체 트랜잭션의 개수를 나타내고, 연관 규칙 X → Y는 지지도 S를 갖는다.

$$S = \frac{|\ X \cap Y\ |}{N}$$

- 신뢰도는 X를 포함하는 거래 중에서 Y가 포함된 거래는 어느 정도인가를 나타낸다. 연관 규칙 X → Y는 신뢰도 C를 갖는다.

$$S = \frac{|\ X \cap Y\ |}{|\ X\ |}$$

위의 수식을 통해 계산하면 지지도는 0.6(= 3/5)이 되고, 신뢰도는 0.75(= 3/4)가 된다.

PART 8 소프트웨어공학

CHAPTER 01 | 개요

정답 p.224

001	③	002	①	003	④

001 답 ③

소프트웨어 개발 생명주기(SDLC)는 "계분설구테유"이다.

002 답 ①

SDLC(소프트웨어 개발 생명 주기)의 순서는 다음과 같다.

- 계획: 사용자는 소프트웨어의 필요성을 파악하고, 이를 개발하기 위한 타당성을 먼저 검토한다. 소프트웨어 개발이 타당하다면, 사용자는 이를 제안 요청서에 의해 개발자에게 요청한다.
- 분석: 요구 분석의 목적은 최종 시스템의 기능, 성능, 사용의 용이성, 이식성 등을 파악하는 것이다.
- 설계: 설계에는 시스템 구조 설계, 프로그램 설계 그리고 인터페이스 설계 등이 있다. 시스템 구조 설계는 시스템을 이루는 각 모듈과의 관계와 전체적인 구조를 설계하는 것이고, 프로그램 설계는 각 모듈 안에서의 처리 절차나 알고리즘을 설계하는 것을 말한다.
- 구현: 프로그래밍을 하는 단계로 각 모듈의 코딩과 디버깅이 이루어지고, 그 결과를 검증하는 단위(모듈) 시험(테스트 케이스를 이용)을 실시한다.
- 테스트: 개발된 각 모듈들을 통합시키며 시험하는 통합 시험(integration test), 사용자의 요구사항(성능)을 만족하는지 알아보는 시스템 시험(system test), 그리고 사용자가 직접 자신의 사용 현장에서 시스템을 검증해 보는 인수 시험(acceptance test) 등이 있다.
- 유지보수: 사용자가 개발된 소프트웨어를 인수(acceptance)하여 이용하면서 문제점을 발견하였을 경우, 이를 수정하거나 새로운 기능을 추가해 더욱 유용한 소프트웨어로 발전시키는 단계이다.

003 답 ④

구현에서 완벽히 제작한다고 하더라도 문제가 없을 수는 없으므로 시험 단계를 생략할 수 없다.

선지분석

① WBS(프로젝트를 작업별로 나누는 것)를 만든다.
② 요구 추출(사용자의 요구)과 도메인 분석(추출된 요구가 정당한지 평가)을 수행한다.
③ 아키텍처 설계(동작 방식과 전체 구조)와 상세 설계(클래스와 메소드)로 구분된다.
⑤ 시험에는 단위, 통합, 시스템, 인수 등이 있고, 유지보수는 분석과 설계에 많은 비중이 들어간다(개발은 구현과 테스팅에 많은 비용이 들어감).

CHAPTER 02 | 프로세스와 방법론

정답 p.225

001	④	002	②	003	④	004	③	005	⑤
006	②	007	③	008	①	009	④	010	①
011	④	012	④	013	②	014	②	015	⑤
016	④	017	③						

001 답 ④

대규모 시스템의 소프트웨어 개발: 위험 감소 메커니즘(risk reduction mechanism)으로 대규모 시스템 개발에 적합하다.

선지분석

① 폭포수 + 원형: 폭포수의 장점은 중간 산출물이 명확하여 관리하기 좋은 것이고, 원형의 장점은 사용자의 요구를 더 정확히 추출할 수 있다는 것이다. 이 둘을 결합한 것이 나선형이다.
② 점증적: 소프트웨어의 기능을 나누어 점증적으로 개발한다. 이로써 실패의 위험을 줄이고 테스트가 용이하게 한다.
③ 위험 분석과 최소화: 4단계의 진화 단계(계획 수립, 위험 분석, 개발, 평가) 중 위험 분석 단계를 가진다.

002 답 ②

UP 모델에서 도입은 비즈니스 모델링과 요구 사항 정의 비중이 크고, 구체화(상세)는 분석과 설계의 비중이 크다. 구축은 구현과 형상 관리 비중이 크고, 전이(이행)는 배치와 형상 관리 비중이 크다. 프로젝트 관리(위험 관리 포함)는 모든 단계에서 중요하다.

003 답 ④

가장 오래: 해당 설명은 폭포수 모델에 대한 설명이고, 프로토타이핑 모델은 개발 착수 시점에 요구가 불투명할 때, 실험적으로 실현 가능성을 타진해 보고 싶을 때, 혁신적인 기술을 사용해 보고 싶을 때 사용한다.

선지분석

① 요구사항: 프로토타입(시범 시스템)을 적용하여 사용자의 요구를 더 정확히 추출할 수 있다.
② 재사용: 단순한 요구 추출은 만들고 버리고, 제작 가능성을 타진하는 것이라면 개발 단계에서 유지보수가 이루어지면서 재사용된다(기능 개선).
③ 하위 기능: 완전히 동작하는 완제품을 개발하는 것이 아니고, 제품의 하위 기능을 담당하는 모형을 만든다.

004

답 ③

Agile: 폭포수 프로세스의 단점을 해결하여 절차와 도구보다, 개인과 소통을 중요시 한다. 잘 쓴 문서보다는 실행되는 소프트웨어에 더 가치를 두고, 계약 절충보다는 고객 협력을 더 중요하게 여긴다. 계획을 따라 하는 것보다, 변경에 잘 대응하는 것을 중요하게 여긴다.

선지분석

① Waterfall: 1970년대 소개되었고, 각 단계가 다음 단계 시작 전에 끝나야 한다. 단순하거나 응용 분야를 잘 알고 있는 경우 적합하고, 결과물 정의가 중요하다.
② Spiral: 소프트웨어의 기능을 나누어 점증적으로 개발한다. 점증적으로 개발하게 되면 실패의 위험을 줄이고 테스트 등이 용이하게 된다.
④ Rapid application: 프로토타이핑(원형) 모델을 개선하여 사용자 요구사항, 분석, 설계, 개발을 신속한 시스템으로 개발한다. 제한된 범위의 단독 시스템을 CASE(Computer Aided Software Engineering, 시스템 개발 방법론들의 자동화를 지원하는 소프트웨어 도구를 제공해 개발자의 반복적인 작업량을 줄이도록 하는 것)와 같은 다양한 도구를 활용하여 신속히 개발한다.
⑤ Plan-driven: 소프트웨어를 개발하는 과정에서 계획을 세우고 그 계획을 실천하는 데에 많은 시간과 노력을 할애하는 개발 방법이다. 장점으로는 소프트웨어 개발이 조금 더 예측가능해지고, 효율적이게 된다는 데에 있다. 하지만, 단점도 존재하는데 가장 큰 단점이자 가장 많은 지적을 받는 점으로는 너무 계획에 치중을 하다 보니 개발 방법 자체가 너무 형식에만 신경을 쓰고 얽매이게 된다는 것이다.

005

답 ⑤

시간과 비용이 많이 들며, 사전 분석을 통해 위험을 제거한다.

선지분석

① 대표적인 모델에는 폭포수, 나선형, 프로토타이핑, 통합(Unified), 애자일 등이 존재한다.
② 가장 오래된 모델이다.
③ 프로토타입을 계속 만들어 사용자의 의견을 반영한다.
④ 10~12개 정도의 구체적인 실천 방법(Practice)을 정의하고 있어, 비교적 적은 규모의 인원을 개발 프로젝트에 적용하기 좋다. 개발 문서 보다는 소스코드를, 조직적인 개발의 움직임 보다는 개개인의 책임과 용기에 중점을 두는 경향이 크다.

006

답 ②

소규모 개발 조직이 불확실하고 변경이 많은 요구를 접하는 경우에 사용한다. 개발 문서보다는 소스코드를, 조직적인 개발의 움직임 보다는 개개인의 책임과 용기에 중점을 두는 경향이다.

선지분석

① 시스템 개발 초기에 아키텍처(서브 시스템의 집합)와 전체적인 구조를 확정하고, 전체를 통합(Unified)해서 반복적이고 점증적으로 개발한다.
③ 소프트웨어 개발팀이 개발을 연습하고, 능력을 향상시킬 수 있는 프레임워크이다. 개발 주기는 30일 정도로 조절하고, 개발 주기마다 실제 동작할 수 있는 결과를 제공한다.
④ 소프트웨어의 기능을 나누어 점증적으로 개발한다. 점증적으로 개발하게 되면 실패의 위험을 줄이고 테스트 등이 용이하게 된다.

007

답 ③

소프트웨어 개발 단계는 계획, 분석, 설계, 구현, 테스트, 유지보수이다.

ㄹ. 계획 단계에 해당한다.
ㄱ. 설계 단계에 해당한다.
ㄷ. 테스트 단계에 해당한다.
ㄴ. 유지보수 단계에 해당한다.

008

답 ①

ㄱ. risk reduction mechanism(위험 감소 방법)을 사용하기 때문에 대규모 시스템 개발에 적합하다.
ㄴ. 비선형적이며 반복적으로 개발이 진행된다(나선형).

선지분석

ㄷ. 계획 수립, 위험 분석, 개발, 평가의 4단계로 이루어진다.

009

답 ④

V 모델은 테스트에 중점을 둔다.

선지분석

① Boehm이 제안했고, 폭포수와 프로토타입(원형)의 장점에 위험 감소 메커니즘(risk reduction mechanism)을 추가하였다. 폭포수의 장점은 중간 산출물이 명확하여 관리하기 좋은 것이고, 원형의 장점은 사용자의 요구를 더 정확히 추출할 수 있다는 것이다. 이 둘을 결합한 것이 나선형이다.
② 단계적 개발 모델(진화적 모델)은 개발 사이클이 짧은 환경에 적용한다(빠른 시간 안에 시장에 출시하여야 이윤에 직결).
③ 개발자가 구축할 소프트웨어의 모델을 사전에 만드는 공정으로서 요구사항을 효과적으로 유도, 수집한다.

010

답 ①

애자일 기법은 소프트웨어를 점증적(점진적, incremental)이고 반복적(iterative)으로 개발한다. 점증적 개발이란 하나의 완전한 아이디어를 구상하고 한번에 하나씩 구현해 나가는 것이라면, 반복적 개발은 모호한 아이디어에서 출발하여 점차 이를 구체화하고 검증하여 완성도를 높여가는 것이다.

선지분석

② 포괄적인 문서보다 작동하는 소프트웨어에 더 가치를 둔다.
③ 소프트웨어를 점증적이고 반복적으로 개발하기 때문에 변화에 대응하기 용이하다.
④ 계약 협상보다 고객과의 협업을 더 중요시한다.

011

답 ④

원형(Prototype): 원형을 이용해서 고객의 요구를 더 정확히 추출하는 모델로 고객의 요구를 완전히 이해하여 개발을 진행하는 것이 아니다. 만약, 고객의 요구를 완전히 이했다면 원형 보다는 폭포수를 사용하는 것이 좋다.

선지분석

① 폭포수(Waterfall): 중간 산출물이 명확하고 관리하기가 좋다. 체계적인 문서화가 가능하지만 소용없는 다종의 문서를 생산할 가능성이 있다. 이미 잘 알고 있는 문제나 연구 중심 문제에 적합하다.
② RAD(Rapid Application Development): 프로토타이핑(원형) 모델을 기준으로 사용자 요구사항, 분석, 설계, 개발을 신속한 시스템으로 개발한다(원형 모델을 개선). 제한된 범위의 단독 시스템을 CASE(Computer Aided Software Engineering, 시스템 개발 방법론들의 자동화를 지원하는 소프트웨어 도구를 제공해 개발자의 반복적인 작업량을 줄이도록 하는 것)와 같은 다양한 도구를 활용하여 신속히 개발한다.
③ 나선형(Spiral): 폭포수 모델의 장점(중간 산출물이 명확)과 원형 모델의 장점(고객의 요구 반영)을 결합한 모델이다.

012

답 ④

가장 현실적이라는 설명은 맞으나, 점진적 개발과 위험 감소 메커니즘 특성으로 인해 대규모 시스템에 적합하다.

선지분석

① Boehm이 제안했고, 폭포수와 프로토타입(원형)의 장점에 위험 감소 메커니즘(risk reduction mechanism)을 추가하였다. 폭포수의 장점은 중간 산출물이 명확하여 관리하기 좋은 것이고, 원형의 장점은 사용자의 요구를 더 정확히 추출할 수 있다는 것이다. 이 둘을 결합한 것이 나선형이다.
② 나선형의 특징을 가진다.
③ 프로토타입을 나선형의 형태로 점진적으로 계속 발전시킨다.
⑤ 나선형을 통해 지속적인 위험 관리를 수행한다.

013

답 ②

원형 모델의 단계별 진행 과정(설계, 개발, 평가, 정제)은 원형(시제품)에 중점을 둔다.

014

답 ②

자료 흐름도: 모듈 사이의 관계를 나타내는 그래프로 동적 관점 보다는 기능 관점을 기술한다.

선지분석

① 사건 추적도: 일반적으로 사건이 일어나는 일종의 시나리오를 작성하여 사건을 추적한다. 사건 추적도에서는 사건의 순서와 사건을 주고받는 객체나 시스템을 표현하며, 사건의 흐름은 화살표로 표시한다.
③ 상태 변화도: 시스템이 가지고 있는 값을 표시하는 상태와 외부에서 가해지는 사건이다. 일반적으로 상태 변화도의 상태는 사건에 의해서 변형되고 상태에 의해 사건을 제시한다.
④ 페트리넷: 시스템 모델링 방법 중 하나로 1962년 Petri라는 학자에 의해 만들어졌다. 페트리넷의 구성요소는 시스템 내에서의 가능한 모든 "상태"와 한 상태에서 다른 상태를 이어주는 동작에 해당되는 "전이"가 있다.

015

답 ⑤

프로그램의 모든 요구사항을 초기에 완전히 파악하도록 요구하지 않는다(작업을 진행하면서 계속적으로 파악).

선지분석

① 소프트웨어의 기능을 나누어 점증적으로 개발한다. 점증적으로 개발하게 되면 실패의 위험을 줄이고 테스트 등이 용이하게 된다.
② 폭포수 모형의 변형으로 테스팅으로 감추어진 반복과 재 작업을 드러낸다. 그리고 작업과 결과의 검증에 초점을 둔다.
③ 소프트웨어를 점증적(점진적, incremental)이고 반복적(iterative)으로 개발한다. 점증적 개발이란 하나의 완전한 아이디어를 구상하고 한번에 하나씩 구현해 나가는 것이라면, 반복적 개발은 모호한 아이디어에서 출발하여 점차 이를 구체화하고 검증하여 완성도를 높여가는 것이다.
④ 소규모 개발 조직이 불확실하고 변경이 많은 요구를 접하는 경우에 사용한다. 개발 문서보다는 소스코드를, 조직적인 개발의 움직임 보다는 개개인의 책임과 용기에 중점을 두는 경향이다.

016

답 ④

소단위 명세서는 DFD를 보완한다.

선지분석

② 해당 설명은 정보공학 방법론에 해당한다. 자료사전은 DFD를 상세히 기술한다.
③ ( )는 생략에 사용하고, 선택은 [|]를 사용한다.

017

답 ③

추가 요구 사항을 반영한다.

CHAPTER 03 | 비용 산정

정답 p.229

001	①	002	①

001

답 ①

총 50,000 LOC이고, 1명이 1개월에 1,000 LOC이다. 그러므로 5명은 1개월에 5,000 LOC이고, 10개월에 50,000 LOC가 된다.

002

답 ①

원시 코드 라인 수: 소프트웨어 비용 산정 기법 중 상향식 산정 기법에 해당한다. 원시 코드 라인 수의 비관치, 낙관치, 중간치를 측정 후 예측치를 구해 비용을 산정한다.

(선지분석)

기능 점수(소프트웨어의 기능이 얼마나 복잡한가를 상대적인 점수로 표현하는 것으로 라인수와 무관하게 기능이 많으면 규모도 크고 복잡도도 높다고 판단한다)는 소프트웨어 비용 산정 기법 중 수학적 산정 기법에 해당한다.

② 외부 조회: 로직이 필요 없고 DB에 존재하는 데이터를 찾아 그대로 표시만 해주는 기능이다.

③ 외부 입력: 데이터베이스에 데이터를 등록하거나, 수정/삭제하는 기능이다.

④ 내부 논리 파일: 사용자가 등록/수정/삭제/조회를 하기 위한 기능 수행의 대상이다.

TIP 이외에도 소프트웨어 비용 산정 기법에 상향식 산정 기법(LOC, M/M)과 하향식 산정 기법(전문가 판단 기법, 델파이 기법)이 존재한다.

CHAPTER 04 | CPM

CHAPTER 05 | Use case diagram

정답 p.230

001	④	002	③

001

답 ④

해당 그림(직사각형)은 데이터베이스에서 객체를 표현할 때 사용하고, Use case diagram에서는 사용하지 않는다.

(선지분석)

① Use case diagram에서 Actor(시스템과 상호작용하는 외부 엔티티)를 나타낸다.

② Use case diagram에서 확장 관계(정상적인 이벤트와 예외적인 이벤트를 분리)를 나타낸다.

③ Use case diagram에서 포함 관계(사용 사례 사이의 중복을 제거)를 나타낸다.

002

답 ③

사용 사례 사이의 중복을 제거한다. 비디오 대여점에서는 비디오를 대여하기 전에 사용자를 확인(중복 이벤트)해야 한다.

(선지분석)

① 행위자(Actor)와 행위자(Actor), 유스케이스와 유스케이스 사이에서 정의된다. 보다 보편적인 것과 보다 구체적인 것 사이의 관계로 상속의 특성을 지닌다.

② 정상적인 이벤트와 예외적인 이벤트를 분리한다. 비디오 대여점에서 비디오를 대여(정상적인 이벤트)할 때 미성년자만이 부모의 허락(예외적인 이벤트)을 받아야 한다.

④ 행위자(Actor)와 유스케이스(Use Case)간의 관계를 연관(Association)이라고 한다.

CHAPTER 06 | 설계 원칙

정답 p.231

001	①	002	③

001

답 ①

추상화: 상세설계로 갈수록 추상화 수준이 감소한다.

(선지분석)

② 모듈적: 모듈화를 수행한다. 여기서 모듈이란 소프트웨어 구조를 이루는 기본적인 단위이고 하나 또는 몇 개의 논리적인 기능을 수행하기 위한 명령어들의 집합이다.

③ 추적: 설계 결과를 검증하기 위해 관련 요구사항을 찾을 수 있어야 한다.

④ 반복적: 반복적 프로세스로 지속적으로 정형화를 수행하고 세세하게 기술함으로써 초기 모델을 개선해 간다.

002 답 ③

중요한 특징만을 추출하는 것이므로 추상화라고 볼 수 있다.

선지분석

① 어려운 문제를 작은 문제로 분해하는 것이다.
② 어려운 문제를 단계로 나누어 처리하는 것이다.
④ 데이터로부터 중요한 특징이나 속성을 추출하여 입력 데이터를 식별할 수 있는 부류로 분류하는 것이다. 지문 중에 식별과 분류라는 단어가 있었다면 해당 지문도 답이될 가능성이 존재한다.

CHAPTER 07 | 디자인 패턴(Design Pattern)

정답 p.232

001	④	002	①

001 답 ④

행위 패턴: 해당 설명은 구조 패턴이고, 행위 패턴은 인터프리터, 템플릿 메소드, 책임 체인, 커맨드, 반복자, 중재자, 메멘토, 옵서버, 상태, 전략, 비지터가 있다.

선지분석

① 디자인 패턴: 여러 가지 문제에 대한 설계 사례를 분석하여 서로 비슷한 문제를 해결하기 위한 설계들을 분류하고, 각 문제 유형별로 가장 적합한 설계를 일반화해 패턴으로 정립한 것을 의미한다.
② 사용 목적: 디자인 패턴은 Gamma의 23개 패턴이 존재하고 이를 목적에 의해 분류하면 다음과 같다.

구분		목적에 의한 분류		
		생성유형	구조적	행위적
범위	클래스	팩토리 메소드	어뎁터(클래스)	인터프리터 템플릿 메소드
	객체	추상팩토리 싱글톤 프로토타입 빌더	어뎁터(객체) 브리지 컴포지트 데코레이터 퍼싸드 플라이웨이트 프록시	책임 체인 커맨드 반복자 중재자 메멘토 옵서버 상태 전략 비지터

③ 생성 패턴: 팩토리 메소드, 추상 팩토리, 싱글톤, 프로토타입, 빌더가 있다.

002 답 ①

Facade: 몇 개의 클라이언트 클래스와 서브시스템의 클라이언트 사이에 facade라는 객체를 세워놓음으로써 복잡한 관계를 정리(구조화)한 것이다. 모든 관계가 전면에 세워진 facade 객체를 통해서만 이루어질 수 있게 단순한 인터페이스를 제공(단순한 창구 역할)하는 것이다.

선지분석

② Strategy: 소프트웨어 개발에서 전략이나 전술은 알고리즘으로 구현한다. 알고리즘 군을 정의하고 같은 알고리즘을 각각 하나의 클래스로 캡슐화한 다음, 필요할 때 서로 교환해서 사용할 수 있게 해준다. 알고리즘을 사용하는 곳과, 알고리즘을 제공하는 곳을 분리시킨 구조로 알고리즘을 동적으로 교체 가능하다.
③ Adapter: 기존 클래스를 재사용할 수 있도록 중간에서 맞춰주는 역할이다. 호환성이 없는 기존 클래스의 인터페이스를 변환해 재사용할 수 있도록 해준다.
④ Singleton: 특정 클래스의 객체가 오직 한 개만 존재하도록 보장, 즉 클래스의 객체를 하나로 제한한다. 동일한 자원이나 데이터를 처리하는 객체가 불필요하게 여러 개 만들어질 필요가 없는 경우에 주로 사용한다.

CHAPTER 08 | 모듈 설계 - 응집도 & 결합도

정답 p.233

001	③	002	③	003	②

001 답 ③

- 응집도(Cohesion)란 모듈 내부에 존재하는 구성 요소들 사이의 밀접한 정도이다. 하나의 모듈 안에서 구성 요소들 간에 똘똘 뭉쳐 있는 정도로 평가한다. 기능적 응집은 함수적 응집으로 응집도가 가장 높은 경우이며 단일 기능의 요소로 하나의 모듈을 구성한다. 우연적 응집은 구성 요소들이 말 그대로 우연히 모여 구성된 것이다. 특별한 이유 없이, 크기가 커 몇 개의 모듈로 나누는 과정에서 우연히 같이 묶인 것이다.
- 결합도(coupling)는 모듈과 모듈 사이의 관계에서 관련 정도를 의미한다. 데이터(자료) 결합은 모듈들이 매개변수를 통해 데이터만 주고받음으로써 서로 간섭을 최소화하는 관계한다. 모듈 간의 독립성 보장한다. 내용 결합은 모듈 간에 인터페이스를 사용하지 않고 직접 왔다 갔다 하는 경우의 관계이다. 상대 모듈의 데이터를 직접 변경할 수 있어 서로 간섭을 가장 많이 하는 관계이다.

002

답 ③

ㄱ. 순차적 응집도: A 요소의 출력을 B 요소의 입력으로 사용하므로 두 요소가 하나의 모듈을 구성한 경우이다. 두 요소가 아주 밀접하므로 하나의 모듈로 묶을 만한 충분한 이유가 된다.

ㄷ. 통신적(교환적) 응집도: 정보적 응집을 의미한다. 같은 입력을 사용하는 구성 요소들을 하나의 모듈로 구성한다. 구성 요소들이 동일한 출력을 만들어낼 때도 교환적 응집이라고 한다. 요소들 간의 순서는 중요하지 않다.

선지분석

ㄴ. 우연적 응집도: 해당 설명은 시간적 응집도이고, 우연적 응집도는 구성 요소들이 말 그대로 우연히 모여 구성한다. 특별한 이유 없이, 크기가 커 몇 개의 모듈로 나누는 과정에서 우연히 같이 묶인 것이다.

모듈 내 구성 요소 간의 응집도

응집도(cohesion)는 모듈 내부에 존재하는 구성 요소들 사이의 밀접한 정도이다. 하나의 모듈 안에서 구성 요소들 간에 똘똘 뭉쳐 있는 정도로 평가한다. 기능적이 좋은 품질이고, 우연적인 나쁜 품질이다.

기능적	함수적 응집을 나타낸다. 응집도가 가장 높은 경우이며 단일 기능의 요소로 하나의 모듈을 구성한다.
순차적	A 요소의 출력을 B 요소의 입력으로 사용하므로 두 요소가 하나의 모듈을 구성한 경우이다. 두 요소가 아주 밀접하므로 하나의 모듈로 묶을 만한 충분한 이유가 된다.
교환적	정보적 응집을 의미한다. 같은 입력을 사용하는 구성 요소들을 하나의 모듈로 구성한다. 구성 요소들이 동일한 출력을 만들어낼 때도 교환적 응집이라고 한다. 요소들 간의 순서는 중요하지 않다.
절차적	순서가 정해진 몇 개의 구성 요소를 하나의 모듈로 구성한다. 순차적 응집과 다른 점은 어떤 구성 요소의 출력이 다음 구성 요소의 입력으로 사용되지 않고, 순서에 따라 수행만 된다는 것이다.
시간적	모듈 내 구성 요소들의 기능도 다르고, 한 요소의 출력을 입력으로 사용하는 것도 아니고, 요소들 간에 순서도 정해져 있지 않다. 그러나 그 구성 요소들이 같은 시간대에 함께 실행된다는 이유로 하나의 모듈로 구성한다.
논리적	모듈 간 순서와 무관, 한 모듈의 출력을 다른 모듈의 입력으로 사용하는 것도 아니다. 그러나 요소들 간에 공통점이 있거나 관련된 임무가 존재하거나 기능이 비슷하다는 이유로 하나의 모듈로 구성한다.
우연적	구성 요소들이 말 그대로 우연히 모여 구성한다. 특별한 이유 없이, 크기가 커 몇 개의 모듈로 나누는 과정에서 우연히 같이 묶인 것이다.

003

답 ②

goto 문을 사용한다.

CHAPTER 09 | 모델링 - 객체지향과 UML

정답

p.234

001	④	002	③	003	④	004	④	005	①
006	④	007	②	008	①	009	②	010	①
011	④	012	②	013	②	014	③		

001

답 ④

오버라이딩(overriding): 아래의 표를 참고

선지분석

① 추상 클래스(abstract class): abstract로 선언된 클래스, 추상 메소드가 있을 수도 있고 없을 수도 있다. 추상 메소드는 abstract로 선언된 메소드이고 메소드의 코드는 없고 원형만 선언한다. 추상 클래스는 온전한 클래스가 아니기 때문에 인스턴스를 생성할 수 없다. 목적은 상속을 위한 슈퍼 클래스로 활용하고 다형성(오버라이딩과 오버로딩)을 실현한다.

② 인터페이스(interface): 상수와 추상 메소드로만 구성되고 변수 필드가 없다. interface 키워드로 선언한다. 인터페이스의 객체 생성이 불가하다. 인터페이스는 extends 키워드로 상속하고 다중 상속을 허용한다. implements 키워드로 인터페이스를 구현한다.

③ 오버로딩(overloading): 아래의 표를 참고

오버라이딩과 오버로딩

비교 / 요소	메소드 오버로딩	메소드 오버라이딩
선언	같은 클래스나 상속 관계에서 동일한 이름의 메소드 중복 작성	서브 크래스에서 슈퍼 클래스에 있는 메소드와 동일한 이름의 메소드 재작성
관계	동일한 클래스 내 혹은 상속 관계	상속 관계
목적	이름이 같은 여러 개의 메소드를 중복 선언하여 사용의 편리성 향상	슈퍼 클래스에 구현된 메소드를 무시하고 서브 클래스에서 새로운 기능의 메소드를 재정의하고자 함
조건	메소드 이름은 반드시 동일함. 메소드의 인자의 개수나 인자의 타입이 달라야 성립	메소드의 이름, 인자의 타입, 인자의 개수, 인자의 리턴 타입 등이 모두 동일하여야 성립
바인딩	정적 바인딩. 컴파일 시에 중복된 메소드 중 호출되는 메소드 결정	동적 바인딩. 실행 시간에 오버라이딩 된 메소드 찾아 호출

002

답 ③

다형성: 같은 이름의 메소드가 클래스 혹은 객체에 따라 다르게 구현되는 것이다. 다형성 사례는 메소드 오버로딩(한 클래스 내에서 같은 이름이지만 다르게 작동하는 여러 메소드)과 메소드 오버라이딩(슈퍼 클래스의 메소드를 동일한 이름으로 서브 클래스마다 다르게 구현)이 있다.

선지분석

① 재사용성: 대표적으로 상속을 들 수 있다. 상속이란 상위 개체의 속성이 하위 개체에 물려지는 것을 의미한다. 하위 개체가 상위 개체의 속성을 모두 가지는 관계이다.
② 추상화: 객체의 속성, 오퍼레이션 등의 세부 사항(구현)은 차후에 생각하는 것을 의미한다. 이를 달리 표현하면 객체로부터 핵심적인 개념 또는 기능을 간추려 내는 것을 말한다. 예로 추상 클래스를 들 수 있다.
④ 캡슐화: 객체를 캡슐로 싸서 내부를 볼 수 없게 하는 것이다. 객체의 가장 본질적인 특징으로 외부의 접근으로부터 객체를 보호한다.

003

답 ④

상속이란 하나의 클래스(슈퍼 클래스)를 다른 클래스(서브 클래스)가 상속해서 사용하는 것을 의미한다. 서브 클래스는 상속된 슈퍼 클래스의 멤버 변수와 멤버 함수를 사용할 수 있고, 자신만의 멤버 변수와 멤버 함수를 만들어 사용할 수 있다.

선지분석

① 다형성 즉, 오버로딩(overloading) 혹은 오버라이딩(overriding)을 이용할 수 있다.
② 추상 클래스는 구체적인 구현이 된 클래스가 아니기 때문에 상속은 할 수 있지만 객체를 직접 생성할 수는 없다.
③ 객체 간에는 메소드(Method)를 통해 메시지를 전달한다.

004

답 ④

정보은닉은 다른 모듈을 변경하지 못하기 때문에 모듈 사이의 결합도를 낮춘다.

선지분석

① 정보은닉은 다른 객체가 한 객체 내의 데이터 값을 직접 참조하거나 접근할 수 없는 구조이다.
② 정보은닉은 다른 모듈을 변경하지 못하기 때문에 독립성을 유지시킨다.
③ 정보은닉은 인터페이스와 구현의 명확한 분리하여 설계전략을 지역화 하였다.

005

답 ①

클래스도 상속을 통해 재사용이 가능하다.

선지분석

② 객체는 2개의 클래스 타입으로 선언될 수 없다.
③ 다형성을 대표하는 것이 오버라이딩과 오버로딩이다.
④ 추상메소드는 선언만 하고 그 내용을 기술하지 않고, 추상메소드를 가지는 클래스를 추상클래스라고 한다.
⑤ Simula, Smalltalk, C++, C#, Java, Object Pascal, Delphi, Python, Perl, Ruby, ASP 등은 객체지향언어이다.

006

답 ④

캡슐화(Encapsulation)는 다음의 내용을 포함하는 개념이다.

- 캡슐화: 속성과 관련된 오퍼레이션을 클래스 안에 묶어서 하나로 취급하는 것이다.
- 추상화: 객체의 속성, 오퍼레이션 등의 세부사항(구현)은 차후에 생각한다.
- 정보은닉(information hiding): 캡슐 속에 있는 항목에 대한 정보를 외부에 감추는 것(public, private, protected를 이용)이다.

선지분석

① 구조성: C언어의 특징(divide and conquer, 큰 문제를 함수 단위로 나눔)이다.
② 다형성: overriding(상속, 동일 원형), overloading(동일/상속, 이름 같음)이 있다.
③ 상속성: 슈퍼클래스(부모클래스)를 서버클래스(자식클래스)가 상속 받는다.

007

답 ②

ㄴ. 상태: 특정 개체의 동적인 행위를 상태와 그것들 간의 transition을 통해 묘사하는 다이어그램(동적)
ㄷ. 시퀀스: Instance 들이 어떻게 상호작용을 하는지를 묘사하는 다이어그램(동적)

선지분석

ㄱ. 클래스: Class 관련 요소들의 여러 가지 정적인 관계를 시각적으로 표현한 다이어그램(정적)
ㄹ. 패키지: 관련된 클래스를 패키지로 grouping하여 의존도를 낮추기 위하여 사용(정적)
ㅁ. 배치: 물리적인 컴퓨터 및 장비 등의 하드웨어 요소들과 그것에 배치되는 소프트웨어 컴포넌트, 프로세스 및 객체들의 형상을 묘사하는 다이어그램(정적)

008

답 ①

UML은 방법론을 적용할 때의 결과물을 나타내기 위한 도구이고 객체지향 소프트웨어를 모델링하는 표준 그래픽 언어이지 방법론이 아니다. 소프트웨어 공학에서 프로세스는 단계적인 작업의 틀을 정의한 것(what)이고, 방법론은 프로세스의 구체적인 구현(how)이다.

선지분석

② 소프트웨어 집약 시스템의 시각적 모델을 만들기 위한 도안 표기법을 포함한다.
③ 객체 지향 소프트웨어 집약 시스템을 개발할 때 산출물을 명세화, 시각화, 문서화할 때 사용한다.

④ 프로세스(분석, 설계, 구현 등)의 방법론을 적용할 때의 결과물을 나타내기 위한 도구이다.

009 답 ②

다형성
- overriding: 상속 관계에서 성립하고 동일 원형을 가진다. 지문에서는 특수 범주형 다형성으로 설명하고 있다.
- overloading: 동일 클래스 혹은 상속 관계에서 성립하고 함수 이름만 같고 반환형과 매개 변수는 틀리다. 지문에서는 매개변수화 다형성으로 설명하고 있다.

(선지분석)

① 추상화: 캡슐화의 일부로 객체의 속성, 오퍼레이션 등의 세부사항(구현)은 차후에 생각한다. 즉, 사용자에게는 클래스의 사용 방법만 알려주면 된다.
③ 캡슐화: 속성과 관련된 오퍼레이션을 클래스 안에 묶어서 하나로 취급하는 것이다. 관련이 있는 변수는 변수끼리 묶고 함수(메소드)는 함수끼리 묶는다. 캡슐화에는 추상화와 정보 은닉의 특성을 포함한다.
④ 상속성: 슈퍼클래스(부모클래스, 일반화)를 서버클래스(자식클래스, 구체화)가 상속 받는다. 상속을 받으면 슈퍼클래스의 있는 것들을 따로 구현하지 않아도 된다.
⑤ 정보 은닉: 캡슐화에 일부로 캡슐 속(클래스)에 있는 항목에 대한 정보를 외부에 감추는 것이다. public, private, protected의 키워드를 사용한다.

010 답 ①

ㄱ. 다중 상속이 가능하다(자바는 다중 상속이 불가능하다).
ㄴ. 오버로딩을 통해 한 클래스 내에서 동일한 이름을 가진 다수의 함수를 정의할 수 있다.

(선지분석)

ㄷ. C++은 객체지향 언어의 특성인 캡슐화와 추상화를 지원한다.
ㄹ. C++은 객체지향 언어의 특성인 다형성과 상속을 지원한다.
ㅁ. 다형성의 지원을 위해 동적 바인딩(실행 시간에 함수 호출을 결정)을 사용한다.

011 답 ④

해당 설명은 state diagram이고, sequence diagram은 Instance들이 어떻게 상호작용을 하는지를 묘사하는 다이어그램(순서)이다.

(선지분석)

① 시스템과 상호작용하는 것으로 사람 또는 시스템이 해당된다.
② Class 관련 요소들의 여러가지 정적인 관계를 시각적으로 표현한 다이어그램이다.
③ 특정 시스템 혹은 개체 내에서 기능을 표현하는 use case들과 그 외부의 actor들 간의 관계(상호작용)를 표현한 다이어그램이다.

012 답 ②

- 추상화: 추상화 특성(불필요한 특성을 제거하고, 중요한 정보만 표현)을 가진다.
- 캡슐화: 정보 은닉 개념(상세한 내용을 외부에 숨김)을 가진다.

(선지분석)

- 다형성: 같은 이름의 메소드가 클래스 혹은 객체에 따라 다르게 구현되는 것이다. 다형성 사례는 메소드 오버로딩(한 클래스 내에서 같은 이름이지만 다르게 작동하는 여러 메소드)과 메소드 오버라이딩(슈퍼 클래스의 메소드를 동일한 이름으로 서브 클래스마다 다르게 구현)이 있다.
- 상속: 상속이란 상위 개체의 속성이 하위 개체에 물려지는 것을 의미한다. 하위 개체가 상위 개체의 속성을 모두 가지는 관계이다.

013 답 ②

순차 다이어그램은 상호 동작을 나타낸다.

014 답 ③

구조 다이어그램에 속한다.

(선지분석)

①, ②, ④ ㄱ, ㄹ은 행위 다이어그램에 속한다.

CHAPTER 10 | 테스트 케이스(Test Case)

정답 p.237

001	②	002	②	003	②	004	④

001 답 ②

블랙 박스 테스트(명세 기반 테스트): 입력 값에 대한 예상출력 값을 정해놓고 그대로 결과가 나오는지를 체크, 프로그램 내부의 구조나 알고리즘을 보지 않고, 요구 분석 명세서나 설계 사양서에서 테스트 케이스를 추출하여 테스트, 기능을 어떻게 수행하는가 보다는 사용자가 원하는 기능을 수행하는가 테스트한다.

(선지분석)

① 화이트 박스 테스트(구현 기반 테스트, 코드 기반 테스트): 프로그램 내부에서 사용되는 변수나 서브루틴 등의 오류를 찾기 위해 프로그램 코드의 내부 구조를 테스트 설계의 기반으로 사용한다.
③ 구조 테스트: 블랙 박스와 화이트 박스와는 테스트 목적이 다르다. 소프트웨어 내부의 논리적인 경로에 대한 복잡도를 평가하는 시험, 프로그램 상에 허용되는 모든 논리적 경로를 파악하거나 경로들의 복잡도를 계산하여 테스트, 소프트웨어의 내부적 형상의 구조를 이용하여 테스트한다.

④ 경로 테스트: 화이트박스 테스트 방법이다. 원시 코드의 독립적인 경로가 최소한 한 번은 실행되는 테스트 케이스를 찾아 테스트한다.

002 답 ②

조건 검증: 두 개의 개별 조건식이 존재할 때 개별 조건식의 T(true)와 F(false)를 최소한 한 번은 테스트할 수 있도록 테스트 케이스 선정한다. 분기 검증 기준에서 발견하지 못한 오류(개별 조건식에 존재하는 오류)를 발견할 수 있는 더 강력한 테스트이다.

선지분석

① 문장 검증: 프로그램 내의 모든 문장이 최소한 한 번은 실행될 수 있는 테스트 데이터를 갖는 테스트 케이스(입력값에 대한 출력값을 미리 만들어 놓고 테스트)를 선정한다.
③ 분기 검증: 조건문에 대해 T(ture), F(false)가 최소한 한 번은 실행되는 입력 데이터를 테스트 케이스로 사용한다. 분기 시점 또는 합류 위치에서 조건과 관련된 오류를 발견할 가능성이 높다.
④ 다중 조건 검증: 마스크 문제까지 해결한 테스트 케이스에 해당하는 테스트 데이터를 생성하는 기준이다. 마스크 문제란 and의 경우 두 식 중 하나가 F인 경우 나머지 식이 F이든 T이든 상관없이 결과가 F인 것이고, or인 경우 두 식 중 하나가 T인 경우 나머지 식은 F이든 T이든 상관없이 결과가 T라는 것이다.

003 답 ②

블랙박스 테스트이다.

004 답 ④

"문분조분다기"(화이트박스 테스트)를 제외한 나머지는 블랙박스 테스트 기법이다.

CHAPTER 11 | 테스트(Test)

정답 p.238

001	③	002	①	003	①

001 답 ③

시스템 테스트: 해당 설명은 통합 테스트의 하향식 기법이고, 시스템 테스트는 모듈이 모두 통합된 후 사용자의 요구 사항들을 만족하는지 테스트한다.

선지분석

① 단위 테스트: 프로그램의 기본 단위인 모듈을 테스트한다. 가상의 상위 모듈(테스트 드라이버)이나 하위 모듈(테스트 스텁)을 만들어 사용한다.
② 통합 테스트: 단위 테스트가 끝난 모듈을 통합하는 과정에서 발생할 수 있는 오류를 찾는 테스트이다. 모듈 통합 방법에 따라 한꺼번에 하는 방법(빅뱅 테스트)과 점진적으로 하는 방법(하향식 기법, 상향식 기법)이 있다.
④ 인수 테스트: 시스템이 예상대로 동작하는지 확인하고, 요구 사항에 맞는지 확신하기 위해 하는 테스트이다.

002 답 ①

입출력과 최소 기본 기능을 갖는 중요 모듈들의 집합에 대해 먼저 통합 테스트를 진행한다. 초기에 시스템의 골격을 알 수 있고 사용자의 의견을 빠르게 수정할 수 있다.

선지분석

② 단위테스트가 끝난 모듈을 한꺼번에 결합하여 수행하는 방식이고, 소규모 프로그램이나 프로그램의 일부를 대상으로 하는 경우에 적합하다.
③ 가장 말단에 있는 최하위 모듈부터 테스트하고, 상위 모듈의 역할을 하는 테스트 드라이버가 필요하다.
④ 모듈의 계층 구조에서 맨 상위의 모듈부터 시작하여 점차 하위 모듈 방향으로 통합한다.

003 답 ①

한 모듈의 수정이 다른 부분에 영향을 끼칠 수도 있다고 생각하여 수정된 모듈뿐 아니라 관련된 모듈까지 문제가 없는지 테스트한다.

선지분석

② 시스템이 예상대로 동작하는지 확인하고, 요구 사항에 맞는지 확신하기 위해 하는 테스트하고, 시스템을 인수하기 전 요구 분석 명세서에 명시된 대로 모두 충족시키는지를 사용자가 테스트한다(사용자).
③ 단위 테스트가 끝난 모듈을 통합하는 과정에서 발생할 수 있는 오류를 찾는 테스트이고, '모듈 간의 상호작용이 정상적으로 수행되는가'를 테스트하는 것이다.
④ 프로그램의 기본 단위인 모듈의 테스트이고, 모듈 개발 완료한 후 명세서의 내용대로 정확히 구현되었는지를 테스트한다.
⑤ 시스템 전체가 정상적으로 작동하는지를 체크하고, 모듈이 모두 통합된 후 사용자의 요구 사항들을 만족하는지 테스트한다(개발자).

CHAPTER 12 | CMMI

정답

p.239

001	②	002	②

001

답 ②

CMMI 5단계(소프트웨어 프로세스 성숙도)는 다음과 같다.

단계	프로세스	내용
① 초기(initial) 단계	프로세스 없음	예측/통제 불가능
② 관리(managed) 단계	규칙화된 프로세스	기본적인 프로젝트 관리 체계 수립
③ 정의(defined) 단계	표준화된 프로세스	조직 차원의 표준 프로세스를 통한 프로젝트 지원
④ 정량적 관리(quantitative managed) 단계	예측 가능한 프로세스	정량적으로 프로세스가 측정/통제됨
⑤ 최적화(optimizing) 단계	지속적 개선 프로세스	프로세스 개선 활동

002

답 ②

CMMI 모델의 성숙 단계는 다음과 같다.

단계	범주	프로세스 영역
① 초기 단계	프로세스 없음	
② 관리 단계	프로젝트별로프로세스 존재 (규칙화된)	요구 사항 관리 프로젝트 계획 수립 프로젝트 감시 및 통제 협력 업체 관리 측정 및 분석 프로세스/제품 품질 보증 형상 관리
③ 정의 단계	조직 차원의 프로세스 존재 (프로세스 표준화)	요구 사항 개발 기술적 솔루션 제품 통합 검증, 확인 조직 차원의 프로세스 개선 조직 차원의 프로세스 정의 조직 차원의 교육 훈련 통합된 프로젝트 관리 위험 관리 의사결정 분석 및 해결
④ 정량적 관리 단계	측정 가능한 정량적 프로세스 존재 (예측 가능한)	조직 차원의 프로세스 성과 관리 정량적 프로젝트 관리
⑤ 최적화 단계	프로세스를 지속적으로 개선	조직 차원의 혁신 활동 전개 근본 원인 분석 및 해결

CHAPTER 13 | PMBOK

정답

p.240

001	④

001

답 ④

조달 관리: 조직의 외부에서 물품과 서비스를 조달하기 위해 요구되는 프로세스로 구성된다.

선지분석

① 일정 관리: 프로젝트를 주어진 기간 내에 완료하기 위해 요구되는 프로세스들로 구성된다.
② 비용 관리: 주어진 예산 범위 안에서 프로젝트를 완료하기 위해 요구되는 프로세스들로 구성된다.
③ 품질 관리: 사용자의 품질 요구를 만족시키기 위해 요구되는 프로세스들로 구성된다.

PMBOK의 9가지 관점

프로젝트 통합 관리	프로젝트 범위 관리	프로젝트 일정 관리
① 프로젝트 계획 개발 ② 프로젝트 계획 실행 ③ 통합된 변경 통제	① 착수 ② 범위 기획 ③ 범위 정의 ④ 범위 검증 ⑤ 범위 변경 통제	① 작업 정의 ② 작업 순서 ③ 작업 기간 산정 ④ 일정 개발 ⑤ 일정 통제
프로젝트 비용 관리	**프로젝트 품질 관리**	**프로젝트 인적 자원 관리**
① 자원 기획 ② 비용 산정 ③ 비용 예산 수립 ④ 비용 통제	① 품질 기획 ② 품질 보증 ③ 품질 통제	① 조직 기획 ② 팀 확보 ③ 팀 개발
프로젝트 의사소통 관리	**프로젝트 위험 관리**	**프로젝트 조달 관리**
① 의사소통 기획 ② 정보 배포 ③ 성과 보고 ④ 관리 종료	① 위험 관리 기획 ② 위험 식별 ③ 정성적 위험 분석 ④ 정량적 위험 분석 ⑤ 위험 대응 기획 ⑥ 위험 모니터링 및 통제	① 조달 기획 ② 공급자 유치 기획 ③ 공급자 유치 ④ 공급자 선정 ⑤ 계약 관리 ⑥ 계약 종료

CHAPTER 14 | 형상관리

정답 p.241

001	③

001
답 ③

원시 코드: 소프트웨어 개발 단계에서 생성되는 모든 산출물의 종합 및 변경 과정을 관리하므로 원시 코드를 포함한다.

선지분석

① 소프트웨어: 개발 중 발생하는 모든 산출물들이 변경됨으로써 점차 변해가는 소프트웨어 형상을 체계적으로 관리하고 유지하는 기법이다.
② 기준선 변경: 기준선 변경은 형상 통제에 의해서 이루어진다. 형상 통제는 변경 요청, 변경 심사, 변경 실시, 변경 확인 단계를 가진다.
④ 소프트웨어 개발 단계: 소프트웨어 개발 생명주기 전반에 걸쳐 이루어지므로 소프트웨어 개발 단계를 포함한다.

CHAPTER 15 | CASE

정답 p.242

001	④

001
답 ④

해당 설명은 상위 CASE이고, 하위 CASE는 코드를 생성하기 위한 기능이 대부분이며 시스템 명세서를 작성할 수 있다.

선지분석

①, ② CASE는 시스템 개발 방법론들의 자동화를 지원하는 소프트웨어 도구를 제공해 개발자의 반복적인 작업량을 줄이도록 하는 것으로 품질을 효율적으로 제어하고 유지보수 비용을 절감할 수 있다.
③ 통합 CASE는 전체 라이프 사이클(SDLC)을 포괄하여 지원한다(일반적인 CASE를 나타냄).

CHAPTER 16 | 그 외

정답 p.243

001	⑤	002	④	003	①	004	②	005	①
006	④								

001
답 ⑤

개발 방법론 개발: 소프트웨어 재사용은 기존의 코드를 이용하는 것이므로 새로운 소프트웨어 개발 방법론 개발과는 무관하다.

선지분석

① 개발 시간과 비용 절감: 기존의 소프트웨어를 재사용하게 되면 개발 시간을 단축하고 비용을 절감할 수 있다.
② 실패 위험률 감소: 기존의 검증된 코드를 사용하면 실패 위험을 감소시킬 수 있다.
③ 개발자의 생산성 증가: 개발자가 모든 코드를 개발할 필요가 없으므로 개발자의 생산성이 증가된다.
④ 지식 공유: 자신의 코드를 다른 사람들과 공유할 수 있다.

002
답 ④

일회성: 대규모 소프트웨어 프로젝트는 종종 일회성(one-off) 프로젝트이다.

선지분석

① 진척사항: 소프트웨어 제품은 형태가 없다. 개발자가 Program을 개발하고 있지만 PL, PM, 발주자는 Project의 진척 상황을 알 수 없다.
왜냐하면 개발자가 개발한 것이 실질적으로 운용될 수 있는 것을 개발한 것인지 아니면 껍데기만을 개발한 것인지 개발을 안 하였으면서 개발한 것처럼 허위 진척 보고를 하고 있는 것인지 실질적으로 확인할 수 있는 방법이 없다.
② 가변적: 표준화된 프로세스가 없다. 즉 조직에 따라 매우 가변적이다. 조직의 문화 또는 프로젝트의 규모, 프로젝트팀의 특성, 심지어는 프로젝트 팀원의 성향에 따라 변경될 수도 있다.
③ 기술적 변화: 컴퓨터와 통신에서는 빠른 기술적 변화로 인해 관리자의 과거 경험이 새로운 프로젝트에 의미가 없을 수도 있다.

003 답 ①

MTTF(Mean Time To Failure): 평균 가동 시간으로, 수리 불가능한 시스템의 사용 시점부터 고장이 발생할 때까지의 가동 시간 평균, 고장 평균 시간이라고도 한다.
MTTF = 가동시간 + 가동시간 + ... / n
MTTR(Mean Time To Repair): 평균 수리 시간으로, 시스템에 고장이 발생하여 가동하지 못한 시간들의 평균이다.
MTTR = 고장시간 + 고장시간 + ... / n
가용성(신뢰도) 측정: 시스템의 총 운용 시간 중 정상적으로 가동된 시간의 비율을 의미한다.
가용성 = MTTF / (MTTF + MTTR) * 100%
주어진 조건을 기반으로 실제 계산을 하면 다음과 같다.
MTTF = (8 + 7 + 9)/3 = 8
MTTR = (1 + 2 + 3)/3 = 2
가용성 = MTTF/(MTTF + MTTR) * 100% = 80%

004 답 ②

프로세스(SDLC) 품질 표준이다(7급 소프트웨어 공학 문제).

선지분석

① 소프트웨어 제품의 품질 요구사항을 규정한다.
③ 소프트웨어 제품의 품질을 측정하거나 평가하는데 필요한 방법과 절차를 정의하고 있는 표준이다.
④ 소프트웨어 제품의 "품질 특성"을 정의하고, 품질을 평가하기 위한 기준을 정의한 표준이다.

005 답 ①

해당 설명은 자기 통제의 법칙이다(Lehman's laws of software evolution). 프로그램별로 변경되는 사항은 고유한 패턴/추세가 있다.

선지분석

② 변경이 가해질수록 구조는 복잡해진다.
③ 시스템의 지속적인 변화 또는 진화를 유지하려면 성능을 모니터링 할 수단이 필요하다.
④ 소프트웨어는 계속 진화하며 요구사항에 의해 계속적으로 변경되어야 한다.

006 답 ④

추상 클래스로부터 상속 받는다.

PART 9 인터넷

CHAPTER 01 | 최신 기술

정답 p.248

001	③	002	①	003	③	004	③	005	②
006	②	007	②	008	①	009	①	010	②
011	②	012	①	013	①	014	①	015	③
016	②	017	①	018	③	019	④	020	①
021	③	022	④	023	③				

001 답 ③

텔레매틱스(telematics): 자동차와 무선통신을 결합한 새로운 개념의 차량 무선인터넷 서비스. 텔레커뮤니케이션(telecommunication)과 인포매틱스(informatics)의 합성어로, 자동차 안에서 이메일을 주고받고, 인터넷을 통해 각종 정보도 검색할 수 있는 오토(auto) PC를 이용한다는 점에서 '오토모티브 텔레매틱스'라고도 부른다.

선지분석

① RFID: RFID 시스템은 태그, 안테나, 리더기 등으로 구성되는데, 태그와 안테나는 정보를 무선으로 수미터에서 수십미터까지 보내며 리더기는 이 신호를 받아 상품 정보를 해독한 후 컴퓨터로 보낸다.

② 스마트 카드(smart card): IC 카드 또는 칩카드(chip card)라고도 한다. 국제표준화기구(ISO)의 표준에 따르면 IC가 1개 이상 삽입되어 있는 카드를 IC 카드라고 총칭한다. 기존의 자기카드(마그네틱카드)에 비하여 매우 큰 기억 용량과 고도의 기능 및 안정성을 지니고 있다.

④ 웨어러블 컴퓨팅(wearable computing): 궁극적으로는 사용자가 거부감 없이 신체의 일부처럼 항상 착용하고 사용할 수 있으며 인간의 능력을 보완하거나 배가시키는 것이 목표이다. 기본 기능들로는 언제 어디서나(항시성), 쉽게 사용할 수 있고(편의성), 착용하여 사용하기에 편하며(착용감), 안전하고 보기 좋은(안정성/사회성) 특성이 요구된다.

002 답 ①

사물 인터넷: 각종 사물에 컴퓨터 칩과 통신 기능을 내장해 인터넷에 연결하는 기술을 의미한다. 사물끼리 정보를 주고받기 위하여 인터넷으로 연결되어 있는 사물 공간 연결망이다.

선지분석

② 클라우드 컴퓨팅: 각종 소프트웨어와 데이터를 인터넷과 연결된 중앙 컴퓨터에 저장한다. 필요할 때마다 컴퓨터나 스마트폰 같은 단말기로 접속하여 데이터를 내려 받아 사용하고 다시 업로드하는 방식이다.

③ 유틸리티 컴퓨팅: 유틸리티(수도, 전기 등)처럼 사용한 만큼 돈을 내자는 개념이다. 대표적인 예로 클라우드 컴퓨팅이 있다.

④ 빅 데이터 서비스: 굉장히 많은 양의 데이터에서 빠르게 정보를 추출 및 분석하여 가치 있는 정보를 발견하는 기술이다. 다루는 데이터는 어마어마한 대량의 정형(structured, 컴퓨터에서 다루는 데이터) 또는 비정형(unstructured, 자연어, 이미지, 동영상) 데이터이다.

⑤ 딥 러닝: 큰 틀에서 사람의 사고방식을 컴퓨터에게 가르치는 기계학습의 한 분야라고 이야기할 수 있다. 어떠한 데이터가 있을 때 이를 컴퓨터가 알아 들을 수 있는 형태로 표현하고 이를 학습에 적용하기 위해 많은 연구가 진행되고 있다.

003 답 ③

- IaaS: 인프라스트럭처를 제공하는 서비스로, 대상자는 네트워크 아키텍처이다. 대표적인 예는 AWSAmazon Web Service 등이 있다.
- PaaS: 표준화된 플랫폼을 제공하는 서비스로, 대상자는 애플리케이션 개발자이다. 대표적인 예는 Google AppEngine, Microsoft Asure 등이 있다.
- SaaS: 웹 브라우저를 통하여 소프트웨어를 제공하는 서비스로, 대상자는 일반사용자이다. 대표적인 예는 Gmail 등이 있다.

TIP 이외에도 BPassS, NaaS, SECaaS 등이 있다.

004 답 ③

IPv6: 인터넷 프로토콜 스택 중 네트워크 계층의 프로토콜로서 버전 6 인터넷 프로토콜로 제정된 차세대 인터넷 프로토콜을 말한다. 인터넷은 IPv4 프로토콜로 구축되어 왔으나 IPv4 프로토콜의 주소가 32비트라는 제한된 주소 공간 및 국가별로 할당된 주소가 거의 소진되고 있다는 한계점으로 인해 지속적인 인터넷 발전에 문제가 예상되어, 이에 대한 대안으로서 IPv6 프로토콜이 제안되었으며, 국제표준이 RFC(2460, 4291, 4861, 4884)를 통해서 확정되었고, 실제로 IPv6 주소는 휴대폰 및 컴퓨터에 할당되어 적용되고 있다.

선지분석

① HTTPS: HTTP의 보안이 강화된 버전이다(443 포트). HTTPS는 통신의 인증과 암호화를 위해 넷스케이프 커뮤니케이션즈 코퍼레이션이 개발했으며, 전자 상거래에서 널리 쓰인다.

② IPv4: 인터넷 프로토콜의 4번째 판이며, 전 세계적으로 사용된 첫 번째 인터넷 프로토콜이다. 과거에 인터넷에서 사용되는 유일한 프로토콜이였으나 오늘날에는 IPv6가 대중화되었다. IETF RFC 791(1981년 9월)에 기술되어 있다.

④ CGI: 서버와 응용 프로그램 사이에 데이터를 주고받기 위한 표준화된 방법이다. 브라우저가 서버를 경유하여 데이터베이스 서버에 질의를 내는 등 대화형 웹페이지를 작성할 때 이용된다.

005

답 ②

노매딕: 해당 설명은 증강 현실이고, 노매딕은 선(네트워크)과 연결의 제약을 없애고 네트워킹의 이동성을 극대화하여 특정장소가 아닌, 어디에서나 컴퓨터를 사용할 수 있게 하는 기술이다. 현재는 이동통신(LTE, 5G)과 스마트폰을 이용해서 노매딕 컴퓨팅을 구현하고 있다.

선지분석

① 감지: 인간이 감각기관을 통하여 외부환경의 상태를 느끼는 것처럼 센서라는 장치를 이용하여 정보를 획득하여 사용자에게 정보를 제공하거나 스스로 처리하는 것을 말한다. 예를 들어, 컵에 온도를 측정할 수 있는 장치가 있다면 이를 감지 컴퓨팅이라고 한다.

③ 퍼베이시브: 생활 속 구석구석 파고드는 컴퓨터 관련 기술로서, 사무실 외부나 자동차 안 등 어느 곳에서도 자유롭게 회사의 정보망에 연결해 업무를 처리하고 교통상황·기상 등 간단한 정보 조회는 물론 금융업무도 볼 수 있는 컴퓨팅 환경을 의미한다.

④ 웨어러블: 안경, 시계, 의복 등과 같이 착용할 수 있는 형태로 된 컴퓨터를 뜻한다. 예를 들면, 스마트 워치나 구글 글래스 등을 들 수 있다.

006

답 ②

공용 클라우드: 해당 설명은 사설(private) 클라우드이고, 공용(public) 클라우드는 일반적인 공적 업무에 이용하기 위하여 외부 서비스 제공자가 관리하는 클라우드이다.

선지분석

① IoT: 각종 사물에 컴퓨터 칩과 통신 기능을 내장해 인터넷에 연결하는 기술을 의미한다. 사물끼리 정보를 주고받기 위하여 인터넷으로 연결되어 있는 사물 공간 연결망이다.

③ 빅데이터: 굉장히 많은 양의 데이터에서 빠르게 정보를 추출 및 분석하여 가치 있는 정보를 발견하는 기술이다. 다루는 데이터는 어마어마한 대량의 정형(structured, 컴퓨터에서 처리 가능한 정보) 또는 비정형(unstructured, 자연어, 이미지, 동영상) 데이터이다.

④ 가상현실: 실제가 아닌 인공적인 환경을 구축하여 그 속에서 인간이 새로운 경험을 할 수 있도록 하는 기술이다. 군사용 시뮬레이션, 게임, 기계설비, 의료, 관광, 스포츠, e-러닝 등에 다양하게 사용된다.

007

답 ②

ㄱ. Public cloud: 일반적인 공적 업무에 이용하기 위하여 외부 서비스 제공자가 관리하는 클라우드이다.

ㄴ. IaaS: 인프라스트럭처를 제공하는 서비스로, 대상자는 네트워크 아키텍처이다. 대표적인 예는 AWSAmazon Web Service 등이 있다.

선지분석

ㄴ. Private cloud: 회사 내부의 이용자가 공유할 수 있도록 만든 클라우드이다.

ㄷ. SaaS: 웹 브라우저를 통하여 소프트웨어를 제공하는 서비스로, 대상자는 일반사용자이다. 대표적인 예는 Gmail 등이 있다.

ㄹ. PaaS: 표준화된 플랫폼을 제공하는 서비스로, 대상자는 애플리케이션 개발자이다. 대표적인 예는 Google AppEngine, Microsoft Asure 등이 있다.

TIP 이외에도 클라우드 컴퓨팅의 서비스 유형에는 BPassS, NaaS, SECaaS 등이 있다.

008

답 ①

텔레매틱스: 자동차와 무선통신을 결합한 새로운 개념의 차량 무선 인터넷 서비스이다. 텔레커뮤니케이션(telecommunication)과 인포매틱스(informatics)의 합성어로, 자동차 안에서 이메일을 주고받고, 인터넷을 통해 각종 정보도 검색할 수 있는 오토(auto) PC를 이용한다는 점에서 '오토모티브 텔레매틱스'라고도 부른다.

선지분석

② USN: 필요로 하는 모든 곳에 수많은 센서 노드들을 부착하여 자율적으로 정보를 수집, 관리 및 제어하는 시스템이다. 즉 물리 공간에 빛, 소리, 온도, 움직임 같은 물리적 데이터를 센서 노드에서 감지하고 측정하여 중앙의 기본 노드로 전달하는 구조를 가진 네트워크이다. 강수량 측정이나 산불 감시 등에 쓰일 수 있다.

③ 증강현실: 사용자가 눈으로 보는 현실세계에 가상의 물체를 겹쳐 보여주는 기술이다. 즉, 증강현실이란 가상이 현실을 보강해 주는 것을 의미한다. 예를 들면, 포켓몬고에서는 현실이 메인이고, 포켓몬이라는 가상의 이미지가 현실을 보강해준다.

④ 와이브로: 무선 광대역 인터넷 서비스로 휴대폰, 스마트폰의 4G, 5G 이동통신처럼 언제 어디서나 이동하면서 인터넷을 이용할 수 있다는 점이다. 통신 반경은 와이파이와 이동통신(4G, 5G)의 중간이고, 현재는 와이파이와 이동통신으로 충분히 커버가 되기 때문에 사용하지 않는 분위기이다.

009

답 ①

3V는 규모(Volume), 속도(Velocity), 다양성(Variety)을 의미한다.

선지분석

② 정형데이터(단어)와 비정형데이터(소셜 미디어 데이터, 이미지, 동영상)로 구성된다.

③ 자연어 처리는 비정형 텍스트에서 특징 패턴을 도출해 의미 있는 정보를 창출하고 활용하는 것으로 빅데이터 분석 기술 중에 하나이다.

④ 분석 결과에 대한 시각화가 없다면 분석을 아무리 잘해도 사람들이 해당 내용을 이해할 수 없다.

010 답 ②

하둡은 여러 개의 저렴한 컴퓨터를 마치 하나인 것처럼 묶어 대용량 데이터를 처리하는 기술이다. 하둡은 수천대의 분산된 x86 장비에 대용량 파일을 저장할 수 있는 기능을 제공하는 분산파일 시스템과, 저장된 파일 데이터를 분산된 서버의 CPU와 메모리 자원을 이용해 쉽고 빠르게 분석할 수 있는 컴퓨팅 플랫폼인 맵리듀스로 구성돼 있다.

선지분석

① 빅데이터는 정형데이터(단어)와 비정형데이터(소셜 미디어 데이터, 이미지, 동영상)로 구성된다.
③ 수집 → 저장 → 처리 → 분석 → 시각화(표현) 순서로 처리된다.
④ NoSQL은 전통적인 관계형 데이터베이스 관리 시스템(RDBMS)과는 다르게 설계된 비관계형(non-relational) DBMS로, 대규모의 데이터를 유연하게 처리할 수 있는 것이 강점이다.

011 답 ②

현실을 기반으로 가상 정보를 실시간으로 결합하여 보여주는 기술이다.

선지분석

① 지역에서 수집한 각종 지리 정보를 수치화하여 컴퓨터에 입력 · 정보 · 처리하고, 이를 사용자의 요구에 따라 다양한 방법으로 분석 · 종합하여 제공하는 정보 처리 시스템을 말한다(네비게이션 등에 이용).
③ 개인마다 다른 지문, 홍채, 땀샘 구조, 혈관 등 개인의 독특한 생체 정보를 추출하여 정보화시키는 인증 방식이다.
④ 인터넷을 기반으로 사물들을 연결하여 정보를 상호 소통하는 기술이다.

012 답 ①

클라우드 컴퓨팅: 각종 소프트웨어와 데이터를 인터넷과 연결된 중앙 컴퓨터에 저장한다. 필요할 때마다 컴퓨터나 스마트폰 같은 단말기로 접속하여 데이터를 내려 받아 사용하고 다시 업로드하는 방식이다. 클라우드 컴퓨팅은 유틸리티 컴퓨팅(유틸리티(수도, 전기 등)처럼 사용한 만큼 돈을 내자는 개념)의 개념을 내포한다.

선지분석

② 유비쿼터스 센서 네트워크(USN): 필요로 하는 모든 곳에 수많은 센서 노드들을 부착하여 자율적으로 정보를 수집, 관리 및 제어하는 시스템이다. 즉 물리 공간에 빛, 소리, 온도, 움직임 같은 물리적 데이터를 센서 노드에서 감지하고 측정하여 중앙의 기본 노드로 전달하는 구조를 가진 네트워크이다. 강수량 측정이나 산불 감시 등에 쓰일 수 있다.
③ 웨어러블 컴퓨터: 궁극적으로는 사용자가 거부감 없이 신체의 일부처럼 항상 착용하고 사용할 수 있으며 인간의 능력을 보완하거나 배가시키는 것이 목표이다. 기본 기능들로는 언제 어디서나(항시성), 쉽게 사용할 수 있고(편의성), 착용하여 사용하기에 편하며(착용감), 안전하고 보기 좋은(안정성/사회성) 특성이 요구된다.
④ 소셜 네트워크: 사용자 간의 자유로운 의사소통과 정보 공유, 그리고 인맥 확대 등을 통해 사회적 관계를 생성하고 강화해주는 온라인 플랫폼을 의미한다. 대표적인 예로, 페이스북, 인스타그램 등을 들 수 있다.

013 답 ①

데이터 규모가 방대하고 형태가 다양하지만, 생성 주기가 길지 않다.

선지분석

② 하둡: 대량의 자료를 처리할 수 있는 큰 컴퓨터 클러스터에서 동작하는 분산 응용 프로그램을 지원하는 프리웨어 자바 소프트웨어 프레임워크이다.
③ 보건, 금융: 보건, 금융에는 개인 정보가 있으므로 이를 빅데이터로 활용할 때에는 프라이버시 침해에 대한 고려를 해야 한다.
④ 구글, 페이스북, 아마존: 아마존의 경우 모든 고객들의 구매내역을 데이터베이스에 기록하고, 이 기록을 분석해 소비자의 소비 취향과 관심사를 파악한다. 이런 빅데이터의 활용을 통해 아마존은 고객별로 '추천상품'을 표시한다.

014 답 ①

SaaS: 웹 브라우저를 통하여 소프트웨어를 제공하는 서비스로, 대상자는 일반사용자이다. 샘플 서비스에는 전자메일, 웹 컨퍼런스, 협업, CRM, ERP, 산업용 어플리케이션 등이 있다.

선지분석

② PaaS: 표준화된 플랫폼을 제공하는 서비스로, 대상자는 애플리케이션 개발자이다. 샘플 서비스에는 데이터베이스, 소프트웨어, 개발 도구, 자바 런타임, Web 2.0 애플리케이션 런타임 등이 있다.
③ NaaS: 클라우드 서비스 고객 · 제공자 · 파트너 간 제공되는 네트워크 연결성과 네트워크 기능 관리를 제공하는 서비스이다. 샘플 서비스는 VPN 등이 있다.
④ IaaS: 인프라스트럭처를 제공하는 서비스로, 대상자는 네트워크 아키텍처이다. 샘플 서비스에는 컴퓨팅 리소스, 서버, 네트워킹, 데이터 센터 패브릭, 스토리지 등이 있다.

TIP 이외에도 클라우드 서비스에는 BPaaS(Business Process as a Service, HR, 구매조달, 회계, 백 오피스 프로세스 등의 샘플 서비스가 존재), SECaaS(Security as a Service, 클라우드 기반 보안, 보안 클라우드) 등이 있다.

015 답 ③

해당 설명은 감지 컴퓨팅을 의미하고, 디스포절 컴퓨팅은 1회용 컴퓨팅을 의미한다. 1회용 컴퓨팅이란 RFID처럼 1번만 사용하고 버리는 컴퓨터(IC칩)를 의미한다.

선지분석

① 유비쿼터스에 인공지능을 결합한다.
② LTE(5G)와 스마트폰의 결합이다.
④ 스마트워치, 구글 글래스 등을 의미한다.

016

답 ②

PaaS: 플랫폼(데이터베이스, 소프트웨어, 개발 도구 등)을 제공한다.

선지분석

① DNS: 도메인 혹은 호스트 이름을 숫자로 된 IP 주소로 해석해 주는 TCP/IP 네트워크 서비스이다.
③ SaaS: 소프트웨어(전자메일, 웹 컨퍼런스 등)를 제공한다.
④ IaaS: 인프라스트럭처(컴퓨팅 리소스, 서버 등)를 제공한다.

017

답 ①

크롤링을 통해 얻은 웹문서의 텍스트 데이터는 대표적인 반정형 데이터이다.

선지분석

② 반정형 데이터의 예는 URL 형태로 존재하는 HTML, 로그형태인 웹로그, IOT에서 제공하는 센서 데이터 등을 들 수 있다.
③ 반정형 데이터는 데이터 내부에 정형데이터의 스키마에 해당되는 메타데이터를 갖고 있으며, 일반적으로 파일 형태로 저장된다.
④ NoSQL과 Hadoop은 빅데이터 처리를 위한 플랫폼으로 대규모 비정형 데이터 처리에 적합하다.

정형, 반정형, 비정형

정형 데이터 (Structured Data)	관계형 데이터베이스 시스템의 테이블과 같이 고정된 컬럼에 저장되는 데이터와 파일, 그리고 지정된 행과 열에 의해 데이터의 속성이 구별되는 스프레드시트 형태의 데이터도 있을 수 있다. 예는 RDBMS의 테이블들(단일 테이블 혹은 조인한 테이블 포함), 스프레드시트 등을 들 수 있다.
반정형 데이터 (Semi-structured Data)	데이터 내부에 정형데이터의 스키마에 해당되는 메타데이터를 갖고 있으며, 일반적으로 파일 형태로 저장된다. 예는 URL 형태로 존재(HTML), 로그형태(웹로그), IOT에서 제공하는 센서 데이터 등을 들 수 있다.
비정형 데이터 (Unstructured-Data)	데이터 세트가 아닌 하나의 데이터가 수집 데이터로 객체화돼 있다. 언어 분석이 가능한 텍스트 데이터나 이미지, 동영상 같은 멀티미디어 데이터가 대표적인 비정형 데이터다. 예는 이진 파일 형태(동영상, 이미지), 스크립트 파일 형태(소셜 데이터의 텍스트) 등을 들 수 있다.

018

답 ③

증강현실은 사용자가 눈으로 보는 현실세계에 가상의 물체를 겹쳐 보여주는 기술(가상이 현실을 보강)이다.

선지분석

① 정식 명칭은 동화상전문가그룹이다. 1988년 설립되었다. 정지된 화상을 압축하는 방법을 고안한 JPEG과는 달리, 시간에 따라 연속적으로 변화하는 동영상 압축과 코드 표현을 통해 정보의 전송이 이루어질 수 있는 방법을 연구하고 있다.
② 시스템에 의해 만들어진 지능, 즉 인공적인 지능을 뜻한다. 일반적으로 범용 컴퓨터에 적용한다고 가정한다. 이 용어는 또한 그와 같은 지능을 만들 수 있는 방법론이나 실현 가능성 등을 연구하는 과학 분야를 지칭하기도 한다.
④ 기존의 공중파 방송과는 다르게 인터넷 등의 통신 회선을 사용하여 원하는 시간에 원하는 매체를 볼 수 있도록 하는 서비스이다.

019

답 ④

SaaS에 대한 설명이고, IaaS는 컴퓨팅 리소스, 서버, 네트워킹 등을 의미한다.

020

답 ①

IoT에 해당된다.

021

답 ③

통합환경 즉, 플랫폼을 제공한다.

022

답 ④

Utility Computing의 개념을 포함하고 있다.

023

답 ③

대용량 데이터(빅데이터)를 처리하는데 적합하다.

선지분석

① 동적 스키마란 스키마가 미리 정의되어 있지 않은 스키마를 의미한다.

CHAPTER 02 | 기타 – 용어

정답 p.254

001	④	002	③	003	②	004	④	005	⑤
006	④	007	③	008	②	009	④	010	③
011	②	012	③	013	③	014	②	015	③
016	②	017	①	018	①	019	②	020	①
021	①	022	④	023	②	024	④	025	③
026	④	027	④	028	②	029	②	030	④
031	③	032	②	033	①	034	①	035	③
036	④	037	④	038	③	039	③	040	①
041	①	042	①	043	②	044	③	045	⑤
046	②	047	②	048	②	049	④	050	④
051	③	052	⑤	053	③	054	④	055	②
056	③	057	①	058	④	059	①	060	③
061	④	062	③	063	③	064	④	065	②
066	③	067	①						

001 답 ④

웹 캐시(web cache): 해당 설명을 웹 캐시가 아니라 웹 쿠키에 대한 설명이다. 웹 캐시는 사용자가 웹 페이지 방문 시 직접 서버에 접속하지 않고 근처의 웹 캐시를 이용한다. 이론상 이용할 수 있는 캐시는 3가지이다. 첫 번째는 클라이언트 쪽 캐시이고, 두 번째는 프록시 서버 쪽 캐시이고, 마지막 하나는 서버 쪽 캐시이다.

선지분석

① POP3, IMAP, SMTP: 클라이언트가 메일 서버로 메일을 보낼 때 SMTP를 사용하고, 메일 서버끼리 메일을 주고 받을 때 SMTP를 사용한다. POP3와 IMAP은 클라이언트가 메일 서버로부터 메일을 받을 때 사용하는데, POP3는 메일 서버에 메일 사본을 저장하지 않고 IMAP은 메일 서버에 메일 사본을 저장한다.

② RSS: 업데이트가 빈번히 이루어지는 웹사이트에서 업데이트된 정보를 사용자들에게 자동적으로 간편하게 제공하기 위한 방편으로 이용된다.

③ CGI(Common Gateway Interface): 서버와 응용 프로그램 사이에 데이터를 주고받기 위한 표준화된 방법이다. 브라우저가 서버를 경유하여 데이터베이스 서버에 질의를 내는 등 대화형 웹페이지를 작성할 때 이용된다.

002 답 ③

XML: HTML보다 홈페이지 구축 기능, 검색 기능 등이 향상되었고 클라이언트 시스템의 복잡한 데이터 처리를 쉽게 한다. 또한 인터넷 사용자가 웹에 추가할 내용을 작성, 관리하기에 쉽게 되어 있다. SGML의 부분 집합으로 태그를 정의할 수 있다.

선지분석

① HTML: 문서의 글자크기, 글자색, 글자모양, 그래픽, 문서이동(하이퍼링크) 등을 정의하는 명령어로서 홈페이지를 작성하는 데 쓰인다. Hyper(비순차적 이동) Text Markup(태그) Language의 약자이다.

② CSS: 기존의 HTML은 웹 문서를 다양하게 설계하고 수시로 변경하는데 많은 제약이 따르는데, 이를 보완하기 위해 만들어진 것이 스타일 시트이고 스타일 시트의 표준안이다. 웹 페이지의 스타일(작성형식)을 미리 저장해 두면 웹 페이지의 한 가지 요소만 변경해도 관련되는 전체 페이지의 내용이 한꺼번에 변경하면 된다.

④ SGML: 다양한 형태의 전자문서들을 서로 다른 시스템들 사이에 정보의 손실없이 효율적으로 전송·저장·자동처리를 하기 위한 문서처리표준의 하나이다. 이것은 문서의 마크업언어나 태그셋의 정의에 관한 표준으로, 문서언어를 어떻게 지정할 것인가를 설명한 것이다. 문서의 구조를 정의할 수 있는 메타언어이다.

003 답 ②

ERP: 생산, 판매, 자재, 인사, 회계 등 기업 전 부문에 걸쳐 있는 인력, 자금, 정보 등 모든 경영자원을 하나의 체계로 통합, 계획, 관리함으로써 기업 생산성을 높이는 종합경영 관리시스템이다.

선지분석

① EAI: 기업 내 상호 연관된 모든 애플리케이션을 유기적으로 연동하여 필요한 정보를 중앙 집중적으로 통합, 관리, 사용할 수 있는 환경을 구현하는 것으로 e-비즈니스를 위한 기본 인프라이다.

③ BRP: 고도로 전문화되어 프로세스가 분업화된 조직을 개혁하기 위해, 조직과 비즈니스 규칙 및 절차를 근본적으로 재검토하여 비즈니스 프로세스에 관점을 두고 조직, 직무, 업무 흐름, 관리 기구, 정보 시스템을 재설계하는 경영혁신기법의 하나이다.

④ KMS: 기업의 환경이 물품을 주로 생산하던 산업사회에서, 지적 재산의 중요성이 커지는 지식사회로 급격히 이동함에 따라, 기업 경영을 지식이라는 관점에서 새롭게 조명하는 접근방식이다.

004 답 ④

DNS: 도메인 혹은 호스트 이름을 IP 주소로 변환해 준다. Inverse DNS는 IP 주소를 도메인 혹은 호스트 이름으로 변환한다.

선지분석

① NAT: 대부분의 가정에서 설치된 유무선 공유기나 방화벽에서 동작한다. 유무선 공유기 내부인 가정에서는 사설 IP를 사용하고 해당 패킷이 외부로 나갈 때는 공유기를 통해 NAT 과정을 거쳐 공인 IP로 변환되어 나간다. 외부에서 패킷이 들어올 때는 공인 IP가 NAT에 의해 사설 IP로 바뀐다.
② ARP: IP 주소(논리 주소)를 MAC 주소(물리 주소)로 바꿔준다. RARP는 MAC 주소를 IP 주소로 바꿔준다.
③ DHCP: 호스트가 네트워크에 접속하고자 할 때마다 IP를 동적으로 할당한다. 예를 들어, 커피숍에 가면 와이파이에 접속하게 되는데 와이파이에서 DHCP를 이용해서 사용자에게 IP와 임대 기간을 할당한다.

005

답 ⑤

TELNET: 인터넷을 통하여 원격지의 호스트 컴퓨터에 접속할 때 지원되는 인터넷 표준 프로토콜이다.

선지분석

① FTP: 파일을 전송하기 위한 프로토콜이다.
② SMTP: 이메일을 전송하기 위한 프로토콜이다.
③ USENET: 전자게시판의 일종으로 특정한 주제나 관심사에 대해 의견을 게시하거나 관련 분야에 대한 그림, 동영상, 실행파일, 데이터파일 등의 자료를 등록할 수 있는 전 세계적인 토론 시스템이다(현재는 이름만 유지).
④ HTTP: 웹 브라우저와 웹 서버 사이에서 웹 문서(HTML)를 전송하기 위한 프로토콜이다.

006

답 ④

정규식의 규칙은 다음과 같다.

- +: 앞 문자가 하나 이상이다(예 dd).
- ( ): 하나의 패턴 구분자 안에 서브 패턴을 지정해서 사용할 경우 괄호로 묶어주는 방식을 사용한다(예 (e|ba)*).
- |: or를 나타낸다(예 eba)
- *: 앞 문자가 0개 이상이다(예 ebaeba).

이들을 모두 합치면 ddebaeba가 된다.

007

답 ③

더 빠르게 전달: 웹 캐시는 사용자가 웹 페이지 방문 시 직접 서버에 접속하지 않고 근처의 웹 캐시를 이용한다. 이론상 이용할 수 있는 캐시는 3가지이다. 첫 번째는 클라이언트 쪽 캐시이고, 두 번째는 프록시 서버 쪽 캐시이고, 마지막 하나는 서버 쪽 캐시이다.

선지분석

① 상태 정보: 쿠키에 대한 설명이다.
② iterative와 recursive: DNS가 query를 요청하는 방식이다.
④ 쇼핑카트나 추천: 쿠키에 대한 설명이다.

008

답 ②

OSPF, RIP: AS(autonomous system) 내부(Intra-AS)에서 경로배정을 위해 사용된다.

선지분석

①, ③, ④ BGP: AS 경계(Inter-AS)에서 경로배정을 위해 사용된다.

TIP IDRP는 AS 사이(Inter-AS)에서 경로배정을 위해 사용된다.

009

답 ④

오류 정정: 오류 복원 기능이 있어 코드 일부분이 오염되거나 손상돼도 데이터 정보를 복원할 수 있는 것도 장점이다.

선지분석

① Quick Response: 'Quick Response'의 약자로 '빠른 응답'을 얻을 수 있다는 의미이다.
② 2차원: 가로, 세로를 활용하여 숫자는 최대 7,089자, 문자는 최대 4,296자, 한자도 최대 1,817자 정도를 기록할 수 있는 2차원적 구성이다.
③ 바코드: 활용성이나 정보성 면에서 기존의 바코드보다는 한층 진일보한 코드 체계이다.

010

답 ③

TELNET: 인터넷을 통하여 원격지의 호스트 컴퓨터에 접속할 때 지원되는 인터넷 표준 프로토콜이다.

선지분석

① MIME: 해당 설명은 RTP이고, MIME은 아스키코드 텍스트만을 사용해야 했던 인터넷 전자메일에서 다양한 포맷과 형식을 쓸 수 있도록 지원하는 데이터 부호화 방식이다. 즉, 아스키코드만으로 표현할 수 없는 문자나 2진 데이터, 이미지, 음성, 애플리케이션 등의 비문자 데이터를 다룰 수 있도록 지원한다.
② TFTP: 해당 설명은 FTP이고, TFTP는 FTP와 마찬가지로 파일을 전송하기 위한 프로토콜이지만, FTP보다 더 단순한 방식(인증을 사용하지 않음)으로 파일을 전송한다(예 임의의 시스템이 원격 시스템으로부터 부팅 코드를 다운로드).
④ DHCP: 해당 설명은 DNS이고, DHCP는 호스트가 네트워크에 접속하고자 할 때마다 IP를 동적으로 할당한다. 예를 들어, 커피숍에 가면 와이파이에 접속하게 되는데 와이파이에서 DHCP를 이용해서 사용자에게 IP와 임대 기간을 할당한다.

011

답 ②

HTTP: 웹 브라우저와 웹 서버 사이에서 웹 문서(HTML)를 전송하기 위한 프로토콜이다.

선지분석

① SMTP: 클라이언트가 메일 서버로 메일을 보낼 때 SMTP를 사용하고, 메일 서버끼리 메일을 주고받을 때 SMTP를 사용한다.

③ IMAP: IMAP은 클라이언트가 메일 서버로부터 메일을 받을 때 사용하는데, 메일 서버에 메일 사본을 저장한다.
④ RTP: 실시간으로 음성이나 동화상을 송수신하기 위한 전송 계층 통신 규약이다. RFC 1889에 RTCP(RTP control protocol)와 함께 규정되어 있다. 자원 예약 프로토콜(RSVP)과는 달리 라우터 등의 통신망 기기에 의지하지 않고 단말 간에 실행되는 것이 특징이다. RTP는 보통 사용자 데이터그램 프로토콜(UDP)의 상위 통신 규약으로 이용된다.

012

답 ③

CDMA: 2세대 이동통신 기술로서 기본 기술은 현재까지 사용되고 있다. 아날로그 형태인 음성을 디지털 신호로 전환한 후 여기에 난수를 부가하여 여러 개의 디지털 코드로 변환해 통신을 하는 것으로 휴대폰이 통화자의 채널에 고유하게 부여된 코드만을 인식한다.

선지분석

① RIP: AS(autonomous system) 내부(Intra-AS)에서 경로배정을 위해 사용된다. 모든 경로를 업데이트하기 때문에 traffic load가 심하다.
② OSPF: AS(autonomous system) 내부(Intra-AS)에서 경로배정을 위해 사용된다. 변경된 경로만 업데이트하기 때문에 traffic load를 감소시킨다.
④ BGP: AS 경계(Inter-AS)에서 경로배정을 위해 사용된다.

TIP IDRP는 AS 사이(Inter-AS)에서 경로배정을 위해 사용된다.

013

답 ③

철수는 영희의 공개키를 사용하여 평문을 암호화한다.

선지분석

① 공개키는 누구에게나 공개하기 때문에 공개키이다.
② PKI 구조에서 CA(인증기관)가 사용자의 공개키에 자신의 서명을 붙여 공인인증서를 발급하다.
④ 영희의 공개키로 암호화가 되었기 때문에 영희는 자신의 개인키를 사용하여 암호문을 복호화한다.

014

답 ②

공격자에 의한 악성코드(봇)를 전파하고, 좀비 PC(봇에 감염된 PC)에 의한 공격을 수행한다. 좀비 PC로 구성된 네트워크를 봇넷(Botnet)이라고 한다. DoS는 1:1로 공격하지만, DDoS는 N:1로 공격을 수행한다.

선지분석

① 사용자가 키보드로 PC에 입력하는 내용을 몰래 가로채어 기록하는 행위를 말한다. 하드웨어, 소프트웨어를 활용한 방법에서부터 전자적, 음향기술을 활용한 기법까지 다양한 키로깅 방법이 존재한다.
③ 웹사이트 관리자가 아닌 이가 웹 페이지에 악성 스크립트를 삽입할 수 있는 취약점이다. 주로 여러 사용자가 보게 되는 전자게시판에 악성 스크립트가 담긴 글을 올리는 형태로 이루어진다. 이 취약점은 웹 애플리케이션이 사용자로부터 입력 받은 값을 제대로 검사하지 않고 사용할 경우 나타난다. 이 취약점으로 해커가 사용자의 정보(쿠키, 세션 등)를 탈취하거나, 자동으로 비정상적인 기능을 수행하게 할 수 있다. 주로 다른 웹사이트와 정보를 교환하는 식으로 작동하므로 사이트 간 스크립팅이라고 한다.
④ 자신이 설치된 시스템의 정보를 원격지의 특정한 서버에 주기적으로 보내는 프로그램이다. 사용자가 주로 방문하는 사이트, 검색어 등 취향을 파악하기 위한 것도 있지만, 패스워드 등과 같은 특정 정보를 원격지에 보내는 스파이웨어도 존재한다.

015

답 ③

로컬 파일의 내용을 읽을 수 있는 API를 지원한다.

선지분석

① 웹상에서 비디오, 오디오를 표현하기 위한 태그 및 API를 지원한다. 즉, 기존처럼 플러그인이 필요 없다.
② 웹상에서 양방향 통신이 가능한 API를 제공한다.
④ 아이폰이나 안드로이드용 하이브리드 앱을 만들 수 있다. 하이브리드 앱은 겉모양은 일반 앱으로 App Store나 Google Play를 통해 다운로드받고 설치할 수 있지만, 콘텐츠나 기능 일부가 HTML5로 되어있는 앱이다.

016

답 ②

공용 네트워크(Public Network)를 사용하여 사설 네트워크(Private Network)를 구축하므로 사설 네트워크보다 구축 및 유지비용이 낮다.

선지분석

① 2계층에서 터널링 기술을 사용한다.
③ 3계층(IPSec) 혹은 4계층(SSL/TLS)에서 암호화 기술을 사용한다.
④ 방화벽, 라우터, 게이트웨이 등에 내장될 수 있다.

017

답 ①

리틀 엔디안(little endian) 방식을 나타낸다. 즉, 최하위 바이트부터 부호화되어 저장된다.

선지분석

③ 빅 엔디안(big endian) 방식을 나타낸다. 즉, 최상위 바이트부터 부호화되어 저장된다.

TIP 엔디안 방식은 단위에 주의해야 한다. 문제의 조건은 바이트였고, 문제의 조건이 비트일 수도 있다.

018 답 ①

저장용량을 순서대로 나열하면 다음과 같다.

bit < Byte < KB < MB < GB < TB < PB

집적도를 순서대로 나열하면 다음과 같다.

SSI < MSI < LSI < VLSI < ULSI

이를 기준으로 집적도가 가장 높은 회로는 ULSI이고, 가장 큰 저장 용량 단위는 PB이다.

019 답 ②

VM에서 동작하는 운영체제는 실제 운영체제 위에서 동작하므로 (에뮬레이션) 실제 머신에서 동작되는 운영체제보다 비효율적이다.

선지분석

① 하나의 컴퓨터에 여러 개의 가상 머신(virtual machine)을 설치하면 2개 이상의 운영체제 운용이 가능하다.
③ 가상 머신이 없을 때는 특정 S/W의 이식성을 체크하기 위해 여러 대의 컴퓨터에서 실행해야 했는데 가상 머신이 하나의 컴퓨터에서 여러 OS 플랫폼을 만들 수 있기 때문에 기존 방식에 비해 이식성 체크가 수월하다.
④ VM은 실제 운영체제 위에서 동작하기 때문에 VM에서 실행하는 운영체제 명령어는 VM 명령어로 에뮬레이션 된다.

020 답 ①

CGI: 서버와 응용 프로그램 사이에 데이터를 주고받기 위한 표준화된 방법으로 서버에서 실행된다. 브라우저가 서버를 경유하여 데이터베이스 서버에 질의를 내는 등 대화형 웹페이지를 작성할 때 이용된다(클라이언트가 서버에 요청하기 위한 중간 매개체이다).

선지분석

② XML: HTML보다 홈페이지 구축 기능, 검색 기능 등이 향상되었고 클라이언트 시스템의 복잡한 데이터 처리를 쉽게 한다. 또한 인터넷 사용자가 웹에 추가할 내용을 작성, 관리하기에 쉽게 되어 있다. SGML의 부분 집합으로 태그를 정의할 수 있다(메타 언어이다).
③ URL: 네트워크상에서 자원이 어디 있는지를 알려주기 위한 규약이다. 즉, 컴퓨터 네트워크와 검색 메커니즘에서의 위치를 지정하는, 웹 리소스에 대한 참조이다. 웹 사이트 주소뿐만 아니라 컴퓨터 네트워크상의 자원을 모두 나타낼 수 있다.
④ HTTP: 웹 브라우저와 웹 서버 사이에서 웹 문서(HTML)를 전송하기 위한 프로토콜이다.

021 답 ①

일정 시간 간격으로 아날로그 신호의 순간적인 값을 취하는 것이다.

선지분석

② 양자화를 거친 디지털 정보를 0과 1의 이진수로 표현하는 과정이다.
③ 디지털 신호를 아날로그 신호로 바꾸는 과정 중에 부호화의 역과정이다.
④ 표본화를 통해 쪼개진 값은 연속적인 값을 갖는데 이 값을 진폭(크기)에 따라 연속적이지 않은 각각의 대푯값으로 변환하는 과정이다. 예를 들어 표본화에서 구해진 값이 1.1232312412...이라면 이 값을 1로 정수화 하는 것을 의미한다(양자화 에러 존재).

022 답 ④

이동통신 망이나 위성항법 장치(GPS) 등을 통해 얻은 위치정보를 바탕으로 이용자에게 여러 가지 서비스를 제공하는 시스템으로서, 이동통신 단말기 속에 기지국이나 위성항법 장치와 연결되는 칩을 탑재하여 위치추적 서비스, 공공안전 서비스, 위치기반정보 서비스 등의 위치와 관련된 각종 서비스를 제공하는 서비스를 일컫는다.

선지분석

① 굉장히 많은 양의 데이터에서 빠르게 정보를 추출 및 분석하여 가치 있는 정보를 발견하는 기술이다. 다루는 데이터는 어마어마한 대량의 정형(structured, 액셀, 데이터베이스), 반정형(semi-structured, HTML, IoT 센서 데이터), 비정형(unstructured, 자연어, 이미지, 동영상) 데이터이다.
② 각종 소프트웨어와 데이터를 인터넷과 연결된 중앙 컴퓨터에 저장한다. 필요할 때마다 컴퓨터나 스마트폰 같은 단말기로 접속하여 데이터를 내려 받아 사용하고 다시 업로드하는 방식이다. 클라우드 컴퓨팅은 유틸리티 컴퓨팅(유틸리티(수도, 전기 등)처럼 사용한 만큼 돈을 내자는 개념)의 개념을 내포한다.
③ 실제가 아닌 인공적인 환경을 구축하여 그 속에서 인간이 새로운 경험을 할 수 있도록 하는 기술이다(HMD를 착용함). 군사용 시뮬레이션, 게임, 기계설비, 의료, 관광, 스포츠, e-러닝 등에 다양하게 사용된다.

023 답 ②

파밍: Phishing(개인 정보)과 farming(대규모 피해)의 합성어이다. DNS Spoofing과 같이 인터넷 주소창에 방문하고자 하는 사이트의 URL을 입력하였을 때 가짜 사이트(fake site)로 이동시키는 공격 기법이다.

선지분석

① 스니핑: 패킷을 태핑(Tapping)이나 미러링(Mirroring)을 통해 도청하는 것을 의미한다. 도청만 수행하므로 소극적 공격에 해당한다.
③ 트로이 목마: 사용자가 의도하지 않은 코드를 정상적인 프로그램에 삽입한 형태이다.
④ 하이재킹: TCP는 클라이언트와 서버 간 통신을 할 때 패킷의 연속성을 보장하기 위해 클라이언트와 서버는 각각 시퀀스 넘버를 사용한다. 이 시퀀스 넘버가 잘못되면 이를 바로 잡기 위한 작업을 하는데, 세션 하이재킹은 서버와 클라이언트에 각각 잘못된 시퀀스 넘버를 위조해서 연결된 세션에 잠시 혼란을 준 뒤 자신이 끼어 들어가는 방식이다.

024 답 ④

SMTP: 이메일 전송 관련 프로토콜로서 응용 계층 프로토콜이다.

선지분석

① IPv6: 주소가 128비트이고, IPv6 망에 접속하면 호스트의 IP를 자동으로 설정한다.
② 광대역통합망: 종단간 고품질 서비스가 제공 가능하도록 QoS가 보장되고, SLA(Service Level Agreement)에 따른 고객의 서비스 품질 차별화 가능 및 네트워크 전체 계층의 보안을 보장한다. 여기서 SLA란 비용을 지불한 만큼 품질을 제공함을 의미한다.
③ 와이맥스(WiMAX): 건물 밖으로 인터넷 사용 반경을 대폭 넓힐 수 있도록 기존의 무선랜(WiFi) 기술을 보완한 것으로 약 30마일(48km) 반경에서 70MB/s 속도로 데이터 전송을 보장하나, 이동 때 기지국과 기지국 간 핸드오프를 보장하지 못하는 단점이 있다.

025 답 ③

호스트 운영체제가 사용되는 경우(Type 2)와 사용되지 않는 경우(Type 1)라 나뉜다. 여기서 가상 머신 모니터는 하이퍼바이저(Hypervisor)라고도 하며 게스트 운영체제를 관리해준다.

선지분석

① 단일 컴퓨터에 오라클의 VirtualBox 여러 개를 사용하여 다수의 운영체제(리눅스, 유닉스 등)를 설치할 수 있다. 이들은 호스트 운영체제(메인 운영체제) 위에서 동작하므로 게스트 운영체제라고 부른다.
② 격리된 실행 환경을 제공하여 프로그램 등을 테스트하는 환경으로 사용할 수 있다. 그러나 가상 머신 간 해킹은 불가능한 것은 아니다.
④ 자바는 하이브리드 컴파일 방식을 이용하여 일단 컴파일을 수행하여 자바 바이트 코드로 만든 후 각각의 컴퓨터에 설치된 자바 가상 머신(JVM)에서 인터프리터를 이용해서 해석되어 실행된다. 이는 한번의 컴파일로 다양한 운영체제에서 실행될 수 있도록 해준다(이식성과 호환성). 그러나 JVM 위에서 동작하므로 속도가 느린 것은 감수해야 한다.

026 답 ④

"제엑페테 – 피팸아젭"으로 암기한다.

027 답 ④

SNMP: IP 네트워크상의 장치로부터 정보를 수집 및 관리하며, 또한 정보를 수정하여 장치의 동작을 변경하는 데에 사용되는 인터넷 표준 프로토콜이다. SNMP를 지원하는 대표적인 장치에는 라우터, 스위치, 서버, 워크스테이션, 프린터 등이 포함된다. 예를 들어, 라우터의 상태를 보거나 아니면 어떤 설정을 필요로 할 때 SNMP를 이용할 수 있다.

선지분석

① IMAP: 메일 서버에서 메일 클라이언트가 메일을 내려 받을 때 사용하는 프로토콜이다. 메일 사본은 메일 서버에 남긴다(백업용).
② POP3: 메일 서버에서 메일 클라이언트가 메일을 내려 받을 때 사용하는 프로토콜이다. 메일 사본을 메일 서버에 남기지 않는다.
③ SMTP: 메일 클라이언트가 메일 서버로 메일을 보낼 때 또는 메일 서버가 메일 서버에게 메일을 보내거나 받을 때 사용하는 프로토콜이다.

028 답 ②

ㄱ. 21번 포트: FTP
ㄹ. 80번 포트: HTTP

선지분석

ㄴ. 53번 포트: DNS, TELNET는 23번 포트이다.
ㄷ. 23번 포트: TELNET, SMTP는 25번 포트이다.

주요 포트와 서비스

포트 번호	서비스	설명
20	FTP	• File Transfer Protocol-Datagram • FTP 연결 시 실제로 데이터를 전송한다.
21	FTP	• File Transfer Protocol-Control • FTP 연결 시 인증과 제어를 한다.
23, 22	Telnet, SSH	텔넷 서비스로, 원격지 서버의 실행창을 얻어낸다.
25	SMTP	• Simple Message Transfer Protocol • 메일을 보낼 때 사용한다.
53	DNS	• Domain Name Service • 이름을 해석하는 데 사용한다.
69	TFTP	• Trivial File Transfer Protocol • 인증이 존재하지 않는 단순한 파일 전송에 사용한다.
80	HTTP	• Hyper Text Transfer Protocol • 웹서비스를 제공한다.
110	POP3	• Post Office Protocol • 메일 서버로 전송된 메일을 읽을 때 사용한다.
111	RPC	• Sun의 Remote Procedure Call • 원격에서 서버의 프로세스를 실행할 수 있게 한다.
138	NetBIOS	• Network Basic Input Output Service • 윈도우에서 파일을 공유할 수 있게 한다.
143	IMAP	• Internet Message Access Protocol • POP3와 기본적으로 같으나, 메일이 확인된 후에도 서버에 남는다는 것이 다르다.
161, 162	SNMP	• Simple Network Management Protocol • 네트워크 관리와 모니터링을 위해 사용한다.

029

답 ②

DHCP: 호스트가 네트워크에 접속하고자 할때마다 IP를 동적으로 할당한다. 예를 들어, 커피숍에 가면 와이파이에 접속하게 되는데 와이파이에서 DHCP를 이용해서 사용자에게 IP와 임대 기간을 할당한다.

선지분석

① ARP: IP 주소(논리 주소)를 MAC 주소(물리 주소)로 바꿔준다. RARP는 MAC 주소를 IP 주소로 바꿔준다.

③ TCP: 근거리 통신망이나 인트라넷, 인터넷에 연결된 컴퓨터에서 실행되는 프로그램 간에 일련의 옥텟(바이트)을 안정적으로, 순서대로, 에러 없이 교환할 수 있게 한다. 연결 설정을 수행하고, 흐름 제어와 혼잡 제어를 수행한다. TCP는 웹 브라우저들이 월드 와이드 웹에서 서버에 연결할 때 사용되며, 이메일 전송이나 파일 전송에도 사용된다.

④ UDP: 연결을 설정하지 않고 수신자가 데이터를 받을 준비를 확인하는 단계를 거치지 않고 단방향으로 정보를 전송한다. UDP를 사용하는 애플리케이션에는 도메인 이름 서비스(DNS), IPTV, 음성 인터넷 프로토콜(VoIP), TFTP, IP 터널, 그리고 많은 온라인 게임 등이 있다.

⑤ ICMP: 인터넷 제어 메시지 프로토콜은 RFC 792에서 정의한 인터넷 프로토콜 모음 중의 하나이다. ICMP 메시지들은 일반적으로 IP 동작에서 진단이나 제어로 사용되거나 오류에 대한 응답으로 만들어진다. 예를 들어, 핑(ping) 유틸리티는 ICMP "에코 요청(Echo request)"과 "에코 응답(Echo reply)" 메시지를 사용해 구현할 수 있다.

030

답 ④

해당 문제는 나이키스트 샘플링 이론(법칙)을 적용한다. 나이키스트 샘플링 이론이란 디지털 전송에서 부호 간 간섭을 없애는 조건으로 입력 신호의 최고(최대) 주파수 fm의 2배 이상의 주파수, 즉 2fm 이상의 주파수에서 표본화(샘플링)하면 원신호를 충실하게 재현할 수 있다는 정리이다. 그러므로 다음과 같은 계산이 가능하다.

초당 표본추출(샘플링, 표본화) = 2 × 최대 주파수 = 2 × 4KHz = 8KHz = 8000Hz

031

답 ③

사용자의 웹브라우저는 DNS 서버로부터 사이트의 웹 서버 IP 주소를 획득한다.

선지분석

① 사용자의 웹브라우저는 사이트의 IP 주소를 얻기 위해 DNS 서버로 DNS query를 보낸다.

② DNS query는 recursive, iterative, non-recursive가 있다. DNS는 계층적 구조를 가지며 5계의 계층이 있다고 가정하면 recursive는 첫 번째 DNS가 두 번째 DNS에게 요청하고, 두 번째 DNS가 세 번째 DNS에게 요청하는 방식이다. iterative는 첫 번째 DNS가 두 번째 DNS에게 요청하고, 다시 첫 번째 DNS가 세 번째 DNS에게 요청하는 방식이다. 마지막으로 non-recursive는 첫 번째 DNS가 다른 DNS 서버에게 요청해서 부분적인 결과만을 얻는다. 이로 인해 나중에 실제로 연결을 맺으려고 할 때 DNS로 인한 초기 시간을 줄일 수 있다.

④ HTTP는 TCP 위에서 동작하기 때문에 TCP 3-way handshake를 수행한다. 일반적인 방법은 아니지만 HTTP를 UDP 위에서 동작시킬 수도 있다.

⑤ 결국 HTTP란 HTML을 주고받기 위한 프로토콜인 것이다.

032

답 ②

블록체인: 관리 대상 데이터를 '블록'이라고 하는 소규모 데이터들이 P2P 방식을 기반으로 생성된 체인 형태의 연결고리 기반 분산 데이터 저장환경에 저장되어 누구라도 임의로 수정할 수 없고 누구나 변경의 결과를 열람할 수 있는 분산 컴퓨팅 기술 기반의 원장 관리 기술이다. 대표적으로 비트코인(가상화폐 또는 암호화폐)이 블록체인을 이용한다.

선지분석

① 빅데이터: 많은 양의 정형 또는 비정형 데이터들로부터 가치를 추출하고 결과를 분석하는 기술이다.

③ 사물인터넷: 인터넷을 기반으로 사물들을 연결하여 정보를 상호 소통하는 기술이다.

④ 증강현실: 현실을 기반으로 가상 정보를 실시간으로 결합하여 보여주는 기술이다.

TIP 클라우드 컴퓨팅은 서로 다른 물리적인 위치에 존재하는 컴퓨터의 자원들을 가상화 기술로 통합해 제공하는 기술이다.

033

답 ①

DNS: 도메인 혹은 호스트 이름을 IP 주소로 변환해 준다. Inverse DNS는 IP 주소를 도메인 혹은 호스트 이름으로 변환한다.

선지분석

② OSPF: 라우팅 프로토콜로써 AS(autonomous system) 내부(Intra-AS)에서 경로배정을 위해 사용된다. 변경된 경로만 업데이트하기 때문에 traffic load를 감소시킨다.

③ ICMP: 인터넷 제어 메시지 프로토콜은 RFC 792에서 정의한 인터넷 프로토콜 모음 중의 하나이다. ICMP 메시지들은 일반적으로 IP 동작에서 진단이나 제어로 사용되거나 오류에 대한 응답으로 만들어진다. 예를 들어, 핑(ping) 유틸리티는 ICMP "에코 요청(Echo request)"과 "에코 응답(Echo reply)" 메시지를 사용해 구현할 수 있다.

④ SNMP: IP 네트워크상의 장치로부터 정보를 수집 및 관리하며, 또한 정보를 수정하여 장치의 동작을 변경하는 데에 사용되는 인터넷 표준 프로토콜이다. SNMP를 지원하는 대표적인 장치에는 라우터, 스위치, 서버, 워크스테이션, 프린터 등이 포함된다. 예를 들어, 라우터의 상태를 보거나 아니면 어떤 설정을 필요로 할 때 SNMP를 이용할 수 있다.

034 답 ①

ㄱ. 메일 클라이언트가 메일 서버로 메일을 보낼 때 → SMTP 사용
ㄴ. 메일 서버가 메일 서버에게 메일을 보내거나 받을 때 → SMTP 사용
ㄷ. 메일 서버에서 메일 클라이언트가 메일을 내려 받을 때 → POP3(메일 사본을 메일 서버에 남기지 않음), IMAP(메일 사본은 메일 서버에 남김) 사용

035 답 ③

디지털 워터마킹: 원본의 내용을 왜곡하지 않는 범위 내에서 사용자가 인식하지 못하도록 저작권 정보를 디지털 콘텐츠에 삽입하는 기술이다.

선지분석

① 콘텐츠 필터링: 콘텐츠 이용 과정에서 저작권 침해 여부 등을 판단하기 위해 데이터를 제어하는 기술로, 키워드 필터링, 해시 필터링, 특징점 필터링 등이 있다.
② 디지털 핑거프린팅: 디지털 콘텐츠를 구매할 때 구매자의 정보를 삽입하여 불법 배포 발견 시 최초의 배포자를 추적할 수 있게 하는 기술이다.
④ 디지털 사이니지: 디지털 디스플레이를 공공장소에 설치하여 각종 정보, 엔터테인먼트, 광고 등을 제공하는 제4의 미디어이다(중앙에서 광고 내용을 통제하면서 계속 바꿔준다).

036 답 ④

ㄱ. MIMO(multiple-input and multiple-output): 무선 통신의 용량을 높이기 위한 스마트 안테나 기술로서 기지국과 단말기에 여러 안테나를 사용하여, 사용된 안테나 수에 비례하여 용량을 높이는 기술이다. MU-MIMO도 존재한다.
ㄷ. All-IP: 이동통신 서비스인 롱텀에볼루션(LTE), 초고속인터넷 기반의 인터넷전화(VoIP), 인터넷TV(IPTV) 등 유·무선 등 모든(All) 통신망을 하나의 인터넷 프로토콜(IP)망으로 통합하는 것이다.
ㄹ. 다운 스트림에서는 OFDMA(주파수 분할 멀티플렉싱(FDM)과 시간 분할 멀티플렉싱(TDM)을 결합한 방식)을 사용하고, 업 스트림에서는 SC-FDMA(시간을 더 잘게 분할)을 사용한다.

선지분석

ㄴ. 802.16는 WiMAX(4세대)를 의미하고 WiBro(3.5세대)의 개선된 버전을 의미한다. WiBro는 WiFi와 LTE의 중간 대역(거리)에서 사용자에게 무선 네트워크를 제공한다.

037 답 ④

셰어웨어: 정식 제품 구매 전에 먼저 체험해 볼 수 있도록 사용 기간이나 특정 기능에 제한을 둔 소프트웨어를 말한다. 체험판 또는 평가판이라고도 하며 대부분 무료로 배포된다. 이는 해당 소프트웨어를 대중들에게 널리 알리고 궁극적으로 정식 제품을 구매하게끔 유도하는 마케팅의 일환이다.

선지분석

① 프리웨어: 아무런 대가없이 제공하는 프로그램을 말한다. 그러나, 저작권은 살아있으므로 다른 사람들은 저작권자의 허락 없이는 그 프로그램에 어떠한 것도 추가로 개발하여 넣을 수 없다.
② 라이트웨어: 상용 소프트웨어 버전에서 몇 가지 핵심 기능을 제거한 채 무료로 배포되는 소프트웨어를 가리키는 용어이다. 이것은 잠재 고객들이 제품을 실제로 써보고 느낄 수 있도록 만든 일종의 견본으로서, 보통 완전한 기능의 일부분만을 가지도록 설계된다.
③ 오픈소스 소프트웨어: 일반 대중의 공동연구를 통하여 개발, 시험 및 개선됨과 아울러, 미래의 공동연구를 보장하기 위하여 소스코드를 반드시 다른 사람들과 공유해야 한다는 사상과 함께 배포되는, 소프트웨어를 지칭한다(임의 수정은 가능하나 상업용으로 판매 시 로열티를 지불한다).

038 답 ③

파일 구조: 아이노드에 직접 블록 포인터와 단일/이중/삼중 간접 블록 포인터가 포함된다. 즉, 별도의 인덱스 블록을 가지지 않는다.

선지분석

① 슈퍼블록: 데이터 블록의 개수, 실린더(Cylinder) 그룹의 개수, 데이터 블록의 크기 및 조각(Fragment), 하드웨어 정보, 마운트 포인트 정보, 파일 시스템 상태 정보를 가진다.
② 아이노드: 파일(file)의 종류와 접근 모드, 파일의 소유자와 그룹에 대한 UID, GID, 파일 크기, 파일의 마지막으로 접근/변조 시간, I-노드가 변경된 시간, 데이터 저장에 사용된 총 데이터 블록 수를 가진다.
④ 디렉토리: 파일 이름, 디렉터리 엔트리(디렉토리를 표현하는 데에 쓰이는 자료구조, 일반적으로는 파일이름, 파일속성 등 파일에 대한 여러 가지 정보가 저장되는데, 유닉스 계열에서는 파일 이름과 아이노드 번호만 저장된다)를 가진다.

039 답 ③

HTML: 지문의 설명은 HTTP를 나타낸다. HTML은 웹 페이지를 만들기 위한 비순차적 마크업(태그) 언어이다.

선지분석

① ASP: MS에서 동적으로 웹 페이지들을 생성하기 위해 개발한 서버 측 스크립트 엔진이다(정적 페이지는 이미지처럼 고정된 페이지를 의미하고, 동적 페이지는 게시판처럼 계속적으로 변하는 페이지를 의미한다).
② URL: 네트워크상에서 자원이 어디 있는지를 알려주기 위한 규약이다.
④ SSL: 브라우저와 웹 서버 간에 데이터를 안전하게 주고받기 위한 업계 표준 프로토콜이다.

040

답 ①

grep: 파일에서 텍스트 검색 기능을 가진 명령어이다.

선지분석

② umount: 해당 설명은 mount이고, umount는 연결을 해제하는 것이다.
③ ln: 해당 설명은 cp이고, ln은 기존 파일에 대한 하드 링크나 심볼릭 링크를 생성하기 위해 사용된다.
④ pwd: 해당 설명은 passwd이고, pwd는 현재 작업 중인 디렉터리의 이름을 출력한다.
⑤ more: 해당 설명은 lsattr이고, more는 텍스트 파일의 내용을 한 번에 한 화면씩 보여주기 위한 명령어이다.

041

답 ①

마크업 언어가 실제 표시되는 방법을 기술하는 언어로, HTML과 XHTML에 주로 쓰이며, XML에서도 사용할 수 있다. 마크업 언어가 웹사이트의 몸체를 담당한다면 CSS는 옷과 액세서리 같은 꾸미는 역할을 담당한다고 할 수 있다. 즉, HTML 구조는 그대로 두고 CSS 파일만 변경해도 전혀 다른 웹사이트처럼 꾸밀 수 있다.

선지분석

② 해당 설명은 자바스크립트에 대한 설명이다. HTML은 웹 페이지의 콘텐츠를 정의하고, CSS는 웹 페이지의 스타일을 지정한다. 마지막으로 자바스크립트는 웹 페이지의 동작을 지정한다.
③ 하나의 규칙으로 여러 HTML 요소와 HTML 문서를 제어할 수 있기 때문에 대부분의 경우 외부 CSS 파일(HTML 문서 밖)에 규칙을 정의하는 것을 선호한다.
④ 해당 주석은 HTML에서 사용하고, CSS 주석은 C언어와 마찬가지로 /*로 시작하여 */로 끝난다.
⑤ 해당 설명은 hover를 나타내고, focus는 요소에 초점이 맞춰질 때(입력할 준비가 될 때 커서가 깜빡거리는 것)를 의미한다.

042

답 ①

아날로그 신호를 디지털 신호로 변조할 때 Segmentation 과정은 거치지 않는다. Segmentation은 TCP에서 발생한다.

선지분석

② 아날로그 신호를 디지털 신호로 바꿔주는 첫 번째 단계로 일정 시간 간격으로 아날로그 신호의 순간적인 값을 취하는 것을 의미한다.
③ 표본화와 양자화를 거친 디지털 정보를 0과 1의 이진수로 표현하는 과정이다.
④ 표본화를 통해 쪼개진 연속적인 값을 진폭(크기)에 따라 연속적이지 않은 각각의 대푯값으로 변환하는 과정이다.

043

답 ②

공개키 암호화는 수학적 연산을 사용하기 때문에 비공개키 암호화에 비해 처리속도가 느리다.

선지분석

① 공개키 암호화는 암호화와 복호화에 서로 다른 키를 사용한다.
③ DES는 비밀키 암호화의 대표적인 알고리즘이다.
④ 비밀키 암호화는 암호화와 복호화에 동일한 키를 사용한다.

044

답 ③

SCM: 기업 내에 부문별 최적화나 개별 기업단위의 최적화에서 탈피하여 공급망의 구성요소들 간에 이루어지는 전체프로세스 최적화를 달성하고자 하는 경영혁신기법이다.

선지분석

① ERP: 생산, 판매, 자재, 인사, 회계 등 기업 전 부문에 걸쳐 있는 인력, 자금, 정보 등 모든 경영자원을 하나의 체계로 통합, 계획, 관리함으로써 기업 생산성을 높이는 종합경영 관리시스템이다.
② EDI: 독립된 조직 간에 정형화된 문서를 표준화된 자료표현 양식에 준하여 전자적 통신매체를 이용해 교환하는 방식이다.
④ KMS: 인적 자원이 소유하고 있는 비정형 데이터인 지적 자산을 기업 내에 축적·활용할 수 있도록 하자는 것이다.

045

답 ⑤

ㄱ. Type-1은 운영체제가 필요 없고, Type-2는 운영체제가 필요하다.
ㄷ. Type-2는 운영체제 기반의 하이버파이저를 의미한다.
ㄹ. 전가상화(하드웨어를 완전히 가상화, guest os의 명령어 번역을 하이퍼바이저에서 처리)와 반가상화(하드웨어를 완전히 가상화하지 않음, guest os의 명령어 번역을 guest os에서 처리)는 모두 하이퍼바이저를 사용한다.
ㅁ. KVM은 하이퍼바이저 안에 완전한 리눅스 커널을 넣었기 때문에 운영체제가 필요 없는 Type-1이다.

선지분석

ㄴ. 게스트 OS는 하이퍼바이저가 관리하는 가상 머신 위에서 실행되기 때문에 특정 하이퍼바이저 상에서 실행될 수 있도록 수정할 필요가 없다. 단, 반가상화에서는 게스트 OS의 수정이 필요하다.

046

답 ②

ㄱ. 양자컴퓨팅은 양자역학 현상을 이용한다.
ㄴ. 양자컴퓨팅은 큐비트를 기본 단위로 사용한다.
ㄹ. 이산 로그 문제(P 문제)를 다항시간의 복잡도로 풀 수 있다(일정 시간 안에 풀 수 있다).

선지분석

ㄷ. QKD는 양자 암호로서 양자역학 현상(양자 얽힘)을 이용한다.
ㅁ. 소인수분해 문제(P 문제)를 다항시간의 복잡도로 풀 수 있지만, 모든 NP 문제를 다항시간 내에 풀 수 있다는 것은 확실히 증명되지 않았다.

P 문제와 NP 문제

P 문제는 결정 문제들 중에서 쉽게 풀리는 것을 모아 놓은 집합이다. 어떤 결정 문제가 주어졌을 때, 다항식(Polynomial) 시간 이내에 그 문제의 답을 YES와 NO 중의 하나로 계산해낼 수 있는 알고리즘이 존재한다면, 그 문제는 P 문제에 해당된다. NP 문제는 결정 문제들 중에서 적어도 검산은 쉽게 할 수 있는 것을 모아 놓은 집합으로도 정의할 수 있다. 정확히 말하면, 어떤 결정 문제의 답이 YES일 때, 그 문제의 답이 YES라는 것을 입증하는 힌트가 주어지면, 그 힌트를 사용해서 그 문제의 답이 정말로 YES라는 것을 다항식 시간 이내에 확인할 수 있는 문제가 바로 NP 문제에 해당된다. NP에는 NP-hard와 NP-complete가 존재한다. NP-hard는 모든 경우의 수를 전부 확인해보는 방법 이외에는 정확한 답을 구할 수 있는 방법이 없는 문제들을 뜻한다. NP-hard는 NP에 속하는 모든 판정 문제를 다항 시간에 다대일 환산할 수 있는 문제들의 집합이므로 다항 시간내에 해결이 가능하다. NP-complete는 NP-hard이지만 다항 시간 내에 해결할 수 없는 문제를 나타낸다. 예를 들어, Travelling Salesman Problem 등을 들 수 있다. NP-complete 문제를 해결하기 위해 근사 알고리즘을 사용한다.

047

답 ②

컴퓨터 네트워크를 경유하는 프로세스 간 통신의 종착점으로 가상화폐와 무관하다.

선지분석

① 가상화폐에서 지불을 하려면 최초의 어드레스가 필요하다. 블록 체인에 블록을 추가하는 행위가 지불 가능한 어드레스를 새롭게 만드는 행위이다. 블록 체인에 블록을 추가하는 것을 비트코인을 금광으로부터 채굴(mining)하는 것에 비유하고, 채굴자(miner)는 채굴하는 사람을 의미한다.

③ 가상통화 또는 암호통화라고 불리는 종류의 하나이다. 물리적으로 떨어져 있더라도 인터넷을 통해 금전의 송수신이 가능하고, 수수료가 저렴하므로 소액 결제도 편리하다. 나까모또 사토시(Nakamoto satoshi)라고 하는 정체불명의 인물이 투고한 논문으로부터 시작하였고, 2009년부터 세계 각국에서 사용하였다.

④ '어느 어드레스로부터 별개의 어드레스에 어느 가상화폐를 보내는가', 즉, '거래'를 기록한 것이다(가치의 이동). 예를 들면, 앨리스가 밥 상점으로부터 상품을 사고, 앨리스는 밥의 상점에 가상화폐를 상품대금으로 지불한다.

048

답 ②

가상 기계 모니터는 호스트 운영체제 위에서 동작하거나 호스트 운영체제 없이 동작한다.

선지분석

① 가상 기계를 관리하기 위한 소프트웨어이다.

③ 하나의 컴퓨터에 여러개의 운영체제를 실행할 수 있다.

④ 가상 기계 위의 응용 프로그램은 실제로 실행되기 위해 에뮬레이션되므로 처리 속도가 느려진다.

049

답 ④

클라이언트가 자신을 통해서 다른 네트워크 서비스에 간접적으로 접속할 수 있게 해 주는 컴퓨터 시스템이나 응용 프로그램을 가리킨다.

선지분석

① 도메인 혹은 호스트 이름을 숫자로 된 IP 주소로 해석해 주는 TCP/IP 네트워크 서비스이다.

② 인터넷의 공인 IP 주소는 한정되어 있기 때문에 가급적 이를 공유할 수 있도록 하는 것이 필요한데 NAT를 이용하면 사설 IP 주소를 사용하면서 이를 공인 IP 주소와 상호 변환할 수 있도록 하여 공인 IP 주소를 다수가 함께 사용할 수 있도록 함으로써 이를 절약할 수 있는 것이다.

③ 패킷의 위치를 추출하여, 그 위치에 대한 최적의 경로를 지정하며, 이 경로를 따라 데이터 패킷을 다음 장치로 전향시키는 장치이다.

050

답 ④

해당 설명은 RFID이고, GIS는 지역에서 수집한 각종 지리 정보를 수치화하여 컴퓨터에 입력 · 정보 · 처리하고, 이를 사용자의 요구에 따라 다양한 방법으로 분석 · 종합하여 제공하는 정보 처리 시스템을 말한다.

선지분석

① 각종 사물에 컴퓨터 칩과 통신 기능을 내장해 인터넷에 연결하는 기술을 의미한다.

② 다양한 교통 및 교통 관리 모드와 관련된 혁신적인 서비스를 제공하고 사용자가 더 나은 정보를 얻고 교통 네트워크를 보다 안전하고 조정되며 '스마트'하게 사용할 수 있도록 하는 것을 목표로 하는 고급 애플리케이션이다. 예를 들면, 신호등의 시간이 교통량에 따라 가변되는 것을 의미한다(지금은 교통량에 무관하게 일정).

③ 광대역 연결 상에서 인터넷 프로토콜을 사용하여 소비자에게 디지털 텔레비전 서비스를 제공하는 시스템을 말한다.

051

답 ③

관리 대상 데이터를 '블록'이라고 하는 소규모 데이터들이 P2P 방식을 기반으로 생성된 체인 형태의 연결고리 기반 분산 데이터 저장환경에 저장되어 누구라도 임의로 수정할 수 없고 누구나 변경의 결과를 열람할 수 있는 분산 컴퓨팅 기술 기반의 원장 관리 기술이다. 대표적으로 비트코인(가상화폐 또는 암호화폐)이 블록체인을 이용한다.

선지분석

① 데이터베이스 관리 시스템 또는 유사한 시스템(웹)에서 상호작용의 단위이다. 여기서 유사한 시스템이란 트랜잭션이 성공과 실패가 분명하고 상호 독립적이며, 일관되고 믿을 수 있는 시스템을 의미한다.

② 임의의 길이의 데이터를 고정된 길이의 데이터로 매핑하는 함수이다(무결성을 보장).

④ 대규모로 저장된 데이터 안에서 체계적이고 자동적으로 통계적 규칙이나 패턴을 분석하여 가치 있는 정보를 추출하는 과정이다.
⑤ 기계학습과 인지과학에서 생물학의 신경망(동물의 중추신경계 중 특히 뇌)에서 영감을 얻은 통계학적 학습 알고리즘이다.

052

답 ⑤

스마트 안테나(smart antenna)의 한 방식으로 안테나의 빔을 특정한 단말기(수신기기)에 집중시키는 기술이다.

(선지분석)

① 3세대 이동통신 기술 표준의 하나로 확산대역 기술을 이용한 디지털 모바일 휴대전화에 쓰이는 표준 기술이다.
② 가정이나 소규모 사무실을 위한 초소형, 저전력의 이동통신 기지국이다.
③ 다중 주파수 블록(이른바 컴포넌트 캐리어)이 동일 사용자에게 할당된 상태에서 사용자 당 데이터 속도를 증가시키기 위해 무선 통신에 사용되는 기술이다.
④ 기존의 WCDMA와 동일한 주파수 대역에서 사용 가능한 고속의 하향 패킷 데이터 서비스를 위한 시스템이다.

053

답 ③

ㄱ. FTP는 7계층에서 동작한다.
ㄷ. FTP는 능동 전송(서버가 클라이언트에게 데이터채널 연결)과 수동 전송(클라이언트가 서버에게 데이터채널 연결)을 가진다.

(선지분석)

ㄴ. 데이터 연결은 20번 포트이고, 제어 연결은 21번 포트이다.

054

답 ④

미리 정해진 정도를 넘지 않는 부분에서 어떠한 형태의 장애가 있더라도 정확한 값을 전달할 수 있다.

(선지분석)

① 채굴기 없이 본인이 소유한 코인의 지분으로 채굴되는 방식이다. 해당 코인을 가지고 있는 소유자가 현재 보유하고 있는 자산(stake) 양에 비례하여 블록을 생성할 권한을 더 많이 부여되는 방식이다.
② 코인 보유자들이 자신들의 작업을 제 3자에게 위임하는 투표 시스템을 가지고 있다. 즉, 그들은 자신을 대신해 네트워크를 보호할 몇 명의 대표에게 투표할 수 있다.
③ 해시연산을 처리하는 하드웨어(GPU, ASIC 채굴기) 등을 사용해서 증명하는 방식이다. 간단하게 말해 하드웨어 장비를 사용해 코인을 채굴하는 것이다. 해시함수에서 나온 출력값을 채굴자들이 하드웨어 장비(GPU, CPU와 같은 컴퓨팅 파워)를 통해 결과를 도출하는 것이다.
⑤ 하나의 거대한 데이터베이스나 네트워크 시스템(블록체인)을 여러 개의 작은 조각으로 나누어 분산 저장하여 관리하는 것을 말한다.

055

답 ②

GET 보다 POST가 안전한 방식이다.

(선지분석)

① 예를 들어, exe 파일의 업로드를 허용하지 않는다.
③ XSS 공격 예방에 효과적이다.
④ SQL Injection 공격 예방에 효과적이다.
⑤ Code Injection 또는 Command Injection 공격 예방에 효과적이다.

056

답 ③

P2P 네트워크 이므로 중앙 서버의 개념이 존재하지 않는다.

057

답 ①

소유자는 읽고 쓰고 실행: rwx(7)
그룹, 제3자는 실행: --x(1)

(선지분석)

② 그룹, 제3자는 쓰기: -w-(2)
③ 그룹, 제3자는 읽기: r--(4)
④ 소유자는 읽고 쓰기: rw-(6)
그룹, 제3자는 읽기: r--(5)
⑤ 소유자는 읽고 쓰기: rw-(6)
그룹, 제3자는 실행: --x(1)

058

답 ④

커피숍이나 집에서 공유기를 통해 IP를 자동으로 할당한다.

059

답 ①

해당 설명은 표본화이다.

060

답 ③

능동형 태그에 대한 설명이다.

061

답 ④

"제엑페테"에서 "엑페테"를 의미한다.

062

답 ③

비대칭키 암호화 방식이다.

063 답 ③

파일 전송 프로토콜이다.

064 답 ④

비트코인은 블록체인에 기반한다. 블록체인에는 퍼블릭(공개형), 프라이빗(폐쇄형) 블록체인이 있다. 합의 알고리즘에는 작업 증명(해시 연산), 지분 증명(지분 이용)이 있다.

065 답 ②

모든 거래는 공개되어 있다(공개형 블록체인).

066 답 ③

(가) 클라이언트에서 connect()를 하기 위해서는 listen() 상태여야 한다.
(나) 클라이언트의 연결을 accept() 한다.
(다) read()/write()를 통해 데이터 송수신을 수행한다.

067 답 ①

메타버스에 대한 설명이다.

선지분석

④ 블록체인 기술을 이용해서 디지털 자산의 소유주를 증명하는 가상의 토큰(token)이다.

CHAPTER 03 | 인공지능

정답

p.268

001	④	002	⑤	003	④	004	⑤	005	②
006	④	007	⑤	008	③				

001 답 ④

decision tree는 지도 학습 기법으로 분류된다.

선지분석

① 자율 학습은 기계 학습의 일종으로, 데이터가 어떻게 구성되었는지를 알아내는 문제의 범주에 속한다. 이 방법은 지도 학습(Supervised Learning) 혹은 강화 학습(Reinforcement Learning)과는 달리 입력값에 대한 목표치가 주어지지 않는다.
② 자율 학습에는 clustering이 존재한다.
③ 자율 학습에는 neural networks가 존재한다.
⑤ 지도 학습에는 SVM(support vector machines)가 존재한다. SVM은 두 카테고리 중 어느 하나에 속한 데이터의 집합이 주어졌을 때, 주어진 데이터 집합을 바탕으로 하여 새로운 데이터가 어느 카테고리에 속할지 판단하는 비확률적 이진 선형 분류 모델을 만든다.

002 답 ⑤

강화학습: 어떤 환경 안에서 정의된 에이전트가 현재의 상태를 인식하여, 선택 가능한 행동들 중 보상을 최대화하는 행동 혹은 행동 순서를 선택하는 방법이다. 강화 학습은 또한 입출력 쌍으로 이루어진 훈련 집합이 제시되지 않으며, 잘못된 행동에 대해서도 명시적으로 정정이 일어나지 않는다는 점에서 일반적인 지도 학습과 다르다.

선지분석

① 베이시안 네트워크: 랜덤 변수의 집합과 방향성 비순환 그래프를 통하여 그 집합을 조건부 독립으로 표현하는 확률의 그래픽 모델이다. 예를 들어, 베이시안 네트워크는 질환과 증상 사이의 확률관계를 나타낼 수 있다. 증상이 주어지면, 베이시안 네트워크는 다양한 질병의 존재 확률을 계산할 수 있다.
② 지도학습: 훈련 데이터(Training Data)로부터 하나의 함수를 유추해내기 위한 기계 학습(Machine Learning)의 한 방법이다. 훈련 데이터는 일반적으로 입력 객체에 대한 속성을 벡터 형태로 포함하고 있으며 각각의 벡터에 대해 원하는 결과가 무엇인지 표시되어 있다.
③ 군집화: 주어진 데이터들의 특성을 고려해 데이터 집단(클러스터)을 정의하고 데이터 집단의 대표할 수 있는 대표점을 찾는 것으로 데이터 마이닝의 한 방법이다. 예를 들면, 자율주행차가 주행 도로의 색을 군집화하여 도로를 인식하는 것을 들 수 있다.
④ 경사 하강법: 1차 근삿값 발견용 최적화 알고리즘이다. 기본 아이디어는 함수의 기울기(경사)를 구하여 기울기가 낮은 쪽으로 계속 이동시켜서 극값에 이를 때까지 반복시키는 것이다.
예를 들어, 경사 하강법은 회사 직원들의 근무 만족도를 1에서 100점 점수로 평가한 데이터가 있다고 가정했을 때, 급여에 따른 직원의 만족도를 예측할 수 있는 인공지능을 학습하는데 사용한다. 처음에는 만족도 예측에 오차가 발생하다가 경사 하강법으로 극값에 이르게 되면 정확한 만족도 예측을 할 수 있다.

003 답 ④

ㄱ. 단층 퍼셉트론(인공신경망의 한 종류)은 AND, NAND, OR 연산은 가능하지만 XOR 연산은 가능하지 않다. XOR 연산을 하기 위해서는 다층 퍼셉트론을 사용해야 한다. 여기서 연산이 가능하다는 것은 인간이 AND를 이해하는 방식으로 컴퓨터가 학습을 통해 AND 연산을 이해하고 사용할 수 있음을 의미한다.

선지분석

ㄴ. 다층 신경망은 인간의 뇌구조를 컴퓨터로 구현한 것이다. 그림에서 보는 바와 같이 입력 층(input layer), 출력 층(output layer), 은닉 층(hidden layer)로 구성되는데 은닉 층은 여러 개 존재할 수 있다.

ㄷ. 뉴런(신경계를 구성하는 세포) 간 연결 가중치가 존재하는 것을 알 수 있다. 그림에서 뉴런은 입력 노드와 출력 노드를 의미하고, 출력 노드의 최종 결과는 각각의 입력 노드와 가중치(w_i)를 곱하고 이들을 모두 합한 것이다. 가중치를 조정하게 되면 출력 결과가 변하므로 학습을 한다는 것은 결국 가중치가 변하는 것을 의미한다.

ㄹ. 인공신경망은 인간의 생물학적 뉴런 망을 컴퓨터에서 사용할 수 있도록 모델링한 것이다.

004

답 ⑤

군집은 비지도 학습이지만, 분류는 지도 학습이다. 여기서 군집화란 주어진 데이터들의 특성을 고려해 데이터 집단(클러스터)을 정의하고 데이터 집단의 대표할 수 있는 대표점을 찾는 것으로 데이터 마이닝의 한 방법이다. 예를 들면, 자율주행차가 주행 도로의 색을 군집화하여 인식하는 것을 들 수 있다. 분류란 지도 학습 중에 예측하는 결과값이 이산값이면 분류 문제에 해당한다. 예를 들어, 현재 주민등록증 이미지 상에 보이는 글자는 1인가 2인가? 등이다.

선지분석

① 지도 학습: 훈련 데이터(Training Data)로부터 하나의 함수를 유추해내기 위한 기계 학습(Machine Learning)의 한 방법이다. 훈련 데이터는 일반적으로 입력 객체에 대한 속성을 벡터 형태로 포함하고 있으며 각각의 벡터에 대해 원하는 결과가 무엇인지 표시되어 있다.

② 회귀 기법: 지도 학습 중 예측하는 결과값이 연속값이면 회귀 문제에 해당한다. 예를 들어, 3개월 뒤에 금값은 얼마가 될 것인가? 등이다.

③ 강화 학습: 어떤 환경 안에서 정의된 에이전트가 현재의 상태를 인식하여, 선택 가능한 행동들 중 보상을 최대화하는 행동 혹은 행동 순서를 선택하는 방법이다. 강화 학습은 또한 입출력 쌍으로 이루어진 훈련 집합이 제시되지 않으며, 잘못된 행동에 대해서도 명시적으로 정정이 일어나지 않는다는 점에서 일반적인 지도 학습과 다르다.

④ 비지도 학습: 자율 학습은 기계 학습의 일종으로, 데이터가 어떻게 구성되었는지를 알아내는 문제의 범주에 속한다. 이 방법은 지도 학습(Supervised Learning) 혹은 강화 학습(Reinforcement Learning)과는 달리 입력값에 대한 목표치가 주어지지 않는다.

005

답 ②

입력의 주어진 영역과 필터에 단일 곱셈-누산(동일 행과 열을 곱하고 이들을 더함)을 수행한다.

1*1+1*0+0*0+1*0+1*1+1*1+0*1+1*1+0*1 = 4

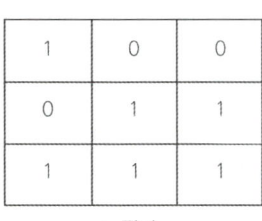

1	1	0	0
1	1	1	1
0	1	0	0
1	1	0	1

입력

1	0	0
0	1	1
1	1	1

필터

006

답 ④

비지도는 목표가 주어지지 않는다.

선지분석

① 군집화는 비지도학습이다.

② 분류와 회귀분석은 지도학습이다.

③ 해당 설명은 강화 학습이고, 지도 학습은 목표가 주어진다.

007

답 ⑤

손실함수(= 정답 - 예측값)는 모델의 규칙을 수정하는 기준이 되는 함수로서, 비지도 학습(K-means)에서도 정의된다.

선지분석

① 회귀, 분류는 지도 학습이다.

② clustering, k-means는 비지도 학습이다.

③ 강화 학습은 보상을 기반으로 한다.

④ neural networks는 지도, 비지도, 강화 모두에 이용된다.

008

답 ③

- 머신러닝: 인간의 패턴 인식에 기반한다.
- 인공지능: 인간의 전체적인 지적 능력에 기반한다.
- 딥러닝: 인공신경망에 기반한다.

CHAPTER 04 | 멀티미디어

정답

p.270

001	①	002	①	003	④	004	②	005	③
006	②	007	①						

001

답 ①

GIF: 온라인 전송을 위해 만들어졌으며 무손실 압축 방식인 LZW(Lempel-Ziv-Welch) 알고리즘을 사용한다. 최대 256가지 색상을 지원하는 이미지만 구현할 수 있다.

선지분석

② BMP: 마이크로소프트사에서 개발했고, 윈도우 OS의 그래픽, 이미지를 저장하는 기본 포맷으로 사용된다. 압축되지 않은 비트맵 이미지를 저장한다.

③ WMF: 마이크로소프트 윈도우 운영 체제의 그래픽 파일 포맷이며, 윈도우 메타파일은 응용 프로그램 간에 포팅이 가능하며 벡터 그래픽스와 비트맵 구성 요소를 모두 포함할 수 있다.

④ JPG: 높은 화질, 적은 용량, 자유로운 사용성을 만족하는 디지털 이미지 표준에 대한 요구로 탄생되었다. 현재 웹사이트, 인쇄, 출판, 광고 등에서 가장 보편적으로 사용되는 이미지 포맷이다. 압축 과정은 색상 변환, 다운 샘플링, DCT 진행, 양자화, 부호화이다.

⑤ PSD: 포토샵의 기본 확장자이며, 대부분의 옵션 지원을 포함하여 그림을 저장할 수 있다. PSD는 AI와 마찬가지로 이미지 컨테이너이다. 이미지 컨테이너란 이미지를 편집할 수 있는 다양한 정보가 저장되었음을 의미한다.

002

답 ①

벡터 방식(저장 용량): 수학적 함수로 계산하여 이미지를 표현하므로 이미지 크기에 비례하여 파일 용량이 증가하지 않는다.

선지분석

② GIF와 JPG(비트맵 방식): GIF, JPEG, PNG, TIFF, PCT, PCX 등으로 저장된 파일은 모두 비트맵 방식이다.

③ 비트맵 방식(사진): 픽셀로 이미지를 표현하므로 사진, 회화 등 복잡한 이미지 표현이 가능하다.

④ 벡터 방식(이미지 품질): 수학적 함수로 계산하여 이미지를 표현하므로 확대하거나 축소해도 이미지의 변형이 없다.

003

답 ④

GIF: 온라인 전송을 위해 만들어졌으며 무손실 압축 방식인 LZW(Lempel-Ziv-Welch) 알고리즘을 사용한다. 최대 256가지 색상을 지원하는 이미지만 구현할 수 있다.

선지분석

① JPEG: 높은 화질, 적은 용량, 자유로운 사용성을 만족하는 디지털 이미지 표준에 대한 요구로 탄생되었다. 현재 웹사이트, 인쇄, 출판, 광고 등에서 가장 보편적으로 사용되는 이미지 포맷이다. 압축 과정은 색상 변환, 다운 샘플링, DCT 진행, 양자화, 부호화이다.

② MPEG: 시간에 따라 연속적으로 변화하는 동영상 압축과 코드 표현을 통해 정보의 전송이 이루어질 수 있는 방법을 연구하고 있다. 종류로는 MPEG1, MPEG2, MPEG3, MPEG4, MPEG7, MPEG21 등이 있다.

③ TIFF: 호환성이 뛰어나 매킨토시와 IBM PC에서 공통으로 사용할 수 있는 최초의 파일 포맷이다. RGB 및 CMYK 이미지를 24비트까지 지원하며 이미지 손상이 없는 LZW(Lempel-Ziv-Welch)라는 압축 방식을 채택하고 있다.

004

답 ②

마이크로소프트사에서 개발했고, 윈도우 OS의 그래픽, 이미지를 저장하는 기본 포맷으로 사용된다. 압축되지 않은 비트맵 이미지를 저장한다.

선지분석

① 어도비 일러스트레이터의 기본 파일 포맷이다. 이미지 파일 컨테이너(편집을 위한 여러 가지 이미지 정보를 가진 파일)이고, 벡터 방식을 사용한다.

③ 24비트의 트루 컬러(True Color)를 지원하고 무손실 압축 방식을 사용하기 때문에 이미지를 손상시키지 않는다. JPG(JPEG)와 GIF의 장점을 모두 갖추고 있으며, 화질은 BMP 정도의 높은 수준을 유지한다.

④ 높은 화질, 적은 용량, 자유로운 사용성을 만족하는 디지털 이미지 표준에 대한 요구로 탄생되었다. 현재 웹사이트, 인쇄, 출판, 광고 등에서 가장 보편적으로 사용되는 이미지 포맷이다. 압축 과정은 색상 변환, 다운 샘플링, DCT 진행, 양자화, 부호화이다.

005

답 ③

HSV: 인간의 직관적인 시각 모델과 흡사하고, 색상(Hue), 채도(Saturation), 명도(Value 또는 Brightness)로 구성된다.

선지분석

① CMY: 해당 설명은 RGB에 대한 설명이고, CMY는 색을 혼합할수록 검은색에 가까워진다.

② RGB: 해당 설명은 CMY에 대한 설명이고, RGB는 가산 모델로 CRT 모니터에 사용된다.

④ 색상 모델(RGB, CMY, HSV) 간의 변환은 가능하다.

006

답 ②

CMYK(Cyan, Magenta, Yellow, Kappa)

선지분석

① CMYK는 감산 모델이다.

③ 해당 설명은 CMYK이고, RGB는 모니터 등에 적용된다.

④ B는 Blue를 의미한다.

007

답 ①

오디오 파일 형식이다.

CHAPTER 05 | 멀티미디어 - 용어

정답 p.272

001	②	002	④	003	②

001 답 ②

RLE(Run-Length Encoding): 동일 데이터가 자주 연속되는 경우, 데이터값과 연속되어 있는 길이만으로 정보를 표현하여 정보량을 줄이는 방식(무손실 압축 방식). 동일한 데이터가 연속되어 있는 것이 런(run)이며, 그 연속된 길이가 런 렝스(length)인데 이 데이터값과 그 길이만으로도 원래의 정보를 재현할 수 있다.

(선지분석)

① 멀티미디어: 멀티미디어는 텍스트, 이미지, 사운드, 그래픽, 애니메이션, 비디오 등과 같은 미디어를 두 개 이상 결합하여 어떤 목적을 가진 콘텐츠(게임, 오락, 광고, 뉴스, 교육 등)를 생성하고, IT 기술을 기반으로 시스템과 상호작용하여 지식이나 정보를 제공하는 기술 또는 매체이다.

③ RTP(Real-time Transport Protocol): 실시간으로 음성이나 동화상을 송수신하기 위한 전송 계층 통신 규약. RFC 1889에 RTCP(RTP control protocol)와 함께 규정되어 있다. 자원 예약 프로토콜(RSVP)과는 달리 라우터 등의 통신망 기기에 의지하지 않고 단말 간에 실행되는 것이 특징이다. RTP는 보통 사용자 데이터그램 프로토콜(UDP)의 상위 통신 규약으로 이용된다.

④ JPEG: 높은 화질, 적은 용량, 자유로운 사용성을 만족하는 디지털 이미지 표준에 대한 요구로 탄생되었다. 현재 웹사이트, 인쇄, 출판, 광고 등에서 가장 보편적으로 사용되는 이미지 포맷이다. 압축 과정은 색상 변환, 다운 샘플링, DCT 진행, 양자화, 부호화이다.

002 답 ④

RLE란 동일 데이터가 자주 연속되는 경우, 데이터 값이 연속되어 있는 길이만으로 정보를 표현하여 정보량을 줄이는 방식(무손실 압축)이다. 압축률이 가장 작다는 것은 하나의 데이터로만 표현할 수 있는 것이 얼마나 적은가를 찾는 것이다. ④는 무조건 2개의 데이터로 표현해야 한다.

(선지분석)

① 아래 부분을 하나의 데이터로 표현할 수 있다.
② 위와 아래 부분을 하나의 데이터로 표현할 수 있다.
③ 중간 부분을 하나의 데이터로 표현할 수 있다.

003 답 ②

40K × 10 × 60 × 2/8 = 6Mbyte

MEMO

MEMO

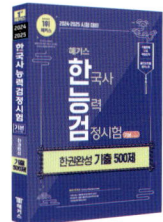